Agustín de Hipona

Peter Brown

Agustín de Hipona

Una biografía

Traducción de Santiago Tovar y M.ª Rosa Tovar (revisada)
Traducción del texto nuevo de John Oldfield

Prólogo de José Enrique Ruiz-Domènec

taurus

Papel certificado por el Forest Stewardship Council®

Título original: *Augustine of Hippo; a Biography*

Primera edición: noviembre de 2025

Printed in Spain – Impreso en España

ISBN: 978-84-306-2832-2
Depósito legal: B-16.361-2025

Compuesto en MT Color & Diseño, S. L.
Impreso en Gómez Aparicio, S. L.,
Casarrubuelos (Madrid)

TA 2 8 3 2 2

ÍNDICE

TERCERA PARTE
395-410

CUARTA PARTE
410-420

QUINTA PARTE
421-430

PRÓLOGO

José Enrique Ruiz-Domènec

Las preguntas relativas a la gestación de una biografía no suelen tener respuestas, pero este libro de Peter Brown sobre Agustín de Hipona es una de las pocas excepciones. La resonancia obtenida por la edición de 1967 (publicada en español en 1970 por Revista de Occidente) le condujo al autor a fijar el itinerario de la escritura en la reedición de 1999 (publicada en español por Acento en 2001) bajo el formato de un epílogo en dos partes. Este epílogo, donde el autor se encuentra con el joven que escribió el libro, aúna el rigor expositivo de las críticas recibidas y la implosión de significado de las investigaciones sobre la Antigüedad tardía realizadas por él durante los siguientes treinta y dos años. En todo caso, veo en este ejercicio de rememoración un encomio a la entrevista de 1925 que, con el título «Abierta a la vida, abierta al mundo», se hizo a Thomas Mann a propósito de su novela *La montaña mágica*; y también a lo planteado por Umberto Eco en *Apostillas a* El nombre de la rosa.

Saber cómo se escribió *Agustín de Hipona*, por tanto, no exige un rastreo en las hemerotecas, sino que llega directamente al lector de la mano del propio autor. Una peculiaridad más de este libro que ha marcado a varias generaciones de historiadores, incluida la mía.

En abril de 1975, le pregunté a Jean Pépin en Spoleto, Umbría, tras haber debatido con él por la mañana sobre su ponencia dedicada a la mística de Juan Escoto Erígena: ¿por qué en su estudio sobre Agustín publicado en el volumen primero de la *Historia de la filosofía*, dirigida por François Chatelet, no citaba el libro de Peter Brown? La reacción del sabio francés fue inicialmente una mueca de sorpresa, como si el asunto no fuera con él; al insistirle, como solía hacer en aquellos años con espíritu combativo, dejó a un lado la pose erudita y decidió hablar. Las razones, decía (me dijo entonces), eran que, en el libro de Peter Brown, se consideraba por separado la filosofía y la teología; algo que, en su opinión, no respondía al espíritu agustiniano y que dificultaba fijar la línea argumental en torno a la cual Agustín organizó todo o casi todo su pensamiento: la idea de orden. El reproche de Pépin era algo habitual en esos años, pero resultaba excesivo, al menos para mí, sobre todo cuando sugirió que el tono altamente novelado del texto cargaba innecesariamente de ficción la biografía; e insistió, al notar mi escasa complicidad con la explicación, que él hubiera preferido un libro más académico. Y añadió, para dar por finalizada la charla, que debíamos tener presente la clamorosa ausencia del análisis del pensamiento de Agustín realizado por el maestro de medievalistas Étienne Gilson; sin olvidar que —musitó, mientras me extendía la mano a modo de despedida— la biografía de Agustín realizada por Brown exhala un entusiasmo por los factores subjetivos inadecuado en un libro sobre el mundo antiguo.

De ese encuentro con Pépin, hace medio siglo. Eran los tiempos en que los jóvenes como yo acudíamos a los centros de alta investigación esperando recibir respuestas a las preguntas con las que afrontábamos el estudio del pasado. Queríamos saber si las ideas individuales se encarnaban en la sensibilidad y la mentalidad colectica de la sociedad, según propuso Lucien Febvre al escribir sobre Lutero como ejemplo de un destino colectivo. Y eso era así porque los combates por la historia se centraban en hallar testigos que captaran los misterios escondidos en expresiones como las del salmo 16 invocando a Dios: «Escóndeme bajo la sombra de tus alas». Eran unos años en los que vivíamos en vilo por las vicisitudes personales de hombres como Agustín, Jerónimo y otros padres de la Iglesia, cuya existencia estuvo marcada por la sensación de crisis de la cultura clásica. En suma, esa fue la atmósfera intelectual en la que, entre 1961 y 1967, Peter Brown desarrolló su investigación en la Biblioteca de la Universidad de Oxford: unos años en los que los estudios sobre el mundo romano reclamaban un cambio de perspectiva. Entre otros historiadores, lo proponía Paul Veyne, desde la universidad de Aix-en-Provence, exigiendo una mirada nueva sobre el valor del evergetismo, la expresión de una conducta del regalo capaz por sí sola de sostener el ambiente festivo del pan y el circo.

Al considerar mi encuentro con Jean Pépin en Spoleto retengo dos hechos clave: primero, que la pregunta que le hice sobre la biografía de Peter Brown quedó sin respuesta; y segundo, que la frialdad mostrada hacia el libro no empañó mi voluntad de situar a Brown como un referente a la hora de explicar el paso del mundo antiguo al mundo medieval a mis alumnos de la universidad. Incluso diría algo más: me exigió decidir que, si ese periodo de la historia no respondía a la melancólica decadencia y caída del Imperio romano propuesta por Edward Gibbon, era preciso ahondar en la figura y en la obra de Agustín para elucidar los detalles de unos siglos que se vivieron como la etapa terminal de una cultura literaria y artística. En todo caso, en los años sesenta, como en nuestros días tras los estudios de Peter Heather sobre el modo de restaurar la herencia romana por Justiniano o Carlomagno, ha quedado en el aire una cuestión relevante: ¿por qué es Agustín y no Casiodoro o Severino de Nórico quien fija la etapa final del mundo antiguo? Eso me lleva de nuevo al clamor de Pépin (en esencia: ¿por qué Peter Brown no enlazó filosofía y teología?) como si expresara con él la molestia de ver cómo se resta importancia a los elementos serios de la historia de esos siglos y se los sacrifica a favor de debates cristológicos que, por su reiteración, se califican de «discusiones bizantinas». Por eso, con la cautela exigida tras leer los estudios de Patricia Cox y Aviad Kleinberg sobre el papel de los santos en la formación de Europa, me pregunto hoy, julio de 2025, si seguir paso a paso la vida de Agustín es la forma más idónea de aproximarse al mundo antiguo en los años de las migraciones de los pueblos germánicos.

Yo guardo, de mis lecturas del curso 1965-1966, las notas del libro de Henri-Irénée Marrou, *Saint Augustin et la fin de la culture antique* (que había sido su tesis doctoral), publicado en 1938 por la editorial De Boccard. El libro me lo aconsejó leer (a decir verdad, me lo regaló con tal fin) el compositor granadino pero afincado en París Antonio Ruiz Pipó, al que le gustaba Marrou quizá por su pasión por la música o por su compromiso con la *résistance* durante la ocupación nazi de Francia. No me detendré en el efecto de su lectura; solamente diré la ayuda que me supuso para conocer las raíces históricas del agustinismo político presente por entonces en el personalismo comunitario de Emmanuel Mounier y en la apertura al mundo de los *eretici* en los ambientes católicos de Roma con Raffaello Morghen en calidad de presidente del Istituto Storico Italiano per il Medioevo. Pues en esos años me interesé más por ajustar las ideas de Marrou sobre el fin de la cultura antigua a las lecturas que iba haciendo de Mijaíl Rostóvtsev, A. H. M. Jones y Santo Mazzarino. Pero entonces llegó a mis manos el libro de Peter Brown sobre Agustín, en la edición de Revista de Occidente de 1970. Con su lectura empezó todo, al menos para mí, ya que este libro ponía punto final a la interpretación de la historia del Bajo Imperio romano a la vieja usanza, por completo sentimental, debido a la convicción de estar ante una de las mayores calamidades de la humanidad. Eso es lo que quiero explicar ahora.

EL TEXTO DE 1967

Agustín de Hipona es un libro que narra la historia de un joven maniqueo inclinado a la cancelación del pasado (lo que hoy podría calificarse de progresista), cuya llegada a Roma en el año 382, desde la agitada ciudad portuaria de Cartago, aunque había nacido en la númida Tagaste, coincide con los debates acerca del neoplatonismo en los círculos en los que destacaba Símaco, un ferviente entusiasta de la sabiduría. Su breve estancia (menos de un año) en lo que comenzaba a llamarse la Ciudad Eterna se desarrolla lenta y dolorosamente, con el deseo de dejar de lado el autodidactismo, pero fue inútil. Su dificultad con el griego y su recelo de las formas de acercarse desafiante a los referentes filosóficos y teológicos de las academias le crea una desazón que expresará luego en las *Confesiones* como azote de una enfermedad. Mayores son las esperanzas en el encuentro con el obispo Ambrosio, el más sabio entre todos los hombres de la Iglesia, como dijo el diácono Paulino al escribir su vida. Lo que sucedió a continuación tiene interés.

En Milán, Agustín empieza una segunda fase de su vida intelectual, y descubre que del obispo Ambrosio puede aprender en pocos meses más de lo que había hecho hasta entonces en años. Para un pensador de cultura latina de finales del siglo IV, la pastoral es el mejor camino; de pronto, las aporías platónicas se resuelven sin grandes complicaciones, los nudos intratables de la patrística griega, en especial las de los tres capadocios Gregorio Nacianceno, Basilio de Cesarea y su hermano Gregorio de Nisa, se aflojan, y Agustín encuentra la clave haciendo que la pastoral oriente su filosofía y su teología.

A finales del año 386, con el fin de asentar la pastoral, Agustín se adentra en la lectura de los textos platónicos a la estela de Ambrosio mediante la ayuda híspida pero enormemente eficaz de Simpliciano. Emprende así el camino correcto para aprender filosofía y teología de un hombre dispuesto a servirse de ellas para mayor gloria de la Iglesia católica. Recurre para hacerlo al *otium liberale*, el retiro a un lugar (en su caso, una elegante villa siciliana) que le permite, por unos cuantos meses, tomar distancia de la atmósfera inflamable de esos años con los godos, vencedores en la batalla de Adrianópolis del 378, merodeando por las orillas del Danubio. Hay mucha información sobre Agustín en ese periodo de su vida, que para él son los años previos a ingresar en el sacerdocio en el 391; hay incluso muchos datos asociados a la violencia y a las vacaciones de los privilegiados; en cambio, hay pocos sobre las certezas de las transformaciones que se iban produciendo en el interior de su alma, cada vez más atraída por la moral de los vulnerables. Los datos y los comentarios sobre los sermones y las cartas de esos años se suceden desordenados, lo que dificulta la cronología de estos trascendentales documentos. Con todo, fue por entonces cuando afronta la definición del mal y la necesidad de revisar su pasado maniqueo: ¿de olvidarlo, como dicen sus adversarios? Hace una pausa, clave en este momento, para él y para su numerosa feligresía, y se dispone a afrontar los caminos de la carne, es decir, el peso del cuerpo sobre el alma de un cristiano veraz. Deja de ser el joven egoísta que recorría las calles de Cartago para desesperación de su madre Mónica y se pregunta por un hecho clave del cristianismo primitivo: la renuncia sexual, incluso en el interior del matrimonio. ¿No está aquí el punto de partida que llevó a Peter Brown a escribir en los años ochenta su celebrado libro *El cuerpo y la sociedad. Los cristianos y la renuncia sexual*?

Basta esta indicación del efecto de *Agustín de Hipona* en el devenir de Peter Brown como intérprete del mundo antiguo para recordar la importancia que tienen los estudios sobre la cronología de los sermones de Agustín, pues los primeros se dedican a combatir los elementos ingobernables de la conducta humana, vale decir el sexo. Y de ese modo avanza en lo que más tarde entenderá como el sentido del orden, cuyo resultado es el famoso efecto de las ideas de Agustín en la conciencia política de los emperadores valentinianos. Aquí vemos a la apologética en plena acción, empleando argumentos en la defensa del cristianismo católico como la religión verdadera frente a los donatistas, a los seguidores de Pelagio o de Prisciliano o a los círculos politeístas de las familias romanas como la del senador Acilio Sibidio.

La apologética de Agustín, purificante y protréptica, es un derroche de subjetividad. Según Peter Brown, fue en ese momento, hacia el 397, cuando Agustín decidió escribir una autobiografía. Los motivos de afrontar *Confesiones* sobre su vida, tras ser nombrado obispo, resultan difusos; aunque el libro parece impulsado por la necesidad de ver cómo el pasado marca el presente y define el futuro: un planteamiento por lo demás muy agustiniano. ¿También un plan deliberado? El hecho de reconocer la verdad ante testigos es un indicio de la intencionalidad pastoral de un texto autobiográfico fuerte, intenso y melancólico. A través de él, Peter Brown sitúa a Agustín ante sus responsabilidades como obispo de la ciudad númida de Hipona (hoy Annaba, en Argelia).

El peso de la geografía de África es un elemento clave en *Agustín de Hipona*, pues el nuevo obispo desfila majestuosamente por las calles de una ciudad donde abunda una especie de lirismo sobre los viejos tiempos en los que cobijó a su mayor gloria, el historiador Suetonio, el de los *Doce Césares*. Este momento de la vida de Agustín, aparece especialmente bien resumido: se trata de describir con detalle cómo un obispo católico se enfrenta al trabajo administrativo sin dejar de lado la misión pastoral. Se nos presenta así como el impulsor de un modelo de conducta para remendar las heridas psíquicas de una gente que vivía entre el miedo y la disipación: son acciones pastorales perfectas; liberan las dudas. Una tarea que acaba por orientar su libro más importante, *La ciudad de Dios*, con el que espera evitar el falseamiento de la experiencia humana. La firmeza de Peter Brown en estas páginas de la biografía no reside en la hermenéutica procedente de Marrou, sino en sus ideas sobre la vulnerabilidad del cristianismo primitivo, así como en su convicción de que Agustín escribe una obra apologética sin ser dogmática con verdadera elocuencia.

Sin embargo, es verdad que Peter Brown sigue de cerca a Agustín a medida que va descubriendo que su pensamiento madura con el paso de los años, siendo, como ya se sabía desde el periodo milanés, uno de los pocos padres de la Iglesia capaces de orientar a las personas adultas: es un desglose de las acciones de un obispo atento a la sucesión de acontecimientos que definen su época; y esto conviene saberlo porque refleja la trayectoria del propio Peter Brown. En *Agustín de Hipona* describe los fenómenos externos que afectan a la vida del biografiado, pero no así el marco mundial en el que se mueve, que deja para el libro *El mundo de la Antigüedad tardía* (lo más pertinente es leerlo en la edición de Taurus de 2021). En esta decisión Peter Brown resulta muy moderno, pues asume el estudio de la autoconciencia desde las circunstancias del personaje. Y de este modo recupera la idea del mundo vital para sacar a la luz las tensiones emocionales de Agustín, al modo como Jesús había arrancado los pecados de la humanidad. Es el mismo camino con el que emprendió años después la revelación de las tribulaciones de los jóvenes romanos de los siglos IV y V.

Los jóvenes que aparecen descritos en su ensayo *Por el ojo de una aguja* son, en su mayoría, fervorosos creyentes católicos que rechazan la riqueza, y después, con igual o mayor ardor, se vuelven contra las sectas donatistas y los restos de cultura pagana, algunos incluso sueñan con el martirio en los días que los godos de Alarico I tienen sitiada Roma (a la que saquean en el 410) y los vándalos, con Genserico al frente, llegan a África desde Hispania a través del hoy llamado estrecho de Gibraltar y terminan por saquear (y destruir) Hipona. Para Agustín son los años de su enfrentamiento con Juliano de Eclana. Es por eso que las anotaciones de este capítulo de la biografía me han hecho pensar en el Peter Brown interesado por el arbitraje de los santos en línea con los trabajos de Sofía Boesch Gajano. Por tanto, la presencia de Juliano no es un elemento trivial en la biografía de Agustín: tiene el valor de situar al biografiado en una situación límite de su vida, cuando se implica en la lucha contra los donatistas y contra los vándalos. Así, resulta enormemente llamativo ver el modo que el viejo obispo tiene de afrontar, el modo de un acalorado apologeta, las invectivas contra él de un joven altanero de familia acomodada. Cierto que el debate sobre la doctrina de Pelagio está detrás de esta larga trifulca, aunque a Agustín lo que más le molestaba es que le llamara insistentemente «el púnico». Porque él era natural de Tagaste, ciudad en la que ciertamente se hablaba la variante occidental del fenicio, pero también era el autor de *La ciudad de Dios*, cuyo título en latín ilustra que se trata de un libro sobre los efectos de la experiencia que cambia la percepción sobre el pasado y el futuro de Roma. *De civitae Dei* es, de este modo, una guía para afrontar la grave crisis política de comienzos del siglo v (el saqueo de Roma del 410 es un elemento entre otros muchos), como se supo en la corte de Rávena, en particular por la siempre sutil Gala Placidia, madre de Valentiniano III, el emperador destinado a enfrentarse a las intrigas que ponen fin al Imperio de Occidente en el 476, cuando fue destronado el niño Rómulo Augústulo por el hérulo Odoacro.

Agustín se obliga a buscar una salida a esa crisis política y lo hace con el argumento de que la gloria no está en la memoria de los orígenes de la ciudad de Roma (*Ab urbe condita*, había escrito Tito Livio para el emperador Octavio Augusto), sino en el cielo, el Reino de Dios. Vemos aquí una invitación a que los ciudadanos consideren la vida en el más allá como la única verdadera. Defiende su cristianismo católico frente a la nostalgia de los filósofos paganos. Y esta actitud beligerante pero sincera de su biografiado le permite a Peter Brown zanjar de una vez el tópico sobre la caída y decadencia del Imperio romano como el atroz final de una cultura literaria y artística. Y esto nos hace valorar el mayor y más sencillo mensaje de *Agustín de Hipona*: que convence a sus críticos que, sin estar de acuerdo con él, le consideran un historiador culto, inteligente e imaginativo, alguien capaz de ofrecer respuestas sobre un periodo de la historia cercano a los problemas de la cultura del último tercio del siglo xx. Cuando Peter Brown describe la cristianización como un fenómeno de larga duración que se extiende por el Mediterráneo entre los siglos II y VII, es consciente que acaba de dar entrada al estudio de la Antigüedad tardía.

La larga duración contribuyó a asentar sus ideas, ya que comparte con ellas la claridad que le permite asegurar que «ciertos rasgos del mundo mediterráneo permanecieron sorprendentemente constantes a lo largo de siglos». Peter Brown propone una nueva lectura sobre la época que se extiende desde Marco Aurelio hasta Justiniano porque no se cohíbe ni se contiene ante los partidarios de la caída y decadencia del Imperio romano. La experiencia de escribir la biografía de Agustín de Hipona contribuyó a convertirle en el historiador comprometido que es. Y no de forma rutinaria. Hay magia y gallardía en sus argumentos. Muchos lectores lo adoran porque deja claro siempre que puede que nunca haya tenido dudas de que ese camino es el correcto. Si sus trabajos sobre el cuerpo y la sociedad o sobre el sentido de la riqueza tuvieron éxito lejos del mundo académico, fue porque finalmente se le reconoció el esfuerzo intelectual en el método de aproximación a realidades poco estudiadas de la sociedad en la Antigüedad tardía, con lo que gradualmente fue sustituyendo los métodos con los que se había educado en Oxford bajo la tutela de Arnaldo Momigliano por otros que él mismo forjó en la Universidad de California desde 1978; y lo hizo lidiando con el interés entre los estudiantes de las obras del profesor de Yale Ramsay MacMullen. Esta renovación metodológica se vio avivada en las conferencias de 1982 en el Collège de France a iniciativa de Paul Veyne. En ellas ajustó realmente su método de estudio a un público interesado en los textos patrísticos de los que hablaba Michel Foucault en los cursos sobre historia de la sexualidad. Para facilitar esa tarea se promovió en 1983 la traducción por la editorial Gallimard de *The Making of Late Antiquity* con un título ajustado al reconocimiento que querían hacerle: *Genèse de l'Antiquité tardive*, que contiene, como era de esperar, un sugestivo *préface* de Paul Veyne, donde podemos leer: «La parenté avec le méthode historique de Michel Foucault est évident et ce n'est pas par hasard que les deus hommes, réunis par leur enseignement à Berkeley, se son connus et appréciés». Lo cual le llevó a ser invitado en 1985 a participar en una *Historia de la vida privada* dirigida por Philippe Ariès y Georges Duby.

Allí aparece en el volumen primero junto a Paul Veyne, al que se le encarga el Imperio romano y a él, cómo no, la Antigüedad tardía.

¿Qué puede proponer a los lectores de esta magna obra editorial un historiador convencido de hacer una nueva historia de larga duración entre la Antigüedad y la Edad Media? Severamente, y en una frase que condensa todo su trabajo: «Seguir la naturaleza de las transformaciones iniciadas con el hombre cívico de la época antoniana y finalizadas con el buen cristiano de la Iglesia católica medieval de Occidente». A partir de este trabajo todo fue sobre ruedas. Peter Brown encontró tiempo y reconocimiento para hacer de sus ideas un argumento historiográfico y así, mientras Ramsay MacMullen, desde Yale, proponía en su *Corruption and the Decline of Rome* de 1988 el análisis del daño infligido a la cultura por la corrupción de las élites y Averil Cameron, desde Oxford, insistía en el discurso cristiano, él preparaba desde Princeton, por encargo de Jacques Le Goff para la colección Hacer Europa, el volumen *La formación de la Europa cristiana* publicado en 1995, con un marco cronológico que sorprendió a más de uno: universalismo y diversidad, 200-1000.

Había necesitado tiempo y reconocimiento para proponer un esquema interpretativo nuevo sobre el mundo antiguo tardío. Entonces le llegó la invitación de reeditar *Agustín de Hipona*. Peter Brown la aceptó y, como siempre, acertó. No fue una decisión fácil. De entrada, se preguntó si debía ser reeditado sin más un libro de juventud a fin de admitir el efecto de su obra en su vida. Sobre todo, se planteó si aún estaban vivas sus certezas sobre el hecho de que la experiencia de Agustín podía explicar una época convulsa como fue el tránsito del siglo IV al siglo V. Los responsables de University of California Press insistieron en el interés de mantener intacto su texto de los años sesenta. Imagino que a Peter Brown le sorprendió esa decisión y a la vez la juzgó como un claro reconocimiento a su trayectoria. Es verdad: ¿cuántos historiadores se han encontrado ante la posibilidad de que los inviten a revisar un trabajo escrito treinta años antes?

Una de las razones por las que resulta oportuno este libro es por lo bien que combina tres aspectos bien disímiles, un texto de 1967, las investigaciones en los siguientes treinta años sobre diversos detalles de la Antigüedad tardía y, finalmente, en tercer lugar, la capacidad de convertir un ejercicio de recepción en una lectura densa, al modo de Clifford Geertz, de los aciertos y errores. Así pues, el autor, la materia de estudio y las lecturas avanzan en la misma dirección. Peter Brown, al recuperar a Agustín como tema de una biografía, valora el esfuerzo de él y de sus críticos por alcanzar el perfil más pleno del biografiado, el menos parcial. Es una magnífica descripción de lo que han intentado hacer los historiadores en el último tercio del siglo xx.

EL EPÍLOGO DE 1999

El epílogo publicado en 1999 por Peter Brown, para la reedición de *Agustín de Hipona*, es una obra autónoma, un texto nuevo.

Sentir y percibir las observaciones hechas por él en las dos partes en las que está dividido, «Nuevas evidencias» y «Nuevas direcciones», tiene el mismo valor que seguir los pasos dados por la historiografía durante los treinta y dos años que separan la edición en 1967 de la reedición en 1999. Pero, en la medida en que él está presente en la tarea, no puedo evitar responder de manera personal.

El epílogo de 1999 es una prueba de que la escritura de la historia es un procedimiento que el largo siglo xx ha utilizado para buscar la armonía en la batalla cultural. Personalmente, me conmueve comprobar que Peter Brown aún se sienta interesado en el archivo documental de Agustín: el archivo ordenado por Posidio, obispo de Calama, en el *Indiculum* que completa las *Retractaciones* del 427. Se siente interesado porque, según confiesa, «hallar cartas y sermones enteramente nuevos, en medio de tantos manuscritos cuya inmensa mayoría son copias medievales tardías de obras bien conocidas, reproducidas de forma asidua durante siglos, es casi tan improbable como hallar una edición príncipe de Shakespeare en una librería de segunda mano. Y, sin embargo, eso fue exactamente lo que sucedió en 1975, y en 1990».

Al enfrentarse con esos dos hallazgos se sitúa ante «una tecnología informática capaz de catalogar, identificar y autentificar con rapidez textos medievales» y se dispone a seguirle el rastro. A partir de 1969, en efecto, la Academia Austriaca de las Ciencias comenzó a catalogar los manuscritos agustinianos existentes en las bibliotecas de Europa occidental; y, en medio de la tarea, en 1975, el erudito Johannes Divjak halló en la Biblioteca Municipal de Marsella veintinueve cartas inéditas de Agustín en un manuscrito de la corte del rey Renato de Anjou. Luego, llegó la bomba con el hallazgo en 1990 por el erudito François Dolbeau de unos sermones en la Biblioteca Municipal de Maguncia relacionados con las preocupaciones teológico-pastorales de Agustín hacia el 400.

Aun así, después de estos interesantísimos hallazgos, queda algo por decir, y la pregunta es: ¿cambian las cartas y los sermones el perfil del personaje trazado en *Agustín de Hipona*? Hay que tener en cuenta que las cartas están fechadas entre el 418 y el 428, los años de la llegada de los vándalos al norte de África y de la encendida polémica de Agustín con Juliano de Eclana, y los sermones plantean el estilo elevado de la apologética como armazón intelectual para abordar el estudio de la filosofía y la teología, y lo hace con rigor, como se ve en el sermón número 26, el de mayor longitud de todos los suyos leído en Cartago el 1 de enero del 404. Peter Brown llega a la conclusión de que las cartas y los sermones descubiertos en 1975 y 1990 ratifican lo dicho por él en 1967, aunque añaden algunos detalles de interés como el hecho de que Agustín no es tan sentimental como aparece descrito en las *Confesiones*, ni tan cerebral como cuando escribe *La ciudad de Dios*: más bien se revela como un hombre que busca la firmeza en sus convicciones cristianas bajo la influencia de Cicerón y las lecturas de Platón y Plotino. Las «Cartas Divjak» los «Sermones Dolbeau» confirman que Agustín piensa con el corazón y siente con la cabeza.

Esta es una afirmación hermosa sobre la opinión que el propio Peter Brown tiene sobre su *Agustín de Hipona*. El hecho de que sea un libro publicado en 1967 y revisado en 1999 es un tributo a su destreza como un historiador del mundo antiguo capaz de acceder a la relación orgánica entre lo que las mentes más preclaras sabían acerca de su época y lo que el poder imperial sentía hacia el porvenir de sus súbditos, patriciado o plebe. Permite razonar igualmente el interés por publicar libros de éxito en lengua inglesa sobre esa época: baste pensar en *La edad de la penumbra* de Catherine Nixey. Puede que Edward Gibbon se sintiera orgulloso de que hoy se vuelva a pensar el presente desde el pasado en el que vivió Agustín: el pasado del fin de la cultura antigua. Pero ¿debemos estarlo nosotros al seguir los pasos de este mundo como referentes de lo que hemos de hacer en el futuro? Pues, en ese caso, ¿qué vamos a hacer con la narrativa sobre Agustín, obispo de Hipona? En este libro tienen una primera respuesta. Como lector, tengo que reconocer que su éxito se liga a la persistencia de los temas aquí tratados. No hay que buscar más, ni siquiera el actual malentendido sobre el elitismo que ha forjado la historia hasta hoy. Al cabo, se busca en Agustín un referente, un guía para los actuales tiempos de zozobra. Así lo proclamó *urbi et orbi* León XIV desde el balcón de la plaza de San Pedro el día de su elección como papa de la Iglesia católica.

Lo que los lectores actuales heredan de *Agustín de Hipona* es la libertad radical de un autor capaz de llevar el estudio de la vida de un personaje histórico a sus límites, donde sea que estos estuvieran en 1967. Es un error considerar este libro una obra superada porque se escribió hace más de cincuenta años. Eso sería despojarnos de una de las cosas buenas del oficio de historiador a las que, por consejo de Marc Bloch, debemos aferrarnos. «Si no tenemos cuidado, existe el riesgo de que la historia mal entendida finalmente ocasione también el descrédito de la historia mejor comprendida». Cuando muchos de nosotros coincidimos en considerar a Peter Brown un referente ineludible para entender la Antigüedad tardía, nos referimos a que aquella lejana época de nuestra historia se entiende con mayor fluidez y sentido común en sus libros que en muchos otros.

Tres Torres, Barcelona, julio de 2025

PREFACIO A LA NUEVA EDICIÓN

Dos consideraciones me han llevado a añadir un epílogo en dos partes a esta reedición de mi biografía de Agustín: quiero hacer justicia al descubrimiento reciente de un número de cartas y sermones de Agustín, desconocidos hasta hace poco; también deseo indicar en qué aspectos han cambiado durante los últimos treinta años los estudios agustinianos. Pero he decidido no insertar ninguna modificación en el texto original de la biografía misma; hacerlo hubiera sido pesado y, en cualquier caso, presuntuoso: nunca pretendí que esta biografía fuese un estudio exhaustivo de Agustín, válido para todos los tiempos y, por eso, necesitado de revisiones periódicas, como si fuera un manual científico.* Fue un libro escrito en una determinada época, por un joven que se hallaba en un determinado momento de su actividad académica.

Al añadir un epílogo a un texto escrito en los años sesenta, he deseado, por así decirlo, encontrarme con este joven —un joven de la mitad de mi edad actual—, como si inesperadamente me topase con él a la vuelta de la esquina. Se emocionaría, supongo, al toparse conmigo e informarse de cuánto más se ha descubierto: acontecimientos de la vida de Agustín sobre los que entonces él nada sabía están ahora vívidamente documentados; estudios modernos sobre temas que le interesaron grandemente existen ahora en una abundancia con la que no hubiera osado soñar; se han abierto perspectivas enteramente nuevas del estudio de Agustín que completan o corrigen lo que aquel escribió originalmente... Espero que los lectores modernos experimenten también una sorpresa similar, aunque viajen en dirección opuesta. Avanzarán sobre un texto escrito en los años sesenta, para leer aspectos de la vida de Agustín que hemos llegado a

* Ver, sin embargo, «Nuevas evidencias» (p. 447) y, sobre todo, «Nuevas direcciones» (p. 477). *(N. del E.)*.

conocer solo desde que en 1981 y, de nuevo, entre 1992 y 1996, se han publicado nuevas cartas y sermones. Encontrarán también un resumen de la agustinología moderna, que los capacitará para reconsiderar, desde un punto de vista frecuentemente muy diverso, el libro que acaban de leer.

He dejado las tablas cronológicas tal como están en el texto. La datación de algunas obras de Agustín ha sido cuestionada y, a veces, alterada; pero son cambios de menor importancia. Hay que recordar, sin embargo, que la nueva datación aun de obras secundarias o de cartas y sermones de Agustín influye de forma inevitable en nuestro juicio sobre las circunstancias ambientales de la vida de Agustín y sobre los cambios en su pensamiento. No he registrado dichos cambios en las tablas cronológicas, de las que el lector dependía para seguir mi propio relato: hago esto confiando en que las obras modernas a que me refiero en mi epílogo darán al lector amplia información sobre las nuevas traducciones, y en que le aclararán en qué áreas han tenido lugar cambios respecto a la cronología de la vida y obras de Agustín, y cuál puede ser la importancia de esos cambios.

Por último, en un campo que cambia tan rápido como el estudio de Agustín —y sobre todo en estos felices días en que está en juego la interpretación de los testimonios recientemente descubiertos—, es necesario dejar claro que en el nuevo epílogo he sido capaz de tomar en consideración solo las obras que estaban a mi alcance, en Estados Unidos, hasta 1998 y comienzos de 1999.

Como en todas las etapas de mi estudio de Agustín, desde los mismísimos comienzos alrededor de 1960 hasta el presente, este epílogo no hubiera sido lo que hoy es si no hubiese podido contar con la nada común generosidad de mis colegas profesionales. Muchas citas, que pueden parecer al lector ocasional solo expresiones rutinarias de erudición, son para mí mucho más que esto: están empapadas de cálidos recuerdos de gratitud y admiración. En esta ocasión, mi especial agradecimiento tiene que ir a Goulven Madec y a François Dolbeau, quienes aplicaron sus incomparables conocimientos y dotes críticas al último borrador del epílogo, y a Mark Vessey, que lo ha leído atentamente en cada etapa. Los errores, tanto del epílogo como del libro, siguen siendo míos.

Universidad de Princeton,
Princeton, Nueva Jersey, 17 de marzo de 1999

PREFACIO

He tratado en este libro de comunicar algo sobre el transcurso y la forma de vida de Agustín. No solo vivió este en una época de rápido y dramático cambio, sino que él mismo estaba constantemente cambiando. El historiador de la decadencia del Imperio romano puede seguir a través de su vida las evoluciones que llevaron a Agustín del muchacho de escuela, llorando sobre la vieja historia de Dido y Eneas en una provincia segura, al fin de su vida como obispo católico de un puerto del norte de África que fue bloqueado por las bandas guerreras de una tribu que había llegado recientemente del sur de Suecia. El historiador puede también calibrar algunos de los cambios más difíciles de captar en el hombre mismo: recordará constantemente, a menudo por un detalle aislado —por nada más, quizá, que por una frase retorcida usada como alusión a un amigo—, las jornadas largas e interiores de Agustín. Más difícil todavía, y más satisfactorio, es para el historiador tratar de comprender esa área crucial donde los cambios internos y externos se mezclan unos con los otros. Agustín tendrá que estar a la altura de las nuevas circunstancias; su forma de vida será inconscientemente transformada por largas rutinas, y las circunstancias exteriores poseerán distintos significados en las diferentes épocas de su vida en función de sus preocupaciones personales. Escribiendo, actuando, influyendo sobre un número cada vez mayor de personas, ayudará a acelerar cambios en el mundo que le rodeaba, que no era menos precipitado que sus propias transformaciones interiores.

Quedaría más que satisfecho si he dado una idea sobre la forma tan aguda de sucederse estos cambios y si, de este modo, he animado a otros a que crean que es posible vislumbrar una figura en un pasado tan distante.

Inevitablemente, esta perspectiva me ha llevado a concentrarme en algunos aspectos de la vida de Agustín más que en otros. Buscando la forma de tratar estos cambios que he descrito, me doy cuenta de que me he quedado con una sola cara de la moneda: me encuentro, por ejemplo, ante la rutina diaria de Agustín como obispo, y lejos, en cambio, de sus especulaciones sobre la Trinidad. Espero, sin embargo, que mi perspectiva no servirá para excluir de forma deliberada facetas completas de la vida de Agustín, y menos aún para disminuir la riqueza de su pensamiento. Al fin y al cabo, puedo estar seguro de que Agustín ha sido tan excelentemente estudiado en las pasadas generaciones que, si yo no he hecho justicia a muchos aspectos de su vida, su pensamiento y su personalidad, hay otros que llenan estas lagunas. El lector, por tanto, debe saber que muchos de los autores a los que constantemente me refiero son para mí mucho más que nombres, y sus opiniones cimentan o complementan la mía propia: son los gigantes en cuyos hombros me siento honrado en apoyarme.

El estudio de Agustín es interminable; sin embargo, por fortuna existe una colección bibliográfica moderna bien dirigida.* Se puede solamente concluir, como del estudio de Agustín, reflejando que «When a man hath done, then he beginneth» («Cuando un hombre ha terminado, entonces empieza», Eccles 18, 6). He elegido, por tanto, dentro de lo posible, referirme a aquellos tratados que hasta la fecha me parece que tratan más exhaustivamente las implicaciones y opiniones divergentes que rodean cada cuestión que he tocado. Me doy cuenta de que he omitido, de esta forma, la obra de algunos eruditos, porque sus contribuciones, aunque importantes, han sido ya asimiladas por la erudición moderna agustiniana. Esto también significa pasar por alto muchas controversias, hacer justicia a solo una de las cuales podría haber ocupado un volumen entero. Creo que los libros y artículos que he incluido serán como plantas que, al crecer, revelarán todas las ramificaciones del sistema de raíces del estudio moderno de Agustín y su época.

Vaya mi agradecimiento, primero y principalmente, al director y miembros del All Souls College de Oxford. Solo la rara tranquilidad de este colegio pudo hacer posible la idea de embarcarme en esta obra; solo su atmósfera distintiva pudo refrescarme y estimularme mientras la realizaba. He tratado, a través de ella, de estar a la altura del alto nivel alcan-

* Especialmente C. Andresen, *Bibliographia Augustiniana,* 1962; T. van Bavel, *Répertoire bibliographique de S. Augustin, 1950-1960* (Instrumenta Patristica, III), 1963, 5.502 títulos, y E. Lamirande, «Un siècle et demi d'études sur l'ecclésiologie de S. Augustin», *Revue des études augustiniennes,* VIII, 1962, pp. 1-124, 988 títulos. Todos los años la *Revue des études augustiniennes* edita un «Bulletin augustinien» exhaustivo de unos cuatrocientos títulos.

zado por el último romanista, el profesor Momigliano. Estoy agradecido a los muchos doctos amigos que me han animado mientras escribía, y que se han esforzado en corregirme cuanto había escrito; especialmente a mi maestro, el reverendo doctor T.M. Parker, al reverendo profesor H. Chadwick y a Robert Markus. Me he beneficiado grandemente con la erudición de John Matthews y sus vívidos comentarios sobre ciertas facetas de la época de Agustín. También me doy cuenta de que estoy en deuda con mis estudiantes, lo que es menos fácil de particularizar. Todos los años, el entusiasmo y el vivo interés con que un grupo de alumnos pregraduados de la Modern History School de Oxford cruza ese puente solitario y precario tendido por su plan de estudios entre la historia antigua y la medieval, y, entre las disciplinas de los historiadores, los teólogos y los filósofos, me ha reforzado en mi propia fascinación por Agustín y su época.

Las dificultades hasta entregar este libro a imprenta hubieran sido infinitas si no hubiera podido confiar en el cuidado escrupuloso, el interés y el acumen bibliográfico de Michael Walsh; el lector debe agradecerle, como yo lo hago calurosamente, las tablas cronológicas y el inventario invaluable de traducciones inglesas de las obras de Agustín. El índice pertenece al padre Charlier de Heythrop College. Afortunadamente, he contado con la mecanografía cuidada y perfecta de la señora Sheila Clayton. Para terminar, mi mujer me ha ayudado a apreciar, en nuestra labor conjunta, la fuerza de la observación de Agustín de que «un amigo es aquel al que uno puede atreverse a participar los secretos del corazón».

All Souls College,
Oxford, junio de 1966

MAPAS

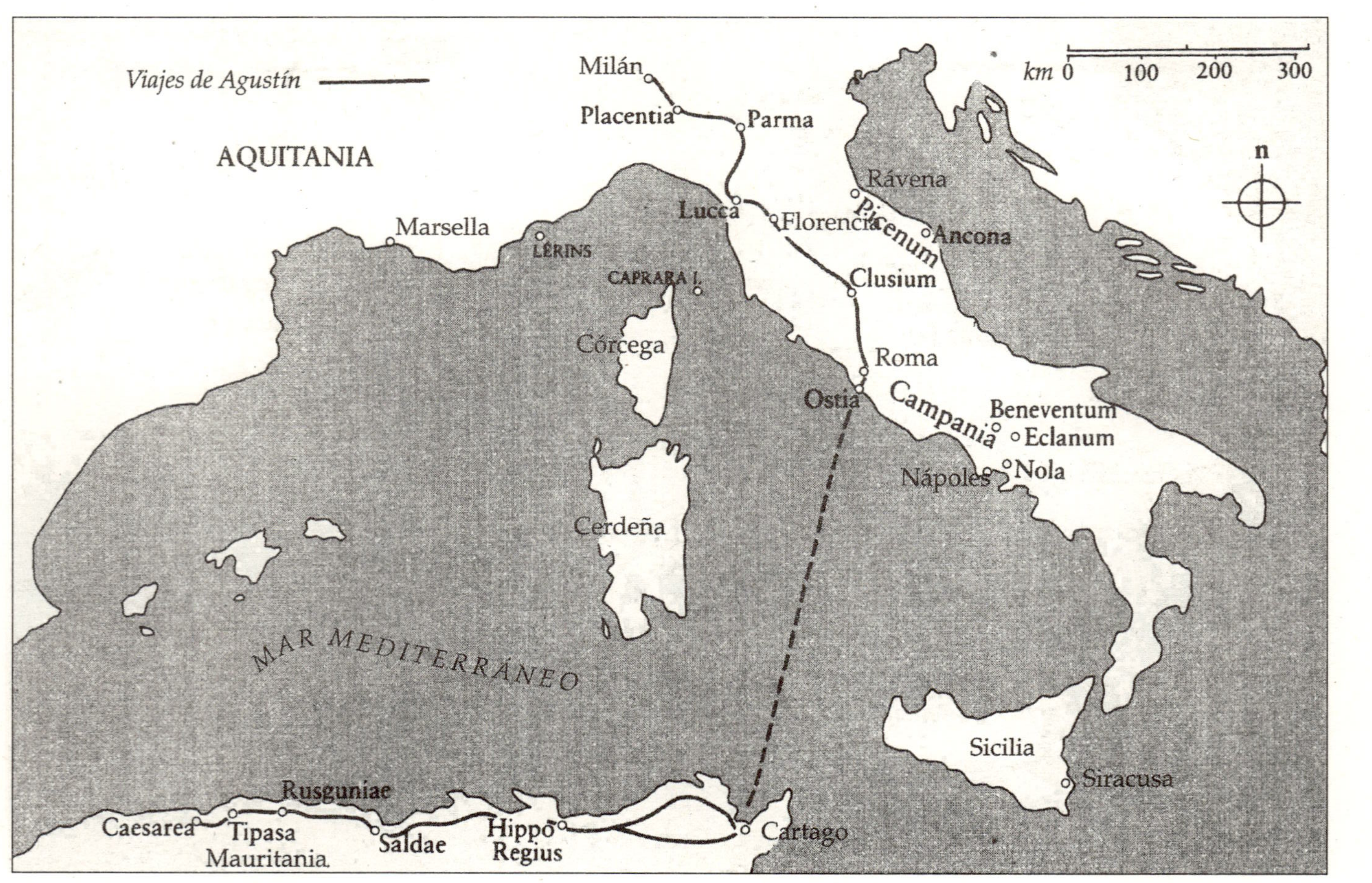

Viajes de Agustín
km 0 100 200 300
n
AQUITANIA
Milán
Placentia
Parma
Lucca
Florencia
Rávena
Picenum
Ancona
Clusium
Roma
Ostia
Campania
Beneventum
Eclanum
Nola
Nápoles
Marsella
LÉRINS
CAPRARA I.
Córcega
Cerdeña
MAR MEDITERRÁNEO
Sicilia
Siracusa
Rusguniae
Caesarea
Tipasa
Mauritania
Saldae
Hippo Regius
Cartago

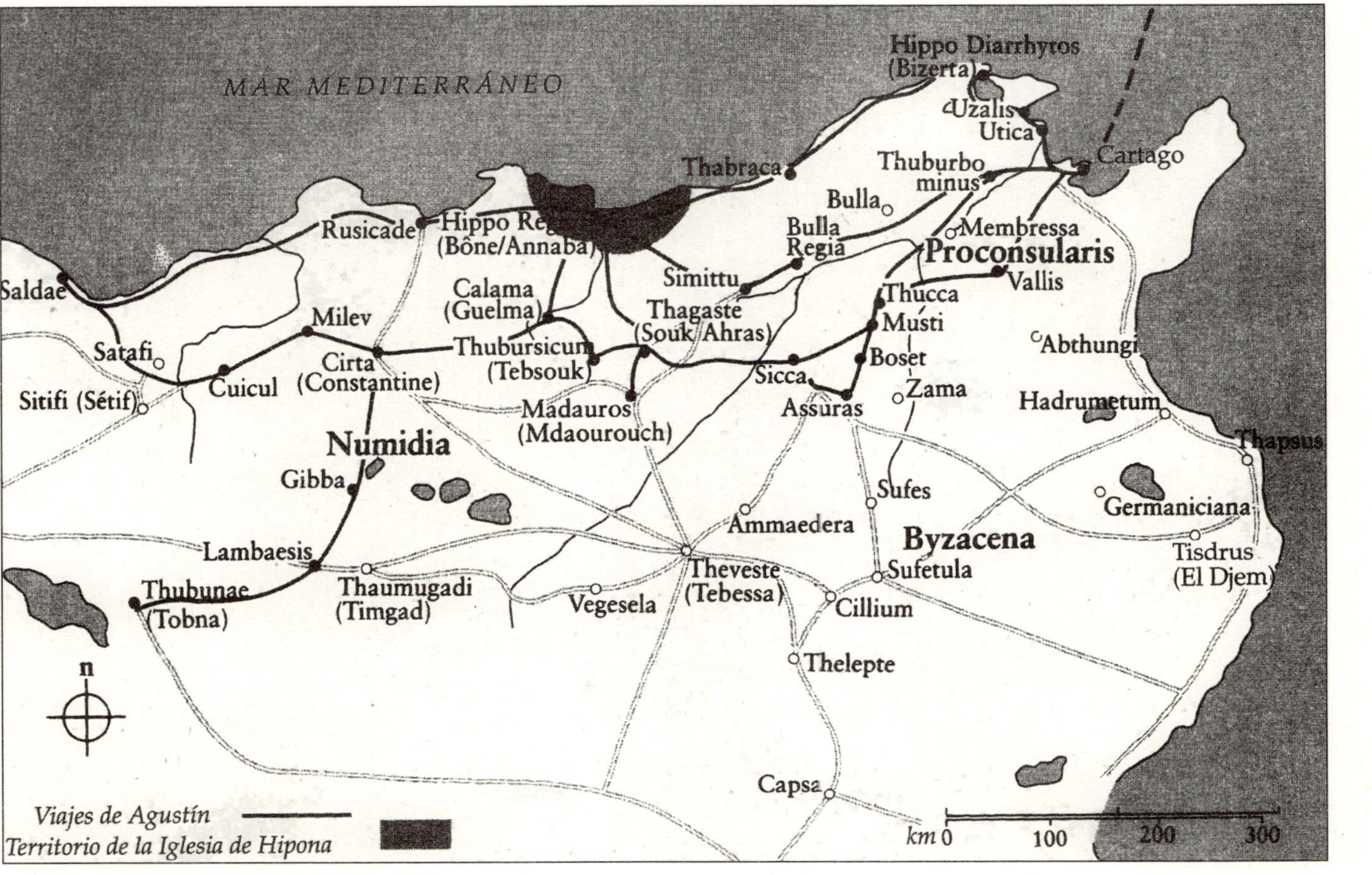
MAR MEDITERRÁNEO
Hippo Diarrhytos
(Bizerta)
Uzalis
Utica
Cartago
Thuburbo
minus
Thabraca
Bulla
Membressa
Rusicade
Hippo Regius
(Bône/Annaba)
Bulla
Regia
Proconsularis
Simittu
Vallis
Saldae
Calama
(Guelma)
Thagaste
(Souk Ahras)
Thucca
Milev
Musti
Satafi
Cirta
(Constantine)
Thubursicum
(Tebsouk)
Boset
Abthungi
Cuicul
Sicca
Zama
Sitifi (Sétif)
Madauros
(Mdaourouch)
Assuras
Hadrumetum
Numidia
Thapsus
Gibba
Sufes
Germaniciana
Ammaedera
Byzacena
Lambaesis
Tisdrus
(El Djem)
Theveste
(Tebessa)
Sufetula
Thubunae
(Tobna)
Thaumugadi
(Timgad)
Vegesela
Cillium
Thelepte
n
Capsa
Viajes de Agustín
Territorio de la Iglesia de Hipona
km 0
100
200
300

ABREVIATURAS

En las notas he utilizado las siguientes abreviaturas de títulos y ediciones tipos:

Misc. Agostin. 1 = Morin, Sermones post Maurinos Reperti, *Miscellanea Agostiniana*, 1, 1930.

P. L. = J. P. Migne, *Patrologiae Cursus Completus, Series Latina* (número del volumen en romanos, número de columna en arábigos).

Vita = *Sancti Augustini Vita a Possidio episcopo* (*vid.* esp. p. 425, n. 10).

PRIMERA PARTE

354-385

TABLA CRONOLÓGICA

354		Agustín nace en Tagaste.
361	Juliano, emperador (hasta el 363).	
364	Cisma rogatista.	
367	Ausonio, tutor de Graciano en Trieste.	
370		Vuelve de Madaura a Tagaste.
371		Va a Cartago por primera vez.
372	Revuelta de Firmo.	Muere Patricio. Agustín toma una concubina.
373	1-XII. Consagración de Ambrosio.	Lee el *Hortensio*. (?) Nacimiento de Adeodato.
374	Muerte de Firmo.	
375	17-XI. Muere Valentiniano I.	Vuelve de Cartago a Tagaste para enseñar.
376		Muerte de un amigo; regresa a Cartago.
378	9-VIII. Derrota contra los visigodos y muerte de Valens en Adrianópolis (Edirne).	
379	Teodosio I toma el mando del Imperio. Consultas de Ausonio.	
380	(?) Vindiciano procónsul en Cartago.	Escribe *De pulchro et apto* (no se ha conservado).
383	Revuelta de Máximo (junio). Fausto de Milevis llega a Cartago. Ambrosio en Trieste (de octubre al siguiente enero). Hambre en Roma.	Zarpa hacia Roma.

384	Símaco, prefecto de Roma. Controversia del Altar de la Victoria (verano). Fecha dramática de la *Saturnalia* de Macrobio.	Nombrado profesor de retórica en Milán (otoño).
385	Jerónimo zarpa (347-?420) de Ostia hacia el este (agosto).	Mónica llega a Milán (al final de la primavera).

I
ÁFRICA[1]

La ciudad de Tagaste (actual Souk Ahras, Argelia) contaba ya trescientos años de existencia cuando, en el año 354, nació allí Agustín. Era uno de los muchos núcleos con brillante conciencia de sí mismos que los romanos habían desperdigado por todo el norte de África, y se autodenominaba el «esplendidísimo concejo» de Tagaste.[2]

Desde el siglo I a.C., un «milagro económico» había transformado el interior del norte de Africa.[3] Nunca más se extendería en el futuro la prosperidad de forma tan eficaz sobre un área tan amplia. Durante el siglo II d.C., en los altiplanos y valles de la meseta —la vieja Numidia— donde nacería Agustín, se había cultivado cereal, se habían establecido ciudades y construido una red de carreteras. Incluso más al sur, más allá de los montes del Aurés, una línea de fortines guardaba el límite entre el cultivo intensivo y el terreno baldío, en el mismo borde del Sáhara. En aquella era de opulencia, los habitantes de una región, Thysdrus, la moderna El Djem, habían edificado en medio del llano un anfiteatro casi igual en tamaño al Coliseo romano; pero el más característico monumento de este periodo de pujante expansión se encuentra en una inscripción de Timgad, ciudad más al sur de Tagaste, en lo que es ahora la desolada región montañosa de Argelia meridional: «La caza, los baños, juegos y risas, ¡eso es la vida para mí!».[4]

En el siglo IV, la anterior expansión se había detenido de modo preocupante: cesaron los proyectos arquitectónicos, los antiguos monumentos públicos comenzaron a agrietarse, y barrios de chabolas, tan caóticos como las tortuosas callejuelas de los bazares de una ciudad árabe, empezaron a presionar sobre la cuadrícula geométrica de avenidas de las viejas ciudades romanas. La riqueza de África se había alejado de sus anteriores centros; en su lugar, bosques de olivos iban cubriendo las laderas de la Numidia meridional. Agustín podría trabajar toda la noche con la lámpara abundantemente aprovisionada del áspero aceite africano: era una comodidad que echaría de menos durante su estancia en Italia.[5] Este aceite provenía de pequeños comerciantes, de pueblos a los que faltaba la elegancia ostentosa de las ciudades romanas. Estos toscos campesinos que, suspicaces frente al mundo exterior, vivían en estrechas comunidades, y cuyos hábitos de existencia habían cambiado muy poco desde la época prehistórica, se habían convertido en árbitros de la prosperidad de África: «Aquí yace el pío Dión; vivió 80 años y plantó 4.000 árboles».[6]

Tagaste, la ciudad de Agustín, se elevaba en la meseta al borde de esta nueva África; era administrada desde Cartago, aunque había pertenecido anteriormente al antiguo reino de Numidia. Solemos imaginarnos toda África como el África de Cartago, el África de la costa mediterránea; sin embargo, Agustín creció a más de trescientos kilómetros del mar y a una altura de seiscientos metros, separado del Mediterráneo por amplios bosques de pinos y elevados valles plantados de olivos y cereales. Siendo niño, podía imaginarse el mar tan solo mirando un vaso lleno de agua.[7]

Este era, en fin, un mundo de agricultores. Una ciudad era un símbolo de civilización, pero no era una unidad ajena a la campiña. Aunque llenas de orgullo, estas Romas en miniatura no alcanzaban una población de más allá de unos pocos millares, que vivían de idéntica manera que los actuales habitantes de un pueblo de España o de una población del sur de Italia. En el campo era donde se procuraban los placeres de la vida aquellos que podían. En los mosaicos se ven grandes casas de campo de los romano-africanos: villas de dos pisos, rodeadas de caballerizas, estanques llenos de peces y ornamentales bosques de cipreses. Allí se encuentran sus propietarios vestidos con los trajes flotantes de la época, cazando a caballo y recibiendo homenajes de sumisos campesinos. Estos hombres eran los *patroni*, los protectores de su comunidad, tanto en la ciudad como en el campo. Cuando ellos atravesaban el foro con su numeroso séquito, el pobre sabía muy bien que tenía que levantarse y hacer una profunda inclinación ante su señor.[8]

La miseria también existía en el campo: la miseria de gentes al borde de la inanición, una brutalidad como la de la Rusia zarista. Diez años antes del nacimiento de Agustín, el sur de Numidia había sido testigo de una rebelión de campesinos matizada, muy significativamente, con una forma combativa de cristianismo. Agustín, miembro respetable de una ciudad romana, se encontraba protegido de esta miseria. Sin duda, como maestro de escuela y más tarde como obispo, formaba parte de una clase minoritaria que carecía de contacto directo con el campo: se podía permitir, incluso, hablar nostálgicamente sobre la jardinería, o considerar la agricultura como un «ejercicio físico».[9] Amarrado a su mesa de trabajo, en años posteriores, guardaba solo una memoria lejana de los largos días en los que había vagado por el campo cazando pájaros.[10]

Para ser pleno miembro de una ciudad romana, Agustín tenía que ser libre y civilizado, no necesitaba ser rico. Su padre, Patricio, era pobre, un *tenuis municeps*, un ciudadano de modestos medios económicos.[11] Agustín crecerá en un mundo duro y lleno de competencia, en medio de gente bien nacida, empobrecida y orgullosa. Una educación clásica era uno de los pocos caminos de éxito para estas personas; y él se salvó por poco de no perder también esta posibilidad. Sus primeros años se verían ensombrecidos por los sacrificios que hizo su padre para darle esta educación que era una necesidad vital: Patricio y su familia se veían obligados a ir pobremente vestidos,[12] había que economizar. Hubo incluso un año desastroso en el que Agustín tuvo que interrumpir sus estudios en la agradable ciudad universitaria de Madaura (o Madauros, hoy Mdaourouch) para llevar una vida agreste en la ruda Tagaste.[13] Sus primos fueron menos afortunados, pues se quedaron sin una educación apropiada,[14] teniendo que hacer frente a la pobreza y a la monotonía del estrecho mundo de los terratenientes iletrados.

Con todo, Patricio podía contar con el patronato de un personaje local y quizá pariente, Romaniano.[15] Romaniano iba con frecuencia a Italia a defender su propiedad ante el tribunal imperial. Cuando volvía a Tagaste mostraba su poder dando espectáculos de fieras y otorgando su tutela a jóvenes como Agustín. A cambio, recibía estatuas y discursos de sus conciudadanos. Podía aspirar también a recibir del emperador títulos y posiciones administrativas.[16]

En el fluido mundo del siglo IV, la suerte y el talento podían cerrar la brecha que existía entre un Patricio y un Romaniano. En el año 385 Agustín llegará a ser profesor de retórica en Milán, y se encontrará en posición de acariciar la idea de casarse con una rica heredera y conseguir un gobierno de provincia.[17] En aquella época podía muy bien haber dicho, como otro africano de su tiempo que había alcanzado el éxito: «Crecí en el campo, hijo de padre pobre e ineducado. He llegado, a través del cultivo de la literatura, a vivir la vida de un noble».[18]

Hombres como Patricio y Romaniano no se consideraban romanos en vano. Es de lo más improbable que Agustín hablara otra lengua que no fuera el latín. Entre la cultura latina, en la que él se había educado exclusivamente y con tanto éxito, y cualquier tradición «nativa» preexistente, se interponía un inconmensurable abismo cualitativo: el que separa a la civilización de la ausencia de ella. Lo que no era romano en África solo podía ser pensado por un hombre de este tipo desde el punto de vista romano. Agustín usará la palabra «púnico» para describir los dialectos nativos que la mayoría de los hombres del campo hablaban exclusivamente y que muchas gentes de la ciudad compartían con el uso del latín. Pero eso no quiere decir que ellos hablaran la lengua de los antiguos cartagineses, sino que Agustín, un hombre educado, aplicaba indistintamente el término tradicional e indiferenciado a toda lengua hablada en el norte de África que no fuera latín.[19]

Aun así, el África plenamente romanizada del siglo IV siguió siendo extranjera en la opinión del resto del mundo romano. Esta opinión era unánime: África se malgastaba en las manos de los africanos.[20]

En los días de su ostentosa opulencia, en los siglos II y III, la cultura romana, en las manos de los africanos, había dado un giro acusadamente diferente, que nos sorprende por lo «barroco» más que por lo clásico.[21] El africano de talento, por ejemplo, se deleitaba en los intrincados juegos de palabras, retruécanos, rimas y acertijos; ya obispo, Agustín será muy admirado por su congregación gracias a su habilidad para desplegar complicados fuegos de artificio verbales.[22] Este tipo de personas necesitaba de la polémica; se crecía con la autodefensa. Procuraba impresionar a sus compañeros con excéntricos giros y con símiles vívidos y rebuscados. A la edad de setenta años, este fuego tan africano ardía aún con fuerza en Agustín: cuando un antagonista parece conceder que tenía un tímido punto de duda, Agustín exclama: «Vaya, parece que tu tinta se ha vuelto roja».[23] Los mosaicos encargados por estos hombres eran brillantes, llenos de detalles minuciosamente observados de la vida cotidiana, y un poco grotescos.[24] Hombres como estos podían escribir novelas, tenían una inagotable vista para el detalle, para la picaresca, y tal interés en las emociones del corazón que han asegurado que los dos únicos libros de la literatura latina que un hombre moderno pueda colocar junto a la ficción actual fueran escritos por africanos: *El asno de oro* de Apuleyo y las *Confesiones* de Agustín. Agustín había llorado con la gloriosa historia de Dido y Eneas, paréntesis muy africano en la vida del piadoso fundador de Roma;[25] y es un poeta africano quien rectificará las omisiones de Virgilio, escribiendo las cartas de amor de la reina abandonada.[26]

Los grandes escritores africanos fueron, sin embargo, meteoros fugaces. El africano medio era más notorio como abogado. Agustín podría haber sido uno de ellos: «Es una buena cosa el poseer elocuencia ejerciendo gran poder, el tener clientes dependiendo de todas las palabras de un cuidado discurso de su protector, poniendo sus esperanzas en su boca...».[27] Como los litigiosos caballeros isabelinos, los «buenos colonos» de África tenían que ser también «expertos en la ley de los tribunales»;[28] y también, como entre los isabelinos, un legalismo seco, feroz, una dedicación apasionada a manipular con las formas públicas de vida argumentando en la sala de justicia eran un complemento efectivo, en la mayoría, de la fantasía y la sensibilidad en la minoría. Los jefes de la Iglesia cristiana en África habían llevado a sus propias controversias exactamente este desarrollo. Una cultura abogadesca, astuta e implacable había proliferado en su nuevo ambiente clerical. Visto por un obispo italiano que lo conocía bien y tenía sincera aversión a su teología, Agustín era simplemente el último ejemplo de una figura completamente familiar, el *Poenus orator*, «el abogado africano».[29]

Agustín, sin embargo, decidió que prefería ser maestro. También en esto los africanos habían demostrado un gusto característico: veneraban la educación. Hombres sencillos cubrían sus tumbas con inscripciones en malos versos; el nieto de un soldado moro se jactaba de que era «un profesor de letras romanas»; otro se había llamado a sí mismo «el Cicerón» de su pequeña ciudad. En África, la educación romana había significado una condición social elevada para una multitud de gente menuda. Era una atmósfera hostil para talentos genuinos. Los siglos IV y V, en Aquitania y en el Alto Egipto, estuvieron marcados por repentinas «explosiones» de talentos literarios.[30] En África, por el contrario, el polvo de la erudición se posaba pesadamente en los innumerables textos clásicos escritos por profesores africanos.[31] Tales hombres podían pronunciar *homo* correctamente;[32] uno de ellos escribió un libro sobre *Las bodas de Mercurio y la Filología*; otro probó su superioridad ante Agustín tachándolo de haber escrito «donatista» cuando un hombre educado habría dicho «donatiano».[33] De alguna manera, las energías desbordantes de los siglos II y III habían llegado a agotarse: el África del siglo IV se había convertido en un remanso estancado, aunque abundante.[34]

En Tagaste, por lo menos, los hijos de esta burguesía mezquina triste y empobrecida se unieron en su juventud en una búsqueda común de progreso. Detrás de la biografía particular de Agustín podemos vislumbrar también esta «biografía colectiva», los destinos de un notable grupo de jóvenes decididos a escapar a la inercia de una pequeña ciudad africana. Muchos de estos amigos estuvieron unidos desde el principio hasta el fin de sus vidas, y este corrillo de aplicados estudiantes había de convertirse, en la plenitud de la edad, en un formidable grupo de obispos que controlaría los destinos de la Iglesia católica en África. *Dulcissimus concivis*: «Mi queridísimo amigo y conciudadano»,[35] esta frase dicha por Agustín como obispo lleva al nuevo mundo de la jerarquía católica la antigua lengua de la vida pública romana.

Pero, ya en la generación de Agustín, los viejos modelos empezaban a no ser satisfactorios. El terrateniente rico, el estudiante aventurero o el obispo pleitista tenían todavía que zarpar para Italia de cuando en cuando: *navigare* es un tema constante en las obras de Agustín.[36] Aunque no lograrían satisfacer sus ambiciones tan fácilmente. Todos los jóvenes ambiciosos de Tagaste volverán para pasar el resto de su vida en un marco completamente provinciano, igual que los obispos de las pequeñas ciudades africanas. Y es que los emperadores no necesitaban de los servicios de estos meridionales, porque tenían que guardar la frontera del norte, que se encontraba amenazada. La corte se movía con los ejércitos entre la Galia, el norte de Italia y las provincias del Danubio. Para ellos, África no era más que una segura fuente de impuestos, el granero fuertemente gravado de Roma. Los habitantes de Tagaste, Romaniano y su pequeño séquito de clientes, se sentían menospreciados. Como los angloirlandeses de fines del siglo XVIII, estos representantes de una sociedad próspera y altamente civilizada se veían condenados a mirar cómo su país se hundía en un estado de mera «colonia», administrada por extranjeros del otro lado del mar.[37]

Los tiempos habían cambiado. En el siglo IV, el Imperio romano tenía que hacer frente a un estado continuo de guerra.[38] Por el norte, era presa de las bandas guerreras bárbaras, y por el este, desafiado por el reino militarista y bien organizado de Persia. Los emperadores patrullaban por sus fronteras a la cabeza de los regimientos de caballería pesada. Se les aclamaba, con un entusiasmo que aumentaba con cada desastre, como los «siempre victoriosos» o «restauradores del mundo». Los impuestos se habían doblado, incluso triplicado, en el recuerdo de una sola generación. Los pobres eran víctimas de una loca inflación. Los ricos se defendían, acumulando cantidades nunca vistas de propiedades. El propio emperador se convirtió en una figura remota y temible. Sus edictos se escribían con letras de oro en papel de púrpura, y eran recibidos con las manos reverentemente cubiertas, «adorados»... y normalmente ignorados. Sus servidores solo podían gobernar mediante el terror. Un hombre digno como Patricio, que provenía de una clase acostumbrada a ser la indiscutible directora de la localidad, se encontraba empequeñecido por los grandes nuevos ricos y coartado y oprimido por los oficiales imperiales. Y se veía también amenazado por el síntoma más ominoso en una sociedad civilizada: el endurecimiento espectacular de las leyes penales. Se le podía azotar; una ofensa al emperador o a sus servidores podía acarrear la ruina a una comunidad entera de respetables ciudadanos, dejándolos mutilados por las torturas o reducidos a la calidad de mendigos por multas aplastantes.[39]

A pesar de todo, y como sucede muy a menudo, este mundo al borde de su disolución se empeñaba en creer que duraría eternamente. Los jeremías del Imperio romano en declive aparecerán solo cuando Agustín sea ya un anciano. No hay que sorprenderse del optimismo de la gente durante la juventud de Agustín: inscripciones africanas hablarán de «época dorada en todas partes»,[40] o del «vigor juvenil del nombre de Roma»;[41] un obispo cristiano considerará al cristianismo y a la civilización romana como equivalentes: «¡Como si alguna virtud cristiana pudiera existir entre los bárbaros!».[42] Un administrador poeta escribirá que Roma, gracias a «su larga vida, ha aprendido a desdeñar la finitud».[43] Sin duda, Roma seguía siendo el «Imperio del Centro» solo porque, como en la antigua China, la gente educada no conocía otro Estado civilizado. El Imperio romano estaba todavía sostenido por la indiscutible lealtad de una clase parecida a la de los «mandarines» de la China imperial: la clase de los senadores y burócratas cultos a la que el joven Agustín confiaba incorporarse.

Pero era precisamente en este aspecto de la vida romana donde habían ocurrido los cambios más profundos. El viejo modelo de la vida civilizada romana dejó de satisfacer plenamente al hombre culto. Incluso llegaría a cambiar el modo de vestir: la impecable toga romana, por ejemplo, aparecía todavía en las estatuas de oficiales o personajes importantes, pero estas mismas personas importantes vestían luego trajes tan brillantes que no tenían nada que envidiar a los de *Las mil y una noches*: una túnica ceñida que llegaba a las rodillas, recargada de bordados en los dobladillos, medias llamativas... Una gran capa iba prendida sobre el hombro derecho con un broche de origen bárbaro, y su ahuecada seda estaba calada de hilos de oro y decorada con aplicaciones de colores, de acuerdo con el rango de su dueño, bien representando figuras, dragones volantes, o, en el caso de un cristiano piadoso, escenas de la Biblia. Tampoco vivían ya en las casas del pasado, de planta cuadrada alrededor de un patio, sino en intrincados palacios, brillantes por las aplicaciones de mármol y los mosaicos irisados, construidos de dentro hacia fuera, para desembocar en arcadas en las salas a distinto nivel, con techos cupulados y una gran cantidad de pesados cortinajes en un nuevo sentido de intimidad y opulento misterio. La expresión de los romanos de época tardía en las estatuas revela a menudo el cambio de mayor alcance de todos: estas han dejado ya de ser retratos realistas: sus ojos levantados y sus facciones alargadas inmóviles muestran una preocupación por el más allá, una vida interior que no dudaríamos en asociar con los santos románicos.

Para el joven Agustín, la vida tradicional será solamente una apariencia. En la cumbre de su carrera de profesor de retórica clásica, parte de él, por lo menos, escuchará las enseñanzas de Manes, un visionario persa. Su vida cambiará por la lectura de las obras de Plotino, filósofo que «parecía avergonzado de existir en el cuerpo».[44] Un gran senador pagano, Pretextato, hablará de sus títulos romanos tradicionales como de una «ruina», y de sus iniciaciones místicas como «una auténtica bendición».[45]

Ambrosio, enviado a Milán como gobernador romano, será allí ordenado obispo católico. Otro noble, Paulino, desaparecerá repentinamente de la desahogada vida de Aquitania para hacerse monje, dejando intrigado a su amigo, el anciano profesor Ausonio. Estos acontecimientos son presagios para el futuro de Agustín: él será un maestro tradicional durante once años, y monje y obispo los restantes cuarenta y cuatro de su vida. Así escribió san Jerónimo de una niña pequeña de esta nueva época: «¡En qué mundo ha nacido Pacátula! Rodeada de desastres mientras juega. Aprenderá a llorar antes que a reír... Olvida el pasado, huye del presente y espera con anhelo la vida futura».[46]

II
MÓNICA

Siempre hay algo de reto en el modo en que Agustín enfocaba las cosas, y esto es también así en el caso del biógrafo, ya que su obra maestra es su autobiografía, las *Confesiones*, que escribió a los cuarenta y tres años, siendo ya obispo de Hipona. Estas abarcan los primeros treinta y tres años de su vida, y es por este libro por el que mejor se conoce la primera juventud de Agustín. Sin embargo, no hay otro libro que socave con tal arte las pretensiones de una biografía convencional. Agustín deja claro, a lo largo de las *Confesiones*, que la evolución del «corazón» es la verdadera materia de la autobiografía;[1] pero, escrita desde el punto de vista del corazón, muchos de los detalles superficiales que un historiador exigiría sobre la juventud de Agustín se hunden en el trasfondo. Por ejemplo, siendo joven, perdió a un amigo; ni siquiera conocemos el nombre de ese amigo: lo único que sabemos es que:

> Mi corazón se llenó de tinieblas, y en todo cuanto miraba no veía otra cosa sino la muerte. Mi patria me servía de suplicio y la casa de mis padres me parecía la morada más infeliz e insufrible; todo cuanto había contado y comunicado por él se me volvía en cruelísimo tormento, viéndome sin mi amigo. Por todas partes lo buscaban mis ojos, y en ninguna lo veía: todas las cosas me eran amargas y aborrecibles sin él, porque en ninguna de ellas lo encontraba, ni podía ya decirme a mí mismo, como antes cuando él vivía y estaba fuera de casa o ausente: *espera, que ya vendrá*.[2]

Sin embargo, cuando considera que un detalle es pertinente para este análisis del corazón, Agustín lo precisa con una perceptividad asombrosa. No encontraba la razón por la que los hombres suelen olvidar cómo se habían comportado de pequeños. Sus padres le habían hecho creer sobre sí mismo, evidentemente, determinados estereotipos de piedad;

pero el obispo maduro quería buscar por sí mismo.[3] Y lo que encontró no fue un «inocente pequeño»: él se había arrojado sobre el pecho nutrido con glotonería desordenada, y se había enfurecido cuando no había podido comunicar sus deseos: «Es la debilidad física del niño lo que le hace perecer "inocente", no la calidad de su vida interior. Yo mismo he sido un niño celoso: era todavía demasiado joven para hablar y ya me ponía lívido por la cólera cuando miraba a otro niño mamando».[4] Con todo, también observará momentos de felicidad sin nubes: «Me fue dada la bienvenida a este mundo por la comodidad de la leche de mujer [...]. Fue una buena experiencia para ellos el que yo aprovechara tanto bueno de ellos [...]. Después, comencé a reír: primero, dormido; luego, ya despierto».[5] Las *Confesiones* están salpicadas con manchas de cálida luz de este estilo.

Solo por referencias de pasada en las *Confesiones* y en otras obras, sabemos que Agustín tenía por lo menos un hermano, Navigio, y quizá dos hermanas; y que su madre, Mónica, debía tener veintitrés años cuando él nació. Lo que Agustín recordaba en las *Confesiones* era su vida interior, y esta vida interior estaba dominada por una figura: Mónica.

Pocas madres sobreviven si nos son presentadas solamente por lo que han llegado a significar para sus hijos, y mucho menos un hijo tan complicado como Agustín. Las relaciones entre madre e hijo que se entretejen a lo largo de las *Confesiones* forman el hilo por el que el libro es justamente famoso. Pero para enlazar una relación hacen falta dos personas. Lo que Agustín dice sobre Mónica arroja tanta luz sobre su propio carácter como sobre el de su madre, aunque lo que dice es menos importante que el modo en que lo hace. De vez en cuando vislumbramos una mujer impresionante, muy parecida a lo que su hijo hubiera querido ser, cuando obispo: comedida, digna, por encima del chismorreo, firme pacificadora de sus amistades y capaz, como su hijo, de un verdadero sarcasmo.[6] Había sido criada austeramente en el seno de una familia cristiana[7] y seguía adherida a prácticas tradicionales en la Iglesia africana que las personas instruidas habían abandonado tachándolas de «primitivas», tales como los ayunos de los sábados[8] o las comidas sobre las tumbas de los muertos.[9] Sin embargo, puede que ella no fuera un alma enteramente simple, pues creyó, por ejemplo, que una buena educación clásica, aunque fuese pagana, haría con el tiempo de su hijo un cristiano mejor.[10] Sobre todo, era una mujer de profundos recursos interiores: sus certidumbres eran asombrosas; los sueños en los que preveía el curso de la vida de su hijo, impresionantes, y tenía confianza en que podía distinguir instintivamente cuáles de estos sueños eran ciertos.[11]

Aun así, la equilibrada imagen de Mónica que Agustín presenta en el Libro IX de las *Confesiones* se desvanece con la mayoría de los libros anteriores. En la descripción del propio Agustín de los comienzos de su vida, Mónica aparece sobre todo como una figura implacable: «Le gustaba tenerme consigo, como es corriente entre las madres, pero mucho más que a la mayoría».[12] Siempre que uno de sus hijos se iba por mal camino, «actuaba como si sufriera los dolores del parto».[13] Esta madre absorbente, profundamente herida por las rebeliones de su hijo, es la Mónica que solemos ver por los ojos de Agustín. A los veintiocho años, siendo un joven consciente y brillante, engañó a su madre escapándose de noche para zarpar hacia Roma, en lugar de hacer frente a su sentimiento de culpabilidad por abandonarla: «No tengo palabras —escribió— para expresar el amor tiernísimo que me tenía, y cuanto mayor y más angustioso era el cuidado que tenía de procurar para mi alma el ser y la vida de la gracia que el que tuvo para darme a la luz al mundo. Y así no veo cómo mi madre hubiera podido curarse si mi muerte en el pecado hubiera destrozado las entrañas de su amor».[14] «Si las ánimas de los muertos toman parte en los asuntos de la vida, si son verdaderamente ellas mismas las que nos hablan cuando las vemos en sueños... entonces mi piadosa madre no hubiera dejado de visitarme una sola noche, esa madre que me seguiría por tierra y mar, que viviría conmigo».[15]

Más tarde, Agustín se dio cuenta de que había existido un elemento de «deseo no espiritual»[16] en el devorador amor de Mónica por él; pero, con todo y con eso, siempre había estado acertada; había sido la voz de Dios en los comienzos de su vida,[17] y él nunca se había visto obligado a decirle una palabra dura,[18] ni siquiera cuando su madre lo echó de casa cuando era un hereje maniqueo, o cuando, a resultas de las disposiciones de ella, se vio forzado a alejarse de una mujer con la que había vivido quince años.

Como contraste, el padre de Agustín, Patricio, nos es totalmente desconocido. Agustín, hombre de numerosos y significativos silencios, pasará sobre él con frialdad. Patricio era generoso, pero de «temperamento exaltado»,[19] había estado inmoderadamente orgulloso de su hijo y era admirado por todos los sacrificios que hizo para completar la educación de Agustín.[20] Este recuerda una escena en los baños, en la que el padre se entusiasmó al ver que su hijo había alcanzado la pubertad.[21] Todo lo que dirá el hijo, en respuesta, es que «vio en mí solo cosas vanas».[22] Patricio murió precisamente después de que hubo conseguido juntar suficiente dinero para mandar al brillante hijo a Cartago: Agustín, que pronto experimentará y expresará profundo dolor por la pérdida de un amigo, mencionará la muerte de su padre solo de pasada.[23]

Lo que Agustín recordaba más vívidamente de sus padres era una tensión subterránea. Mónica conocía muy bien los límites de Patricio, y diría con sarcasmo a sus amigas que, al fin y al cabo, ellas eran las «esclavas» de sus maridos: no estaba hecho para ellas el «rebelarse contra su amo y señor».[24] Patricio no la golpeaba nunca, en contra de lo que hacían otros maridos, y ella esperaba a que su enojo decayera sin decirle una sola palabra provocativa. Solo entonces explicaba por qué ella tenía razón. Patricio le era infiel, pero también aquí ella esperó, en silencio, hasta que él se hizo cristiano.[25] En la niñez de Agustín, el cristianismo tenía su parte en esta tensión.

> Ya creía en Vos, juntamente con mi madre y toda nuestra familia, exceptuando a mi padre, cuyo respeto y autoridad nunca preponderó en mi estimación sobre el aprecio que yo tenía y hacía de la piedad de mi madre [...]. Y, por otra parte, mi madre ponía todo su celo en procurar que yo os tuviese a Vos, Dios y creador mío, por mi padre verdadero, más que a aquel que me había engendrado y por el que Vos me habíais dado la vida.[26]

Por afirmaciones como estas, Agustín ha atraído merecidamente sobre sí la atención de los modernos psicólogos. Es a una cosa, sin embargo, a la que se debe prestar la debida atención, y es que esta tensión manifiesta de su niñez todavía estaba viva en el espíritu de Agustín cuando, ya maduro, escribió las *Confesiones*. Completamente distinto es seguirle la pista a esta tensión desde sus raíces, en la niñez de Agustín, a lo largo de una vida variada y prolongada. Las inesperadas combinaciones, ramificaciones y conclusiones que un auténtico conocimiento de la psicología moderna nos haría esperar escapan al historiador.[27]

Ambos progenitores, sin embargo, tenían una cualidad común: la decisión. Patricio mostró una «terca resolución» para educar a su hijo;[28] Mónica vivió nueve años igualmente convencida, a su modo, de que «el hijo de tantas lágrimas no podía perderse».[29] Agustín fue capaz de apropiarse de esta cualidad, y no sería un logro insignificante. Veremos sus resultados especialmente en la manera como acosó a sus adversarios eclesiásticos y se afirmó con fuerza en sus propias ideas. Uno llega a convencerse de que Patricio y Mónica fueron los padres más apropiados para un obispo católico del África del siglo IV.

En conjunto, Agustín crecerá entre personas cuyas relaciones personales nos sorprenden por lo vehementes. Los habitantes de Tagaste vivían puertas afuera, en público. El hombre que se llevara mal con su esposa podía pasar el día en el foro, rodeado de amigos y clientes, con el corazón desfalleciente, mientras se ponía el sol y se hacía la hora de volver a casa. «He disfrutado la clara luz del sol y la mayoría de mis días... Fui siempre amable con todo el mundo; ¿por qué no deberían echarme todos de menos?».[30]

Era esta una vida pública en la que todos procuraban mantener, sobre todo, su reputación: «vivir eternamente en la boca de la gente»[31] era la ambición del africano próspero. Leyendo las inscripciones funerarias, nos damos cuenta de que solo un romano africano, como Agustín, podía pensar que el «amor a la gloria» había sido suficiente para estimular a los antiguos romanos.[32] Pero esta fachada hacia el público era sobremanera frágil. Los africanos eran expertos en desenmascarar a sus vecinos, y el propio Agustín era un consumado maestro en la ironía dura. Africanos tan característicos como Mónica o el amigo de Agustín, Alipio, vieron cómo sus vidas cambiaban por un sarcasmo anónimo que socavó repentinamente su inmenso sentido de la dignidad.[33]

La vida de una ciudad pequeña podía ser desgarrada por largos y rencorosos odios familiares. Se podía palidecer de cólera al oír las palabras «mi enemigo»[34] cantadas en los salmos. No sorprende que la «envidia» fuera una de las emociones que Agustín comprendía más profundamente; y podemos hacernos una idea del poder que tenía entre sus paisanos africanos por las colecciones de amuletos contra el mal de ojo.[35]

Igual que eran sumamente puntillosos, estos hombres eran ferozmente leales. Agustín, como veremos, apenas estará un momento de su vida sin algún amigo, o incluso algún pariente, a su lado. Ningún pensador de la Iglesia antigua está tan preocupado con la naturaleza de las relaciones humanas. En aquel tiempo, pocos ambientes habrían podido influir en Agustín tan vivamente como el mundo de estrechos vínculos en el que había crecido.

Los modelos más profundos de la imaginación de aquella gente pueden verse en sus creencias religiosas. Los habitantes númidas de la meseta estaban estrechamente relacionados con los modernos bereberes, grupo que ha mantenido siempre un modo de vida distintivo. Incluso el nombre de Mónica puede ser indicio de las creencias primitivas de su familia, derivado de una deidad local, la diosa Mon.[36] Igual que los cartagineses, los númidas no habían adorado nunca a los humanizados dioses olímpicos de la Grecia y Roma clásicas. Sus dioses habían sido siempre dioses de las alturas, venerados en montañas sagradas, parientes próximos, a través de los fenicios, del temible Jehová. El Sumo Dios de África era Saturno: «Padre Supremo», «Santo», «Eterno». Su religión era de temor, de expiación a través del sacrificio, de pureza ritual. Enviaba sus mandatos a través de los sueños. En conjunto, era un padre exigente, mal definido, y llamado con temor reverente «el Viejo». En Cartago, sin embargo, este padre terrorífico estaba eclipsado por una gran deidad femenina, la *Dea Caelestis*, la «Diosa Celeste»: una figura maternal, absorbente, a la que hasta los padres cristianos dedicaban sus hijos con sabiduría.[37]

La religión de los cristianos africanos era también violenta. Se buscaban las experiencias extáticas a través de la embriaguez, cantos y danzas salvajes.[38] Sin lugar a dudas, el alcoholismo se encontraba ampliamente extendido en las congregaciones africanas;[39] los sueños y los trances eran corrientes;[40] simples campesinos yacían varios días en estado de coma,[41] y la propia Mónica, como ya hemos dicho, ponía gran confianza en los sueños.[42] Se consideraban estos sueños como vislumbres de otro mundo, que presionaba muy físicamente para dirigir e inspirar a los hombres en su sueño.[43] Esos sueños eran sueños «grandiosos» y frecuentemente tenían que ver con terribles combates.[44] Durante dos generaciones, la mayoría de los cristianos de África se habían agrupado alrededor de una casta de obispos «puros», rechazando el mundo exterior como «impuro»: una parte de sus fieles se habían hecho famosos por una combinación de agresión a los extraños, y por sus tradiciones de suicidio ritual.[45] Con igual radicalismo, Agustín y sus amigos estaban convencidos, en su época maniquea, de que sus cuerpos se encontraban divididos entre un bien absoluto y un mal irresistible.[46]

Es fácil dejarse llevar por el «temperamento africano»;[47] pero sería superficial ignorar la fuerza que tienen en una sociedad provinciana los modelos de comportamiento rudos y exigentes. A los treinta años, estas pautas de comportamiento ya no afectarán a Agustín, pues la primera parte de su vida había alcanzado su cenit y era un retórico clásico en Milán que pensaba quedarse a residir en Italia. Se le podría considerar como un ruso occidentalizado del siglo XIX establecido en París. Sin embargo, pronto volverá a su tierra, a pasar el resto de su vida recluido, primero como sacerdote y más tarde como obispo, entre los hombres sencillos de África. Como la «Santa Rusia» del siglo XIX, este mundo se cerrará alrededor suyo, y, como ocurre muchas veces en el caso de hombres educados, lo encerrará de forma más efectiva por haber sido anteriormente rechazado.

III
EDUCACIÓN

El crecimiento de Agustín fue el de un joven sensible, ansioso por verse aceptado, por competir con éxito, por evitar sentirse avergonzado, y temeroso de la humillación de ser golpeado en la escuela.[1] Jugaba en el campo, en los alrededores de Tagaste, donde acechaba a los pájaros[2] y observaba las contorsiones de los rabos de las lagartijas.[3] Consideraba los truenos como el estrépito de las ruedas de las cuadrigas romanas sobre el empedrado tosco de las nubes.[4] Sin embargo, Agustín nunca menciona las maravillosas flores de la primavera africana, y su sentido del olfato no era particularmente agudo.[5] En sus obras aparecen a menudo las montañas, la luz del alba deslizándose por los valles,[6] la visión repentina de una ciudad lejana desde las laderas boscosas de un desfiladero...[7] Sobre todo, se sentía rodeado por la luz. La luz del sol africano era la «reina de todos los colores derramándose sobre todas las cosas».[8] Los efectos de la luz lo estimulaban vivamente. Su único poema es una alabanza al cálido brillo del cirio pascual.[9]

Sin embargo, hay pocos paisajes naturales en torno a Agustín. En su lugar hay caras: caras vivas, con los grandes ojos de un mosaico romano tardío, ojos que denuncian la vida interior del hombre, escondida, excepto en ellos, por la envoltura pesada de la carne.[10] Y muchas voces. El mundo de Agustín está lleno de sonidos: los cánticos de los salmos, las canciones de la cosecha y, lo más delicioso de todo, las arrebatadoras conversaciones de sus compañeros. «Palabras que son como vasos escogidos y preciosos».[11] ¿Qué es el bien? «La cara de un hombre: facciones regulares, la tez brillante, cara encendida de buen espíritu»; y, por supuesto, «un discurso que comunique su mensaje con encanto, con una voz bien timbrada para mover los sentimientos de los oyentes y los ritmos melodiosos y el alto sentimiento de una buena poesía».[12]

Agustín será educado para ser un maestro de la lengua hablada. El contenido de su educación fue árido, abiertamente pagano y sorprendentemente pobre: leyó bastantes menos autores clásicos que un estudiante actual. Virgilio, Cicerón, Salustio y Terencio fueron los únicos estudiados con detalle. Su educación fue exclusivamente literaria: la filosofía, la ciencia y la historia fueron ignoradas por igual.[13] El método, evaluado con la medida actual, era servil y miope, con una carga aplastante sobre la memoria: un amigo de Agustín se sabía todo Virgilio y gran parte de Cicerón de memoria.[14] El maestro explicaba todos los textos palabra por palabra, de forma parecida a como un experto en arte mira con detenimiento una pintura con lupa. Era completamente imposible enseñar una lengua extranjera, como por ejemplo el griego, con semejantes métodos. Estremece pensar el modo en que le debieron enseñar Homero a Agustín en Tagaste. Agustín encontró que el griego le aburría hasta la desesperación, al mismo tiempo que empezaba a «deleitarse» en los clásicos latinos.[15] El que Agustín dejara de aprender griego fue una gran desgracia para el sistema de educación romano tardío: será el único filósofo de la Antigüedad que desconocerá casi completamente el griego.[16] Ya de joven se lanzará, con una lamentable mala preparación, a la tradicional búsqueda filosófica de la sabiduría. Un público griego culto hubiera tildado de «torpe y estúpido» al estudiante de la Universidad de Cartago que únicamente sabía latín, y que estaba familiarizado tan solo «con las opiniones de los filósofos griegos, o mejor aún, con recortes de estas opiniones recogidas aquí o acullá en los diálogos en latín de Cicerón», y no «con estos sistemas filosóficos tal como están, plenamente desarrollados, en libros griegos».[17]

Sin embargo, el contenido de esta educación no era tan importante como sus objetivos. Estos objetivos habían permanecido inmutables durante unos ochocientos años, y se los perseguía todavía vigorosamente en el siglo IV en repletas y ruidosas aulas de retórica tan lejanas entre sí como Burdeos y Antioquía.[18] Estos objetivos eran: «Aprender el arte de las palabras, adquirir la elocuencia esencial para persuadir a los hombres de tu causa y exponer tus opiniones ante ellos».[19] El producto ideal de esta educación era el orador, hombre que podía «producir placer en su argumentación por su vivacidad, por los sentimientos que dominaba y por la facilidad con que las palabras venían a su boca, perfectamente adaptadas para revestir de estilo su mensaje».[20]

La gran ventaja de la educación que recibió Agustín residía en que, aun dentro de sus estrechos límites, era perfeccionista. La finalidad era medirse con la perfección intelectual de un clásico antiguo. Virgilio, para ellos, «no solo no había cometido nunca un error, sino que jamás había escrito un solo verso que no fuera admirable».[21] Cada palabra, cada giro, en suma, de estos pocos clásicos era significativa. El escritor no escribía solamente: «tejía» su discurso;[22] era un hombre que había «ponderado con precisión el significado de todas y cada una de las palabras».[23] No necesitamos más que ver cómo Agustín, siendo obispo, interpreta la Biblia como si todo su contenido estuviera «dicho exactamente como debiera estar»,[24] para encontrar el efecto duradero de semejante educación. Agustín citará este su nuevo «clásico» cristiano 42.816 veces (a menudo de memoria); elegirá todas las palabras que escribe en cada pequeña nota:[25] es un hombre que había sido enseñado a manejarse con infinita precisión en el ambiente restringido pero magníficamente planeado de una tradición antigua. Una persona así podía comunicar su mensaje a un latino educado que se encontrara en el otro confín del mundo romano, simplemente mencionando una figura clásica o citando medio verso de un poeta clásico.[26] No es sorprendente que este grupo de hombres que, por su educación, habían llegado a mantener con éxito este modelo tradicional de perfección definido rígidamente llegaran, en el siglo IV, a mantenerse aparte, como una casta especial. A pesar de los orígenes humildes de muchos de ellos, un dominio común de la literatura latina los había levantado «sobre la masa común de los hombres»,[27] tan realmente como aquella otra clase de «hombres superiores», los mandarines de la China imperial.

Sobre todo, esta educación había enseñado a Agustín a expresarse a sí mismo. Fue animado a llorar y a hacer llorar a otros. En la escuela ganó un premio por revivir, en una oración, «la ira y el dolor» de Juno al ver a Eneas hacerse a la vela desde Cartago rumbo a Italia. «¡Qué tiene esto que ver conmigo!», diría Agustín a la edad de cuarenta y tres años; «Seguramente no era más que humo y viento».[28] Sin embargo, veinte años después todavía recordará su primer triunfo: nadie que conozca su Virgilio, «que leímos cuando éramos muchachos, de manera que este gran poeta, tomado como el mejor con diferencia, fuera absorbido en la ocasión más tierna», podría dejar de recordar la escena.[29]

A los quince años de edad, Agustín había pasado por los terribles azotes de su escuela en Tagaste y había emergido como un niño bien dotado, rígidamente guiado por sus padres, capaz de amar lo que estaba aprendiendo. Había desarrollado, gracias a esta educación, una memoria portentosa, una atención tenaz para el detalle, un arte de abrir el corazón que aún nos conmueve al leer sus *Confesiones*. En esta época habitaba en Madaura, ciudad «universitaria» con un ambiente distinguido, que podía jactarse del gran platónico y orador del siglo II, Apuleyo (conocido por nosotros, sobre todo, por su *Asno de oro*, pero por Agustín como un filósofo excéntrico que había manipulado con la magia negra,[30] el autor de *Sobre el Dios de Sócrates*).[31] Los maestros de Madaura eran paganos: les gustaba el foro con sus estatuas de los dioses tanto como el patio cuadrado de cualquier *college* anglosajón;[32] ellos produjeron el mayor número de epitafios en verso hasta ahora descubierto en el África romana.[33]

Sin embargo, al año siguiente, Agustín estaba de vuelta otra vez en Tagaste. Tendría que esperar un año mientras Patricio ahorraba suficiente dinero para que completara su educación en Cartago.[34] Fue este un año lamentable, marcado por un inquietante acto de vandalismo,[35] y ensombrecido por el repentino y violento estallido de una adolescencia atrasada sobre un muchacho ambicioso, que había estado hasta entonces bajo una constante presión para que tuviera éxito en la escuela.[36] La situación no fue facilitada por la «enorme ansiedad» con que Mónica le había advertido contra el trato con las mujeres.[37] Un hijo de padres menos ambiciosos podría haberse casado a esa edad. Más tarde Agustín culpará a Mónica y a Patricio (pero quizá se sintió resentido ya en aquella época) por no haber arreglado un matrimonio para «embotar las espinas»[38] de los sentimientos que le angustiaban sobremanera.

Es apenas extraño, por tanto, que la llegada de Agustín a Cartago en el 371, cuando tenía diecisiete años, le resultara tan memorable: «Vine a Cartago, donde el calderón de amores ilícitos saltaba y hervía alrededor de mí».[39] La caldera tenía mucho que ver con los ardores del propio Agustín. La vida era ciertamente más animada en Cartago: los estudiantes eran alborotadores, como sería de esperar entre muchachos que habían venido de pequeñas ciudades provincianas de toda África a su primera experiencia de libertad en una gran ciudad. Los novatos y los maestros estaban aterrorizados por las pandillas de los «veteranos», los *eversores*. También Agustín estaba sobresaltado por su violencia, y anhelaba poder parecer que pertenecía a ellos: porque ser un *eversor*, un «perturbador», era «un modo notable de estar a la moda».[40]

Sin embargo, la vida de una gran ciudad significaba poco para Agustín, comparada con la crisis largamente retrasada de su adolescencia.

> Yo no estaba entonces enamorado, pero estaba enamorado del amor, y por mi necesidad me odiaba a mí mismo por no sentir más ansiosamente la necesidad [...]. Dulce cosa era para mí amar y ser amado, especialmente cuando llegaba a gozar del cuerpo de la persona que amaba [...]. Me lancé

> de cabeza al amor, impaciente por ser capturado [...]. Alegre y contento me até con fuertes y funestas ligaduras, para ser después herido y azotado con las varas de hierro ardiendo de los celos, las sospechas, los temores, los enojos y las querellas.[41]

Eran los días en que Agustín, finalmente, permitió que sus sentimientos se desbordaran. Descubrió el teatro, un mundo «lleno de imágenes de mi propia desgracia y de incentivos capaces de avivar el fuego que en mí ardía».[42] Le gustaba, sobre todo, observar la separación de los amantes: «... pues yo, desventurado de mí, amaba llorar; y buscaba fuera de mí de qué compadecerme y dolerme».[43]

Sin embargo, en un año todo esto había cambiado, y, lejos de ser el libertino que algunos autores han imaginado, convertido luego, cuando ya contaba treinta y dos años de una vida de desenfrenada sensualidad, Agustín era, en realidad, un joven que había acortado de forma peligrosa el ardor de su adolescencia. En los dos años siguientes reprimió con firmeza sus hirvientes sentimientos. Patricio debió morir probablemente al final del primer año en que Agustín estuvo en Cartago: Mónica se apoderará a partir de ahora de la labor de completar la educación de su hijo, otro vínculo para su corazón.[44] Agustín caerá, aproximadamente en esta época, en un matrimonio de «segunda categoría», tomando a una mujer sin nombre como su concubina para los quince años siguientes: era una medida perfectamente respetable para un profesor en ciernes en el Imperio tardío.[45] De este modo había logrado lo que quería: por fin, «ser arrojado a la orilla del matrimonio».[46] Si disfrutó particularmente de esta experiencia o no, es otra cuestión. Enseguida nació su hijo Adeodato. Este acontecimiento, mal recibido en su momento,[47] pudo muy bien haber tenido los efectos «sosegantes» que Agustín habría de recomendar más tarde a los jóvenes esposos.[48]

En fin, a los diecinueve años, en el 373, experimentará un profundo cambio en su vida: pasará por su primera «conversión» religiosa.

IV
«SABIDURÍA»

> Durante el curso de mis estudios, llegué a la lectura y explicación de un libro de un tal Cicerón, cuyo lenguaje casi todos admiran, aunque pocos se poseen de su espíritu y contenido. Este libro, titulado el *Hortensio*, contiene una exhortación a la filosofía; su lectura trocó mis sentimientos, y me mudó de tal modo que me hizo cambiar mis ruegos y súplicas a ti, Señor: me dio planes y aspiraciones enteramente diferentes. De repente se me hicieron despreciables las vanas esperanzas en mi carrera, y con increíble ardor en mi corazón comencé a desear la posesión de la inmortal sabiduría, y empecé a levantarme para volver a ti [...]. ¡Cómo ardía, Dios mío, cómo ardía en deseos de remontar el vuelo de las cosas terrenas hacia ti![1]

Desde siglos atrás, la idea de la filosofía estaba adornada con un aura religiosa que hacía de ella mucho más que una disciplina intelectual: era amor a la «sabiduría», una «sabiduría» que purificaría y consolaría a sus fieles; a cambio, exigía sacrificio y una reorientación moral. El sabio debía darse cuenta de lo que él mismo era, dónde se encontraba en el universo, cómo esa parte suya divina, su alma racional, podía superar los placeres del cuerpo y las ambiciones ilusorias de la vida cotidiana. Pues, como Cicerón había escrito en su *Hortensio*, «si las almas que poseemos son eternas y divinas, debemos sacar la conclusión de que más fácil será para ellas subir y retornar al cielo, cuanto más las dejemos mantenerse en su actividad natural, es decir, en el razonamiento y la búsqueda de la ciencia, y cuanto menos atrapadas estén en los vicios y errores de la humanidad».[2] La exhortación a amar la «sabiduría» siempre ha sido planteada en estos términos fuertemente religiosos. No sorprende por ello que, hacia el siglo IV, llegara a actuar como cabeza de puente en la cultura tradicional, tanto para la idea de la conversión religiosa como incluso para la conversión a la vida monástica.[3]

Cicerón apremiaba a Agustín en la búsqueda de la sabiduría: «No seré seguidor de esta o aquella secta filosófica, sino que amaré la sabiduría, de cualquier especie que sea; la buscaré, la seguiré con empeño y la sujetaré abrazándome a ella con todas mis fuerzas. Eso fue lo que me emocionó de aquel discurso, me iluminó y me dejó encendido».[4]

La forma concreta de «sabiduría» que Agustín buscará será, desde luego, muy diferente de la que Cicerón hubiera reconocido como «sabiduría». Agustín pertenecía a una familia cristiana. De una época de la que solo han quedado los escritos de los adultos, es sumamente difícil captar la naturaleza del poso cristiano que podía existir en un joven. Una cosa, sin embargo, era cierta: una sabiduría pagana, una sabiduría sin el «nombre de Cristo», era completamente impensable.[5] El paganismo no significaba nada para Agustín. En Cartago asistió a las grandes fiestas que se celebraban aún en el templo de la *Dea Caelestis*, pero lo hará de la misma manera que un inglés protestante puede observar las procesiones católicas en Italia. Eran espléndidas e interesantes, pero no tenían nada que ver con la religión tal como la conocía Agustín.[6] Además, este creció en una época en la que se pensaba que los hombres compartían el mundo físico con los demonios malévolos. Sentían esto igual que nosotros sentimos la presencia de millares de peligrosas bacterias. Se aplicaba el «nombre de Cristo» a los cristianos como una vacunación, como la única garantía de seguridad. De niño, Agustín había «recibido la sal» para protegerlo de los demonios, y algo después, habiendo caído repentinamente enfermo, rogó que lo bautizaran.[7] Estos ritos cristianos, desde luego, influían en la conducta de una persona adulta tan poco como la posesión de un certificado de vacunación, pero expresaban una mentalidad que había roto, por claramente «no higiénica», con la religión pagana del pasado clásico.

En Cartago, Agustín había permanecido leal a la Iglesia católica. Había llegado a amar las solemnes vigilias pascuales de las grandes basílicas.[8] Forastero de provincias, acudía a la iglesia a encontrar a una joven,[9] de forma parecida a como el genovés Cristóbal Colón conoció a su esposa en la catedral de Sevilla.

Sobre todo, el cristianismo del siglo IV le debió de ser presentado al joven Agustín como una forma de «Sabiduría Verdadera». Cristo, en la imaginación popular, no era un salvador sufriente. No existen crucifijos en el siglo IV. Era, más bien, «el gran Verbo de Dios, la Sabiduría de Dios».[10] En los sarcófagos de la época se le muestra siempre como un maestro que enseña su sabiduría a un círculo de filósofos en ciernes. Para un hombre educado, la esencia del cristianismo consistía precisamente en esto: Cristo, como «Sabiduría de Dios», había establecido un monopolio de la sabiduría: la claridad de la revelación cristiana había vencido y reemplazado a las contradictorias opiniones de los filósofos paganos; «Aquí, aquí está lo que todos los filósofos han buscado a lo largo de su vida, pero que nunca han podido hallar, ni abrazar, ni mantener [...]. Aquel que quiera ser un hombre cuerdo y completo, que oiga la voz de Dios».[11]

Por consiguiente, Agustín se dirigió con toda naturalidad a la Biblia a encontrar su «sabiduría».[12] Fue una gran decepción.

Se le había instruido para que esperara de los libros que fueran «cultos y pulidos»,[13] y preparado con cuidado para comunicarse con la gente instruida de la única manera admisible, esto es, en un latín modelado escrupulosamente sobre los antiguos autores. El vulgarismo y la jerga eran asimismo aborrecibles para él, y la Biblia latina de África, traducida unos siglos antes por humildes y anónimos escritores,[14] estaba llena de ambas cosas. Y, lo que era más, lo que Agustín encontró en la Biblia no parecía tener mucho que ver con la sabiduría altamente espiritual que Cicerón le había enseñado a amar. Estaba llena hasta la confusión de historias inmorales y groseras del Antiguo Testamento,[15] e incluso en el Nuevo Testamento se presentaba a Cristo, la sabiduría misma, a través de largas y contradictorias genealogías.[16]

Aun así, la Biblia era la piedra angular de las comunidades cristianas de África. La Iglesia de África era excepcionalmente estricta y conservadora; puede que muchas de sus instituciones y prácticas hubieran tenido su origen directamente en la sinagoga judía; era fácil contemplar la religión de sus congregaciones como un compromiso a medias con el Antiguo Testamento.[17] Los obispos eran excepcionalmente sensibles a cualquier reto a su autoridad; esta no era una autoridad vaga «sobre la fe y la moral», y mucho menos el sofisticado derecho de persuadir y proteger al buscador de la verdad, del que Agustín hará uso después. En la década de los años 370, como antes, la autoridad de los obispos emanaba directamente de la posesión de la «ley divina», las Escrituras, y su tarea era la de preservarlas y exponerlas. La Biblia en África era la espina dorsal de la Iglesia cristiana, tan rígida y exigente como la antigua ley judía, en la que «alterar una sola palabra debe ser considerado como el mayor sacrilegio».[18] Era tratada como una discusión sobre reglas rigurosamente legales, y ser un verdadero cristiano significaba sencillamente aceptar esta «ley» por completo, sin hacer preguntas embarazosas.[19]

Este ambiente sofocante había tendido siempre a producir reacciones extremas entre algunos cristianos de África. Una fuerte corriente de cristianismo «nuevo» y «espiritual» se había encontrado siempre con el macizo literalismo interpretativo de la Iglesia tradicional.[20] Este «nuevo» cristianismo se había deshecho del Antiguo Testamento, encontrándolo falto de espiritualidad y desagradable.[21] En semejante cristianismo, Cristo no necesitaba del testimonio de los profetas hebreos: Él hablaba por sí mismo, directamente al alma, con su elevado mensaje, su sabiduría y sus milagros.[22] Dios no necesitaba otro altar que el del espíritu, particularmente un espíritu como el del joven Agustín, «un espíritu imbuido de buenas artes y educación».[23] Estas eran las opiniones de un grupo que había sido particularmente activo entre los estudiantes semicristianos y los intelectuales de Cartago.[24] Sus misioneros eran «extraordinariamente bienhablados y elegantes».[25] Disfrutaban en los debates públicos y sabían manejar a los perturbadores como un consumado orador de Hyde Park.[26] Demolían las escrituras cristianas tradicionales de forma inteligente y pertinaz, y pretendían que, «dejando de lado el terror de los autoritarios mandatos de fe, conducirían a todos los hombres que quisieran escucharlos hacia Dios, y los librarían del error mediante un uso recto en extremo de la razón».[27] Eran, sobre todo, un grupo de cristianos radicales[28] para los cuales los católicos eran meros «semicristianos».[29] En su sistema, Cristo era una figura central, y aparecía como Agustín había sido inducido a esperar, como el principio de la sabiduría por excelencia.[30] Este Cristo iluminaba a los hombres y los guiaba a un verdadero conocimiento de sí mismos. Él había despertado a Adán de su sueño de embriaguez para decirle exactamente lo que Cicerón le habría dicho en términos más clásicos: que su alma era divina.[31] «A este hombre, Jesús, la gracia lo rodea».[32] «Él vino y nos separó del error del mundo; Él nos trajo el espejo, en el que miramos y vimos el universo».[33]

A estos hombres se los conocía como maniqueos. Su fundador había sido Manes, «el apóstol de Jesucristo». Manes había recibido en Mesopotamia un mensaje inspirado, y había sido ejecutado en el año 276 d.C. por el Gobierno persa.[34] El que la religión maniquea se extendiera por el mundo cristiano romano es un síntoma notable del «torbellino» religioso de la época. La posterior expansión del maniqueísmo hacia el Lejano Oriente es aún más sorprendente.[35] En el siglo VIII d.C. existía un Estado maniqueo en las fronteras del Imperio chino[36] y, más tarde, en el próspero oasis de Turfán, que une Persia y Occidente con China. En Turfán dejaron los maniqueos grandes monasterios, frescos representando a Manes y a sus austeros seguidores, y preciosos manuscritos con miniaturas de sus ritos, que anteriormente solo conocíamos por las obras de Agustín.[37] En el siglo XIII había todavía maniqueos en Fukien[38] y algunos de los documentos maniqueos más reveladores hasta ahora descubiertos están escritos en chino.[39]

Los misioneros maniqueos habían recibido de su fundador la revelación directa de la naturaleza verdadera de Dios, del hombre y del universo, puestas por escrito en grandes libros de modo semejante al Corán de Mahoma. Manes los había enviado para que fundaran la única y verdadera Iglesia universal. Solo ellos podían enseñar una sabiduría que combinaba y superaba las intuiciones parciales y desaliñadas de las «sectas» anteriores: de los evangelistas cristianos en el mundo romano, de Zoroastro en Persia y de Buda en Asia Central.[40]

Estos misioneros habían llegado a Cartago en el año 297 d.C. Constituían «los elegidos», un grupo de hombres y mujeres pálidos por el ayuno y rodeados de complicados tabúes. Reunían a su alrededor congregaciones de «oyentes» (el equivalente a los catecúmenos cristianos), a quienes satisfacía admirar la austeridad de sus héroes espirituales, los «elegidos», a una distancia prudente. Estos «elegidos» traían consigo un irresistible aire de misterio:[41] complicadas oraciones secretas;[42] los escritos de Manes en tomos de magnífico pergamino[43] y la insinuación de algún mensaje aún más profundo velado por charlas acerca de la «Luz» y las «Tinieblas».[44] Ellos ofrecerían a Agustín la «verdad pura y simple».[45]

He probado un sabor dulce. No encontré nada
más dulce que la palabra de la Verdad. Sabor.
Probé un sabor dulce. No encontré nada más dulce
que el sabor de Dios. Sabor.
Probé un sabor dulce. No encontré nada más dulce que Cristo;
la sabiduría te invita a que puedas comer con tu Espíritu.[46]

Lo que la «sabiduría» representa para un joven de veinte años no tiene por qué ser igual a la «sabiduría» para un hombre maduro. «En los sueños, la comida es exactamente igual que la comida real —comentará Agustín más tarde—, solo que no nos mantiene, porque estamos tan solo soñando».[47]

V
MANIQUEÍSMO

I. DUALISMO[1]

Agustín fue «oyente» maniqueo durante unos nueve años. No pudo haber encontrado la «sabiduría» en un grupo más extremista. Los maniqueos eran una secta pequeña y de reputación siniestra; era, además, ilegal, y más tarde sus miembros serían cruelmente perseguidos. Estaban rodeados del halo de una sociedad secreta, y, cuando viajaban, los maniqueos se alojaban solo en las casas de los miembros de su misma secta.[2] Los jefes se movían por una red de «células» desperdigadas a todo lo ancho del mundo romano. Los paganos los miraban con horror[3] y los cristianos ortodoxos con temor y odio. Eran los «bolcheviques» del siglo IV: una «quinta columna» de origen extranjero, portadora de una solución única y radical para los problemas religiosos de la época, y resuelta a infiltrarse en la Iglesia cristiana.

Solo este grupo, pensaba Agustín, podía contestar a la pregunta que había comenzado a «atormentarlo» tan pronto como su «conversión» a la filosofía fue causa de que empezara a pensar seriamente: «¿Por qué causas hacemos el mal?».[4] La respuesta maniquea al problema del mal es el meollo del maniqueísmo del joven Agustín; la de los maniqueos era una respuesta sencilla y terminante, que conocemos bien por los escritos de Agustín. En el siglo XX pudimos penetrar aún mejor en los sentimientos religiosos íntimos de los maniqueos con el descubrimiento, en sitios tan apartados entre sí como Egipto y Sinkiang, de la vehemente liturgia de las comunidades maniqueas.[5]

Agustín acudía a los conventículos maniqueos para oír la gran *Carta de la fundación* de Manes. En ese solemne momento, los «oyentes» se «llenaban de luz».[6] Esta «iluminación» era la experiencia religiosa básica y primera del maniqueo: este era un hombre que había adquirido la aguda conciencia de su estado, como si hubiera sido despertado de un sueño profundo por un grito distante: «Un hombre llamado a venir al mundo con una voz: "Bendito sea aquel que conoce su alma"».[7] Una vez despierto, el maniqueo se daba cuenta de que no era libre. Podía identificarse solo con una parte de sí mismo, el «alma buena».[8] Otro tanto de sí mismo sencillamente no pertenecía a ese oasis de pureza: las tensiones de las pasiones, la cólera, la sexualidad, el cuerpo corrompido y el mundo vasto y pululante en el exterior de «rojo natural de diente y uña»,[9] todo esto pesaba sobre él. Era obvio que lo que había de bueno en él deseaba «ser liberado», «volver», convertirse de nuevo gradualmente en un estado original de perfección, sin problemas, un «reino de luz» del que se sentía aislado. Sin embargo, era igualmente claro que los hombres habían fracasado en solucionar el deseo único y posible de una mejor naturaleza. Por tanto, el «alma buena» estaba claramente actuando bajo coacción: por alguna razón misteriosa, se encontraba a sí misma «prisionera», paralizada y «violada»,[10] empujada de un lado a otro por una fuerza que, de momento, era mayor. «Porque es un hecho que nosotros pecamos contra nuestra voluntad [...], por eso buscamos el conocimiento de la razón de las cosas».[11] Fue este «conocimiento de la razón de las cosas» lo que los maniqueos descubrieron a Agustín. En pocas palabras: todo el mundo es consciente de la íntima mezcla de bien y mal en sí y en el mundo circundante, pero es extremadamente repugnante para el hombre religioso, y absurdo para el pensador racional, admitir que ese mal venga de Dios. Dios era bueno, totalmente inocente, y debía ser protegido de la más mínima sospecha de responsabilidad directa o indirecta en el mal. Esta desesperada «piedad para con el Ser Divino»[12] nos habla ya de la naturaleza radical del sistema religioso maniqueo. Eran dualistas: estaban tan convencidos de que el mal no podía venir de un Dios bueno que creían que provenía de una invasión contra lo bueno, del «reino de la luz», por parte del mal; de una fuerza hostil de igual poder, eterna y totalmente opuesta: el «reino de las tinieblas». «Lo primero que el hombre debe hacer —dice el catecismo maniqueo chino— es distinguir entre los principios (el bien y el mal). Aquel que quiera entrar en nuestra religión debe saber que estos dos principios tienen una naturaleza absolutamente distinta: ¿cómo puede alguien que no sienta esta distinción poner en práctica la doctrina?».[13]

Sobre esta cuestión, los maniqueos eran racionalistas sin posibilidad de compromiso alguno. Agustín tenía la seguridad de que, como maniqueo, podía defender la doctrina fundamental de su religión con la sola razón:[14]

> ¿De dónde vinieron los pecados? —preguntaba—. ¿De dónde viene el mal? [...]. Si de un hombre, ¿de dónde vino el hombre? Si de un ángel, ¿de dónde el ángel? Y si dices «de Dios», entonces parecería que el pecado y el mal están unidos, como en una cadena ininterrumpida, al mismo Dios. Este es el problema con el que los maniqueos creen poder vencer a sus oponentes, sencillamente proponiéndolo, como si proponer una cuestión embarazosa significara saber algo. Si ese fuera el caso, no hubiera habido nadie más erudito que yo.[15]

Así pertrechados Agustín y los compañeros que había ganado para su nueva «sabiduría», «jóvenes extremadamente inteligentes y excepcionalmente polemistas»,[16] se sentían invencibles.

> Ganaba más polémicas de lo que hubiera sido bueno para mí, en debate con cristianos sin habilidad que trataban de mantenerse en su fe mediante discusiones. Con esta rápida sucesión de triunfos, la irritabilidad del joven pronto se convirtió en terquedad. En cuanto a la técnica de las polémicas, porque me había puesto tras de ella después de hacerme «oyente» (de los maniqueos), todo lo que recogía por mi propio ingenio o por la lectura lo atribuía voluntariamente a los efectos de sus enseñanzas. Y así, con sus predicaciones, me llené de entusiasmo por las controversias religiosas, y día a día creció mi amor por los maniqueos. Y vino con ello y en grado sorprendente el que llegara a aprobar todo lo que ellos dijeran, y no porque no conociera algo mejor, sino porque yo quería que fuera verdad.[17]

Agustín, el joven maniqueo, era muy inteligente. Su conversión al maniqueísmo coincidió con un ensanchamiento repentino e impresionante de su horizonte intelectual. Como resultado de su «conversión a la filosofía», había abandonado toda intención de ser abogado profesional. Patricio y el patrono de Agustín, Romaniano, habían puesto la mira evidentemente muy alta para el joven: habían tratado de que, como abogado, entrara en la burocracia civil imperial.[18] Desde la edad de veinte años en adelante, sin embargo, Agustín será un maestro dedicado,[19] un devoto austero de la «sabiduría», ansioso de encontrar su preparación de filósofo. De este modo, la «emancipación» religiosa de Agustín de la religión tradicional, al hacerse maniqueo, coincidió con una emancipación intelectual de sus mayores y superiores de la Universidad de Cartago y de los profesores pretenciosos, a los que en secreto despreciaba.[20] Para asombro de sus colegas, había llegado a dominar por sí solo una obra entera de lógica aristotélica, llamada *Las diez categorías*; un *revival* de los estudios aristotélicos había tenido lugar en Roma, en un círculo de aristócratas cultivados bajo la dirección de un sabio profesor griego.[21] La *intelligentsia* de una ciudad provinciana como Cartago se había contentado con hablar de esta obra de Aristóteles como de «algo grande y divino»;[22] únicamente el joven Agustín aceptó, solo y sin ayuda, el desafío. No es por tanto sorprendente que Agustín adoptara una religión que intentaba liberarse de cualquier creencia que amenazara la independencia de su tan activa inteligencia.[23]

Porque, como maniqueo, había podido desembarazarse inmediatamente de ideas que confundían la religión de los cristianos convencionales. Estaban en posesión de una viva certeza:

> *He conocido mi alma y el cuerpo que la rodea,*
> *y que han sido enemigos desde la creación de los mundos.*[24]

No había necesidad de «aguar» una certeza tan íntima,[25] para oscurecerla con el andamiaje desmañado de las profecías hebreas que la Iglesia católica había levantado alrededor de la verdad pura y sencilla. El maniqueo no necesitaba que se lo ordenaran para creer,[26] y sabía captar por sí mismo la esencia de la religión. La inmediatez era lo que contaba. La crucifixión de Cristo hablaba directamente al hombre de los sufrimientos de su propia alma.[27] Y su héroe era Tomás el incrédulo, un hombre cuyos anhelos de un contacto directo e inmediato con los secretos divinos no habían sido rechazados por Cristo.[28]

Sobre todo, como joven serio y sensible, Agustín pudo abandonar la terrible figura paternal del Antiguo Testamento. El sistema maniqueo evitó estudiadamente la aguda ambivalencia, que más tarde iba a ser tan importante en la imagen de Dios del Agustín anciano: un padre que podía ser al mismo tiempo un manantial de tierna generosidad, y de castigo, venganza y dolor.[29] En el maniqueísmo, el severo Jehová de los judíos era rechazado como un demonio malévolo, y los patriarcas como unos viejos sucios: «"Pon tu mano sobre mis lomos, mata y come, crece y multiplícate", sabía yo —como escribiera posteriormente un maniqueo a Agustín—, sabía que tú siempre odiaste semejantes fruslerías. Sabía que tú amabas las cosas elevadas, las cosas que se apartaban de la tierra y buscaban el cielo, que mortificaban el cuerpo y vivificaban el alma».[30]

Sin duda, el maniqueísmo permitió a Agustín ser un joven «espiritual» y muy austero. Se puede sospechar que tenía necesidad de sentirse así de elevado porque había muchas cosas de su vida que continuamente le hacían sentirse culpable. Cicerón había escrito de forma categórica en el *Hortensio* (y Agustín significativamente recordará el pasaje a lo largo de su vida):

> ¿Deben ser procurados los placeres corporales que Platón describe con toda seriedad como «trampas y la causa de todos los males»? [...]. Las sugestiones de la sensualidad son las más fuertes y también las más hostiles a la filosofía [...]. ¿Qué hombre, bajo la garra de esta, la más fuerte de las emociones, puede inclinar su espíritu ante el pensamiento, recuperar la razón o concentrarse verdaderamente en algo?;[31] y yo, joven infortunado, miserable en el umbral de la vida adulta, solía rezar: «Señor, dame castidad y continencia, pero no ahora».[32]

La evitación artificiosa de cualquier sentimiento íntimo de culpabilidad será la característica más notable de su época maniquea que luego descubrirá Agustín. Los maniqueos eran hombres austeros, a los que en su época se reconocía por la palidez de la cara; y en la literatura moderna se les ha presentado como portadores del más negro pesimismo. Sin embargo, reservaban este pesimismo solamente para un lado de sí mismos, mirando el otro lado, su «mente», su «alma buena», como algo absolutamente inmaculado: ese lado era, literalmente, migajas de la sustancia divina.[33] Su religión estaba dirigida a asegurar que esta parte buena permanecería esencialmente intocada e inafectada por su naturaleza inferior. La naturaleza inferior sería «separada y barrida fuera de nosotros y, al final de esta existencia, será vencida y metida en un gran envoltorio separado, como en una prisión eterna».[34] La fuerza absolutamente ajena del mal, por tanto, no podría nunca más que incidir externamente sobre la parte buena que quedaría, para siempre, separada de él:

> *Yo, intacto y puro, me desprendo de los vanos vestidos de esta carne;*
> *yo he hecho que los limpios pies de mi alma llenos de confianza los pisoteen.*[35]

Agustín, como maniqueo, gozaría del consuelo real de saber que, a pesar de toda su intensa ambición, de la inquietante relación con su concubina y del profundo sentido de culpabilidad que tan a menudo venía a ensombrecer las relaciones con su madre, su parte buena quedaba del todo intocada:

> *Incliné mi cuello bajo el yugo de la virtud,*
> *cuando la rebelión surgió en la época de mi juventud.*[36]

No será la última vez en la historia del sentimiento religioso que un joven sensible verterá sus sentimientos en un molde tan radical: «A menudo le había envuelto un enojo pasajero —escribirá James Joyce de su héroe—, pero él no era capaz de hacer de este una pasión permanente, y siempre se había sentido desnudado de él con la facilidad de alguna piel o monda. Había sentido una sutil, oscura y murmurante presencia penetrando su ser e incendiándolo con pasión breve e inicua; también había escapado a su alcance dejando su espíritu lúcido e indiferente».[37]

Para Agustín, la necesidad de preservar dentro de sí un oasis límpido de perfección fue, quizá, la causa más fuerte de su adhesión a los maniqueos. Mucho después de que hubiera empezado a criticar las dificultades intelectuales del sistema maniqueo, su posición moral todavía le atraía. Después de la terrible experiencia de su enfermedad en Roma, que había coincidido con un aumento de su sentimiento de culpabilidad en sus relaciones con Mónica, Agustín, ya con veintinueve años, próximo a lanzarse a una gran carrera, seguirá con el ansia de escuchar a los «elegidos» maniqueos: «Porque todavía estaba yo en la creencia de que no era yo el que pecaba, sino que otra, no sé cuál, naturaleza extraña pecaba en mí [...]. Antes gustaba de disculparme echando la culpa a no sé qué otra cosa que estaba conmigo, pero que no era yo. Mas a la verdad —añadiría el ya obispo católico—, yo era todo aquello; y mi impiedad era la que había hecho división en mí contra mí».[38]

El precio que parecía que habían pagado los maniqueos por el repudio total del mal era haber convertido el bien en algo sumamente pasivo e ineficaz. Cuando sea obispo, Agustín destacará este aspecto del maniqueísmo, y este será el elemento del sistema maniqueo que rechazará más enérgicamente.[39] Todos los escritos de Manes ilustran esta posición, en la que el bien es esencialmente pasivo en choque con la violenta actividad del mal.[40] Para los maniqueos, el universo existente, en el que el bien y el mal están tan funestamente entremezclados, había surgido de una invasión brutal del mal, «el reino de las tinieblas», en el bien, «el reino de la luz». El «reino de la luz» había estado totalmente en descanso y enteramente ignorante de cualquier tensión entre el bien y el mal. Tan separado del mal estaba el «regidor» del «Reino», el «Padre de la Luz», que se encontraba indefenso ante él: ni siquiera podía presentar batalla a los invasores sin experimentar una transformación radical y tardía de su ser.[41] Por contraste, el «reino de las tinieblas» era la fuerza activa: se inmiscuía, violaba y entraba en la «región de la luz»; sus voraces poderes eran ciegos; habían sido dirigidos solamente por los gritos irrefrenables de codicia de sus seguidores.[42] Cuando Agustín escribió, a los veintiséis años, un tratado de estética, reflejó en una forma clásica aceptable este mito exótico y potente. Aquí de nuevo el bien es una «mónada», «como un espíritu sin la tensión entre varón y hembra»; mientras que el mal es lo activo, «una cosa dividida», «irracional», «ira y lujuria».[43] En el maniqueísmo, pues, es el bien lo que está condenado a ser pasivo. El Cristo de los maniqueos era sobre todo el «Cristo sufriente»[44] crucificado «en todo el universo visible».[45] La cima de la piedad maniquea era darse cuenta de que la parte buena de cada uno provenía y se identificaba totalmente con esta esencia divina violada, e identificar el destino de cada uno enteramente con el salvador que había sido, a su vez, salvado.[46] «Yo estoy en todas las cosas; yo sostengo los cielos; yo soy los cimientos; yo soy la vida del mundo; soy la savia que hay en todos los árboles; yo soy el agua dulce que hay bajo los hijos de la materia».[47] Sin embargo, fuera de esta implicación íntima, sensible, las fuerzas del mal podrán encolerizarse sin cambiar y (para horror del Agustín posterior) aparentemente sin ser dominadas por ningún poder del bien: «Lloro por mi alma y digo: ojalá sea salvado de esto y del terror de las bestias que se devoran entre sí».[48]

El maniqueo se encontraba ante un irreductible dilema. Su religión prometía al creyente que, una vez «despierto», tendría un dominio completo de su identidad esencial, capaz de asegurar su liberación; le decía también que una parte de sí mismo permanecería siempre inmaculada, y le ofrecía unos ritos violentos que más adelante «precipitarían» la parte buena e irreductible del alma. Sin embargo, esta confianza se veía constantemente erosionada por los poderosos mitos de la misma secta, mitos que hacían parecer el bien totalmente abandonado y desvalido ante la embestida violenta del mal: oprimido, violado, confundido, su Dios era de una inocencia tan inmaculada que podía ser privado peligrosamente de su omnipotencia. El obispo católico, en su vejez, conocía el maniqueísmo demasiado bien, y, en un debate público, pondrá en este punto débil el dedo para derrotar a un antiguo amigo maniqueo.[49]

Pero este mismo maniqueísmo había sido la religión de Agustín durante su juventud, y le había suministrado un molde extremo y característico para sus sentimientos. Más que nada, quizá, había impulsado al joven Agustín a repudiar durante algún tiempo, y a un alto precio, algunos atributos inquietantes que solo más tarde volvería a aceptar: tanto en su Dios como, puede uno sospechar, en sí mismo. Estos atributos eran las cualidades «paternales» y duras asociadas con el Padre omnipotente de la fe católica: un Padre capaz de justa cólera y de infligir castigo, cuya bondad singular estaba separada por un abismo infranqueable de la culpabilidad íntima de sus hijos.

2. *GNOSIS*

En el año 375 volvió Agustín a Cartago a enseñar literatura, llevando consigo su «sabiduría». Para un católico de África, los maniqueos eran los herejes por excelencia. Mónica se quedó aterrada y echó a Agustín de su casa.[50] Como era característico en ella, no se ablandó hasta que un sueño le dio la certeza de que su hijo al final volvería a la religión de ella. Un obispo al que había consultado estaba también seguro de que Agustín no seguiría mucho tiempo siendo maniqueo, porque él mismo, dijo a la madre de Agustín, había sido criado como un maniqueo y había copiado religiosamente los grandes libros autoritarios de Manes, pero había encontrado pronto su contenido imposible de aceptar.[51]

Estos grandes libros, siete en total, formaban la espina dorsal del maniqueísmo y conservarían la identidad de la secta por mil doscientos años en ambientes tan distintos como Cartago y Fukien.[52] Pero, para un hombre educado del mundo tardío clásico, las revelaciones que contenían eran irreductiblemente exóticas: eran como «un cuento de hadas persa».[53]

En el año 375, sin embargo, Agustín pudo propagar con confianza su «sabiduría» maniquea entre romanos cultos. Porque el maniqueísmo en África, en los años de la década del 370, y principalmente del 380, era algo parecido a lo que fue el comunismo en Inglaterra en los años treinta del siglo XX: se había extendido con rapidez y, a pesar de su núcleo exótico y altamente doctrinario, seguía significando mucho para mucha gente. El maniqueísmo de Agustín era el de un grupo específico, el de los intelectuales instruidos de Cartago y de los notables de la pequeña ciudad de Tagaste. Muchos de sus compañeros de estudios se reunieron inmediatamente con Agustín en Cartago. Y en una ciudad pequeña como Tagaste, lejos de la mirada vigilante de las autoridades católicas, era fácil ganarse al eminente Romaniano y al pariente de este, Alipio. Estos fueron los «compañeros de viaje» del maniqueísmo. Romaniano, sencillamente, no encontraba extraño apoyar a una secta ilegal y, al mismo tiempo, litigar en los tribunales de los emperadores católicos que la habían prohibido.[54] Muchos de esos simpatizantes venían directamente del paganismo. El maniqueísmo pretendía ser la verdadera «Iglesia de los gentiles» en

África: atraía a los paganos molestos por la expansión del cristianismo, porque repudiaba los métodos autoritarios de la Iglesia establecida y las asperezas del Antiguo Testamento.[55] Encajaba fácilmente en esa amplia zona de penumbra del cristianismo, en la que hombres sabios estudiaban detenidamente lo que consideraban como oráculos de la sibila que habían profetizado la venida de Cristo.[56] En la década de los años 370, este maniqueísmo de la gente educada parece que ocupó una posición destacada en África, con Agustín y sus amigos como sus más activos representantes. Los hombres a los que después escribirá Agustín para desacreditar la fe que él mismo había propagado eran la razón del éxito de esta ala del movimiento maniqueo. Todos ellos eran leales maestros de escuela, sordos a cualquier llamada que no fuera la razón, capaces de entender la idea de autoridad solo si les era presentada con tacto, al estilo de su uso profesional de libros de texto autorizados y como ayuda para aprender.[57]

Puede, sin embargo, que este grupo fuera en realidad algo periférico al movimiento en su conjunto. Otros maniqueos eran mucho más doctrinarios y se consideraban exclusivamente como reformadores del cristianismo. Algunos, sin duda, se las arreglaban para seguir como criptocatólicos. Agustín había de descubrir más tarde, siendo obispo, que uno de sus diáconos había incluso seguido asistiendo a los cultos maniqueos como «oyente»;[58] y un joven entró una vez en el monasterio de Agustín, en Hipona, después de haber sido impresionado por las ideas ascéticas contenidas en escrituras apócrifas que los maniqueos hacían circular.[59] Otros «reformadores» de este tipo eran menos clandestinos: cuando Agustín llegó a obispo lo desafiaron abiertamente en su propio terreno, más como intérpretes de san Pablo que como expositores de una «sabiduría» basada racionalmente. Estos hombres formaban el núcleo duro del maniqueísmo africano, y tomaron la dirección cuando se reanudó la persecución (386) y la deserción de Agustín y de su importante círculo quebrantó la fe de los «compañeros de viaje».[60]

Estos dos grupos contaban ambos con hombres cultos; pero no todos los maniqueos lo eran, pues el movimiento había atraído también a muchos pequeños ciudadanos, respetables artesanos y comerciantes.[61] Los comerciantes, indudablemente, eran los misioneros más eficaces del maniqueísmo; de hecho, en China y en Asia Central, el maniqueísmo comenzó a debilitarse poco después de que los mongoles destruyeran los grandes imperios comerciales de los oasis del desierto de Gobi.[62] Y también en el Imperio romano la expansión del maniqueísmo puede que se detuviera por causa de la recesión del comercio.[63] Gente como esta encontraba más fácil aceptar las floridas revelaciones de Manes como verdad literal que no sus compañeros más letrados. Muchos de estos humildes seguidores eran excepcionalmente austeros. Como miembros de los «elegidos», eran el equivalente en las comunidades maniqueas de los tenaces *fellahin* egipcios, que, como ermitaños, habían llegado a ser la admiración del mundo cristiano. Estos hombres, «primitivos y nada pulidos», eran los más entregados de todos y, lo que no es sorprendente en un movimiento de este tipo, eran particularmente admirados por los intelectuales sofisticados.[64]

La desilusión de Agustín con los maniqueos comenzó en cuanto entró en contacto con estos grupos «fundamentalistas» que eran quienes sostenían, sin ningún tipo de compromiso, las revelaciones a ellos confiadas en los grandes libros de Manes.

Manes fue un genio religioso. Había compartido con todos los pensadores gnósticos anteriores el sentido vivo del hombre como una mezcla vergonzosa de dos fuerzas opuestas; pero explicaba esta mezcla con una descripción del todo detallada del universo físico. El universo en sí mismo, para Manes, era resultado de esta mezcla; las buenas nuevas que los maniqueos daban eran que el mundo visible era una gran «botica» en la que la esencia pura de los fragmentos ruinosos del reino de la luz sería «destilada».[65] El maniqueo, por tanto, se encontraba enteramente encajado en el mundo visible. Todo proceso físico ocurrido a su alrededor era para su salvación. Es posible que se presentara a adorar al sol, como un pagano,[66] inclinándose ante él de rodillas[67] y volviéndose hacia él en sus rezos,[68] pero el pagano se hubiera sentido muy inferior al sol, porque los hombres eran criaturas «ligadas al cuerpo humano y sujetas al deseo, al dolor, a la cólera [...], la última criatura, esclavo de tantos deseos»,[69] en tanto que el sol era sencillamente un «dios visible», una inteligencia suprahumana, girando, con perfecto ritmo, muy por encima del mundo.[70] Mientras que un maniqueo habría visto en el sol solamente el brillo visible de una parte de sí mismo, un fragmento de su propia sustancia buena en el último estado de su destilación, próxima a fusionarse de nuevo con el «Reino de la Luz».[71] Habría experimentado la emoción de verse envuelto en un proceso ineluctable, «objetivo», descrito «científicamente» en los libros de Manes:

> *La Luz irá hacia la Luz,*
> *la fragancia irá hacia la fragancia...*
> *[...]*
> *... la Luz retornará a su lugar,*
> *las Tinieblas caerán y no resurgirán.*[72]

Ningún otro «apóstol de Jesucristo» sabía decir al fiel «de qué modo ha sido construido el universo visible y qué es lo que realmente acontece en él».[73] Sin lugar a duda, ningún sistema religioso había tratado nunca tan radicalmente y con tanto literalismo el mundo visible como la exteriorización de un conflicto interior espiritual.[74]

La imagen del universo que emergía de este sistema no era, desde luego, el mundo al que un romano educado estaba acostumbrado, porque había sido violentamente deformado por las preocupaciones religiosas de Manes.[75] El choque entre el contenido de los libros maniqueos y los hechos observados del universo físico era casi inevitable, porque los maniqueos nunca iban a conceder que su imagen del universo fuera un «mito», símbolo de una verdad más profunda.[76] El creciente y el menguante de la luna, por ejemplo, para ellos no era solamente la imagen distante de algún acontecimiento espiritual, sino que literalmente era causado por el influjo de fragmentos liberados de «luz» que fluían hacia arriba desde el mundo. La disciplina moral de un maniqueo, su sentido de estar capacitado para mantener una lucha espiritual hasta su conclusión gloriosa, dependía de aceptar, como verdad literal, la explicación de Manes sobre los movimientos del universo físico.

Agustín estaba volviendo su atención al universo físico precisamente en el tiempo en que había asentado su fe de maniqueo. Estaba decidido a continuar sus estudios de filosofía.[77] Pronto volvió de Tagaste a Cartago, y hacia el año 380 es probable que escribiera su primer libro, *Sobre lo bello y lo apto*. Había continuado extrayendo información filosófica de la obra de Cicerón.[78] Incluso el *Hortensio*, y él lo había notado, contenía información sobre la naturaleza de los eclipses que podía contradecir a los maniqueos.[79] También había estudiado superficialmente astrología. Como joven inquieto que era, esta le había ofrecido un «arte», contenido en libros impresionantemente «científicos», que lo podían poner en contacto con las fuerzas impersonales y omnipotentes que gobernaban su destino.[80] En el siglo IV, como en el Renacimiento, la ciencia y la «seudociencia» iban de la mano: un doctor eminente y astuto, que Agustín conoció en esta época, consideraba estos libros de astrología como una alternativa viable a las obras de Hipócrates.[81] La información sobre el movimiento de las estrellas que estos libros contenían era perfectamente exacta. Los astrólogos romanos tardíos necesitaban llevar a cabo observaciones empíricas para poder realizar sus horóscopos correctamente, igual que Rodolfo II de Bohemia necesitaba las tablas de Tycho Brahe, y el exigente emperador de China, los excelentes astrolabios de los jesuitas.[82] Los maniqueos, en cambio, habían condenado la astrología como una investigación superficial y de aficionados, comparada con la «sabiduría» objetiva de sus libros.[83] Pero Agustín comprobó que los cálculos astronómicos de los astrólogos eran ciertos, y él era una persona que no quería nada más que la verdad.[84]

Le dijeron que únicamente el dirigente más espectacular de los maniqueos, Fausto de Milevis, podía socorrerlo. A juzgar por sus folletos, este había dirigido sus llamadas al culto grupo al que pertenecía el propio Agustín:[85] había ganado una vasta reputación como sabio, convenientemente alimentada por sus frecuentes ausencias de misionero viajero.[86] Allí estaba indudablemente un miembro destacado del partido que podría explicarlo todo. Pero cuando Fausto llegó a Cartago, en el año 383, Agustín pudo ver en persona qué tipo de hombre dirigía el movimiento en el mundo latino: «Comprendí de inmediato que el hombre no estaba instruido en ninguna de las artes liberales, salvo en literatura, y ni siquiera especialmente en esta, tampoco...».[87]

Fausto no estaba interesado en exceso en los intrincados problemas de las revelaciones de Manes.[88] Él representaba la fracción del maniqueísmo que defendía un cristianismo «reformado»: pretendía estar viviendo la vida de un cristiano «verdadero», siguiendo el ejemplo de Cristo tan radicalmente como lo haría más tarde san Francisco.[89] Este Fausto es un ejemplo característico del tipo de dirigente elevado por el torbellino religioso del siglo IV. Era hijo de un hombre pobre de Milevis[90] y, por tanto, autodidacta. Solo empezará seriamente a estudiar teniendo al propio Agustín como tutor, para aprender más de los clásicos, porque este sería el salvoconducto ante las gentes cultas e influyentes que podían apoyar su movimiento.[91] Pero Fausto pronto perdió el apoyo de Agustín como maniqueo, pues al año siguiente este se trasladó de Cartago a Roma.[92] Puede que las ideas morales del maniqueísmo le atrajeran todavía, pero él quería buscar su «sabiduría» en fuentes más convincentes, más puramente clásicas.

Pero lo que estaba en juego era algo más que un conflicto entre un sistema religioso «persa» y la visión grecorromana del mundo físico. Muchos latinos cultos del siglo IV se encontraban en situación de aceptar mitos no clásicos como parte de su propia religión. En opinión de un pagano conservador, Agustín, simplemente, había huido de la sartén y caído en las brasas, al pasar de los cuentos populares mesopotámicos y hebreos del Antiguo Testamento a las revelaciones mesopotámicas de Manes.[93] A un nivel más profundo, el maniqueísmo había desilusionado a Agustín por ser una religión esencialmente estática. «No podía progresar en ella»:[94] esta había sido la condena definitiva del maniqueísmo para el Agustín anciano. Los maniqueos habían imposibilitado las tensiones del crecimiento en todos los niveles. Moralmente pretendían no hacer más que «liberar» la parte buena de sí mismos, disociándose de todo aquello que estuviera en conflicto con la imagen consoladora de un fragmento de perfección inmaculada alojada en su interior. El sistema maniqueo se basaba en una visión sumamente simplista del modo como el hombre se comporta. Era optimista en extremo, porque daba por sentado que ninguna persona razonable, una vez «despierta» a su verdadero estado, podía fracasar en la labor de liberar el alma siguiendo una serie de solemnes rutinas:[95] «Si sabe cómo observar los rituales, despertará: la parte luminosa de su espíritu retornará a su pureza plena; y la naturaleza extraña de bien que temporalmente reside en su cuerpo se desembarazará, ella misma, de todos los peligros...».[96] Las complejidades de la duda y de la ignorancia, las tensiones de profundas raíces en la ciudadela de la misma voluntad, eran ignoradas de forma deliberada en el sistema maniqueo. Con toda su insistencia sobre la «liberación», los maniqueos no tenían lugar, en su lenguaje religioso, para procesos más sutiles de crecimiento, para la «curación» o para la «renovación».[97]

Lo mismo sucedía a nivel intelectual. Para un clásico, la «sabiduría» era el fruto de una prolongada disciplina intelectual y del desarrollo personal. Comparando con este ideal, Agustín fue viendo claro, a medida que se fue haciendo mayor, que lo que los maniqueos le presentaban era meramente una *gnosis* en su forma más desnuda: tenía que vérselas contra una revelación «secreta», esotérica y exótica, que pretendía eludir las exigencias y emociones de la búsqueda de la verdad de un filósofo clásico.[98]

Como maniqueo, Agustín había sido un joven austero que había encontrado el uso adecuado de su gran inteligencia; su religión le inspiró el primer libro. Fue criado en contacto con una preocupación metafísica auténtica, relativa a la naturaleza del mal. Podrá seguir considerándose un buen cristiano, pero tendrá que pasar a través de la «sabiduría» del expositor pagano del pensamiento de Platón —el gran Plotino— antes de que pueda escribir a sus antiguos maestros: «Deja que te traten con dureza aquellos que no saben con qué fatigas se encuentra la verdad [...], los que no saben con cuánto dolor se cura el ojo interior de un hombre para que pueda vislumbrar su sol».[99]

VI
AMIGOS

Agustín no estará nunca solo. Cuando volvió a Tagaste había formado un grupo de amistades duraderas; muchachos que habían crecido a su lado cuando eran estudiantes se reunieron ahora con él como maniqueos.[1] Era este un grupo de jóvenes singularmente inteligentes y presuntuosos a los que atraía la austeridad de los maniqueos;[2] uno de ellos reconoció más tarde su periodo maniqueo como el único de su vida en el que se había mantenido casto.[3] Agustín, que había consentido en la monogamia, era una rareza entre aquellos célibes. Pensaban que la música era un regalo divino,[4] discutían entre sí sobre la naturaleza de lo bello[5] y se sentían muy por encima de la afición al circo.[6] Agustín sabía a la perfección cómo mantener tales amistades «en ebullición mediante el calor de los entusiasmos compartidos».[7]

> Había toda una serie de cosas que hacían que me estrechara más fuertemente a ellos, como el conversar y reírnos juntos, servirnos unos a otros con buena voluntad, juntarnos a leer libros divertidos, chancearnos y entretenernos juntos, disentir alguna vez en los juicios, pero sin oposición de la voluntad, como suele hacer uno consigo mismo; y cuando, rara vez, afloraba una disensión, encontrar a partir de esta disensión cuán dulce era la conformidad que en nosotros había en todo lo demás; enseñamos mutuamente alguna cosa o aprenderla unos de otros; sentir la ausencia de los amigos y desearlos y recibirlos con alegría cuando volvían... Con estas señales y otras semejantes, que saliendo del corazón de los que se aman se manifiestan por el semblante, por la lengua, por los ojos y por otros mil movimientos agradables que servían de fomento a nuestro amor, encendíamos nuestros ánimos y de muchos hacíamos uno solo.[8]

Por supuesto, en todo esto hay una figura manifiestamente ausente: la concubina de Agustín. Nuestra curiosidad por ella es una preocupación muy moderna que Agustín y sus cultas amistades habrían encontrado extraña. Al fin y al cabo, ¿por qué había creado Dios una mujer para vivir con Adán? «Si era compañía y buena conversación lo que necesitaba Adán —contestaba Agustín—, hubiera sido un arreglo mejor poner a dos hombres juntos, como amigos, que no a un hombre y a una mujer».[9] Eva podía dar a luz a los hijos de Adán, y esta mujer anónima dio a luz al hijo de Agustín, Adeodato. De Adeodato solamente sabremos algo, y tendremos una vislumbre de él, algunos años después de que su madre hubiera desaparecido: a los dieciséis años, «su inteligencia me llenaba de una especie de respeto». Cuando muera, poco después, no volverá a haber más resonancias de él en los escritos de Agustín: «No tuve más parte en ese muchacho que el pecado».[10]

Esta mujer vivió con Agustín hasta el año 385, cuando la rechazó para comprometerse con una joven heredera. Concubinatos de este tipo eran algo tradicional en la vida romana, e incluso la Iglesia católica los reconocía, a condición de que la pareja se guardara fidelidad mutua.[11]

Porque un casamiento pleno era terriblemente complicado: exigía que los contrayentes fueran de igual posición social e implicaba complejos acuerdos dinásticos. Siendo profesor provinciano en ciernes, Agustín no deseaba más que una boda de «segunda categoría» con una concubina, pues tenía poca inclinación a atarse con prematuros vínculos a alguna familia hidalga pero empobrecida de Tagaste,[12] para encontrarse expuesto a prestar servicio como miembro del municipio, cobrar impuestos, organizar espectáculos circenses y comprobar que los baños públicos estuvieran a temperatura conveniente. Después de todo, el mayor retórico del Oriente griego de esta época, Libanio de Antioquía, estaba completamente satisfecho de un arreglo semejante: «Una mujer excelente, si bien no nacida libre, la madre de mi hijo, y mejor que cualquier sierva [¡]».[13]

Desde luego, un acuerdo respetable no tiene por qué ser particularmente civilizado. Ningún caballero romano tardío, por ejemplo, escribió poemas a su concubina, que fuera su ama de llaves, madre de sus hijos y de clase considerablemente más baja que la de él. Puede que ella siguiera siendo catecúmena católica, mientras su consorte se entregaba a sus entusiasmos maniqueos.[14] Su hijo se llamó Adeodato, «dado por Dios», la forma latina del púnico Iatanbaal, que, con sus resonancias religiosas, era un nombre popular entre los cristianos cartagineses.[15] Tampoco parece que Agustín se sintiera muy feliz respecto a las necesidades que lo ligaban a esta mujer: habría de recordar sus relaciones como «el mero pacto de un amor concupiscente».[16] En una atmósfera cargada con la presencia de Mónica, que vivió con Agustín durante gran parte de esta época, el desasosiego de este no es quizá tan sorprendente: «¿Cuál es la diferencia? —habría de decir a otro joven, oprimido por su madre—, tanto si es la esposa como si es la madre, sigue siendo Eva (la tentadora), de la que tenemos que cuidarnos en todas las mujeres».[17]

En el año 385, sin embargo, no fueron escrúpulos morales los que llevaron a Agustín a abandonar a su concubina, sino la ambición. Agustín tenía que casarse con una heredera. Una persona como Libanio podía permitirse la fidelidad a su concubina hasta la muerte, porque era una figura respetable, de familia adinerada y establecido firmemente como portavoz de los intereses creados de la gran ciudad oriental de Antioquía. Pero Agustín, haciendo su carrera en el occidente latino, no podía esperar nunca alcanzar una posición tan segura. En una ciudad provinciana y pequeña de África, la única alternativa de una carrera que lo llevara muy lejos de su pasado era la pobreza y el aburrimiento, y la única posibilidad de éxito duradero, la alianza con las grandes familias que desde lugares tan distantes como Roma o Milán regían los destinos de los hombres de talento de las provincias.[18] La concubina sin nombre será devuelta a África, víctima oscura de los elevados principios católicos y del gran esnobismo de los milaneses.[19]

La vida mezquina de Tagaste, sin duda, no había nunca de satisfacer a Agustín; pero lo que lo arrojó de forma violenta de su patria chica fue una cuestión puramente privada: el golpe terrible de la muerte de un amigo. Este amigo se había hecho maniqueo: «Su alma caminaba junto conmigo; y no podía mi alma hacer nada sin él».[20] Porque Agustín era un imperialista en sus amistades: ser amigo suyo significaba tan solo, y demasiado a menudo, convertirse en parte del propio Agustín: «Dependíamos demasiado uno del otro».[21] Cuando este amigo yacía inconsciente, su familia católica lo bautizó. Agustín, que velaba junto a su cabecera, no se preocupó por precauciones tan primitivas, y estaba seguro de que su amigo se reiría luego con él de semejante ceremonia. Pero, cuando este se recuperó, «reaccionó como si yo fuera su enemigo mortal, y en una muestra repentina e inesperada de independencia, me advirtió que me callara si quería seguir siendo su amigo».[22] Pocos días después, estando Agustín ausente, murió de improviso. El doble rechazo de la muerte del amigo y su aceptación del bautismo católico desanimó completamente a Agustín: «Hui de mi patria».[23] Deseaba tan desesperadamente retornar a Cartago que desatendió los deseos de su patrono Romaniano.[24] Esta vez no venía a un «caldero»; en el año 376, a los veintidós de edad, llegaba a Cartago como a la capital de África, al trampolín de su carrera.

VII
ÉXITO

«No se van los tiempos en balde, ni pasan ociosamente por nuestros sentidos, antes bien, producen en nuestras almas efectos admirables. Venía y pasaba el tiempo un día tras otro, y viniendo y pasando días, iba yo adquiriendo nuevas esperanzas y diferentes memorias...».[1]

Cartago, en el año 376, era todavía la segunda ciudad del Imperio de Occidente,[2] con su fantástico puerto artificial rodeado de columnatas, avenidas de trazado regular sombreadas de árboles, y su zona costera abierta al ancho mundo.[3] En el «paseo marítimo», Agustín tuvo oportunidad de ver el esqueleto de una ballena, lo suficientemente grande como para albergar a doce hombres[4] y un mosaico representando a los Esciópodos, los misteriosos habitantes de lejanos países;[5] en los puestos de libros que bordeaban las calles podía encontrar escritos de hacía siglos de herejes gnósticos, fuente de aflicción más tarde para el viejo obispo, pero descubrimiento emocionante para la multitud de curiosos hojeadores de libros.[6]

Agustín enseñaría retórica en el mismo centro de la vida pública de la ciudad. Su aula estaba resguardada del bullicio del foro solo por una cortina (lo que Agustín consideraba demasiado en público). Sus alumnos eran en su mayor parte alborotadores jóvenes libertinos, enviados por sus ricas familias desde toda África (e incluso, en un caso, desde el este griego)[7] para adquirir una educación «apropiada», es decir, un barniz de Cicerón. Si Agustín pensaba en hacer carrera todavía más allá de Cartago, tenía que mirar hacia la colina sobre el foro, la Birsa, pues allí estaba el palacio de los procónsules. Llegados de allende los mares para periodos cortos, estos hombres eran figuras importantes en la vida de la ciudad, y un punto de mira tranquilizador para un joven maestro de retórica, porque, como aristócratas, eran conocedores de la literatura, y patronos influyentes que consideraban una buena educación clásica como la mejor preparación para ocupar altos cargos.

El Imperio romano tardío era una autocracia militar; pero, en este momento de la carrera de Agustín, los cultivados aristócratas de la Galia y de Italia estaban disfrutando de un momentáneo «deshielo». El emperador anterior, Valentiniano I, había sido un soldado cruel. Se había rodeado de funcionarios profesionales que sentían poca simpatía por las viejas tradiciones. Se decía que alimentaba a sus osos favoritos con las víctimas de las purgas; y había permitido a sus jefes militares sacrificar a las clases altas de África.[8] Sin embargo, este hombre rudo había deseado que su hijo fuera bien educado. A la muerte de Valentiniano, Ausonio, uno de los más viejos profesores de retórica de Burdeos, se encontró convertido en el favorito del emperador, el muchacho del que había sido tutor, y, como tal, en mascarón de proa de una alianza de conservadores letrados decididos a sacar el mejor partido posible de la nueva administración. El hijo y el yerno de Ausonio fueron a Cartago como procónsules precisamente en los años en que Agustín comenzaba a enseñar retórica.[9] Su carrera no podía comenzar con mejores augurios.

También en Roma los grandes senadores estaban deseosos de contar entre sus amigos con «hombres entusiastas de la sabiduría». Símaco, por ejemplo, era un senador que debía toda su reputación e influencia a su talento literario. También él había ido a Cartago como procónsul en el mismo año en que Agustín, como estudiante, había hecho su conversión a la «sabiduría».[10] Hombres como Símaco y sus amigos romanos se consideraban como la «élite de la raza humana». Les encantaba patrocinar y, en algunos casos, incluso adoptar a un hombre como Agustín. Necesitaban maestros para sus hijos, abogados adiestrados para sus agravios, y administradores amateurs, debidamente impresionados por el vasto prestigio de su modo de vida tradicional. Estos hombres representaban la cima de la ambición del Agustín joven, «una heredad campestre, una casa, jardines regados por claros arroyos, el suave resplandor del mármol en contrastados matices... Vivir de este modo me lleva hacia una vejez tranquila, revolviendo los doctos escritos de los antiguos maestros».[11] Sin hombres como estos, Agustín podría muy bien haber permanecido en Cartago, y nunca hubiera pasado, en un momento crucial de su carrera y a invitación de Símaco, de Roma a Milán, donde iba a encontrar la versión cristiana de estos grandes hombres: san Ambrosio, primo de Símaco.[12]

En Cartago, Agustín pronto se puso en contacto con extranjeros distinguidos. Ganó un premio por una composición en verso, y se hizo amigo del procónsul que lo había coronado, Vindiciano.[13] Vindiciano era un famoso médico de la corte (lo que no sorprende mucho si consideramos que era experto en curar indigestiones y evitaba la cirugía dolorosa).[14] No se trataba de un orador pulido, pero sí vivaz y vigoroso: todo un ejemplo estimulante de persona elevada por su propio talento. Este «anciano docto»[15] estaba bien preparado para poner en guardia a Agustín «paternalmente» contra la astrología.[16] Unidos por un amor común a los clásicos, el poeta y el procónsul podían mirarse como iguales.

Para estos hombres, todavía todos los caminos conducían a Roma. Alrededor del año 380, Agustín dedicará su primer libro, un tratado de estética, a Hierio, orador romano al que solo conocía por su fama. Como él, Hierio era un provinciano (incluso, sin duda, un sirio de lengua griega) que se había hecho maestro en latín. También, como Agustín, pretendía ser filósofo y retórico.[17] Él y su hermano gravitaban alrededor del círculo pagano de Símaco, como Agustín y sus discípulos habían de hacer por un corto periodo.[18]

Los dos amigos más entrañables de Agustín, Alipio y Nebridio, representaban los dos polos diferentes de su vida. Alipio, un amigo de la infancia de una familia dirigente de Tagaste, era el hombre de acción.[19] Estaba cortado para ser abogado administrativo.[20] Se sentía fuertemente atraído por las matanzas de los espectáculos de gladiadores. También admiraba a los maniqueos, sobre todo por su castidad, al haber tenido él en su juventud una experiencia sexual desgraciada.[21] Más tarde, en Milán, las incertidumbres intelectuales de su amigo Agustín le dejarán impasible, y aparecerá más bien como el abogado persistente de una correcta «vida beata». Cuando definitivamente se aleje del mundo, tomará su decisión con calma[22] y caminará descalzo por un suelo helado, como consecuencia lógica de su adhesión a esta nueva trayectoria de acción.[23] Solemne, bien conocido por su cortesía, dado a resoluciones tranquilas y obstinadas, y autoritario, Alipio será el *alter ego* de Agustín hasta el final de sus días.

El otro amigo de Agustín, Nebridio, provenía de un mundo más ocioso y noble. Encantaba a Agustín, que siempre habla de él como *dulcis*, su dulce amigo.[24] Al contrario que Alipio y Agustín, él no tenía necesidad alguna de seguir una carrera. Como cartaginés pagano y rico que era, se podía permitir una vida de estudioso retiro, no distinta a la de los *dilettantes* senadores romanos. Siguió a Agustín de Cartago a Milán, pero solo por vivir en compañía del amigo brillante,[25] y morirá en el año 390 después de que Agustín y él se hubieran retirado y recluido a sus hogares respectivos en Tagaste y Cartago: fue el fin de una amistad verdaderamente íntima. Diecisiete años más tarde, Agustín todavía lo recuerda:

«Mientras leía tu carta —dice a un obispo— y ponderaba su contenido tanto como mi tiempo limitado me lo permite, volvió a mí el recuerdo de mi amigo Nebridio. Como era un estudiante diligentísimo y muy ardoroso de los problemas difíciles, tenía gran aversión a dar respuestas cortas a grandes problemas. Si alguien le insistía en que así lo hiciera, se mostraba sumamente desagradado; y si el respeto a la edad o el rango del interlocutor no se lo impedía, le reprendía, indignado, con palabras y miradas severas; porque consideraba como indigno que se dedicara a investigar tales materias quien no sabía cuánto podía o debía decirse sobre un asunto de gran importancia».[26]

En el año 382 le llegó la hora a Agustín de irse de Cartago. Se había desilusionado de los maniqueos, que, en cualquier caso, eran ahora una secta perseguida que vivía ante el temor de la denuncia.[27] Además, le desagradaba enseñar a estudiantes tan alborotadores. Alipio se había ido ya, antes que él, a Roma, como abogado administrativo.[28] Amigos con buenos contactos le prometían ahora a Agustín «mayores ganancias» y «altos honores».[29] Sobre todo, los estudiantes romanos daban la impresión de ser más disciplinados. En Roma se les hacía conscientes de su posición en el umbral de la burocracia imperial; y, como candidatos en potencia (especialmente los muchos africanos que, en bandada, acudían a Roma), los estudiantes eran vigilados estrictamente por el emperador.[30]

Pero Agustín no había tenido en cuenta a Mónica:

> Sintió como la muerte mi partida y me siguió hasta la orilla del mar. Pero yo la engañé; porque cuando ella me tenía asido fuertemente y quería que yo dejara mi viaje, o la llevara en mi compañía, le hice creer con engaños que mi intento, al embarcarme, era solamente acompañar a un amigo hasta que tuviese viento favorable con que hacerse a la vela. Así mentí a mi madre, ¡a tal madre! [...]. Rehusando ella volverse sin mí, me costó mucho trabajo persuadirla a que pasase aquella noche en una capilla dedicada a san Cipriano, que estaba cerca del puerto donde estaba el barco en que había de marchar aquella noche, y me partí secretamente, y ella se quedó orando y derramando lágrimas [...]. Durante la noche sopló el viento e hinchó nuestras velas; navegamos y poco después perdimos de vista la ribera. Ella se fue a casa, y yo marché hacia Roma.[31]

Después de un incidente así, no es sorprendente que Roma constituyera una decepción. Agustín pasó un año miserable en la Ciudad Eterna; a su llegada cayó gravemente enfermo. En las *Confesiones*, este «azote de enfermedad» se funde con el relato de su abandono de Mónica en un pasaje de desesperación creciente.[32] Y, en cuanto a los estudiantes, estaban habituados a estafar a sus profesores por el sencillo procedimiento de abandonarlos cuando llegaba la hora de pagar los honorarios.[33]

De todos modos, Agustín no se decepcionó completamente. A finales de aquel año ya había atraído la atención de Símaco. Otro provinciano venido a Roma a hacer su fortuna de la misma forma que Agustín, el antioqueno Amiano Marcelino, no había tenido tanta suerte. Este hombre, que sería el último gran historiador romano, se encontró excluido del mundo encantado en el que Agustín logró entrar: los aristócratas romanos lo trataron con rudeza, como patanes ostentosos, con sus bibliotecas «cerradas como una tumba». En la época de vacas flacas, estos estaban preparados para deportar a todos los «profesores de artes liberales» extranjeros, mientras mantenían a tres mil bailarinas.[34]

Si Agustín eludió el destino del menos afortunado Amiano, fue porque Símaco, prefecto de la ciudad, tenía órdenes de elegir un profesor de retórica para la ciudad de Milán:[35] como la corte imperial residía en Milán, este era un encargo importante, pues el profesor de retórica había de pronunciar los panegíricos oficiales al emperador y a los cónsules del correspondiente año. Estos discursos habían de ser cuidadosamente afinados para dar publicidad a los programas de la corte, de modo que el consumado retórico se convertía, en muchos casos, en un «ministro de propaganda».[36]

Símaco eligió a Agustín para este puesto vital. La elección se hizo bajo la impresión de un discurso pronunciado ante él, pero ya previamente Símaco había sido contactado por otros amigos maniqueos para que designara a su protegido.[37] Hasta el final miraron los maniqueos por su gente: Agustín se había alojado en casa de un «oyente» maniqueo, y, como hemos visto, contaba con buenas razones personales, dentro de su estado de ánimo triste, para frecuentar a los austeros «elegidos».[38]

Los maniqueos romanos tenían motivos para acercarse a un pagano conservador como Símaco como a un aliado potencial. El crecimiento de un catolicismo intransigente había arrojado al mismo saco a los representantes de la antigua religión y a estos nuevos herejes. Un maniqueo romano, Secundino, que más tarde escribió a Agustín, consideraba las novelas filosóficas de los *Diálogos* de Cicerón preferibles a las desagradables supersticiones judías del catolicismo.[39] En una ciudad donde, por ejemplo, vemos predominar las escenas del Antiguo Testamento en el mausoleo familiar de un senador cristiano, repudiar el Antiguo Testamento, como hacían los maniqueos, podía parecer lo mismo que oponerse al cristianismo, como Símaco hacía.[40]

En el otoño de aquel año 384, Símaco tenía todas las razones para colocar en un puesto tan importante a un no católico.[41] Antes, en ese mismo año, había pedido al emperador que revocara una decisión hecha años atrás, que desestabilizaba la religión pagana tradicional —en realidad, la abolía— cortando el lazo vital entre las ceremonias paganas y los fondos públicos. La petición de Símaco era un llamamiento a la tolerancia cuidadosamente expresado: «No por un solo camino puede el hombre alcanzar tan gran misterio».[42] Símaco fue sobrepujado por su pariente, Ambrosio, establecido en el umbral de la corte como obispo de Milán, quien escribió directamente al emperador-niño, Valentiniano II, recordándole que era un catecúmeno de la Iglesia católica, que los «dioses de las naciones son demonios», y que sería excluido de la Iglesia de Ambrosio si hacía caso a las peticiones de Símaco.[43] Con la irritación que este debió de experimentar ante un desaire tan brusco a la religión tradicional, pudo sentirse contento de asegurar que al menos un hombre como Agustín, conocido por él como miembro de una secta violentamente anticatólica, estuviera en posición de hablar ante el emperador.

Agustín fue a Milán como protegido de Símaco y parece que allí dio clases a un hijo de un amigo de infancia de este.[44] Su ambición se vería favorecida por un típico corresponsal de Símaco,[45] Marciano, poeta, erudito helenista, futuro prefecto de Roma y quizá futuro apóstata del cristianismo.[46] Pudo haber leído y admirado, al menos, el estilo del famoso llamamiento a la tolerancia de Símaco. También pudiera haber pronunciado el panegírico de un amigo de Símaco, Bauto, general franco y pagano.[47] La red de Símaco estaba ampliamente extendida: incluso Ponticiano, el gobernante africano cuyo encuentro con Agustín provocará el «alejamiento» de este y de Alipio del «mundo», era —con toda su piedad y sus historias sobre la vida de los ermitaños— también él otro próspero protegido de Símaco.[48]

No se le ocultaban a Símaco las ventajas que había otorgado al joven africano: «La puerta grande de un cargo —escribió una vez— se abre a menudo con el éxito literario».[49] Milán era la capital política de una parte importante del Imperio de Occidente.[50] Residencia habitual de los emperadores en ese periodo de emergencia continua, debía su importancia a su posición estratégica en los caminos que atravesaban por los Alpes. Diplomáticos y agentes secretos llegaban hasta allí de sitios tan distantes como Tréveris al norte o Persia al este. Los soldados bárbaros que rodeaban el palacio debían ser un recordatorio siniestro del mundo extraño e indomado de más allá de los Alpes. Solo empalizadas en los pasos que llevan a la moderna Yugoslavia se alzaban entre esta ciudad nueva y próspera y las bandas guerreras bárbaras que pronto habían de vagar con impunidad por los Balcanes.

Una sociedad brillante había crecido alrededor de la corte. Venían a Milán poetas de lugares tan lejanos como Alejandría;[51] y las obras de los filósofos griegos eran leídas tanto por el clero de la Iglesia milanesa como por los grandes terratenientes de las villas cercanas a los Alpes. Se estudiaba la resucitada filosofía de Platón, y se escribía tanto sobre métrica clásica como sobre la naturaleza del universo.[52] Hasta el catolicismo de la ciudad era eminente: los sermones de Ambrosio eran «sabios»;[53] su máxima obra estaba cuidadosamente modelada sobre Cicerón[54] y sus ideas traicionaban el influjo de los expositores contemporáneos de Platón.[55] Hasta los sarcófagos de estos cristianos muestran un exquisito gusto clásico.[56]

Para Agustín, Milán significaba nuevos intereses, nuevos conocimientos y grandes oportunidades de éxito. Durante un año se lanzó a esta vida con vigor y franca ambición; pero, a la larga, la ciudad se convirtió en una ciudad simbólica alrededor de un centro que no había sospechado. Si en sus *Confesiones* Cartago le había parecido al principio a Agustín como su «caldero» —en latín, *sartago* deliberadamente recuerda a *Cartago*—,[57] ahora Milán tomaba un significado propio y peculiar: *et veni Mediolanum ad Ambrosium episcopum*; «y vine a Milán [...] a Ambrosio, el obispo».[58]

SEGUNDA PARTE

386-395

TABLA CRONOLÓGICA

386	Pleito con las basílicas en Milán (febrero). 17-VI. Hallazgo de los santos Gervasio y Protasio. Ambrosio en Trieste (verano u otoño). Purga de maniqueos en Cartago.	Lee los *libri Platonicorum* (¿junio?). Es visitado por Ponticiano. Conversión (final de agosto). Va a Casiciaco (noviembre). *Contra Academicos* (noviembre). *De beata vita.* *De ordine* (diciembre). *Soliloquia* (invierno).
387	Máximo invade Italia (otoño).	Vuelve a Milán (principios de marzo). 24-IV. Bautismo. *De inmortalitate animae.* Comienza *De Musica.* Visión de Ostia. Muerte de Mónica.
388		Va a Roma desde Ostia. Permanece en Roma hasta la última parte del año. *De quantitate animae.* *De libero arbitrio* (Libro 1). *De moribus ecclesiae catholicae et de moribus Manichaeorum.* Vuelve a Cartago y después a Tagaste. *De Genesi contra Manichaeos. De diversis quaestionibus.*
389	Bautismo de Paulino de Nola.	*De Magistro.* *De vera religione.*
390		? Mueren Adeodato y Nebridio.

391	24-II. Edicto general contra el paganismo (*Cod. Theod.* XVI, 10, 10). Aurelio, obispo de Cartago.	Llega a Hipona y funda un monasterio (primavera). Es ordenado sacerdote. *De utilitate credendi.* *De duabus animabus contra Manichaeos.* *De libero arbitrio* (Libros 2-3).
392	15-V. Muere Valentiniano II. Eugenio es proclamado emperador (agosto).	28/29-VIII. Debate en Hipona con Fortunato. *Acta contra Fortunatum Manichaeum.* Escribe a Jerónimo pidiéndole traducciones latinas de comentarios griegos sobre la Biblia. *Ennarrationes in Psalmos* (los comentarios sobre los 32 primeros salmos fueron escritos hacia el 392).
393	Concilio donatista de Cebarsussa; Maximiano se separa en cisma. Optato, obispo donatista de Timgad.	3-XII. Concilio de Hipona. Predica *De fide et symbolo.* *De Genesi ad litteram imperfectus liber.*
394	Concilio donatista en Bagai. Supresión del cisma maximianista. 6-IX. Derrota de Eugenio. 25-XII. Ordenación de Paulino. Muerte de Ausonio (h. 394).	Supresión de las *Laetitia* en Hipona. *Psalmus contra partem Donati.* *De sermone Domini in monte.* 26-VI. I Concilio de Cartago. Discursos sobre la Epístola a los Romanos en Cartago. *Expositio 84 propositionum epistolae ad Romanos.* *Epistolae ad Romanos inchoata expositio.* *Expositio epistolae ad Galatas. De Mendacio.*
395	17-I. Muerte de Teodosio. Emperadores: Arcadio (Este) y Honorio (Oeste).	Agustín es consagrado como sucesor del obispo Valerio.
395-404	Claudio el poeta *floruit.*	

VIII
AMBROSIO[1]

Cuando Agustín llegó a Milán, en el otoño del 384, era un hombre desilusionado. Las certidumbres de su juventud se habían disuelto. Y en este estado de ánimo volvió otra vez a Cicerón.[2] En sus diálogos filosóficos, el filósofo había hecho accesibles en latín las opiniones escépticas de la «Academia Nueva». Estas doctrinas habían sido elaboradas en el siglo II a.C. por Carnéades, un formidable lógico griego opuesto a los estoicos. Los estoicos habían defendido que se podía llegar a conocer la naturaleza del mundo circundante y, a la luz de este conocimiento, actuar sabiamente y con perfecta certeza.[3] Por su parte, los escépticos —llamados los *Academici*, «los académicos»— negaban que ese conocimiento pudiera alcanzarse con tal facilidad.[4] El sabio, en opinión de Cicerón, debía aprender a andar más cautelosamente: su mayor virtud consistía en el juicio suspenso; y el mayor peligro estaba en la adhesión precipitada a cualquier opinión.

Ningún movimiento religioso del siglo IV d.C. estaba más expuesto a este severo criticismo que el maniqueo. Estos, de hecho, pretendían poder ofrecer la certeza absoluta, recta y sin ambigüedad alguna a cualquier hombre racional.[5] La «sabiduría» que sus libros contenían describía la realidad exacta del universo: todo lo que el hombre tenía que hacer era actuar en conformidad con este conocimiento. Al apoyar a los maniqueos tan fervientemente, Agustín había sido culpable de la extremada temeridad descrita por Cicerón: el partidismo impetuoso de un escolar hacia una secta.[6] No sorprende, por tanto, que la «Nueva Academia» de Cicerón llegara por un tiempo a prestar respetabilidad intelectual a la desilusión de Agustín.

Más tarde, Agustín superará también esta postura y se enfrentará cara a cara con ella;[7] pero, mientras tanto, este periodo relativamente corto de incertidumbre es uno de los virajes de su vida más cruciales y menos conocidos, porque presentó a Agustín el ideal de «Sabiduría» como una búsqueda prolongada, ideal que Cicerón nunca había abandonado. La búsqueda de la sabiduría por el sabio era aún más heroica en cuanto que se trataba de una empresa desesperada.

> *En una alta montaña,*
> *abrupta y empinada, está la verdad, y aquel que quiera*
> *alcanzarla, alrededor tiene que ir, una y otra vez.*[8]

Los maniqueos habían ofrecido a Agustín una sabiduría «prefabricada». Ahora comenzaba a apreciar los grandes atractivos de toda una vida de disciplina filosófica, consumida en el modesto rechazo de las opiniones falsas.[9]

Una vez entrevisto el camino de la sabiduría como búsqueda, Agustín empezó a preguntarse por qué medios podía realizar esta búsqueda. Creyó entender que los académicos habían negado que la mente humana pudiera alguna vez llegar a la verdad, pero Agustín no adoptó nunca del todo este punto de vista tan radical. La alternativa que en este tiempo estaba considerando se le presentaba de forma más natural: que los hombres podían hacer uso de cierta autoridad para indicar el camino de la verdad.[10]

Incluso puede que la lectura del propio Cicerón ayudara a Agustín a llegar a esta conclusión; porque Cicerón había desplegado su escepticismo solo contra los filósofos dogmáticos de su época; pero estaba demasiado lejos de un romano atacar la religión establecida de sus antepasados.[11] Del mismo modo, el escepticismo de Agustín podía desembarazarse de las afirmaciones dogmáticas de los maniqueos, al tiempo que dejaba intacto el fondo de *su* religión ancestral: el catolicismo de Mónica. Esto explica, quizá, la facilidad con que Agustín decidió hacerse catecúmeno de la Iglesia de Milán.[12] Puede que tomase esta decisión cuando su madre llegó a Milán a fines de la primavera del 385.[13] La verdad era que no tenía razones para resistirse a las fuertes presiones externas que lo empujaban a tal acto de conformismo político: tenía una carrera por hacer y Mónica estaba arreglando su casamiento con una heredera católica;[14] la corte era cristiana; Ambrosio, obispo católico, dominaba Milán; y, por lo demás, ser catecúmeno entonces no comprometía a Agustín muy profundamente con la Iglesia católica. Se trataba de un gesto político de conformidad y, una vez catecúmeno, podía posponer indefinidamente el paso al bautismo.

Agustín había perdido su confianza. Como dijo a un amigo maniqueo siete años después, «en aquella época no había nadie más abierto a ser enseñado que yo...».[15] Era el momento justo para entrar en relación con san Ambrosio.

Ambrosio era unos catorce años mayor que Agustín, y llevaba de obispo en Milán once. A primera vista, es el representante más brillante de la clase gobernante romana de su época, esto es, de hombres cuya posición dependía menos de su nacimiento patricio que de su habilidad para alcanzar y mantener el poder en una sociedad despiadada. Hijo de un funcionario, residía en Milán como gobernador de la provincia (Liguria) cuando, repentinamente, se le buscó para que fuera obispo de la ciudad. La plebe católica de Milán se aferró a su elección. Agustín debía su nombramiento a la corte, pero esta corte, en Milán, se encontraba aislada por estar llena de extranjeros sospechosos, godos, arrianos, herejes y tolerantes con los paganos. Su autoridad estaba oscurecida, en Occidente, por la usurpación de otro emperador y, en la misma ciudad de Milán, por el formidable Ambrosio. A lo largo del año 386, Ambrosio había de mostrar su poder de forma incuestionable: en febrero, la madre del emperador, Justina, había ordenado a Ambrosio que entregase una iglesia para uso de los miembros arrianos de la corte. Ambrosio demostró ser mucho menos inhibido que su primo Símaco en la defensa de la propiedad tradicional de su religión. Con estudiada indiferencia, rehusó llanamente entregar la iglesia, y la cuestión se convirtió en un asunto de la «corte» contra la «ciudad», mientras Ambrosio no hacía muchos esfuerzos para frenar el odio que sentían los milaneses por la guarnición goda. Los cortesanos más importantes fueron sometidos a toque de queda para que no se unieran a este «usurpador»; y, cuando las tropas godas rodearon la basílica en la que estaban Ambrosio y su congregación, pareció que podría producirse una carnicería general. Pero, al final, la corte perdió el envite y cedió. Al tiempo que los niños jugaban con los andrajosos jirones de las colgaduras que señalaban la basílica como confiscada y propiedad imperial, el emperador muchacho, Valentiniano, rodeado de su séquito, les decía: «Si Ambrosio os lo dijera, me entregaríais a él en cadenas». «Nosotros, los sacerdotes —había dicho Ambrosio—, tenemos nuestro propio método de elevarnos al Imperio. Nuestra debilidad es nuestro camino al trono. Porque *cuando soy débil, entonces soy poderoso*».[16] El 17 de junio, la victoria de Ambrosio se completó. Había construido una basílica, y un «cierto sentimiento ardiente» le aseguró que había de encontrar las reliquias de algunos mártires con las que dedicar el edificio. Tras una corta búsqueda, se desenterraron los cuerpos intactos de san Gervasio y san Protasio, que fueron llevados en triunfo a la nueva iglesia. Rendido por la emoción que él mismo había provocado, Ambrosio apenas podía hablar. Cuando lo hizo, dijo a la multitud que los mártires yacerían en el gran sarcófago que él, típico romano, había preparado para sí bajo su altar en esta su basílica, la *basílica ambrosiana*. «Esta es la clase de hombres influyentes cuyo apoyo estoy buscando».[17]

Este hombre pondría poco interés en Agustín. Sencillamente porque conocía muy bien las características de estos tipos que se convertían al cristianismo para tomar una esposa, y doblaban las rodillas en la iglesia para adquirir posición en la corte cristiana.[18] A su llegada, le saludó con más formalismo del que correspondía a un obispo, y con más afabilidad, quizá, de la que Agustín había esperado de esta figura distante y paternal: «Y yo al principio empecé a amarlo [...] como un hombre que me mostraba amabilidad».[19] Pero, cuando los sermones de Ambrosio empezaron a inquietar a Agustín, le fue imposible abordar al obispo. Ambrosio estaba siempre ocupado con gente importante (parece que, en una ocasión, dos nobles persas hicieron el largo viaje a Italia para hablar con este gran hombre).[20] Cuando Agustín pudo finalmente abrirse camino entre estas multitudes, encontró a Ambrosio desconcertantemente distante, de forma repentina sumido en sí mismo al final del día y leyendo un libro en completo silencio: «Cuando leía, sus ojos recorrían la página y su corazón buscaba el sentido, pero voz y lengua estaban mudas. A nadie le estaba prohibido acercársele, ni era su costumbre exigir que sus visitantes fueran anunciados. Pero cuando llegábamos a él, a menudo lo veíamos leyendo, y siempre para sí. Después de haber estado sentados largo rato en silencio, no queriendo interrumpir el trabajo en el cual estaba tan embebido, nos retirábamos de nuevo».[21]

En la iglesia, los domingos, Agustín podía ver a este hombre, apasionado y de baja estatura, tan bien como nosotros podemos verlo hoy en un mosaico:[22] una figura débil, con el *codex* de las Escrituras en sus manos, la frente alta, la cara alargada y melancólica y grandes ojos.[23] He aquí el otro lado de Ambrosio, un lado mucho menos conocido que el del hombre de acción.

Y este era el lado destinado a influir sobre Agustín.[24] Aquí «la estudiada vehemencia de su vida política aparece con femenina intensidad». Por aquel tiempo, Ambrosio estaba introduciendo nuevas canciones de Pascua para que su congregación pudiera cantar los salmos cuando se encontraba rodeada por las tropas imperiales:[25] había «embrujado» a los católicos con sus nuevos himnos.[26] Era el más entusiasta abogado de la virginidad absoluta, «la única cosa que nos separa de las bestias».[27] Sus sermones están tachonados con el lenguaje del Cantar de los Cantares: «besarte» —tan raramente mencionado por Agustín— aparece constantemente en san Ambrosio:[28]

> ¿Qué quiere decir esto: «Que me bese con los besos de su boca»? Piensa en la Iglesia, esperando ansiosamente desde hace tanto tiempo la venida del Señor [...]; o en el alma, elevándose, libre desde el cuerpo, desviada de la sensualidad y de los dulces placeres de la carne, y abandonada de los cuidados de la vida mundanal. Ella ahora pide el aliento de la divina Presencia y se atormenta de que venga tan tarde; se confunde y siente la honda herida de la caridad [...], y entonces declara la causa y su impaciencia, y dice: «Que me bese con los besos de su boca». No es un beso lo que ella quiere, sino muchos, para satisfacer su anhelo.[29]

También sabe describir la mar en calma: «Cuando cesa de romper en la orilla y la gana, y la saluda como un amigo con pacíficas caricias».[30]

Como «profesional», Agustín deseaba oír esta oratoria tan característica y la encontró deliciosa: menos «suavizante y entretenida» que la de Fausto, pero «mucho más docta».[31] Se trata de una diferencia significativa. Ambrosio había disfrutado de todas las ventajas de la educación de las clases superiores en la misma Roma; no tenía nada de provinciano. Al contrario que Agustín, leía el griego de corrido; podía examinar minuciosamente los libros de la nueva generación de obispos griegos y toda la tradición de la erudición grecocristiana, para dar a su congregación los sermones más doctos y actuales de todo el mundo latino.[32] Tampoco tenía escrúpulos en tomar de prestado de los paganos: se gloriaba de ser capaz de ostentar su botín desde el púlpito; aquel «oro de los egipcios» era un buen premio.[33]

Quizá Agustín leyó sus discursos de introducción al libro del Génesis, y quedaría impresionado por la extraordinaria confianza en sí mismo de aquel hombre. El propio Agustín debía precisamente su emancipación de los maniqueos a las opiniones de los «filósofos» trabajosamente espigadas y reunidas en los manuales y obras de Cicerón.[34] Pero, en este campo, Ambrosio se mostró como verdadero dueño de la situación:[35] podía citar todos los grandes «nombres» y sus opiniones respectivas, únicamente para rechazarlos con desprecio; ¿cómo podían estas débiles sutilezas enfrentarse con la palabra de Moisés, que había hablado con Dios «boca a boca»? «Lo que de verdad había en estos filósofos era mero plagio de sus antecesores, los profetas hebreos».[36]

Lo primero que impresionó a Agustín de Ambrosio fue su capacidad para defender el Antiguo Testamento de la crítica maniquea.[37] Con cierto alivio, Agustín vio cómo era posible considerar a los Patriarcas bajo una luz diferente: los que le habían parecido, cuando maniqueo, una colección de desagradables y terribles *buenos padres de familia*,[38] le eran presentados por Ambrosio como una majestuosa procesión de auténticos «filósofos», simbolizando cada uno un estado del alma purificada por la sabiduría.

Después, parece que Agustín encontró lo que era la clave de la postura de Ambrosio: «Advertí repetidamente, en los sermones de nuestro obispo [...], que cuando se piensa acerca de Dios, nuestros pensamientos no deberían hacer hincapié en la realidad material cualquiera que esta sea, ni siquiera en el caso del alma, que es la cosa del universo más próxima a Dios».[39]

La religión de Ambrosio pertenecía de forma radical a otro mundo. Para él un hombre era su «alma». El cuerpo era meramente una «vestidura hecha jirones»: «Nosotros somos distintos de lo que simplemente poseemos».[40] Si iba en contra de su «alma», el hombre dejaba de existir: en el «retorno» a su Dios, el alma tiene que abandonar todo lo demás, igual que al oro se le lava del barro. Lo demás no tiene importancia, pues nuestro cuerpo es solo el instrumento pasivo del alma. «El enemigo está justo dentro de ti, la causa de todos los yerros está ahí; yo digo, cerrémonos solos en nosotros mismos».[41] Un pensamiento late en las predicaciones de Ambrosio: bajo la «letra» opaca y tremenda del Antiguo Testamento, este «espíritu», el significado oculto, llama a nuestro espíritu para que se eleve y tome vuelo hacia otro mundo.[42]

Hoy en día es difícil captar hasta qué punto este «estar en otro mundo» le pudo haber parecido muy revolucionario a Agustín.[43] A excepción de los platónicos, la mayoría de los pensadores del mundo antiguo, incluidos los más religiosos, eran «materialistas», en el sentido estricto de la palabra. Para ellos, lo «divino» era un elemento más, aunque infinitamente más «sutil», más «noble» y menos «mudable».[44]

El hombre se relacionaba con esta fuerza viviente que parecía penetrar el universo; y era esta posición suya en el mundo físico, infundido de la energía divina, lo que interesaba a la mayoría de los pensadores, no las profundidades intangibles de su alma. Estas suposiciones llevaron a filósofos tradicionales como los estoicos al mismo campo de ideas que los maniqueos e incluso, como parece, a católicos perfectamente ortodoxos de África y de otros lugares.[45] Hasta entonces, Agustín había conocido a los católicos solo a ese nivel: creyó que ellos solo podían pensar en un Dios groseramente limitado a una forma humana; por eso, su propio materialismo maniqueo le resultaba más avanzado, por cuanto consideraba el «reino de la luz» como una sutil materia viva contenida en el mundo como una «fuerza».[46] Ahora se había desilusionado de la cosmología maniquea, y especialmente de su explicación de la «mezcla» de los dos reinos.[47] Ya no deseaba seguir pensando que esta «fuerza» buena estuviera siendo invadida y violada por un elemento contrario, pero era todavía completamente incapaz de abandonar la posición materialista. Por un momento, se acercó a la solución de los estoicos, según la cual un «fuego» divino e inviolable impregnaba el universo, que quedaba así bañado por este elemento como una esponja en las profundidades del océano sin límites.[48]

Ambrosio introdujo en Agustín algunas ideas totalmente nuevas, y este se encontró en la posición de un hombre «influido por un medio con autoridad, dispuesto a decir que había algo "inmaterial", pero incapaz de pensar de otro modo que en términos tomados de las cosas materiales».[49] Era esta una cuestión sobre la cual Cicerón, y con él la mayor parte de la tradición filosófica antigua, ninguna ayuda podía ofrecerle.[50] Lo que Agustín escribe en las *Confesiones* de su dilema al enfrentarse con este problema es una de las evocaciones más dramáticas y densas que se han escrito de la evolución de un metafísico; y su «conversión» final a la idea de una realidad puramente espiritual, tal como era sostenida por los cristianos cultos de Milán, es un paso decisivo e irreversible en la evolución de nuestras ideas sobre el espíritu y la materia.[51]

Pero esto es anticiparse. Puede que Agustín llegara de modo gradual a estas ideas; y es excepcionalmente difícil estimar el influjo exacto de Ambrosio en la provocación de esta evolución. Es imposible fijar con suficiente certeza la fecha de los sermones que se han conservado de Ambrosio (solo una pequeña parte de los que de hecho predicó),[52] y puede ser por tanto engañoso limitar el influjo de Ambrosio en Agustín a doctrinas y afirmaciones determinadas sacadas de sermones específicos.[53] Lo que Agustín nos cuenta, en realidad, en las *Confesiones*, es una descripción auténtica y encantadora del estado espiritual en que Ambrosio lo había sumido:

> Mañana lo encontraré: todo se aclarará y yo lo asiré fuertemente. Fausto está por venir y él me lo explicará todo. ¡Qué grandes hombres son los académicos! ¿Será cierto que ninguna cosa se puede tener por cierta para dirigir esta vida? No: debemos buscar con el mayor cuidado. Lo que de la Escritura me parecía absurdo ya no me lo parece [...]. Me estaré, pues, quieto y firme en aquel primer grado en que me pusieron mis padres cuando era niño, hasta que se descubra claramente la verdad. Pero ¿dónde y cuándo ha de buscarse? Ambrosio está demasiado ocupado; yo mismo tampoco tengo tiempo para leer. Y aunque dispusiera de tiempo, ¿dónde iré a buscar los libros necesarios?, ¿con qué dinero y cuándo los compraré?, ¿quiénes son los que me los darán? Es menester repartir bien el tiempo, y señalar algunas horas para tratar de la salud de mi alma. Grande esperanza he concebido viendo que la religión católica no enseña lo que yo pensaba y vanamente reprendía..., ¿por qué dudamos en llamar a la misma puerta por donde se nos descubrió esto, para que se nos manifieste lo demás?
>
> Las horas de la mañana me las ocupan los discípulos; mas las otras, ¿por qué no las empleo en esto? Pero ¿cuándo visitaré a los amigos poderosos, de cuyos favores y protección necesito? ¿Cuándo estudiaré para preparar las lecciones y apuntes que compran los estudiantes? Y, finalmente, ¿cuándo repararé las fuerzas del cuerpo con algún alimento y el sueño, y las del alma con algún descanso de tan continuas tareas y cuidados?[54]

Cuando llegó Mónica, las relaciones de Agustín con la figura lejana y estimulante de Ambrosio se hicieron aún más complicadas: «Acostumbraba a acudir más cuidadosamente a vuestro templo, donde, pendiente de las palabras de Ambrosio, bebía como en una fuente de aquellas aguas [...]. Ella amaba y respetaba a aquel varón santo como a un ángel de Dios; porque sabía que él era quien me había puesto en aquel estado de dudas y perplejidades en que yo me encontraba...».[55]

Estamos tratando aquí la relación entre dos personas cuyos altibajos pueden escapar al historiador. El influjo de Ambrosio sobre Agustín no guarda, ni de lejos, proporción con el contacto directo que ambos pudieran haber llegado a tener. Podemos solo vislumbrar la intensa calidad de su relación en una escena, por lo demás no mencionada en las *Confesiones*:

> Cuando mi madre me siguió hasta Milán —escribió una vez a un corresponsal de su epistolario—, se encontró con que la Iglesia allí no observaba el ayuno del sábado. Comenzó a preocuparse y a dudar sobre lo que debía hacer: entonces yo, aunque no tenía interés personal en tales cuestiones, so-

licité a Ambrosio el favor de su consejo. Él me contestó que «solo podía enseñarme a hacer lo que él mismo hacía, porque, si hubiera sabido de alguna regla mejor, la habría observado». Yo pensé que él trataba de decir que dejáramos el ayuno del sábado sencillamente con una apelación a su autoridad, sin dar ninguna razón (y Agustín se estaba ya retirando, desairado)... Pero él me siguió, y me dijo: «Cuando yo voy a Roma, también yo ayuno el sábado. Cuando estoy aquí, no. A cualquier iglesia que vayas, observa las costumbres locales». Por lo que a mí respecta, he pensado frecuentemente en esta regla, y la he tratado como si fuera un oráculo del cielo.[56]

IX
LOS PLATÓNICOS

Agustín tenía todas las razones para encontrarse fuera de lugar en Milán. Hasta su acento africano era notorio;[1] y Ambrosio no era sino una más de las muchas personas de gran cultura que podían hacerle sentir al provinciano lo mal fundado y equivocado de sus anteriores ideas. Tampoco había ayudado mucho Ambrosio a Agustín. En sus sermones giraba en torno a las obras de los filósofos paganos, un poco como lo hubiéramos hecho nosotros con una antología espiritual, adaptando sus conclusiones para ensalzarse como orador y maestro de moral.[2] Sin embargo, los maniqueos habían hecho de Agustín un metafísico tenaz, si bien mal leído: él necesitaba certeza completa en preguntas esenciales. Habría concedido que el hombre es el único responsable de sus malas acciones,[3] pero, como maniqueo, habría sido apremiado a preguntar *por qué*, al fin y al cabo, estas acciones suceden: una pregunta muy diferente y más fundamental.[4]

Durante algún tiempo, parece que Agustín se contentó solo con mantener el juicio suspenso. Su primer año en Milán debió consagrarlo a presionar en sus intereses de *rhetor*, rodeado de amigos que acababan de alcanzar los centros del poder y que habían comenzado a experimentar las emociones y las pesadumbres del éxito.

La manceba de Agustín fue la primera víctima de esta nueva y excitante vida: tuvo que dejar su puesto a una heredera que había obtenido para Agustín su madre: «Mi corazón, al separarse de ella, quedó desgarrado y manando sangre por la herida, pues la amaba tiernamente».[5]

En Milán, sin embargo, la «gente bien» paraba pocas mientes en tales cosas. Abandonar a la propia concubina con el fin de tomar esposa en matrimonio legítimo «no era bigamia, sino un signo de perfeccionamiento moral»[6] (en palabras del tan romano papa León). Ambrosio sabía el modo de hablar sobre tema tan delicado a los grandes terratenientes de su congregación: Abraham, decía, había sido prudente deshaciéndose de su concubina de baja cuna: ¿es que querían «casamientos por debajo de su categoría», «niños a los que no podrían legar sus posesiones», o ver a sus esposas sufriendo desaires de sus servidoras?[7] La familia que estaba dispuesta a aceptar a Agustín como yerno no se tomaría tal riesgo: la concubina del profesor tuvo que abandonar Milán unos buenos dos años antes de que el casamiento fuera a consumarse.[8]

Esta mujer anónima retornará a África habiendo hecho «voto de no conocer nunca jamás a ningún otro hombre».[9] Con toda probabilidad había sido una buena católica durante su convivencia con Agustín, y con este voto trataba, o bien de hacerse admisible para el bautismo, o bien de ser readmitida a la eucaristía.[10]

Un caballero de buena crianza no mencionaba a su concubina. Más tarde, cuando Agustín anuncie su «conversión» a sus patronos milaneses, mencionará solo haber abandonado un casamiento ventajoso.[11] Le iba a llevar más de diez años consentir en pensar de nuevo en ella, o escribir sobre ella en las *Confesiones* y considerarla en otra obra:

> Este problema surge a menudo: si un hombre y una mujer viven juntos sin estar unidos legítimamente y no para procrear, sino porque no pueden observar continencia; y si están de acuerdo en no tener relaciones con nadie más, ¿puede llamarse a esto matrimonio? Quizá, pero solo si están resueltos a mantenerse la fidelidad mutua prometida hasta la muerte, incluso si esta unión no se hiciera con el deseo de tener hijos [...]. Pero si una u otra de estas condiciones no existe, no veo cómo puede llamarse matrimonio a su alianza. Sin duda, si un hombre toma mujer solo por un tiempo hasta que haya encontrado otra que vaya con su rango y fortuna, y se casa con esta mujer, que es de su misma clase, tal hombre cometería adulterio dentro de su corazón, no hacia aquella con la que se había casado, sino hacia aquella otra con la que había vivido sin estar legítimamente casado. Lo mismo puede decirse de la mujer [...]. No obstante, si ella le era fiel y, tras el casamiento de él con otra, no solo no piensa en el casamiento, sino que se abstiene de toda relación sexual, yo no osaría acusarla de adulterio, aunque pueda ser culpada al vivir con un hombre que no era su marido.[12]

Moviéndose delicadamente alrededor de una gran corte, Agustín y sus amigos se sentían afectados por los sentimientos propios de unos cortesanos del Imperio tardío, como de cualquier otra época: pesadumbre por sus vanas ambiciones y estudiada admiración por la vida ociosa. Cuando

Agustín se encuentre preparando un discurso de propaganda en honor del emperador, tanto él como su círculo admirarán la más natural felicidad de un mendigo borracho;[13] y, siguiendo una moda muy corriente, jugarán con la idea de vivir una «vida perfecta», una *beata vita*, en comunidad filosófica.[14] De hecho, diez de ellos, incluido Romaniano, habían de decidir hacer un fondo común de sus considerables riquezas para poder vivir juntos como amigos, retirados de los cuidados mundanos.[15] El plan falló (las esposas de los posibles solitarios se opusieron), y su vida milanesa continuó igual que antes, en el 385 y hasta bien entrado el 386. Agustín siguió moviéndose entre los profesores locales: a uno de ellos, Verecundio, satisfizo emplear a Nebridio como su asistente. Alipio, tras su tercer año de jurista en la administración financiera, empezó a ser consejero en casos particulares.[16] El gran proceso que había llevado a Romaniano a Milán comenzó a alargarse, con lo que aumentó su nerviosismo. Los litigios en el Imperio romano tardío implicaban una búsqueda pertinaz de patronos; y Romaniano posiblemente contara con el apoyo de importantes ciudadanos de Milán para asegurar una sentencia favorable del Tribunal Imperial. Puede que fuera así, como protegido de Romaniano y tutor de su hijo Licencio, como empezó Agustín a relacionarse con personas notables.

De ellas sabemos por las cartas y libros que escribió Agustín a fines del año 386: Zenobio,[17] Hermogeniano[18] y Manlio Teodoro.[19] Este último, el más importante, era un hombre particularmente culto e influyente. Se había alejado de la vida activa unos tres años atrás, hacia el 383, y, retirado en el campo, había empezado a escribir libros de filosofía y un tratado sobre métrica clásica. Más tarde retornará para ser cónsul, en el año 399.[20] Estos hombres estaban unidos por intereses intelectuales que Agustín compartió. El descubrimiento de la naturaleza de estos intereses es uno de los acontecimientos más emocionantes de la investigación moderna sobre Agustín: había conseguido nada menos que hacer de su famosa «conversión» historia íntima y solitaria, tal como la cuenta en las *Confesiones*, un acontecimiento entre otros muchos de la vida intelectual de una capital brillante.

Estos hombres creían estar tomando parte en un renacimiento de la filosofía. Un siglo antes, la doctrina auténtica de Platón había sido redescubierta: las nubes se habían alejado, y la enseñanza «más refinada e iluminada» de la filosofía podía brillar ahora con toda su luz en las obras de Plotino, alma tan próxima al antiguo maestro que en él parecía que revivía Platón.[21] Tales personas tenían incluso sueños en los que los filósofos les exponían «máximas platónicas».[22] A este movimiento se le llama «neoplatonismo», pero sus miembros se llamaban pura y simplemente «platónicos», *Platonici*, esto es, los herederos directos de Platón.

Plotino, griego de Egipto, había enseñado en Roma y había muerto en el año 270. Sus discursos, difíciles y alusivos, conocidos en la actualidad como las *Enéadas*,[23] fueron editados por su discípulo Porfirio, también griego, de Tiro. Estos dos hombres eran muy diferentes. Plotino era un aficionado, alguien altamente intuitivo, polemista incansable, pero oscuro, entre académicos estériles. Aburría a sus discípulos insistiendo en trillar cada problema basándose en sus propias cualidades según se presentaba, durante días, si era necesario, en vez de dar el curso normal de lecciones sobre sistemas filosóficos.[24] Hombre de probada imparcialidad, una vez había sobresaltado e intrigado a sus escrupulosos amigos diciendo, de un festival, que «es propio de esos Seres venir a mí, y no que yo vaya a ellos».[25]

Porfirio, por el contrario, era un académico concienzudamente modelado.[26] Agustín siempre lo llamaba *doctissimus* y «el filósofo pagano más notable». Vertió en libros de texto el descubrimiento de Platón hecho por Plotino, e hizo de él un sistema coherente, profundamente religioso y alejado del mundo. Es el primer teólogo sistemático en la historia del pensamiento.[27] El título de una obra perdida por la cual gozó de gran popularidad en la época, *De Regressu Animae*, «El regreso (al cielo) del alma», podría muy bien ser el lema de la vida religiosa del Milán de entonces, lema resumido en el verso que Manlio Teodoro escribió en memoria de su hermana, una religiosa enterrada en la basílica de Ambrosio: «Quien no teniendo pensamientos de las cosas mortales en su mente mortal, siempre amó el camino que lleva al cielo».[28]

Porfirio, al contrario que Plotino, era inquieto y errante. Primero había sido atraído por el cristianismo, y después había escrito *Contra los cristianos*, una obra por la que iba a ser famoso en el siglo siguiente. A la edad de setenta años, este escritor del tratado *De la abstinencia*, que una vez había «concebido odio al cuerpo humano», de repente se casó con una viuda madre de ocho hijos. A lo largo de su vida se había sentido turbado por la insuficiencia de la búsqueda puramente racional de Dios. Había estudiado superficialmente una colección de manifestaciones de médiums, los llamados «oráculos caldeos»,[29] y había confiado en encontrar, en fenómenos tan diversos como sesiones de espiritistas y el yoga indio, algún «camino universal» que liberara el alma.[30]

Refiriéndose a estos dos hombres, Agustín citó a Plotino como un talento grande e impersonal, «tirando del recóndito pensamiento de Platón».[31] Él y sus contemporáneos, tanto paganos como cristianos, participaron muy de cerca en las inquietudes de Porfirio, que parecía un microcosmo de las tensiones entre los serios intelectuales paganos. Agustín lo presenta como una figura parecida a Fausto, cuyo apremiante sentido de la necesidad de un liberador divino del alma guardaba un paralelismo enfermizo con la fascinación por lo oculto.[32]

Pero los nuevos conocidos de Agustín pertenecían a una época diferente de la de estos dos griegos paganos.[33] En Milán, la mayor parte de este platonismo articulado y a la moda era cristiano. Este cambio de gran significación había empezado en Roma, a mediados de siglo, donde un profesor africano de retórica, Mario Victorino, se había incorporado repentinamente a la Iglesia católica. También tradujo los escritos de Plotino y de otros neoplatónicos al latín.[34] De modo que los libros traducidos puestos al alcance de personas menos educadas, como Agustín, fueron preparados por un hombre conocido por haber muerto como cristiano.[35] Victorino había conocido a un sacerdote milanés, Simpliciano, que entonces era un hombre viejo y experto.[36] Y como Simpliciano, a su vez, había dirigido los estudios teológicos de Ambrosio, el obispo católico de la ciudad había venido a colocarse en la línea de este movimiento. Simpliciano, como «padre espiritual» de Ambrosio, había llegado a actuar como eminencia gris del intento más audaz de combinar el platonismo con el cristianismo.[37]

Como todo movimiento emocional y seguro de sí mismo, estos cristianos platónicos tenían su visión propia del pasado, visión que, retrospectivamente, parece ingenua y extravagante, pero que fue capaz de abrir intrigantes horizontes a Agustín. Después de una larga y esotérica existencia, la filosofía de Platón, reconciliada con la de Aristóteles, aparecía como «la única cultura filosófica absolutamente verdadera».[38] Para un cristiano platónico, la historia del platonismo parecía converger con bastante naturalidad en el cristianismo. Ambos apuntaban hacia la misma dirección; ambos eran radicalmente de otro mundo. Cristo había dicho: *Mi reino no es de este mundo*; Platón había dicho lo mismo de su reino de las ideas.[39] Para Ambrosio, los seguidores de Platón eran los «aristócratas del pensamiento».[40] Agustín estaba a punto de entrar en este movimiento, un movimiento con características propias entre las gentes de habla latina. En Occidente, el platonismo se había convertido en filosofía para aficionados: a menudo, las obras de los platonistas eran leídas solo en traducción, como hizo el propio Agustín.[41] Victorino y Agustín eran notablemente semejantes: ambos eran producto de una cultura exclusivamente literaria; para ambos, la filosofía era un interés «externo», que se igualaba con su interés por la religión.[42] A los dos les faltaba la cautela y la exclusividad de los profesores establecidos de filosofía, tal como continuaban existiendo todavía en Atenas y Alejandría.[43] Como antes Cicerón, estos aficionados latinos nunca se comprometían del todo con las ideas que manejaban. Se daban cuenta, aunque oscuramente, de que en la vida había algo más que sistemas metafísicos; y, al igual que Cicerón, trataron, bien como católicos o como paganos, de reconciliar las ideas que habían recogido en los griegos con la religión tradicional de sus mayores. En cierto momento, quizá a principios de verano del 386,[44] Agustín fue introducido en estas nuevas ideas: «Por medio de un hombre lleno de soberbia intolerable, vinieron a mis manos unos libros de los filósofos platónicos...».[45] Es típico de Agustín, en sus *Confesiones*, insinuar en estos pocos y nada lisonjeros rasgos su profundo cambio de pensamiento. No sabemos quién era este hombre y tampoco si Agustín evitó nombrarlo porque estaba aún vivo.[46] Tampoco dan estos reticentes ideogramas ninguna clave del porqué hubo de obtener Agustín esos libros. Se ha sugerido ingeniosamente, pero sin base suficiente, que Agustín se inclinó a leer los escritos de los platónicos porque se había dado cuenta del tono específicamente platónico de alguno de los sermones de Ambrosio.[47] Puede ser incluso que, ya que Agustín y sus amigos habían anunciado su intención de llevar una vida de retiro en comunidad intelectual, algún colega se asegurara de que aprovecharían el tiempo leyendo los libros «apropiados».

Solo con dificultad podemos reconstruir qué libros eran estos y quién los escribió. Parece que incluían muchos tratados de Plotino, en traducción al latín de Mario Victorino, y, posiblemente, por lo menos una obra de Porfirio, que se ha perdido.[48] Agustín, con toque de artista, empequeñece deliberadamente el número de libros que llegaron a sus manos y el tiempo que le llevó estudiarlos, porque así podía expresar en las *Confesiones* la enorme impresión que tan pocos escritos habían causado en sus ideas religiosas, escritos que habían llegado a sus manos, como él entonces opinaba, por providencia divina y a través de conductos poco prometedores.

Como pasa con numerosos pensadores muy fecundos, es difícil imaginarse a Agustín como lector. No obstante, lo que ocurrió en este periodo crucial y en los años siguientes fue el hechizo de una lectura paciente y prolongada, ayudada al parecer por algunas discusiones.[49] Los libros incluían tratados de Plotino, uno de los escritores más difíciles del mundo antiguo, y su lectura era tan intensa y penetrante que sus ideas eran sorbidas, «digeridas» y transformadas por Agustín. Ambrosio, que también leyó a Plotino, expoliaba de modo patente a este autor: podemos distinguir en los sermones del obispo préstamos literales tomados de Plotino. En Agustín, al contrario, Plotino y Porfirio están intercalados de modo casi imperceptible en sus escritos como base siempre presente de su pensamiento. Hasta tal punto hizo propias sus líneas maestras y descifró sus principales preocupaciones con tan misteriosa perceptividad que creyó poder elaborar su pensamiento de manera muy diferente. Y, así, Agustín, filósofo aficionado que no sabía griego, se nos presenta como uno de los pocos pensadores que dominaban a los autores neoplatónicos con una originalidad e independencia de espíritu sin igual, en una época en la que numerosas personas, mucho mejor educadas, se preciaban de ser «platónicos».

Es muy posible que, de entre los tratados de Plotino, Agustín leyera uno corto llamado *Sobre lo bello* y que este le llegara a afectar muy íntimamente, porque trataba de un tema sobre el que él había escrito siete años atrás, en *De pulchro et apto*; en los primeros párrafos, Plotino atacaba la particular teoría sobre lo bello que Agustín entonces había defendido.[50] A partir de este comienzo desconcertante, la entusiasta exposición de Plotino habría arrastrado a Agustín hacia el centro del sistema platónico: «La belleza más excelsa que pueda existir, la iluminaremos con nuestra disquisición».[51]

Plotino empezaba desafiando la obviedad:

> ¿Qué es lo que atrae la mirada de aquel al que se presenta un objeto bello...?
>
> [...]
>
> Casi todo el mundo dice [y también Agustín lo había dicho] que es la simetría de las partes entre sí y con el todo [...] lo que constituye la belleza que el ojo reconoce; que, tanto en las cosas visibles como sin duda en todas las demás, de modo universal, la cosa bella es esencialmente simétrica, según un modelo.
>
> Pero piensa lo que esto significa [...]. Toda la amabilidad del color e incluso la luz del sol, que están desprovistas de partes, y por tanto no son bellas por su simetría, deben ser excluidas de este reino de la belleza. Y ¿por qué entonces es el oro un objeto bello? Y las luces nocturnas, y las estrellas, ¿por qué son tan correctas?

> Aún más: teniendo en cuenta que la única cara constante de la simetría se presenta algunas veces de modo regular y otras no, ¿cómo se puede dudar de que la belleza es algo más que simetría, y que la propia simetría debe su belleza a un principio más remoto?[52]

Este nuevo modo de ver las cosas, defendido persistente y vehementemente por Plotino, impresionó profundamente a Agustín. En las *Confesiones* escribió un sumario monumental siguiendo el hilo de este pensamiento con su estilo propio, más sobrio y directo:

> Porque indagando cuál era el principio y causa de que yo aprobase la belleza de los cuerpos, ya sean los celestes, ya los terrenos; y cuál era la regla por la que me guiaba cuando hacía un juicio recto y cabal de las cosas mudables, y decía: *esto está como debe estar; aquello no lo está*, hallé que sobre mi mente mudable tenía que haber una verdad inmutable como la eternidad misma que fuese el principio y la regla de tales juicios y apreciaciones [...].
>
> La facultad o potencia intelectiva, reflexionando sobre su misma naturaleza y hallando que no era inmutable, se despertó y avivó su virtud intelectual, esforzándose por conocerse a sí misma [...]. Y entonces trató de descubrir y saber qué luz era la que alumbraba y esclarecía el conocimiento cuando, con toda certeza y sin quedarle la menor duda, decía y juzgaba que el bien inmutable se debe anteponer a todo lo mudable. Cuestión que, a su vez, proponía otra, esto es, hallar de dónde o cómo conocía ella el ser inmutable; porque si no lo conociera ya de algún modo, sería absolutamente imposible que con tanta certeza lo antepusiese a todo lo mudable. Y así, en un momento de temor, mi mente llegó a conocer la visión del Dios que *es*.[53]

Agustín insistirá en seguir esta línea de pensamiento, y pocos meses después de haber leído los libros platónicos, se lo describirá a Nebridio como la «excepcionalmente bien conocida disputa».[54]

Lo que había obsesionado a Plotino era el contraste entre lo mudable y lo inmutable. En el «aquí» del mundo conocido por sus sentidos se sentía acosado por la cualidad intemporal de un «allá» de otro mundo, que su intelecto podía captar con certeza cuando juzgaba cualidades tales como la bondad o la belleza.

Ese otro mundo intemporal era el que sentaba las bases del mundo de los sentidos, y el que cargaba el espectáculo pasajero de las cosas materiales con una intensidad y una permanencia que en sí mismas estas no poseían. Porque los sentidos conocen cosas que pueden juzgarse como «buenas» o como «bellas»; y, al percibir estas cualidades en ellas, Agustín las miraba con los ojos de un platónico, como dependientes, para su existencia, de principios eternos.

¿Por qué la belleza del mundo físico era tan superficial, tan efímera, tan tristemente agotadora, una vía de «escape» de cierto manantial «interno», concentrado de belleza que solo se puede alcanzar por el espíritu? Este era el problema que Plotino creía compartir con los filósofos de todas las épocas. Para él, el alma misma reflejaba este proceso de agotamiento. Porque el alma «cae»: pierde contacto con su más profunda actividad y busca la belleza, que ya no encuentra en sí misma, en el mundo externo. Entonces el mundo transitorio de los sentidos se impone a la atención del alma. El alma «caída» carga a este mundo de una concreción engañosa, concentrándose en él demasiado estrechamente, excluyendo los profundos y selectos ecos de su propia belleza interna. Todo lo que podría buscarse «dentro», entero y simple en una visión interna, debe buscarse trabajosamente en el mundo externo una y otra vez, en todos los niveles de la actividad del intelecto. Se busca a tientas, mediante los procesos largos y lentos del razonamiento discursivo. Esto es aún más exteriorizado por el artista, cuando este lucha para imponer una forma permanente a la piedra material y pasajera de una estatua. Incluso el hombre de Estado, que impone el orden en su ciudad, es para Plotino otro filósofo fallido, porque él busca en el mundo mudable y externo satisfacciones que solo su mundo interior le podría proporcionar.[55]

El universo de Plotino, por tanto, tiene un centro que apenas puede tocar el intelecto: «Todo fluye, por así decirlo, de una fuente de la que no hay que pensar que sea algo de aliento o calor, sino más bien una cualidad que engloba y salvaguarda todas las cualidades: dulzura con fragancia, cualidad del vino, y los sabores de todo lo que puede ser gustado, los colores que se ven, lo que puede tocarse, todo lo que el oído puede oír, todas las melodías, todos los ritmos».[56] Lo que vemos a nuestro alrededor no es sino una comunicación desintegrada de esta integración del todo. Es como si un artista, afrontando la ejecución de un tema singular, perdiera su «nervio»: se vuelve cada vez más difuso; la intensidad primera se aleja. La visión se dispersa; pero es esa misma visión la que el artista se esfuerza por comunicar.

El intenso sentimiento de que el hombre corriente, limitado al mundo obvio de los sentidos, se mueve en la semioscuridad, y de que el conocimiento que pretende poseer es meramente el último y débil estado de una progresión ineluctable de escalones decrecientes de conciencia, es el sello distintivo de la visión del universo de Plotino. Ahora bien, estos escalones decrecientes están íntimamente relacionados entre sí: cada escalón depende de otro «superior», porque este escalón «superior» es fundamental para el siguiente, como manantial de su conciencia. El escalón «inferior» es distinto de su predecesor, no lo puede conocer, del mismo modo que una persona de espíritu mezquino no puede captar el pensamiento de una persona intuitiva. Pero, instintivamente, cada escalón procura completarse con el «contacto» de su superior, manantial distinto pero relacionado de su propia conciencia. Y, así, la difusión hacia el exterior de lo Uno coincide con una tensión continua de todas las partes para «retornar» al manantial origen de su conciencia. Esta tensión de realización es la que une directamente al Uno con toda manifestación de su intensidad y, más importante para Plotino y su discípulo Agustín, con el intelecto humano que suspira por completarse.

Esta es, en resumen, la doctrina neoplatónica de la *procesión* hacia fuera y su corolario, la *vuelta* hacia dentro.[57] La idea era tan fundamental en el pensamiento de la época de Agustín como puede serlo la idea de la evolución en la nuestra.[58] Unía a los pensadores cristianos y paganos en un horizonte común de ideas. Para Plotino, el intelecto era un principio mediador sumamente importante: en «contacto» con lo Uno, al mismo tiempo se volvía hacia fuera como fuente de lo múltiple. No era difícil ver en este principio mediador fundamental una exploración filosófica del *Verbo* del Evangelio de san Juan. Y así era como leían a Plotino los cristianos cultos de Milán: «En estos libros hallé, no con las mismas palabras, pero sí en el mismo sentido, apoyada con muchas pruebas y gran multitud de razones, aquella vuestra sentencia "En el principio era el Verbo, y el Verbo estaba con Dios y el Verbo era Dios..."».[59]

«También se dice en aquellos libros que, antes de todos los tiempos y sobre todos los tiempos, es y permanece inconmutablemente vuestro unigénito Hijo, coeterno de Vos, y que de su plenitud reciben las almas lo que las hace bienaventuradas, y también que participando de aquella infinita sabiduría que en sí misma es permanente y eterna, se renuevan ellas y se hacen sabias...».[60]

Agustín leyó los libros de los filósofos platónicos cuando aún estaba saliendo de los caminos de pensamiento que lo habían conducido al maniqueísmo. Había encontrado imposible, por ejemplo, pensar en Dios como algo presente a él y, al mismo tiempo, separado.[61] Cuando era maniqueo, se había inclinado por una respuesta particularmente radical a este problema: lo individual estaba del todo fusionado con la «sustancia» de un buen Dios, y todo lo que no fuera identificable con este fragmento de perfección lo había separado y convertido en mal absoluta e irrevocablemente.[62] Plotino fue capaz de sacar a Agustín de este dilema, pues uno de sus tratados más laboriosos estaba destinado a explicar que el mundo espiritual era fundamental para el mundo del espacio y el tiempo, a la vez que permanecía distinto de él.[63] Aún más importante para Agustín era que Plotino había defendido constante y fervientemente, a lo largo de las *Enéadas*, que la fuerza del Bien mantenía siempre la iniciativa: lo Uno fluía hacia fuera, en contacto con todas las cosas, moldeando y dotando de significado a la materia pasiva, pero sin ser él mismo violado o disminuido de ninguna manera. El punto más oscuro de la visión maniquea del mundo, la convicción de que el poder de lo bueno era esencialmente pasivo, y que podía solo sufrir un ataque violento por parte de la fuerza activa y contaminadora del mal, era negada por Plotino:

> El mal no está solo: en virtud de la naturaleza de lo bueno, el poder de lo bueno, el mal no se presenta solo: se presenta rodeado necesariamente por las cadenas de lo bello, como un cautivo ligado con ataduras de oro; y bajo estas ataduras está escondido, de modo que, aunque debe existir, puede no ser visto por los dioses, y los hombres no necesitan tener siempre el mal ante sus ojos, sino que, aun cuando se les coloca delante, ellos pueden no ser despojados totalmente de las imágenes de lo bueno y de lo bello que conservan en su memoria.[64]

El universo de Plotino era un todo activo y continuo que no admitía penetración ni interrupciones violentas o brutales. Cada ser de este universo sacaba su fuerza y significado de la dependencia de este continuo vivir. El mal, por tanto, no era más que una desviación hacia la desemejanza: su misma existencia presuponía la existencia de un orden que era burlado, y que no por eso era menos real y lleno de significado. Era la parte autovolitiva la que disminuía al perder el contacto con algo mayor y más vital que ella misma.[65]

Esta visión del mal se sobrepone sin coincidir con la posterior elaboración de Agustín. Plotino había sido provocado por un reto parecido (él había escrito contra los cristianos gnósticos, antepasados espirituales directos de los maniqueos); para alguien que, como Agustín, había sido antes maniqueo, este nuevo punto de vista era suficiente como para provocar un cambio traumático de perspectiva.[66]

Es esta revolución, quizá, el resultado más profundo y duradero de la absorción del neoplatonismo por Agustín, porque consiguió nada menos que desplazar el centro de gravedad de su vida espiritual. Dejó de identificarse con su Dios, un Dios totalmente trascendente, cuya desemejanza tenía que admitirse. Al aceptar esto, Agustín debía admitir que también él era desemejante y distinto de Dios: «Hallé que estaba yo muy lejos de Vos, y muy desemejante, y como que oía vuestra voz allá desde lo alto que decía: "Yo soy manjar de los que son ya grandes y robustos. Crece y entonces te serviré de alimento. Pero no me mudarás en tu sustancia propia [...] sino, al contrario, tú te mudarás en mí"».[67]

Igual que Agustín no podía seguir identificándose solo con lo bueno, tampoco podía seguir rechazando todo lo que no se ajustaba a sus ideales como una fuerza absoluta y agresiva del mal. Pudo distanciarse: el sentido de implicación íntima y pasiva en todo el mal y el bien del mundo se alejó, bajo el influjo de los libros platónicos, para dejar paso, en su lugar, a una visión en la que el mal era solo un aspecto pequeño de un mundo mucho más grande, más diferenciado, con propósitos más misteriosos y con un Dios más resistente que el de Manes: «Ya no deseaba que hubiera otras mejores criaturas que las que actualmente existen, porque contemplaba la creación como un todo; y aunque juzgaba, con más prudente juicio, que las cosas superiores tenían mayor bondad que las inferiores, también conocía que juntas ellas todas eran mejores que las superiores solas».[68]

X
FILOSOFÍA

Algunos meses después, en otoño del año 386, Agustín podía escribir a Romaniano:

> Nunca cejamos en la busca de la filosofía, y no pensamos en otra cosa sino en la forma de vida que habíamos acordado llevar. Hicimos esto constantemente, aunque con menos entusiasmo, creyendo que bastaba con entretener la esperanza. Y como aquella llama que nos había de abrasar enteramente no se había inflamado todavía, creímos que el resplandor que lentamente nos calentaba era el mayor que podía existir. Repentinamente, aparecieron algunos libros sustanciales [...] y rociaron sobre la llamita unas pocas gotas, pequeñas, de precioso ungüento. Estas provocaron una increíble llamarada, increíble, Romaniano, completamente increíble, mucho más de lo que quizá creerías si te lo dijera. Pero ¿qué puedo decir? Era mucho más potente que lo que yo mismo puedo llegar a creer; después de esto, ¿cómo podrían moverme los honores, las pompas, el deseo de la vana fama, los consuelos y atractivos de esta vida agonizante? De súbito, me entregué completamente a mí mismo.[1]

La lectura de los libros de los filósofos platónicos provocó en Agustín algo fácil de comprender: le llevó a una «conversión» final y definitiva, de la carrera literaria a la vida «en filosofía». Esta conversión estaba destinada a afectar a su vida pública y privada. Más allá de esto, nada era seguro. Si había sido posible que un joven en Cartago, en los años 370, leyera una exhortación a la filosofía de Cicerón y directamente se hiciera maniqueo, las repercusiones de la lectura de Plotino en Milán no eran menos predecibles. «Conversión» es un término muy amplio: ¿hasta qué punto podía esta reorientación alterar la vida de Agustín? De igual forma, «filosofía» puede querer decir muchas cosas: ¿cuál sería la naturaleza precisa de esta «Filosofía»? La «conversión a la filosofía» de Agustín es uno de los hechos mejor documentados y registrados de este tipo de cambios en el mundo antiguo; su curso fue uno de los más complejos, y la forma que surgió finalmente, una de las más idiosincrásicas.

Una cosa era cierta: Agustín pudo renunciar a la posición escéptica de la Nueva Academia. La primera obra que escribió tras su «retirada» filosófica, en Casiciaco, estaba dirigida precisamente contra tal escepticismo. Al declarar que sí que era posible encontrar una «auténtica filosofía», es muy verosímil que Agustín tomara posición en contra de muchos personajes literarios de Milán; porque, a fines del siglo IV, el *rhetor* latino profesional, cogido entre el cristianismo y el paganismo, seguramente se alegraba, como había hecho una vez Agustín, de tener un Cicerón tras el cual ampararse de los fríos vientos tanto del dogmatismo filosófico como de la ortodoxia clerical.[2]

No obstante, al abandonar su posición neutral, Agustín habría de encontrarse en aguas revueltas. El pensamiento de los sofisticados intelectuales de Milán era «posplotiniano», muy parecido a como en nuestra época se es «posfreudiano». Estas ideas comunes, lejos de acercar a paganos y cristianos, los había dividido con todo el encarnizamiento de una pelea familiar: durante algo más de un siglo habían luchado entre sí por el reparto de la herencia de Platón.[3] Los cristianos acogían bien la hermosa descripción platónica de la estructura del universo espiritual, pero los paganos platónicos consideraban el mito cristiano de la redención —encarnación, crucifixión y resurrección del cuerpo— como una innovación bárbara de las auténticas enseñanzas del maestro. Les resultaba como si algún vándalo hubiera colocado una vulgar y teatral escultura barroca debajo de la etérea cúpula de una iglesia bizantina. Los paganos platónicos más «liberales» habían confiado en «civilizar» las iglesias cristianas escribiendo en sus paredes con letras de oro: «En el principio era el Verbo»; pero no estaban dispuestos a tolerar a san Juan cuando continuaba diciendo que «El Verbo se hizo carne».[4] En Milán, incluso habían provocado que san Ambrosio escribiera un folleto contra su pretensión de que Cristo había sacado todo lo que de bueno había en sus enseñanzas... de la lectura de Platón.[5]

Estas diferencias, sin embargo, eran síntomas de una tensión mucho más profunda sobre una cuestión que coincidía solo parcialmente con la división confesional entre paganos y cristianos. Esta cuestión era la de la autonomía espiritual: ¿hasta qué punto podía esperarse que un hombre se labrara su salvación personal solo con sus propias fuerzas? Plotino había sido tajante en esta cuestión: sus últimas palabras fueron: «Me estoy esforzando para devolver lo Divino que hay en mí al Todo Divino».[6] «Este divino mío no espera la liberación... solo el descubrimiento, no hay "drama de redención"».[7] Los platónicos siempre se habían sentido capaces de ofrecer la visión de un Dios que cualquiera podría ganar por y para sí mismo, a través de la «ascensión», racional y sin ningún tipo de ayuda, de su inteligencia hacia el reino de las ideas. Esta pretensión de una realización inmediata había fascinado a un anterior cristiano converso, el filósofo Justino, en el siglo II;[8] y ahora, por un momento, parecía haber fascinado también a Agustín.

Esta tradición de autonomía individual podía llevar a producir «cristianos» que fueran solo meramente tolerantes con la vida organizada de su iglesia. Por cierto tiempo, Mario Victorino había pasado una fase de este tipo: «Y un buen día, no públicamente, sino en secreto y en confianza de amigos, decía a Simpliciano: "Sábete que yo ya soy cristiano". A lo que Simpliciano respondía: "Yo no lo creeré ni te contaré entre los cristianos hasta que te vea en la Iglesia de Cristo". Pero él, como burlándose, decía: "Pues qué, ¿son las paredes las que hacen cristianos a los hombres?"».[9] Es interesante que Simpliciano eligiera esta anécdota para contársela a Agustín, cuando este se le aproximó por primera vez: se puede sospechar que el anciano y astuto sacerdote vio en Agustín a un hombre como Victorino, profesor de retórica, admirador de los platónicos paganos, pero, como mucho, mero tolerante del catolicismo.

En aquel momento preciso, en el año 386 y en Milán, sí eran las paredes las que hacían cristianos. En febrero, la madre de Agustín se había encontrado cercada, junto con su obispo, dentro de las paredes de la basílica católica;[10] y, desde su *cathedra*, Ambrosio había desafiado a los eunucos de la corte a que lo ejecutaran a él antes que apoderarse de aquellas preciosas paredes. Pero en junio, mientras estos hechos sorprendentes ocurrían en la nueva basílica de Ambrosio, mientras hombres posesos daban alaridos ante las reliquias de los santos Gervasio y Protasio, Agustín seguía aún manteniéndose apartado.[11] «Hay ciertos hombres —escribió más tarde— que se consideran capaces de refinarse por sí mismos para contemplar y permanecer con Dios [...]. Estos podían augurarse un tal refinamiento por su propio esfuerzo porque algunos de ellos, unos pocos, eran capaces verdaderamente de transportar su espíritu más allá de todas las cosas creadas y tocar, aunque solo parcialmente, la luz de la verdad inmutable. Y miran con superioridad a la masa de cristianos que viven con la sola fe, al no ser tan capaces como ellos...».[12]

En el verano del año 386, Agustín rehusó, por última vez en su vida, resistirse a las tentaciones de la autonomía espiritual completa. Como los maniqueos habían pretendido hacer una vez, parecía ahora que esta filosofía sería capaz de resolver las inquietudes metafísicas de Agustín, y de ofrecerle un camino de realización de sí mismo independiente de una autoridad externa. «Hablaba mucho —escribió—, y me vanagloriaba como si estuviera muy instruido». *Garriebam quasi peritus.* «De seguir así, no sería yo instruido, sino destruido».[13] *Peritus... periturus*: tal es el juicio exasperadamente sucinto del Agustín obispo acerca de este momento tan decisivo.

Este estado de ánimo pasó en cosa de unos pocos meses, pero no era ni mucho menos inevitable que Agustín se decidiera finalmente a favor del catolicismo. El platonismo pagano era una fuerza que había que tener en cuenta en el decenio de los años 380, y la gran alternativa que Agustín consideró durante este corto tiempo seguirá en su memoria durante toda su vida. La encontraremos en su continua fascinación ante el dilema de los platónicos paganos, en su insistencia angustiosa en la disciplina de la autoridad como requisito para la contemplación, en su aguda certeza de los peligros espirituales de una falsa mística.[14] Todo ello es prueba de que lo que decide el carácter de un hombre no es solo lo que de hecho acontece en su vida, sino también lo que este rehúsa permitir que acontezca. Pero Agustín jamás sería otro Plotino: quizá carecía de la firme tranquilidad de este gran pagano. Del mismo modo que la «sabiduría» maniquea no le había venido solo como un conocimiento «interior», sino también como un elaborado régimen moral que le capacitó durante muchos años para dominar su sentimiento de pecado y de ligazón con la carne,[15] ahora buscó una disciplina que complementara la espiritualidad lúcida de los platónicos.

No sorprende mucho, desde luego, que acudiera a los escritos de san Pablo.[16] Ambrosio había asegurado a Agustín que podía volver a considerar las Escrituras cristianas como una fuente autorizada de sabiduría. Y, en cualquier caso, san Pablo flotaba en el ambiente: Simpliciano trató de arrastrar a Ambrosio a que se identificara con estos intereses, predicando tanto sobre san Pablo como sobre los misterios del Antiguo Testamento.[17] Los maniqueos africanos habían mencionado constantemente a san Pablo como el profeta de Manes por excelencia, aunque lo leían más bien como escritura apócrifa, escogiendo solo lo que era consecuente con el canon autorizado por Manes de los libros sagrados.[18] Agustín había vivido lo suficientemente dentro de la esfera del cristianismo como para que su imaginación pudiera ser captada lo mismo por un apóstol que por un sabio pagano: consideraba a ambos *viri magni*, «los grandes hombres» de su pasado tan curiosamente mezclado.[19] Por tanto, cuando Agustín leyó a san Pablo en aquella época, estaba leyendo un texto que, como maniqueo, había conocido desmenuzado en fragmentos. Ahora era el momento de conocerlo como unidad, aunque, inevitablemente, una unidad teñida por las preocupaciones de Agustín. «... pues aunque interiormente se deleite el hombre con la ley de Dios, ¿cómo podrá sobreponerse a la otra ley... que reside en los miembros de su mismo cuerpo?... ¿Qué ha de hacer el hombre en tan miserable estado? ¿Quién lo liberará de este cuerpo de muerte...?».[20]

Cuando finalmente Agustín se aproximó al sacerdote Simpliciano (quizá a finales de julio del año 386), ya se había movido imperceptiblemente en dirección del cristianismo católico. Era, sin duda, un entusiasta converso a la «Filosofía», pero a una filosofía que había dejado de ser un platonismo enteramente independiente, que había sido «fortificada» de un modo altamente individual por las enseñanzas más sombrías de san Pablo, y que había llegado a identificarse, a nivel mucho más profundo, con «la religión tejida dentro de nuestros mismos huesos cuando niños», esto es, con la sólida piedad católica de Mónica.[21]

Agustín había procurado «mantenerse firme».[22] Él quería garantías de permanencia y estabilidad. Esto explica el principal rasgo de su «Filosofía»: era un platonismo cuyos logros inmediatos tenían que convertirse en permanentes; y tal permanencia solo podía lograrse renunciando en gran medida a la mera confianza en sí mismo. Los métodos, los objetivos y las satisfacciones finales del sabio seguían siendo las que sostenían los filósofos platónicos; pero Agustín se embarcaría en esta vida «en filosofía» como convaleciente: la terapia que la tradición platónica había exigido a todo aquel que se elevara por encima del mundo de los sentidos pasaba a depender, no de él mismo, sino de un «doctor invisible»,[23] esto es, de Dios. Y este Dios no era un aristócrata solitario, pues esta terapia había sido puesta al alcance de la masa de los hombres por un acto de *popularis clementia*,[24] es decir, por la encarnación de Cristo y por la conservación de las escrituras divinas en una Iglesia universal. Estas consideraciones forman el primer esbozo de la idea de Agustín sobre la Iglesia católica. Con todo, esta etapa decisiva en la vida de Agustín es tan rica en paradojas que se puede sugerir, plausiblemente, aunque sin plena convicción, que Agustín podía haber visto su propio dilema y su solución reflejados en un espejo distante, y precisamente en las obras de aquella otra alma inquieta, Porfirio, el gran enemigo de los cristianos; porque también Porfirio había tenido la esperanza en un «Camino Universal», abierto a la masa de los hombres.[25]

Estas y similares consideraciones habían conducido a Agustín a aproximarse a Simpliciano:

> Estaba dedicado y consagrado a Vos desde joven [...] y ya anciano, debía tener experiencia y estar práctico en la vida espiritual, además de ser muy instruido en ella. Por eso me resolví a descubrirle las congojas de mi corazón, para que viendo él la disposición de mi alma, me aconsejase lo que debía hacer para serviros.
>
> Porque yo veía la iglesia llena de fieles, y que unos iban por una senda y otros por otra en el mundo. Pero a mí me desagradaba la vida que yo seguía en el mundo.[26]

Agustín tenía que encararse con la perspectiva de algunas renuncias amargas si quería llegar a ser, al mismo tiempo, católico bautizado y filósofo. En Milán, las ideas de los modos de vida que ahora acostumbramos a mantener separados se entremezclaban y superponían en la imaginación de Agustín y sus amigos. El ideal de retiro filosófico era tan riguroso como cualquier vocación a la vida monástica: significaría romper con su carrera, con su matrimonio y con todo tipo de relaciones sexuales; mientras las renunciaciones que la Iglesia católica exigía en sus misterios bautismales eran también consideradas heroicas, nada menos que como la muerte a una vieja vida. Por ejemplo, Verecundo, amigo de Agustín, no sería bautizado cristianamente por el mero hecho de estar casado, aun siendo su esposa cristiana.[27] Una ruptura heroica con el mundo era lo que estos entusiastas debían arrostrar al ser bautizados. No sorprende, por tanto, que la mayoría de los cristianos del Imperio romano tardío trataran de evitar el bautismo, o que Constantino, el primer emperador cristiano, y con él otros muchos, fuera bautizado solo en su lecho de muerte; y que Ambrosio predicara en vano, con urgencia macabra, para que su rebaño muriese al mundo por esta «muerte» espiritual: «¿Por cuánto tiempo todavía con vuestros *deleites*? ¿Por cuánto con vuestro *jaraneo*? El día del juicio se acerca más y más: mientras aplazáis esta gracia, la muerte se aproxima. Quién dirá, en aquel día: ahora no tengo tiempo, que estoy ocupado...».[28]

«Las únicas palabras que yo podía responder eran aquellas palabras dilatorias y soñolientas: "Luego, dentro de un poco; déjame estar otro rato, un momento nada más". Pero este "luego" no tenía término, y el "déjame un poco" iba muy largo».[29]

A finales de agosto, el pequeño grupo recibió a un visitante que había estado en la corte de Tréveris, Ponticiano, compatriota africano, miembro de la milicia palatina de agentes especiales.[30] Este hombre piadoso se sorprendió de encontrar un ejemplar de san Pablo sobre la mesa de Agustín, y comenzó a contar a este y a Alipio acerca de los monjes de Egipto, y de cómo la historia de su fundador, san Antonio, había llevado a dos de sus colegas en Tréveris a dejar el mundo.[31]

> Todo esto nos contó Ponticiano; y mientras él lo estaba refiriendo, Vos, Señor, me obligabais a que volviese en mí y me considerase [...]. Yo me veía y me horrorizaba; pero ¿dónde huir de mí mismo?
>
> ... Porque ya habían pasado muchos años (creo que eran doce) desde que a los diecinueve de mi edad, habiendo leído el *Hortensio* de Cicerón, me sentí excitado al amor y deseo de la verdadera sabiduría; pero desde entonces había diferido de día en día el renunciar a los placeres terrenos [...]. Me volví a Alipio y exclamé, lleno de turbación así en el ánimo como en el rostro: «¿Qué hacemos? Sí, ¿qué hacemos nosotros?, ¿lo has oído? ¡Levántanse de la tierra los indoctos y se apoderan del cielo, y nosotros, con todas nuestras doctrinas sin juicio ni cordura, faltos de corazón, nos estamos revolcando en el cieno de la carne y sangre...».[32]
>
> ... Me aparté de Alipio, que sin hablarme palabra, atónito y espantado, me miraba... Había un pequeño huerto al lado de la casa en que estábamos... A este huerto me condujo el desasosiego de mi corazón para que nadie impidiese el violento combate que contra mí mismo había yo comenzado hasta que acabase... En aquel lance me arranqué los cabellos... me herí la frente... con las manos cruzadas me apreté las rodillas...[33]
>
> Las frívolas bagatelas y las locas vanidades, mis antiguas amigas, me salían al encuentro y, tirándome de las vestiduras de mi carne, me susurraban al oído: «¿De veras vas a dejarnos? ¡Cómo! ¿Desde este mismo instante no hemos de estar contigo jamás? ¿Desde este punto nunca te será permitido esto, que tú sabes, y lo otro, no lo podrás hacer?». ¡Pero qué cosas eran las que me sugerían y yo explico con las palabras esto o aquello! Apartad, Señor, por vuestra misericordia, del alma de este vuestro siervo... la idea... que tales suciedades y torpezas me representaba.

Entonces, otra vez la continencia parece que me decía: «Hazte sordo a las voces impuras de la concupiscencia de tu carne; mortifícala. Ella te promete deleite; pero no pueden compararse con los que hallarás en la ley de tu Dios y Señor».

Toda esta contienda pasó dentro de mi corazón, batallando interiormente yo mismo contra mí mismo. En tanto, Alipio, que no se apartaba de mi lado, aguardaba silenciosamente a ver en qué venían a parar los desusados movimientos y extremos que yo hacía...[34]

... Se formó en el interior de mi alma una tempestad muy grande que venía cargada de una copiosa lluvia de lágrimas. Y para poder libremente derramarla toda y desahogarme en los sollozos y gemidos convenientes, me levanté de donde estaba con Alipio para llorar en soledad..., y así me aparté cuanto era necesario para que ni aun su presencia me estorbase.

Yo fui y me eché debajo de una higuera; no sé cómo ni en qué postura me puse; mas soltando las riendas a mi llanto brotaron de mis ojos dos ríos de lágrimas, que vos, Señor, recibisteis como sacrificio de vuestro agrado... Porque, conociendo yo que mis pecados eran los que me tenían preso, decía a gritos con lastimosas voces: «¿Hasta cuándo, hasta cuándo ha de durar el que diga yo "mañana, mañana"? Pues ¿por qué no ahora?, ¿por qué no ha de ser en esta misma hora el poner fin a todas mis maldades?».

Estaba yo diciendo esto y llorando con amarguísima contrición de mi corazón, cuando he aquí que de la casa inmediata oigo una voz como de un niño o niña que cantaba y repetía muchas veces: «¡Toma y lee, toma y lee!». Yo, mudando de semblante, me puse al punto a considerar con particularísimo cuidado si por ventura los muchachos solían cantar aquello o cosa semejante en algunos de sus juegos, y de ningún modo se me ofreció que lo hubiese oído jamás. Y así, reprimiendo el ímpetu de mis lágrimas, me levanté de aquel sitio no pudiendo interpretar de otro modo aquella voz sino como una orden del cielo en que de parte de Dios se me mandaba que abriese el libro de las Epístolas de san Pablo y leyese el primer capítulo que casualmente se me presentase. Porque había oído contar del santo abad Antonio que, entrando por casualidad en la iglesia al tiempo en que se leían aquellas palabras del Evangelio: *Vete, vende todo lo que tienes...*, él las había entendido como si hablaran con él determinadamente...

Por ello, a toda prisa volví al lugar donde estaba sentado Alipio, porque allí había dejado el libro del apóstol cuando me levanté de aquel sitio; tomé el libro, lo abrí y leí para mí el capítulo que primero se ofreció a mis ojos, y eran estas palabras: «No en banquetes ni embriagueces, no en vicios y deshonestidades, no en contiendas y emulaciones; sino revestíos de nuestro

Señor Jesucristo y no empleéis vuestro cuidado en satisfacer los apetitos del cuerpo». No quise pasar más adelante leyendo, ni tampoco era necesario; porque luego que acabé de leer esta sentencia, como si se me hubiera infundido en el corazón un rayo de luz clarísima, se disiparon enteramente todas las tinieblas de mis dudas.

Entonces, poniendo un dedo o no sé qué otra señal entre las hojas para notar el pasaje, cerré el libro, y con el semblante ya tranquilo y sereno le dije a Alipio lo que me había pasado. Y él, para darme a entender lo que también le había pasado en su interior, porque yo estaba ignorante de ello, lo hizo de este modo: pidió que le mostrase el pasaje que yo había leído, se lo mostré, y él prosiguió leyendo el versículo siguiente, en que yo no había reparado: *Recibid con caridad al que todavía está flaco en la fe...*

Desde allí nos dirigirnos a donde estaba mi madre, y contándole sumariamente el suceso, se alegró mucho, desde luego; pero refiriéndolo por menor todas las circunstancias con que había pasado, entonces no cabía en sí de gozo ni sabía qué hacerse de alegría; ni tampoco dejaba de bendeciros y daros gracias, Dios mío, *que podéis darnos mucho más de lo que os pedimos, y más allá de todos nuestros sueños y esperanzas...* Pues de tal suerte me convertisteis a Vos, que no pensaba ya en tornar el estado de matrimonio, ni esperaba cosa alguna de este mundo, además de estar ya firme en aquella regla de la fe, en que tantos años antes me habíais revelado por sueños que yo estaría. Así trocasteis su prolongado llanto en gozo, en un gozo mucho mayor que el que ella deseaba, y mucho más puro y amable del que ella pretendía, en los nietos carnales que de mí esperaba tener.[35]

En cualquier caso, Agustín había llegado al fin de su carrera. Durante el verano se le había recrudecido una enfermedad en el pecho, un *dolor pectoris*, que afectó su voz y que de hecho hacía imposible que continuara su tarea.[36] Sería muy importante saber la naturaleza exacta de este proceso repentino, pues tal conocimiento revelaría quizá la tensión en la que Agustín había estado viviendo.[37] Algunos, por ejemplo, han sugerido que tal «dolor» pudiera provenir de un ataque de asma, una enfermedad que es a menudo psicosomática;[38] y es más que probable que en estos meses de tensión hubieran llegado a desarrollarse en Agustín las manifestaciones físicas de un colapso nervioso. Pero, aunque Agustín sufriera frecuentemente de mala salud al fin de su vida, es tal vez más revelador que este «dolor en el pecho», dolencia que le afectaba en donde más implicaciones tenía con su carrera de orador público, y precisamente en la parte del cuerpo que más tarde habría de considerar como el alojamiento simbólico del orgullo de un hombre,[39] no vuelva a mencionarse.

Y fue así que en la época de las fiestas de la vendimia, las *Feriae vindemiales*, momento siempre bien recibido por los maestros como unas vacaciones en que podían dedicarse al ocio creador, Agustín y un grupito extrañamente variopinto, formado por su hijo, su madre, hermanos y primos, Alipio, Licencio y Trigecio, joven noble, se retiraron a una villa campestre que les había cedido Verecundo en Casiciaco, quizá el moderno Casiago, cerca del lago de Como, en un paraje muy bello próximo a las estribaciones de los Alpes.[40]

Agustín era una persona enferma, pero su convalecencia no afectó al repentino torrente de libros que anunciaron a los círculos entendidos de Milán las delicias de su recién encontrada vida «en filosofía»: una obra contra los académicos, para Romaniano; un discurso religioso sobre la *Vida perfecta*, para Manlio Teodoro, y, para Zenobio, un ensayo pitagórico sobre el *Orden* de las artes liberales como punto de partida para la contemplación del orden del universo.[41]

Estas obras han sido escudriñadas minuciosamente para encontrar pistas de la evolución de Agustín en los meses anteriores, pero se olvida fácilmente que también arrojan luz sobre un aspecto más profundo de la evolución de una persona, esto es, sobre la naturaleza del futuro que Agustín creía haber ganado para sí.

Agustín había encontrado ahora un campo de actividad intelectual que le aseguraba un progreso fructífero: como dijo a un amigo, «había roto los lazos odiosísimos que me mantenían alejado del pecho de la filosofía: la desesperación de encontrar la verdad, una verdad que es el alimento nutricio del alma».[42] Y este intelecto voraz sintió que había ganado su futuro a través de la religión de su madre: «Por tus oraciones —lo sé y lo admito sin dudarlo— me ha dado Dios un espíritu para colocar el descubrimiento de la verdad por delante de todo, no desear otra cosa, no pensar en otra cosa y no amar otra cosa. Y nunca dejo de creer que son tus oraciones las que nos capacitarán para alcanzar tan gran bien...».[43]

Agustín sentía que exploraba una «filosofía» que estaba, al mismo tiempo, plenamente integrada y bien señalizada: los *sacra* y los *mysteria*, los ritos y los dogmas de la Iglesia católica, resumían por completo las verdades que algún día podía captar la mente del filósofo.[44] El universo platónico de Agustín no admitía separaciones violentas entre la unidad tradicional de la Iglesia católica y su propia razón. Como monsieur Jourdain, que había hablado toda su vida en prosa sin saberlo, el filósofo de Agustín, con sus «tan sutiles razonamientos» había estado, de hecho, hablando teología.[45]

Podemos apreciar la sensación de confianza que esta opinión le dio a Agustín si leemos un breve discurso suyo, *De beata vita*, «Sobre la vida feliz», que dedicó a Manlio Teodoro. Este era reconocido admirador de Plotino,[46] y era también un buen católico. Al dedicar «una de mis obras religiosas»[47] a tal personaje —un libro impecablemente ortodoxo sobre la Trinidad y prologado de solemnes advertencias contra el orgullo académico—,[48] es muy posible que Agustín estuviera haciendo una respetuosa corrección a las personas que rodeaban a Ambrosio por sus coqueteos con más que dudosos intelectuales, entre ellos aquel «hombre... de soberbia intolerable» del verano anterior.[49] El discurso está hecho de modo que el público, al final, se dé cuenta de que, al definir las fuentes de la vida feliz, se ha descrito, de hecho, la Trinidad católica,[50] y así, Mónica puede acabar una tarde piadosa cantando el himno de san Ambrosio, *Fove precantes Trinitas*.[51] A principios de aquel mismo año, el pueblo católico debió de haber cantado tales himnos durante la resistencia a la corte.[52] No es frecuente en la historia del pensamiento que un diálogo filosófico culmine de tal modo con una canción de batalla.

Agustín había recuperado conciencia de sus objetivos. «Créeme —escribió a Romaniano—, mejor, cree a Aquel que dijo: "Buscad, y encontraréis": de tal comprensión no hay que desesperar, y llegará a ser tan evidente en sí misma como las propiedades de los números».[53] «Buscad y encontraréis» es una de las escasas citas de las Escrituras que Agustín usa en sus primeras obras. Esta cita, en particular, había sido una etiqueta común de los maniqueos;[54] y por eso se presenta con toda naturalidad en una obra dedicada a Romaniano y a sus compatriotas africanos, todos anteriormente simpatizantes del maniqueísmo.[55] *Plus ça change, plus c'est la même chose*: lo que menos sorprende de Agustín en este periodo es que hubiera identificado a la filosofía con alguna forma de cristianismo. Desde su primera y truncada «conversión a la filosofía» en Cartago, Agustín se había movido dentro de los límites de un horizonte en el que el cristianismo y la sabiduría se consideraban coincidentes. Pero la diferencia entre una versión maniquea del cristianismo y este platonismo cristiano es enorme: los maniqueos habían excluido cualquier proceso de crecimiento y de terapia intelectual; habían pretendido ofrecerle una «sabiduría» esotérica que lo purificaría.[56] Pero Agustín había hallado que esta «sabiduría» no lo había capacitado para «hacer progresos»,[57] mientras ahora sentía que había entrado en una vida «en filosofía» en la que los progresos estaban garantizados.

Esta sensación de confianza en su capacidad para desarrollar su intelecto creadoramente dentro de la estructura de la Iglesia católica es lo que hará que Agustín le parezca extraño incluso a un obispo tan culto como Ambrosio. La lectura de los libros platónicos había asegurado una cosa: que Agustín, que había venido a Milán desilusionado de su carrera y no contrario a recaer en la religión establecida de sus padres, no hiciera, al final, ningún acto de rendición incondicional ante el obispo católico. Él, claramente, no era un *type croyant*, como había sido anteriormente corriente entre las personas educadas del mundo latino. No creía que la filosofía hubiera resultado estéril ni que los métodos de los filósofos pudieran ser reemplazados por una sabiduría revelada. Ambrosio, con todo su uso de los autores paganos, parece haber sido de esta anticuada opinión. Él se consideraba, primero y ante todo, un obispo cuyo deber era entender y comunicar a su rebaño el «océano» de las Escrituras. Todo lo que no pudiera ser vertido en tal molde no tenía ningún valor. Una vez escribió a un filósofo, que estaba perplejo ante el problema de la naturaleza del alma, problema que habría de obsesionar a Agustín en Casiciaco, que leyera el libro de Esdras.[58] Y contestó la carta de Agustín, en que este, al pedir el bautismo, había presentado desnuda toda su perplejidad (¡ay, si se hubiera conservado esta carta!), recomendándole que leyera el libro de Isaías. Agustín encontró el libro completamente incomprensible.[59] Más tarde, Ambrosio llegó incluso a creer que Juliano el Apóstata había renunciado al cristianismo por «entregarse a la filosofía»;[60] y esto es exactamente lo que Agustín, en una serie de obras y cartas, proclamaba con orgullo que estaban haciendo en Casiciaco. La diferencia entre ambos hombres es el síntoma de un cambio de consecuencias trascendentales en la cultura de la Iglesia cristiana. Ambrosio, el obispo plenamente educado que leía griego, pertenece todavía al viejo mundo: se sentía ligado íntimamente al vasto prestigio de la erudición cristiana en el mundo griego, y sobre todo al gran Orígenes de Alejandría. Agustín, el aficionado, se siente mucho más libre para seguir su propio curso, y, paradójicamente, obrando así se acercó mucho más que Ambrosio al espíritu de las primeras escuelas cristianas de Alejandría,[61] es decir, a la firme creencia de que un espíritu adiestrado en los métodos filosóficos podía pensar creadoramente dentro de la ortodoxia tradicional de la Iglesia. Esta revolución es tanto más radical por cuanto que Agustín, en ese momento, parece haber tomado tal posición como enteramente evidente: «Porque soy precisamente la clase de hombre que se impacienta en el deseo no solo de aceptar lo que de verdad hay en la fe, sino de entenderlo».[62]

Este sentido de finalidad y de continuidad es la faceta más llamativa de la «conversión» de Agustín. Vista a través de las obras de Casiciaco, esta «conversión» parece un proceso sorprendentemente tranquilo. La vida de Agustín «en filosofía» le había sido inyectada por san Pablo, pero podía seguir siendo comunicada en términos clásicos. Las mayores recompensas de tal vida estaban casi de forma automática reservadas a aquellos que habían recibido una educación clásica y tradicional.[63]

Este sentido de continuidad es aún más sorprendente porque Agustín sabía ya de otra alternativa de vida clásica «en filosofía»: la de los monjes de Egipto. El ascetismo de estos hombres había implicado mucho de mortificación puramente física y de ruptura decisiva con las formas de cultura clásica, pero el heroico ejemplo de san Antonio no había afectado para nada el programa intelectual de Agustín. Él pretendía seguir siendo una persona culta: como escribió a Zenobio, algunas personas juegan con las heridas que les infligen los sentidos «cauterizándolas» en la «soledad», mientras que otras «les aplican ungüento» por medio de las artes liberales.[64] Agustín, en Casiciaco, rodeado de parientes, discípulos y de una biblioteca bien provista de textos tradicionales,[65] había elegido evidentemente el más suave tratamiento de las artes liberales.

El moderno historiador de la cultura romana tardía está en mejor posición que sus predecesores para comprender la tranquila síntesis de grandes tradiciones que son rasgo marcado de las obras que escribió Agustín en Casiciaco, y que reflejan los gustos católicos y las amplias simpatías de un grupo de cristianos milaneses. Pero la tranquilidad de espíritu de Agustín puede haber tenido profundas y personales raíces, que serán reveladas solo diez años más tarde en las *Confesiones*, esa obra de profunda autenticidad psicológica, mejor que en las obras literarias y formales contemporáneas a su «conversión». En estas obras formales, Agustín escribía como figura pública a otras personas públicas: es un profesor en retiro, y por tanto se habla de su enfermedad, razón de tal retiro,[66] así como de sus efectos en su carrera pública, esto es, el abandono de un matrimonio rico y las perspectivas de un puesto en el Gobierno; pero la escena clásica en el jardín de Milán se pasa en ellas por alto. Y, sin embargo, es solo en esta escena donde podemos vislumbrar la profundidad de la reorientación que estaba teniendo lugar en Agustín, y que afectó a partes que tenían poca relación con su vida pública como literato, esto es, a la naturaleza de sus penosas relaciones con las mujeres y, por supuesto, la relación aún más íntima con su madre.

Cuando Agustín se recluyó en Casiciaco, ya había tenido lugar en él un cambio profundo. Este cambio hizo que se sintiera otra vez un hombre libre y dispuesto a perseguir sus intereses con nuevas energías y certidumbres. Un reajuste tan íntimo no necesitaba expresarse con gestos histriónicos, tal como había estado de moda entre los admiradores menos equilibrados de los monjes, el docto Jerónimo entre ellos.[67] Al contrario, uno tiene la impresión de que la creatividad desbordante y repentina de la nueva «vida en filosofía» de Agustín refleja los sentimientos de un hombre que, por unos pocos y preciosos años, podía finalmente sentir que había recuperado su inocencia perdida.

XI
CHRISTIANAE VITAE OTIUM: CASICIACO[1]

Cuando Agustín se retiró a Casiciaco, en septiembre del año 386, no parecía sino que continuaba una costumbre deliciosa y de larga tradición: relevado de las cargas de una carrera pública, estaba a punto de entrar en una vida de ocio creador, dedicada a profundas búsquedas. Este era el antiguo ideal de *otium liberale*, una «reclusión culta»,[2] y, recordando esta etapa de su vida, Agustín podrá hablar de ella, en efecto, como de una época de *Christianae vitae otium*, de «ocio cristiano».[3] Este ideal iba a poner los cimientos de la vida de Agustín desde ese momento hasta que se ordenó de sacerdote en el año 391.

A finales del siglo IV, la tradición del *otium* había cobrado nueva vida. Se había hecho más complejo y, a menudo, mucho más serio. En sus grandes fincas de Sicilia, los últimos senadores paganos seguían reeditando los manuscritos clásicos (como hizo Agustín durante parte de su estancia en Casiciaco). Una villa de campo como estas llegó incluso a ser conocida como «la villa del filósofo»,[4] y a ellos se habían sumado figuras más inquietas: un siglo antes, Porfirio se había retirado a la misma isla a recobrarse de una crisis nerviosa y a escribir su amargo tratado *Contra los cristianos*.[5] Muchos habían llegado a pensar que esta vida, esencialmente privada, podía organizarse en comunidad. Agustín y Romaniano habían acariciado esta misma idea;[6] Plotino había planeado una vez la «ciudad de los filósofos», llamada Platonópolis.[7] Después, siendo Agustín ya un hombre maduro, un prefecto retirado, Dárdano, convertiría su pueblo de los Alpes Bajos en una versión cristiana de esta utopía de los filósofos, con el nombre de Teópolis, «Ciudad de Dios».[8] Sin duda, algunos de los primeros monasterios occidentales fueron estos «monasterios seglares» de cristianos y paganos sensibles.

Durante un año, por lo menos, Agustín había considerado cierta forma de esta «vida en filosofía» como el único tipo de vida apto para él;[9]

pero había tratado de retirarse a ella gratuitamente: se casaría con una heredera rica y —así lo esperaba— bien educada. Cumpliría con los breves ritos de administración que se pedían de un gobernador local culto. Respaldado por la hacienda de su esposa[10] y protegido por los privilegios senatoriales de un exadministrador, se encontraría libre en pocos años para convertir su sueño en realidad.[11] Pero la vida demostró ser más complicada. La retirada del pequeño grupo a Casiciaco fue muy precipitada: a los pocos meses, Agustín ya había abandonado su casamiento, su posición pública y sus esperanzas de seguridad financiera y de prestigio social. Es muy posible que sus amigos, y especialmente su patrono, Romaniano, se quedaran perplejos. Un ligero toque de azoramiento se puede detectar en el lenguaje demasiado formal de la dedicatoria que Agustín le hizo de su primera obra. Debió de ser difícil comunicar lo que había sido también una conversión religiosa tormentosa en términos de una graciosa retirada de la vida pública, tal como hubiera satisfecho a Cicerón.

Quizá la antigua tradición de *otium liberale* atraía a Agustín precisamente porque su vida reciente había sido demasiado complicada. Necesitaba un modo de vida firme y tradicional, tal como el que le ofrecía Casiciaco, dignificado y al mismo tiempo explicable ante los ojos de los círculos doctos de Milán. La villa pertenecía a Verecundo, profesor que también compartía el entusiasmo en boga por una vida de retiro. Un precedente ilustre de semejante vida de retiro había sido sentado por Manlio Teodoro.[12] Más tarde, esta retirada podría ser considerada como argumento de un poema mediocre: podía describírsela como un idilio campestre, entre libros sabios y enmarcada por el escenario de los Alpes.[13]

Los escritos de Agustín están también estrechamente ligados a su vida pasada, de modo que podría ser temerario escudriñarlos solo para encontrar en ellos huellas del futuro obispo. En concreto, los de estos años representan el pago de las deudas intelectuales contraídas en Milán a lo largo del año anterior:[14] el *De beata vita* se ocupa de discusiones posiblemente sostenidas en la casa de Manlio Teodoro,[15] y el *De ordine* fue escrito en respuesta a una poesía de Zenobio.[16] De modo que las primeras obras conservadas de Agustín, guardadas originariamente en los estantes de su librería episcopal allá lejos, en Hipona, son los únicos fragmentos que quedan de aquella maravillosa sociedad de seglares cristianos de Milán. Los lectores de Agustín estaban convencidos de que la historia de la filosofía había culminado en aquel movimiento[17] y se sentían orgullosos de los progresos literarios de la época.[18] Solían escribir diálogos a la manera de Cicerón,[19] y entre ellos se contaban estetas[20] capaces de apreciar la técnica de los mosaicos;[21] poetas que escribían de temas filosóficos, tales como la belleza del universo,[22] y que se anticipaban a Boecio en la búsqueda, dentro de la filosofía, de una consolación contra el temor a la muerte.[23] Pero sabían distinguir también lo que merecía la pena en el aroma de una rosaleda.[24]

Este ambiente da a las primeras obras de Agustín una cualidad única en su vida: en sus diálogos se satisface con mostrar la superficie luminosa de su pensamiento y el encanto estudiado de sus relaciones personales. Con ese talante, se encuentra predispuesto a ver lo mejor de cada persona. Romaniano ha salido derrotado de su proceso, pero no importa: Agustín puede hacer extensiva su simpatía al rival de Romaniano, otro gran señor: «Debo confesar que tiene una cierta grandeza de alma, que yace inconsciente [...]. De ahí su gusto por agasajar a sus invitados, el ingenio encantador que vivifica sus reuniones sociales, su elegancia, sus grandes maneras, su impecable buen gusto [...]. Créame, no deberíamos desesperar de nadie, y menos aún de gente así...».[25] En cuanto a Romaniano, es como una oscura nube de tormenta: sus amigos, en cualquier momento, pueden tener oportunidad de verlo encendido por un repentino y brillante relámpago: ¡si su alma fuera libre de resplandecer con toda su brillantez, sorprendería a todos![26]

Pero es Agustín, y no Romaniano, el que es oscuro; es una persona cansada, enferma, y debe hablar despacio y evitando excitarse.[27] Cavila a oscuras y hasta muy tarde,[28] y por las mañanas reza frecuentemente, al modo apasionado de los romanos tardíos, «con lágrimas».[29] Está abierto, como raramente lo estará después, a las bellezas naturales que le rodean: el ritmo del agua fluyendo en la casa de baños,[30] dos gallos peleando a la luz mañanera,[31] el cielo claro del otoño italiano: «El día —escribe— era de tan límpida claridad que no parecía que nada se adaptara mejor a la serenidad que iba a amanecer en nuestro espíritu».[32] En este talante frágil, un dolor físico de muelas era la degradación suprema; por él rehusaba el cuerpo dejarlo a solas con sus pensamientos.[33]

Al final de esta estancia, la franqueza de sus diálogos es reemplazada por la actitud de búsqueda íntima de sí mismo de los *Soliloquia*, las conversaciones consigo mismo. «De repente alguien me habló; quizá era yo mismo, quizá otro, fuera o dentro de mí, no lo sé. (Pues esto es lo que yo me esfuerzo, sobre todo, por saber)».[34] El autorretrato que nos presenta está trazado con un examen sombrío de sus debilidades: «Qué sórdido, inmundo y horrible te parece el abrazo de una mujer, cuando estamos discutiendo el deseo de una esposa. Pero esa misma noche, en la que te quedaste despierto, dándole vueltas en tu cabeza, era diferente de lo que supusiste... ¡Pero no llores! Recobra ánimos: ya has llorado mucho; solo había sido añadido a la enfermedad en tu pecho».[35]

Solo unas pocas figuras del círculo de Agustín aparecen en estos diálogos: Mónica, que está a cargo de la familia, se presenta tan impresionante como siempre, inspirada en secretas fuentes de absoluta certeza. Es capaz de desarmar una escuela filosófica completa con solo una palabra vulgar,[36] y su hijo la considera, con gran intensidad, como un oráculo de la primitiva piedad católica.[37] El hermano mayor de Agustín, Navigio, hace una aparición sorprendente y única: padecía el mal de la bilis,[38] y solo él de todo el grupo se niega persistentemente a ver el punto del que su hermano menor está hablando.[39] La única relación que en todas estas páginas está claramente iluminada es la que le une con el hijo de Romaniano, Licencio, porque este era la «estrella» entre sus discípulos, cuya preparación intelectual interesaba a los principales lectores de Agustín, los amigos del padre del muchacho.[40] Así, mientras su propio hijo, Adeodato, aparece solo de paso en estos diálogos, Licencio lleva todo el peso de la intensidad de Agustín.

No es una relación del todo feliz. Licencio era un joven con un fino sentido de lo superficial de las cosas. Era un poeta entusiasta: estaba obsesionado con los ritmos desusados del canto de Ambrosio (y escandalizó a Mónica cantando un salmo en el lavabo).[41] Podía observar y describir minuciosamente el modo en que el otoño disminuye el curso de un arroyo, hecho del que Agustín ni se había dado cuenta.[42] El choque con la mente abstracta y dialéctica de Agustín solo parecía haberlo inhibido, «como una ducha de agua fría».[43] El toque ocasional de sarcasmo, que tan bien se le daba a Agustín, lo dejaba cabizbajo.[44] En ocasiones, los dos se separaban enojados. La apasionada carta que Agustín escribió a Licencio unos ocho años después muestra que el ideal austero de una vida «en filosofía» había fracasado en contener a este joven poeta.[45] Intentó hacer su fortuna en Roma, con el apoyo de senadores paganos, y fue capaz de soñar —tal era la fuerza del viejo mundo— que podría ser un cónsul y un pontífice pagano. El poema que escribió a Agustín muestra rasgos de la influencia de otro escritor mucho más brillante, Claudiano, un griego de Alejandría que había venido a Italia y que llegaría a consolidarse como el poeta más grande de la «edad de plata» de Roma.[46] Claudiano era también admirador de Manlio Teodoro, y residió por una temporada en Milán. Su brillante carrera y la influencia que pudo ejercer su arte sobre un joven como Licencio demuestra que, al recomendar una vida «en filosofía», Agustín no estaba abandonando una cultura literaria agotada: más bien estaba intentando nadar en contra de una corriente fuerte y confiada de la vida romana tardía. Uno se pregunta la clase de poesía que habría escrito Licencio bajo la influencia de Agustín. Habría sido poesía filosófica, completamente espiritualizada, una poesía en la que la historia de los amantes Píramo y Tisbe apareciera, quizá, como una alegoría sutilizada del amor del sabio por la sabiduría.[47]

El grupo vivía en un estado de continuo entusiasmo intelectual. Un día, los muchachos habían encontrado un ciempiés, y toda la compañía al completo se reunió para observar el modo en que los trozos desmenuzados del animal continuaban moviéndose por sí mismos, encima de la tablilla de escribir. Inmediatamente empezaron los problemas intelectuales: ¿el alma animadora de la bestia es también divisible? ¿Es esta, por tanto, algo material, que se puede desmenuzar? ¡No permita el cielo que «un gusano diminuto» así desapruebe la doctrina platónica de la naturaleza inmaterial del alma! Los muchachos son luego enviados a sus estudios para que agudicen su mente en esos problemas, y Alipio y Agustín hablan toda la tarde sobre las implicaciones de lo que acaban de ver.[48]

Sin embargo, en conjunto, Agustín había reunido un grupo más bien mal surtido para la vida de *otium* filosófico: una anciana piadosa, dos primos maleducados[49] y dos alumnos privados de alrededor de dieciséis años.[50] Los diálogos que salían de tal grupo muestran a las claras una de las dotes más grandes de Agustín como artista: una habilidad instintiva para dar una nueva forma interesante a los materiales más diversos. Era un golpe maestro de habilidad literaria ser capaz de convertir este extraño grupo en un vehículo perfectamente adaptado para comunicar al aficionado un ideal de filosofía. Porque, recuérdese, la «verdadera filosofía» de Agustín era la religión de una Iglesia universal y, por consiguiente, debía poder ser extendida a todas las clases de inteligencia: había que establecer una especie de licencia universal de sabiduría. En ese sentido, el círculo de Agustín estaba bien escogido para comunicar tal mensaje: que el «más alto grado» de sabiduría era alcanzable por cualquier mente moderadamente educada y seria.

Como un maestro entre sus discípulos, Agustín podía llevar la pauta en cualquier conversación, y ante sus discípulos podía acentuar la necesidad de una exigente preparación preliminar.[51] Sin duda, en estos diálogos Agustín aparece como uno de los muchos pensadores que han elegido expresar sus ideales como parte de un programa de educación moral. Sus alumnos no estaban obligados a emplear el día entero entre los libros, sino a dedicar tiempo a estar «consigo mismos», pensando, simplemente.[52] Agustín insistía en que de ese modo debían aprender a apreciar sus propias fuerzas de pensamiento, su *ingenium*;[53] esta es la primera señal, en la obra inicial de Agustín, de su gran respeto por la facultad de agudo y duro raciocinio. Ellos habían de pulir esta facultad «jugando a filosofía».[54] Los resultados de esta preparación se leerían en Milán no como obras originales de filosofía, sino como *aperitivos*,[55] como «puertas pintadas y doradas que dan al patio interior de la sabiduría».[56] Por tanto, estos diálogos tenían inevitablemente tantos vicios como virtudes. El pequeño grupo de Casiciaco no estaba por encima de un cierto esnobismo contestatario: ¡los jóvenes proclamaban orgullosos su total ignorancia de los pensadores griegos![57] El diálogo de un filósofo aficionado manos a la obra puede ser una de las cosas más fatigosas de leer: hay digresiones, líneas de pensamiento inconsecuentes y un mal empleo general de la argumentación.[58] A pesar de ello, tales diálogos consiguen comunicar una fe vívida en la idea de que «las cosas realmente grandes, si son discutidas por personas pequeñas, pueden frecuentemente engrandecer a tales personas».[59]

Hoy nos resulta fácil despreciar tales obras por inmaduras, pero en parte lo hacemos así porque el mismo Agustín madurará con tanta rapidez que, al seguir sus huellas, dejamos atrás sus primeras obras. Sencillamente, los métodos que proponía entonces —una rigurosa preparación preliminar que culminaría en la contemplación de la Trinidad y del bello orden del universo— podían solo proporcionar las llaves que abrirían las puertas de un limitado número de problemas. Agustín, lanzándose a formular nuevos problemas, tendrá que buscar métodos totalmente nuevos.[60] Pero no todos crecían de forma tan veloz como él: cuando al final de su vida empiece a circular su obra *La ciudad de Dios* —¡un libro tan diferente!—, todavía habrá personas educadas que se afanarán por encontrar un ejemplar del *Contra los académicos*.[61]

Desde Casiciaco, Agustín había proclamado nada menos que todo un programa intelectual: para sus admiradores era como «una visión verdaderamente grandiosa para la obra de toda una vida».[62] El programa no era original,[63] solo estaba planteado de forma particularmente extremada. El primer requisito, para Agustín, era la disciplina: para contestar a preguntas metafísicas y para contemplar a «tal Dios»,[64] el intelecto debe recibir una preparación apropiada, una *eruditio*. Ser capaz de hacer algo sin tal preparación sería «un golpe de fortuna escasamente creíble».[65]

Aquí podemos ver un eco del sentimiento de Agustín sobre su propio y humillante esfuerzo intelectual[66] y de su certidumbre sobre el alto nivel de sus lectores milaneses.[67] Pero esta ansiedad está endurecida por el fanatismo del verdadero filósofo: la pasión por un método concreto, dentro del cual pueden plantearse y resolverse fructuosamente todos los problemas, y fuera del cual estos no pueden existir. Es típico de Agustín, sin embargo, que en cuestión de dos años abandone parcialmente este método en favor de otros medios de disciplinar su inagotable espíritu.

Agustín esboza plenamente este programa en su diálogo *Sobre el orden*. La educación tradicional debe desplegarse en toda su plenitud, incluyendo las ciencias abstractas, la geometría y las bases matemáticas de la astronomía; aunque tales artes liberales eran tratadas como una etapa meramente preparatoria de la contemplación filosófica. Tal contemplación, por supuesto, era enteramente religiosa: los discípulos de Agustín se afanaban con Virgilio y con los libros de texto sobre las artes liberales de Varrón, pero él había encontrado sitio también para Mónica. Su natural austero, reforzado por la vejez, la capacitarían para tomar posesión del «alma» de este conocimiento, mientras dejaba el «cuerpo» para los pedantes.[68] Es por agudeza y por el sentido de una intención trascendente por lo que Agustín presagia la Edad Media.[69] Todo este conocimiento, que antaño se tratara como el rico acompañamiento de la vida de un caballero culto, es ahora considerado por Agustín como una estructura pura y desencarnada, sujeta a las leyes absolutas de la verdad que convergen en una certidumbre final: «Existe una condición de hombres que están bien preparados en las artes liberales, pero esto no les satisface y no se rinden hasta que poseen la llamarada plena de la verdad en su mayor perfección y extensión, llamarada cuyo esplendor, incluso ahora, brilla débilmente bajo la superficie de dichas ciencias».[70]

El «alma bien preparada»[71] podía manejar confiadamente los problemas que una vez habían confundido a Agustín. Este comprendería el significado del mal en el universo; «osaría» probar la inmortalidad el alma; contemplaría la «riqueza de significación» de la Trinidad, y por los misterios de la Iglesia católica se fortificaría «más secreta y firmemente»[72] (esto es, con un lenguaje distinto, pero con el mismo fin) en aquellas verdades que algún día pudiera captar con la misma perfecta satisfacción intelectual, como las cualidades de los números.[73] La vida de la filosofía, que los escépticos habían considerado que era un camino de sombras, se ve ahora como llena de luz. Este es el núcleo del mensaje de Agustín en Casiciaco: «Esta filosofía es la que promete que demostrará con límpida claridad al Dios más oculto y verdadero, y se digna, paso a paso, mostrarle a Él sucesivamente, como a través de nubes empapadas de luz».[74] En estos diálogos vemos solo la superficie del pensamiento de Agustín. Tenía que elegir todavía temas fáciles para discusión.[75] Pero él era algo más que un mero divulgador: pasaba gran parte de su tiempo tratando de resolver los problemas que se planteaban en los libros neoplatónicos. Estaba dispuesto a razonar la naturaleza del alma, y este problema era una obsesión genuinamente metafísica que formará la corriente subterránea de su obra en los cuatro años posteriores.[76] Sabemos sorprendentemente poco de este aspecto de la vida de Agustín en Casiciaco; debe haber continuado leyendo a los neoplátonicos, pero las etapas de tal estudio nos son desconocidas. Estas lecturas, sin embargo, culminaron en un esbozo de series de pruebas sobre la inmortalidad del alma, el *De inmortalitate animae*.[77] Pero era solo un esbozo, y, releyéndolo cuando era anciano, Agustín confesó que «a la primera lectura el razonamiento está tan encubierto y tan condensado que queda completamente oscuro. Yo mismo no puedo aún concentrarme cuando lo leo y apenas puedo sacar sentido de él».[78] Este libro es el primero de los muchos «retales» de Agustín, pues él nunca será un pensador sistemático a la manera de Porfirio: su vida estará llena de líneas de pensamiento esparcidas, nunca trabajadas hasta su conclusión, y de empresas literarias abandonadas: es el alto precio que habrá de pagar por ser un escritor tan pródigo y flexible.

La demostración truncada había de ser coronada por una atrevida innovación literaria, *Soliloquia*.[79] Hasta el título de esta obra era nuevo; es el primer autorretrato íntimo de Agustín, escrito para un círculo de amigos. Como es típico, empieza con una larga oración; igualmente de modo típico, prosigue con una larga discusión entre su *Razón* y su *Alma*, en la que Agustín, por fin, se sintió libre de darse una sacudida intelectual que hubiera sido imposible realizar en la realidad sin herir los tiernos sentimientos de algún antagonista.[80]

Agustín valoró y recordó esta obra más que cualquier otra de esta época; ella traiciona tensiones entre los dos elementos de su pensamiento, que permanecerán sin resolver durante muchos años. Su Dios es el dios de los filósofos: Él es el fundador de la armonía del universo, y su relación con los hombres es tan absoluta y necesaria como la forma de un teorema geométrico... «Dios, cuyo reino es el mundo del que los sentidos nada conocen..., de quien desviarse es caer, y hacia quien volverse es levantarse de nuevo, y con quien permanecer es encontrar el sosiego;

Dios, a quien nadie pierde, salvo engañado; al que nadie busca, salvo amonestado; al que nadie encuentra, salvo cuando purificado». Pero es también el Dios de san Pablo: «Por Él *vencemos al enemigo*..., por Él no nos rendimos a la adversidad..., por Él la *muerte es devorada por la victoria*...».[81] En esta oración tenemos un signo inconfundible de lo que será distintivo en la posición religiosa de Agustín: una nota aguda de ansiedad sobre sí mismo y una dependencia de Dios, expresada más vagamente que en el lenguaje de las *Confesiones*, pero aun así muy reconocible: «Me aplicaré —dice el Alma— con diligencia y gran atención, esto es, si ninguna sombra se desliza sobre mí o, lo que más temo de todo, si esas sombras provocan mi placer». «Cree en Dios —dice la Razón—, entrégate a Él todo lo que te sea posible. No desees que tu propia voluntad sea tuya y esté a tu disposición, sino proclámate su esclavo, el esclavo de un amo capaz y misericordioso».[82] Es este temor permanente de lo oscuro lo que condujo a Agustín, cuando el otoño se convirtió en un feo invierno nórdico, a retornar a Milán para procurar lavarse de sus pecados por el bautismo. En Milán, Agustín, Adeodato y Alipio se hicieron *competentes*, es decir, se unieron a aquellos que «imploraban» el bautismo de manos de Ambrosio para la Pascua venidera (en la noche del 24 al 25 de abril del año 387). Como *competentes*, Agustín debió recibir las solemnes instrucciones del propio Ambrosio, que nunca ahorraba esfuerzos en la dirección de esta iniciación trascendental;[83] y Agustín estaba, desde luego, hondamente afectado por lo que oyó cuando, después de la celebración principal de la liturgia, los *competentes* se reunieron en el baptisterio de la basílica principal para oír a su obispo:[84] «¿Estamos tan lejos del contacto de nuestros sentimientos como para no recordar cuán concienzudamente y con qué anhelo escuchamos a aquellos que nos enseñaron el catecismo, que nos fue revelado, cuando imploramos los sacramentos de aquella fuente de vida?».[85]

El catecismo de Milán era todavía una disciplina impresionante, calculada para comunicar a los paganos conversos misterios que hasta aquel momento habían permanecido ocultos al mundo exterior: incluso la oración dominical no era «entregada» al creyente hasta que no hubiera pasado por la iniciación.[86] Agustín escuchó y recordó advertencias solemnes contra el politeísmo y la idolatría;[87] el modo preciso de cómo Dios se había encarnado humanamente le habría sido también expuesto;[88] y la doctrina del juicio final personal tras la muerte, tan dura y para muchos paganos completamente ajena, debió de ser repetida varias veces a los oyentes. Por Pascua, el mismo rito del bautismo acentuaba la naturaleza trascendental de la transformación que Agustín iba a experimentar. La víspera del día de Resurrección, Agustín y el tropel de los *competentes* de ambos sexos y de todas las edades marcharían agrupados al baptisterio de la basílica principal de Ambrosio. Pasando por detrás de una cortina, Agustín descendería, solo, completamente desnudo, en una piscina con agua. Por tres veces, Ambrosio le empujaría por los hombros hasta ponerlo bajo el chorro de la fuente. Más tarde, vestido con una túnica blanca inmaculada, entraría en la basílica principal resplandeciente por la iluminación de los cirios y, en medio de las aclamaciones de la congregación, se colocaría junto con sus compañeros neófitos en un estrado ligeramente elevado junto al altar,[89] para una primera participación en los misterios de Cristo Resucitado. El tema de «quitarse lo viejo» y de «revestirse de lo nuevo», del renacimiento y la resurrección, de la ascensión consecuente del alma al cielo hecha posible por el descenso de Cristo a la tierra, reverberaba en la imaginación de Agustín. En años posteriores tejió su particular y refinada doctrina platónica del ascenso del alma desde el «hombre viejo» de los sentidos, a través de este acto misterioso y elemental.[90]

Visto desde fuera, Agustín era un tipo raro, pero muy característico. Podemos verlo reflejado en el consejo que diera más tarde a un sacerdote de Cartago:

> Desde luego, no debo omitir otro caso ocurrido a una persona muy educada que había decidido hacerse cristiano y se presenta con el fin de convertirse (por el bautismo). Debe haberse familiarizado con la mayoría de las Escrituras y escritos cristianos, y se ha instruido en su lectura, llegando así a poder participar de los sacramentos; y es que tales personas están habituadas a inquirirse a sí mismas sobre cuestiones religiosas y a comunicarse y discutir con otras lo que piensan de antemano, sin esperar a bautizarse como plenos cristianos.[91]

Ahora un nuevo mundo se cerraba en torno al devoto de la filosofía.[92] Le contaron cómo un ostiario de la basílica había sido curado por el cuerpo de san Gervasio;[93] fue a visitar el monasterio que había cerca de la ciudad, presidido por un santo y docto sacerdote;[94] vio a Ambrosio rodeado por los obispos de los alrededores, unos hombres severos y dirigentes de pequeñas y conscientes comunidades; entre ellos estaba Filastrio, obispo de Brescia, que entonces compilaba un catálogo de ciento cincuenta y seis herejías. También algunos de «aquellos que afirman que hay un infinito número de mundos»,[95] doctrina que por aquel entonces no podía haber sido popularizada en Milán por otro que Manlio Teodoro:[96] tanta es la distancia entre los dos polos de la vida de Agustín.

Los lazos entre Agustín y Ambrosio siguieron manteniéndose a dos niveles: uno de ellos representado por Mónica y el otro por cristianos católicos como Manlio Teodoro, a quien Agustín habla de Ambrosio como de «nuestro obispo».[97] El hecho de que Manlio Teodoro hubiera precedido a Agustín en el retiro filosófico y de que no hubiera ocultado su admiración por Plotino[98] asegura que Agustín no fue el único que leyó las *Enéadas* de Plotino en aquellos años. Puede que Ambrosio comenzara a tomar en cuenta este nuevo movimiento justamente al mismo tiempo que Agustín. Es posible que Ambrosio predicara la serie de sermones «Sobre Isaac y el alma» y «Sobre Jacob y la vida feliz» en los primeros meses del año 387.[99] Para estos sermones se apoyó, en gran parte, en los mismos tratados de Plotino que Agustín había leído. Para los entendidos de entre su público, estos impresionantes sermones eran la prueba de un bautismo público de Plotino y su filosofía.

Cuando Agustín volvió la mirada hacia sus últimos días en Milán, permitió que predominara exclusivamente el punto de vista de sus emociones. En las *Confesiones* encontramos las auténticas palabras de un converso:

> ... y tal la felicidad que inundó mi alma que en aquellos días no se hartaba de contemplar, y en ellos experimentaba una dulzura inexplicable, vuestra altísima e inescrutable providencia en orden a la salud del género humano. ¡Cuánto lloré también oyendo los himnos y cánticos que para alabanza vuestra se cantaban en la iglesia, cuyo suave canto me conmovía fuertemente y me excitaba a devoción y ternura! Aquellas voces se insinuaban por mis oídos y llevaban hasta mi corazón vuestras verdades que causaban en mí tan fervorosos afectos de piedad que me hacían derramar copiosas lágrimas y me hallaba bien y contento con ellas.[100]

No obstante, precisamente al mismo tiempo, Agustín estaba tratando tercamente de lograr su gran programa intelectual: «Estaba intentando escribir libros de texto de las ciencias, preguntando a aquellos que no se oponían a tal educación, en el deseo de llegar a alcanzar un camino de etapas fáciles y definidas que guiaran al espíritu desde las cosas materiales a las inmateriales».[101] Todo lo que queda de esta novedosa empresa es el libro *De Musica*, que no es un tratado de música, sino un examen técnico y literario de métrica. Tales obras estaban de moda en Milán: Manlio Teodoro había escrito una así,[102] y los primeros cinco libros que conducen a la conclusión propia e impresionante de Agustín en el último libro están tan llenos de lugares comunes y de tópicos que parecen rebuscados en las obras de los maestros y resumidos en forma de manual.[103] De modo que un libro de texto académico es la última contribución de un futuro obispo a la vida intelectual de Milán.

Por aquella época, sin embargo, los planes de Agustín para el futuro se habían hecho más definidos. Los africanos habían llegado a formar un grupo apretado, casi monacal; Alipio ya había alcanzado reputación por su austeridad.[104] A ellos se unió, en Milán, un futuro obispo y compatriota, Evodio (más tarde obispo de Uzalis), miembro retirado de la policía secreta y cuyos deberes (lo que no sorprende nada) le habían hecho rechazar el mundo.[105] Agustín intentó retornar a su patria, donde viviría una vida recluida con su madre, su hijo y unos pocos amigos de similar dedicación, sostenido posiblemente por una pequeña propiedad familiar administrada por su hermano mayor y por Mónica. Habían recorrido un largo camino desde la grandiosa empresa comunitaria que antaño atrajera a Romaniano. La naturaleza exacta de tales planes nos es desconocida y era, posiblemente, incierta en aquel periodo.[106] Así es como Agustín, su hijo, su madre y algunos amigos retoman el camino en dirección al sur, que dos años atrás había sido tomado por su concubina repudiada, también ella de vuelta a una vida de continencia en su áspera tierra natal.

XII
OSTIA

Cuando el grupo se encaminó hacia el mar, la lejana guerra civil, que había estado amenazando la vida pública de Milán durante años, alcanzó finalmente a Italia. La flota del usurpador, Máximo, un general que había tenido mando en Caernarvon, bloqueaba los puertos de Roma; el emperador Teodosio, piadoso general gallego que gobernaba en Constantinopla, se preparaba para aplastar a su rival. A causa de este bloqueo, el pequeño grupo de africanos tuvo que detenerse en Ostia.

Ostia es una de las pocas ciudades cuya vida en el siglo IV nos ha sido desvelada por la arqueología.[1] La vida bulliciosa y vulgar del antiguo imperio había decaído, dejando a la ciudad desamparada y medio desierta. Las grandes residencias temporales de los nobles romanos resaltaban de modo incongruente entre las calles abandonadas. Es muy posible que Agustín se hospedara en la casa de algún miembro cristiano de aquella nobleza, lejos de las muchedumbres de la zona portuaria.[2] El nombre de una tal Itálica, a quien después escribirá sobre la visión de Dios,[3] aparece allí grabado en una cañería de plomo;[4] un cónsul escribirá más tarde un epitafio para Mónica.[5] Esta estancia en Ostia puede que fuera el primer contacto de Agustín con el formidable clan cristiano de los Anicios, la familia más rica del imperio, cuyo palacio era una de las maravillas de Roma.[6] Si esto es así, tendríamos alguna indicación sobre la posición de Agustín y de sus amigos a los ojos de los demás; una situación respetable, pues eran protegidos del gran Ambrosio, y todos ellos retirados de algún cargo en la capital imperial.

Una habitación de una casa de Ostia, quizá una sala para discusiones filosóficas, había estado un siglo antes bordeada de estatuas de un filósofo que puede que fuera el mismo Plotino.[7] Era una figura que se ajustaba al talante de Agustín: contemplativa, con los ojos levantados y la cara en tensión por el movimiento ascensional del alma.

En este escenario ocurrieron grandes acontecimientos de la vida interior de Agustín. Un día, él y su madre estaban

> solos y asomados a una ventana, desde donde se veía un jardín que había dentro de la casa que habíamos alquilado..., y comenzamos a hablar, y nos era dulcísima la conversación [...]. Y mientras que hablábamos de la sabiduría divina y ansiosamente suspirábamos por ella, llegamos en un supremo esfuerzo de nuestros corazones a tocarla con todo el ímpetu y anhelo de nuestro espíritu, aunque solo por un instante; y después, suspirando por no haber podido gozar más de aquella eternidad, dejándonos allí las primicias de nuestra alma, nos volvimos a nuestro común modo de hablar, donde la palabra suena para ser oída, y se comienza y se acaba... Decíamos, pues, que si hubiese algún alma tan feliz y dichosa que estuviera exenta de la ruidosa inquietud que causan en un alma las impresiones del cuerpo; si no le conmovieran de modo alguno las especies que por la vista y demás sentidos corporales recibe de la tierra, de las aguas, de los cielos; y si aun la misma alma no hablase consigo misma y como olvidada de sí misma; si no hablaran tampoco los sueños ni las revelaciones imaginarias; si, finalmente, cesaran todas las locuciones que puede un alma percibir de las criaturas, por manera que no le hablaran ni por palabras de la lengua, ni por medio de signos o de sueños, ni de otro cualquier modo de hablar sucesivo y pasajero, sino que enmudeciese todo lo creado, de manera que ni aun percibiese lo que están siempre diciendo estas cosas creadas... y en medio de este silencio profundo hablase el Señor solo a aquella alma, no por medio de estas criaturas, sino por sí mismo, de modo que oyésemos su palabra, no de boca de hombres ni de voz de ángeles, ni mediante algún ruido de las nubes, ni por símbolos y enigmas, sino que el mismo Criador se oyera hablar sin ellas..., oírlo a Él mismo y no a ellas.[8]

Quince días después, Mónica había muerto. Durante los nueve días de enfermedad se recogió en sí misma por entero, asomándose al exterior solo para bendecir a sus hijos y para decir a Agustín que jamás en toda su vida había escuchado una palabra áspera de sus labios, y a Navigio, que ya no le importaba ser enterrada junto a Patricio en su suelo natal.[9]

> Al mismo tiempo que yo cerraba sus ojos, se iba apoderando de mi corazón una tristeza grande que empezaba a revolverse en lágrimas; pero mis ojos, obedeciendo al violento impulso del alma, absorbían toda la corriente del llanto, de modo que parecían enjutos; y esta violencia que hacía al desahogo del llanto fue para mí una fatigosa lucha e indecible tormento. Mas el

joven Adeodato, luego que mi madre dio el último suspiro, comenzó a llorar a gritos; pero a persuasión de todos nosotros se sosegó y calló...[10]

Y así, viendo yo que quedaba desamparado de tan grande consuelo como de ella recibía, mi alma estaba traspasada de dolor y pena, y parece que mi vida se despedazaba, pues la mía y la suya no hacían más que una sola...[11] Después que a nuestras persuasiones, como he dicho, reprimió las lágrimas y clamores Adeodato, cogió Evodio un salterio y entonó aquel salmo: *Cantaré, Señor, las alabanzas de tu misericordia y de tu justicia*, y le respondíamos todos los que estábamos en la casa. Al ruido de nuestras voces acudió gran número de personas fieles y piadosas de uno y otro sexo; y mientras que los que tienen esto a su cargo disponían todas las cosas que, según costumbre, se requerían para el entierro, yo en un lugar retirado, donde podía estar sin menoscabo de mi decoro, en compañía de algunos que no tuvieron por conveniente dejarme solo, trataba y conferenciaba aquellas materias que me parecían oportunas y propias de aquella ocasión y tiempo..., los demás que me acompañaban y oían atentamente ignoraban mi pena y sentimiento, de modo que juzgaban que estaba sin pesadumbre ni dolor alguno..., pero yo bien sabía cuán gravemente oprimido y acongojado estaba mi corazón. Y como por otra parte me desazonaba mucho el que hiciesen en mí tan fuerte y poderosa impresión estos sucesos humanos, que forzosa y necesariamente han de suceder, ya por el orden que vuestra providencia tiene establecido, ya por ser propios de nuestra condición y naturaleza, con otro nuevo dolor sentía mi dolor primero y me afligía con duplicada tristeza...[12]

Llegose el tiempo de llevar el cadáver, y no lloré en todo el camino, ni a la ida ni a la vuelta; pues ni aun en aquellas preces y oraciones que os hicimos..., ni aun siquiera ya puesto el cadáver junto a la sepultura antes que se enterrase, como allí se acostumbraba a hacer, ni en aquellas preces de último adiós me estremecí ni lloré. Pero después, durante todo el día, estuve poseído interiormente de una gran tristeza, y del modo que me permitía la turbación de mi alma, en medio de este desamparo os suplicaba que sanaseis mi dolor; pero Vos no lo hacíais... Entonces me pareció que también me convendría tomar baños, porque había oído decir que en latín se llamaban *balnea*, del nombre griego βαλανεῖον, para significar que expelen y echan fuera del alma toda aflicción y tristeza [un baño de Ostia lleva todavía una inscripción de aquella época que reza «baño sedante»].[13] Dormí después un rato, y cuando desperté conocí que mi pena y sentimiento, en parte, se habían mitigado. Entonces, estando solo en mi lecho, se me acordaron aquellos versos tan verdaderos de vuestro siervo Ambrosio, en que hablando con vos dice: *Deus creator omnium...*

> Pero desde estas consideraciones volví a recaer poco a poco en los sentimientos de antes, acordándome de aquella vuestra sierva, de su vida y conducta fiel, tan piadosamente ordenada a Vos, como santamente halagüeña y suave para mí; y no pudiendo reprimir el sentimiento de verme privado de ella repentinamente, me dio gana de llorar *delante de Vos* por ella y por mí.[14]

Mónica fue enterrada en Ostia. Peregrinos medievales copiaron el epitafio en verso de su tumba, y a uno, Walter, canónigo de Arrouaise, en el norte de Francia, se le permitió llevar consigo parte de su cuerpo: «Hay tantos santos en aquella región salvaje —escribió— que no nos sería fácil decidir dónde deberíamos depositarlos para que descansaran como sería apropiado».[15] En el verano de 1945, dos niños que jugaban en un pequeño patio junto a la iglesia de Santa Aurea, en Ostia, comenzaron a cavar un hoyo para plantar un poste y desenterraron un trozo de mármol que contenía parte de la inscripción original.[16]

Agustín y Evodio retornaron a Roma, en espera de que el bloqueo fuera levantado. A fines del año 388 llegaron a Cartago. Allí Agustín se encontró, entre otras muchas amistades antiguas y nuevas, admiradores católicos y a un discípulo, un tal Eulogio Favonio. Eulogio se había quedado en su patria y se había hecho maestro de escuela en Cartago. Cuando preparaba una lección sobre un libro de Cicerón, quedó perplejo ante un pasaje oscuro; esa noche soñó con Agustín, y, en el sueño, Agustín le resolvió el problema.[17] Eulogio, como maestro de escuela, había estado viviendo la antigua vida y al antiguo estilo: resulta extraño pensar que habían pasado solo cuatro años desde que Agustín había hecho precisamente lo mismo y en la misma ciudad.

XIII

SERVUS DEI: TAGASTE

Tagaste no podría ser nunca otro Casiciaco. Incluso durante su estancia en Roma, los escritos de Agustín dejan ver ya en él una nueva determinación.[1] Desde esta época en adelante se propuso no vivir por más tiempo la vida recluida en el umbral de la sociedad de seglares intelectuales, como en Milán, sino directamente a la sombra de la vida organizada de la Iglesia católica. Por eso, cuando Alipio y Agustín llegaron a Cartago, a finales del año 388, pertenecían ya a un grupo de hombres no bien definido, pero absolutamente reconocible: eran *servi Dei*, «siervos de Dios». Como tales recibieron la visita del clero local, y fueron hospedados con honores en la casa de un pío funcionario.[2] Buenos seglares católicos escribían pidiéndoles que rogaran por ellos.[3] Estos *servi Dei* debían su posición en la Iglesia latina no tanto a ninguna conexión con la vida monástica organizada, sino a la urgencia de su modo de vida en la perfección. Produjeron algunos de los más notables hombres de su época. Diferían mucho entre ellos, tanto que, una generación más tarde, Pelagio, el gran desafiador de Agustín, llegará a Cartago de la misma guisa que lo hacía ahora Agustín: en la descripción que de él hace el propio Agustín, podemos ver exactamente lo que este había sido: un *servus Dei*,[4] un seglar bautizado y determinado a vivir, en compañía de obispos, sacerdotes y nobles patronos, la vida completa de un cristiano.[5]

El pequeño grupo se estableció finalmente en la parte que a Agustín le correspondía de la finca familiar de Tagaste.[6] Esta comunidad significaba todavía muchas cosas para mucha gente: para Nebridio, de vuelta entonces a África, y establecido con su madre en su villa campestre cerca de Cartago, el círculo de Agustín continuaba siendo una reunión de filósofos: «Me produce el más grande placer cuidar de tus cartas como si fueran mis propios ojos. Algunas me hablan de Cristo, otras de Platón, otras de Plotino».[7] Estos dos hombres permanecían separados por la enfermedad que a ambos hacía imposible el viaje por la molesta y agotadora carretera del valle del Meyerda; pero, como auténticos filósofos, se enorgullecían de ser capaces de vivir felices con sus propios pensamientos.[8] Hasta la amenaza de la muerte —amenaza real en el caso de Nebridio— podía parecerles insignificante.[9] El ideal que Agustín defendía ante Nebridio era «hacerse parecido a Dios en el retiro», *deificari in otio*: la frase puede muy bien haber sido tomada de las obras de Porfirio.[10] Una «Antología espiritual», compuesta por sus amigos en esta época, incluía la obra de un sabio pagano, Fonteio de Cartago, que más tarde fue bautizado como cristiano: «Actuad, oh miserables mortales —decía—, no sea que el mal espíritu ensucie esta morada; no sea que, cuando esté mezclado entre los sentidos, manche la santidad del alma y nuble la luz del espíritu...».[11] Este duro pasaje muestra qué cerca estaban todavía Agustín y su círculo del límite entre el sentimiento religioso cristiano y el pagano.

Sin embargo, y aunque el ideal de Agustín era el de un neoplatónico solitario, la única alternativa que podía considerar para este ideal era la vida activa de un obispo católico.[12] Porque en Tagaste se las había visto cara a cara con la vida organizada de la Iglesia africana. En Milán esto no había pasado: allí había sido un extranjero moviéndose entre los numerosos círculos intelectuales de una gran ciudad; pero ahora ese distanciamiento neutral había desaparecido, y, en Tagaste, Agustín era una persona del lugar, de vuelta a la patria, una pequeña comunidad, en una provincia en la que la Iglesia católica era particularmente consciente de su posición entre poderosos enemigos, paganos, maniqueos y cismáticos donatistas. En todo momento estas pequeñas comunidades procurarían atraerse al «talento» local. Alipio pronto se convirtió en obispo de Tagaste, su patria; él siempre causó más impresión que Agustín en esta sociedad provinciana, y, en cierto sentido, no hacía sino suceder a su pariente[13] Romaniano como «patrono» distinguido de Tagaste. Agustín, por su parte, tenía cuidado de evitar las ciudades donde el obispado estaba vacante, por temor a un «reclutamiento» similar. En esta época, Agustín dijo terminantemente a un corresponsal que debía recordar que era «un africano, que escribía para africanos, ambos en África».[14] El recuerdo es igualmente aplicable a Agustín, que, siempre susceptible a la «atmósfera» circundante, estaba cambiando otra vez su modo de vida.

En Tagaste, Agustín fue alcanzado por su pasado maniqueo. La tensión entre católicos y maniqueos había sido especialmente aguda en África, donde ahora eran los herejes por excelencia. Por ello no es sorprendente que las obras de Agustín contra los maniqueos se hicieran más decisivamente «eclesiásticas» en este entorno: su primer comentario sobre el Génesis, «Contra los maniqueos», es también su primer manifiesto eclesiástico, que escribió en un estilo simple y harto comprensible.[15] El notable resumen de su posición, *Sobre la verdadera religión*, estaba escrito y concebido con cuidado[16] para impresionar expresamente a los simpatizantes aristocráticos de los maniqueos, tales como Romaniano. Parece que Agustín se esmeró en hacerlo circular, y se salió de sus costumbres provocando debates.[17] Las relaciones entre la Iglesia católica y los maniqueos alcanzaron su momento crítico justamente en estos años, y el síntoma más obvio de esta crisis fue una purga oficial de maniqueos en Cartago, en el año 386.[18] Por esto, el hecho de que Agustín y sus amigos de Tagaste fueran exmaniqueos que proponían enérgicamente su propia solución al problema maniqueo les daba una importancia considerable a los ojos de las autoridades de la Iglesia africana.

El centro sobre el que gravitaba el pensamiento de Agustín había comenzado a desplazarse. Había vuelto a África sin sus libros de texto,[19] y sus proyectos de un programa intelectual basado en las artes liberales quedaban ya lejos. Incluso las conclusiones de su diálogo con Adeodato, *Sobre el maestro*, fueron inmediatamente aplicadas, en la defensa de la Iglesia católica, al dogma de la Encarnación,[20] un dogma que había de formar el punto fundamental de una religión filosófica.[21] Este cambio podemos verlo más claro en la correspondencia de Agustín con Nebridio. Este, con su fondo pagano, estaba todavía fascinado por los problemas que se suscitaban en el límite entre el neoplatonismo y lo oculto: ¿tiene el alma algún «vehículo»?[22] ¿Pueden los poderes celestiales influir en nuestros pensamientos?[23] Agustín pronto llegó a mirar tal «curiosidad» como la separación de caminos entre platonismo cristiano y platonismo pagano.[24] Sus especulaciones estaban siempre subordinadas a una escala rígida de preferencias: con gran severidad recondujo las preguntas de Nebridio a los misterios centrales de la fe cristiana;[25] su pequeño grupo debía repudiar todo lo que, en filosofía, no estuviese de acuerdo con el credo católico, porque creía que no había nada en este credo que no pudiera ser contemplado por un filósofo.[26] Agustín rechazará, con considerable mal humor, las proposiciones tolerantes de un pagano «liberal», Máximo, maestro de su antigua escuela en Madaura:[27] desde luego, y en su conjunto, este nuevo *platonicus*, a su regreso de Milán, debía aparecer como un hombre terriblemente unilateral. Los dos años que Agustín pasó en Tagaste están marcados por cambios aún más importantes, si bien más misteriosos. En esta época Agustín era un contemplativo. Su visión de los días de la Creación en su comentario del Génesis es fiel reflejo del estado de su espíritu: todavía estaba contemplando las «luces en el firmamento», «significados espirituales» que brillaban claros y distantes ante la mente, mientras, en el exterior, estaban las «bestias del mar y del aire», una vida llena de acción que todavía no había amanecido para él, con las «ballenas» de las grandes hazañas hendiendo las aguas agitadas del mundo, y las palabras de los predicadores «volando» por los aires.[28]

Pero esta vida tranquila y descansada pronto le pareció vacía. Al final de estos años, la muerte había intervenido, y Nebridio y Adeodato habían desaparecido. No sabemos cuándo sucedió: este doble golpe es uno de los más notables vacíos en la vida de Agustín. En su diálogo *Sobre el maestro*, Adeodato se nos había mostrado muy parecido a su padre: inteligente, bastante despierto y mucho mejor preparado que Licencio para entender las trampas dialécticas preparadas para él por su padre.[29] En el último libro que escribió, Agustín cita un pasaje de Cicerón que, quizá, revela todo el dolor de esta pérdida: «Seguramente lo que Cicerón dice llega directamente desde el corazón de todos los padres, cuando escribe: "Tú eres el único de todos los hombres que yo desearía que me aventajara en todas las cosas"».[30] Muy bien puede ser que la pena y el sentido de vacío empujaran a Agustín a una vida más activa. Ya no estaba contento con «vivir dulcemente con el pensamiento».[31] «Quitémonos de encima todas las obligaciones vacías y ocupémonos en otras más útiles. En cuanto a librarnos de cuidados, no pienso que se pueda esperar en modo alguno en este mundo».[32]

El año antes de ser nombrado sacerdote en Hipona, Agustín pudo haber ya intentado llenar su vida, organizar su comunidad, controlar las relaciones personales dentro de ella sobre un código permanente de conducta, tomar la responsabilidad del bienestar espiritual de muchos otros y ejercer realmente una autoridad sobre ellos. Como resultado de todo esto, el grupo de entusiastas que compartían su ideal y que se habían reunido a su alrededor en su retiro vino, a través de etapas lentas e imperceptibles, a parecerse a un «monasterio», con Agustín como «padre espiritual».

Inevitablemente, se ha especulado mucho sobre este punto de vista de Agustín. Sus relaciones con el movimiento monástico de aquella época son muy oscuras. En Milán y en Roma había visitado los primeros «monasterios»[33] y había oído relatos lejanos y algo románticos sobre las grandes comunidades de Egipto;[34] pero es improbable que él pensara «fundar» un «monasterio» inmediatamente después de su llegada a Tagaste: las viejas formas de vida en retiro estudioso, reforzadas por su estado eclesiástico como *servus Dei*, le debieron parecer suficientes. Lo que sí sabemos es por qué la vida monástica había llegado a atraerlo: le parecía que los monjes habían logrado vivir en comunidades estables, donde todas las relaciones personales estaban moldeadas por los dictados de la caridad cristiana,[35] presididas por hombres que ejercían una autoridad permanente y paternal sobre cargas voluntariamente aceptadas.[36]

Ya en el primer año en Tagaste, este estilo de vida había empezado a influir sobre Agustín, que, instintivamente, necesitaba ser algo más que un contemplativo: puede que Nebridio lo empujara a vivir solo con Dios, pero Agustín se decidió a ligarse mucho más con su propia comunidad, y se dejó enlazar en Tagaste por «aquellos a quienes siento que sería equivocado abandonar».[37] Hacia el año 391, la transformación era completa, y Agustín, que un año antes había rehusado hacer el viaje para ir a ver al moribundo Nebridio, tomó ahora el camino que conducía desde las montañas hacia el antiguo puerto de Hipona. Un conocido miembro de la policía secreta, como Evodio, había manifestado su deseo de hablar con él sobre abandonar el mundo,[38] y Agustín estaba dispuesto a salir de su camino en busca de un nuevo recluta. Incluso llegó a Hipona «buscando algún sitio donde fundar un monasterio».[39] Se proponía que la vida de este «monasterio» fuera dedicada a la lectura de las Escrituras.[40] La inmersión en ellas debía preparar más plenamente a Agustín y sus seguidores para una vida activa en la Iglesia africana. Eso los pondría en línea con la cultura del sacerdote medio. No es la primera vez en la vida de Agustín que la pena y cierto descontento interior lo llevarán de la pequeña y estrecha sociedad de su patria a un mundo más ancho y activo.

A lo largo de tres años habían cambiado mucho las cosas. Cuando Agustín llega a Hipona, en la primavera del año 391, es un solitario que, entrando en la madurez, ha perdido mucho de su pasado y está buscando a tientas, medio inconscientemente, nuevos campos que conquistar.

XIV
PRESBYTER ECCLESIAE CATHOLICAE: HIPONA

Treinta y cinco años más tarde, Agustín contó a su congregación lo que había ocurrido a su llegada a Hipona:

> Yo, al que veis, por la gracia de Dios, como vuestro obispo, llegué de joven a esta ciudad, como muchos sabéis. Buscaba un lugar donde establecer un monasterio, para vivir con mis «hermanos», habiendo abandonado toda esperanza de este mundo; y lo que habría podido ser ya no lo deseaba, ni tampoco buscaba ser lo que soy ahora. Porque prefería y escogí ser *humilde en la casa de Dios* más que *vivir bajo las tiendas de los pecadores*. Me mantenía apartado de los que aman el mundo, pero no me tenía por igual a aquellos que gobernaban las congregaciones. En la Fiesta del Señor no elevé mi posición, sino que escogí un lugar más bajo y retirado. Pero plugo al Señor decir: «Levántate».
>
> Temía el oficio de obispo hasta tal punto que, tan pronto como mi fama se extendió entre los «siervos de Dios», ya no iba a ningún sitio donde supiera que no había obispo. Y estaba en guardia contra esto, pues hacía lo que podía para procurar mi salvación en una posición humilde, mejor que arrostrar el peligro de un elevado oficio. Pero, como ya dije, un esclavo no puede contradecir a su Señor. Llegué a esta ciudad a visitar a un amigo, a quien pensaba poder ganar para Dios y que viviera con nosotros en el monasterio; me sentía seguro, porque el lugar tenía ya obispo, pero fui arrebatado. Me hicieron sacerdote... y después, obispo.[1]

Incidentes de este tipo eran cosa común en el Imperio tardío[2]; se actuaba con rapidez. Mientras el obispo Valerio, en un sermón, hablaba de las urgentes necesidades de su iglesia,[3] la congregación se volvió, buscando, como esperaban, a Agustín, que estaba de pie entre ellos, en la nave. Con un persistente griterío que pedía tal procedimiento, lo empujaron hacia delante, al llamado trono episcopal y hacia los bancos de los sacerdotes, que recorrían el ábside de la basílica. Los ciudadanos católicos más prominentes de Hipona se agruparon alrededor de Agustín, mientras el obispo le pedía que aceptara su acuerdo forzado de hacerse sacerdote en la ciudad.[4] Un acontecimiento así les resultaba perfectamente natural: veinte años más tarde volverían a tratar, esta vez sin éxito, de raptar de este mismo modo a otra «estrella» de paso por Hipona.[5] Ahora pensaron que Agustín estallaba en lágrimas porque había querido ser obispo y se encontraba condenado al rango inferior de sacerdote.[6] Pero la reacción de Agustín era característica, pues se sintió condenado: su Dios se había «burlado de él desdeñoso» y lloraba de vergüenza por haber anteriormente pensado mal de los clérigos y sus congregaciones.[7]

El responsable de tal cambio de fortuna, el obispo Valerio, era una figura tan excéntrica como el mismo Agustín; era un griego anciano, hablaba latín con dificultad,[8] y era completamente incapaz de entender el dialecto púnico de la gente del campo de su diócesis.[9] Su comunidad necesitaba desesperadamente una voz, siendo los católicos una minoría hostigada en Hipona. La iglesia rival, la del «partido de Donato», predominaba tanto en la ciudad como en sus alrededores; era apoyada por los terratenientes más prominentes,[10] y gozaba del reconocimiento tácito de las autoridades locales. Su obispo había logrado establecer un boicot contra sus rivales, prohibiendo a los panaderos que hornearan para los católicos.[11] (Cualquiera que haya estado en un pueblo mediterráneo conoce la importancia del horno, situado en el centro de todas las pequeñas ciudades). Y, lo que es más, también los maniqueos se habían establecido con éxito al lado de la desmoralizada congregación católica. Su «sacerdote», Fortunato, había conocido a Agustín en Cartago,[12] ya solo este hecho había destacado a Agustín a los ojos del preocupado obispo.

La situación reclamaba medidas sin precedentes, y Valerio utilizó la valentía de su excentricidad: no solo «presionó» sobre Agustín para que fuera sacerdote suyo, sino que también insistió para que predicara. Al cabo de dos años, la nueva adquisición de Valerio estaría explicando pacientemente el credo ante un público de ¡obispos católicos de África! Al permitir que Agustín predicara, Valerio había infringido un privilegio celosamente conservado por la jerarquía africana, y era que solo el obispo, desde su elevado trono, podía exponer las Escrituras católicas.[13] Más tarde, Valerio volvería a demostrar que era capaz de intrigar enérgicamente para conservar a su protegido: en el año 395 escribió cartas secretas al primado de Cartago para que consagrara a Agustín como su coadjutor.[14] De nuevo actuaba desafiando los cánones, y esta vez los cánones del Concilio de Nicea, que él, como griego que era, se supone que debía conocer.[15] Ya con anterioridad había escondido una vez a Agustín, temiendo que la delegación de una ciudad vecina quisiera secuestrarlo para hacerlo su obispo.[16]

Valerio acogió benévolamente la proposición de Agustín de establecer un monasterio, y puso a su disposición los jardines que rodeaban la iglesia principal.[17] De este modo aseguraba no solo que esta institución sin precedentes fuera reconocida de forma oficial en África, sino también que un grupo de personas extraordinarias, muchas de ellas anteriormente maniqueos,[18] se establecieran en su ciudad. En realidad, Valerio actuaba como un griego, acostumbrado tanto a los monjes como a que los sacerdotes pudieran predicar. Pero estas maniobras intrincadas y turbulentas no estaban llamadas a hacer ni de sí mismo ni de su nuevo y brillante sacerdote figuras populares entre los obispos locales más conservadores. En el momento de la consagración de Agustín como obispo coadjutor en el año 395, la tormentosa irritación que se había ido acumulando durante largo tiempo estalló repentinamente, como tendremos ocasión de ver.[19]

Hay que acreditar a Valerio la perceptividad del extranjero. La Iglesia católica local de África se había detenido: dividida por el cisma y expuesta a la herejía maniquea, sus obispos se habían situado como dignatarios locales con ambiciones y dotes limitadas.[20] Se mostraban satisfechos con asegurarse privilegios oficiales, y parecían capaces de desperdiciar sus energías solo en las disputas (cuando estaba en Tagaste, a Agustín la vida de un obispo le parecía que consistía enteramente en viajes de negocios, y que los deberes de un sacerdote eran, llanamente, los de un agente legal).[21] Dentro de la iglesia, se encontraban satisfechos de celebrar la liturgia; fuera de ella, actuaban como jueces de litigios. La Iglesia rival, la de los donatistas, era más activa en todos los campos. El mayor exégeta africano era un donatista, Ticonio, cuya obra había de influir profundamente en Agustín.[22] Solo los donatistas habían emprendido la difícil tarea de convertir los pueblos de montaña de los alrededores de Hipona y los del interior.[23]

En esta Iglesia «torpe», el nuevo sacerdote de Valerio no era nada si no entraba en la organización. Agustín comenzó por enseñar el catecismo. Cortas alocuciones, complejas y concisas fluían de él con soltura.[24]

La mirada del público pronto se fijó en él. El 28 de agosto del año 392 lo encontramos frente a frente a su anterior amigo, Fortunato el Maniqueo, en el vestíbulo de una casa de baños públicos, en un debate formal.[25] Ante una gran audiencia de todas las creencias,[26] Agustín abrió la sesión con estas palabras: «Ahora pienso que era un error lo que antes había creído que era la verdad. Si tengo razón en esta opinión mía, quiero oírlo de ti».[27]

Al cabo de dos días, había acosado a Fortunato de tal modo que este se quedó sin argumentos, y se vio forzado, por su bien, a abandonar la ciudad.[28] Los maniqueos habían puesto mucha fe en tales encuentros públicos,[29] y ahora Agustín había vencido a sus antiguos maestros en su propio terreno. Pronto intentó, con mucho menos éxito, aplicar también este método a los obispos donatistas, es decir, retarlos a debate. Estos, más prudentes, se mantuvieron alejados del camino de un «profesional»,[30] y probablemente consideraron tales nuevas tácticas con auténtica desconfianza. Como movimiento popular, los donatistas utilizaban canciones populares.[31] En el año 394, Agustín se enfrentó a ellos con otra canción: su *ABC contra los donatistas*, una de sus obras poco convencionales. La canción era una sencilla rima infantil; cada pareado empezaba con una letra del alfabeto y terminaba siempre con el mismo estribillo: «Tú que disfrutas en paz, juzga ahora lo que es verdad».[32] Incluso el ritmo era popular, pues Agustín, deliberadamente, abandonó la métrica de los poemas clásicos y adoptó, en su lugar, un estilo que demuestra lo cerca que el latín de la calle estaba en su pronunciación de una lengua romance.[33] Veinte años antes, Agustín había sido coronado por escribir un poema clásico, un *carmen theatricum*.[34] Ahora, un abismo que terminará separando dos civilizaciones, y casi dos lenguas, se había abierto entre el estudiante y el sacerdote católico. El poema es un síntoma de la viveza y el poco convencionalismo que utilizará Agustín en sus campañas eclesiásticas.

En diciembre del año 393, el consejo general de África se reunió por primera y última vez en Hipona. Era una ocasión importante,[35] y los obispos reunidos tuvieron la primera oportunidad de ver a Agustín. El 3 de diciembre expuso ante ellos el credo. Esta alocución —*Sobre la fe y el credo*— es su mismo *Sobre la verdadera religión*, pero ya no presentado a un seglar desinteresado como Romaniano, sino a una asamblea de obispos. Está comprimida, muy simplificada y apoyada ahora en citas de las Escrituras, pero marcada por la misma certeza. Las dificultades de las personas simples —y, a juzgar por algunos de los problemas tratados de pasada, el público de Agustín debía incluir, sin duda, a algunos obispos bastante simples— son resueltas con confianza. El credo se muestra como un todo coherente, perfectamente satisfactorio e inteligible. Agustín está todavía animado por una gran esperanza: que una inteligencia poderosa y piadosa pueda actuar en este documento tan altamente comprimido de modo que cada frase de él resulte lúcida para el entendimiento.

El ideal de Agustín en esta época era una «lámpara», un intelecto resplandeciente con la verdad, aposentado en un cuerpo totalmente sometido.[36] Para su congregación, Agustín era y seguía siendo la persona que sabía: podía explicarles los significados ocultos de la Biblia;[37] sabía desentrañar la importancia de un número;[38] podía inmediatamente prometer contestación a las críticas maniqueas del Antiguo Testamento.[39] Era siempre agudo, preguntaba, gesticulaba para transmitir sus más recónditos significados, sin jamás desperdiciar palabra:

> Deberíamos entender lo que significa este salmo. Cantadlo con la razón humana, no como pájaros. Tordos, cotorras, cuervos y urracas y otros similares son muchas veces enseñados a decir lo que no entienden. Saber lo que decimos es algo que Dios donó a la naturaleza humana. Sabemos lo mal que cantan las personas relajadas, tal como se acomoda a sus oídos y a su corazón, y son aún peores porque saben de sobra lo que están cantando. Saben que están cantando canciones sucias, pero cuanto más sucias, más disfrutan con su canto [...]. Y nosotros, que hemos aprendido a cantar en la iglesia la palabra de Dios, deberíamos tan solo ser más fogosos [...]. Ahora, amigos míos, lo que hemos cantado todos juntos a una sola voz, deberíamos saberlo y considerarlo con claro espíritu.[40]

Algunas veces, como cuando predica sobre el matrimonio, Agustín pone de pronto una nota helada, que recordaría a su encantado público que su sacerdote era también un neoplatónico que vivía con monjes y que suponía seriamente que sus oyentes amarían la sexualidad de sus esposas y los lazos físicos familiares de la misma forma que un cristiano debe amar a sus enemigos.[41]

En Hipona, Agustín no viviría nunca solo. Cuando era sacerdote, regresaba de sus ocupaciones para dirigir el monasterio del Jardín.[42] Después, como ocupadísimo obispo, envidiará la vida regular de los monjes, entregados a la oración, la lectura y los trabajos manuales.[43] Adán y Eva habían tenido la suerte de trabajar en un jardín. «Cuando todo se ha dicho y hecho, no hay visión más maravillosa, ocasión de que la razón humana se acerque a una especie de conversación con la naturaleza de las cosas, que sembrar semillas, plantar esquejes, trasplantar arbustos e injertar sarmientos. Es como si uno preguntara a la fuerza vital que esconde la raíz y la yema qué es lo que puede o no puede hacer y por qué».[44]

En el monasterio estaban recluidos amigos del pasado de Agustín, entre ellos Evodio y Alipio. Inevitablemente, sin embargo, una institución permanente como la de un monasterio atraía a personas más jóvenes cuyos gustos, cultura y pasado no se parecían a los de Agustín y sus amigos. Una de estas personas era Posidio, discípulo recto y pertinaz. Es paradójico que Posidio haya escrito la única biografía contemporánea de Agustín, y que escogiera decididamente para dar la imagen de su complicado héroe el punto de vista de la vida tranquila y sin complicaciones que este había creado para otros.[45]

De manera inevitable, estos *servi Dei* llegaron a formar un grupo influyente dentro de la Iglesia africana. Su más notable defensor era Aurelio, a quien Agustín había conocido de diácono en Cartago, en el año 388, y que luego llegó a ser obispo de esa ciudad en el 392. Como presidente de las primeras series prolongadas y regulares de «concilios» generales de la historia de la Iglesia africana, Aurelio llegó a usar su autoridad como «primado» de África a fondo. Agustín tiene siempre el cuidado de dirigirse a él como *Auctoritas tua*, «vuestra autoridad». Esta figura potente y dominante estaba destinada a convertirse en «la espada» de las reformas de Agustín.[46]

No solo patrocinó Aurelio la comunidad de Agustín,[47] sino que también lo animó a que formara un centro de brillantes personas en la provincia eclesiástica de Numidia; le había complacido que Alipio se quedara en Hipona «como ejemplo para aquellos que habían de abandonar el mundo».[48] Tal aliento fue ampliamente recompensado; el *monasterium* de Agustín en Hipona se convertiría en un seminario en el verdadero sentido de la palabra: en un «semillero» desde el que sus protegidos eran «trasplantados» al episcopado en las ciudades más importantes de Numidia.[49]

Este influjo repentino de gente nueva habría de afectar dramáticamente el equilibrio de fuerzas de la provincia. El mundo eclesiástico de África seguía siendo un mundo pequeño, en el que la mayoría de los obispos se conocía, y donde cada uno era una personalidad bien conocida en las pequeñas ciudades. Las personas que procedían de Agustín no eran solo personas a él dedicadas y que respondían a su inspiración: muchas de ellas eran personalidades espectaculares en sí mismas. El donatista y el obispo católico corriente habían seguido siendo unas figuras provincianas; los portavoces donatistas de Numidia, por ejemplo, eran abogados o maestros de escuela locales.[50] Pero el «mundo» que muchos de los miembros del monasterio de Agustín habían abandonado era a menudo el mundo más amplio y despiadado de la burocracia imperial.[51] Algunos de entre aquellos humildes *servi Dei* habían sido, de hecho, miembros de la temida policía secreta[52] y, en su nueva vida de pobreza, podían contar con el apoyo de los más grandes terratenientes de todo el Imperio de Occidente.

Pronto Alipio, cuya característica *humanitas*[53] y su infalible *savoir faire* lo capacitaban para tomar tales iniciativas, se aprovechó de su conocimiento de un romano pariente de Paulino de Nola para acercarse a este *decano* del movimiento monástico del momento.[54] Paulino era el único heredero de una de las más antiguas y ricas familias de la época: había poseído «reinos» de propiedades en la Galia y en España, y recientemente se había retirado con su esposa, Teresa, a una reclusión monástica en su mansión senatorial de Nola, en la Campania. Algún tiempo después, Agustín esperaba que este «león» del movimiento ascético pudiera hacer una visita especial a África para apoyar la causa de los monjes: tal deseo demuestra hasta qué punto el nuevo grupo buscaba en el exterior de la Iglesia provinciana de África aliento e inspiración.[55]

Hacia el año 395, Paulino podrá escribir que lo imposible había sucedido en África. Agustín se había hecho obispo sin dificultad, como también sus corresponsales Aurelio, Alipio, Profuturo y Severo.[56] Todos eran *servi Dei*, y todos eran íntimos amigos de Agustín. Tales hombres elevaban muy alto el «cuerno de la Iglesia», mal presagio para los «cuernos de los pecadores», maniqueos y donatistas.[57]. Era el comienzo de una dramática revolución de la historia del cristianismo africano.

La repentina pléyade de gentes capaces en una sola provincia es el síntoma de un cambio aún más profundo de la vida del Imperio romano. Paulino menciona la elevación de Agustín y sus amigos en el curso de una carta a Romaniano y Licencio. Romaniano y su hijo habían vuelto a marchar a Italia como correspondía a un miembro de la clase gobernante romana tradicional, es decir, para impulsar el futuro de su hijo en Roma. Diez años antes había hecho el mismo trayecto, seguido por un grupo de ambiciosos y serios provincianos en busca del honor y el poder en Italia, Agustín entre ellos. Ahora, la mayoría de estos se habían retirado para siempre a pequeñas ciudades provincianas de África. Parecería que se hubieran condenado a sí mismos a estar en un lugar apartado.

Y, sin embargo, estas noticias italianas son las últimas que poseemos de Romaniano y de su hijo: ellos desaparecen de la historia, y son Agustín, Aurelio y Alipio, obispos que ejercen su poder en pequeñas ciudades y sobre gente pequeña, los que influirán en la vida de sus paisanos mucho más íntimamente que Romaniano con todos sus litigios y distantes ambiciones. No todos los caminos conducían ya a Roma.

XV
EL FUTURO PERDIDO[1]

Transcurriría una década entre las primeras obras de Agustín después de su conversión y su obra maestra más conocida, las *Confesiones*. En estos diez años, se trasladó, imperceptiblemente, a un nuevo mundo.

Porque entre el 386 y el 391, en Italia y en Tagaste, Agustín estaba todavía firmemente arraigado en el viejo mundo. El ideal en que basaba su vida pertenecía aún a la tradición platónica del mundo antiguo: ser un *sapiens*, un sabio, viviendo una vida de contemplación; decidido, como sus contemporáneos paganos de la misma tradición, «a convertirse en divino en su retiro».[2] En sarcófagos de esta época encontramos representados a filósofos de este tipo: son austeras y tranquilas figuras, sentadas entre un pequeño círculo de discípulos entusiastas, un libro sobre las rodillas... El tipo humano más elevado que la cultura clásica de la Antigüedad tardía consideró que podía producir.[3] Los cristianos cultos pensaban de sus santos que habían alcanzado los mismos ideales que los paganos contemporáneos habían atribuido a los filósofos. Cuando Agustín habla del tipo de vida alcanzada por sus héroes, los apóstoles, podemos ver exactamente lo que él esperaba para sí mismo: *Bienaventurados los pacíficos*.

> Porque los verdaderos pacíficos son quienes, venciendo y sujetando a la razón todos los movimientos de sus almas, y teniendo sus deseos corporales sometidos, se han convertido, en sí mismos, en Reino de Dios [...]. Gozan de la paz que es dada en la tierra a los hombres de buena voluntad, [...] la vida del hombre de sabiduría perfecto y consumado [...]. Todo esto se puede alcanzar cumplidamente en la presente vida, como creemos fue alcanzado por los apóstoles.[4]

Todas estas ideas estaban profundamente articuladas: se muestran en los rostros distantes y controlados de algunos mosaicos de la época. Y, treinta años más tarde, algunos cultos obispos todavía se verán sorprendidos por la sospecha del viejo Agustín de que incluso san Pablo podía haber sido «grandemente tentado por deseos carnales».[5]

Diez años después, la gran esperanza se había desvanecido. «Cualquiera que piense —escribió entonces Agustín— que en esta vida mortal un hombre puede dispersar las nieblas de las imaginaciones corporales y carnales para poseer la luz despejada de la verdad inmutable, y para penetrarla con la firme constancia de un espíritu completamente fuera de los modos comunes de vida, no entiende ni qué busca, ni quién es el que lo busca».[6]

Agustín, sin duda, había comprendido que nunca alcanzaría la realización de lo que primeramente pensó que le prometía un platonismo cristiano: nunca sería capaz de imponer en sí mismo la victoria del pensamiento sobre el cuerpo, nunca alcanzaría la rendida contemplación del filósofo ideal. Este es el cambio más radical que un hombre puede aceptar: para él suponía nada menos que el abandono del brillante futuro que pensó haber ganado en Casiciaco.[7]

Reducir tal cambio, como algunos hábiles eruditos han hecho, a un cambio de piel del «neoplatonismo» y al descubrimiento de algún «auténtico» cristianismo, es trivializarlo. El molde en el que Agustín había vertido su vida de converso era capaz de sostener a cristianos educados de diversos temperamentos en diversas partes del mundo romano hasta el fin de sus vidas. Sin embargo, Agustín rompió este molde en diez años: podemos pensar que, en parte, porque aquel molde no podía resistir el peso tremendo de las esperanzas que había puesto en él.

En el espacio de diez años, el duro pensamiento y la experiencia amarga transformaron sutilmente todo el sentido de su vida; y, siguiendo este profundo cambio, podemos apreciar el ímpetu de las nuevas ideas que se habían impuesto en Agustín; hacia el año 397, él se dispuso a revisar e interpretar de nuevo su vida anterior en las *Confesiones*. Porque Agustín pasaba con voracidad de un problema a otro, y lo que quizá comenzó como la peligrosa desilusión de un ambicioso de perfección, en las *Confesiones* emerge en un nuevo concepto del hombre, en una reafirmación de sus posibilidades, el descubrimiento emocionante y profundo de las verdaderas fuentes de sus motivaciones.

En primer lugar, Agustín se dio cuenta de la escarpada dificultad de alcanzar una vida ideal. Se puede ver cómo esta certeza se va imponiendo sobre él como sacerdote, especialmente en las obras que escribió contra los maniqueos, entre los años 392 y 394. Porque sería ingenuo esperar que, enfrentado a una secta con la que siempre había tenido relaciones particularmente intensas, expuesto a enfrentarse con un hombre como Fortunato, con reminiscencias de su propio pasado de maniqueo, Agustín se contentara tan solo con desarrollar aquellas partes de su sistema que contradecían directamente a sus contrincantes. Todo lo contrario: por una sutil atracción de los contrarios, los maniqueos brindaron a la vanguardia del pensamiento de Agustín ciertos problemas a los que los platónicos de esta época no habían sabido contestar.

En primer lugar, estaba el ardiente problema de la aparente permanencia del mal en los actos humanos. Este problema colocaba a Agustín en una situación delicada, porque anteriormente él había tomado posición a favor del libre albedrío; su crítica del maniqueísmo había sido la crítica del determinismo en general, típica de un filósofo. Era de sentido común —decía— que los hombres fueran responsables de sus acciones: no serían responsables si sus deseos no fueran libres; de modo que su voluntad no podía ser concebida como determinada por ninguna fuerza externa, en el caso de los maniqueos por el «Poder de las Tinieblas».[8] Esta era, desde luego, una argumentación peligrosa, porque comprometía a Agustín, al menos en teoría, a la absoluta autodeterminación de la voluntad. Implicaba una «facilidad de acción», una *facilitas*,[9] que a duras penas podía convencer a sombríos observadores de la condición humana como eran los maniqueos. En esta época, sin duda, Agustín era, al menos en su teoría, más pelagiano que Pelagio mismo: Pelagio incluso citará pasajes del libro de Agustín *Sobre el libre albedrío* para reforzar sus propias convicciones.[10] Paradójicamente, el que será el gran enemigo del Agustín anciano fue inspirado por esos tratados del joven filósofo en los que Agustín había defendido la libertad de la voluntad contra el determinismo maniqueo.[11]

Pero lo que Agustín no podía explicar tan fácilmente era el hecho de que, en la práctica, la voluntad humana no goza de completa libertad.[12] El hombre se encuentra complicado en modos de conducta aparentemente irreversibles, sujeto a unos instintos que le obligan a actuar de manera contraria a sus buenas intenciones, tristemente incapaz de deshacerse de hábitos que llegan a establecerse en él.

De hecho, cuando los maniqueos subrayaron que el alma, en realidad, no goza de completa libertad para determinar su propia conducta, habían recurrido tanto a lo que es obvio como a la autoridad de san Pablo. En su debate público, Fortunato insistió en este punto: «Es claro que el alma buena [...] ve que peca y no de acuerdo consigo misma, sino siguiendo el camino en el que "la carne es concupiscente contra el espíritu y que lo que no deseas, lo 'haces'", y como Pablo dice en otro lugar: "Percibo otra ley en mis miembros"».[13]

Había que hacer frente a este desafío directo, y ello condujo a Agustín a abrir una aproximación nueva al problema del mal. Explicaría la permanencia del mal en la voluntad humana en términos puramente psicológicos: según una obligatoria fuerza del hábito, *consuetudo*, que deriva su poder enteramente del ejercicio de la memoria humana. El goce derivado de las acciones pasadas se «impone» a la memoria, y así se perpetúa.[14] Pero este proceso de perpetuación no contradice a Agustín: porque, debido a «alguna misteriosa debilidad»,[15] el placer de todo mal acto pasado es ampliado y transformado al ser recordado y repetido. Así, un hábito apremiante puede pronto afirmarse.

De este modo Agustín es conducido a ver al hombre como arrastrado por la continuidad de su vida interior. En un pasaje de gran fuerza, Agustín compara el alma atrapada por el peso del hábito con Lázaro, cuatro días muerto en la tumba.[16] El cambio de énfasis que implica este símbolo es de largo alcance: no es posible seguir hablando del cuerpo humano como la única «tumba» del alma. Agustín se ve obligado a considerar la manera misteriosa en que uno puede crear su propia tumba en su memoria.

Agustín se vio ayudado en esta creciente conciencia de los elementos ingobernables del comportamiento por su experiencia como sacerdote en Hipona. Visto que los africanos eran famosos por sus juramentos, los primeros sermones de Agustín muestran cómo tuvo que combatir este vicio en su congregación,[17] y en sí mismo.[18] Esta campaña contra los juramentos le llevó a luchar contra la fuerza de ciertos hábitos, tanto como una campaña moderna contra el tabaco pudiera hacerlo. Agustín, por tanto, está recurriendo a su experiencia inmediata cuando contesta a la pregunta formulada por Fortunato:

> En nuestro estado presente, nosotros tenemos el poder libre de hacer algo o de no hacerlo, antes de que seamos cogidos por ningún hábito. Pero cuando hemos usado esta libertad para hacer algo, la dulzura y el placer del acto agarra nuestra alma, y esta cae presa en una clase de hábito que no puede quebrar, hábito que ha sido creado por ella misma por su propio acto de pecado. Vemos alrededor nuestro muchos hombres que no quieren jurar, pero porque su lengua ha sido capturada por el hábito, escapan palabras de sus labios que son incapaces de frenar [...]. Si quieres saber lo que quiero decir, empieza tratando de no jurar: entonces verás cómo la fuerza del hábito continúa por su propio camino.[19]

Como una sola nube que crece oscureciendo el cielo entero, este sentido de la fuerza de los hábitos pasados es profundizado por Agustín.[20] La *Consuetudo carnalis*, «la fuerza del hábito dirigida hacia los caminos de la carne», aparecerá como un negro obstáculo que enmarca las descripciones de todas las experiencias contemplativas de sus *Confesiones*. Diez años antes, estas experiencias transitorias de contemplación le habían parecido estados iniciales de un desarrollo que culminaría, en esta vida, en «un lugar de descanso [...], el goce rebosante del bien absoluto y verdadero, respirando el aire claro de la serenidad y la eternidad».[21] Ahora Agustín está resignado a no conocer nunca nada más que vislumbres:

> Y a veces Tú me llenas con un sentimiento completamente diferente a mi estado normal, un sentido interior de deleite que, si fuera a realizarse en mí, sería algo enteramente distinto de mi vida presente. Pero mi pesada carga de pena me arrastra hacia atrás: yo estoy absorbido por mis hábitos y me encuentro a mí mismo atado; lloro mucho, pero estoy firmemente cogido; ¡el agobio del hábito es una fuerza que hay que tomar en serio![22]

Un sentimiento de obstáculos insuperables para la perfección guiará a Agustín a una nueva humildad, quizá incluso hasta una medida de tolerancia: «¡Oh, almas tercas! —puede clamar contra los maniqueos en el año 390—, dadme un hombre... que resista a los sentidos de la carne, y a los golpes que esta da en el alma, que resista al pensamiento habitual de los hombres... que «vaya cincelando en su espíritu»». (La última exhortación está tomada directamente de Plotino).[23] Diez años más tarde escribirá: «Deja que te traten cruelmente quienes no saben con qué esfuerzo se encuentra la verdad, y con qué dificultad se evitan los errores; deja que te traten cruelmente quienes no saben qué raro y qué exigente es vencer las imaginaciones de la carne en la serenidad de un intelecto pío; deja que te traten cruelmente quienes no saben con qué dolor el ojo interior del hombre es sanado para que pueda vislumbrar su Sol».[24]

Con un estado de ánimo así creciendo dentro de él, Agustín volvió de nuevo a san Pablo. Alrededor de junio del 394, estaba dando conferencias sobre la Epístola a los Romanos a sus amigos de Cartago,[25] y hasta intentó escribir un comentario completo sobre las epístolas de san Pablo (será otro de los grandes proyectos abandonados de Agustín).[26] Al volver su atención hacia Pablo, Agustín estaba entrando en un problema que había empezado a preocupar a muchos de sus contemporáneos. Los últimos años del siglo IV en la Iglesia latina bien podrían ser llamados «la generación de san Pablo»: un interés común en el santo acercó a pensadores muy diferentes, y los hizo más cercanos entre sí que a sus predecesores. En Italia, Pablo ya había sido objeto de comentarios de un cristiano platónico, Mario Victorino, y de un seglar anónimo, probablemente un burócrata retirado, conocido por nosotros como «Ambrosiaster». En África, el interés en Pablo lo había traído un seglar donatista, Ticonio, más cercano a Agustín que a sus propios obispos. Sobre todo en este tiempo, Agustín tenía los expositores más radicales y arrogantes de san Pablo en la mente, los maniqueos: ellos eran responsables de la mayor parte de las cuestiones específicas que Agustín tenía que resolver para su auditorio de Cartago.[27] Dado el extendido interés, no es sorprendente que, justamente al mismo tiempo en que Agustín estaba hablando sobre san Pablo en Cartago, su futuro rival, Pelagio, estuviera presentando un Pablo radicalmente diferente al círculo de sus amigos en uno de los grandes palacios de Roma.[28]

Agustín no «descubrió» a Pablo en esta época. Simplemente lo leyó de otro modo. Con anterioridad había interpretado a Pablo como platonista: lo había visto como el exponente de un ascenso espiritual, de la renovación del hombre «interior» y de la decadencia del «exterior»;[29] y, después de su bautismo, había compartido el sentido de triunfo de Pablo: «He aquí que todas las cosas se han vuelto nuevas». La idea de la vida espiritual como un ascenso vertical, como un progreso hacia un final, el más alto estado alcanzable en esta vida, había fascinado a Agustín en años anteriores. Ahora no verá en Pablo sino una tensión irresoluta entre la «carne» y el «espíritu». Los únicos cambios que podía encontrar eran cambios en los estados de conciencia de esta tensión: ignorancia de su existencia «antes de la Ley»; conocimiento desvalido del alcance de la tensión entre el bien y el mal «bajo la Ley», y un estado de completa dependencia del Liberador «bajo la gracia». Solo después de esta vida será resuelta la tensión, «cuando la muerte sea absorbida en victoria». Es un panorama desconcertante, en el que la esperanza de progreso espiritual, para Agustín, depende cada vez más de la voluntad insondable de Dios.

Sin embargo, Agustín combatió una terca batalla perdida contra quienes consideraban a los hombres como seres totalmente desvalidos. Porque él era un sacerdote, insistió en que los esfuerzos de los hombres valían para algo. Los hombres no podrían vencer sus limitaciones, pero podían tornar la iniciativa creyendo en Dios y llamándolo a Él para que los salvase.[30] Cuando en esta época le preguntaron cuál era el pecado imperdonable contra el Espíritu Santo, Agustín contestó firmemente que era la desesperación.[31]

Durante algunos años, Agustín se mantuvo a caballo entre dos mundos. No hubo más referencias a una «ascensión» en esta vida. «Recuerda... que tú has aplazado tu visión».[32] Ahora hará su aparición una nueva imagen, la de un largo camino, un *iter*.[33] Los momentos de clara visión de la verdad que la mente conquista en esta vida son de valor infinito, pero por ahora son solo el consuelo de un viajero en una larga jornada.

«Mientras hacemos esto, hasta alcanzar nuestra meta, estamos aún viajando». Estos momentos no son más que puntos de luz «a lo largo de este camino de tinieblas».[34] Agustín fue siempre remiso a viajar: asociaba el viaje con una sensación de fatiga prolongada y del infinito aplazamiento de sus más queridos deseos, y estas asociaciones colorearán la imagen más característica de la vida espiritual en su edad madura.[35]

Sin embargo, hay en él una renuncia heroica a aprobar la desesperación que «muerde a los hombres».

> No se te acusará de que seas ignorante contra tu voluntad, sino de que descuides averiguar qué es lo que te hace ignorante; no de que tú no puedas recuperar tus miembros heridos, sino de que lo rechazas a Él, que los sanaría. Nadie ha sido privado de su capacidad para saber que es esencial averiguar qué es lo que daña por no saberlo y saber que ha de confesar su debilidad de manera que Él pueda ayudar al que busca con empeño y confiesa.[36]

Es importante insistir en las vacilaciones de Agustín en esta época. Estaba rodeado de hombres que eran más «agustinianos» que él mismo. *Servi Dei* como Paulino y Evodio habían hecho ya un culto de la fragilidad humana. Se consideraban a sí mismos como indignos, como «polvo y cenizas», como seres «predestinados» solo por Dios. Estas expresiones de impotencia, sin embargo, carecían de bases filosóficas: pertenecían más al mundo de la sensibilidad ascética que a la teología.[37] Agustín, en cambio, era un pensador responsable, preocupado todavía por la necesidad de definirse contra los maniqueos. Debería moverse del modo más cauteloso posible, debería escudriñar cuidadosamente el verdadero pensamiento de Pablo, y debería retornar a la tradición africana de san Cipriano y de Ticonio para los «mejores tratamientos» que lo capacitarían a organizar su pensamiento.[38] La profunda deliberación de sus primeros pasos harán la interpretación final de Agustín sobre Pablo tanto más impresionante: en diez años había trabajado a través de muchos estratos de la teología paulina (y cada estrato habría bastado a un hombre de menos categoría para una vida entera) con la intención de llegar a realizar su propia síntesis revolucionaria. En esto podemos ver la marca del genio: Agustín poseía la implacable habilidad de desarrollar detalles precisos y convincentes, una intuición que en el fondo de la mente de sus contemporáneos siempre se había movido en forma parcial y confusa.

También las circunstancias de paso final de Agustín son dramáticas. Alrededor del año 395 había sido abordado con un puñado de problemas por nada menos que Simpliciano de Milán. La respuesta de Agustín fue esmeradísima:[39] él sabía que sería cuidadosamente examinada por el anciano al que tanto debía.[40] Pero ambos habían cambiado en el último decenio. En Milán, Agustín y Simpliciano se habían encontrado en calidad de metafísicos: habían hallado un fondo común entre los platónicos y san Juan en su descripción de la estructura del universo espiritual.[41] Ahora Simpliciano proponía un tipo de pregunta totalmente diferente: ¿por qué Dios había dicho: «He odiado a Esaú»? Hay un largo trecho desde la contemplación de un Logos, cuya existencia puede ser «insinuada por innumerables pruebas racionales», hasta este agudo planteamiento de la naturaleza insondable de los destinos individuales. Y Agustín proporcionará a Simpliciano lo que Ambrosio no fue capaz de proporcionarle. Porque, cuando Simpliciano abordó a su obispo en sus opiniones sobre Pablo, Ambrosio contestó únicamente que Pablo no presentaba problemas, que era solo cuestión de «leerlo en voz alta».[42] *À mesure qu'on a plus d'esprit, on trouve plus des hommes originaux!* Ambrosio no era tan lúcido como Agustín: era solo un obispo tradicional y bien educado de la época. Para él, el problema principal continuaba siendo el de interpretar el mensaje «espiritual» del Antiguo Testamento con el método de la alegoría que había desarrollado la escuela de Alejandría.[43] Pero, en los cuatro años siguientes, Orígenes caerá en desgracia, y la Iglesia latina se hallará a sí misma sin ningún «clásico» de la erudición cristiana con el que resolver sus problemas. Fue una época de confusión intelectual fecunda. En este hiato, solo dos hombres iban a crear su propia teología usando ideas más comunes en el mundo latino que entre los griegos, y expresándolas por medio de sus meditaciones sobre san Pablo. Estos dos hombres eran Agustín y el otro revolucionario, Pelagio.

Más tarde, Agustín encontró su solución al problema capital propuesto por Simpliciano como «revelado» a él por Dios:[44]

> Para resolver la incógnita, traté concienzudamente antes de defender la libertad de elección de la voluntad humana; pero la gracia de Dios tiene la decisión. No hay otro camino sino el de concluir que el Apóstol (Pablo) debe ser entendido como diciendo la verdad más obvia cuando dice: «¿Quién te ha hecho diferente? ¿Qué has alcanzado tú que no hayas antes recibido? Si tú has recibido todo esto, ¿por qué te glorificas por ello como si no te hubiese sido dado?».[45]

Agustín no dejaba a Simpliciano otra salida. Su respuesta al «problema segundo» es la clásica de su implacable técnica dialéctica. Es esta habilidad para excluir todas las alternativas a su propia interpretación como si fueran lógicamente incompatibles con una sola *intentio*,[46] el pensamiento básico de san Pablo, lo que capacitaba a Agustín para hacer lo que Ambrosio nunca podría haber hecho: sacaba de un texto aparentemente sin ambigüedades una intrincada síntesis de gracia, libre albedrío y predestinación. Por primera vez, Agustín llegó a ver al hombre como absolutamente dependiente de Dios, incluso en el tomar la primera iniciativa de creer en Él: «Prepara tu salvación en el temor y el estremecimiento: porque es Dios quien en ti opera, tanto en lo que tú has de desear como en lo que tú has de obrar con tu buena voluntad».[47]

Agustín había llegado a esta conclusión a través de una reafirmación de la naturaleza de las motivaciones humanas. Es este descubrimiento psicológico el que da convicción a su interpretación de Pablo. En breve: Agustín había analizado la psicología del «deleite». «Deleite» es el único motor de la acción, ninguna otra cosa puede mover la voluntad. Por tanto, un hombre puede actuar solo si es capaz de movilizar sus sentimientos, solo si es «afectado» por un objeto de deleite.[48] Diez años antes, este elemento había faltado del todo en el programa de Agustín para un «alma bien adiestrada»: entonces, esa alma se debía elevar a la verdad por medio de disciplinas académicas, ayudada por «pequeñas cadenas chispeantes de argumentos». En este momento, en cambio, el «sentimiento» ha tomado su lugar propio como aliado del intelecto.[49]

Pero «deleite» en sí mismo no es una cosa sencilla. No es una reacción espontánea, la emoción viva y natural del alma refinada ante la belleza.[50] Porque es precisamente esta capacidad vital de comprometer los propios sentimientos en un proceso de acción, de «deleitarse» en ello, la que escapa a nuestras fuerzas de autodeterminación: los procesos que preparan el corazón de un hombre para gozar del «deleite» en su Dios no solo están ocultos, sino que de hecho son inconscientes y están más allá de su control.[51]

> El hecho de que estas cosas que hacen que el avance amistoso hacia Dios nos cause deleite no depende de nuestras buenas intenciones, diligencia y valor de nuestra propia buena voluntad, sino que depende de las inspiraciones que Dios nos da [...]. Seguramente nuestras oraciones son, algunas veces, tibias, frías como piedras, sin duda, y a duras penas oraciones; están tan distantes de nuestro pensamiento que ni siquiera notamos este hecho con dolor, porque si fuéramos a sentir el dolor volveríamos otra vez a rezar.[52]

Agustín llegó a ver el «deleite» como el resorte mayor de la acción humana, pero este deleite escapaba al autodominio. El deleite es discontinuo, disparatadamente errático. Agustín se mueve en esta época en un mundo de «amor a primera vista», de encuentros casuales y, con la misma importancia, de súbitas e igualmente inexplicables zonas de opacidad. «¿Quién puede abrazar de todo corazón lo que no le da deleite? ¿Mas, quién puede determinar por sí mismo que lo que le deleitará vendrá a su encuentro, y, cuando venga, que de hecho le deleite?».[53] En solo unos pocos años, las *Confesiones* de Agustín mostrarán que de esta sentencia puede brotar una obra de arte.

Un cambio crucial se había realizado en Agustín. Diez años antes, rodeado de sus amigos inquietos, había gozado la ilusión más placentera que un hombre corriente puede gozar: podía considerar a sus amigos como seguros; podía reconocer a un hombre bueno con solo verlo; se movía en un círculo de iguales, de almas superiores, serias, rectas, bien educadas, admirables dentro de un ideal común, aceptado por todos, del hombre perfecto. Ahora ya no estaba tan seguro:

> Esta elección de Dios es ciertamente oscura para nosotros [...]. Aun si fuera perceptible para algunos hombres, debo admitir en este asunto que soy incapaz de conocimiento. No puedo encontrar qué criterio aplicar para decidir qué hombres serán los elegidos para ser salvados por la gracia. Si tuviera que reflexionar sobre cómo pesar esta elección, por mí mismo elegiría, instintivamente, aquellos con mejor inteligencia o menos pecados, o ambas; debería añadir, supongo, una educación sana y adecuada... Pero tan pronto como yo lo decida, Él se reirá de mí con desdén.[54]

Si Agustín no podía seguir considerando por más tiempo a sus amigos seguros, menos todavía podía entenderse a sí mismo dentro de sus viejos ideales. Lo hemos visto en Casiciaco como un hombre seguro de su futuro: todos sus libros eran programas; hasta sus recuerdos no eran más que una lista de aquellos obstáculos a la perfección que esperaba pronto superar. En las *Confesiones*, él será un hombre que ha perdido este futuro seguro: como veremos, está obsesionado por la necesidad de entender lo que realmente le había ocurrido en su pasado.

Un tono nuevo ha venido a cubrir la vida de Agustín. Es un hombre que se ha dado cuenta de que estaba condenado a continuar incompleto en su existencia presente, y que lo que deseaba más ardientemente no sería nunca más que una esperanza, aplazada a una solución final de todas las tensiones, mucho más allá de esta vida. Cualquiera que piense de otra manera, sentía, era o moralmente obtuso o un doctrinario.[55] Todo lo que un hombre podía hacer era «suspirar» por esta perfección ausente, sentir intensamente su pérdida, penar por ella: *Desiderium sinus cordis*; «Es el anhelar lo que hace profundo el corazón».[56] Esto marca el final del ideal de perfección clásico largo tiempo establecido: Agustín nunca alcanzaría la tranquilidad reconcentrada de los superhombres que todavía nos miran desde algunos mosaicos en iglesias cristianas y desde las estatuas de sabios paganos. Si ser un «romántico» significa ser una persona que se da agudamente cuenta de estar cogido en una existencia que le niega la misma plenitud que anhela; que siente que está definido por su tensión hacia alguna otra cosa, por su capacidad de fe, de esperanza, de deseo; que se ve a sí mismo como un errabundo en busca de una patria siempre lejana pero siempre presente en él por el amor que gime por ella..., entonces Agustín se había convertido imperceptiblemente en un «romántico»,[57] y las *Confesiones*, que escribirá poco después, cuando sea obispo católico de Hipona, serán la monumental expresión de ese poco usual talante:

> Yo dejaré a estos que no atienden más que a las cosas exteriores, ni hacen otra cosa que soplar polvo y levantar una polvareda que les cae en los ojos; los dejaré con sus exterioridades y entraré a recogerme en el interior de mi alma, y allí os cantaré canciones amorosas, gimiendo con inexpresable gemir en mi distante vagabundeo, acordándome de la celestial Jerusalén, y levantando los afectos y deseos de mi corazón a esa ciudad santa, Jerusalén, patria mía y madre mía.[58]

XVI
LAS *CONFESIONES*[1]

Agustín vivía en un círculo de personas que tenían en común una vívida curiosidad por los demás. A finales del siglo IV era más difícil dar por sentado el curso de la vida de los compañeros. Carreras convencionales y lazos tradicionales de clase y educación no habían conseguido retener a muchos, como por ejemplo a Paulino de Nola: este había abandonado repentinamente la vida tradicional de un caballero campesino de Aquitania para hacerse primero monje, luego sacerdote y más tarde obispo de una ciudad lejana. Tanto él como sus amigos necesitaban explicar y justificar los cambios dramáticos de su vida: lo que interesaría a Paulino de un nuevo amigo ya no era solo «¿de qué familia eres?, ¿de qué gran casa provienes?», sino de qué modo había sido «colocado aparte» por Dios, o de qué modo había llegado a vivir de forma tan distinta a la antigua vida de un romano.[2]

Los cambios que habían ocurrido en estos hombres, la trayectoria de su «conversión», el tipo de nueva vida que habían adoptado, era un asunto de interés absorbente para cualquiera que hubiera compartido tal experiencia. La mesa de Agustín, en Hipona, estaba rodeada de gente de este tipo; no hablarían de cosas, sino de gente. Un día llegaron dos amigos de Paulino: vinieron «como otra especie de misiva tuya, que podíamos oír y que nos devolvía una parte dulcísima de tu presencia [...]. En sus ojos y expresión podíamos leerte... escrito en sus corazones».[3] De esa misma manera había dependido Agustín de las palabras de alguien conocido por casualidad en Milán, Ponticiano, que le habló de gente completamente desconocida, de los confines opuestos del Imperio romano: de un ermitaño del Alto Egipto y de la impresión que la descripción de su vida había causado en unos cortesanos que daban un paseo por las afueras de Tréveris.[4]

Agustín se encontró ya, pues, con un auditorio acostumbrado a la biografía íntima y, por tanto, maduro para la autobiografía. Las historias que circulaban sobre la gente trataban de los acontecimientos de su vida interior: por ejemplo, en África, una simple mujer, santa Perpetua, había dejado constancia de sus experiencias en la prisión, hablando directamente desde el corazón: «Y así me las arreglé para que mi hijo (recién nacido) pudiera quedarse conmigo en la prisión; inmediatamente mejoré y me alivié con la tarea de cuidar a mi hijito; y la prisión se me hizo un palacio, sintiéndome mejor allí que en cualquier otra parte».[5]

Los escritos de los primeros cristianos se habían visto eclipsados por la presencia de la muerte: cuando escribían sobre sí, el culmen de su vida, el martirio, hacía palidecer todo el resto de su pasado. El biógrafo de san Cipriano, por ejemplo, trató solo de pasada los primeros cuarenta años de la vida de su héroe, para concentrarse meramente en los cuatro años anteriores a su martirio: solo esta, su vida «nueva» tras el bautismo, era considerada como la verdadera vida y la única que podía interesar a los lectores cristianos del siglo III.[6] En el tiempo de Agustín, la Iglesia ya estaba asentada en la sociedad romana; los peores enemigos de los cristianos no había ya que buscarlos en el exterior: estaban dentro, eran sus dudas y sus pecados; y el punto culminante de una vida humana ya no era el martirio, sino la conversión de los peligros de su propio pasado.

El andar errante, las tentaciones, la triste certeza de la mortalidad y la búsqueda de la verdad[7] habían sido desde siempre la materia de la autobiografía de las almas refinadas que rehusaban aceptar una seguridad superficial. Los filósofos paganos habían creado una tradición de «autobiografía religiosa» con estos rasgos, que será continuada por los cristianos en el siglo IV, y que alcanzará su punto culminante en las *Confesiones* de san Agustín.

Es decir, que Agustín no tenía que alejarse mucho para encontrar un público para sus *Confesiones*. Este auditorio había sido creado recientemente, con la sorprendente expansión del ascetismo en el mundo latino. Las *Confesiones* era un libro para los *servi Dei*, para los «siervos de Dios»:[8] es el documento clásico de los gustos de un grupo de personas altamente intelectualizadas, los *spiritales*, «hombres de espíritu».[9] Decía a estas gentes lo que estas gentes querían saber, o sea, la trayectoria de una conversión eminente;[10] pedía lo que estos estaban acostumbrados a pedir para ellos mismos, es decir, el apoyo de sus oraciones.[11] Contenía incluso emocionantes llamadas a hombres que podían sumarse a esta minoría: al maniqueo austero[12] y al platónico pagano, que seguían manteniéndose a distancia de las atestadas basílicas cristianas.[13] Conocemos los nombres de algunos que quedaron impresionados por las *Confesiones* cuando estas llegaron por primera vez a Roma, y que formaban un grupo muy heterogéneo: Paulino, Secundino, un maniqueo culto,[14] Pelagio...[15] A todos los unía el vínculo común de la búsqueda de la perfección que caracterizaba a la asombrosa generación de fines del siglo IV.

Ningún otro miembro de este grupo de *servi Dei*, sin embargo, escribió un libro que ni remotamente recuerde a las *Confesiones*. Su interés por los demás podría hacer suponer la promesa de hacer la más íntima revelación de sí mismos. Para Paulino de Nola, por ejemplo, sus amistades cristianas estaban «hechas en el cielo»: Dios había «predestinado» tales amistades mediante la ruptura de cada uno con su pasado; todo lo que hacían ahora era «reconocerse» en un relámpago.[16] Sus almas eran su «interior mismo»[17] y podían derramarse, a través de una simple carta, a uno de estos compañeros miembros de la «Ciudad de Dios».[18] Los contemporáneos de Agustín, sin embargo, limitarán este encantador y altamente romántico ideal de amistad al protocolo de escribir cartas (y, quizá, al mundo del cotilleo clerical). Agustín, por el contrario, se aferró a ello con desesperación; para él era la única forma de justificar la pasmosa novedad del libro que estaba escribiendo. Se sentía impelido a revelarse, y contento de contar con un auditorio cuyo ideal de amistad los había preparado para escuchar sin ningún desprecio cuando él les hablaba de lo que significaba robar peras de adolescente, haber repudiado a una mujer o tener todavía la duda de no saber cuál sería la tentación a la que no podría resistirse.

Paulino era una persona fina y solitaria, y se encontraba satisfecho de recrear con sus nuevos corresponsales cristianos una forma de amistad «cristiana», libre de las fatigas (y los peligros) de las amistades largas,[19] una intimidad de almas iguales que evitaban el azoramiento de la autorrevelación, un énfasis sobre el espíritu que más bien negaba el anhelo del cuerpo por la presencia física del amigo.

Agustín, el hombre cálido, todavía «anhelaba»: el «anhelo» es el sello distintivo de sus cartas más cálidas.[20] Como buen platónico, podía admitir que la presencia física de un amigo era una cosa «nimia», pero tenía el valor de reconocer lo «mucho que anhelaba»[21] esta «nimiedad»: una cara, unos ojos que revelaban el alma todavía oculta por el envoltorio de la carne,[22] unos gestos impacientes...[23] Con todo, y aun cuando este contacto se realizara, Agustín desesperaba de no poder nunca comunicar a nadie todo lo que él sentía, porque una conversación significaba para él arrastrar vívidos pensamientos «por las largas y retorcidas callejuelas del lenguaje».[24]

Él había llegado a sentir estas tensiones cada vez más profundamente. Los hombres, pensaba ahora, eran quizá demasiado débiles para soportar el peso de revelarse a los demás. La raza caída era demasiado imperfecta como para que sus miembros pudieran comunicarse en libertad.[25] La idea de una hermandad cristiana en una «Ciudad de Dios» de la que Paulino hablaba tan comúnmente, como si ya existiera en este mundo en la minoría dispersa de obispos y monjes, se había convertido para Agustín en una esperanza desesperada, una esperanza aplazada a una vida futura.[26]

En las *Confesiones* encontraremos a un hombre expansivo por naturaleza, muy apropiado hijo del «sumamente liberal» Patricio, un hombre que necesitaba estar rodeado de amigos, que no estaría nunca del todo contento en un mundo de almas desencarnadas, volviéndose desesperadamente desde la comunicación humana hacia Dios. A Él le diría lo que ningún otro anciano había dicho de sí a los demás: «Dadme, pues, licencia para hablar, Señor, aunque soy *polvo y cenizas*, permitidme al menos hablar [...]. Es a Vuestra misericordia que imploro... no a los hombres, que no me comprenderían y además se burlarían de mí...».[27]

Agustín escribió sus *Confesiones* alrededor del año 397, esto es, pocos años después de ser nombrado obispo en África. El Mediterráneo y una «larga faja de suelo y sal» separaban a Agustín y a su círculo africano de *servi Dei* de los hombres «espirituales» a cuya amistad creían tener derecho. Ellos se habían formado en Italia y habían sido bautizados nada menos que por san Ambrosio. Según su punto de vista, África era una provincia aislada y atrasada; incluso necesitaban libros de las bibliotecas de aquellos hombres «espirituales» —Alipio se dirigiría a Paulino de Nola,[28] y Agustín a Jerónimo, para conseguir traducciones de autores griegos—.[29] Sobre todo, tenían la sensación de haber perdido contacto con los *servi Dei* corrientes al convertirse en obispos. Diez años antes había considerado Agustín la combinación de monje y obispo como casi imposible,[30] y Paulino, mero sacerdote en aquella época, estaba aún impresionado por tal combinación en Alipio.[31] Pero Agustín y Alipio, sin duda, eran tipos del futuro: el monje-obispo aumentará su importancia en la Iglesia latina, y en las *Confesiones* Agustín ya había proporcionado una exposición clásica de tal ideal de hombre.

Las *Confesiones* es sobre todo el libro de un hombre que había llegado a considerar su pasado como un entrenamiento para su carrera presente. Por eso, Agustín selecciona como importantes incidentes y problemas que revelan al nuevo obispo de Hipona. Él ahora creía que el entendimiento y la exposición de las Escrituras eran el núcleo de la vida de un obispo.[32] Su relación con estos textos, por tanto, forma un tema constante a lo largo de las *Confesiones*. Su conversión al maniqueísmo, por ejemplo, se ve ahora no como la consecuencia de una preocupación filosófica por el origen del mal, sino de su fracaso en aceptar la Biblia.[33] Vemos a Ambrosio a través de los ojos de un colega profesional: lo conocemos como predicador y exégeta, frente al pueblo cristiano en la basílica,[34] no como un entendido en Plotino. Agustín recordaba cómo, en sus primeros tiempos en Milán, había visto la figura distante de Ambrosio como obispo tan solo desde el exterior.[35] Ahora, siendo también él obispo, tomará precauciones para que no le pase lo mismo: contará a sus lectores con exactitud cómo todavía tenía que luchar con sus tentaciones; y en los últimos tres libros de las *Confesiones*, cuando medita sobre las primeras líneas del libro del Génesis, transportará a sus lectores con él hacia sus pensamientos cuando también él, sentado en su estudio, como había contemplado una vez a Ambrosio, estaba envuelto en la observación silenciosa de un libro abierto.[36]

No todos los obispos opinaban lo mismo que Agustín sobre sus funciones. Alipio, por ejemplo, se valoraba simplemente como el abogado profesional del episcopado católico; hará su aparición en Tagaste como juez instructor de una comunidad cristiana.[37] Agustín, con un inesperado sentido del humor, contará al mundo cómo Alipio, siendo estudiante, había sido confundido una vez con un ladrón, experiencia saludable para un futuro juez.[38]

Por mucho que Agustín deseara compartir los ideales de un grupo, siguió siendo irreductiblemente personal. Tenía todavía mucho que explicar acerca de sí mismo: aunque era conocido por sus obras contra los maniqueos,[39] ahora un colega de más edad lo acusaba de ser criptomaniqueo.[40] Había sido bautizado por san Ambrosio,[41] pero sus escritos traicionaban una honda proximidad con paganos platónicos. Hasta su conversión, comparada con las excentricidades de muchos de sus contemporáneos, había sido notablemente poco espectacular, porque se había limitado a retirarse puntillosamente de su cátedra de retórica en Milán, a fin de curso y alegando mala salud.[42] Un alumno suyo de entonces, Licencio, pudo aún escribir de su estancia en Casiciaco como si hubiese sido una excursión familiar deliciosa y clásica.[43] Licencio quería ir a visitar a Paulino; y, cuando Agustín se lo describe, vemos, quizá, lo que al mismo Agustín le hubiera gustado ser: un hombre sencillo, un «siervo de Dios», cuyo abandono del mundo había sido dramático, pero en el fondo nada complicado.[44] La evolución de Agustín no había sido tan simple, y él no la hizo parecer así. Las *Confesiones* no hubieran allanado las dudas de los hombres piadosos y limitados que temían a los maniqueos y a los que desagradaba una filosofía griega que no alcanzaban a entender.[45] Ningún libro, por ejemplo, transmitía tan vívidamente a los lectores cristianos el impacto de la inquietante fascinación por los *platoni*.[46] Agustín el *servus Dei*, y Agustín el obispo, seguía siendo el mismo Agustín, y sus *Confesiones* no habrían podido comunicar esto a sus amigos con mayor encanto y persuasión, y con una determinación tanto más incontestable por estar dirigida no a un público humano, sino a Dios.

Mientras Agustín tenía muchas y buenas razones para presentarse ante sus compañeros en este preciso momento de su carrera, solo una razón profunda en su interior pudo conducirlo a escribir un libro como las *Confesiones*: estaba entrando en la edad madura. Esta se ha considerado como una buena edad para escribir una autobiografía. Alrededor del año 397, Agustín había llegado a una línea divisoria de su vida. Desde el año 391 había sido forzado a adaptarse a una nueva existencia de sacerdote y de obispo. Este cambio le había afectado profundamente.[47] Le había conducido ya a un ansioso autoexamen: una carta escrita tras su ordenación de sacerdote, a Aurelio de Cartago, suena ya con el mismo tono que las *Confesiones*,[48] y ahora que ya era obispo quería urgentemente abrirse a Paulino de Nola, antes de que la «cadena» de su nuevo oficio lo «atase».[49] A un nivel más profundo, como hemos visto, los ideales sobre los que había esperado construir su vida habían sido abandonados: el optimismo primero de su conversión había desaparecido, dejando a Agustín «hondamente atemorizado por el peso de mis pecados».[50] La especie de vida que Agustín se había propuesto seguir en un principio no le duraría hasta la vejez. Tenía que basar su futuro en una opinión diferente sobre sí mismo: ¿y cómo ganar esta opinión, sino volviendo a reinterpretar esa parte de su pasado que había culminado en su conversión y en la que hasta recientemente había puesto tan altas esperanzas?

Las *Confesiones*, por tanto, no es un libro de reminiscencias. Son una vuelta ansiosa al pasado. La nota de urgencia es inconfundible: «Permíteme, te ruego, y concédeme que yo con mi conciencia vaya recorriendo los rodeos y extravíos de mis erróneos procederes...».[51]

Es también un libro patético. Constantemente advertimos en él la tensión entre el «entonces» del hombre joven y el «ahora» del obispo. El pasado está aún cercano: sus emociones complejas y poderosas hace muy poco que se han alejado; podemos todavía adivinar sus contornos a través de la delgada capa de nuevos sentimientos que las ha recubierto. Agustín apenas puede comprender todavía las inesperadas emociones que habían acompañado la muerte de Mónica, el repentino entumecimiento de todos sus sentimientos, el parloteo febril, el autocontrol poco natural, la vergüenza de haber llorado tan poco a una madre que había «llorado tantos años por mí».[52] «Ahora mi corazón está curado de aquella herida...»;[53] pero es solo después de que la aturdidora experiencia haya surgido ante nosotros en las páginas de las *Confesiones* cuando Agustín puede destilar de ella un nuevo sentimiento. Mónica, la figura idealizada que había presidido su juventud como un oráculo divino, es sutilmente transformada, con el análisis de sus sentimientos presentes al recordar su muerte, en un ser humano ordinario, un objeto de interés, pecador como él mismo e igualmente necesitado de misericordia.[54]

La muerte se había interpuesto entre Agustín y su juventud. Casiciaco, un lugar de descanso en medio de los montes, se había ahondado en una imagen del paraíso. Tantos amigos suyos de entonces le habían dejado por «aquel monte pingüe, monte vuestro, monte fertilísimo».[55] Incluso su propio hijo no era ya más que un nombre en un libro: «Bien pronto lo sacasteis de este mundo; por eso me acuerdo ahora de él sin inquietud, pues ni en su niñez, ni en su juventud, ni en lo que pudiera haber sido de mayor, encuentro cosa alguna que pueda causarme temor».[56]

Agustín necesitaba arreglar las cuentas consigo mismo. El escribir las *Confesiones* fue una acción terapéutica;[57] los muchos intentos que se han hecho de explicar el libro solo como una provocación externa, o como una idea fija filosófica, ignoran toda la vida que corre a través de él. En este intento de encontrarse a sí mismo, cada fibra del Agustín maduro creció con todas las demás para hacer de las *Confesiones* lo que ahora son.

La muerte y la desilusión (la peligrosa desilusión de un experfeccionista) se interponían entre Agustín y su rico pasado. Podía haberse desprendido fácilmente de él y vaciarse, árido y distante, en el molde de una solitaria prominente autoridad: en lugar de ello, escribió las *Confesiones*. Cuando sea un anciano de setenta y cuatro años, será capaz todavía de recorrer el largo y árido catálogo de sus obras para volver a descubrir en los «trece libros de mis *Confesiones*» un momento de penetración y tierno sentimiento: «En cuanto a mí, todavía me emocionan cuando las leo ahora, igual que me emocionaban cuando las escribí».[58]

Nuestra apreciación de las *Confesiones* se ve dañada por el hecho de que se han convertido en un clásico; tendemos a captarlas o negarlas de acuerdo con nuestro patrón de medida, como si Agustín fuera nuestro contemporáneo. Con este cumplido a favor de Agustín, olvidamos que un hombre romano tardío que abriese por primera vez el ejemplar de las *Confesiones* encontraría un libro asombroso: formas tradicionales de expresiones literarias, que se daban por sentadas, fluían en él solo para transformarse más allá del reconocimiento.

A primera vista, era fácil situar las *Confesiones*: se trataba, claramente, de la obra de un filósofo neoplatónico. Estaban, por ejemplo, escritas en forma de una oración religiosa a Dios, algo corriente en la larga tradición de filosofía religiosa. Porque el Dios de los platónicos era un Dios desconocido, tan por encima del entendimiento humano que el filósofo solo podía aumentar su conocimiento de él entregándosele enteramente. La investigación filosófica, por tanto, rayaba con la cualidad concentrada de un acto de oración, y la búsqueda de la sabiduría se confundía con un anhelo de recibir la iluminación, remontando su curso por la conciencia humana con el establecimiento de una relación directa con Dios. «Al aventurar una respuesta, invocamos primero al mismo Dios, no en voz alta, sino en ese modo de alegoría que está siempre dentro de nuestra potencia, inclinándonos con toda el alma hacia Él por aspiración, solos hacia lo solitario».[59] Incluso entregar tal plegaria interior a las palabras era considerado ya una terapia: era «un giro completo del corazón, una puya del ojo interior».[60]

La oración, por tanto, era un vehículo reconocido de investigación especulativa. Agustín había comenzado una de sus primeras obras filosóficas, los *Soliloquia*, con una plegaria,[61] y terminaría su obra maestra especulativa, el *De Trinitate*, con otra.[62] Las *Confesiones* tenían que ser leídas precisamente con este espíritu. Eran una exploración prolongada de la naturaleza de Dios, escritas en forma de oración para «hacer llegar a Él el intelecto y los sentimientos de los hombres».[63] El hecho de que estuvieran expresadas en forma de plegaria, lejos de relegarlas a una obra piadosa, incrementaba su valor como ejercicio filosófico: *da mihi, Domine, scire et intellegere*, «Dame, oh Señor, el saber y el entender».[64] De este modo el platónico se esforzaba por elevarse, convencido de que la forma «externa» y oscura de las palabras de una oración estaba cargada de significado, un significado que, en la contemplación «interior», se le haría claro a su espíritu a la «luz mañanera»[65] de la verdad. Milton, en los primeros versos del *Paraíso perdido*, será el último exponente de esta gran tradición de autoexpresión filosófica:

So much the rather, Thou Celestial Light,
Shine inward and the mind through all her powers
Irradiate, there plant eyes, all mist from thence
Purge and disperse, that we may see and tell
Of things invisible to mortal sight.

(Brilla Tú tanto, luz Celeste, desde el interior, e ilumina la mente en todos sus poderes, planta ahí los ojos, purga y dispersa desde ahora todas las tinieblas, que podamos ver y decir de las cosas invisibles a la visión mortal).[66]

Tales oraciones, sin embargo, eran normalmente consideradas como parte de una etapa preliminar en la subida del espíritu del filósofo hacia Dios: no habían sido nunca usadas para, como Agustín hará a lo largo de sus *Confesiones*, mantener una vívida conversación con Él: «Plotino nunca cotilleaba con el Uno como cotillea Agustín en las *Confesiones*».[67] Del mismo modo que de un diálogo sacamos una impresión duradera de ambos interlocutores, así surgen vívidamente Agustín y su Dios en las plegarias de las *Confesiones*: Dios, en las cortas frases con la que es tratado —*Deus cordis mei*, «Dios de mi corazón»,[68] *Deus dulcedo mea*, «Dios, mi dulzura»,[69] *O tardum gaudium meum*, «Oh, mi retardado goce»—;[70] Agustín, como oyente ansioso y sin aliento, descontentadizo, formulador impenitente de preguntas embarazosas[71] y, sobre todo, gloriosamente egocéntrico. Ningún otro escritor podría haber coronado una discusión maniquea sobre el origen del mal con estas palabras: «¿Quién, pues, plantó en mi alma esta semilla amarga, habiendo sido yo todo y totalmente hecho por mi dulcísimo Dios?».[72]

Las *Confesiones* son una obra maestra de autobiografía estrictamente intelectual. Agustín comunica un sentimiento tal de intensa identificación personal con las ideas que trata que llegamos a olvidar que es un libro excepcionalmente difícil. Agustín hizo a su auditorio de *spiritales* el gran (quizá inmerecido) cumplido de hablarles como si estuvieran tan empapados de filosofía neoplatónica como él. Su periodo maniqueo, por ejemplo, se discute con unas ideas sobre la realidad «espiritual» y la omnipresencia de Dios[73] en las que los platónicos se veían a sí mismos muy por delante de la gente media de su época. Agustín había considerado esos temas decididamente demasiado difíciles para tratarlos en sus obras corrientes contra los maniqueos.[74] Sin embargo, como las *Confesiones* están marcadas por un tono particularmente austero, esta tradición neoplatónica colorea acontecimientos de la vida de Agustín que se transforman tan vivamente como una novela. En el transcurso de la plegaria del filósofo, por ejemplo, podemos encontrar una pandilla de niños: «En una heredad, que estaba inmediata a una viña de mi padre, había un peral... después de haber estado jugando y retozando en las eras, hasta bien entrada la noche, según nuestra detestable costumbre, fuimos a sacudir el peral para coger peras; y quitamos tantas, que todos veníamos muy cargados de ellas, no para comerlas nosotros, sino para arrojarlas después, o echarlas a los cerdos».[75] También encontramos a Mónica, de pie, en el muelle de Cartago: «Durante la noche sopló el viento e hinchó nuestras velas; navegamos y poco después perdimos de vista la ribera en la cual mi madre, a la mañana siguiente, al darse cuenta del engaño, cayó en un dolor extremado».[76]

Pero estos incidentes están siempre puestos en relación con los conceptos filosóficos más profundos al alcance de un hombre del mundo antiguo tardío: ellos encarnaban, para Agustín, los grandes temas de la tradición neoplatónica en su forma cristiana; están trascendidos con la sensación de la omnipresencia de Dios e ilustran el juego fatal de fuerzas de un alma errante, la tragedia de un hombre «desintegrado» por el paso del tiempo.[77] Agustín deja que su «yo» pasado crezca hasta alcanzar las dimensiones de un héroe «clásico», porque estas experiencias resumían la condición de «mi especie, la especie humana».[78] Cada hecho de este libro, por tanto, está cargado de la intensidad de un paisaje chino, donde un detalle vívido es colocado ante distancias infinitas:

> Acercándose ya el día en que mi madre había de salir de esta vida —el cual para Vos, Señor, era tan sabido como para nosotros ignorado— sucedió, sin duda disponiéndolo Vos por los medios ininvestigables de vuestra providencia, que mi madre y yo estuviésemos solos y asomados a una ventana, desde donde se veía un jardín que había dentro de la casa que habíamos alquilado en la ciudad de Ostia, sobre el Tíber.[79]

Agustín gozó de la inmensa ventaja de estar arraigado en una tradición madura, porque los neoplatónicos le habían proporcionado la herramienta esencial para cualquier autobiografía seria: le habían dado una teoría de la dinámica del alma que daba sentido a sus experiencias.

Las *Confesiones* son un «manifiesto» del mundo interior: «Los hombres, por lo común, se admiran de ver la altura de los montes, las grandes olas del mar, las anchurosas corrientes de los ríos, la latitud inmensa del océano, el curso de los astros... y se olvidan de lo mucho que tienen que admirar en sí mismos».[80] Un hombre no puede esperar encontrar a Dios a menos que antes no se encuentre a sí mismo, porque este Dios es «más hondo que mi más recóndito ser»,[81] y la experiencia de Él se hace «mejor» cuanto más «hacia dentro».[82] La tragedia del hombre es que se viera obligado a huir «hacia el exterior», a perder contacto consigo mismo, a «vagar lejos» de su «corazón»: «Os tenía delante de mí, y habiéndome apartado de mí mismo, y estando lejos y fuera de mí, a mí mismo no me hallaba, y mucho menos podía hallaros a Vos».[83]

Este énfasis en la caída del alma como un volverse hacia fuera, como una pérdida de identidad, como un hacerse «una cosa parcial, aislada, llena de unidades, intento sobre el fragmento, separada del todo»[84] es un claro eco del pensamiento de Plotino. Las *Confesiones* son, de hecho, la señal de hasta qué alto nivel Agustín había absorbido las *Enéadas*: en ellas hablará el lenguaje de su maestro con mayor convicción y más arte que en cualquier otra de sus obras.[85] Pero ahora todo esto ha sido transformado; el «alma» de Plotino es preferentemente un alma cósmica y arquetípica, cuya «caída» constituye solamente el sombrío trasfondo de la condición humana tal como ahora impresiona al filósofo. En Agustín esta «caída» es intensamente personal: él la ve como un campo de fuerzas en el corazón de cada hombre, una debilidad agónica que le fuerza a huir de sí mismo, una «caída» o un «vagabundeo» que se le presentaba en un centenar de precisos incidentes de su propia vida pasada.[86] Las profundas y abstractas intuiciones de Plotino han proporcionado el material para un lenguaje clásico y nuevo de un corazón inquieto:

> Traía mi alma como despedazada, ensangrentada, impaciente de estar conmigo, y no hallaba dónde ponerla. No hallaba descanso alguno ni en los bosques amenos, ni en los jardines olorosos, ni en los banquetes espléndidos, ni en las camas regaladas y, finalmente, no lo hallaba en los libros ni en los versos... Porque ¿adónde podría huir mi corazón que se alejara de sí mismo? ¿Adónde huiría de mí? ¿Dónde dejaría de ir tras de mí? Y, sin embargo, me fui de mi patria.[87]

Se ha dicho con frecuencia que las *Confesiones* no son una «autobiografía» en el sentido moderno. Esto es verdad, pero no especialmente útil, porque para un romano tardío era precisamente esa vena intensa y autobiográfica de las *Confesiones* la que las colocaba aparte de la tradición intelectual a la que Agustín pertenecía.

Es más importante darse cuenta de que las *Confesiones* son una autobiografía en la que el autor ha impuesto una elección radical y a plena conciencia de lo que le importaba. Las *Confesiones* son, para decirlo en pocas palabras, la historia del «corazón» de Agustín, o de sus «sentimientos» —sus *affectus*—. Un acontecimiento intelectual como puede ser la lectura de un libro nuevo solo se registra, como en efecto fue, desde el interior, con la pura emoción de la experiencia, de su impacto sobre los sentimientos de Agustín: del *Hortensio* de Cicerón, por ejemplo, no diría nunca que «cambió mis opiniones», sino, muy característicamente, que «mudó mis afectos»; *mutavit affectum meum.*[88]

El tono emotivo de las *Confesiones* sorprende a cualquier lector moderno. El libro debe su atractivo duradero al modo como Agustín, hombre maduro, osó abrirse a los sentimientos de su juventud. Tal tono podía haber sido evitado; pero su intensa seguridad sobre el papel vital del «sentimiento» en su vida anterior había aumentado.[89]

Por eso sorprende bastante que el documento intelectual de las *Confesiones* sea la severa respuesta al *Segundo problema* de los *Varios problemas para Simpliciano.*[90] Los dos libros afrontan el problema central de la naturaleza de las motivaciones humanas. La voluntad es, en ambos libros, vista en su dependencia de una capacidad de «deleite», y las acciones conscientes son vistas como el resultado de una misteriosa alianza entre el intelecto y el sentimiento: estos son, sencillamente, la última consecuencia de procesos ocultos, los procesos por los que el «corazón» es «conmovido», es «ablandado y convertido» por la mano de Dios.[91]

Si Agustín hubiese escrito su autobiografía en el año 386, este hubiera sido un libro muy diferente: al platónico novato le hubieran parecido importantes otros estratos distintos de su pasada experiencia; hubiéramos leído un libro mucho más de circunstancias, con numerosas noticias que fueron dejadas de lado en las *Confesiones* por insignificantes —detalles más precisos de los libros que había leído, de las opiniones que había defendido, de las personas que había conocido en Milán—. Pero es muy improbable que ese libro hubiese expresado tan consistentemente la elasticidad de los lazos interiores de sentimiento que habían atado una vez a Agustín al mundo circundante, a sus opiniones, a sus amigos y a los deleites de la vida pasada. Posiblemente no hubiera incluido el poderoso cataclismo emocional del jardín de Milán, y no hubiéramos, tal vez, ni siquiera vislumbrado a la concubina de Agustín en la visión brillante y enfocada de su «corazón»: «Entre tanto se iban multiplicando mis pecados; porque habiendo sido arrancada de mi lado —por ser un estorbo para mi casamiento— aquella mujer, con quien yo tenía trato y en quien tenía puesto mi corazón, este, al separarse de ella, quedó desgarrado y manando sangre por la herida».[92]

La vida de los sentimientos era lo que de verdad valía en el desarrollo personal. Este convencimiento lleva a Agustín, en el Libro IX de las *Confesiones*, a penetrar mucho más allá de la superficie de su vida en Casiciaco. Lo que ahora consideraba importante eran las emociones del converso evocadas con autenticidad clásica: estas eran las «punzadas interiores» que habían «domado» a Agustín,[93] porque ellas habían permanecido, mientras que las esperanzas puestas en los programas intelectuales de aquella época habían sido erosionadas, y los *Diálogos*, cultos y áridos, «oliendo a las aulas de clase»,[94] habían ido a parar a un estante, llenos de nombres de amigos muertos.

Si consideramos que Agustín escribió sus *Confesiones* «recordando mis malos modos y volviéndolos a sopesar con amargura»,[95] es sorprendente lo poco que permitió que su amargura tiñera sus sentimientos pasados. Estos nunca aparecen empalidecidos por la pena: es, ni más ni menos, la autobiografía de un hombre que, hasta en la edad escolar, había sabido lo que era no ser movido más que por el deleite, aburrirse con el deber, y que había gozado plenamente aquello de que había gozado: «Uno y uno son dos; dos y dos son cuatro, era para mí una canción tan insufrible y odiosa como grata y deliciosa ocupación me resultaba entretenerme y solazarme con aquellos pasajes en que se relataban los sucesos vanos e imaginarios del caballo de Troya y la pérdida y fingida aparición y despedida de Creusa».[96] Después de todo, ¿dónde mejor que en las páginas de las *Confesiones* se puede leer el eterno dilema de un joven «ingenioso y brillante»? «Todavía no amaba yo, pero ya amaba amar: estaba enamorado del amor..., buscaba caer enamorado, tan enamorado estaba yo de la idea del amor».[97]

Agustín analiza sus sentimientos pasados con una honestidad feroz: le eran demasiado importantes como para falsificarlos con estereotipos sentimentales. No es que ahora hubiera abandonado su fuerte sentimiento, sino que sencillamente creía que era posible transformarlo, para dirigirlo más beneficiosamente. Esto implicaba someterlo a un atento escrutinio. Por ejemplo, una vez había encontrado gusto en llorar en el teatro: ahora se trataba de entender la razón de este comportamiento tan paradójico de cuando era estudiante —sacar placer de compartir el dolor simulado de dos actores— para así poder definir convincentemente cómo habría de afrontarse, en cuanto obispo cristiano, un sufrimiento auténtico: «Pues qué, ¿hemos de desterrar de nosotros la misericordia y la compasión? No, por cierto. ¿Luego algunas veces se han de amar las penas y los dolores? Sí».[98]

Le encantaba la meticulosa cualidad del sentimiento humano. Lo encontramos observando el comportamiento de los niños ante el pecho[99] y, cuando examina de pasada las actitudes de algunos contemporáneos ante un largo proceso, podemos captar en el lenguaje del obispo de Hipona algún eco lejano de amores corteses: «También es costumbre bien establecida que las mujeres prometidas en matrimonio no las entreguen sus deudos y parientes a los que han de ser sus maridos inmediatamente que se hayan desposado, para que suspirando por ellas algún tiempo, mientras son sus prometidos, las amen y estimen más cuando maridos».[100]

Sobre todo, Agustín trataría dos veces, con penetración única, la más compleja de las emociones: el dolor y el luto. Con su amigo, en romántica ficción, estaban resueltos a morir juntos:

> Pero no sé qué efecto misterioso había nacido en mí, pues tenía grandísimo tedio de la vida y miedo de la muerte, como a enemiga cruelísima que me lo había quitado, y juzgaba que ella había de acabar de repente con todos los hombres, toda vez que había podido acabar con aquel a quien yo amaba. Tal era mi triste estado entonces, que bien presente lo tengo... Porque yo sentí, y llegué a creerlo, que mi alma y el alma de mi amigo habían sido una sola alma en dos cuerpos. Y por eso me causaba horror la vida, porque no quería vivir a medias y como dividido; y quizá también esta era la razón por la que tanto temía el morirme, porque muriendo yo no muriese del todo aquel a quien tanto había amado.[101]

Pero en las *Confesiones* la evocación de sus sentimientos forma parte de un estudio más amplio de la evolución de su voluntad. Cada paso que Agustín da en su carrera, por ejemplo, está firmemente enclavado en un análisis exhaustivo de sus motivos. Cuando describe cómo escribió el primer libro, por ejemplo, arroja a la desesperación a los eruditos modernos, pues rehúsa decirnos lo que en él contaba[102] y en lugar de ello se explaya ampliamente sobre los complejos motivos que implicaron el haberlo dedicado a un profesor desconocido: «Ahora bien, ¿cómo es posible que estos varios motivos e inclinaciones de amor puedan ordenarse y encontrarse al mismo tiempo en una sola y única alma?... Insondable abismo es el hombre. Solo Vos, Señor, podéis contar sus cabellos..., y, no obstante, es más fácil contar sus cabellos que las afecciones y movimientos de su corazón».[103]

Nada demuestra la preocupación de Agustín por la voluntad más claramente que el modo como cuenta su adolescencia. Sus lectores africanos tendían a creer que un niño es inocente hasta que alcanza la pubertad: «Como si —dijo una vez Agustín— los únicos pecados que se pudieran cometer fueran aquellos en los que se usan los genitales».[104] Estos son, sin duda, los pecados que parece que interesan más al lector medio de las *Confesiones* desde siempre. Agustín, sin embargo, no les da mucha importancia: a sus ojos, palidecían ante un simple acto de vandalismo. El insustancial robo de unas peras es lo que de verdad interesa a este gran conocedor de la voluntad humana,[105] que analizará este hecho con una repulsión fascinadora: «Porque ¿qué mal no podía hacer quien de balde y sin motivo alguno amó el mismo acto de maldad gratuito?».[106]

En las *Confesiones* nos enfrentamos con la fuerza entera de la nueva conciencia de Agustín sobre las limitaciones de la libertad humana. El «mismo acto de maldad gratuito» de un joven gamberro es un paradigma triste para el libre albedrío. Los hombres serían libres solo para «arrojarse al precipicio».[107] Con semejantes actos destructivos de la voluntad, su propia capacidad de acción creadora ha sido dañada; y así, cuando un hombre llega a desear la elección de lo bueno se encuentra a sí mismo incapaz de seguir de todo corazón esa elección consciente, pues sus anteriores actos han forjado en él una «cadena de hábitos» que lo aprisiona, no «con grilletes ajenos, sino con las ataduras de hierro de mi misma voluntad».[108] La fuerza de esta «cadena» obsesiona a Agustín a todo lo largo de las *Confesiones*. Cinco años de triste experiencia en el batallar con las endurecidas voluntades de su congregación asoman en el libro: incluso en las minibiografías de Alipio y de Mónica,[109] los pecados que Dios ha «curado» son «pecados dominantes», casos extremos de hábitos compulsivos.

Por eso, en el Libro VIII el problema de la voluntad sobresale y centra toda la atención. Resueltas ya todas sus dificultades, haciendo protestas de lealtad a la fe católica con un «sentimiento definido de dulzura», encontramos aquí a Agustín todavía atrapado por los hábitos de toda una vida: es como si creyéramos haber alcanzado una meseta, y luego encontráramos un último y gigantesco pico elevándose ante nosotros.

> El enemigo se había hecho dueño de mi voluntad y había formado de ella una cadena con la que me tenía estrechamente atado. Porque, de haberse la voluntad pervertido, pasó a ser dominada por el apetito desordenado de la lujuria; y de ser servido y obedecido, este apetito llegó a ser costumbre;

> y no siendo esta costumbre contenida y refrenada, se hizo necesidad como naturaleza. De estos, como eslabones unidos entre sí, se formó lo que llamé cadena, que me tenía aherrojado a una dura servidumbre y penosa esclavitud...[110]

«Porque no solo para marchar hacia mi meta, sino para llegar a ella, bastaba solamente el querer ir yendo, siendo un querer perfecto y eficaz y no una voluntad mudable e indecisa, que de una parte a otra andaba variando agitada y sin firmeza en una lucha que tan pronto vence como queda derrotada».[111]

La sombría preocupación de Agustín por la manera como un hombre podía aprisionarse a sí mismo en una «segunda naturaleza» a causa de sus actos pasados, hacen de las *Confesiones* un libro muy moderno. En muchas biografías antiguas y medievales encontramos la descripción de los héroes según cualidades esenciales e ideales; es casi como si carecieran de pasado, pues incluso su niñez está descrita solo como presagio de la futura «cumbre» de su vida: san Ambrosio, de niño, juega a ser obispo; san Cutberto rehusó hacer girar ruedas de carro... Nos los presentan de una sola pieza, como si se hubieran desprendido, ya en su pasado, de todo aquello que no contribuyera directamente a la imagen de perfección a que estaban predestinados.

Por contraste, encontramos dos veces a Agustín firmemente agarrado a su pasado: una en el jardín de Milán, y la otra el terrible día siguiente a la muerte de su madre.[112] Porque Agustín consideraba el pasado de un hombre como muy vivo en su presente, y los hombres eran diferentes entre sí precisamente porque sus voluntades estaban forjadas de modo diferente por la suma total y única de las experiencias pasadas.[113] Cuando Agustín lucha consigo mismo en el jardín, lo que está en juego no es ninguna «fuerza del mal» generalizada, ninguna «materia» extraña que hubiera salpicado el metal puro del alma: es una tensión en la propia memoria, una batalla con la cualidad precisa de sus experiencias pasadas: «Y la violencia de mi costumbre no cesaba de decirme: "¿Imaginas tú que has de poder vivir sin estas cosas?"».[114] Y, cuando describe a sus amigos, sentimos que los conocemos, con unos pocos trazos, mucho mejor que a otros personajes antiguos y famosos, porque es capaz de conectar su pasado con su presente, y los presenta como moldeados por experiencias pasadas que se remontan incluso hasta su más temprana niñez; Mónica hubiera sido una alcohólica si a la edad de seis años no la hubieran llamado «borrachuza»[115] y Alipio no hubiera sido tan casto si no hubiera tenido de muchacho una insatisfactoria experiencia sexual.[116]

Agustín insistía en esta experiencia de la fuerza de la costumbre porque ahora pensaba que tal experiencia probaba de forma concluyente que el cambio solo podía producirse mediante procesos absolutamente fuera de su dominio:

> Y toda la dificultad de este misterioso cambio se reducía a que yo no quisiese ya lo que antes quería, y quisiese lo que Vos queríais. Pero durante toda aquella multitud de años, ¿dónde estaba mi libre albedrío?, ¿de qué profundo y escondido seno fue sacado en un momento por Cristo Jesús, ayudador mío y Redentor, para que libre y voluntariamente sujetase mi cerviz a vuestro suave yugo?[117]

No es sorprendente que las *Confesiones*, trascendidas como están con este sentido dramático de la intervención de Dios en la vida de Agustín, estén tachonadas por el lenguaje de los salmos. Esto era, en sí mismo, una innovación literaria asombrosa: por primera vez una obra de arte literaria hecha a conciencia incorporaba (y, además, bellísimamente) la jerga exótica de las comunidades cristianas.[118] Pero Agustín había puesto en juego mucho más que una nueva forma literaria: había penetrado gradualmente en un mundo nuevo de sentimientos religiosos y había pasado por experiencias que no podía expresar más que con el lenguaje de los salmos. Era el lenguaje de un hombre que se dirigía a un Dios celoso, un Dios cuya «mano» estaba siempre lista para «caer» sobre los destinos de los hombres. Como cualquier *gentleman* del sentimiento del mundo antiguo, el salmista tenía «corazón»;[119] pero también tenía «huesos»,[120] esto es, una parte de sí que no era solo depositaria del sentimiento; pero era con el «centro del alma»[121] con el que Dios se entendía de un modo directo, «exaltante» y «aplastante». Una descripción clásica del sofisticado desagrado hacia los asuntos del mundo terminará ahora con una nota más dura: «Por eso, Señor, con el báculo de vuestra corrección y enseñanza, quebrantabais los huesos de mi dureza».[122]

Agustín estaba constantemente preocupado por unir el «Dios de Abraham, de Isaac y de Jacob» y el «Dios de los filósofos». Ningún libro demuestra esta fusión con mayor arte literario que las *Confesiones*, pero también en ningún otro podemos ver tan claramente lo que esta tensión significaba para Agustín: una capacidad para moverse en innumerables niveles del sentimiento religioso, incluso los más primitivos. Porque cuando Agustín usa el lenguaje de los salmos de la forma más directa y dramática, cuando habla, por ejemplo, de la «mano» que Dios «extiende» para «arrebatarlo», piensa, casi siempre, en Mónica.[123] Es en las *Confesiones* donde conocemos a la Mónica visionaria, y, a través de sus ojos, vemos a Agustín, que, como cualquier cristiano africano, mira a sus héroes como hombres «predestinados»[124] cuya vida ha sido ya trazada por Dios y que comunica con sus fieles siervos a través de una serie de vívidos sueños.[125] Esta vieja tradición iba a albergar por lo menos algunas de las muchas raíces de la grandiosa teoría de Agustín sobre la predestinación; y, como en tantas otras personas muy inteligentes, tales raíces eran aún más fuertes por ser en gran parte inconscientes.

Las *Confesiones* es uno de los pocos libros de Agustín cuyo título es significativo. *Confessio* significaba para él la «acusación de uno mismo y plegaria de Dios».[126] En esta sola palabra resumió su postura ante la condición humana: ella era la nueva llave con la que esperaba, en su edad madura, resolver el enigma del mal, visto que la antigua llave se había demostrado insuficiente. En la época de su conversión, el método estaba resumido en el título de otro libro suyo: *De ordine*, «Sobre el orden»,[127] porque en el 386 Agustín había puesto esperanzas en que su «alma bien preparada» pudiera captar cómo surgía el mal en la armonía del universo, al igual que las teselas negras realzan el modelo de un pavimento de mosaico.[128] Sin embargo, cuando escribió *Sobre el libre albedrío*, pocos años antes de que se retirara a escribir las *Confesiones*, el problema se le había vuelto a plantear en condiciones dramáticas: el hombre era responsable de sus acciones, pero al mismo tiempo se encontraba inerme, dislocado por una antigua caída. ¿Cómo podía este estado ser reconciliado con la bondad y la omnipotencia divinas? Un «alma bien preparada» no podía contestar a tal problema: lo que Agustín quería ser ahora era un «buscador piadoso».[129] Porque ser piadoso significaba negarse a resolver el problema mediante el simple procedimiento de suprimir uno de los polos de tensión. Estos polos eran ahora vistos como firmemente arraigados en la conciencia de la condición humana de un hombre de sentimientos religiosos, y ¿qué mejor expresión para él que el lenguaje de los salmos? La primera consciencia del hombre tiene que ser la necesidad de curarse; pero esto significaba tanto aceptar la responsabilidad de lo que se es como, simultáneamente, acoger la dependencia de una terapia que está más allá del propio control. «Deberían gemir con el mismo hueso y médula de su experiencia íntima: "He dicho, oh Señor, ten misericordia de mí: cura mi alma, pues he pecado ante ti". De este modo, por los seguros caminos de la misericordia divina, serían conducidos a la sabiduría».[130]

Al escribir sus *Confesiones*, Agustín insistió en que el lector debería ser «conducido por la sabiduría» por este su nuevo método. La senda de las *Confesiones* está trazada por el crecimiento de la consciencia de Agustín de su necesidad de confesar. La negativa a «confesar» se le presentaba como la característica principal de su fase maniquea. «Había complacido a mi orgullo sentirme libre de una sensación de culpabilidad y siempre que hubiera hecho alguna maldad, no *confesar* que era yo mismo quien la había ejecutado y que Tú *curarías mi alma*».[131] En Milán había sido diferente: hasta el idioma de Agustín se transforma: las brutales imágenes de choques externos se cambian por los términos más suaves de un creciente dolor interno, incluso al lenguaje médico de la «crisis» interior de una fiebre. Porque por aquel tiempo Agustín había admitido la responsabilidad de sus acciones y se muestra consciente de su culpabilidad: «No había bajado totalmente a ese mundo de la muerte donde nadie *Te confiesa*».[132] Pero, si la negación de la culpa era el primer enemigo, la confianza en sí mismo era el último. La sólida autonomía de Plotino queda en contraste más agudo ante la nueva preocupación de Agustín por la confesión. En otro tiempo le había excitado la base común que encontraba entre los platónicos y san Pablo; en el año 386, ambos parecían fusionarse naturalmente para formar «un semblante tan espléndido de la filosofía».[133] Ahora no ve más que el peligro de que los platónicos oscurezcan el único «semblante» que importa: «El semblante de la verdadera piedad, las lágrimas de la confesión».[134]

Agustín escribió las *Confesiones* con el espíritu de un doctor que se ha dedicado desde hace poco, y por esto tanto más celosamente, a un nuevo tipo de tratamiento. En los primeros nueve libros ilustra lo que ocurre cuando no se aplica dicho tratamiento, tal y como él había llegado a experimentarlo; luego, saltándose diez años, muestra en el Libro X su continua aplicación en el presente.

Es este tema de *confesión* el que hacía del autotratamiento de Agustín algo completamente distinto de cualquier otra autobiografía del tiempo al alcance de sus lectores. Porque la insistencia en tratarse con «confesión» le había acompañado hasta su vida presente. El sorprendente Libro X de las *Confesiones* no es la afirmación de un hombre curado, sino el autorretrato de un convaleciente.

Este libro de las *Confesiones* tomó a los lectores de Agustín por sorpresa: cuando se leyó en Roma, por ejemplo, Pelagio quedó «profundamente molesto» por su tono. Y es que lo que un cristiano convencional quería era la historia de una triunfante conversión. La conversión había sido el tema principal de la autobiografía religiosa en el mundo antiguo. Tal conversión era a menudo considerada tan dramática y sencilla como la «vuelta a la sobriedad» de un borracho.[135] Como todos los denominados conversos, aquellos escritores insistían en asegurarnos que ahora eran una persona distinta y que nunca habían vuelto a mirar atrás. Considerado a esta luz, el acto de la conversión parte radicalmente la vida del converso en dos: él ha sido capaz de desprenderse de su pasado. La conversión a la filosofía o a algún credo religioso era vista como la adquisición de una seguridad definitiva, como navegar por aguas tranquilas después de una tempestad: san Cipriano trata de su conversión al cristianismo exactamente desde este punto de vista,[136] y lo mismo hizo Agustín en su época de Casiciaco.[137] La idea está tan hondamente arraigada que sale con toda naturalidad todavía hoy de la pluma de un «converso» clásico de los tiempos modernos, el cardenal Newman. Al final del siglo IV, además, el drástico rito del bautismo, recibido con frecuencia en la edad madura, no venía sino a acentuar aún más la ruptura con la identidad del pasado, el rasgo más característico de la idea convencional de una conversión.

Las gentes de la época de Agustín exigían un relato teatral de la conversión, lo que podría haberlo llevado a acabar las *Confesiones* en el Libro IX. En lugar de ello, Agustín añadió otros cuatro largos libros. Porque, para él, con la conversión no bastaba. Una experiencia tan dramática como aquella no debía llevar a sus lectores a creer equivocadamente que podían desembarazarse con tanta facilidad de su identidad pasada. El «puerto» del converso seguía siendo agitado por tormentas;[138] Lázaro, la imagen viva del hombre muerto bajo la «fuerza de la costumbre»,[139] había sido despertado por la voz de Cristo; pero aún tenía que «salir afuera», para «exponer, desnudo, su más íntimo yo en confesión», si quería ser perdonado.[140] «Cuando oigas a un hombre confesándose, sabrás que no es todavía libre».[141]

Era un lugar común dentro del círculo de Agustín de los *servi Dei* el hablar de sí mismos como de «polvo y cenizas». Pero el Libro X de las *Confesiones* dará una dimensión totalmente nueva a semejantes expresiones de la debilidad humana. En él, Agustín se examinará a sí mismo, no ya acerca de sus tentaciones y pecados específicos, sino sobre la naturaleza misma del mundo interior de hombre: un hombre que vive cercado por la tentación, sobre todo porque apenas puede ni siquiera entender lo que él es: «Existe en el hombre una zona que ni siquiera el *espíritu del hombre* conoce».[142]

Agustín había heredado de Plotino un sentido del mundo interior puro y dinámico. Ambos creían que se podía encontrar a Dios bajo la forma de algún tipo de «memoria» de ese mundo interior.[143] Pero, para Plotino, el mundo interior era un continuo tranquilizador: el «yo auténtico» de un hombre reside en sus profundidades, y este yo era divino y no había perdido nunca el contacto con el mundo de las Ideas. Simplemente, el intelecto consciente, al concentrarse demasiado en sí mismo, se había separado de su latente divinidad.[144] Para Agustín, por el contrario, el mundo interior era tanto una fuente de fortaleza como de ansiedad. Donde Plotino está lleno de tranquila confianza, Agustín se sentía inseguro: «Hay, indudablemente, alguna luz en los hombres; mas haz que caminen rápidos, más rápidos, no sea que lleguen las sombras».[145] El intelecto consciente estaba rodeado de sombras. Agustín se siente a sí mismo moviéndose por un «bosque sin límites, lleno de inesperados peligros».[146] Su personal interés en las «enfermedades» del alma[147] y su sentido escrupuloso de la vida como «un largo juicio»[148] habían colocado junto a las místicas profundidades de Plotino una región de murmullos: «Esta mi memoria es una enorme fuerza, un misterio vertiginoso, Dios mío, una hondura oculta de infinita complejidad: tal es mi alma y tal es lo que yo soy. ¿Qué es, pues, Dios mío, lo que yo soy?, ¿cuál es mi verdadera naturaleza? Un objeto viviente que toma innumerables formas, sin limitaciones...».[149] «En cuanto al encanto de los dulces aromas, por ejemplo, no se me da tanto... O al menos así me lo parece; aunque puede ser que me engañe, porque, entre los males, son dignos de llorarse las tinieblas de nuestra ignorancia, por las cuales aún no alcanzo a ver hasta dónde pueden o no pueden ocultarme mis verdaderas posibilidades».[150]

Era un tema tradicional presentar el alma ante los mandatos de Dios, sabiendo que Él «investigaba los corazones de los hombres».[151] Pero era de lo menos corriente insistir, como hace Agustín, en que ningún hombre podrá jamás investigar suficientemente su corazón, y que «el espacio en expansión, sin límites», era tan complejo y tan misterioso que nadie podrá jamás conocer totalmente su personalidad, y que por eso nadie podrá sentirse seguro de haber alcanzado unos modelos que el intelecto consciente solo había aceptado. La sensación de peligro que tiene Agustín de identificarse exclusivamente con sus buenas intenciones conscientes subraya la frase que tanto chocó a Pelagio: «Mándame lo que quieras, mas dame lo que mandas».[152] Porque «no puedo fácilmente conocer cuánto haya adelantado en preservarme de tal contagio; y temo mucho que haya varios defectos ocultos, que claramente descubren Tus ojos, pero no ven los míos...[153] Mira, me contemplo en ti, mi verdad..., pero sea o no sea así, eso no lo sé yo... Yo te suplico, Dios mío, que hagas que yo me conozca perfectamente».[154]

Nada podía ser más vivo que un autorretrato interior trazado por un hombre que no había consentido en dejarse arrullar por la certeza de saber cómo realmente era él: «Qué parte ganará, eso no lo sé yo..., eso sí que no lo sé yo».[155] Todavía tenía sueños sexuales que le preocupaban por la emoción del consentimiento y el subsiguiente sentido de culpa que sentía, aunque todo fuera solo en sueños.[156] La gula, en cambio, era una fuente mucho más aguda e importante de desasosiego para Agustín. Había contemplado con simpatía hechizada la voracidad insaciable de los niños de pecho;[157] y aún se sentía en una ladera resbaladiza: habla con la dureza y el temor de quien no tiene trazados con seguridad los límites entre un apetito moderado y la pura gula.[158] En cuanto al deleite por la música, por el contrario, sus positivas experiencias propias lo fortifican. El bello canto de un salmo hacía que su espíritu se pusiera a errar, pero estaba dispuesto (como nunca lo estaría con los placeres de la mesa) a arriesgarse a disfrutarlo: «Pienso que todas las variadas emociones del corazón poseen un ritmo y una melodía apropiados para cada uno, de donde, por alguna misteriosa finidad, son hechos más vivos».[159]

Hemos penetrado en el mundo de un hombre muy sensible. Los colores chillones del pasado han cambiado; sus tentaciones parecen, algunas veces, más bien una encantadora falta de atención. La «concupiscencia de los ojos», por ejemplo, invade a Agustín solo mientras se sienta un momento al límpido sol africano, en el campo bañado en luz (que era en sí misma la «Reina de los colores»), y se encuentra quejándose porque tiene que volver a los interiores: «Lo echo de menos; y si me veo privado de él mucho tiempo me deprimo».[160]

> Ya no voy al circo a ver a un perro correr tras de una liebre: pero si sucede esto en el campo, y casualmente paso por allá al mismo tiempo, acaso me distrae y aparta de algún pensamiento grande y bueno, y me hace mirar y atender aquella caza; no de modo que me haga extraviar con la cabalgadura, pero sí con la voluntad y el afecto. Y si Vos entonces no me dierais a conocer mi flaqueza me estaría embebido vanamente. ¿Y cuántas veces también estando en casa me entretengo en ver cómo la lagartija caza las moscas o cómo las aprisiona la araña, después de que caen en sus redes?[161]

Pero el desasosiego más característico de Agustín provenía del modo en que todavía se sentía profundamente comprometido con los demás. «Porque tengo una cierta facultad para con los demás para explorarme en otro tipo de tentaciones; pero en esta materia apenas tengo miedo alguno».[162] Habiendo leído la vida de una persona tan sumida en sí misma, nos damos cuenta de pronto de que apenas ha estado solo alguna vez: siempre estuvo rodeado de amigos. Aprendió a hablar «en medio de las caricias y halagos de las amas, las chanzas y risas de los que me entretenían y el alto espíritu de mis compañeros de juego».[163] Una amistad pudo hacerle perder «media alma»[164] y solo otra amistad curaría su herida.[165] Raramente lo vemos pensando solo: normalmente habla «de tener asuntos con mis amigos».[166] Agustín apenas cambió en esto: en su edad madura sigue, deliciosa y trágicamente, sometido a «las más insondables de todas las relaciones del alma: la amistad».[167]

Tras la lejana tormenta del jardín de Milán, tras su anhelante escudriñar las oscuras potencialidades, los tres libros restantes de las *Confesiones* son un digno final a la autorrevelación de un hombre de su condición. Como suave luz deslizándose por un paisaje batido por la lluvia, la dura frase del «Manda» —«Manda lo que quieras»— abre paso al «Dar»: «Da lo que yo amo, pues yo lo amo».[168] Para Agustín, el progreso en la sabiduría, medido ahora con la regla de su inteligencia de las Sagradas Escrituras, no podía depender más que del progreso en la propia consciencia;[169] estos «primeros rayos de luz de mi iluminación»,[170] mientras medita sobre las primeras líneas del libro del Génesis, ilustran directamente sobre el efecto de la terapia que había sufrido. Es quizá la terapia del autoexamen la que más acercó a Agustín a una de las mejores tradiciones de nuestra propia época. Como un planeta lejano, en el Libro X de las *Confesiones* se ha acercado a nosotros tanto como lo permite el vasto golfo que separa al hombre moderno de la cultura y religión del Imperio tardío: *Ecce enim dilexisti veritatem, quoniam qui facit eam venit ad lucem.* «Pues he aquí que tú te deleitaste en la verdad y aquel que la hace venir a la luz. Yo quiero seguir la verdad ante Ti, mediante la confesión: como la que hago públicamente con mi pluma, ante muchos testigos...».[171]

TERCERA PARTE

395-410

TABLA CRONOLÓGICA

396	Muerte de Valerio. Romaniano vuelve a Italia (principios de verano).	*Ad Simplicianum de diversis quaestionibus.* *Contra epistolam quam vocant fundamenti.*
395-398	Revuelta de Gildo, conde de África.	*De agone christiano.* *De doctrina christiana* (terminada en el 426).
397	3-VI. Muerte de Ambrosio. Le sucede Simpliciano.	26-VI. II Concilio de Cartago. 28-VIII. III Concilio de Cartago. Debate con el obispo donatista Fortunio en Thubursicum Bure. *Quaestiones evangeliorum.* *Contra Faustum Manichaeum.* *Confessiones.*
398	Derrota de Gildo. Ejecución de Optato, obispo donatista de Timgad.	*Contra Felicem Manichaeum* (diciembre).
399	19-III. Agentes imperiales cierran los santuarios paganos en África. Consultaciones de Manlio Teodoro.	27-IV. IV Concilio de Cartago. *De natura boni contra Manichaeos.* *Contra Secundinum Manichaeum.* *Adnotationes in Job.* *De catechizandis rudibus.* *De Trinitate.*
400		Predica *De fide rerum quae non videntur.* *De consensu evangelistarum.* *Contra epistolam Parmeniani.* *De baptismo contra Donatistas.* *Ad inquisitiones Januarii* (*Eps.* 54 y 55). *De opere monachorum.*

401	Elección del papa Inocencio I (401-marzo del 417). Crispino, obispo donatista de Calama, retenido como responsable de atacar a Posidio.	15-VI. V Concilio de Cartago. Acude a Assuras y Musti a investigar sobre el clero maximianista. 13-IX. VI Concilio de Cartago. Va a Hipona para la elección de obispo (final de septiembre). *De bono conjugali.* *De sancta virginitate.* *Contra litteras Petiliani.* *De Genesi ad litteram.*
402	Derrota de los godos en Italia. Muerte de Símaco.	7-VIII. En Milevis para el VII Concilio.
403	El obispo de Bagai es atacado por los donatistas y resulta herido.	25-VIII. VIII Concilio de Cartago. Predica en Cartago a intervalos desde 8-XI.
404	El obispo de Bagai va a Rávena para pedir medidas severas contra los donatistas.	26-VI. IX Concilio de Cartago.
405	12-II. «Edicto de Unidad» contra los donatistas (*Cod. Theod.*, XVI, 5, 8).	*De unitate ecclesiae.* 23-VIII. X Concilio de Cartago. *Contra Cresconium grammaticum.*
406	Invasión vándala de la Galia.	*De divinatione daemonum.*
407	Usurpación de Constantino III.	XI Concilio, celebrado en Thubursicum (finales de junio). 407-408. Empieza *Tractatus in Joh. Ev.*
408	Teodosio II, emperador del Oriente (mayo). Caída de Estilicón (agosto). Sublevación en Calama cuando Posidio trató de disolver una procesión pagana. Alarico invade Italia (octubre).	16-VI. XII Concilio de Cartago. 13-X. XIII Concilio de Cartago. (Es incierta la asistencia a este de Agustín). Epístola 93 a Vicencio, obispo donatista de Cartennas. *Quaestiones expositae contra paganos* (= *Ep.* 102). *De utilitate jejunii.* 15-VI. XIV Concilio de Cartago (asistencia incierta).
409	Alarico sitia Roma. Los donatistas gozan de más tolerancia.	*Ep.* 101 a Memor. Macrobio, obispo donatista, regresa a Hipona.

XVII
HIPPO REGIUS[1]

Cuando Agustín llegó a ser obispo católico de Hippo Regius, la ciudad existía ya hacía más de mil años[2] y era el segundo puerto de África. El viajero que llegaba por mar desde Cartago era recibido por una larga fila de arrecifes que daba paso, de súbito, a la fértil llanura del río Seibús. Hippo Regius estaba en el extremo más lejano de esta llanura, cubriendo dos altozanos, y era un puerto natural formado por el estuario del río y respaldado al oeste por un alto promontorio montañoso, Djebel Edough.

Agustín era un recién llegado en una ciudad antigua. Ni siquiera las calles eran como las avenidas regulares de las «nuevas» ciudades romanas del interior, como su misma Tagaste, sino callejuelas estrechas y serpenteantes, pavimentadas por los fenicios con adoquines macizos e irregulares.[3] Pero lo romano era espléndido y ya antiguo. El foro, excepcionalmente grande, estaba lleno de estatuas: el nombre de un procónsul, mencionado por Tácito, se encontraba en las espaciosas losas;[4] Suetonio, el biógrafo de los primeros emperadores, figuraba entre las glorias locales.[5] La ciudad había sido *civitas romana*, una «ciudad de ciudadanos romanos», durante doscientos años. La vida romana estaba asentada magníficamente: había un teatro con cabida para unos cinco o seis mil espectadores, unos grandes baños públicos y un templo clásico coronando la colina en el sitio de un antiguo santuario de Baal Hammon. Los valores de una ciudad pagana romana, que Agustín atacaría en *La ciudad de Dios*, estaban ante sus ojos, congelados en piedra en centenares de inscripciones. Este pasado pagano había perdido en cierto modo su alma a fines del siglo IV: ya no se vendían en las librerías de la ciudad las obras de Cicerón;[6] pero habría sido imposible ignorar la presencia física del pasado en los edificios que cubrían la colina principal, desde el teatro a sus pies hasta el foro y el templo en la cima. Tales sólidos recuerdos de la opulencia de los tiempos paganos iban a sobrevivir al cristianismo en el norte de África. La estructura de ladrillos de los baños públicos seguiría estando en pie mucho tiempo después de que la vieja ciudad fuera cubierta por el barro: los viajeros árabes lo llamaron *glisia rumi*, la «iglesia del romano», confundiéndola con la catedral de «Augodjin, gran doctor de la religión cristiana».[7]

Para llegar a la parte de la ciudad donde Agustín vivía, en el «barrio cristiano», y que constaba de la iglesia mayor con el baptisterio adjunto, una capilla, la casa episcopal y quizá un monasterio en un edificio que miraba sobre el jardín episcopal,[8] había que dejar la colina principal y caminar casi un kilómetro en dirección al puerto. La iglesia mayor estaba parcialmente construida sobre el solar abandonado del corral de un tintorero; tenía aproximadamente una tercera parte de la superficie del gigantesco foro y menos de un siglo de antigüedad. Esta sencilla edificación, que había sido repentinamente ampliada cuando el reconocimiento oficial del cristianismo tres generaciones antes,[9] era algo presuntuosa, emplazada a una prudente distancia del centro tradicional de la vida pública de Hipona, del templo y del foro. Sin embargo, Agustín estaba situado de forma estratégica en un barrio donde el poder de la vida pública antigua de Hipona era menos fuerte. A apenas un minuto de camino estaban las villas de los ricos, en la zona residencial y privada que se asomaba al puerto. Durante por lo menos un siglo y medio nadie había gastado grandes sumas de dinero en los edificios públicos que rodeaban el foro, como había sido costumbre en los días prósperos de la ciudad. En lugar de ello se gastaban grandes riquezas, y esto es significativo, en los interiores, en opulentos suelos de mosaicos tan ricos como tapices orientales, que mostraban la vida de personas que habían prosperado como terratenientes privados en un tiempo en que las finanzas públicas de las ciudades romanas eran sacudidas por repetidas crisis económicas. Algunos propietarios de tales mansiones ni siquiera vivían regularmente en Hipona: la iglesia de Agustín estaba junto a la magnífica casa de una dama senatorial que vivía en Roma;[10] cristiana piadosa y absentista, la vida pública del foro con sus implicaciones paganas le habían interesado a esta dama tan poco como a Agustín.[11]

El puerto se encontraba en el lado opuesto a este barrio. El Mediterráneo seguía trayendo hombres desde Oriente, como en los tiempos de los fenicios: marineros griegos de extraños juramentos;[12] un sirio,[13] y también había traído al mismo antecesor de Agustín, Valerio.[14] Sobre todo, el tráfico regular de los barcos había de facilitar a Agustín el contacto continuo con un mundo mucho más amplio que si se hubiera quedado en Tagaste, tierra interior y aislada: el epistolario de Agustín navegaba en los barcos de grano hacia Italia, a Paulino de Nola y, más tarde, a los obispos de Roma.[15]

Como muchos antiguos, no obstante, Agustín tenía miedo del mar. Nunca se atrevió a navegar a lo largo de la rocosa costa en dirección a Cartago[16] y siempre consideró a los mercaderes del mar como especuladores que corrían los riesgos más espeluznantes.[17] Hipona, de hecho, no dependía solo del mar; debía su riqueza a la única mercancía que faltaba en todo el Mediterráneo: los alimentos.[18] La congregación de Agustín estaba compuesta de «agricultores»,[19] gentes que poseían o cultivaban el llano increíblemente fértil del Seibús: incluso los que no poseían tierras pasaban tiempo en pequeños huertos de las afueras de la ciudad.[20] Los habitantes de Hipona conocían la prosperidad, no porque comerciaran por mar, sino porque tenían alimentos en cantidad mayor de lo necesario. Los viñedos que recorrían el valle eran cuidadosamente cultivados;[21] las estibaciones del Djebel Edough aparecían oscurecidas por espesos olivares, y el llano brillaba con las mieses. Agustín conocía mejor la técnica de injertar olivos que san Pablo;[22] y siempre que menciona nubes y lluvia lo hace igual que lo haría un agricultor, como una bendición singular de Dios,[23] lo mismo que la niebla repentina que, tras semanas de interminable solana, forma sobre el Djebel Edough como un augurio bendito de lluvia.

El cereal era la base de la riqueza de Hipona. Esta dependencia del cereal era una bendición no sin inconvenientes. El grano puede arruinar al pequeño cultivador y hacer la fortuna del gran especulador. El grano era la base de las grandes fincas del llano, rodeando villas adornadas con estatuas de gusto clásico,[24] cuyos propietarios hubieran sido capaces de venderse al demonio a cambio de una época de escasez que elevara los precios.[25] El trigo llenaba el campo de los elementos más pobres y violentos, desde el casi siervo de la gleba con tierras hasta el jornalero estacional.[26] El grano, sobre todo, atraía la antipática atención de la administración imperial. Un funcionario encargado de la requisa de grano residía en Hipona,[27] y demasiada parte de la cosecha iba a parar a sus graneros oficiales para su transporte a Roma y al ejército. Incluso Agustín, en *La ciudad de Dios*, se atrevió a expresar su deseo de que tales cosas hubieran estado mejor dispuesta,[28] mientras que su congregación, especialmente traficantes locales, expresó su opinión linchando al comandante de la guarnición local.[29]

Este panorama, sin duda, había de encarar a Agustín con un problema insoluble. Podría esperarse que dentro de Hipona existiera por lo menos la ley y el orden de una «ciudad romana»,[30] pero fuera los grandes terratenientes no dudaban ante el uso de los métodos de «mano dura»: Agustín escribió a uno de estos, «recomendándole» que renunciara a quemar la iglesia de un sacerdote que se le había enfrentado en un proceso.[31]

Lo peor eran los pueblos de las colinas que rodeaban el llano, especialmente las del macizo granítico del Djebel. Aquí se hablaba el púnico, no el latín; los grandes terratenientes cazaban verracos, y hasta leones, en un paisaje salvaje;[32] y los pueblos de gente pobre, nunca con tierras suficientes, tenían una identidad propia contra la vida civilizada de la llanura. Uno de estos pueblos, compuesto por donatistas, había golpeado y hasta asesinado a sus sacerdotes católicos;[33] otro había formado una comunidad consagrada a la continencia absoluta, que recolectaba sus miembros adoptando a los hijos de los poblados vecinos.[34] Esta gente pobre siempre presionaba hacia la llanura: quizá formaban ellos el núcleo de aquellos fanáticos errabundos, los «circunceliones», cuyo grito de guerra «¡Alabad a Dios!» era más temido que el rugido de los leones de sus montañas.[35]

En estas circunstancias, Agustín hizo lo que pudo. Trató de conseguir sacerdotes que hablasen el dialecto local,[36] sacerdotes que deberían actuar como portavoces y protectores de las pequeñas comunidades.[37] Pero se vio obligado, cada vez más, a confiar en aquellos que, de hecho, ejercían el poder real en aquellas duras tierras: los grandes terratenientes. Las iglesias católicas se construirían cerca de sus villas,[38] y su influencia, a menudo soportada tan directamente como un buen azote administrado a vecinos refractarios,[39] haría progresar la causa católica. Agustín, hombre templado y concienzudo en el oasis de orden romano que era Hipona, tenía los pies de arcilla en la vasta franja de campiña que estaba a su cuidado.[40]

Hipona estaba aislada por su propia prosperidad. Situada en una rica llanura costera, no necesitaba participar de la vida mucho más primitiva del interior. Agustín sentía este aislamiento. Hipona era administrada desde Cartago, y sus amigos residían preferentemente allí, donde también él iría frecuentemente para participar en los concilios convocados por Aurelio. Pero no hay ninguna evidencia directa de que, en su camino hacia Cartago por el valle de Meyerda,[41] hiciera nunca una incursión en las montañas para visitar su «patria chica en cuanto a la carne», Tagaste:[42]

las altas montañas, un clima más duro,[43] y quizá alguna reserva interior, lo mantuvieron al margen.

Agustín era un obispo de la antigua provincia eclesiástica de Numidia. Los asuntos de sus colegas lo forzaron a interesarse por ciudades que quedaban a una semana de viaje, como Milevis o Cirta, y por sucesos que tenían lugar en un campo que nunca visitó, y cuyos caminos desconocía,[44] lugares que a los ojos de un residente en una «ciudad romana» de la costa mediterránea aparecían como muy salvajes.

Como obispo cristiano, Agustín era una figura pública en una ciudad donde mucha de su vida era pública, explícita, guiada en cuanto al comportamiento correcto por viejas tradiciones. Se vivía al aire libre. Las diferencias sociales se enfatizaban lo más posible: Agustín demostrará poco interés por las artes plásticas, pero se ocupará de la importancia del vestido «que distingue la categoría de las personas»;[45] y, en una época de ostentosas costumbres, la simple bata negra, el *birrus*, que Agustín, como «siervo de Dios» utilizaba, lo marcará y separará públicamente de una manera particular.[46] Las tensiones eran explícitas, y estaban incluso ritualizadas: la ciudad se dividía en facciones en el teatro;[47] una ciudad podía «soltar vapor» organizando una batalla campal anual entre barrios rivales[48] y la rivalidad entre grupos religiosos (paganos contra cristianos, donatistas contra católicos...) no le hubiera parecido muy diferente a un observador de fuera. Esta existencia según patrones claros se mantenía después de la muerte: el cementerio era como otra Hipona, colocado a prudente distancia de la viva pero dominada por los panteones de mármol de Numidia de las familias ricas, en los que los ancestros ocupaban los lugares adecuados, y esperaban ser visitados cada año con una comida solemne.[49] Agustín, pues, fue a ocupar una posición donde se esperaban de él ciertas cosas. Uno de los aspectos más importantes y difíciles de conocer de su vida en Hipona es hasta qué punto Agustín vivió según las expectativas de un ciudadano medio, y la medida en que él fue capaz de despreciarlas o transformarlas. La vida de Agustín, a través de sus epístolas y sermones, da la impresión de ser de una gran rutina y como una forma de «esclavitud» impuesta,[50] o como una «pesada carga».[51] Y, sin embargo, a pesar de su invariable rutina pastoral, Agustín vivió en una generación de cambios rápidos, muchos de los cuales fueron provocados por su propia iniciativa o por la de sus colegas católicos. Durante el obispado de Agustín, Hipona se convirtió en una ciudad cristiana,[52] pues él echó fuera a los donatistas, sus rivales cristianos; su posición frente a los personajes locales influyentes cambió espectacularmente.[53]

Todo ello constituía etapas de la subida al poder de un grupo de gente nueva, con ideas y políticas frecuentemente tangenciales a los supuestos tradicionales de un ciudadano romano, y algunas veces abiertamente hostiles. El choque de Agustín con el estrecho mundo de Hipona marcará una etapa importante en el fin de la vida cívica de una ciudad antigua.

Los romanos tardíos se confiaban a influyentes patronos privados.[54] El Estado era opresor y corrupto, pero cubría solo una zona de la vida del ciudadano, mucho más estrecha que la de hoy. El individuo buscaba la protección contra el mundo exterior, la reparación de agravios y las ventajas, sobre todo en la «familia», y, más allá, sometiendo sus destinos a un hombre poderoso que pudiera ser cabeza de un pequeño imperio de aliados, clientes, dependientes, libertos y esclavos extendidos por todo el Mediterráneo. Agustín, como obispo, se encontró a la cabeza de una de estas «familias»: la de la comunidad cristiana de su ciudad, a la que a menudo menciona como la *familia Dei.*[55] Desde el reconocimiento oficial del cristianismo, el obispo estaba colocado entre los influyentes, de quienes se esperaba y a los que se animaba a que mirasen por los suyos. Agustín visitaba las prisiones para proteger a los presos de los maltratos; intervenía con tacto, pero con firmeza, para salvar a los criminales de la tortura judicial y de la ejecución;[56] sobre todo se le suponía el deber de mantener la paz en el seno de la «familia» mediante el arbitraje en los procesos.[57]

Agustín no heredó una posición de fuerza ya bien definida. Un obispo cristiano del África del siglo IV era muy distinto de los magnates eclesiásticos del Medievo, con su jurisdicción delimitada. Al intervenir en favor de los miembros de su grey, lo hacía como cualquier patrono romano tardío debía hacerlo, lo que le llevaba a competir con rivales bien situados.[58] Los ciudadanos de Hipona preferían a menudo buscar el apoyo de un gran senador pagano, como Símaco,[59] antes que el de Agustín. Este se vería forzado a pasar toda la mañana en la sala de espera del gobernador.[60] Muchos de los grandes personajes locales le fueron al principio hostiles; algunos de ellos eran donatistas,[61] otros, paganos. Nos hubiera gustado conocer la opinión de cierto «notable terrateniente de Hipona», pagano, que una vez alabó la sabiduría de Agustín «con una sombra de sarcasmo».[62] En conjunto, Agustín comenzó sin ninguna de las ventajas de una aristocracia de cuna, y afirmó su posición en el curso de los años luchando con empeño por ella.

Era, por tanto, solo en su más humilde capacidad como árbitro de procesos, como Agustín se encontró convertido en figura vital para la comunidad, porque ofrecía lo que todos querían: un arreglo de cuestiones libre, rápido y sin corrupción. El obispo cristiano tenía el poder de imponer un arreglo, por mediación, sobre las partes que lo consentían.[63] Agustín estaba abrumado: multitud de litigantes paganos y heréticos, tantos como cristianos católicos, le ocupaban desde la madrugada hasta muy entrada la tarde.[64] Era el único aspecto de la rutina en Hipona de la que Agustín se resentía de corazón:

> Ah, con qué desagrado por las turbulentas multitudes y con cuánto anhelo se dice: «Alejaos de mí, malvados; y contemplaré los mandamientos de mi Dios...». Con certeza debe referirse a aquellos que pelean tercamente en nuestro tribunal y que, cuando se dedican a oprimir a los buenos, menosprecian nuestros juicios y nos hacen malgastar el tiempo que podíamos dedicar a atender las cosas divinas... Es como si el salmista los apartase como moscas que danzan ante sus ojos...[65]

Esta ocupación de arbitraje, no obstante, influyó profundamente en la actitud de Agustín ante su propia posición de obispo. La necesidad de llegar prontamente al fondo de un caso complicado y de dictar un juicio claro y firme a la luz de los principios cristianos no era flaco adiestramiento para un polemista eclesiástico. Agustín escribió a menudo como si estuviese concluyendo una causa en su tribunal: *causa finita est*.[66] Sobre todo, la autoridad con que dictaba sus veredictos estaba hondamente matizada de ideas religiosas claras. Sentado en el *secretarium* adjunto a su basílica, es decir, no lejos del altar sagrado, y con un ejemplar de las Sagradas Escrituras al alcance de la mano, Agustín se veía a sí mismo como sucesor de los rectos jueces de Israel, y, en el momento de dictar sentencia, miraba siempre con terror más allá, al juicio final.[67]

El Dios de los cristianos africanos era en gran parte un juez temible.[68] Un toque de este temor primitivo era fuerte en Agustín; incluso cuando pareció estar muy lejos de sus raíces, cuando era un *rhetor* triunfante en Milán, le asaltaban «los temores ante la muerte y el juicio».[69] Ahora, en África, este temor estaría siempre muy cerca de él: a un futuro obispo, colega de Agustín, que se había fugado con una monja, lo alejó de dormir con ella un repentino temor de Dios que le asaltó en un sueño.[70] La gente que se amontonaba alrededor de Agustín esperaba tales castigos. Él, sensible como siempre, captó el modo de ser de esta gente. Cuando se encaró con una pelea insoluble entre dos miembros de su clero que dividía a toda la comunidad, mandó a ambos a un santuario de Italia, donde el perjurio era descubierto mediante el juicio divino: estamos entrando en el mundo medieval de los juicios de Dios.[71]

Este auténtico terror al juicio final era la base de la autoridad de Agustín en la comunidad cristiana. Él no usó este temor cruelmente para aterrorizar a su grey, sino que, más sutil y eficaz, tomó sobre sí la plena carga de la responsabilidad: en el terrible día, sería él el responsable ante Dios de los pecados de todos ellos.[72] Era una vía perfectamente adecuada al paternalismo solemne con que dirigía Agustín la recalcitrante «familia». También le proporcionó una conciencia aplastante de su misión y su responsabilidad, cosa que faltaba notablemente en la sociedad seglar del Imperio de Occidente: más bien a menudo que no lo contrario, el gobernador de una provincia era una nulidad de sangre azul, nombrada para corto tiempo, y que era el mascarón de proa de una mal pagada plantilla de funcionarios; como contraste, el obispo cristiano había de estar situado como una figura permanente de la vida de cada ciudad, dedicado a su autoridad, y responsable solo ante un Dios, tanto más presente cuanto invisible: «Ante quien está nuestro corazón abierto y desnudo, cuyo juicio tememos y en cuyo auxilio esperamos, en esta vida y en la venidera».[73]

A pesar de tan alta conciencia de su misión, sin embargo, el obispo cristiano medio se encontraba pronto atraído por las pequeñas oligarquías de grandes terratenientes, aquellos que contaban algo en la vida de sus ciudades.[74] La Iglesia africana había tenido siempre seglares «privilegiados»;[75] ahora estos eran senadores, «seglares cristianos nobles». Solían visitar a Agustín para discutir con él sus problemas los domingos por la mañana, antes de que él entrara en la iglesia.[76] Se comportaban como representantes de la comunidad: en momentos de tensión, estos importantes personajes llegaban hasta el «ábside para negociar a solas con el obispo».[77] Ayudaban también a Agustín a decidir en las causas difíciles.[78] Agustín necesitaba de su apoyo, y ellos necesitaban del obispo porque, como tutor legal de menores, podía afectar a sus políticas dinásticas.[79] Igual que las espléndidas mansiones de los ricos presionaban alrededor de la iglesia de Agustín, este pequeño grupo reclamará ocupar su puesto como dirigentes naturales de la comunidad de campesinos pobres e iletrados cuando Hipona se hizo cristiana. E igual que, aunque ya cristianos, seguían pisando los suelos de mosaicos francamente paganos instalados por sus padres, querían ver en Agustín tan solo a una persona influyente arraigada en las viejas tradiciones de la ciudad. Esperaban que él fuera nada más que otro notable personaje cívico, si bien con obligaciones religiosas.

La absorción dentro de los modelos establecidos de vida podía ocurrir con mucha facilidad. Muchos obispos estaban casados; sus hijos continuaban la vieja vida hasta el punto de celebrar los juegos públicos que señalaban su entrada en el concejo.[80] Tales obispos consideraban su cargo como un «honor», que llevaba consigo privilegios como cualquier otro título civil;[81] podían comportarse como terratenientes a gran escala (la Iglesia de Hipona poseía haciendas veinte veces más grandes que la «pequeña finca» que Agustín había poseído una vez en Tagaste)[82] y eran hombres de educación clásica. Demasiado a menudo los dignatarios paganos de las ciudades vecinas intentaron dirigirse a Agustín como a uno de los suyos, como a un hombre «instruido en todas las ramas de la cultura»,[83] «un gran hombre, un hombre educado... mas ¿por qué cristiano?».[84]

Agustín rechazaría las esperanzas que tales hombres tenían puestas en él. Había elegido una compañía diferente. Se rodeó de «siervos de Dios» con vestiduras negras, e insistió en que sus sacerdotes vivieran con él en comunidad monástica en la casa episcopal. Estarían deliberadamente aislados de la vida de la ciudad por el voto de pobreza, el celibato y con una regla estricta;[85] y serían educados solo en las Escrituras cristianas.[86] Con el tiempo, muchos de los miembros del monasterio de Agustín llegarían a ser obispos de otros sitios y, a su vez, reunirían a su alrededor establecimientos monásticos similares.[87] Haciéndolo así, conservaban al clero católico como una casta distinta no ligada a la vida de la ciudad ni por el matrimonio ni por intereses económicos; e, indirectamente, introducían una nueva cuña en la vieja unidad de la ciudad romana.

La posición ante el uso de la riqueza, por ejemplo, mostraba con claridad la diferencia de perspectivas que existía entre el círculo de Agustín y el romano medio. Para un romano de época tardía, la riqueza estaba para gastarla ostentosamente y se consideraba como innoble el ahorro.[88] Agustín intentaría encauzar esta tradición de prodigalidad a favor de la limosna para los cristianos pobres,[89] mostrando él mismo *humanitas*, una liberal cortesía, al dar un banquete a los pobres con motivo del aniversario de su ordenación[90] y charlar con sus numerosos invitados.[91] Más, en contraste con las ocasiones tradicionales de demostrar generosidad, la limosna era demasiado indiscriminada: no cimentaba lazos de recíprocas obligaciones como hacía el gran intercambio de regalos entre amigos, clientes y aliados en la fiesta de las calendas de enero;[92] y ni era pública ni provocaba competencia, como los extraordinarios espectáculos circenses que organizaban los magnates locales.[93] Agustín hablaba de la limosna como algo tan impersonal como las acciones de una compañía, como una transferencia juiciosa de capital desde este mundo inseguro al venidero.[94]

No habría tregua entre Agustín y los modos tradicionales de gastar la riqueza en los espectáculos circenses. Estos espectáculos se habían convertido en el modo de mostrar que el antiguo estilo de vida romano había sobrevivido, de forma parecida a como, después de 1945, las familias notables reaparecieron en los palcos de las óperas de las capitales de la Europa del Este para demostrar que, a pesar de todas las apariencias, todo seguía igual que antes. En los años de creciente ansiedad que siguieron al saqueo de Roma del 410, Agustín predicó amargamente contra los ricos que se arruinaban por mantener tales alardes de riqueza;[95] él hubiera preferido encontrarse un anfiteatro en ruinas;[96] e incluso aceptaba los desastres públicos como un modo de forzar a una «austeridad» puritana a los mantenedores de un orden rival al suyo.[97] Agustín escribió en este sentido a los principales munícipes y a los administradores responsables, en una época en la que estaba en juego nada menos que la desmoralización de toda una clase y, con ella, la desaparición de las antiguas maneras romanas en las ciudades africanas. Estas cartas se encuentran entre los documentos más viejos sobre las relaciones entre el cristianismo y la civilización del mundo antiguo.

Al elegir una compañía de este tipo, sin embargo, Agustín lo organizó todo de modo que él no estuviese nunca solo: necesitaba compañía. Incluso su más íntima experiencia contemplativa la había tenido en presencia de su madre. Ahora, pues, se aseguraba de que en el palacio episcopal de Hipona él fuera siempre el centro de un grupo unido de amigos de espíritus semejantes. Agustín conservaría hasta el final el sentido natural de clan de los africanos. Su hermana viuda se estableció en Hipona para encargarse de las «siervas de Dios»,[98] igual que harían su sobrina[99] y su sobrino Patricio.[100]

Agustín estableció una rutina monástica austera, con una dieta estrictamente vegetariana[101] y con la prohibición absoluta de visitas femeninas.[102] Cuando, ya viejo, consideraba Agustín qué pecados habría podido cometer, a pesar de todo, un hombre tan perfecto como Abel el Justo, suponía que, quizá, podía haberse «alguna vez reído demasiado u olvidarse de sí hasta el punto de gastar bromas...; puede ser también que hubiera engullido demasiadas manzanas, haberse indigestado por el exceso de comida, o pensar en otras cosas durante la oración».[103] Son extraños pecadillos, pero que tenían que ver con la vida de Agustín y sus amigos en el especial clima moral de su fundación.[104]

Este monasterio era muy distinto de las comunidades de ascetas aislados en el desierto de Egipto: aquí se leía, se favorecía el estudio y tenían lugar conversaciones doctas en el agradable jardín de una ciudad por cuyo puerto llegaban muchos viajeros.[105] Hacia el fin de la vida de Agustín, llegaba al monasterio tal cantidad de visitantes que hubo que construir un edificio para albergarlos.[106] Tales visitantes se reunían alrededor de la mesa en la casa de Agustín: había ermitaños de los islotes de alrededor de Cerdeña,[107] monjes godos[108] y, si no hubiera sido por la ausencia de Agustín, cierta vez hubiera estado el propio Pelagio.[109] Si supiéramos de qué hablaba esta gente, conoceríamos mejor cómo eran las relaciones de Agustín con el mundo exterior, porque en el mundo antiguo el que llevaba la carta era tan importante como la carta misma: era o un amigo íntimo o un sirviente de confianza y, por tanto, pleno de noticias personales.[110] Desgraciadamente para nosotros, las cartas que han sobrevivido son muchas veces nada más que una tarjeta de visita, una *salutatio* con unas pocas frases bien escritas.

La buena conversación valía más que la comida en esta mesa,[111] y a su alrededor se forjaban —o se perdían— muchas reputaciones:

> Escribió los siguientes versos en la mesa, advertencia contra el común vicio de la murmuración:
>
> *Aquel que se crea con derecho*
> *de picotear en la vida de un amigo ausente,*
> *que sepa que es indigno de esta mesa.*
>
> Una vez, cuando algunos amigos íntimos suyos, también obispos, se olvidaron de estos versos hasta el punto de comenzar a murmurar, los reprendió tan duramente que montó en cólera y dijo que, o bien borraban los versos de la mesa, o él se levantaba y se marchaba a su cuarto en mitad de la comida.[112]

Agustín necesitaba el constante diálogo y la afirmación mutua de un círculo de amigos. Tanto saber que se le quería[113] como que había alguien merecedor de cariño[114] le animaban con fuerza a corresponder a tal amor. «Debo confesar que me precipito sobre su caridad, especialmente cuando estoy deprimido por las tensiones del mundo».[115] En esta época no encontraba dificultad en calificar a un amigo como «la otra mitad de mi alma».[116] Su idea de la amistad como armonía completa de espíritu y de propósitos[117] era idealmente adecuada para sostener a un apretado grupo de hombres entregados.[118] Una carta que Severo de Milevis le envió una vez es un reflejo perfecto de sus ideales: «Dulcísimo hermano, me hace mucho bien estar contigo por medio de tus escritos. Me regocijo de estar más ligado y cercano a ti y, si así puedo decirlo, de estar agarrado a ti tan incondicionalmente como me es posible y cobrar fuerzas de la desbordante riqueza de tu pecho...».[119] La réplica de Agustín es característica: sazonada de ingenio, paradójica, casi coqueta, abiertamente encantado de estar rodeado de personas tan «glotonas»:[120] «En cuanto a mí, cuando la alabanza me es hecha por alguien que es a mi alma muy cercano o grato, siento como si fuera alabado por parte de mí mismo».[121]

De este modo permitió Agustín que sus amigos lo complementaran. Alipio, por ejemplo, estará siempre a su lado en la dirección de la política eclesiástica de Numidia, aconsejándole en las cuestiones técnicas;[122] él ayudará a Agustín en los casos más drásticos[123] y utilizará más tarde su *savoir faire* para «dar propinas» a los empleados de la corte imperial.[124] Una vez que los dos amigos se vieron divididos por un incidente embarazoso (Alipio había sido abucheado por la congregación de Hipona a causa de haber alejado de ellos a un millonario de Tagaste, al que esperaban haber atraído a la ciudad ordenándolo sacerdote),[125] vemos a Agustín como el más débil de los dos; Alipio se muestra firme y estricto: basa el caso sobre un principio claro del derecho romano,[126] mientras que Agustín está comprometido por la necesidad de aplacar a su grey y quiere discutir el problema en términos más generales; su sensibilidad intelectual huele no poco a casuística.[127]

Sin embargo, este grupo se irá dispersando de forma gradual. Severo, Posidio, Evodio, Alipio y Profuturo se alejarán de Hipona para ser obispos de lejanas ciudades. Agustín incluso se reconciliará con los viajes, porque solo así podía recrear sus viejas relaciones.[128] Los amigos frecuentemente se ponían de acuerdo para viajar juntos a los muchos concilios de Cartago y Numidia.[129] Entonces, por fin, en las largas horas a lomo de caballo, podía encontrarse Agustín hablando a un amigo «como a mí mismo».[130] Pero el resto del tiempo Agustín tenía que permanecer en Hipona. Las cartas a sus amigos se van llenando de atosigantes detalles de los asuntos eclesiásticos: mezquinas rivalidades entre sus comunidades,[131] el comportamiento extraño del clero rural... Y Agustín encontró que no tenía más que «unas pocas gotas de tiempo»[132] para replicar a sus cortas notas.[133]

Agustín tendrá que resignarse también cada vez más a un círculo de colegas episcopales enteramente africano. Otros a cuya amistad podía sentirse con derecho —Paulino de Nola, Jerónimo de Belén— estaban muy lejos. Tendría que contentarse con «conocer su alma por sus libros».[134] Puede que esta frase fuera un lugar común amable a algunos corresponsales romanos de época tardía; mas, como hemos visto, obligó a Agustín a embarcarse en la escritura de las *Confesiones*. Y es que este libro, por lo menos, podía transportar su alma a través de los mares, hacia aquellos amigos cuya ausencia le torturaba. Es la reacción emocionante de un hombre arrastrado contra su voluntad hacia un mundo de relaciones impersonales.[135]

La lenta disolución del antiguo grupo de amigos íntimos es una de las tragedias calladas de la edad madura de Agustín: «Pero cuando uno mismo empieza a reducirse a los más queridos y dulces de aquellos que se han tratado, a las necesidades de iglesias lejanas, entonces entenderás las punzadas de anhelo que me apuñalan cuando pierdo la presencia física de amigos unidos a mí del modo más próximo y dulce».[136] Agustín tendrá que abandonar el cultivo retirado de un grupo de amigos para convertirse en una figura pública. Empleará la edad madura de su vida en una amarga campaña contra compañeros cristianos, los donatistas cismáticos. Y, en el ajuste profundo que tuvo que hacer para convertirse en una figura de autoridad severa y agresiva, podremos seguir las huellas de algunos de los más ocultos manantiales de autoridad de Agustín en décadas posteriores.

XVIII
SALUBERRIMA CONSILIA

Agustín había sido nombrado obispo de un lugar en el que se enfrentaban dos concepciones extremas sobre la posición del obispo en la comunidad cristiana. El héroe de ambas facciones de cristianos de África —los católicos y los donatistas— era un obispo, Cipriano de Cartago.[1] La escisión entre católicos y donatistas se había producido no a causa de un desacuerdo profundo sobre la doctrina, sino más bien como consecuencia de las pretensiones antagónicas de dos grupos de obispos de ser ellos quienes recreaban perfectamente el ideal de las funciones episcopales según el ejemplo de san Cipriano. Esto trajo consigo que, hacia el año 395, se enfrentaran entre sí en las pequeñas ciudades dos grupos de más de trescientos obispos cada uno. Un obispo era siempre la cabeza de su comunidad, y esta lo contemplaba como a un miembro de la casta sacerdotal, igual que en el Antiguo Testamento;[2] le procuraban «santuarios construidos sobre escalinatas, tronos guarnecidos de gualdrapas honoríficas, procesiones y cantos de multitudes de vírgenes consagradas».[3] El sentido del honor, siempre muy agudo entre los africanos, parecía particularmente intenso en el clero: un sacerdote donatista converso, al enterarse de que no se le permitiría conservar su categoría de católico, se quedó «ardiendo por la indignación y el dolor... hasta que estalló en sollozos»,[4] y cuando Agustín lloró amargamente al ser ordenado sacerdote, la congregación de Hipona estaba segura de que lloraba por el deshonor de no haber sido consagrado obispo inmediatamente.[5]

Agustín, en cierto modo un forastero, se había visto forzado a entrar contra su voluntad en este mundo intenso y espinoso. Hasta su misma consagración como obispo originó un escándalo: Megalio de Calama, el obispo más antiguo de Numidia, lo trató como a un advenedizo sospechoso, y durante cierto tiempo se negó a ordenarlo. Agustín, decía, era un criptomaniqueo que había enviado filtros amorosos a una respetable mujer casada.[6] Fue un escándalo famoso. Puede que la «respetable dama» no fuera otra que la mujer de Paulino de Nola, a quien Agustín había mandado un trozo de pan bendito. Y hasta es posible que Paulino rompiera sus relaciones por cierto tiempo con su dudoso nuevo amigo a causa de tales rumores.[7] Por fortuna, el incidente fue olvidado, pero hirió profundamente a Agustín. Incluso después de la muerte de Megalio seguirá hablando de los peligros del «odio».[8] ¿A qué odio se refería: al odio del malhumorado y suspicaz viejo, o a su propio y sensible resentimiento?

Este triste incidente no fue más que uno de los muchos compromisos a los que se exponía Agustín al hacerse sacerdote y, más tarde, obispo de la Iglesia de África. El modo como se adaptó no solo arroja luz sobre su carácter, sino que también ayuda a comprender la posición personal que había detrás de sus opiniones sobre la naturaleza de la Iglesia católica y sus problemas en África. Como siempre pasa con Agustín, tales opiniones no habrían sido tan cuidadosamente sopesadas, ni con tal vehemencia mantenidas, si no hubieran sido en parte fruto de un esfuerzo constante por abarcar y solucionar tensiones, de cuya existencia en él mismo era perfectamente consciente.

Es fácil hacer hincapié en las diferencias más superficiales que existían entre la vida recogida de Agustín en Tagaste y su nueva vida en la Iglesia de Hipona. Agustín, el filósofo contemplativo, se convirtió en sacerdote. A la larga, sus intereses intelectuales se verían transformados por sus nuevos deberes. Pero fue un cambio lento. Cuando Agustín llegó a Hipona, era ya un pensador cristiano maduro. El cambio de su vida de seglar a la de sacerdote fue en él mucho menos brusco que en otros de sus contemporáneos. Ambrosio, por ejemplo, había pasado directamente de su cargo de gobernador al episcopado, sin que mediara un periodo de meditación teológica. Agustín, en cambio, había tenido una semiposición eclesiástica durante más de cuatro años; su modo de pensar evolucionará relativamente despacio, y por razones solo en parte relacionadas con su brusco cambio de ambiente.[9]

El verdadero cambio sería sobre todo personal. En el año 391 Agustín fue empujado de una vida contemplativa a una de acción.[10] No solo iba a sufrir por el esfuerzo obvio de sus nuevos deberes y por las continuas y nuevas exigencias de tiempo y energías; tenía que afrontar una adaptación mucho más dolorosa que la mera pérdida del ocio: se trataba de volver a una vida que recordaba incluso demasiado a la vida de un personaje público menor como la que había rechazado con gran brusquedad en el año 386. Su carrera en Milán había sido una *ventosa professio*, una «ocupación sin aliento»;[11] y era también fácil que la vida de un obispo africano fuera una existencia sin aliento, una *ventosa tempora*.[12] En Milán había repudiado su antigua profesión, y con ella una parte de sí mismo, con horror y desprecio. Había dicho «no» a un ambiente que parecía poner en juego emociones que le afectaban muy íntimamente: una gran ambición, un amor a la alabanza, la necesidad de dominar a los demás y una inmensa susceptibilidad ante los insultos. La más pequeña insinuación de competencia entre sus discípulos en Casiciaco le despertaba una furia apasionada.[13] Cuando luego, en Tagaste, escribió sobre Adán y Eva, Eva representaba la parte «activa» del alma: la parte débil y apasionada, que buscaba el contacto y se dirigía hacia los objetos de su deseo; este era el elemento femenino repudiado, del que vienen siempre las tentaciones. Adán, en cambio, el elemento masculino, espíritu rígidamente recogido en sí mismo en vida contemplativa, era la parte con que Agustín deseaba identificarse.[14] A Agustín le parecía inconcebible volverse a exponer ahora, aunque fuera en beneficio de la Iglesia, a lo que había repudiado hacía poco con tanto horror. Los obispos y los sacerdotes, pensaba, debían ser hombres particularmente fuertes para tolerar el choque con «los hombres que no están curados, pero que tienen necesidad de ello». «Es dificilísimo, en su posición, mantener el modo de vida óptimo y conservar el alma en paz y calma».[15]

En Hipona, Agustín estaba de nuevo expuesto a lo que había considerado sus debilidades antiguas y constantes. Porque un obispo era una figura con autoridad: si quería ser eficaz, debía, por lo menos, ser admirado, y tenía que preocuparse por su reputación.[16] En una comunidad dividida le tocaba a él tomar la iniciativa, lo que significaba ser agresivo y desagradable: Evodio, por ejemplo, había perdido los estribos en su primera entrevista con el obispo donatista de Hipona.[17]

Agustín necesitaba afrontar los aspectos de su carácter que siempre había considerado con desasosiego. En el Libro X de las *Confesiones* se encaró con este hecho con una honradez excepcional: puede que ahora ya no quisiera vengarse cuando lo insultaban,[18] pero el amor a las alabanzas y la necesidad de ser amado y admirado por los demás le seguía ocasionando el ser «asado todos los días en el horno de las lenguas de los hombres».[19] Uno piensa que las tensiones que se despertaban en su relación con los demás, su necesidad de influir en los otros y su inmensa susceptibilidad frente a sus reacciones ante él, estaban mucho más hondamente enraizadas y eran más insidiosas que las tentaciones más obvias de la gula o la sexualidad.[20] Su absoluta certeza sobre la fuerte motivación de «amor a la alabanza» que había en sus rivales eclesiásticos, los donatistas,[21] y en los antiguos romanos paganos,[22] muestra todo lo vivamente que había experimentado tal emoción en sí mismo, y lo severamente que la había reprimido, porque «nadie que no haya declarado la guerra a este enemigo puede llegar a saber lo fuerte que él mismo es».[23]

Inmediatamente después de su ordenación de presbítero, Agustín escribió una carta desesperada a su obispo, Valerio, rogándole que le concediera algún tiempo para retirarse al estudio de la Escrituras. No lo hizo para equiparse como teólogo, lo que era innecesario, sino porque precisaba aplicar «medicina» a su alma.[24] La carta es aún más punzante porque fue escrita poco tiempo después de que Agustín se hubiera arrojado con entusiasmo a su vida sacerdotal activa. La experiencia le ocasionó una revelación irritante de sus propias limitaciones: «Me di cuenta de ello, y que era mucho, muchísimo más de lo que había pensado [...]. No me había dado cuenta, nada más, de mis alcances: seguía aún pensando que tenían cierto valor. Mas el Señor se burló y se rio de mí y, por una experiencia real, tuvo a bien mostrarme cómo era yo mismo».[25]

Este corto periodo de retiro lleno de inquietud[26] es vital para el Agustín de años posteriores. Los *saluberrima consilia* —«saludabilísimos consejos»—[27] que encontró en las Escrituras, cristalizarán con el tiempo en un ideal de autoridad eclesiástica que presidirá la vida de Agustín hasta su muerte. En resumen, de lo que se empapó en ese tiempo fue de las lecciones de la vida activa de san Pablo. Se identificará apasionadamente con el ideal de autoridad que mostraban las Epístolas de san Pablo a sus comunidades descarriadas: «Insistiendo a tiempo y a destiempo», se comprometió constantemente con su grey y con sus enemigos, guiado por el «temor» objetivo de las Sagradas Escrituras.

En una carta que escribió inmediatamente después a Aurelio de Cartago, sentía que «podía hablar en alto consigo mismo».[28] El alcance de la adaptación de Agustín a la nueva vida de autoridad que esta carta revela es tremendo. Ahora estaba decidido a hacer que Aurelio usara la «espada de la autoridad»[29] como un reformador activo. El texto que había leído una vez para sí solo en el recogido jardín de Milán debía ahora ser aplicado a los hábitos de toda la Iglesia. El «exceso de bebida, de dormitorio y el libertinaje» se relacionaban directamente con la costumbre africana de los banquetes de los muertos.[30]

Lo que Agustín discute con Aurelio, en concreto, es la manera precisa en que la nueva minoría espiritual de la Iglesia de África debía abolir una de sus costumbres más arraigadas: las «celebraciones de júbilo» —las *laetitiae*— que tenían lugar en los aniversarios de los mártires.[31] Para gente de los bríos de Agustín o de Aurelio, tales costumbres tenían un aspecto de «licencia y libertinaje».[32] Es la primera ocasión en que vemos de qué forma se dedicarán Agustín y sus colegas a cambiar los hábitos de comunidades enteras, con una mezcla cuidadosamente premeditada de firmeza y persuasión.[33]

En el año 394, la *laetitia* que acompañaba a la festividad de san Leoncio de Hipona (el primer obispo mártir de la ciudad) ya no se celebró. Agustín evitó una seria revuelta predicando hasta que quedó agotado. «Yo no provoqué sus lágrimas con las mías; pero cuando dije lo que dije, confieso que fui alcanzado por sus lágrimas y perdí el dominio de mí mismo».[34] Incluso había planeado una escena aún más dramática, caso de que fracasara su primera apelación: habiendo leído en el profeta Ezequiel que «un vigilante queda absuelto si da el grito de peligro», estaba dispuesto a rasgarse las vestiduras delante de su congregación.[35]

Pero ahora esta pasión se hacía impersonal. El que habla no es Agustín el ambicioso *rhetor*, ni tampoco el amigo exigente: «Si se hace alguna amenaza, que sea hecha con las Escrituras, amenazando con el Juicio Final, porque no somos nosotros los que somos temidos por nuestro poder personal, sino Dios a través de nuestras palabras».[36] *Voce ecclesiae loquor*, «Hablo con la voz de la Iglesia».[37] Es una trasposición algo inquietante de las complejidades de la ira y agresión personales, y no será más que cuestión de tiempo el que esta intensidad impersonal traspase las fronteras de la Iglesia católica y se haga sentir en contra de sus rivales. La Iglesia donatista se presentaba a Agustín como una aberración de la «mera costumbre humana».[38] En el intervalo de diez años, Agustín y sus amigos se encontrarán consumando su destrucción mediante fuertes medidas policiales. «Los honores de este mundo pasan —dirá al obispo donatista su nuevo vecino, el sacerdote católico de Hipona—, el acaparamiento de altos cargos pasa [...]. Yo no pretendo gastar una hinchada en posiciones eclesiásticas: mis pensamientos se fijan en el día en que tenga que rendir cuenta de las ovejas a mí encomendadas por el Príncipe de los Pastores... Comprende mi temor... porque temo profundamente».[39]

«Mas, por supuesto, solo los que tienen personalidad y emociones saben lo que significa el querer escapar a estas cosas».[40] Agustín era hijo de un padre violento y de una madre implacable. Era capaz de sostener lo que él consideraba que era la verdad objetiva con una agresividad totalmente inocente: por ejemplo, molestará al anciano y eminente Jerónimo de modo singularmente falto de tacto y humor.[41] Sabía usar un sarcasmo extraordinario, e incluso admiraba semejante cualidad en san

Pablo, considerándolo como un arma legítima del cristianismo.[42] Estas cualidades eran necesarias en su vida de obispo, y veremos a Agustín aceptándolas y refinándolas tanto como podía.

Encontró, para su alivio, que cualidades de cortantes aristas como aquellas podían incorporarse a la Iglesia católica sin causar un daño irreparable a sus compañeros. Agustín estaba enormemente impresionado por la capacidad de resistencia de la Iglesia católica: era *desuper texta*, «entretejida en todas direcciones desde arriba»;[43] la «perfecta constitución» de su paz era capaz de admitir discusiones sobre problemas teológicos fundamentales sin resquebrajar la unidad del grupo;[44] y siempre había enemigos exteriores en cantidad para combatir.

Agustín fue capaz de aceptar su papel de severa figura autoritaria. No le fue fácil. Cuando comenta los versículos del salmo 54 —«las tinieblas me han envuelto... Ah, ojalá tuviera alas como de paloma, y pudiera volar y descansar»—, estas «tinieblas» no son la depresión de un recluso, sino más bien las «nubes» de ira que se amontonaban en el espíritu de Agustín cuando se enfrentaba con la masa intratable de su congregación: «Enderezar a hombres pervertidos y contrahechos que, vacilantes, quedan bajo la responsabilidad de uno mismo y en los que se desperdicia en vano todo celo e insistencia humanos».[45]

No era fácil para un hombre tan exigente consigo mismo como Agustín evitar despreciar a las masas que pretendía reformar. Pero Agustín supo evitar ese desprecio. «El hombre al que no puedes enderezar sigue siendo tuyo: es parte de ti mismo; tanto como un ser humano igual, como muy a menudo miembro de tu iglesia, está del mismo lado que tú. ¿Qué vas a hacer entonces?».[46] «Por tanto, hermano, ante condiciones tan impresionantes, no hay más que un remedio: no pienses mal de tu hermano. Esfuérzate humildemente en ser lo que quisieras que él fuera y no pensarás que él es lo que tú no eres».[47] La animosidad que demostrará Agustín contra los dirigentes de la Iglesia donatista no es sino la contrapartida del sereno esfuerzo que hacía por dominar su tendencia a despreciar o repudiar a los suyos. Porque también él, antaño, había tendido a repudiar la jerarquía «carnal» de la Iglesia africana: la había contemplado con evidente disgusto desde el puerto seguro y refinado de Tagaste[48] y, como «más docto y mejor», se había permitido criticar al clero católico.[49] Ahora sospechaba que los donatistas habían querido alcanzar una falsa inocencia semejante, negándose a coexistir con los colegas «impuros».[50] Le era difícil perdonar a quienes habían hecho abiertamente lo que él solo se había atrevido a pensar.

«Coexistir» con los compañeros significaba también tomarse un interés activo por la reforma de sus costumbres. Por esta razón, el poder de *correptio*, de admonición, que Agustín tenía que ejercer como obispo, le preocupaba profundamente. Ya desde sus primeras obras de sacerdote intentará definir el límite entre serenidad y agresión. El papel de la ira al dar una reprimenda, por ejemplo, es examinado con escrupulosa honradez.[51] «Ama de todo corazón; después haz lo que quieras» es un epigrama que, en el intervalo de veinte años, aparecerá en su forma más punzante como justificación de la persecución llevada a cabo por la Iglesia católica;[52] pero, en un principio, representaba la sincera tentativa de un hombre por abarcar la complejidad de las relaciones humanas, en las que la ira y la agresión habían llegado a ocupar un lugar necesario.[53] Otros cambios más suaves se habían producido también en Agustín. El amor y la amistad, por ejemplo, dejan de ser considerados como propiedad exclusiva de almas gemelas que viven juntas como una concienciada y selecta minoría. En Milán, este ideal era incuestionable dentro del estrecho círculo de cultos caballeros al que el propio Agustín se había adherido. Exactamente de la misma forma como la verdad podía ser encontrada por el hombre culto y sincero tan fácilmente como el sol de creciente luminosidad después de una neblina pasajera, así también podía conocerse a un amigo «como el relámpago luminoso enciende las nubes».[54] Lo mismo pensaba en Tagaste: Agustín hará allí una nueva amistad «como si se hubieran rasgado las tiras de la carne».[55] Ahora se abrirán horizontes más amplios, más allá de estos círculos pequeños. En Hipona, la gente tendrá una apariencia algo más apagada, pero, en cierto modo, más real. Porque aquí el amor ha llegado a abarcar a toda una comunidad, y, por consiguiente, admite una mayor medida de comprensión ante lo extraño, lo poco prometedor, lo desconocido y lo no cognoscible del carácter humano. Cuando Agustín se vio cara a cara con su congregación, desde la elevación de su *cathedra*, fue consciente de lo poco que conseguiría penetrar en el mundo interior de aquella hilera de caras. «Una profundidad llama a la otra».[56] Y la insistencia de Agustín en revelar sus tensiones más íntimas en las *Confesiones* es, en parte, una reacción contra su propio aislamiento. Es también una respuesta deliberada a la tendencia hondamente arraigada en los cristianos africanos de idealizar a sus obispos. En un mundo de estereotipos clericales establecidos desde mucho tiempo atrás, es un manifiesto en favor de las cualidades inesperadas y ocultas del mundo interior, de la *conscientia*.[57]

De este modo, la virtud de saber coexistir con una mezcla de personas cuyos méritos y destino hay que aceptar como ocultos para nosotros será la cualidad que Agustín más llegará a valorar en su edad madura, es decir, la *tolerantia* y la *patientia*.[58] Es como si hubiera descendido sobre la visión de Agustín una niebla que hubiera borrado los contornos tajantes entre lo bueno y lo malo. Como en invierno entre el mar y la sierra, Agustín se encontró en medio de «lluvia y niebla».[59] Tenía que llevar adelante la tarea de sembrar su semilla, y estaba dispuesto a extender su respeto infinito a las potencialidades que pudieran yacer dormidas hasta que, en el «verano» de la vida venidera, sean reveladas.[60]

A Agustín el invierno le desagradaba tanto como viajar.[61] De su cambio de visión nos puede dar una cierta idea el que, en su edad madura, tanto la imagen del viajar, la *peregrinatio*,[62] como la del tiempo malo,[63] le sirvan para resumir la vida del cristiano sobre la tierra.

Y es que el hombre que antaño había confiado en alcanzar el ideal de perfección fijado por la cultura filosófica de su época, en compañía de amigos de calidad distinguida y destinados de forma inequívoca a una vida superior por su educación y por la seriedad de sus intenciones, se ha llenado ahora de un anhelo romántico por un estado que no había de alcanzar jamás en esta vida y por amigos a los que jamás conocerá enteramente.[64] En la correspondencia con sus amistades, Agustín da la impresión de estar esforzándose en cruzar vastas distancias. Nunca verá a Paulino:

> Me pesa no verte, pero encuentro algún alivio en mi dolor. No tengo paciencia con esa espinosa «firmeza de carácter» que se presenta cuando las cosas buenas están ausentes. ¿No anhelamos todos la futura Jerusalén?... No puedo librarme de este anhelo, y sería inhumano si pudiera. Sin duda que encuentro algún deleite de mi misma falta de dominio para, con este dulce anhelar, buscar un pequeño consuelo.[65]

XIX
UBI ECCLESIA?[1]

La imaginación de los cristianos africanos de la época de Agustín estaba conformada sobre la idea de Iglesia. La Iglesia era la *matrona.*[2] «No sería decente —decía Agustín— que habláramos de otra mujer».[3] En una tierra donde, a juzgar por Mónica, había una respetable cantidad de madres de mucho carácter, la *Catholica*, la Iglesia católica, era la Madre: «Una madre prolífica en descendencia: ella nos da a luz, su leche nos nutre y su espíritu nos vivifica».[4]

Esta Iglesia era considerada como una reserva de seguridad y pureza en un mundo regido por poderes demoniacos.[5] Estaba allí para proteger al creyente. El africano iba a la iglesia, no tanto porque estuviera «sediento... y profundamente apesadumbrado» cuanto porque quería sobrevivir en un campo de batalla: los salmos que hablan del rescate de manos de los enemigos predominan en las inscripciones.[6] El rito del bautismo era visto como una purificación radical: con las palabras del obispo, Cristo, el «Gran Pez», se deslizaba dentro del agua de la pila bautismal;[7] durante la semana siguiente, los iniciados habían de calzar unas sandalias especiales para que sus pies «puros» no tocaran el suelo.[8] Esta gente quería cerciorarse de que su Iglesia era aquella de la que se hablaba en el Cantar de los Cantares: que era moralmente «sin mácula o arruga»; que habían entrado en un «jardín recogido, una fuente sellada, un pozo manantial de agua viviente, un paraíso (un oasis) donde crecen las manzanas».[9] «Esta es la puerta del Señor —estaba escrito en el dintel de una iglesia de Numidia— y el justo entrará».[10] «El hombre que entra —escribió, sin embargo, Agustín— se encontrará con borrachos, miserables, embusteros, jugadores, adúlteros, fornicadores, gente con amuletos, clientes asiduos de hechiceros y astrólogos [...]. Debe estar prevenido de que la misma multitud que se aprieta en las iglesias en las festividades cristianas también llena los teatros en las fiestas paganas».[11]

Era una doble imagen desconcertante. La concepción de la Iglesia de los africanos dependería de su capacidad de verla como un grupo distinto al «mundo», como la alternativa de algo «impuro» y hostil. La expansión del cristianismo en África, al llenar de manera indiscriminada las iglesias, había sencillamente borrado las claras delimitaciones morales que separaban a la «Iglesia» del «Mundo». Todavía en las condiciones del siglo III, san Cipriano había podido esperar que su converso o su penitente se encontrase «entre los santos»,[12] pero Agustín sabía demasiado bien que, en su tiempo, lo más probable era que se codeara con el terrateniente más notorio de la localidad.[13]

A partir del año 311, los cristianos africanos se habían dividido sobre la actitud que tomar ante el contraste entre la santidad ideal de la Iglesia y la realidad de sus miembros. La cuestión, en resumen, era esta: los donatistas habían pretendido, en contra de los católicos, que, puesto que la Iglesia era el único manantial de santidad, ningún pecador podía participar de ella. La Iglesia tenía que vivir en santidad plena: era un «vino auténtico» y, como tal, debía ser decantado totalmente.[14] Podría seguir siendo santa tan solo si los obispos indignos eran expulsados, porque la culpabilidad de un obispo hacía ineficaces automáticamente las oraciones con las que él ordenaba y bautizaba.[15] Y, lo que es más grave, esta culpabilidad amenazaba de hecho la identidad de la verdadera Iglesia: creaba una anti-Iglesia, un *Doppelgänger* (contrafigura) siniestro, una «Iglesia de Judas» unida por la «corrupción original» de sus fundadores.[16] Ambas partes apelaron a la autoridad de san Cipriano,[17] pero aplicaron sus respuestas a preguntas muy diferentes. Ahora los tiempos habían cambiado. Lo que, a finales del siglo IV, estaba en juego era la postura que la Iglesia debería tomar ante el «mundo» en general, y la preocupación por la composición interna de sus respectivas iglesias era importante solo en tanto que determinaba esta postura hacia fuera.

El problema era muy importante. El cristianismo era el único grupo religioso que se había extendido en la sociedad romana. Ambas iglesias —donatista y católica— habían jugado un papel decisivo en acabar con el paganismo en África. Pero ahora se enfrentaban con el problema fundamental de todo grupo de cómo relacionarse con la sociedad en la que se vive. En pocas palabras, los donatistas se veían a sí mismos como un grupo destinado a preservar y proteger una alternativa a la sociedad circundante. Sentían que su identidad estaba constantemente amenazada: antes lo había sido por la persecución; ahora, por las componendas. La inocencia, la pureza ritual y los sufrimientos meritorios predominaban en la imagen que se hacían de sí mismos. Eran únicos y «puros»: «La Iglesia de los justos que son perseguidos y que no persiguen».[18]

El catolicismo de Agustín, por el contrario, refleja la actitud de un grupo con confianza en su poder para absorber el mundo sin perder su identidad. Y esta identidad existía independientemente de la calidad de los agentes humanos de la Iglesia: descansaba sobre las promesas «objetivas» de Dios, que se desarrollaba de un modo magnífico en la historia, y también en la eficacia «objetiva» de sus sacramentos.[19] Era una Iglesia hambrienta de almas: que coma, indiscriminadamente si es preciso.[20] La Iglesia es un grupo que ha dejado de dedicarse a defenderse a sí misma ante la sociedad para, con aplomo, desempeñar su misión histórica de dominar, asimilar y guiar un entero imperio. «Pedidme, y os daré en posesión las partes más supremas de la tierra».[21] No es sorprendente, por tanto, que África, que siempre había sido cuna de las ideas más articuladas y extremadas sobre la naturaleza de la Iglesia como grupo en sociedad, volviera a ser otra vez, en tiempos de Agustín, el «reñidero de Europa» para el último gran combate cuyo resultado determinaría la forma que tomará la dominación católica en el mundo romano hasta los tiempos de la Reforma.

Hasta la época de Agustín, la corriente de sentimiento sobre este debate se había inclinado principalmente hacia la postura donatista. Su caso era, muy resumido, el siguiente:[22]

Alrededor del año 311, las comunidades africanas se encontraron en situación parecida a la de los miembros de un movimiento de resistencia cuyo país hubiera empezado a doblegarse ante las dificultades y compromisos del periodo de paz. Al parecer, demasiados obispos habían «colaborado» durante la última persecución, la grande, la de Diocleciano, en los años 303-305; habían entregado a los magistrados paganos ejemplares de las Sagradas Escrituras para que las quemaran. Este acto cobarde, la *traditio* o «entrega» de los libros sagrados, privaba al obispo culpable, al *traditor*, de todo poder espiritual. Se suponía que Ceciliano, obispo de Cartago, había sido ordenado por uno de estos *traditores*, de modo que no les costó mucho a ochenta obispos númidas, en el año 311, declarar inválida su ordenación y elegir otro obispo en su lugar. Este obispo «puro» de Cartago fue pronto sucedido por otro, Donato, que sería quien, como obispo rival en Cartago, daría su nombre a lo que nosotros llamamos la «Iglesia donatista», la *pars Donati*, «el partido de Donato».

Ceciliano aguantó frente a sus rivales. El caso de los númidas era extremadamente inconsistente, porque también muchos de ellos habían sido *traditores*. El resto de la Iglesia latina estaba mejor dispuesta a tolerar a los «colaboracionistas». El propio emperador romano, Constantino, se había hecho cristiano y quería patrocinar una Iglesia unificada y respetable. Ceciliano era el obispo vigente y Constantino, por tanto, lo apoyó contra lo que a los no africanos les parecían solo agravios exagerados y aldeanos.[23]

Así las cosas, el apoyo de que disfrutaba Ceciliano era muy extenso, pero distante, mientras que el de Donato, aunque limitado a África, tenía raíces muy hondas. Cada bando confiaba en su victoria, y ambos acabaron en una división irreconciliable. Hacia el año 347, el «partido de Ceciliano» recurrió a la violencia.[24] Un comisionado imperial, el conde Macario, aterrorizó África, conduciéndola a la sumisión a la Iglesia católica. Fue alabado por los católicos como «agente de una tarea santa»:[25] las rasgadas vestiduras del cristianismo africano habían sido por él «remendadas decente y rápidamente».[26] Pero el cisma no se podría volver a curar si no era a base de más fuerza. En Numidia, la «época de Macario» quedó en la memoria de los donatistas ni más ni menos que como la «época de Cromwell» en Irlanda. Su solución, basada en la fuerza, fue solo transitoria. El corto reinado de un emperador pagano, Juliano el Apóstata (361-363), la reavivó, al renovar su tolerancia a los donatistas. Ahora les llegaba el turno a los católicos de defenderse de la avalancha.

Solo después de este revés se avinieron los católicos a discutir con sus rivales. *Sobre el cisma donatista*, de Optato, obispo católico de Milevis,[27] contenía la primera exhortación a ambas partes para que se iniciaran negociaciones directas entre los obispos rivales. Pero Optato escribía una generación tarde. La «época de Macario» y la revancha de los donatistas durante el mandato de Juliano se alzaban ya como un muro entre los coetáneos de Optato y la exacta sucesión de los hechos del año 311 en Cartago. Los aciertos y las equivocaciones del «caso Ceciliano» nunca podrían influir en la gente con tanta fuerza como su propia experiencia de violencia a manos de los «hermanos» cristianos.[28]

De este modo, pues, la Iglesia donatista había llegado a ser la Iglesia predominante en Numidia: «Le dices (a un donatista): "Estáis pereciendo en vuestra herejía, en ese cisma vuestro: os condenaréis". "¿Qué tiene que ver eso conmigo? (replicaría): Viviré hoy como viví ayer, y pretendo ser lo mismo que fueron mis padres"».[29]

Agustín llegó al problema del donatismo desde fuera. Tagaste era una plaza fuerte católica y él había sido maniqueo.[30] Había vuelto a África con un espíritu muy ajeno, puesto que su modelo de vida fue proyectado «a través de las aguas», en Milán. Ni siquiera leía la misma traducción de la Biblia que sus adversarios.[31] Su ideal de Iglesia católica, además, había crecido ya hasta proporciones majestuosas fuera de la tradición africana, y se había desarrollado en polémica contra maniqueos y paganos platónicos, para los que no había sitio en los escritos de san Cipriano. Había defendido a la Iglesia católica como filósofo: solo la *auctoritas*, la fuerza persuasiva de esa institución venerable e internacional, parecía capaz de conservar y purgar el espíritu de los hombres.[32] La Iglesia católica, sin duda, era esencial para lo que Agustín más apreciaba de sí mismo: la continua búsqueda de la verdad. Ahora volvía a África y se encontraba con que la Iglesia se había dividido por una cosa tan nimia como las rencillas entre los obispos. «¡Cambiad de una vez! No estoy resolviendo un problema oscuro —les dirá—; no estoy tratando con ningún oculto misterio donde ninguna mente humana, o muy pocas, puedan abrirse camino. La cuestión es tan clara como la luz del día».[33] Los obispos donatistas exponían la misma Biblia que él, profesaban el mismo credo y celebraban idéntica liturgia; pero se negaban a ver las verdades obvias de la Iglesia católica. «Se precipitan en el infierno con los ojos abiertos».[34]

Comprensivo con los maniqueos, que preconizaban la «promesa sin adornos de la verdad»,[35] Agustín retiró estudiadamente su simpatía a los donatistas. En los últimos tiempos se ha puesto de moda interpretar este amargo conflicto entre cristianos diciendo que las diferencias religiosas no eran más que expresión de las diferencias sociales y étnicas del norte del África romano, y que los donatistas representaban una tradición popular, por lo cual no podía esperarse que Agustín, como ciudadano romanizado, mostrara comprensión.[36] Pero, de hecho, pocas diferencias de raza, clase o educación separaban a Agustín de aquellos obispos donatistas cuyas opiniones caricaturizaba en sus libelos. En cualquier caso, tal teoría añade poco a nuestra comprensión de lo que era más importante para Agustín, es decir, la línea divisoria de ideas y supuestos sumamente personales que, en su propia mente, lo separaban de los rivales donatistas.

Agustín había asimilado con rapidez la tradición católica que compartían los católicos con los donatistas;[37] pero se aproximó a esta tradición desde un punto de partida distinto, con un adiestramiento sumamente personal como filósofo, y con una posición que había evolucionado en el curso de su adaptación al episcopado. Él transformará las ideas fijas y estrechas de sus contemporáneos, de modo que sus escritos contra los donatistas señalarán la etapa final en la evolución de las primeras ideas cristianas sobre la Iglesia y sobre su relación con la sociedad en conjunto.

Si pretendemos comprender qué era ser donatista, deberíamos leer sus versiones de los *Hechos* de los mártires de la gran persecución pagana y sus descripciones de las persecuciones a manos de los católicos,[38] pues estas eran las novelas del tiempo de Agustín.

En los *Hechos*, los donatistas propugnaban una actitud como la que el judío ortodoxo tenía ante la Torá.[39] Su religión era también concebida como una «Ley». Igual que los macabeos, cuyo ejemplo los emocionaba profundamente, también sus mártires habían muerto por «sus sagradas leyes».[40] «No me preocupa cosa distinta que las leyes de Dios, que yo he aprendido. Estas cumplo y por ellas muero. En ellas seré inflamado. No hay otra cosa en la vida como esta Ley».[41]

El sentimiento de haber defendido algo precioso, de haber preservado la «Ley» que había mantenido la identidad de su grupo en un mundo hostil, eran emociones potentes. Esos sentimientos habían preservado, y preservarían todavía, la sorprendente integridad del judaísmo. En las líneas de cualquier manifiesto donatista podemos sentir la fuerza de estos sentimientos: ellos eran los que habían conducido a la Iglesia católica, aún considerada como un «auténtico Israel» que abarcaba en su pasado también a Moisés, a los profetas y a los macabeos, a la victoria en África. Tal Iglesia era *católica* en el sentido más profundo que atribuían los donatistas a la palabra, porque era la única Iglesia que había mantenido *totalmente* la ley cristiana.[42]

Una Iglesia no podía mantener enteramente la «ley» cristiana más que permaneciendo «pura». Los donatistas no eran puritanos en el sentido del norte de Europa. Agustín (que se acercaba mucho más al tipo moderno) sabía que sus lectores pensaban que los donatistas habían pretendido poseer ellos mismos semejante pureza: esto dio oportunidad a su talento periodístico para demostrar que muchos de los obispos más importantes estaban bien lejos de ser «santos».[43]

Pero la idea donatista de «pureza» extraía su fuerza de una fuente distinta. Era la pureza del grupo en sus relaciones con Dios lo que importaba. Este grupo, igual que el antiguo Israel, gozaba de una relación especial con Dios, pues solo sus plegarias eran escuchadas por Él.[44] La ansiedad que caracterizaba a los obispos donatistas provenía de que, si toleraban cualquier brecha en el orden estrecho y claramente definido del comportamiento ritual, podían alejar a Dios de su Iglesia.[45] Ellos citaban siempre aquellos pasajes en que los profetas de Israel contaban cómo Dios había cerrado sus oídos al pueblo elegido a causa de sus pecados.[46]

Cualquiera que lea un libro donatista, o incluso una obra de san Cipriano,[47] se verá sorprendido por la fuerza de la idea de pureza ritual que provenía directamente del Antiguo Testamento, pureza entendida como el temor a la pérdida súbita de fuerza espiritual *por* el contacto con cosas «impuras»,[48] o la imaginería elemental de las aguas «buenas» y «malas».[49] Tales ideas no habían perdido mucha fuerza en África en el siglo IV. Incluso el romano más intelectualizado seguía considerando la religión como un código preciso de ritos, trazado para establecer la relación correcta de la comunidad con su Dios (o con sus dioses). Agustín compartía esta opinión: el rebautismo le horrorizaba auténticamente como un «sacrilegio», ya que desfiguraba el rito católico y apropiado.[50] Los donatistas más entusiastas llevaban porras llamadas «israeles»;[51] se dedicaban a «purificar» las basílicas católicas con baños de encalado y a destruir los altares de los otros cultos.[52] Estos hombres podían comprender, mucho mejor quizá que Agustín con su exégesis complicada y «espiritual» del Antiguo Testamento, la necesidad acuciante de la «separación», de la destrucción activa y física de lo «impuro», que circulaba como un estribillo constante en las páginas de la Biblia.[53]

Lógicamente, parecería que el resaltar la necesidad de formar un grupito «puro» había de favorecer a cualquier minoría que pretendiera ser más santa que sus vecinas. Agustín destacará dentro del donatismo la existencia de «grupos fragmentarios» que, en su opinión, habían desgajado a su Iglesia en «tantas astillas».[54]

Tales grupos fragmentarios, sin embargo, no eran muy frecuentes en el donatismo. La idea básica de los donatistas era la de un pueblo elegido que había conservado su identidad sin compromiso con el mundo «impuro». Lejos de fomentar una «mentalidad de minoría», tal idea podía alcanzar el apoyo firme de toda una provincia. Este era el secreto de un éxito sin paralelo en la historia de la Iglesia antigua. Porque, igual que el inconformismo en Gales, la Iglesia donatista había atraído a su forma de cristianismo a una sociedad provinciana, aislada, llena de dignidad y suspicaz ante el mundo exterior.

La Iglesia donatista era «pura» en un sentido obvio y no particularmente exigente: se había conservado limpia *de* un crimen singular e incalificable, de la *traditio*, el sacrificio de la «ley» cristiana; es decir, de un crimen perpetrado por gente extranjera en un pasado convenientemente lejano.[55] Su casta de obispos «puros» estaba compuesta, a menudo, por personajes notables que habían mantenido su prestigio en las ciudades romanas.[56] En opinión de sus congregaciones, estos obispos representaban la sucesión ininterrumpida de la «Iglesia de los mártires»: a un sacerdote donatista un ángel le comunicó la «línea precisa de sucesión del cristianismo», que culminaba en el obispo de su ciudad.[57] En una sociedad que valoraba mucho la continuidad física tanto en la vida como en la muerte (al fin y al cabo, Mónica había deseado una vez «regocijarse con nietos carnales»[58] y había mantenido la esperanza de ser enterrada en su suelo natal),[59] estos obispos eran considerados «hijos de los mártires», tan cierto como que los despreciados católicos eran los «hijos de Ceciliano».[60] La memoria de esos mártires era constantemente revivida, junto a sus tumbas, con peregrinaciones y festividades multitudinarias que afirmaban la lealtad tenaz de la gente sencilla a sus venerados antecesores.[61]

El arqueólogo está en la mejor situación para apreciar la fuerza del donatismo en Numidia, porque hay bastantes huellas que han dejado en el suelo las fuertes raíces que una comunidad de campesinos y pequeños burgueses habían creado para su religión.[62] Había dos «grandes iglesias» en Timgad y en Bagai,[63] basílicas enormes con grandes almacenes, santuarios y posada para peregrinos.[64] A la sombra de estas «ciudades sagradas» del donatismo, las laderas de las colinas estaban salpicadas de pueblos que habían cobrado una nueva importancia a partir de la nueva religión. Podían ahora jactarse de tener un obispo propio,[65] y se unían para construir iglesias[66] que se convertirían en centro de intensas lealtades;[67] también se unieron, como solo los pueblos pueden hacerlo, para repeler a los extraños.[68] Ellos eran «la grey del Señor», «conducida a asentarse en el sur».[69]

Tales eran, en resumen, las ideas que conformaban la Iglesia donatista. Estas ideas gozaban del apoyo difundido de la gente sencilla y, en la época de Agustín, también de los más sofisticados.

Agustín sentía que tales ideas eran inadecuadas porque eran esencialmente estáticas. La Iglesia donatista era un grupo a la defensiva, inmovilizado por la ansiedad de preservar su unidad. Un obispo donatista había dicho que la Iglesia era como el arca de Noé: bien aislada en el interior y en el exterior. Era impermeable: conservaba dentro el agua buena del bautismo y no dejaba penetrar las aguas corruptoras del mundo.[70]

Para Agustín no era bastante que la Iglesia cristiana mantuviera una «Ley» sagrada. Esta postura habría condenado al cristianismo, como en opinión de Agustín había sucedido al donatismo, a quedar aislado igual que el antiguo Israel, satisfecho con guardar una alianza estática de «obediencia» entre Dios y ellos. Por el contrario, Agustín presentaba a la Iglesia católica como la heredera de un testamento y a punto de tomar posesión de vastas propiedades.[71] La expansión de la Iglesia estaba predestinada. La idea donatista de que la indignidad de algunos miembros había puesto en entredicho esta expansión, y reducía, de momento, la «verdadera» Iglesia al continente africano, causaba los mayores arrebatos de ira en Agustín;[72] porque pretender esto era tanto como permitir que el libre albedrío de los débiles seres humanos impidiera el paso a la omnipotencia y predestinación (*praedestinatio*) de Dios. «¿Vamos a mudar la predestinación de Dios?».[73] Es en tales arrebatos de ira donde reconocemos con claridad al futuro expositor de la doctrina de la predestinación del elegido.[74] Agustín arrojará sobre la gran Iglesia rival todo el desprecio de un hombre que sabía que el curso inevitable de la historia estaba de su parte: «Las nubes se amontonan con los truenos, pues la mansión del Señor será construida en toda la tierra, mientras estas ranas se quedan sentadas croando: "¡Nosotros somos los únicos cristianos!"».[75]

Pero una Iglesia en tan rápida expansión no podría jamás ser «santa» en ningún sentido que fuera inmediatamente evidente. En este punto los donatistas apelaban a lo obvio. Si se definía a la Iglesia como «pura», si era la única corporación del mundo donde residía el Espíritu Santo, ¿cómo podía ser que sus miembros no fueran «puros»? Agustín era un hombre empapado en las formas de pensamiento neoplatónicas, para quien la totalidad del mundo se le presentaba como una realidad en «devenir», como una jerarquía de formas imperfectamente realizadas, cuya cualidad dependía de la «participación» en el Mundo Inteligible de las Formas Ideales. Este universo estaba en un estado de tensión continua y dinámica, en el que las formas imperfectas de la materia se esforzaban en «hacer realidad» su estructura ideal y fija, que solo el espíritu puede captar. Y esto mismo ocurría con la Iglesia, a juicio de Agustín. Los ritos de la Iglesia eran innegablemente «santos» por la santidad objetiva de una Iglesia que «participaba» de Cristo.[76] La «Iglesia verdadera» de Agustín no es solo el «cuerpo de Cristo», ni la «Jerusalén celestial», sino que también está profundamente teñida de las ideas metafísicas de Plotino:[77] la Iglesia es la «realidad última» de aquello de lo que la Iglesia concreta en la tierra no es más que una sombra imperfecta.[78] De esta manera, los hombres que administraban y eran objeto de esos ritos no hacían más que esforzarse imperfectamente en «realizar» esta santidad, «a la manera de una cierta sombra de la realidad».[79]

Los ritos de la Iglesia se recubrían de este modo de una objetiva y permanente validez, y existían independientemente de las cualidades subjetivas de aquellos que «tomaban parte» en ellos: de un modo que

Agustín jamás pretendió entender, los ritos del bautismo y de la ordenación «imprimen» en quien los recibe una marca permanente, independientemente de sus cualidades conscientes.[80] Al mismo tiempo que escribía *Sobre el bautismo*, Agustín escribió las *Confesiones*. También en ellas se manifiesta y se retrata la juventud de un católico salpicada de advertencias sobre el poder de los sacramentos, como en el caso de aquel amigo maniqueo que fue bautizado mientras estaba inconsciente y, al recuperar el sentido, se encontró extrañamente cambiado;[81] hasta su desarrollo intelectual se ve ahora penetrado, a cada paso, por la fuerza misteriosa del «nombre de Cristo».[82]

Agustín atribuía a los ritos de la Iglesia católica una validez misteriosa y duradera, pero que tenían el objeto de hacer de la Iglesia campo de innumerables evoluciones personales. A un individuo católico los sacramentos lo «guardaban», pero seguía tendiendo ante sí los grandes procesos del crecimiento espiritual.[83] Una vez que se considera de este modo a la Iglesia visible, las relaciones que pueden establecerse entre sus miembros se vuelven inconmensurablemente más complejas y dinámicas. Tal y como Agustín lo veía, los donatistas habían resuelto el problema del mal entre los hombres negándose, sencillamente, a establecer relación alguna con él: se retiraban del contacto con una sociedad «impura» para encerrarse en un corrillo de iguales. Para Agustín no era bastante la inocencia; esta no representaba más que «un tercio» de toda la escala de las relaciones humanas a las que el buen cristiano debía exponerse.[84] Este ha de desempeñar una tarea triple: debe santificarse; tiene que coexistir con pecadores pertenecientes a su misma comunidad, tarea que implica humildad e integridad, y, además, debe estar activamente resuelto a reprenderlos y corregirlos.[85] Las severas cualidades que los donatistas aplicaban meramente a los que estaban fuera de su círculo están, en la Iglesia católica, dirigidas hacia dentro: la «política exterior», dirigida exclusivamente contra el «mundo» externo a la Iglesia, se convierte en un «frente nacional» contra lo «mundano» que hay dentro de ella.

La crítica de Agustín a lo que consideraba la actitud donatista contiene presupuestos de largo alcance, porque trata a la comunidad católica como una comunidad esencialmente compuesta por dos estratos: un elemento grande, e incluso predominante, de material humano aparentemente intratable, rodeando a un núcleo de «verdaderos» miembros. La línea divisoria entre los miembros «verdaderos» y «falsos» es, desde luego, invisible: este núcleo se concretizaría más tarde en el «número definido de los elegidos» de Agustín.[86] Pero Agustín también preveía esta minoría selecta y no tenía dudas sobre los deberes prácticos que todo clérigo católico tenía que desempeñar: por encima, y en contra de la masa de los hombres, no solo debían ser inocentes y tolerar a sus compañeros, sino que también debían estar listos, siempre que fuera posible, para pasar a la ofensiva, con severidad moderada y con autoridad activa y paternal: «Porque la barra posee su propia especie de caridad».[87]

Mientras que la concepción donatista de la Iglesia tenía una cierta consistencia pétrea, la Iglesia de Agustín era como una partícula atómica: estaba compuesta por elementos móviles, y era un campo de tensiones dinámicas con amenaza constante de explotar.

Esta concepción suya de la Iglesia lo ponía al borde de una guerra de conquista, porque, de hecho, podían verse tenaces lazos que salían de la institución hacia la sociedad romana. Los obispos dirigían ya grandes comunidades, y Agustín había llegado a reconocer que tales comunidades respondían tan solo ante la severidad.[88] A fines del siglo IV era fácil que un ideal de autoridad activa como este traspasase las fronteras de las propias comunidades católicas. Invisibles tentáculos, como por ejemplo los sacramentos del bautismo y de la ordenación que habían administrado los donatistas cismáticos, unían al resto de los cristianos de África con su auténtica propietaria, la Iglesia católica.[89] Y estos sacramentos eran como los tatuajes que los soldados de los ejércitos imperiales llevaban grabados en el dorso de la mano[90] para ser identificados en caso de deserción: de igual forma, Cristo, emperador de la Iglesia católica, estaba autorizado a volver a llamar a las filas de su Iglesia a aquellos que llevaban su marca.[91]

Esta imagen refleja bien la época de Agustín. Era una época ruda, en la que se pensaba con demasiada facilidad en términos de disciplina y de uniformidad militar. También los emperadores eran devotos católicos: no sería cuestión de más de diez años que empezaran a reunir a los desertores «espirituales» de las filas de la Iglesia católica.[92]

C'est le premier pas qui coûte. Agustín ya había dado un paso decisivo casi diez años antes de escribir sus primeros folletos contra los donatistas. Si estos, en fin, consideraban a su Iglesia como una alternativa a la sociedad, como un lugar de refugio, igual que el Arca, Agustín creía que la Iglesia tenía que hacerse compatible con la sociedad humana en conjunto: que podía asimilar, transformar y perfeccionar los lazos existentes de las relaciones humanas. Estaba hondamente preocupado con la unidad básica de la especie humana. Dios había creado a todos los hombres de uno solo, Adán, para demostrar que «nada está más dividido por la discordia que esta especie humana en su estado imperfecto, a pesar de que nada fue tan claramente dispuesto por su Creador para que viviera en unión».[93] La idea de un parentesco común con Adán es el molde en el que Agustín, en su madurez, verterá su continua preocupación por la amistad y por las relaciones auténticas entre los seres humanos.[94] El agudo sentimiento de la necesidad de recobrar cierta unidad perdida es quizá el trazo más distintivo de la mística de Agustín en la Iglesia católica. Los donatistas podían sentirse felices de estar dentro del Arca, pero Agustín estaba afectado por un problema más hondo: la especie humana estaba dividida, y la comunicación entre los hombres en sociedad era difícil. La imagen de la división de las lenguas en la torre de Babel llegó a dominar su mente.[95] La Iglesia católica era un microcosmo de la unidad restablecida de la especie humana, pues había unido ya las lenguas de los hombres en Pentecostés;[96] y no olvidemos nunca que Agustín, al fundar su monasterio, había querido recrear a su alrededor exactamente la misma comunidad que los apóstoles habían creado cuando recibieron el don del Espíritu Santo.[97] Tal monasterio había de ser un microcosmo de las relaciones humanas ideales que pudieran ser parcialmente restablecidas en la Iglesia católica.

Un hombre que percibe con intensidad que los lazos existentes entre los hombres de la sociedad están en cierto modo trastornados, pero que el grupo al que él pertenece puede consolidarlos y purificarlos, considerará a toda la sociedad circundante como materia prima que hay que absorber y transformar. Un hombre así será muy distinto del que cree que lo único que puede hacer es crear una alternativa a esta sociedad, es decir, un pequeño «Reino de los Santos», cobijado detrás de un obispo, único poseedor de una ley divina en un mundo hostil o indiferente.[98]

Los escritos de Agustín contra los donatistas revelan su creciente asimilación del depósito común de ideas al alcance de los cristianos africanos y, sobre todo, de la idea de la Iglesia como grupo claramente distinguido de la sociedad, señalado como única poseedora de una institución de ritos «salvadores». Detrás de estas ideas, sin embargo, sigue acechando el gran espejismo de los comienzos de su madurez, aún más fuerte por cuanto nunca fue analizado en una discusión. Esta era su imagen de la Iglesia católica tal como se le había presentado en Milán y en Roma: no la anticuada Iglesia de Cipriano, sino la nueva y en expansión de Ambrosio, elevándose sobre el mundo romano como «la luna creciente con todo su esplendor».[99] Una institución llena de confianza, internacional, establecida con el respeto de los emperadores cristianos, buscada por nobles e intelectuales,[100] capaz de llevar a las masas del mundo civilizado las verdades esotéricas de la filosofía de Platón;[101] una Iglesia dispuesta no ya a desafiar a la sociedad, sino a conducirla. *Ecclesia catholica mater christianorum verissima:*

> La Iglesia católica es la más verdadera madre de los cristianos...
>
> Eres tú quien somete las esposas a los maridos mediante la obediencia fiel y casta; colocas a los maridos por encima de sus esposas; unes a los hijos con los padres mediante una esclavitud libremente aceptada, y colocas a los padres por encima de sus hijos en piadosa dominación. Unes hermano con hermano mediante los lazos de la religión, aún más firmes y tirantes que los de la sangre. Enseñas a los esclavos a ser más leales con sus amos... y a los amos... a inclinarse más a convencerlos que a castigarlos. Juntas a ciudadano con ciudadano y a nación con nación; y juntas, sin duda, a todos los hombres en recuerdo de sus primeros padres, y no solo mediante los vínculos sociales, sino con cierto sentimiento de parentesco común. Tú enseñas a los reyes a gobernar en beneficio de su pueblo, y eres Tú quien advierte a los pueblos que sean más obedientes a sus reyes.[102]

XX
INSTANTIA

Como obispo, Agustín empleaba la mañana en hacer su papel de juez en el tribunal. Lo que principalmente tenía que tratar eran casos intrincados y llenos de rencor sobre división de herencias. Era raro que entre hermanos se mostrara algún acuerdo sobre las propiedades,[1] y Agustín tenía que asistir durante horas enteras a apasionadas discusiones, mientras la familia de un campesino argüía sobre cada uno de los detalles de la voluntad de su padre.

La atmósfera de una sala de juzgados acompañará a Agustín hasta la iglesia cuando predique contra los donatistas. Allí leerá el «Testamento de Dios»: que Cristo y su Iglesia deben tener «las partes más supremas de la tierra como su posesión»; y, con la misma y tranquila confianza con que Mónica había exhibido una vez su contrato matrimonial,[2] presentará ahora el «contrato matrimonial» entre Cristo y su Iglesia.[3] En conjunto, la campaña de Agustín contra los donatistas no muestra muchas trazas de moderación ecuménica; más se parecía, por la fuerza con que se llevó a cabo, a la amarga obstinación de la gente humilde en un largo proceso familiar.

Desde el año 393 en adelante, Agustín y sus colegas pasaron a la ofensiva contra la Iglesia donatista. Tenían buenas razones para hacerlo. En Hipona los católicos estaban en minoría, y recientemente habían sido boicoteados;[4] la primera apelación de Agustín a las personalidades locales fue desoída.[5] Porque era el donatismo, y no el catolicismo, la Iglesia establecida en Numidia. A los donatistas les parecía que la «paz de la Iglesia» había llegado ya,[6] y que no había más que hacer que unas pocas concesiones para completar la absorción por su Iglesia «purificada» de la desdeñada y debilitada «Iglesia de los *traditores*».[7] En Hipona, por ejemplo, habían sido corrientes, entre los grandes terratenientes locales, los matrimonios mixtos[8] y era normal hacerse donatista para encontrar salida a un proceso.[9] «Dios está tanto aquí como allí. ¿Qué diferencia hay entonces? Esta división no es más que resultado de las peleas pasadas de los hombres; a Dios se le puede venerar en todas partes».[10] Incluso el anterior obispo católico de Cartago, Genezlio, había dado por buena esta situación, y se había ganado una reputación entre los donatistas por su tolerancia.[11]

Tolerancia, en cambio, era la única cosa que Agustín no podía permitirse en Hipona; porque todas las presiones de la vida social en su ciudad parecían ir dirigidas a favorecer la erosión gradual de la minoría católica por sus hermanos dominantes. Su campaña, por tanto, estará marcada por los tonos extremistas de un hombre que riñe una batalla defendiendo sus posiciones, cuesta arriba, contra las fuerzas del conservadurismo y del sentimiento humano común.

Pero Agustín y Aurelio estaban también dedicados a una política de reforma interna de la Iglesia católica. Las decisiones tomadas en Hipona en el año 393 habían sido impopulares: muchos obispos las habían ignorado.[12] Cuando Agustín suprimió la *laetitia* el año 394, la fuerza de la reacción popular casi «hundió el barco».[13] La «paja» de su congregación podía hacer que todos se marcharan de la Iglesia con el viento frío de la próxima reforma.[14] Una política de cambio interno podía fácilmente originar un nuevo cisma si no se la unía con la perspectiva de una campaña contra un oponente de peso.

En el año 397 podemos ver hasta qué punto la decisión de Agustín había calado en sus colegas. Los lazos que unían al sacerdote católico con la sociedad que lo circundaba fueron cortados: se prohibió incluso a los hijos de los clérigos que efectuaran matrimonios mixtos[15] y a los mismos clérigos se les prohibió que hicieran donación alguna, o que dejaran algún legado a no católicos, ni siquiera aunque fuesen parientes carnales.[16] Estos principios francamente confesionales habían de meter una cuña en la sociedad africana. Precisamente entonces recibió Agustín una carta de su pariente, Severo, que era donatista: «Qué beneficio hay en la buena salud temporal o en los lazos de sangre, si voluntariamente rechazas la herencia eterna de Cristo [...]. Mas esta opinión no es mía, que no soy nadie... Son las palabras del mismo Dios Todopoderoso: Quien quiera que lo repudie en este mundo donde es Padre, lo encontrará en el venidero como Juez».[17]

Se ha dicho algunas veces que el donatismo era un «movimiento de protesta» popular que amenazaba las bases de la ley y el orden romanos en África. Este concepto no hace justicia a la situación creada por Agustín y sus colegas entre los años 393 y 405. En este periodo, el único «movimiento» venía desde arriba: fue la repentina autoafirmación de la Iglesia católica y el endurecimiento de la autoridad imperial en África contra todos los no católicos. Seguiremos la trayectoria completa de un círculo vicioso que nos resulta demasiado familiar en la historia moderna: persecución doctrinaria desde arriba, a la que no se puede contestar más que con violencia creciente desde abajo.[18]

Agustín entró en escena como la voz de la Iglesia católica. Su polémica contra los donatistas revela un instinto insospechado para el periodismo.[19] Su caricatura del donatismo de su tiempo está compuesta con tal visión para el detalle circunstancial que se la acepta demasiado a menudo, incluso hoy, como su verdadero valor facial. En aquel tiempo, sin embargo, formó parte de un uso de la propaganda sin par en la historia de la Iglesia africana. Porque Agustín vulgarizaba argumentos teológicos en forma de comentario de los sucesos del momento, machaconamente repetidos y simplificados para un auditorio semiletrado.[20] Agustín sentía el tono popular de la controversia y lo explotaba con gusto. Empezará su campaña escribiendo una canción popular[21] y contará a sus lectores, entre otros muchos bocados sabrosos de murmuración provinciana, cómo a un anciano obispo le hicieron bailar sobre su propio altar con perros muertos atados alrededor del cuello.[22]

De este modo explotaba Agustín los problemas con que se habían tenido que enfrentar los donatistas desde su posición dominante. Entre el 394 y el 395, por ejemplo, habían reprimido con éxito un cisma en su interior, el de los seguidores de Maximiano.[23] En su actuación, habían apelado a las leyes imperiales contra los herejes, con objeto de recobrar las basílicas que estaban en manos de los obispos maximianistas; y habían reabsorbido a estos obispos sin rebautizarlos. Agustín trabajó a fondo cada detalle de este incidente.[24] Mientras que los donatistas no podían absorber a sus cismáticos sin parecer inconsecuentes, los católicos sí podían.[25] La solución forzada del cisma maximianista proveyó a Agustín de un inquietante precedente: fue un «espejo»[26] en donde el donatista podía contemplar el destino que su Iglesia merecería a manos de los católicos.[27]

Ambas iglesias, en aquella época, tenían un pasado de violencia notable. Los católicos se habían implicado fatalmente en la persecución sin precedentes de la «época de Macario»; y Agustín no podía contrarrestar este recuerdo embarazoso más que haciendo públicas las brutalidades esporádicas de un ala extremada de la Iglesia donatista, los circunceliones.[28] Este extraño movimiento se parecía al de los marabúes o derviches del norte de África moderna: bandas de santones de ambos sexos que se trasladaban de pueblo en pueblo en un peregrinaje sin fin, manteniendo viva la memoria de sus mártires con entusiastas concentraciones alrededor de sus blancos santuarios encalados,[29] en una combinación de gitano y apasionado evangelista itinerante.[30] Todo intento de Agustín y sus colegas de subvertir el *statu quo* mandando predicadores a los zonas donatistas o, más tarde, usando la fuerza contra las iglesias donatistas, era mantenido a raya por estas bandas. Comparada con la presión creciente de las persecuciones católicas, la violencia de los circunceliones daba siempre la impresión de ser desordenada y sin objeto; y, al menos en Hipona, esa violencia alcanzó su clímax solo en respuesta al uso de la fuerza por los católicos.[31] Pero tales incidentes se convirtieron en «titulares de primera plana» que aseguraron que las relaciones de Agustín con el donatismo se perpetuasen en historias de «atrocidades» tan impresionantes como las que informaron vívidamente y, hay que añadirlo, con avidez, los periódicos ingleses en la época de la agitación campesina irlandesa del siglo pasado: graneros e iglesias destruidos,[32] mutilación brutal y ensañada de los renegados de «la Causa»,[33] o el asalto nocturno de una banda armada a un caserío aislado.[34]

Sea como fuera lo que Agustín escribió sobre la Iglesia donatista en libertad en Hipona, al principio se trataba de una situación parecida a la de la Guerra Fría: «Tú te quedas en lo que ya tienes. Tú tienes tu oveja y yo la mía. No te infieras con mi oveja y yo no lo haré con la tuya».[35] Pero Agustín quería tomar la iniciativa sin incurrir en el odio de parecer un agresor. Así, sus cartas a los obispos donatistas de los alrededores son escrupulosamente corteses, parecidas a las notas diplomáticas entre las grandes potencias en la Guerra Fría. Agustín espera hasta que tiene una queja legítima: entonces, armado con esta queja, ofrece una «conferencia de paz» y da a entender que, si se rehúsa esta conferencia, se sentirá libre para dar a conocer al mundo su versión del caso.[36] No es sorprendente que los donatistas locales rechazaran tales aproximaciones clarísimamente diplomáticas.

En una ocasión, sin embargo, en el año 397, Agustín y Alipio tuvieron ocasión de visitar a Fortunio, el anciano obispo donatista de Thubursicum Bure.[37] Los recibió una multitud emocionada, y los dos rivales se separaron en buenas relaciones. Agustín admitió que, «en mi opinión, tendréis dificultades en encontrar entre nuestros obispos otro cuyos juicios y sentimientos sean tan ponderados como los que hemos visto en este hombre».[38]

Pero tales encuentros eran raros, y no serían posibles más que en el pequeño mundo de la diócesis de Agustín. Tenía que allanar las sospechas de sus vecinos si quería hacer algún progreso con sus rivales. Por ejemplo, negó solemnemente toda intención de recurrir de nuevo a la violencia, como en la «época de Macario».[39] Esta concesión diplomática habría de resultar embarazosa más tarde para Agustín,[40] porque en aquellos años, y especialmente desde el 399 hasta el 401, visitó con frecuencia Cartago, y allí se encontró en un mundo menos tranquilo y se movió entre hombres más despiadados. Sobre todo iban a afectarle directamente las circunstancias políticas de la época.

En el año 398, la rebelión de un usurpador local, Gildo, el conde moro de África, fue sofocada por el emperador Honorio. La atmósfera de una «purga» se cernió pesadamente sobre la provincia reconquistada. En ese momento, nada de lo que se pudiera decir del rebelde fracasado y de sus seguidores parecía demasiado malo. Un obispo donatista, Optato de Timgad, decano de la Iglesia donatista en Numidia, había sido uno de los adictos a Gildo.[41] Como obispo de una ciudad de importancia militar, no sorprende que Optato hubiera prestado obediencia a Gildo;[42] pero es típico del implacable periodismo de Agustín hacer aparecer al obispo donatista como aliado muy próximo del hombre en quien todos podían ahora, con total seguridad, hacerse eco de la propaganda oficial, llamándolo «el enemigo más monstruoso del orden romano».[43]

El emperador triunfante, Honorio, era un católico devoto: sus tropas se habían incluso considerado protegidas por el fantasma de san Ambrosio.[44] Ahora se esperaba que el nuevo conde de África eligiera a sus amigos con más cuidado: en efecto, ningún obispo donatista, excepto Severo, obispo —pero católico— de Milevis y amigo íntimo de Agustín, se sentó a su mesa.[45]

El primer grupo religioso en sentir los efectos de este repentino endurecimiento de la autoridad no iba a ser, sin embargo, el de los donatistas. El paganismo, tanto como el donatismo, era el enemigo tradicional de los obispos católicos. A principios del año 399, agentes imperiales llegaron a África a clausurar santuarios paganos.[46] Estallaron entonces disturbios callejeros religiosos: en Sufes fueron asesinados unos sesenta cristianos;[47] en el campo, las masas católicas se mostraron tan violentas en la «purificación» de las grandes posesiones de los santuarios paganos como lo habían sido los circunceliones.[48] Agustín y sus colegas se encontraron en medio de esta tormenta. En Cartago predicó a grandes multitudes entre gritos de «¡Abajo los dioses romanos!».[49] Es la primera vez que vemos a este hombre, amante de la paz, intensamente sensible a la violencia, totalmente dominado por un nerviosismo en cuyo desencadenamiento había colaborado él mismo con su propia certeza apasionada. Pero la Iglesia católica había vuelto a demostrar que era el único grupo que contaba con el reconocimiento legal del emperador: «Tenéis que saber, amigos míos, cómo las murmuraciones [de los paganos] se unen con las de los herejes y los judíos. Heréticos, judíos y paganos han llegado a formar una unidad opuesta a nuestra Unidad».[50]

Muchos de los paganos más importantes estimaron aconsejable adaptarse a la Iglesia católica. Uno de ellos, Faustino, pretendía de este modo hacerse con un cargo en Cartago: en un sermón de considerable atractivo, Agustín incitará a su congregación a aceptar incluso una conversión tan abiertamente política.[51] Sermones como este son un ensayo general de la posterior justificación de Agustín a la forzada conversión de las comunidades donatistas. No es extraño, por tanto, que un observador donatista, Petiliano, obispo de Cirta, despreciara las continuas ofertas de negociación de los católicos como una nueva «guerra a base de besos».[52]

Toda esta excitación afectaba hondamente a Agustín. Sentía que estaba viviendo un momento de cambio de la historia, predicho desde largo tiempo atrás. Durante siglos, los emperadores paganos habían perseguido a la Iglesia: ahora, en el espacio de una generación, estos mismos emperadores habían desarraigado el vasto edificio de los dioses que los romanos habían extendido por el mundo.[53] Todo había sucedido, decía él, *valde velociter*, «extremadamente rápido».[54] Leyendo su Biblia, Agustín había llegado a considerar los acontecimientos de alrededor suyo como parte de un proceso ineludible, predicho mil años antes por David en los salmos y por los profetas de Israel.[55] La Iglesia católica se había extendido por todo el mundo: «Estaba escrito; se ha hecho realidad».[56] Lo mismo pasaba con los emperadores romanos: también ellos habían aprendido a «servir al Señor con temor y estremecimiento», suprimiendo a los enemigos de su Iglesia.[57]

Así, cuando Agustín publicó su primer tratado largo contra los donatistas, en ese momento y probablemente en Cartago, había recorrido ya un largo camino desde aquellos primeros movimientos suyos llenos de tacto como figura local en Hipona. El emperador cristiano tenía derecho a castigar las «impiedades». La nube tormentosa de una supresión forzada del donatismo puede que estuviera todavía distante, pero su contorno era claramente visible.[58] El rasgo más inquietante de este cambio era el sentido fatal de urgencia revelado por su autor:

> La masa de los hombres mantiene su corazón en los ojos y no en el corazón. Si la sangre mana a borbotones de la carne de un mortal, cualquiera que lo vea queda disgustado; pero si las almas, alejadas de la paz de Cristo, mueren en el sacrilegio del cisma o de la herejía..., una muerte más terrible y más trágica y, dicho claramente, una muerte sin duda más muerte que cualquier otra, se ríen de ella por la pura fuerza de la costumbre.[59]

XXI
DISCIPLINA

Habían pasado treinta años desde que Agustín llegó a Cartago por primera vez como estudiante. Ahora, en el año 403, volvía cargado de fama y odiado por sus enemigos.

> Pues ¿qué soy yo? —dijo a la congregación católica—. ¿Soy yo la Iglesia católica?... Me basta con estar dentro de ella. Vosotros (los donatistas) me calumniáis por mis antiguos malos pasos. Os creéis que eso es lo mejor que se puede hacer, ¿verdad? Yo soy más severo con mis propias equivocaciones que lo que vosotros hayáis sido nunca. Vosotros las sacasteis a relucir; yo las he condenado. Estas pertenecen al pasado y son de todos conocidas, especialmente en esta ciudad [...]. Como quiera que yo fuera entonces, ya ha pasado, en el nombre de Cristo. Lo que en mí ahora critican no lo conocen. ¡Ay!, hay muchas cosas mías a las que podrían asirse: ¡les estremecería conocerlas! En mi pensamiento siguen ocurriendo muchas cosas: la lucha contra las malas tentaciones en tensión que dura todo el día, y el enemigo que casi continuamente intenta hacerme caer...
>
> Hermanos, decid a los donatistas tan solo esto: «He aquí a Agustín..., obispo de la Iglesia católica... He aprendido a mirar a la Iglesia católica por encima de todas las cosas. No depositaré mi confianza en hombre alguno».[1]

Los donatistas habían sido implacables en su defensa. Aquellos de sus clérigos que se convertían al catolicismo eran tratados con especial inmisericordia. El obispo de Bagai fue acometido y dado por muerto por la congregación que había abandonado para hacerse católico. Hacia finales del año 404 había empezado, por iniciativa propia, a buscar una retribución de la corte imperial.[2] Enfrentados con tales violencias, muchos colegas de Agustín querían una solución firme y rápida, similar a la persecución del conde Macario.[3] Puede que incluso Alipio estuviera contra Agustín en esta cuestión.[4]

Agustín no quería llegar tan lejos. No es que fuera un liberal, e incluso sus primeras negaciones a favorecer la persecución fueron dictadas más por la diplomacia que por principios. Pero era un obispo muy consciente y, en el año 404, seguía sin pensar que la Iglesia católica pudiera absorber a las congregaciones donatistas que ganase por la fuerza: se producirían demasiados casos de católicos *ficti*, «falsos».[5] En Hipona se había dado cuenta de que la calidad de su propia congregación se había aguado ya seriamente por los semipaganos que se habían unido a ella en masa cuando el cristianismo se convirtió en la religión establecida.[6] Estos habían llevado consigo sus ritos primitivos, como el de festejar a los muertos, ritos que Agustín había combatido diez años atrás siendo sacerdote.[7] Así que tenía todas las razones para ver con malos ojos la perspectiva de que este goteo constante de «hipocresía» pagana se convirtiera en una inundación de donatistas resentidos, acostumbrados a emborracharse solemnemente en las festividades de sus mártires.

La prudencia de tales argumentos pudo prevalecer todavía en el concilio católico del 404:[8] los obispos no pidieron más que protección policial.[9] Pero mientras tanto el obispo de Bagai había llevado por su cuenta a la corte imperial una historia de «atrocidades».[10] En junio del año 405 se fijó un «Edicto de Unidad» radical en Cartago: se señalaba a los donatistas como «herejes» y, como tales, caían bajo las leyes generales contra la herejía.[11]

A pesar de toda su ampulosidad, este edicto era coherente con los principios generales de la legislación romana en materia de religión. Se refería solo a cosas externas. No forzaba a ningún donatista a que se hiciera católico, sino que la Iglesia donatista era «dispersada», como un partido político moderno al que se declara ilegal. Se destituía a los obispos donatistas, y sus iglesias pasaban a poder de los católicos: Agustín había de enfrentarse a la ardua y desagradable tarea de hacerse cargo de una congregación sin dirigentes.[12]

Agustín aceptó, como un acto de la providencia, el cambio político que implicaba el edicto.[13] A principios de ese mismo año había escrito a Paulino sobre cómo «habla» Dios a través de acontecimientos fuera del dominio de cada uno.[14] La verdad es que, para entonces, Agustín ya había recorrido la mitad del camino hacia la aceptación de la coerción como medio de resolver el cisma donatista; y las nuevas circunstancias creadas por el edicto no hacían más que cristalizar una actitud que venía evolucionando desde largo tiempo atrás. Pero la nueva política tenía que ser defendida agresivamente contra una batería de críticas coherentes y fáciles de entender, encarnada con igual celo por los obispos donatistas[15] y por simples maestros de escuela:[16] decían que era inaudito que un cristiano abogara por una política de persecución,[17] y que Agustín se había retractado de sus anteriores palabras.[18] Agustín, en la réplica a sus persistentes críticos, escribió la única justificación plena en la historia de la Iglesia antigua del derecho del Estado a suprimir a los no católicos.

Algunos cambios profundos e inquietantes habían tenido lugar en la postura de Agustín frente a la Iglesia y a la sociedad en sus diez años de episcopado. Las ideas de la gracia y de la predestinación, por ejemplo, habían arraigado más profundamente en él, y se replegaría sobre ellas ahora para intentar paliar la situación en que se encontraba. Tenía que absorber comunidades de donatistas mal dispuestos, pero podía tranquilizarse con la creencia de que la gracia de Dios era capaz de introducir un cambio en el corazón, incluso en personas que habían entrado en la Iglesia católica a la fuerza. Dejó, por tanto, a Dios el problema de las conversiones falsas: hacer objeciones a la política católica porque provocaba estas conversiones falsas se convirtió, en su opinión, en algo como negar el «poder de Dios»,[19] que encontraría lo que le pertenecía entre las masas que se habían conformado de mal talante con la Iglesia católica.

La teoría y la práctica habían ido de la mano para reforzar el cambio de parecer de Agustín. Al volver de Italia, quince años antes, había encontrado la comunidad africana ajena y, como tal, «indigerible». Pero luego se había acostumbrado a los hábitos y costumbres que eran comunes a las jerarquías de ambas iglesias, de modo que ahora la tarea de la absorción de la comunidad donatista no se le presentaba tan difícil.[20]

Además, cuando Agustín se hizo sacerdote, conservaba un cierto optimismo sobre la fuerza de la voluntad humana: el acto de fe seguía siendo un acto de elección consciente, y dependía de agentes humanos como la instrucción correcta y razonable. De hecho, él había intentado reformar la piedad popular en este tiempo, porque creía que mediante la persuasión[21] y la supresión de los hábitos que daban pie a falsas opiniones[22] podía convertir a una congregación de cristianos irreflexivos en otra de católicos buenos y «espirituales».[23] Pero ahora estaba menos seguro. Parecía que había gran disparidad entre las circunstancias e intenciones humanas y el objetivo invulnerable de un Dios omnipotente. La habilidad de la Iglesia católica para extenderse rápidamente, por la fuerza si era necesario, vino a depender menos de lo que un obispo consciente juzgase que fuera practicable; porque la espina dorsal de esta Iglesia había llegado a consistir en una relación insondable entre Dios y el «número limitado» de sus elegidos: de cualquier modo que entrara ese elegido en la Iglesia concreta e imperfecta de la Tierra, «Dios puede injertarlos dentro de nuevo».[24]

Para un donatista, la postura de Agustín ante la coerción era una negación flagrante de la enseñanza cristiana tradicional: Dios había hecho libres a los hombres para elegir el bien o el mal; una política que forzara esta elección era claramente irreligiosa.[25] Los escritores donatistas citaban los mismos pasajes de la Biblia en favor del libre albedrío que citaría Pelagio en época posterior.[26] En su réplica, Agustín les dio la misma respuesta que daría más tarde a los pelagianos: el acto final e individual de la elección ha de ser espontáneo, pero este acto de elegir puede prepararse mediante un largo proceso que los hombres no eligen necesariamente por sí mismos, sino que les es impuesto, a menudo contra su voluntad, por Dios.[27] Este consistía en un proceso correctivo de «enseñanza», *eruditio*, y «advertencia», *admonitio*, que podía llegar a incluir el temor, la coacción e incomodidades externas: «La coacción puede encontrarse en el exterior; es dentro donde se hace la voluntad».[28]

Agustín había llegado al convencimiento de que los hombres necesitaban ese manejo tan firme. Resumía su actitud en una palabra: *disciplina*. Pero no consideraba esta *disciplina*, como la mayoría de sus contemporáneos romanos más tradicionales hacían, como una conservación estática de la forma de vida romana.[29] Para él, era un proceso activo de castigo correctivo, un «proceso de ablandamiento», una «instrucción a base de molestias», una *per molestias eruditio*.[30] En el Antiguo Testamento, Dios había impartido sus enseñanzas al díscolo pueblo elegido por un proceso semejante de *disciplina*, inspeccionando y castigando las malas tendencias mediante series enteras de desastres por mandato divino.[31] La persecución de los donatistas era otra «catástrofe dirigida», impuesta por Dios y mediatizada en esta ocasión por las leyes de los emperadores romanos cristianos;[32] en el espíritu de Agustín esto no era más que un ejemplo especial de la relación de la especie humana en general con su severo Padre, capaz de «fustigar al hijo que recibe»,[33] y con una indiscriminación parecida a la del hombre que pega a su familia los sábados por la noche «por si acaso».[34]

Además, la situación de la Iglesia católica en África, colocada a la fuerza en cabeza de otras comunidades mal dispuestas, se parecía a la del pueblo de Israel bajo el «yugo» de la ley mosaica. Agustín insistía en que la ley también había sido impuesta claramente por la fuerza en la mayoría de los israelitas: se les había obligado, por temor, a permanecer en unidad compacta bajo la ley, aun cuando la importancia de la ley no hubiera sido entendida y amada más que por las pocas personas «espirituales» que había entre ellos.[35] Con todo, Agustín consideraba que este régimen, a todas luces coercitivo, había cumplido una misión importante: había desterrado de los judíos el gravísimo pecado del politeísmo; y era precisamente en los judíos de Jerusalén, centro de la unidad física impuesta del antiguo Israel, donde en Pentecostés se había destilado la unidad «espiritual» de la Iglesia.[36]

En cuando a las durezas y actos violentos con que se había mantenido la ley en el Antiguo Testamento, eran incidentes que hacía mucho tiempo que no impresionaban a Agustín. Los había excusado ya contra los maniqueos, años antes de que los citase como precedentes de la persecución de los donatistas.[37] Solo en un punto había cambiado de parecer: diez años antes había pensado que las eras anteriores a la venida del cristianismo pertenecían a un etapa más primitiva de la «evolución moral»,[38] y que, en sus días, el cristianismo era una religión puramente «espiritual», que se había elevado enteramente por encima de las sanciones físicas y la observancia forzada del «sombrío» pasado.[39] Ahora Agustín había dejado de estar tan seguro. Puede que el elemento «espiritual» fuera predominante en la Iglesia católica, pero se daba cuenta de que su unidad empezaba a abarcar a un vasto número de hombres «carnales», que vivían exactamente al mismo nivel moral que los antiguos israelitas y que, por tanto, no respondían más que ante el temor.[40] Esta era una conclusión profundamente pesimista. La historia de la humanidad no mostraba señal alguna de ser un ascenso gradual, por «etapas», hacia una religión «espiritual»: la especie humana seguía yaciendo, «como un gran inválido»,[41] necesitada constantemente de lo que un gran historiador liberal llamó una vez, con desagrado, el «molde de yeso vulgar» de la autoridad.[42]

La idea que Agustín tenía de la caída de la humanidad determinaba su actitud ante la sociedad. Los caídos necesitaban coacción. Incluso los mayores logros del hombre habían sido posibles mediante una «camisa de fuerza» de dureza incesante. Agustín era una gran inteligencia, con un sano respeto por las realizaciones de la razón humana; pero estaba obsesionado por las dificultades del pensamiento y por los procesos largos y coercitivos, que se remontaban a los horrores de sus días de escolar, que habían posibilitado su actividad intelectual; hasta ese punto estaba «dispuesto a doblegarse»[43] el espíritu humano caído. Decía que preferiría morir a volver a ser niño. No obstante, el temor de aquel tiempo había sido estrictamente necesario; porque era parte de la disciplina terrible de Dios, «desde las varas de los maestros de escuela hasta la agonía de los mártires», mediante el cual los seres humanos eran retirados, a causa de los sufrimientos, de sus desastrosas inclinaciones.[44]

La prueba de la necesidad de tal actitud era lo que Agustín pensaba que sucedería si alguna vez se aflojaban las presiones de la sociedad:

> Las riendas puestas en la licencia humana se soltarían y serían arrojadas lejos: todos los pecados quedarían sin castigo. ¡Derriba las barreras creadas por las leyes! La triste capacidad de los hombres para hacer daño y su prisa para la indulgencia con uno mismo se encarnizarían al máximo. Ningún rey en su trono, ningún general con sus tropas..., ningún marido con su esposa ni padre alguno con su hijo podrían detener, mediante castigos o amenaza cualquiera, a la libertad y al puro y dulce placer de pecar.[45]

Un hombre que había analizado recientemente con horror y obsesión manifiesta la fuerza de las motivaciones que le habían conducido en su adolescencia al acto completamente gratuito de vandalismo de robar peras no era probable que subestimara la peligrosa fuerza del «dulce placer de pecar».[46]

Esta idea opresora de la necesidad de la coacción alarma más posiblemente a un hombre moderno de lo que alarmó a sus coetáneos. Lo que sí sorprendía a los donatistas, sin embargo, era lo resuelto que estaba Agustín a derribar las barreras, firmemente emplazadas en el espíritu del antiguo cristiano medio, entre lo «sagrado» y lo «profano», entre las sanciones puramente espirituales ejecutadas por los obispos cristianos dentro de la Iglesia, y las presiones múltiples (y a veces horrorosas) que en la sociedad romana ejercitaban los emperadores.[47]

Fieles a su actitud defensiva, los donatistas no eran hostiles al Estado; tan solo pensaban que podían ignorarlo en lo que era más importante: en el mantenimiento de una ley divina inmaculada.[48] El obispo cubría sus estrechos horizontes: él era el único manantial apropiado de limosnas,[49] de exhortaciones y de castigos espirituales.[50] Decían que Dios había enviado a profetas y no a reyes a avisar al pueblo de Israel,[51] porque «en la Iglesia tan solo debieran enseñarse al pueblo de Dios los mandamientos de la Ley».[52]

Agustín, por el contrario, había más o menos admitido que el hombre, en su estado caído, necesitaba algo más que presiones puramente espirituales para alejarse del mal.[53] Parte de su poder de obispo para «advertir» a la oveja descarriada de África se había quedado sin objeto «con el terror» de las leyes imperiales, y «la disciplina apostólica»[54] del obispo se había difundido por la sociedad, desde la promulgación de leyes de los emperadores hasta la flagelación, por parte de los cabezas de familia, de sus subordinados donatistas para subyugarlos a la Iglesia católica.[55]

Puede ser que las primeras impresiones fueran las más duraderas en Agustín. Su primer contacto con los aspectos disciplinarios del catolicismo se había efectuado a través del fanatismo de su madre: había sido Mónica y no el obispo local quien había «excomulgado» a Agustín cuando era un joven maniqueo, impidiéndole que viviera en su casa.[56] En conjunto, era este un cambio inquietante, porque, vista la generalidad de los comentarios de Agustín sobre las funciones «restringentes» y «admonitorias» de la sociedad humana en su totalidad, les sería difícil a sus sucesores distinguir entre las fuerzas estrictamente religiosas que trabajaban por la unidad de la Iglesia católica y las presiones sociales que reforzarían esta unidad en una sociedad nominalmente cristiana.

Puede que Agustín sea el primer teórico de la Inquisición,[57] pero no estaba en posición de ser un gran inquisidor. Porque, a diferencia de un obispo medieval, no estaba decidido a mantener el *statu quo* en una sociedad totalmente cristiana. No se enfrentaba a pequeñas sectas, temidas y odiadas por toda la comunidad, sino a un cuerpo de cristianos tan grande como su misma congregación y, en muchos aspectos, muy similar a ella. La coerción religiosa, para Agustín, siguió siendo un tratamiento sencillamente correctivo: era una manera brusca de ganar de mano a sus curtidos rivales, más que un intento de suprimir a una pequeña minoría. Tenía que estar lleno de tacto y consciencia: «Porque si solo se les aterrorizaba, sin instruirlos al mismo tiempo, lo nuestro sería una tiranía inexcusable».[58] Cualquier otra interpretación de sus deberes en tal situación chocaba a Agustín hondamente. Un sacerdote hispano, Consencio, asustado por una «quinta columna» de herejía dentro de su iglesia, escribió posteriormente a Agustín preguntándole si debía aprobar el uso de agentes provocadores para averiguar los nombres de los herejes. Agustín se enfureció ante esta «ingeniosa caza con trampas»... «En lugar de hacerles caer en el lazo con falsedades, sería más fácil desarraigar su error con argumentos verdaderos, y está a tu altura bajarte para escribirles».[59]

Sin duda, después del año 405, Agustín había puesto en práctica lo que predicaba Consencio. Muchos colegas suyos supieron ser eficaces supresores del donatismo al mismo tiempo que grandes bribones.[60] El obispo católico de Hipona, Diarritus (Bizerta), encerró a su rival en la cárcel durante años y procuró que fuera ajusticiado.[61] Incluso construyó una enorme basílica, que puso a su propio nombre, para celebrar esta gran victoria; Agustín predicará el día de la dedicación de esa basílica, ¡tan cerca estaba de gente tan poco escrupulosa![62] En Hipona, sin embargo, Agustín era libre de actuar según su carácter: cubrió las paredes de la basílica donatista con carteles que dejaban clara, otra vez, la justicia eminente de su causa.[63]

A pesar del consciente comportamiento de Agustín, no se pudo evitar la violencia. Las leyes imperiales cayeron irregularmente sobre la sociedad africana. Clavaron una cuña entre el rico y el pobre, entre la ciudad y el campo. Los donatistas se quedaron sin obispos y perdieron el apoyo de las clases superiores.[64] Un terrateniente, Celerio, había hecho grabar en su honor poemas en el foro;[65] ahora se encontró con que, por ser donatista, no podía tener cargos, no podía proteger su propiedad en pleitos ni traspasarla por herencia con un testamento válido.[66] Por tanto, después del año 405, ese tipo de gente consideró que lo más prudente era conformarse a la religión establecida. Las mismas presiones de una vida social común, de los matrimonios mixtos y de respetabilidad que, en días de más tolerancia, habían militado contra Agustín en favor de los donatistas, hicieron ahora que los ciudadanos más importantes se apiñaran alrededor de Agustín, el obispo católico apoyado por los emperadores.[67]

Fuera de Hipona era distinto. Los donatistas habían establecido un clero rural numeroso y turbulento en las fincas y pueblos de sus alrededores. Estos sacerdotes se aliaron ahora con los circunceliones para enfrentar a la fuerza con la fuerza. El terrorismo circunceliano mantuvo abiertas las iglesias donatistas durante los «Días de la Penalidad».[68] Cuando el obispo donatista Macrobio reapareció en Hipona hacia el año 409, se había visto obligado a vivir cuatro años como un proscrito en los pueblos primitivos de su diócesis: ahora llegaba a la cabeza de una masa de campesinos cuya lengua ni siquiera sabía hablar.[69] ¡Era un destino extraño que esto aconteciera a un ciudadano de Hipona respetable y bien educado!

En las ciudades, por su parte, puede que la nueva política tomara un rumbo no muy diferente del que marcó tan plausiblemente Agustín: las leyes imponían «molestias» externas tales que harían pensárselo dos veces a gente respetable antes de seguir siendo donatistas; sencillamente, habían inclinado la balanza del lado de Agustín. Pero fuera de Hipona la coerción religiosa se había unido a la violencia; y la disolución de la

Iglesia donatista amenazó con degenerar en la represión sangrienta de una rebelión campesina en embrión.[70] Los terratenientes católicos no dudaban en entregar a los circunceliones en manos de Agustín para que fueran «instruidos»; no hacían más que negociar con ellos sobre el terreno «como un bandolero cualquiera».[71] Los empleados imperiales también, movidos por un primitivo horror romano al «sacrilegio», imponían automáticamente la pena de muerte a los donatistas acusados de mutilar sacerdotes o destruir iglesias.[72]

Agustín se oponía en principio a la pena de muerte, porque esta excluía la posibilidad de arrepentimiento.[73] También quería evitarla por razones estratégicas: con anterioridad, la ola de asesinatos había proporcionado a los católicos mártires auténticos; ahora no quería conferir a sus rivales una oportunidad similar de sufrimiento.[74] Una carta apasionada y sagaz escrita al procónsul de África en el año 408 muestra los elevados principios de Agustín, pero revela también su falta de habilidad para poner fin a muchas ejecuciones.[75]

Las leyes imperiales, de todos modos, tuvieron un resultado inesperado por Agustín: le impulsaron al escenario, por primera vez, como figura local influyente. Como obispo católico, era él quien había de administrar la propiedad de las iglesias donatistas; tendría que confeccionar las listas de los seguidores, recibirlos personalmente como conversos y habría de estar constantemente ocupado asegurándose de que las leyes fueran aplicadas.[76] Para algunos de sus colegas, una elevación así se reveló demasiado peligrosa y solitaria. Posidio, como veremos, intentó usar su nueva autoridad bajo las leyes imperiales para suprimir una procesión pagana en Calama: cuando la multitud de paganos le atacó, su congregación se quedó a un lado tranquilamente: pensaban que, en efecto, su obispo y el clero habían ido demasiado lejos.[77]

Agustín, por el contrario, se benefició de este cambio. Habían pasado más de diez años desde que, siendo sacerdote, polemizó con Fortunato el Maniqueo. Entonces los dos antiguos amigos se habían enfrentado en suelo neutral, en unos baños públicos y frente a un auditorio de todas las religiones.[78] Ahora, cuando otro maniqueo, Félix, llegó a Hipona, Agustín se enfrentará con él desde su trono episcopal, en el «ábside de la basílica católica». Agustín se dirige a él no solo como polemista, sino como juez de paz. «No puedo mucho contra tu poder —replicó Félix—, porque la posición del obispo es maravillosamente poderosa...».[79]

Agustín había cambiado. Hacia el año 408, un corresponsal lejano, Vicencio de Cartennas (Tenés), lo desafió a que justificara su opinión presente sobre la coerción.[80] En aquella carta estaba en juego algo más que una teoría de la persecución: era la cualidad del pasado de Agustín. Porque ambos habían estudiado juntos en Cartago. Agustín el maniqueo (porque el único padre de la Iglesia que había escrito extensamente sobre la persecución había sido él mismo, miembro de una secta perseguida) se había convertido en obispo católico de Hipona, mientras que Vicencio se había marchado aún más hacia el oeste, a ser dirigente de un grupo donatista separado, la secta de Rogato. «Te conocí, mi excelente amigo —escribió Vicencio—, como hombre dedicado a la paz y rectitud, cuando estabas muy alejado de la fe cristiana. Por aquel entonces te ocupabas en asuntos literarios. Pero desde tu conversión me han dicho [...] que has llegado a dedicar todo tu tiempo y energías a las controversias teológicas».[81]

Agustín era en ese momento un hombre que envejecía. «Ahora me conoces —replicó— que anhelo aún más el descanso y soy más celoso en su procuración que cuando me conociste de joven en Cartago».[82] Podemos captar un atisbo de cómo era Agustín en este momento en una carta larga y deprimida a Paulino de Nola:

> ¿Qué puedo decir sobre la ejecución y la remisión del castigo en casos en los que no tenemos otro deseo que dirigir hacia delante el bienestar espiritual de aquellos a quienes hemos decidido castigar o no? [...]. ¡Qué estremecimientos sentimos a causa de estas cosas, hermano mío, Paulino, santo de Dios! ¡Qué estremecimientos y qué tinieblas! Y pensamos que refiriéndose a tales asuntos se dijo: «El temor y el estremecimiento han venido a mí, y el horror me ha aplastado». Y yo dije: «Oh, si tuviera alas como una paloma, volaría lejos y me sosegaría».[83]

XXII
POPULUS DEI[1]

Agustín predicaba a hombres que creían saber en qué consistía la vida cristiana. El mundo en que vivían estaba situado «en las profundidades inferiores del universo»,[2] un pequeño depósito de desorden bajo la armonía de las estrellas.[3] Este mundo estaba gobernado por «poderes» hostiles y, sobre todo, por el «Señor de este mundo», el diablo.[4] El cristiano, por tanto, se encontraba abocado a un combate agónico, un *agon*, cuyo ring estaba claramente delimitado: era el mundo, el *mundus*. El enemigo era específico y exterior a él, el diablo, sus ángeles y sus agentes humanos. El «entrenamiento» que recibía en la Iglesia había equipado al cristiano para la merecida recompensa de la victoria en todas las competiciones, esto es, una «corona» en el otro mundo.[5] Inspiradas en tales ideas, la gente más sencilla del tiempo de Agustín seguía siendo capaz de morir por su fe: los mártires donatistas tenían visiones de coronas;[6] soñaban con librar una batalla agónica de horrible violencia,[7] y anhelaban escapar de esta «doble prisión: la carne y el mundo».[8]

Agustín nunca puso en duda los rasgos principales de esa creencia. La idea de un mundo separado de la perfección y compartido por los seres humanos y los «poderes» hostiles formaba parte de la «topografía religiosa»[9] de todos los hombres de la Edad Antigua. Agustín no hizo más que dirigir la lucha cristiana hacia dentro: el anfiteatro de esta era el corazón;[10] era una lucha interna contra fuerzas en el alma; el «Señor de este mundo» se convirtió en el «Señor de los deseos», de los deseos de los que aman este mundo y así llegan a parecerse a los demonios, esclavos de las mismas emociones que ellos mismos.[11] «No hay que acusar al Diablo de todo: hay veces que el hombre es diablo para sí mismo».[12] Del mismo modo, la victoria pasaba a depender de la adhesión a un manantial interno de fuerza, a un «permanecer en Cristo», entendido como un principio de acatamiento interior.[13] Cuando este Cristo «interior» se «duerme», la embarcación del alma ve su navegación perturbada por los deseos del mundo, y cuando este Cristo «despierta en el alma», reina de nuevo la paz.[14]

Una vez más, tanto en sus sermones como en las *Confesiones*, vemos a Agustín como un auténtico seguidor de Plotino. Enfrentado con una concepción popular semejante de la vida religiosa entre los paganos, Plotino también se había recogido hacia el interior. Había insistido en que el ascenso del alma no era, dicho crudamente, un viaje material desde un mundo guarida del demonio hasta la luz pura de la Vía Láctea,[15] sino que implicaba la realización de cierto principio latente en el mundo interior.[16] Plotino, por supuesto, llegó a una conclusión diametralmente opuesta a la de Agustín sobre la naturaleza de este principio interior: lo que para Plotino era la divinidad dentro del alma misma se convierte para Agustín en Cristo, principio disociado del alma, y que no solo es «más profundo que mi más íntimo ser», sino que también está «muy por encima de mis más altas cimas».[17] Pero ambos se oponían al ambiente de las ideas religiosas corrientes de su época. Y lo que Plotino se esforzó agónicamente en comunicar a un grupo selecto de discípulos de Roma, podían oírlo todos los domingos los cristianos de Hipona y de Cartago en los sermones de Agustín. Podían leer incluso un librito, escrito intencionadamente para ellos en un latín sencillo, «Sobre la agonía cristiana», *De agone christiano*.[18] Con esta influencia en acción, la piedad latinocristiana ya no sería nunca más la misma.

Y es que los límites del pensamiento de Agustín en sus sermones están señalados por su profunda adhesión al neoplatonismo. El amor al mundo, por ejemplo, es «condenado» no porque el «mundo» sea la guarida de los demonios, sino porque para el filósofo neoplatónico es, por definición, incompleto, pasajero y ensombrecido por la eternidad.[19] Toda la tristeza de los antiguos filósofos inundará el lenguaje de Agustín cuando hable de esta transitoriedad. La existencia humana es «como una gotita de lluvia comparada con la eternidad».[20] «Desde que empecé a hablar hasta ahora, date cuenta de que has envejecido; no puedes ver crecer el pelo de tu cabeza y, sin embargo, mientras estás ahí o mientras estás aquí, mientras haces algo, o hablas, el pelo te crece —aunque nunca tan deprisa que necesites al barbero inmediatamente. De este mismo modo se desvanece la existencia, y así va pasando la vida de uno».[21] «Que pasen unos cuantos años; que el río se deslice por su cauce, como siempre ha hecho, atravesando muchos sitios y lavando cada vez algunas tumbas nuevas».[22]

El concepto de vida cristiana en Agustín está siempre determinado por esta antítesis de tránsito y eternidad. A veces se presenta la crucifixión bajo esta luz, como recordatorio de los límites necesarios, que ya Plotino había trazado con tanta pasión,[23] entre la existencia incompleta, incumplida y desintegrada del «aquí», y la plenitud, permanencia y unidad del «allí»: «Puede que quiera ser feliz aquí, cuando aquí no existe la felicidad plena. La felicidad es una cosa real, excelente y grandiosa, pero tiene su región idónea. Cristo venía de esa región de la felicidad, pero ni siquiera él pudo hallarla aquí...».[24]

Por consiguiente, no se podía considerar que el cristiano se acercara a Dios igual que se acercaría un luchador triunfante a un jurado imparcial para reclamar su premio.[25] El cristiano debe ir con el anhelo de lo incompleto por completarse y de lo transitorio por alcanzar la estabilidad. Este anhelo podría resquebrajar los ritos de la Iglesia africana y transformar sus asociaciones tradicionales. Los cristianos de Hipona se dirigían al bautismo cantando el salmo «Como el ciervo busca el agua de la fuente»[26] y esperaban ser instruidos sobre los poderes sedantes de las aguas que fluían en la pila bautismal. En lugar de ello, su obispo les enseñó a aspirar a una cosa más fundamental, es decir, a Dios, considerado como una fuente, igual que Plotino había calificado a lo Uno como «manantial inagotable y siempre fluyente».[27] Agustín se lo dirá con toda la certeza de un contemplativo: «Mirad, algunas veces nos contenta una cierta dulzura interior. Y nuestro espíritu ha podido captar y entrever, por un fugaz instante, algo por encima de los cambios... Y ahora tengo una sensación por todo mi ser de algo más allá del tiempo».[28] «¡Ay, hombres codiciosos, qué os puede satisfacer, si no lo hace el mismo Dios!».[29]

Agustín sabía cómo jugar con el terror al infierno de su auditorio,[30] pero lo que especialmente quería comunicar era la sensación de la pérdida de algo querido, y no de castigo: «Una mujer puede decir a su enamorado: "No lleves esa capa", y él no la llevará. Y, si le dice en pleno invierno: "Como más me gustas es con túnica corta", él preferirá tiritar de frío que ofenderla. ¿Es acaso que ella no tiene poder alguno de infligirle castigo?... No, solo hay un cosa a la que él teme: que le diga "No volveré a mirarte"».[31]

Las congregaciones que oían predicar a Agustín no eran excepcionalmente pecadoras; más bien estaban firmemente arraigadas en posiciones largo tiempo instauradas y en modos de vida e ideas a los que el cristianismo era marginal. Entre gente así, el exigente mensaje de Agustín sufría la suerte del río que fluye por entre un sistema complejo de irrigación: pierde su fuerza, en el espíritu de los oyentes, encontrándose con innumerables acequias al ser dividido en una red de pequeños diques.[32]

Incluso la imaginación religiosa de estos hombres estaba rígidamente encasillada. Había dos mundos: este y el venidero. Cada uno era gobernado por sus gobernantes propios. Los dioses paganos, por tanto, eran casi imposibles de desterrar, ya que no eran dioses olímpicos clásicos, sino «potencias» sin rostro. Estas potencias habían ido llenando de forma creciente la brecha cada vez más profunda entre los asuntos diarios del hombre —sus enfermedades, sus deseos, sus ambiciones, la punzante sensación de ser víctima de influencias maléficas— y un Dios supremo a quien tanto los paganos como los filósofos cristianos se habían confabulado para hacer demasiado grandioso y distanciado en relación con la humilde ocupación de vivir en paz en este mundo.[33] Agustín se encontró amenazado por este desdoblamiento de la imaginación de sus espectadores. A ellos les habían dicho que el cristianismo era del otro mundo, y mantendrían esa idea. Cristo era especialmente conveniente como un dios del mundo venidero: había que venerarlo por siempre.[34] Sus ritos y emblemas —el bautismo y el signo de la cruz— eran contraseñas infalibles para abrir al creyente las puertas del otro mundo.[35] Pero este otro mundo tenía que ser dirigido por medios tradicionales de eficacia comprobada, es decir, por astrólogos, hechiceros y amuletos.

También a nivel familiar encontró Agustín la senda obstruida por costumbres inmemoriales. La congregación de Agustín no era especialmente disoluta; antes al contrario, era corriente que una ciudad pequeña africana del siglo IV fuera una comunidad estrecha y puritana. Constaba de familias estrechamente unidas, en las que la madre desempeñaba un papel predominante.[36] La falta de respeto a una madre chocaba profundamente tanto a Agustín como a sus oyentes.[37] Lo que un hombre hacía dentro de su casa, sin embargo, se consideraba como asunto suyo. Podía despreciar a las prostitutas, criticar el adulterio, pero (igual que Agustín de joven) no tenía nada en contra de mantener a una concubina: «"¿De verdad puedo hacer lo que quiera en mi propia casa?". Y te diré: no, no puedes. Los que así hacen van derechos al infierno».[38]

Agustín tuvo, sobre todo, que combatir la doble moral firmemente inculcada en aquellos hombres. Era una doble moral fortalecida por las leyes contra la esposa adúltera, leyes que se habían hecho aún más severas en la era cristiana.[39] Agustín insistiría en que también las esposas tienen derecho a esperar fidelidad de sus maridos. Es en esta cuestión, que afectaba más íntimamente a la estructura tradicional de la familia, donde veremos a Agustín en choque frontal con su rebaño:

> No quiero que las cristianas casadas sufran bajo este estado. Os lo advierto, solamente os impongo esta regla y os lo mando: os lo mando en mi calidad de obispo vuestro, y es Cristo quien manda en mí. Dios, a cuya vista arde mi corazón, lo sabe. Sí, os digo que yo os lo mando. Después de tantos años hemos bautizado a muchos hombres con efecto nulo, si ninguno de ellos guarda el voto de castidad que hizo [...]. Está lejos de mí el pensar que no sea de tal modo. Hubiera sido mejor no haber sido vuestro obispo, en caso de que la cuestión fuera así. Pero confío y espero lo contrario. Es parte de mi dolorosa situación estar forzado a enterarme de los adulterios y no poder ser informado de los hechos castos. Aquellas de vuestras virtudes que me causan gozo me son ocultas, mientras que lo que me aflige es demasiado bien conocido.[40]

Había otra grieta en las ideas morales de los oyentes de Agustín que este no podía sanar, ya que era una grieta dentro de la misma ética cristiana. Las comunidades cristianas habían alcanzado un grado peligroso de «especialización moral»: se dejaba una vida para el «perfecto» y otra para el cristiano corriente.[41] Y fue precisamente este creciente abismo entre la minoría ascética y la pasiva gente del montón el que acabaría llevando la cristianización del mundo romano a un punto muerto.

Agustín y sus amistades estaban hondamente comprometidos en el movimiento por la vida «perfecta» en Occidente. Agustín experimentaba toda la emoción de compartir una revolución radical de los modelos de conducta de la minoría. Llegaban noticias de todo el Mediterráneo sobre proezas notables de renuncia de aristócratas romanos.[42] Mientras que su defensa de la vida matrimonial era muy concienzuda,[43] su tratado sobre la virginidad era de lo más lírico,[44] traicionando incluso rasgos de ultrajada galantería al defender la reputación de las monjas violadas en el saqueo de Roma.[45] Como muchos hombres envueltos en un movimiento triunfante, pudo parecerle que los avances rápidos de sus ideas en un frente estrecho compensarían e incluso eclipsarían el fracaso de la sociedad en su conjunto: «"En los viejos tiempos", decís, "no había tantos ladrones de la propiedad ajena": sí, pero... en los viejos tiempos tampoco hubo jamás gente que se desprendiera de lo suyo».[46]

Una sociedad que profesa una admiración tan grande a los santos puede verse desmoralizada por el pecado ordinario. La tendencia era contentarse con la santidad experimentada por otro (delegada), aislando y admirando a una casta reconocida de hombres y mujeres «santos», que vivían una vida cuyas exigencias se consideraban tan sobrehumanas como para estar prudentemente disociada de la vida corriente de los hombres en el mundo. En la iglesia de Agustín, por ejemplo, las vírgenes consagradas estaban separadas por una balaustrada de mármol blanco puro:[47] sencillamente, la comunidad quería ver ese talismán visible de santidad situado en lugar seguro, entre ellos y las elevadas vallas de sus «santos» obispos y sacerdotes.[48] Pero en el otro extremo estaba otro grupo: la masa sólida e inamovible de los *paenitentes*, excluidos de la comunión por la rigurosa disciplina penitencial de la Iglesia africana. Y estos no mostraban inclinación alguna a volver a someterse a las elevadas exigencias de la vida cristiana. Esa era la media de los hombres corrientes del Bajo Imperio, antaño paganos y ahora cristianos bautizados, que se consolaban con la idea de que el perfeccionismo del obispo y sus monjes era solo para una minoría selecta: «Pensáis que estoy diciendo lo que digo siempre; y seguís haciendo lo que hacéis siempre... Qué haré, ahora que no soy para vosotros más que un viejo centinela: cambiad, cambiad, os lo suplico. El fin de la vida es siempre impredecible y todo hombre se enfrenta con la ocasión de caer. Os suplico, hermanos, aun cuando os hayáis olvidado de vosotros mismos, que tengáis piedad por lo menos de mí».[49]

Un obispo podía entenderse con su grey armado de muchas sanciones. El juicio final y el castigo eterno eran los «cuentos de comadre» de los cristianos[50] por excelencia. «Sucede muy raramente, en verdad casi nunca, que quiera ser cristiano alguien sin haber sido afligido por cierto temor de Dios».[51] Agustín utilizó este temor y convirtió la celebración del aniversario de su propia consagración en un acto sombrío.

> No me importa que hoy esperéis algunas frases bien dichas. Es mi deber daros la debida admonición al citar las Escrituras: «No seáis lentos con el Señor, ni os demoréis día tras día, porque su ira llegará cuando no estéis apercibidos». Dios sabe cómo tiemblo en mi trono episcopal cuando oigo esta advertencia. No puedo quedar callado, y estoy obligado a predicar sobre ello. Como temo yo, os lleno de temor a vosotros.[52]

La verdad es que los momentos en que Agustín se separa de su rebaño y lo amenaza de este modo son raros, ya que tenía la certidumbre de que, como obispo católico, había reunido a su alrededor un grupo enteramente nuevo, el de cristianos de Hipona,[53] y que, consciente o inconscientemente, el predicador tenía que mantener unido a su auditorio, contentándose con la media distancia en muchas cuestiones.

Agustín siempre consideró que estaba viviendo con un «pueblo» nuevo —el *populus Dei*, «el pueblo de Dios»—, sucesor directo de una tribu unida y distintiva, el «pueblo de Israel». No era lo suyo prorrumpir en invectivas contra la sociedad romana en general: su primer deber era cuidar de lo suyo y mantener la unidad y la moral de su «pueblo», la congregación católica.

Como el antiguo «pueblo de Israel», la congregación era una institución mixta. Las diferencias de riqueza y de comportamiento eran bien conocidas. Notablemente insensible a la infidelidad y a la fornicación,[54] el católico medio tenía una vista de lince para señalar al usurpador de tierras, al usurero o al borracho.[55] Igual que el salmista en el antiguo Israel, lo que le movía era menos una «conciencia de clase» moderna, dirigida contra la dominación de la vida social de una ciudad por un grupo de hombres ricos y egoístas, que el hecho irritante de que tales notorios pecadores hubieran conseguido quedar impunes: «Me enojaba con los pecadores al ver la paz de los pecadores».[56]

Agustín tenía que guardar unida a su grey, y esta no debía ser dividida por la envidia. Tenía, por tanto, que proteger a los miembros impopulares más que excluirlos. Su profundo convencimiento, por ejemplo, de la fuerza imponente de la costumbre, le hizo ser más indulgente con los borrachos de lo que su comunidad habría deseado.[57] Hay pocas dudas de que la necesidad de mantener el sentido de la unidad en su grey, en especial contra las críticas donatistas, le condujo a disculpar y quizá incluso a confabularse con la muy real división ante ricos y pobres. Agustín raras veces se enfrentará con los ricos a la manera de Ambrosio.[58] Este había dicho a su grey sin rodeos que «el viñedo de Nabot podía ser una historia vieja, pero que seguía ocurriendo todos los días».[59] Prorrumpía en invectivas contra los terratenientes locales de Milán al modo de un patricio de cuna, sabiendo íntimamente lo que significaba ser muy rico en el Bajo Imperio, y menospreciando a los que no pensaban en nada más que en enriquecerse aún más.[60] Agustín, por el contrario, pediría a menudo una tregua en estas desagradables tensiones: «No es una cuestión de ingresos, sino de deseos [...]. Mira al rico que está a tu lado: quizá tenga muchísimo dinero, pero ninguna avaricia;[61] mientras que tú, que no tienes dinero, tienes muchísima avaricia». «Esforzaos en lograr la unidad, no dividáis al pueblo».[62]

Sentirse parte de un grupo le importaba mucho más a Agustín que denunciar a su congregación desde fuera. Sabía que podía seguir el ejemplo de san Cipriano aprovechando una época de calamidades públicas para denunciar los pecados de su congregación.[63] No obstante, cuando la época de tales calamidades llegó con el saqueo de Roma, prefirió reunirse con sus oyentes, dirigiéndose a ellos como «conciudadanos de Jerusalén» y hablándoles no del castigo que merecerían en el juicio final, sino de la vida futura, todos juntos, en «aquella dulce ciudad».[64]

Este es el secreto de la enorme fuerza de Agustín como predicador: se preocupará primeramente por colocarse en medio de su congregación,[65] apelando a sus sentimientos hacia él y reaccionando con inmensa sensibilidad a sus emociones, de modo que, mientras el sermón progresa, los va arrastrando a su propia manera de sentir.[66] Sabía identificarse tanto con su congregación como para inducirlos a que se identificaran totalmente con él.

Agustín no estaba aislado de su auditorio ni siquiera materialmente, como estaría un predicador moderno subido en el púlpito por encima de los bancos donde se sienta la congregación. La congregación en Hipona permanecía de pie durante el sermón, mientras Agustín se solía sentar en su *cathedra*. La primera fila, por tanto, se encaraba con su obispo aproximadamente a la altura de sus ojos y a una distancia de unos cinco metros.[67] Agustín les hablaba directamente, improvisando el sermón. La fluidez natural de su latín vívido y puro sabía en ocasiones caer, con encantadora conciencia de ello, en algún término poco clásico, o se lanzaba a hacer frases en rima o acertijos y juegos de palabras que deleitaban el oído de un auditorio iletrado.[68]

Pero no había casi lugar en los sermones de Agustín para el talante tranquilo del contemplativo. Un auditorio se identifica solo con un hombre excitado; y Agustín se excitaba con ellos; el anhelo vehemente de paz,[69] el temor[70] y la culpa[71] eran emociones ante las cuales su auditorio reaccionaba con gritos y hasta con rugidos.[72] Esto podía ser peligroso. Cuando Agustín predicó contra el pelagianismo, por ejemplo, vemos con demasiada claridad cómo Pelagio, el austero defensor de la independencia del espíritu consciente, se convierte en objeto de las burlas de un hombre que sabía tocar la fibra más turbia del sentimiento de una gran multitud, con su penetrante sentido de culpabilidad sexual[73] y con su terror a los caminos insondables de Dios.[74]

Sermones como este, sin embargo, eran normalmente actuaciones excepcionales ante la muchedumbre excitada de Cartago. Agustín estaba seguro de su papel básico, que no era provocar la emoción, sino distribuir alimento. La idea del compartir el pan de las Escrituras, de «alimentar a la multitud» mediante la exposición de la Biblia, idea enriquecida con complejas asociaciones, es fundamental en el concepto que tenía Agustín de sí mismo como predicador.[75] El chiquillo que había entregado a su «pandilla» bocaditos robados[76] se iba a encontrar, como obispo, dándolos incesantemente: «Voy a alimentarme para poder daros de comer. Soy el criado, el que sirve la comida y no el amo de esta casa. Yo os presento aquello de donde yo saco mi vida».[77] Como escribió a Jerónimo, él no podría ser nunca un erudito bíblico «desinteresado». «Si cobro cualquier cantidad de conocimiento (en las Escrituras), se lo pago inmediatamente al pueblo de Dios».[78]

Para Agustín y sus oyentes, la Biblia era literalmente la «palabra» de Dios. Se la consideraba como una única comunicación, un mensaje único en un código complicado, y no como una colección heterogénea de libros diferentes. Era, sobre todo, una comunicación que estaba intrínsecamente tan por encima del espíritu humano que, para ser puesta al alcance de nuestros sentidos, tenía que ser comunicada por medio de un intrincado juego de «señales» (de forma muy parecida a como el terapeuta moderno entra en contacto con el mundo interior de un niño a través de modelos significativos que surgen en los juegos con arena, agua y ladrillos): «El modo de enseñanza de la Sabiduría elige la forma de insinuar cómo debería considerarse a las cosas divinas a través de ciertas imágenes y analogías al alcance de los sentidos».[79] Con este método, los incidentes más extravagantes del Antiguo Testamento se podían tornar como «señales», que comunicaban de manera alusiva algo que se haría explícito en el Nuevo.[80]

Una vez que se considera posible que algo más grande que nuestra certeza consciente es capaz de una comunicación humana activa, ya se trate de la personalidad «completa» (consciente o inconsciente en el moderno psicoanálisis), o de la inefable Palabra del antiguo exégeta cristiano, una actitud como la de Agustín ocurre con toda naturalidad. Porque esta comunicación es vista como revelándose a sí misma a través de «señales»: por la imaginaria de los sueños, por señales extrañas, por *lapsus linguae*... En definitiva, por cosas absurdas,[81] que actúan como advertencias, tanto para el exégeta como para Freud, de la existencia de profundidades ocultas y complejas.

Así pues, el exégeta, frente a la Biblia concebida como una comunicación de este tipo, se adiestrará en escuchar la voluntad singular y oculta que se ha expresado a sí misma en la selección deliberada de todas y cada una de las palabras del texto;[82] ya que, en un texto sagrado, «todas las cosas se dijeron exactamente como necesitaban ser dichas».[83] De modo que lo primero que ha de preguntar el exégeta no es «qué», «qué naturaleza exacta tenía esta práctica religiosa particular en el Cercano Oriente», sino «¿por qué?»: ¿por qué ocurre este incidente, esta palabra y no otra, precisamente en este momento del interminable diálogo con Dios?; y, en consecuencia, ¿qué aspecto de Su más hondo mensaje comunica? Como aquel niño que planteaba la cuestión básica: «Mamá, ¿por qué es una vaca?», Agustín recorrerá el texto de la Biblia de tal modo que todos sus sermones aparecerán salteados de «*Quare... quare... quare*». «¿Por qué?..., ¿por qué?..., ¿por qué?».

Veremos que la actitud de Agustín ante la alegoría resume toda su actitud ante el conocimiento.[84] Pero es posible que sus oyentes tuvieran razones menos complicadas para disfrutar de los sermones de su obispo. Porque, bajo esta luz, la Biblia se convertía en un rompecabezas gigantesco, igual que una gran inscripción escrita con caracteres desconocidos.[85] Tenía todo el atractivo elemental del acertijo, de esa forma primitiva de triunfo sobre lo desconocido que consiste en encontrar lo familiar escondido bajo un traje ajeno. Los africanos sentían un amor particular y barroco por la sutileza. Siempre les había gustado hacer juegos de palabras, y sobresalieron en escribir elaborados acrósticos; la *hilaritas* —mezcla de emoción intelectual y puro placer estético en una notable ostentación por el ingenio— era una cosa que apreciaban sobremanera.[86] Agustín les daba precisamente esto: sabía mantenerlos pendientes y fascinados mientras explicaba por qué hubo trece apóstoles y solo doce tronos donde pudieran sentarse.[87] Podía comunicar a su congregación su ascenso contemplativo a Dios;[88] podía hacer saltar las lágrimas de todos los habitantes de una ciudad...,[89] pero debía su posición de predicador «predilecto» al modo tan característico en que se arrellanaba en su sillón y, como el inspirado maestro que siempre había sido, hacía que sus oyentes se identificaran con sus emociones personales al desenmarañar un texto difícil: «Voy a intentar desentrañar los secretos ocultos del salmo que acabamos de cantar; y voy a desarrollar un sermón sobre él, para contentar vuestros oídos y vuestro espíritu».[90] «Reconozco que esto *es* un problema. *Llamad, y se os abrirá*: llamad concentrándoos intensamente; llamad mostrando un interés agudo; llamad incluso por mí, orando por mí, ya que sacaría algo bueno de ello por habéroslo dicho».[91]

A través de la rutina inconsciente de estos sermones es como llegamos lo más cerca posible a los fundamentos de las cualidades de Agustín como pensador. Visto en acción, desde tan cerca, la impresión global es aplastante. Agustín es en gran parte producto de una cultura que admiraba el completo dominio de los textos combinado con una gran sutilidad dialéctica en su interpretación.[92] Su memoria, adiestrada en los textos clásicos, era fenomenalmente activa.[93] En un mismo sermón podía moverse por toda la Biblia, yendo desde Pablo hasta el Génesis, pasando por los salmos y volviendo, citando versículo a versículo. Este método exegético, que implicaba crear una estructura total de ecos verbales, uniendo cada una de las partes de la Biblia, estaba particularmente indicado para enseñar un texto hasta el momento desconocido a un auditorio acostumbrado a memorizar de oído.[94] Y, como un maestro de escuela, Agustín tendía a presentar la Biblia como una serie de ejercicios o problemas. No deja ni por un instante distenderse la impresión de un intelecto de tremenda agudeza. Esta dura cualidad intelectual, tenaz hasta ser quisquillosa, era lo que Agustín cotizaba más de sí y lo que más eficazmente comunicaba a su auditorio. Era el secreto de su estilo cotidiano, su estilo «calmado»:

> Cuando se resuelven problemas excepcionalmente difíciles, se presenta con una aparición inesperada y demuestra que el orador puede expresar formulaciones singularmente penetrantes de modo repentino; cuando golpea en el punto débil del adversario y es capaz de exponer como falso un argumento que había parecido incuestionable, y todo esto con un cierto toque estilístico... puede provocar un aplauso tan entusiasta que difícilmente podía considerarse «calmado».[95]

Pero, sobre todo, hay en Agustín un sorprendente poder de integración. Era capaz de comunicar a la perfección la idea del «Verbo», básica en la Biblia, como un todo orgánico. Sus hermosos sermones sobre los salmos son absolutamente únicos en la literatura patrística; ya que, para Agustín, cada salmo tenía un «cuerpo singular de sentimiento, que vibra en todas sus sílabas».[96] Cualquiera de sus salmos podía, por tanto, considerarse como un microcosmo de toda la Biblia, la perfecta esencia del cristianismo refractado en el exótico espectro de un poema hebreo. Agustín divaga raras veces: se «desenrolla».[97] Un solo incidente como la yuxtaposición de Cristo y Juan Bautista se «desenrolla» de manera que las implicaciones de la frase de Juan «Él crecerá, y yo tengo que disminuir» se extienden por toda la Biblia y llegan a reflejarse incluso en el ritmo de las estaciones: «Se podrían decir muchas cosas sobre san Juan Bautista, pero nunca acabaría de contároslas, ni vosotros de escuchar. Entonces, permitidme que las complete en pocas palabras: el hombre tiene que ser humillado y Dios debe ser enaltecido».[98]

Este sentido de que el incidente particular es el vehículo por el que puede expresarse un todo orgánico da idea de la belleza de la exégesis de Agustín. Al igual que los incidentes de su propia vida en las *Confesiones*, el significado sale a la luz, de repente, en un pequeño detalle. Si el padre del hijo pródigo «se apoya sobre sus hombros», es Cristo quien coloca su yugo sobre el cristiano, y, en un instante, vemos el incidente como lo vería Rembrandt, cada línea de la pesada figura del viejo cargada de significado. «En cierto sentido, la importancia deriva de la inmanencia de la infinitud en lo finito».[99]

Agustín predicó de esta manera treinta y nueve años. La experiencia le influyó hondamente, porque se había acercado a su posición de predicador con considerable recelo. Él era un contemplativo en la tradición austera de Plotino, y llegó casi a considerar el mismo hecho de hablar como una caída del alma lejos de su acto interno de contemplación.[100] «Nada me parece mejor, nada me es más dulce que mirar el Tesoro Divino sin ruido ni apresuramiento: eso es lo mejor y lo más dulce. Tener que predicar, que atacar, que lanzar advertencias, que edificar, y sentirme responsable de cada uno de vosotros, es una pesada carga, un gran peso sobre mí, un trabajo penoso».[101]

Como sucede a menudo en su caso, Agustín usaba esta tensión de un modo tan creador precisamente porque ello le permitía sentir con fuerza los polos opuestos que había dentro de sí. La comunicación le fascinaba: «Porque mi propio modo de expresarme casi siempre me desconsuela. Estoy ansioso por hacerlo lo mejor posible, tal como lo siento dentro de mí antes de expresarlo en palabras: y cuando veo que es menos impresionante de lo que había creído, me entristezco, porque mi lengua no puede revivir lo que siente mi corazón».[102]

La enorme presión que resultaba de la necesidad de comunicación conseguirá nada menos que desmontar el elaborado andamiaje de la antigua retórica. Porque, como Agustín alcanzó a ver al fin de su vida, la retórica había consistido en pulir un producto acabado, el lenguaje en sí mismo, según reglas elaboradas y sumamente conscientes,[103] pero ignoraba el problema básico de la comunicación: los problemas que se le plantean al hombre que anhela averiguar un mensaje o a un profesor que quiere que su clase comparta sus ideas.[104] La inmediatez era el nuevo criterio de Agustín. Dada alguna cosa digna de decirse, el modo de decirla seguiría de modo natural, como un acompañamiento inevitable y no abstracto de la propia intensidad del que habla:[105] «El hilo de nuestro discurso toma su vida del mismo goce que sentimos al decir lo que estamos diciendo».[106] El impacto era también inmediato, ya que el estilo del orador no se consideraba como un armazón armonioso de piezas prefabricadas, que un experto podía desmontar en pedazos, sino más bien como la unión inseparable de forma y contenido al calor del mensaje, hasta el punto de que «es desperdiciar el tiempo decir a alguien que una cosa es digna de admiración, si quien lo dice no lo siente».[107] Si leemos en las *Confesiones* algunos pasajes de platónico lirismo y los comparamos con el lenguaje pomposo con que Agustín había expresado esas mismas ideas en uno de sus diálogos filosóficos más clásicos, veremos inmediatamente que la lengua latina ha sido fundida, que ha prendido su luz en la llama casi cotidiana de los sermones de Agustín.[108] Es esta pasión la que le gustaba de los profetas hebreos. Su oído era sensible al encanto de un lenguaje exótico, a una sintaxis que, al fin y al cabo, no estaba tan lejos del púnico que debió escuchar (y al que se referiría muchas veces como sustituto de su ignorancia del hebreo),[109] al extraño atractivo de las frases reiteradas de los salmos,[110] o a los nombres de las ciudades israelitas que tachonaban algún pasaje como «luminarias».[111] Pero vio en los profetas, sobre todo, a hombres como él mismo: hombres que llevaban un mensaje a todo un «pueblo»: «Un martillo que hace añicos las piedras».[112]

Agustín vivía las emociones a las que apelaba. En su madurez, le preocupó cada vez más la idea del «cuerpo místico» de Cristo, cuerpo del que Cristo era la cabeza, y todos los verdaderos creyentes, los miembros.[113] Para un platónico, la unidad del cuerpo era sobre todo una unidad de sensaciones: el alma era el centro del cuerpo, porque únicamente ella era el núcleo donde se experimentaban todas las emociones del cuerpo.[114] Fue esta doctrina la que posibilitó a Agustín la toma de contacto con las vastas reservas de sentimientos que había en las Escrituras hebreas.[115] Porque, vistos bajo esta luz, los salmos eran las memorias de las emociones de Cristo y de sus miembros. Igual que Él se había encarnado humanamente, también se había abierto, por voluntad propia, al sentimiento humano.[116] Estos sentimientos solo están insinuados en los Evangelios. Cristo es en los sermones de Agustín, a menudo, la figura pálida e impasible de los mosaicos romanos tardíos: su crucifixión es un acto solemne y ponderado de poder, el «sueño de un león».[117] Pero, cuando se inclina sobre los salmos, Agustín saca de ellos un depósito inmensamente rico de emociones humanas, ya que en ellos estaba Cristo hablando directamente por boca del apasionado rey David. El canto del desesperado fugitivo de la ira de Saúl es la historia interna de la pasión: «El abatimiento cayó sobre mí, y me dormí».[118] «Su voz en los salmos —una voz que canta alegremente, que gime, que se regocija con la esperanza, que suspira en su estado actual— es la que desearíamos conocer íntimamente, sentirla totalmente y hacerla nuestra».[119]

La voz de Agustín adquirirá tonos más ricos a las puertas de la vejez, sobre todo en los sorprendentes sermones que predicó cuando tenía sesenta años, sobre la «Ciudad de Dios». Su concepto de los lazos del sentimiento humano se hará más intenso, y una mayor seguridad del placer de su auditorio, de su capacidad para el amor y el temor se filtrarán en su predicación. En estos sermones empezamos a oír los cantos de África:[120] la «dulce melodía» de un salmo cantado por las calles,[121] las «serenatas»[122] y, sobre todo, los extraños y rítmicos cánticos del campo. Son estas canciones campesinas las que, al final, proporcionarán a Agustín, el austero obispo neoplatónico, una imagen más digna de la plenitud de la visión de Dios: «Los hombres que cantan de este modo —en la cosecha, al recoger las uvas o en cualquier tarea que los absorba totalmente— pueden empezar por mostrar su contento con canciones, pero pronto se llenan de tal felicidad que ya no pueden seguir expresándose con palabras y, dejando a un lado las sílabas, entonan un jubiloso cántico sin palabras».[123]

XXIII
DOCTRINA CHRISTIANA[1]

Cuando Agustín tomó asiento como obispo en su *cathedra*, con un libro abierto sobre las rodillas, no se debió de encontrar en una posición muy diferente a la que había estado acostumbrado en su carrera anterior. Volvía a ser el maestro que expone un texto venerado. En el primer retrato que de él se conserva, lo vemos sentado, como el hombre culto típico de su época, con los ojos fijos en un libro.[2] Hasta cuando miraba alrededor suyo en la iglesia, lo que veía en las paredes no eran las brillantes innovaciones de los mosaicos romanos tardíos, sino más páginas abiertas: las escenas y los versos que él había hecho escribir en ellas, y que serían el «libro» de su congregación.[3] Como hombre de letras tardorromano hasta la médula que era, el mundo de la naturaleza no era más que una «pantomima» de Dios:[4] lo que le interesaba de verdad era la palabra hablada, las palabras de Dios confiadas en un libro, «con una elocuencia, una enseñanza de la salvación perfectamente apropiada para emocionar los corazones de todos los aprendices».[5]

Dejemos constancia de hasta qué punto la «elocuencia divina» de Dios coincide con la elocuencia del escritor romano tardío. Porque nadie como él haría un culto de la ocultación de los significados. Él vivía entre colegas entendidos, que se habían embebido demasiado en demasiados pocos libros.[6] No hacía falta seguir siendo explícitos: solamente los significados ocultos,[7] las palabras raras y difíciles[8] y elaborados circunloquios[9] podían ahorrar a sus lectores el aburrimiento, el *fastidium*, y salvarlos de esa pérdida de interés por lo obvio que aflige al hombre superculto.[10] Creía (con André Gide, entre otros) que la mera dificultad de una obra literaria hace a esta más apreciable, un modo bastante siniestro de pensar en una época en la que los hombres educados tendían a formar una casta y rechazaban a cualquier extraño mediante su posesión en exclusiva de los autores antiguos. Ese estrecho canon de los autores clásicos se recubría con un halo de sabiduría: había que desplegar de forma constante una agilidad intelectual, absolutamente ajena al hombre moderno, para sacar a la luz el tesoro inagotable que, así se creía, yacía oculto en una cantera tan dificultosa.[11]

De modo que cuando Agustín quería justificar su método alegórico de interpretación, con el cual extraía unos significados tan profundos de un texto tan oscuro y difícil de manejar como el Antiguo Testamento, siempre podía apelar a los gustos de su auditorio. Pero este gusto general no basta para explicar plenamente su adhesión al método alegórico. Porque, a pesar de su difusa penumbra, característica general de la expresión críptica, el método alegórico propiamente dicho había sido confinado a una zona precisa de la cultura antigua, a la interpretación filosófica de los textos sagrados paganos, judíos y cristianos.[12]

La idea de la alegoría era el resultado de una actitud seria ante las limitaciones del espíritu humano y ante la naturaleza de las relaciones entre el filósofo y los temas de su pensamiento. Era una relación particular. El filósofo religioso exploraba un mundo espiritual que era, por su misma naturaleza, «eternamente maravilloso y eternamente inaccesible».[13] No se le debía hacer «insípido con la veracidad» mediante afirmaciones baldías, sino que el espíritu debía avanzar de indicio en indicio, abriendo con cada descubrimiento aún mayores profundidades. Los peores enemigos de este examen eran, desde luego, la superficialidad, el peso muerto del sentido común y los estereotipos habituales que hacían que un hombre dejara de sorprenderse y de emocionarse, velando así las complejidades más vertiginosas con la pátina de lo obvio. Tomemos el problema del tiempo: «Estamos siempre hablando del tiempo y de los tiempos... Son las palabras más sencillas y corrientes y, sin embargo, son profundamente oscuras y su significado está aún por descubrir».[14]

También la Biblia había sido «velada» por Dios con objeto de «ejercitar» al buscador. Era una prueba difícil, igual que podía serlo un problema filosófico: el superficial se contentaría con lo obvio, con la «letra», mientras que solo el hombre profundo podía captar el más oculto significado, el «espíritu». Desde luego, nadie podría acusar a Agustín de querer ser superficial. Mientras que Ambrosio consideraba que, por ejemplo, el salmo 118 era «tan claro como el día»,[15] a Agustín le parecía «tanto más profundo cuanto más obvio parece».[16] Porque, detrás de la simplicidad engañosa de las construcciones hebreas, él había decidido ver la gran complejidad de sus ideas sobre la gracia y sobre el libre albedrío, veladas para una mente menos curiosa, pero fuente de admiración para el filósofo.

Esta era la función que la mayoría de los filósofos antiguos habían asignado a la alegoría,[17] que fácilmente podía transformarse en una justificación del esfuerzo por el esfuerzo mismo. Pero Agustín fue más allá, y logró una explicación singularmente comprensiva de la razón por la que la alegoría había sido necesaria en primer lugar: la necesidad de semejante lenguaje de signos era el resultado de una dislocación de la conciencia humana. En esto, Agustín tomaba una posición análoga a la de Freud. También en los sueños se dice que un mensaje directo y poderoso se disfraza de algún mecanismo psíquico en una multiplicidad de «signos» absurdos e intrincados y, sin embargo, susceptibles de interpretación, como los pasajes «absurdos» y «oscuros» de la Biblia. Ambos personajes suponen que la proliferación de las imágenes se debe a algún acontecimiento preciso, al desarrollo de alguna falla geológica a lo largo de la conciencia hasta entonces no dividida: para Freud esto es la creación del inconsciente por la represión; para Agustín, el resultado de la Caída.[18]

Porque la Caída original había representado, entre otras muchas cosas, la caída desde el conocimiento directo hasta el conocimiento actual, indirecto y a través de signos. La «fuente interior» de certeza se había secado: Adán y Eva se encontraron con que solo se podían comunicar entre sí con el embarazoso artificio del lenguaje y de los gestos.[19] Agustín estaba preocupado, especialmente, por la coexistencia de estos medios de conocimiento, necesarios pero defectuosos, por «signos» con algún relámpago de certeza directa. Seguía siendo un filósofo en la tradición platónica. Los sabios, tanto paganos como cristianos, habían podido elevarse sobre las cosas materiales hasta «una inefable realidad captada solamente por el espíritu», «durante un momento, como una luz cegadora, como un relámpago resplandeciente a través de densas tinieblas».[20] Pero Agustín encontraba dolorosamente pasajeras semejantes experiencias: «Tú reflejaste la debilidad de mi mirada, cegándome con demasiada fuerza, y quedé sacudido por el amor y el temor [...]. Y aprendí que "Tú has curado a los hombres de la iniquidad y Tú hiciste que mi alma temblara como una mariposa"».[21] La idea de la visión de Dios, constantemente expresada por Agustín a través de los salmos, se verá teñida con ecos distantes de esa mezcla de fascinación y de terror que, en Oriente Próximo, siempre había rodeado a la «serenidad de Dios».

El remedio era sencillo: «Mientras tanto, que sean las Escrituras la *serenidad de Dios*».[22] El abismo que separaba la consciencia directa de Dios de la dislocada conciencia humana, que había sido como «reprimida» por la Caída, fue misericordiosamente salvado por la Biblia mediante una maravillosa proliferación de imágenes. Era como si la vista hubiera buscado descanso del cegador sol africano en el frío resplandor de un cielo nocturno.[23]

Tal era el molde en el que Agustín vertió su vida intelectual en su edad madura: un espíritu que antaño había esperado adiestrarse para la visión de Dios por medio de las artes liberales, descansaría ahora en el bloque sólido y difícil de la Biblia cristiana. Por esta razón, los tres últimos libros de las *Confesiones* son en gran manera la parte más estrictamente autobiográfica de todo el libro. Al tomar la forma de una exégesis alegórica de los primeros versos del Génesis, indican exactamente qué había llegado a considerar Agustín como la esencia de su vida de obispo: «Dadme, pues, espacio para mis meditaciones sobre las cosas ocultas de Vuestras Leyes, y no las cerréis rápidamente de nuevo a quienes llaman a esta puerta. Por algo has querido Tú que tantas páginas se escriban como secretos velados [...]. Completad vuestra obra en mí, oh Señor, y abridme estas páginas».[24] Sin duda, el modo en que Agustín utilizaba la Biblia hacía de ella el combustible de un horno explosivo, porque, interpretándola en forma de alegoría, encontraba allí todo lo que más había valorado en su labor intelectual: la actividad febril, la emoción del descubrimiento y la perspectiva de un cambio sin fin en la búsqueda de la sabiduría por el filósofo:

> La aparición de la verdad mediante signos tiene un gran poder para alimentar y abanicar ese ardiente amor por el que, como bajo una ley de la gravedad, fluctuamos de arriba abajo hasta nuestro lugar de descanso. Las cosas presentadas de este modo mueven y suavizan nuestro afecto mucho más que si hubieran aparecido en frases vacías [...]. Es difícil esclarecer el porqué de esto... Yo creo que las emociones se encienden menos fácilmente mientras el alma está absorbida completamente por las cosas materiales; pero cuando se la lleva por los signos materiales de realidades espirituales, y marcha desde ellos a las cosas que representan, cobra fuerza precisamente de este mismo acto de pasar de uno a otro, igual que la llama de una antorcha, que arde con más brillantez cuando más deprisa se mueve...[25]

Veinte años más tarde, Agustín había compuesto ya un vasto comentario sobre el Génesis, el *De Genesi ad litteram*, y había registrado a fondo las Escrituras en los primeros libros del *De Trinitate*. Entonces podía escribir por experiencia propia: «Porque es tanta la profundidad de las Escrituras cristianas que, aun si intentara no hacer otra cosa que estudiarlas desde la niñez hasta la senectud, con el ocio más pronunciado, el celo más incansable y con mayor talento del que poseo, seguiría progresando y descubriendo sus tesoros...».[26]

Agustín escribió esto, en el año 411, a un joven pagano que estaba empapado en los clásicos. Era el desafío más directo que podía proponer aquel hombre: Agustín estaba convencido de que también los cristianos poseían un clásico tan inagotable y absorbente como Virgilio u Homero habían sido para los paganos. Su Biblia podía formar a un hombre con todo lo que necesitaba para la vida. Solo su texto podía convertirse en el centro de toda una literatura auxiliar. En una época en que se consideraba la cultura exclusivamente como la comprensión de un texto clásico, la Biblia era nada menos que la base de una «cultura cristiana», una *doctrina christiana*.[27]

Ahora bien, el estudio de la Biblia, en este sentido, no solo implicaba una especulación teológica mediante el método alegórico, sino que podía dar lugar a toda una serie de temas literarios que desconocían los lectores clásicos, tales como el conocimiento del hebreo, el de la historia del antiguo Oriente Próximo, e incluso el conocimiento de las plantas y los animales de Palestina.[28] También haría progresar viejos métodos: a través de la Edad Oscura, el maestro de escuela clásico, el *grammaticus*, se encontraría con que su posición vital en la cultura, como exponente de la interpretación precisa de un texto por métodos gramaticales, contaba con el *imprimatur* del obispo de Hipona.[29] En este sentido, un ambicioso programa de nuevo aprendizaje está latente en una obra que Agustín empezó a escribir en su edad madura, *De doctrina christiana*, comenzada en el 396, pero que no sería terminada hasta el 427.[30]

De doctrina christiana no era, sin embargo, un esquema de largo alcance para estudios bíblicos independientes, porque Agustín vivía en una época oprimida por la reverencia hacia los «expertos». Él, por ejemplo, creía en dragones porque había leído sobre ellos en los libros.[31] La «erudición cristiana», para él, tendía a convertirse en poco más que en la adquisición de manuales de reconocidos «expertos».[32]

Aun así, este es uno de los libros más originales de todos los que escribió Agustín, pues trata, explícitamente, de los vínculos que habían atado a los cristianos cultos a la cultura de su época. Y lo hacía con tanta fuerza intelectual que cortó para siempre, por lo menos en la mente de Agustín, el nudo gordiano que lo había atado a su anterior educación. No es poca cosa ser capaz de superar la educación que uno ha recibido, especialmente una educación que gozaba de un prestigio tan exclusivo como la educación clásica del Bajo Imperio romano. En Casiciaco, rodeado de jóvenes aristócratas, o sintiéndose un poco fuera de lugar entre los refinados cristianos de Milán, Agustín ni soñó con que llegaría a superar esta educación: podría subordinarla a la búsqueda de la sabiduría, pero permanecería intacta, maciza e inamovible como la cordillera del Himalaya.

Simplemente porque parecía que no había ninguna alternativa a tal cultura. Por supuesto, era posible ser religioso sin ser culto: Agustín había conocido a muchos así, dejando aparte en primer lugar a Mónica, lanzados hacia arriba por el torbellino religioso de la época: un buen ejemplo era Fausto el Maniqueo,[33] o también san Antonio y sus seguidores de Egipto.[34] Sin embargo, él admiraba a esos hombres con la particular especie de admiración que la gente sofisticada reserva para las personas completamente extrañas a ellos mismos. Le era muy difícil concebir que un «sabio» no tuviera una educación clásica: reaccionaba de una forma parecida a como podría hacerlo un médico moderno ante los curanderos de verrugas, pues tales actividades ocurrían fuera de una antigua tradición de conocimientos correctos y científicos; solo podían ejercerse, de la mejor forma, por habilidad, y de la peor, para el romano tardío, por comercio con los demonios.[35]

Mientras que no tuvieran otra cosa que colocar en su sitio, los cristianos críticos con la educación clásica estaban confusos y amargados por carecer de alternativas constructivas y por estar vinculados con lazos fuertes y semiinconscientes al viejo mundo. En el siglo IV, tanto los cristianos como los paganos se habían arrojado al conflicto con una misma violencia ciega. Al rechazo de los clásicos por los cristianos se opuso el «fundamentalismo» pagano: los conservadores «divinizaron» crudamente su literatura tradicional y consideraron a los clásicos como dones de los dioses a los hombres.[36] Los cristianos, por su parte, reaccionarían «diabolizando» esa misma literatura. Muchos querían acabar con esta discordia negando la cultura en conjunto: sorprendentemente, personas intelectuales quedaban encantadas de oír hablar de monjes a quienes había enseñado a leer el Espíritu Santo directamente.[37]

Agustín no se dejó arrastrar por esta confusa situación.[38] Él consideraba esta última solución, la de prescindir de la educación, como completamente ridícula.[39] El gran Jerónimo se había despertado de su sueño temblando, porque en él Cristo le había llamado «ciceroniano, y no cristiano».[40] A Agustín no le perturbaban ese tipo de pesadillas; él las evitaba de un modo totalmente suyo: pensando con empeño y aplicando unas pocas fórmulas básicas.

Comenzó observando que la cultura era un producto de la sociedad: se trataba de una extensión natural del hecho del lenguaje.[41]. Era con tanta claridad una creación de unos hábitos sociales como para ser considerada absolutamente relativa. No podían existir medidas absolutas de «purismo» clásico:[42] notó incluso que, para muchos africanos, el extraño latín de los salmos había llegado a parecer, con el paso del tiempo, «mejor» latín que el de los clásicos.[43] También la religión era un producto específico de la necesidad de comunicación: los ritos y sacrificios paganos no eran más que un «idioma acordado» entre hombres y demonios.[44] Fuera de este contexto no eran una fuente de infección para los cristianos: en la *Eneida*, Virgilio podía «describir» los sacrificios paganos sin suscitar una sacudida de religioso temor en los paganos, ni de horror religioso en los cristianos piadosos.[45] Así se secularizaba, de un golpe, gran parte de la literatura clásica y, sin duda, los hábitos de una sociedad entera. Consecuente hasta el fin, Agustín llegará a aplicar estas distinciones hasta a los mínimos detalles del vestido. Posidio, procedente de las austeridades del monasterio de Agustín, intentó abolir los pendientes en su grey (esta veta de puritanismo era corriente en el África cristiana). Agustín intervino con firmeza: los amuletos que se llevaban para aplacar a los demonios debían desaparecer, pero los pendientes, que se utilizaban para agradar a los humanos, podían permanecer.[46]

Agustín es, sin duda, el gran «secularizador» del pasado pagano. Zonas de la vida romana, en las que los dioses parecían todavía acechar furtivamente, asegurando al conservador y asustando al cristiano, fueron despojadas de su aura religiosa por los dos lados. Se las redujo a sus dimensiones puramente humanas; no eran más que «formas tradicionales establecidas por los hombres y apropiadas a las necesidades de la sociedad humana, sin las que no podemos pasarnos en esta vida».[47] Agustín considerará incluso al Imperio romano de esta forma. Como cristiano, podía haber reaccionado ante él como ante la ramera del Apocalipsis,[48] y como obispo católico, y haciendo uso de la legislación, pudo haberse convertido en un imperialista histérico.[49] (Uno sospecha a veces que esas dos actitudes estaban en cierto modo relacionadas en la mente de la mayoría de los colegas de Agustín: el imperio era una de esas fuerzas que solo podía ser o totalmente denigrada o totalmente idealizada). En *La ciudad de Dios*, sin embargo, Agustín juzgará al imperio por sus méritos como institución puramente humana: lo reducirá al nivel de cualquier otro Estado, con objeto de expulsar a los dioses de su historia;[50] y disputará su contribución a la vida del cristiano en términos tan generales como para suponer que la función del imperio podría haber sido desempeñada por cualquier otro Estado.[51] Es extraño encontrarse con un hombre de sesenta años, que vive en el umbral de un gran cambio, y que ya llegó a considerar que una cultura única y una institución política única eran reemplazables, por lo menos en teoría.

Detrás de este cambio en la actitud de Agustín hacia la cultura se sitúa el cambio en las características de su propia vida. Inmensamente sensible al ambiente y al contacto humano, Agustín se movía ahora entre hombres que en su mayoría eran enteramente ineducados. En cierto sentido, había «vuelto a casa», porque su educación, al fin y al cabo, no era más que una mitad de él, y no todos los miembros de su familia habían estudiado.[52] Además, en el monasterio de Hipona había creado un ambiente en el que las personas no cultas eran iguales a las más intelectualizadas: Posidio, por ejemplo, estaba «alimentado con el pan bueno del Señor», completamente ignorante de las artes liberales.[53] Visitando a un anciano obispo en su lecho de muerte, Agustín, que andaba metido a fondo en sus campañas contra los donatistas, le dijo que la Iglesia lo necesitaba y que debería continuar viviendo: «Si nunca, muy bien —replicó el anciano—, pero si alguna vez, ¿por qué no ahora?». «Y Agustín quedó impresionado por este anciano y lo alabó como hombre que temía a Dios, a pesar de haberse criado en una granja y careciendo de lecturas».[54]

Como en Casiciaco, Agustín estaba decidido a ser el educador de su círculo. Pero este ahora consistía en el clero y en los seglares devotos de África: los hijos de la nobleza, que en Milán fueron acicalados como «almas bien adiestradas», eran sustituidos en este momento por jóvenes «temerosos de Dios, amansados por la piedad y buscadores de la voluntad de Dios».[55]

Sin embargo, y a pesar de esta nueva libertad, hay en la actitud de Agustín un elemento de desapego enérgicamente mantenido. Su programa entero de aprendizaje estaba modelado de forma sutil por la ansiedad de no recrear, en el estudio de la Biblia y en la predicación, el paralizante constreñimiento de la educación tradicional. *De doctrina christiana* parece, por esta razón, un libro muy moderno. Agustín, en la educación, concederá un gran espacio a lo «natural», y se preocupará verdaderamente por que el hombre «dotado» no se vea estorbado por reglas y prescripciones. Pondrá en contraste el «talento» contra la «educación».[56] Sobre todo, intentará dejar de lado el elemento de mayor constreñimiento de la educación romana tardía, esto es, la obsesión por las reglas de la elocuencia: un buen oído, tino y el oír buen latín hablado es lo que Agustín ofrece como sustitutivo de las escuelas de retórica donde él había hecho antaño su carrera.[57]

Agustín no se planteó nunca el problema de reemplazar la educación clásica en el mundo romano. Tan solo quería crear un oasis de cultura literaria para los devotos de la verdadera «sabiduría», que se distinguiera por no ser constrictiva, y por ser no académica, no competitiva, y dedicada tan solo a la comprensión de la Biblia. Indudablemente, y como en muchas otras «retiradas» parecidas de Agustín, daba por sentada de forma tácita la resistencia de los viejos modales. Confiaba en alcanzar un cierto desapego interno de la cultura tradicional, pero suponía que esta continuaría. No sintió ninguna obligación de perpetuar su actitud con la creación de una educación propia. Típicamente, rehusó codificar sus interesantes puntos de vista sobre el estilo, porque esto habría recordado a sus lectores con demasiada viveza su anterior carrera de maestro de escuela.[58] Lo que Agustín parece haber olvidado de manera deliberada es que una cultura requiere una estructura de reglas y de enseñanza organizada. Su mismo estilo «cristiano», tan soberbiamente desafectado, era en realidad una simplicidad conseguida como el extremo opuesto de la sofisticación. La elocuencia debía enseñarse sin imposiciones si se quería que no compartiera la lenta erosión de la civilización latina en África y en Occidente en general. Pero Agustín había hecho su carrera en los decenios del 370 y del 380 en las grandes ciudades romanas: en su actitud ante la cultura latina, al igual que en su actitud ante el Imperio romano, abordaba el problema con cuarenta años de seguridad comparativa a sus espaldas; jamás se percató de la velocidad con que el Imperio de Occidente se desplomaba en su vejez. Las generaciones posteriores mostrarían con claridad el precio que Agustín tuvo que pagar por haber dado por segura la supervivencia de la educación: el estilo de Posidio era simple solo porque era plano; pero en otros clérigos africanos nos encontraremos no con la inocencia de la retórica, sino con la ampulosidad de los educados a medias.[59]

El antiguo mundo pagano no podía ser ignorado con tanta facilidad. Los paganos educados siguieron viendo a Agustín exclusivamente a la luz de su antigua carrera.[60] Mientras escribía su comentario al Génesis, se le iba haciendo más y más claro el vasto cuerpo de conocimiento pagano para el que el relato bíblico de la creación no tenía ningún sentido: argumentos sutiles de física «elaborados por hombres ociosos»[61] habían sido ya movilizados por Porfirio contra los cristianos;[62] y toda una batería de esos problemas embarazosos, *quaestiones*, formaba parte de la atmósfera intelectual de finales del siglo IV.[63]

Hasta los hábitos de pensamiento que Agustín había esperado usar en el estudio de la Biblia habían circulado demasiado tiempo por los canales paganos. El simbolismo de los números, por ejemplo, era irresistible para «el espíritu de cualquier caballero».[64] Según eso, el número 10, el número de los diez mandamientos, debía ser particularmente edificante. Por desgracia, para el hombre cultivado, el número 10 era un mero advenedizo; carecía de todo interés si se lo comparaba con el número 9, porque el 9 se había fijado en sus espíritus desde la niñez como el número de las musas.[65] Agustín tendría que invertir esos hábitos. Nunca pudo borrarlos. Solo un delgado tabique de ladrillos, por ejemplo, separaba su baptisterio de una lujosa casa de unos cien años de antigüedad. En el pavimento de mosaico de esta, el propietario había instalado, como era propio de una persona educada, los símbolos de la antigua cultura, los medallones de las nueve musas:[66] hasta tal punto presionaba el mundo pagano alrededor de la «basílica de los cristianos de Hipona».[67] No se lo podía ignorar: el paganismo tenía que ser abiertamente refutado; la edad madura de Agustín terminará con su dedicación a esta tarea, en la inmensa labor de su obra *La ciudad de Dios*.

XXIV
«BUSCAD SIEMPRE SU ROSTRO»

Lo más importante de la actividad intelectual de Agustín en su edad madura fue, tal como él mismo lo vio, que tuvo lugar dentro de una comunidad: la Iglesia católica. Tal comunidad, en su opinión, proporcionaba campo para una actividad intelectual vigorosa. Era, en potencia, una institución internacional: la literatura eclesiástica latina de su biblioteca podía tener al lado, por lo menos traducidas, obras de autores griegos e incluso sirios.[1] Contenía un cuerpo de conocimiento destinado a crecer. Ritos como los del bautismo, o misterios como el de la Trinidad, tenían profundidades ocultas que solo podrían ser exploradas gradualmente por una sucesión de pensadores.[2] Hasta las ambigüedades de la Biblia estaban ahí, así lo creía Agustín, para proveer a las futuras generaciones de otras facetas nuevas de la verdad que había que descubrir,[3] ya que, a causa de la «fecundidad de la razón humana», la verdad también «crecerá y se multiplicará».[4] En tal situación, la total uniformidad de opiniones era un privilegio exclusivo de los ángeles.[5] Cuando leemos la insistencia de Agustín sobre la calidad objetiva de sus poderes sacramentales y sobre la garantía divina de su coherencia, en sus obras contra los donatistas sobre la autoridad de la Iglesia católica, deberíamos recordar que Agustín necesitaba resaltar esta cualidades, en parte, para que pudiera creer que su Iglesia proporcionaba un ambiente cuya tenacidad sobrehumana era capaz de sobrevivir a las tensiones engendradas por una actividad muy humana: la diversidad de opiniones, la discusión prolongada y los descubrimientos.

Como cualquier otra comunidad, la Iglesia católica necesitaba una cultura. A Agustín le molestaban quienes pretendían que buscar inspiración directa en la exposición de las Escrituras dispensaba de los medios normales de la vida intelectual humana, como el escribir o revisar libros.

> Todo podía perfectamente haber sido hecho por un ángel, mas la posición de la especie humana se habría degradado si Dios hubiera parecido mal dispuesto a que los hombres fueran los agentes de su Verbo entre los hombres [...]. Además de eso, la misma caridad, que une a los hombres con el lazo apretado de la unidad, no tendría medios de expresarse vertiéndose a raudales, como si estuviera entremezclando las almas de los hombres, si los seres humanos no pudieran aprender algo de los demás.[6]

No es sorprendente que Agustín se formara una opinión tan robusta sobre su actividad intelectual en la Iglesia católica; su edad madura, como sacerdote y obispo católico, fue la más creadora de su vida: contempló la formación definitiva de sus ideas sobre la gracia, la creación de las *Confesiones* y la lenta estructuración de dos obras maestras: el vasto comentario sobre el Génesis, *De Genesi ad litteram*, y *De Trinitate*. El intelecto de Agustín se asentó con tales realizaciones, pero estas tuvieron lugar en un «aislamiento espléndido», que tendría consecuencias decisivas para la cultura de la Iglesia latina.

Porque Agustín seguía siendo un cosmopolita *manqué*. Sus relaciones con una cultura cristiana internacional, especialmente con los griegos, eran en cierto modo solo «platónicas». Dependía de las traducciones, y el suministro de estas traducciones fue muy irregular. Nunca se inspiró en los autores grecocristianos del mismo modo en que constantemente se inspiraba, profunda y, por tanto, de manera casi imperceptible, en las traducciones de los filósofos paganos griegos. Esta es la gran laguna de la madurez de Agustín. Solo después del año 420, cuando se le enfrentó un pelagiano, Juliano de Eclana, que pretendía conocer las tradiciones de la teología griega mucho mejor que él, trató de refutar a su adversario con una comparación astuta, aunque esencialmente superficial, comparando unos pocos textos, en griego en el original, con sus traducciones.[7]

Agustín era consciente de esta laguna. Al fin y al cabo, él había comenzado su vida en Hipona como sacerdote de un obispo griego. Así, en el año 392, escribió a Jerónimo pidiéndole traducciones de los comentarios griegos de la Biblia y, sobre todo, de Orígenes.[8] Quería crear en Hipona y con sus amigos de la Iglesia africana una atmósfera semejante a la de Milán: el «docto compañerismo de las iglesias africanas» se inspiró, por rutina, en el Oriente griego, fuente tradicional de una elevada cultura cristiana. Pero el plan se malogró. Los comentarios no llegaron, ya que Orígenes cayó en desgracia y Jerónimo estaba enfadado.[9] El «docto compañerismo» se vio reducido a sus propios recursos: el tratado sistemático sobre la exégesis que ahora recomendará Agustín, y del que sacará muchos detalles y algunas ideas básicas, era obra de un africano que, además, era donatista: las *Reglas* de Ticonio. La intervención de Ticonio en este momento fue decisiva, ya que este escritor, más que cualquier otro cuya importancia podamos discernir, desvió los pensamientos de Agustín por algunos de sus canales más distintivos, y eso porque Ticonio era también un intérprete radical de san Pablo, un hombre cuya mente estaba dominada por la idea de la Iglesia, y que ya había contemplado la historia en términos de los destinos de la «Ciudad de Dios».[10]

La ocasión de asimilar ociosamente la literatura cristiana de todo el Mediterráneo se le acabó prontísimo a Agustín, pues la controversia donatista le cogió desprevenido. En Tagaste había debatido con los maniqueos como filósofo neoplatónico. En estos debates no se había ventilado el tema de la autoridad, porque Agustín salía al paso de sus oponentes apelando a la razón,[11] y la literatura tradicional de la Iglesia católica no se consideraba relevante a ese propósito. Pero, desde el año 393 en adelante, Agustín tuvo que encontrarse con los donatistas, hundiéndose en el mundo claustrofóbico de los escritos africanos sobre la naturaleza de la Iglesia. Puede que hasta Ambrosio permaneciera olvidado hasta el año 418.[12] La asimilación repentina de un grupo sumamente individual de autores locales aislará a Agustín aún más de sus contemporáneos: *optimi Punici Christiani*, «los cristianos de África son los mejores».[13] Contra esta firme y estrecha tradición tropezarían Pelagio y sus seguidores, auténticos cosmopolitas.

De forma gradual, el «docto compañerismo» dejó de sentir la necesidad de tener libros griegos, puesto que tenía a Agustín. A pesar de sus muchas protestas de que prefería leer a escribir,[14] y escuchar a hablar,[15] Agustín se encontró constantemente teniendo que dar. Siempre había escribas a mano, tomando notas al dictado de algún tratado,[16] y sus amigos le rodeaban continuamente preguntándole, pidiéndole ayuda y libros y más libros. Algunos le arrebataban sus grandes obras al primer envite, y muchos de tales manuscritos circularon incompletos durante años.[17] Hacia el año 416, la biblioteca episcopal de Uzalis estaba llena de obras de Agustín.[18] Los cristianos cultos la iban a visitar,[19] y Evodio importunaba a su amigo pidiéndole más tratados.[20] Agustín siempre se rendía a tales presiones. A pesar de sus anhelos de contemplación, tenía el genio fatídico del hombre ocupado para generar más y más trabajo. De modo que no fue por gusto propio que la cultura griega se alejó del África de Agustín: el único hombre que la podía haber hecho revivir allí la reemplazó, creando y entregándose constantemente:

> De los pocos pasajes que se han traducido —observó Agustín acerca de los escritores griegos sobre la Trinidad—, no dudo que contengan ya todo cuanto es digno de ser descubierto; mas soy, de todos modos, incapaz de resistir a mis hermanos cuando me requieren, de acuerdo con las leyes de la caridad por las que me he convertido en su servidor, para efectuar trabajos para ellos [...]. También debo confesar que, personalmente, he aprendido muchas cosas que no sabía... precisamente escribiendo.[21]

Si bien Agustín vivía muy aislado en África, es cierto que, al menos, tenía allí una vida muy protegida. Era el maestro indiscutido de un círculo de devotos. La tormenta internacional de la controversia de Orígenes, en la que los aristócratas cristianos de Roma se dividieron a favor o en contra de Jerónimo, a él no le tocó; la famosa ruptura de Jerónimo con Rufino le intrigó y le sorprendió, «ya que quién no temerá a un futuro enemigo en cada amigo, si pueden suceder estas cosas, como vemos con tan penosa sorpresa que suceden entre Rufino y Jerónimo».[22]

Pero, sobre todo, él era uno de los líderes de una Iglesia unida contra los enemigos externos. Tenía gran cantidad de camaradas de armas y ningún contrincante de su mismo calibre. Esta situación era desmoralizante. En la lucha contra los donatistas, Agustín se emborrachó de periodismo barato: «Llenad su semblante de vergüenza» fue su lema,[23] y lo aplicó implacablemente.[24] Esto podría animarlo a ser igualmente duro cuando trataba con adversarios más serios. Una herejía sobre la naturaleza de la contemplación de Dios, corriente entre la gente culta de Roma y África, él la menospreció como «cháchara indisciplinada».[25] No es sorprendente que un obispo católico, colega suyo, se ofendiera profundamente por la manera como Agustín trató sus convicciones,[26] y que tomara las protestas de Agustín de que quería aprender de todo el mundo como una sarcástica simplificación.[27] Es todo un tributo a Pelagio que, cuando le llegó la hora, Agustín lo tratara con el mayor cuidado.

Agustín era tanto más encantador cuando más pequeña era la reunión, y entre sus amigos. Sabía escribir cartas exquisitas. «Eustasio ha ido antes que nosotros a ese descanso: ninguna ola lo golpea como en tu isla nativa; ni languidece por ir a Caprara, tu Isla de las Cabras, porque ya ha dejado de querer vestirse la túnica de pelo de cabra de un monje».[28]

Sabía que, como obispo, la presión del trabajo le había obligado a dar rápidas respuestas a grandes preguntas.[29] No obstante, su sensibilidad no le abandonaba nunca. «Somos seres humanos y vivimos entre hombres. Debo confesar que todavía no me cuento entre los que no están preocupados por el problema de hacer un mal menor en evitación de uno peor; frecuentemente, en tales problemas humanos me superan mis sentimientos».[30] A los hombres con pequeños problemas él les recordará los principios básicos. A los nobles preocupados por los triunfantes oráculos de los demonios les pedirá que se zambullan en lo más hondo, preguntándoles a bocajarro por qué permite Dios el mal en el universo.[31] Un senador melindroso que se acercó a Agustín a pedirle, como juez, una regla incontestable, recibirá esta respuesta: «En cuanto conocí su naturaleza en tu carta, el "dilema" a que te refieres se apoderó de mí. No es que los problemas que suscitas aquí me afecten tanto como dices que a ti te afectan. Mas debo confesar que encontrar un camino para resolver tu dilema me sume a mí en un dilema».[32]

Es solo a distancia cuando podemos apreciar la aguda cualidad de la mente de Agustín. Su tan traída y llevada correspondencia con Jerónimo es un documento único de la Iglesia antigua, porque muestra a dos hombres en sumo grado civilizados conduciéndose con estudiada cortesía en una correspondencia singularmente llena de rencor. Uno y otro se acercan con elaborados gestos de humildad cristiana,[33] y enseñan las garras de forma repentina en alusiones clásicas y en citas de poetas que el corresponsal se encargará de completar por sí mismo.[34] Ninguno cede un ápice. No hay duda de que Agustín provocaba a Jerónimo, y este, aunque tratándolo con más respeto que a otros que se le habían opuesto, no resistía la tentación de jugar al ratón y al gato con un colega más joven. La reacción de Agustín es de lo más reveladora. La consideración que le daba Jerónimo le hería: «¡Cómo podemos enzarzarnos en esta discusión sin amargura, cuando te has propuesto ofenderme!».[35] Como tanta gente deseosa de considerarse inocente de su propio comportamiento agresivo, Agustín se declaró dispuesto siempre a aceptar las críticas: «Heme aquí, y todo lo que haya dicho mal, páseme por encima».[36] Pero, de hecho, a Agustín no le impresionaba la superior sabiduría de Jerónimo cuando esta iba en contra de sus opiniones. Desdeñaba la imponente lista de autores griegos en los que Jerónimo apoyaba sus convicciones: «Lejos está de mí el sentirme herido cuando puedas demostrar un punto de discusión con argumentos concluyentes».[37] *Certa ratione*: esto era, típicamente, lo que Agustín quería; y hay poco que sugerir a la idea de que pensaba seriamente que Jerónimo podía ofrecérsela, «porque podría posiblemente darse el caso de que lo que piensas no sea lo mismo que la verdad».[38] Y, cuando al fin Jerónimo le ofreció enterrar el hacha de guerra y propuso (con restricciones considerables, dado su gusto por la invectiva) que deberían «jugar juntos y sin hacerse daño en el campo de la Escritura», esto no le hizo gracia a Agustín: «En cuanto a mí mismo —le respondió—, me gusta hacer las cosas en serio y no "jugar". Si elegiste esta palabra queriendo decir que lo que hacemos es un ejercicio sencillo, permíteme decirte, francamente, que esperaba más de ti [...]. Es asunto tuyo ayudar a los que estén comprometidos en investigaciones grandes y exigentes; como si estudiar las Escrituras fuera una cuestión de corretear por la superficie y no de resollar y trepar una ladera muy escarpada».[39]

Agustín se tomaba, sin duda, sus ideas muy seriamente. Para él un buen libro era una serie de «nudos de problemas».[40] Sus lectores romanos tardíos apreciaban esta cualidad «nudosa» de sus libros más que nosotros. La retórica siempre había estado conectada con un adiestramiento en leyes. La forma de presentación que un lector más cotizaba era la más parecida a la del abogado moderno. El autor tenía que demostrar su capacidad, tanto para dominar un «rico torrente de palabras» como para ser «excepcionalmente sutil» en los pequeños detalles.[41] Como el juez en los *Misleading Cases* («Los casos engañosos») de A. P. Herbert, el lector romano tardío se prometía una especie de «litigación jovial».[42] No extraña, pues, que la mayoría de los libros de Agustín se lean como una carrera de obstáculos. Los problemas parecían interesarle mucho más que la gente que los planteaba. Delatará su conocimiento de autores importantes con estudiada impersonalidad: «un problema se suscita»... «algunos hombres piensan»... «un sabio ha dicho»...[43] Podemos sospechar la razón de esta vaguedad: Agustín no respetaba a sus contemporáneos, pero estaba muy atento a no parecer crítico de sus colegas por razones personales.[44] Muy a menudo, una fórmula opaca servía para amortiguar el desacuerdo de Agustín, y posibilitaba a este pensador tan supremamente individualista seguir adelante, dejando atrás la opinión desacertada de otro católico.[45]

Porque, en su tratamiento de los problemas, Agustín sobresale entre sus contemporáneos en razón de su entrenamiento filosófico. La única lección que sacó de la historia inmediata de su época fue que existía una alianza histórica entre los platónicos y la Iglesia católica. Esta alianza aseguraba que «la más encumbrada cima de la razón humana» había encontrado su lugar reconocido dentro de la «ciudadela de la autoridad».[46]

Agustín necesitaba afirmar esta convicción que pocos de sus coetáneos latinos compartían. El crecimiento del cristianismo entre gente que nunca había tenido mucho interés en la filosofía griega amenazaba con dejar a un lado la concepción racional del mundo de los antiguos. Gente asombrosamente intelectualizada participaba de esta traición a la razón. Agustín, no. Cuando abordó el Génesis, por ejemplo, tuvo que afirmar su posición frente a una creciente marea de fundamentalismo.[47] «Es difícil hacer justicia al desasosiego y la tristeza que semejantes pretensiones temerarias del conocimiento causan a los hermanos doctos».[48]

Pero la antigua concepción del mundo recibió de Agustín una tolerancia que estaba basada en su falta de interés. Aceptó las opiniones antiguas sin pensar, y continuó buscando en el Génesis su preocupación recurrente con problemas estrictamente filosóficos,[49] tales como la creación simultánea y la relación de tiempo y eternidad. Así, Agustín no hizo más que colocar la concepción griega del universo físico en una fría reserva: por lo menos, su sensible horror a dedicarse a conjeturas triviales sobre fenómenos meramente físicos[50] le proporcionaría a Galileo más tarde una serie de citas sumamente apropiadas.[51]

Además, el clérigo latino corriente tenía un respeto muy romano hacia la autoridad. Como cristianos, podían basar esa actitud en un culto a la inconstancia humana y en un llamamiento a las tradiciones duraderas del esnobismo a la contra de la Iglesia antigua. Los misterios, decían, deben ser «una nube impenetrable» para los hombres caídos; y, en cualquier caso, admitir las pretensiones de la razón sería admitir al «experto» y, por tanto, abrir las puertas de los dirigentes de la Iglesia a los «sospechosos» intelectuales, «oradores y filósofos».[52] Agustín les contestó con firmeza: «Lejos de nosotros pensar que Dios nos odie en lo que nos distingue de las bestias...[53] Amad la comprensión de todo corazón».[54]

Las dos grandes obras de la madurez de Agustín, *De Genesi ad litteram* y *De Trinitate*, son la evidencia de su capacidad para la especulación. Incluso el más ligero contacto con ambas obras basta para desvanecer la fácil impresión de que Agustín desarrollaba sus ideas solo como polemista.[55] En *De Genesi*, por ejemplo, encontramos por vez primera la elaboración tranquila de temas que aparecerán, comprimidos y monumentales, en *La ciudad de Dios*.[56] En *De Trinitate* tenemos un libro más radicalmente metafísico que el de cualquier autor griego: en él podemos ver la tensión que implica abarcar, en una sola perspectiva, tanto al Dios de Abraham y de Isaac como al de los filósofos.[57]

Las necesidades de la controversia donatista se interpusieron como invasiones no deseadas en la elaboración de estas dos grandes obras. La presión del trabajo hizo insistir a Agustín aún más en sus prioridades.[58] No escribió más, por ejemplo, «cosas para jugar»:[59] nunca más pensó en construir una filosofía cristiana a partir de un libro de texto sobre poesía, como había hecho en Milán con *De Musica*. Y es que sabía que no tenía tiempo más que para tratar de resolver los problemas básicos del cristianismo: la creación y la doctrina de la Trinidad. En estos libros se muestra absolutamente impecable en la exclusión de cualquier problema para cuya resolución no se sintiera cualificado por su adiestramiento especializado como filósofo y exégeta. Pero, dentro del campo de la disquisición filosófica, ambos libros comunican la emoción de estar tomando parte en una búsqueda en la que no se elude ningún problema, ninguna tensión se difiere, y en la que una obra maestra de especulación se despliega con naturalidad ante nosotros: «Por tanto, cualquiera que lea estas páginas, que llegue más allá conmigo, si es que tiene la misma certeza que yo, que haga indagaciones conmigo, si es tan dubitativo como yo... Y así entremos juntos en la senda de la caridad, a la búsqueda de Aquel de quien se dice: "Buscad siempre su rostro"».[60]

Nadie ha analizado la calidad de la vida intelectual de Agustín tan bien como él mismo. «A quien tenga, se le dará. Dios dará más a aquellos que usan (para los demás) lo que han recibido: completará y llenará hasta los bordes lo que Él dio primeramente [...]. Nuestras reflexiones se multiplicarán a Su voluntad, de modo que, a Su servicio, no solo no sufriremos de escasez ninguna, sino que gozaremos de una abundancia de ideas milagrosa».[61]

Agustín pasó su edad madura dando: entre los años 395 y 410 escribió unos treinta y tres libros y largas cartas. Esta propensión a dar es sumamente significativa. En Casiciaco y en Tagaste había estado más aislado, dispuesto a escalar solo, si era necesario, las más altas cimas de la sabiduría. En Hipona, como obispo, y aunque deprimido por la debilidad humana, convertirá su creatividad en una forma de dar alimento: lo presentará siempre como la «alimentación» de hombres tan necesitados de ella como él mismo.[62]

Este fluir constante era como el de un vasto río. Es fácil observar la velocidad a la que se desliza, e impresionarse por la infinita variedad de sus remolinos: considerándolo, por tanto, como algo de una flexibilidad sin límites y capaz de cambios sin fin. No obstante, en el pensamiento de Agustín, su idea del trabajo sin descanso, su aguda sensibilidad ante las limitaciones del intelecto humano enfrentado a ciertos problemas y las protestas constantes de que su voluntad quería aprender de los demás están íntimamente ligadas a una creciente sensación de seguridad sobre las cuestiones fundamentales: la misma velocidad y el caudal de agua de este río habían ido socavando canales profundos e inamovibles a lo largo de su cauce.

Porque, en la madurez de Agustín, su progreso intelectual había llegado a suponer la dedicación de toda su personalidad a la Iglesia católica. El ideal seguía siendo el mismo: la «purificación» de la mente, donde las sombras abren paso a la realidad. «Por la mañana me plantaré ante Ti y te contemplaré».[63] Pero el proceso de «purificación» en sí mismo se había hecho infinitamente complejo. En las primeras obras de Agustín, el alma solo necesitaba «prepararse» por métodos obvios y esencialmente externos, por una buena educación, por las demostraciones racionales consiguientes y por la autoridad concebida sobre todo como una ayuda para aprender.[64] En su madurez, esta «purificación» está considerada como más difícil, ya que pensaba que el alma misma estaba más profundamente «herida»; y, sobre todo, que la curación del alma había llegado a afectar a más partes de la personalidad.[65] El problema deja de ser el de «adiestrar» a una persona para la tarea que va a desempeñar: ahora es el de hacerlo más «ancho», el de aumentar su capacidad para que, por lo menos, pueda poseer aunque sea algo de lo que no tiene completa esperanza de alcanzar en su totalidad en esta vida.[66] Nadie puede entender verdaderamente un libro, dejó dicho Proust, a menos que ya haya podido «permitir que los equivalentes maduren poco a poco en su mismo corazón». Esta verdad profundamente humana es la que Agustín siempre comunicará a sus lectores: deben «mirar a las Escrituras con los ojos de sus corazones fijos en el corazón de ellas».[67] Tal «ensanchamiento»[68] solo puede acontecer si se ama lo que no se conoce más que en parte: «Es imposible amar lo que es enteramente ignorado, pero cuando se ama lo que es conocido, aunque sea muy poco conocido, esta misma capacidad de amor lo hace mejor y más enteramente conocido».[69]

En pocas palabras, pues, nadie amará lo que no tiene perspectivas de hacer suyo mediante la comprensión: la fe sin la esperanza de la comprensión no sería más que condescendencia con la autoridad: no se entenderá lo que no se está dispuesto a amar. Separar la «fe» de la «razón», por tanto, se le hace cuesta arriba a la mente de Agustín. Porque lo que le interesaba era poner un proceso en movimiento, «justificar» y «sanar» un espíritu enfermo. Nunca dudó ni por un instante que este proceso aconteciera mediante la interacción constante de los dos elementos: de la fe, *que actúa por amor*,[70] y de la comprensión, para que «Él pueda ser más claramente conocido y, por tanto, más fervientemente amado».[71]

Esta es, en gran parte, la opinión de un hombre «comprometido». Agustín estaba en grado sumo seguro de que adoptaba tal actitud con objeto de eludir alternativas, y de que había sido posible que grandes espíritus desperdiciaran su vida por tomar un concepto superficial de la naturaleza humana.[72] Él había sido maniqueo, y había estado tan cerca de ser un platonista «autónomo» que la experiencia vivía todavía en él poderosamente. Él no había escrito sus *Confesiones* por nada. La sensación que tiene un hombre maduro de haber vagado de un lado a otro antaño, y la pena por haber encontrado tan tarde la verdad, endurecerá la actitud de Agustín.[73]

Agustín había llegado a considerar su actitud intelectual dependiente también de corrientes situadas más allá de su dominio. En el desarrollo de sus ideas propias sobre la gracia, la capacidad de amar, de la que depende la comprensión, era ella misma un don de Dios, exterior a las fuerzas de autodeterminación humana: ningún «adiestramiento» podría crearla. Agustín sentía fuertemente la necesidad de contar con algún principio rector, más allá de su espíritu, que dirigiera la embestida turbulenta de sus pensamientos. La idea de que Dios «inspiraba», «suscitaba» e incluso «revelaba» ideas al pensador era corriente a fines de la Edad Antigua;[74] pero en Agustín estas ideas, que eran a menudo crudamente expresadas por sus contemporáneos, están arraigadas en el profundo sentido del ímpetu de las fuerzas psicológicas fuera de su dominio:[75] «Espero que Dios, en su misericordia, me haga permanecer constante en todas las verdades que retengo por ciertas...».[76] Agustín, el hijo de Mónica la visionaria, había heredado algo de la desconcertante certeza de su madre.

Las certidumbres de Agustín podían basarse en raíces profundas e incluso primitivas. La «costumbre de la Iglesia», por ejemplo, cuando se aliaba con la razón, podrá ser utilizada para barrer cualquier cantidad de objeciones puramente racionales.[77] Consideraba que el sacramento del bautismo, otro ejemplo, estaba preñado de sentimientos instintivos de temor, bastante fuertes en sí mismos como para impedir a los hombres la práctica del rebautismo.[78] Los pelagianos atacarán acerbamente este aspecto del pensamiento de Agustín. También este había confiado antaño en llegar a comprender el rito del bautismo infantil: «La razón lo averiguará».[79] Pero ahora apelará no a la razón, sino a los arraigados sentimientos de las masas católicas.[80]

Por encima de todo, la gran certeza de Agustín nacía de la seguridad profunda de lo poco que el hombre podía conocer. Se puede trazar el desarrollo de la mente de Agustín siguiendo las hebras de sentimiento que entresaca del libro de la Sabiduría. Si una vez había sido la sabiduría quien salía «alegremente» al encuentro de los hombres,[81] esta capa se verá ahora ensombrecida, durante el resto de la vida de Agustín, por la sofisticada melancolía de un judío del periodo helenístico: «Porque los pensamientos de los mortales son temibles y nuestros consejos inciertos. Porque el cuerpo corruptible es una carga para el alma, y la habitación terrena aprisiona al espíritu que anhela muchas cosas».[82]

CUARTA PARTE

410-420

TABLA CRONOLÓGICA

410	18-VIII. Alarico invade Roma. Refugiados romanos en África. Pelagio pasa por Hipona. 25-VIII. Cese de la tolerancia a los donatistas. 14-X. Edicto convocando una *Collatio* en Cartago. Llegada de Marcelino.	14-VI. XV Concilio de Cartago. Estancia en Cartago a intervalos desde 19-V hasta que va a Útica, 11-IX, y a Hipona Diarritus, 22-IX. Se retira a una villa en las afueras de Hipona a causa de su salud. *Epistola CXVIII ad Dioscurum.* *De unico baptismo contra Petilianum* (= *Ep.* 120).
411	18-V. Llegan donatistas a Cartago para una *Collatio.* 1-VI. Apertura de la *Collatio.* 9-VI. Juicio dado por Marcelino contra los donatistas.	Predica regularmente en Cartago de enero a marzo, y en Cirta y en Cartago, de abril a junio, contra los donatistas. 1, 3, 8-VI. *Collatio* con los donatistas en Cartago. Episodio de Pineano en Hipona. Carta de Marcelino a finales de año para decirle que las opiniones de Pelagio estaban extendiéndose en Cartago, y comunicarle la condenación de Celestio. *Breviculus collationis contra Donatistas.* *De peccatorum meritis et remissione.*
412	30-I. Edicto contra los donatistas.	14-VI. Sínodo en Cirta. Predicación regular en Cartago, septiembre-diciembre. *Post collationem contra Donatistas.* *De spitiru el littera.* *De gratia novi testamenti* (= *Ep.* 140).

413	Revuelta de Heraclio. Demetria recibe el velo de Arelio. Pelagio, *Carta a Demetria*. Derrota de Heraclio. 13-IX. Ejecución de Marcelino.	En Cartago (mediados de enero). *De videndo Deo ad Paulinam* (= *Ep*. 147). *De fide et operibus*. En Cartago a fines de junio y en agosto y septiembre, intentando salvar a Marcelino. *De civitate Dei*, I-III (escritos antes de la muerte de Marcelino). *De civitate Dei*, IV-V. *De natura et gratia*.
414	Orosio va a Jerusalén para dos años.	*De bono viduitatis ad Julianam*. Aparece *De Trinitate*. *Tractatus in Joannis evangelium* (comenzado, quizá, 407-408).
415	20-XII. Sínodo de Dióspolis para examinar a Pelagio (Lidia).	*Ad Orosium contra Priscillianistas et Origenistas*. *De origine animae et de sententia Jacobi ad Hieronymum* (= *Eps*. 166-7). *Tractatus in epistolam Joannis ad Parthos* (comenzado, quizá, 407-408). *De perfectione justitiae hominis*. *De civitate Dei*, VI-X.
416	Orosio asiste al Concilio de Cartago sobre Pelagio (septiembre). Lleva reliquias de san Esteban. Los visigodos se establecen en España.	Asiste al Concilio de Milevis (septiembre-octubre) que condena a Pelagio y a Celestio. *Ep*. 177 al papa Inocencio.
417	12-III. Inocencio condena a Pelagio y a Celestio. 18-III. Elección de Zósimo. Antes de septiembre Zósimo escribe a los obispos africanos: «Magnum pondus...». A mediados de septiembre, Zósimo examina a Pelagio. Escribe a los obispos africanos: «Postquam...».	Recibe la *Historia* de Orosio. *De gestis Pelagii*. Predica en Cartago a mediados de septiembre. *De correctione Donatistarum* (= *Ep*. 185). *De praesencia Dei ad Dardanum* (= *Ep*. 187). *De patientia*. *De civitate Dei*, XI-XIII.
418	23-III. Tercera carta de Zósimo: Celestio y Pelagio de nuevo excomulgados. 30-IV. Expulsión de Pelagio y Celestio de Roma. Muerte de Zósimo (diciembre). 29-XII. Elección de Bonifacio.	1-V. XVI Concilio de Cartago. Permanece en Cartago hasta la mitad del mes. Recibe carta de Pineano en Jerusalén, que ha encontrado a Pelagio. Le envía *De gratia Christi et de peccato originali*. 20-IX. En Caesarea de Mauritania: *Gesta cum Emerito Donatistarum episcopo*. *Contra sermonem Arianorum*. *De civitate Dei*, XIV-XVI. *Ep*. 194 a Sixto.

419	Aparece la primera obra de Juliano de Eclana.	25-V. XVII Concilio de Cartago. *Locutiones in Heptateuchum.* *Quaestiones in Heptateuchum.* *De nuptiis et concupiscentia.* *De anima et ejus origine.* *De conjugiis adulterinis.*
420	Gaudentio de Timgad trata de quemarse a sí mismo, a su congregación y su basílica, ante la llegada del agente imperial Dulcitio.	*Contra mendacium.* *Contra adversarium legis et prophetarum.* *Contra duas epistolas Pelagianorum.* *De civitate Dei*, XVII. Entrevista con el tribuno Bonifacio en Tubunae (Tobna).

XXV
SENECTUS MUNDI

EL SAQUEO DE ROMA[1]

Hacia fines del año 408, Agustín escribió una larga carta a Paulino de Nola;[2] Paulino era una persona con suerte: podía seguir permitiéndose estar en otro mundo; era un recluso que vivía una «muerte evangélica» a los negocios del mundo.[3] Para Agustín, el obispo, esta antigua tradición de «retiro» ya no era suficiente: ahora tenía que «vivir entre los hombres en beneficio de *ellos*».[4] Y «me parece que la incertidumbre y dificultades que encontramos (en esto) emana del hecho de que, en medio de la gran variedad de hábitos y de opiniones de los hombres [...], tengamos que llevar los asuntos de todo un pueblo, no del pueblo romano sobre la tierra, sino de los ciudadanos de la Jerusalén celestial».[5]

Agustín estaba tocando aquí una zona sensible para los obispos de su época. Estaba claro que los cristianos pertenecían a una Jerusalén celestial: una ciudad en la que no serían únicamente «transeúntes ni residentes, sino ciudadanos plenos».[6] Al expresar esta lealtad a otro mundo como «ciudadanía plena» habían elegido la expresión más significativa y vívida que los antiguos podían utilizar.[7] Pero, a pesar de ello, durante el episcopado de Agustín, este grupo de hombres «de otro mundo» habían causado una impresión violenta y radical en este mundo. Durante más de diez años, los obispos de África habían provocado la destrucción de los viejos modos de vida. El paganismo había sido públicamente suprimido, los grandes templos, clausurados, y las estatuas, destruidas, a menudo por muchedumbres cristianas.[8] Las orgullosas inscripciones que proclamaban la alianza firme de las ciudades antiguas y sus dioses protectores se utilizaron en la pavimentación de los caminos públicos.[9]

Algunas veces la provocación había ido demasiado lejos. En Calama, en el año 408, Posidio había tratado de usar sus nuevos poderes, amparados por una ley imperial, para acabar con una procesión tradicional: en los disturbios subsiguientes casi encontró él mismo la muerte.[10] (Agustín tenía este incidente en el pensamiento cuando escribió a Paulino). El mismo Agustín fue abordado por Nectario, ciudadano prominente de Calama, quien le rogó que interviniera para modificar los feroces castigos que pudieran infligirse tras los tumultos.[11] Al fin y al cabo, el obispo de Hipona era un hombre sumamente bien educado y, al igual que Nectario, se había convertido en un personaje público: ¿sería tan insensible al amor a la propia patria, «el único amor que excede con justicia al amor a los padres?».[12] Agustín respondió sencillamente con las mismas palabras de Nectario: él había encontrado una patria más merecedora de su amor. «Perdonadnos, por favor —escribió—, si *nuestra* patria, desde lo alto, tiene que crear problemas a la vuestra».[13]

No hacía falta más que alguna calamidad pública para sacar a la luz todo este malestar. Y las calamidades no escaseaban. Era la época de las «invasiones bárbaras». El 24 de agosto del año 410 sucedió lo inconcebible: un ejército godo, conducido por Alarico, penetró en Roma.[14] En dos ocasiones ya, en los dos últimos años, los godos habían puesto sitio a la Ciudad Santa y habían reducido a los habitantes al canibalismo por inanición. Roma fue saqueada durante tres días, y algunas partes fueron incendiadas.

En años posteriores habría mucha gente deseosa de minimizar el desastre. Podía haber sido peor: Alarico había pasado la mayor parte de su vida dentro de las fronteras del Imperio romano; por eso, en comparación con otros bárbaros, era un patricio venerable; había utilizado la destructividad de su tribu solo para conseguir subsidios y un puesto en el alto mando del Estado romano; su posición y la de sus sucesores dependería de su apertura a las negociaciones con el Gobierno romano.[15] En años posteriores, los políticos se darían cuenta, con alivio, de que los conquistadores potenciales de Europa no eran en realidad más que unos chantajistas ambiciosos.[16] Pero todo esto sería en el futuro. Los refugiados que aquel mismo invierno hicieron su aparición en África no podían permitirse el lujo de esperar a que los políticos y los historiadores posteriores relativizasen la importancia del saqueo de la ciudad. Pelagio, un monje de Bretaña, había estado presente en el saqueo, y escribió a una dama romana cuando el suceso estaba aún fresco en el espíritu de ambos:

> Sucedió muy recientemente, y lo oíste tú misma: Roma, la amada del mundo, tembló y quedó aplastada por el temor ante el sonido de las estrepitosas trompetas y los aullidos de los godos. ¿Dónde estaba entonces la nobleza?

> ¿Dónde estaban los rangos distintivos de segura dignidad? Todos estaban entremezclados y sacudidos por el temor; cada familia tuvo su dolor, y un terror que lo invadía todo nos atenazó. Esclavo y noble eran todos uno. El mismo espectro de la muerte nos acechó a todos.[17]

Ciertamente, Roma había dejado desde hacía tiempo de ser la capital política del imperio. Como residencia de muchos senadores importantes, sin embargo, seguía siendo el centro de la sociedad occidental; y sus refugiados eran particularmente representativos e influyentes.[18] Además, Roma era, sobre todo, el símbolo de toda una civilización: era como si se hubiera consentido que un ejército saqueara la abadía de Westminster o el Louvre. En Roma, la protección de los dioses del imperio se había hecho explícita. Para los conservadores del siglo anterior, Roma había sido una especie de «Vaticano pagano»: una ciudad puntillosamente protegida, con grandes templos, donde la religión, que había garantizado la grandeza imperial, podía sobrevivir y esa supervivencia podía ser contemplada.[19] Hasta los cristianos habían colaborado en este mito: del mismo modo que Roma había reunido a los dioses de todas las naciones para que actuaran como talismanes, así los cristianos romanos habían llegado a creer que Pedro y Pablo habían viajado desde Oriente hasta allí para que sus cuerpos santos reposaran en la ciudad.[20] Un talismán había reemplazado a otro; y, después del año 410, Agustín tuvo que tratar tanto con cristianos desilusionados como con paganos enfurecidos.[21]

A nivel más profundo, Roma simbolizaba la seguridad de todo un modo de vida civilizado. Para una persona educada, la historia del mundo conocido culminaba con toda naturalidad en el Imperio romano, exactamente igual que para una persona del siglo XIX la historia de la civilización culminaba con la supremacía de Europa.[22] El saqueo de Roma por los godos, pues, era un recordatorio fatídico del hecho de que hasta las más valiosas sociedades morirían: «Si Roma puede perecer —escribió Jerónimo—, ¿qué puede estar seguro?».[23]

Agustín es el único hombre de su época al que podemos ver reaccionando inmediatamente ante este desastre: largos sermones, en fechas muy seguidas, y una serie de cartas a los refugiados más importantes nos permiten sentir la complejidad de su actitud.[24] En estas cartas podemos ver cómo un acontecimiento, cuya forma y significación tendía a darse por sentada por los historiadores, puede refractarse sobre uno de los participantes dando lugar a un espectro sorprendentemente rico. Empobreceríamos la reacción de Agustín ante el saqueo de Roma si no nos interesáramos más que por un aspecto de ella, esto es, por la reacción de un cristiano ante el destino general del Imperio romano. Esta cuestión sale en él raramente a la superficie: en cambio, hay lugar en el espíritu de Agustín para toda la confusa emoción de cualquier contemporáneo que siente oscuramente que el mundo en que vive ya no puede darse por garantizado; y encontraremos en los escritos del Agustín de esta época perspicaces comentarios sobre los derechos políticos adquiridos, y un calculado interés por su propia autoridad en una atmósfera de crisis, mezclada con una creciente preocupación por temas elementales, tales como la culpa y el sufrimiento, o la vejez y la muerte.

Agustín era un obispo. Su contacto con el mundo exterior era a través de piadosos cristianos.[25] Quería «llorar con los que lloran»; y estaba verdaderamente enojado de que los obispos italianos no se hubieran preocupado de informarle del alcance del desastre.[26] Pero como obispo africano estaba aún más preocupado por los hechos más cercanos a su país. Las autoridades de Cartago experimentaron una situación de pánico en esta época y, para calmar el descontento, publicaron un precipitado edicto de tolerancia hacia los donatistas.[27] Este fue el hecho que predominó en la vida de Agustín en el periodo del saqueo de Roma. Tuvo que enfrentar una crisis de autoridad en su propia ciudad. La violencia donatista se reanudó y, con ella, resurgió la «segregación» religiosa entre los católicos: su propia congregación comenzó a reducir al ostracismo a los conversos donatistas.[28] Agustín era responsable, en parte, de esta mala atmósfera, pues había estado continuamente ausente: se encontraba todavía en Cartago, el 8 de septiembre del año 410, cuando recibió cartas urgentes para que retornara a Hipona.[29] A su vuelta se encaró con problemas mucho más acuciantes que las noticias del distante saqueo de Roma: un donatista converso se había alejado de la Iglesia a causa del frío trato de los católicos. Y esto fue lo que realmente le impresionó: «Al oír estas noticias os digo, hermanos, que mi corazón se rompía; sí, mi corazón se rompía».[30]

Como obispo, Agustín miraba hacia Rávena, donde los emperadores católicos publicaban las leyes que protegían a su Iglesia, y no hacia Roma. Así, mientras Bretaña se independizaba y la Galia caía en manos de los usurpadores, Agustín y sus colegas permanecían fieles al emperador reinante, Honorio. El padre de esta «pálida flor de los barrios de mujeres», Teodosio el Grande, será presentado como modelo de príncipe cristiano en *La ciudad de Dios*.[31] Había buenas razones para hacer un panegírico tan poco profundo: una ley que reafirmaba toda la legislación previa suprimiendo a los no católicos surgía de la cancillería de Rávena en el mismo momento en que los godos entraban en Roma.[32]

Por el contrario, Roma podía ser presentada como la oveja negra de una familia de ciudades cristianizadas y leales: Cartago, Alejandría, Constantinopla. El sitio había provocado una ostentosa reacción pagana en esa ciudad; de modo que, a juicio de un obispo católico, los romanos, que habían vuelto su fe hacia falsos dioses, no habían hecho más que recibir lo que merecían.[33] Cartago, decentemente purgada de sus grandes templos paganos por los comisionados imperiales,[34] se mantenía en pie *in nomine Christi*, «en el nombre de Cristo».[35] Esta afirmación presuntuosa traiciona a un Agustín provinciano como los demás del Bajo Imperio: su patriotismo significaba lealtad a un monarca absoluto e idealizado; sin dejarse afectar por la nostalgia aristocrática de la antigua Roma, ponía su fe en autócratas distantes que, por lo menos, compartían los mismos perjuicios cristianos que su congregación.[36]

En una atmósfera de desastre público, los hombres quieren saber qué tienen que hacer. Por lo menos Agustín podía decírselo. Los paganos tradicionales habían acusado a los cristianos de retirarse de los asuntos públicos y de ser todos unos pacifistas en potencia. Pero la vida de Agustín como obispo había sido una refutación continua de esta acusación. Él sabía bien lo que era utilizar el poder con el apoyo de la administración imperial. Lejos de abandonar la sociedad civil, había defendido lo que creía que era su verdadera base: la religión católica; y en sus tratos con la herejía, con la ilegalidad o con la inmoralidad, no había demostrado traza alguna de pacifismo.

Cuando en esta época escribía a los paganos o a los cristianos de la clase gobernante, podía tratar con ellos como hombre que había cobrado experiencia de sus problemas en una escuela muy dura. Y como obispo podía presumir de haber hecho lo que ningún dios pagano había hecho nunca: había emprendido la conducción moral de una comunidad entera.[37] En ningún templo pagano había resonado nunca una oratoria como la que Agustín usaba ahora para establecer su autoridad amenazada sobre las «ovejas» católicas de Hipona.[38]

En el programa de Agustín no había lugar para vaguedades. Si los paganos conservadores habían hablado con nostalgia, en términos genéricos, de imponderables valores pasados, como, por ejemplo, la «vieja moral»,[39] Agustín escribió sin ambigüedades sobre la obligatoria ejecución pública de las leyes de moralidad.[40] Aquellos habían suspirado por las glorias militares de sus antepasados. Agustín no hizo sino volver esta beligerancia hacia dentro: el vicio y la herejía eran «enemigos internos» que requerían un austero «frente nacional».[41] Su ideal asumía poderosas connotaciones activas: no estaba acostumbrado «a la vana alabanza del *mos maiorum*, al modo ancestral de vida»; las leyes, reveladas al hombre por la autoridad divina y activamente reforzadas, habían de ser las bases de su Imperio cristiano.[42]

Muchos hombres escucharían este planteamiento. Flavio Marcelino, un comisionado imperial, que llegó a Cartago a fin de año, era un representante típico de la nueva generación de políticos católicos: bautizado, aficionado a la teología, austero y completamente casto.[43] Igual que Agustín, este hombre se sentía «vocacionado» para el servicio público; y, como Agustín, cabía esperar de él que reaccionara en su posición con doble premura: como dice el Evangelio, «caminaría dos leguas con quien le presionara para que caminara una».[44] Hay una parte sombría en el uso que Agustín hizo de este mandato: en el año 410, y después, un nuevo tipo de funcionarios imperiales caminarán sus dos buenas leguas en interés de la Iglesia católica. La supresión final del donatismo en la provincia por hombres como Marcelino debió mucho al ambiente de pánico y a la necesidad de acciones fuertes que acompañaron a la caída de Roma.[45]

Pero la inquietud más profunda no podía solventarse solo con llamamientos a la acción: Agustín tenía que darle un sentido al sufrimiento y al derrumbamiento político que había caído sobre su congregación por sorpresa.

África era tierra de olivos. A lo largo de todo el verano, las aceitunas pendían de las ramas que se balanceaban ligeramente con la brisa: a fin de año eran arrancadas y exprimidas en las almazaras.[46] La imagen familiar de la prensa, la *torcular*, se hará presente en los sermones de Agustín:[47] «Estamos a fin de año... Es tiempo de que seamos prensados».[48] Esta imagen resume la peculiar valoración que hacía Agustín del significado del saqueo de Roma. Los desastres de la época eran los *pressurae mundi*, las presiones de toda la comunidad humana.[49] Nadie podía librarse de estas presiones. Es típico de Agustín el ligar culpa y sufrimiento tan íntimamente, y verlo de una forma tan penetrante. Su reacción ante la catástrofe del año 410 revela el sustrato de roca firme que había cristalizado en él con su justificación de la «catástrofe controlada» de la coerción de los donatistas: la especie humana en general necesita disciplina[50] mediante instrucciones frecuentes y a menudo desagradables. Dios es un padre severo que «flagelará al hijo que recibe»: «Y tú, hijo malogrado del Señor: tú quieres ser recibido, pero no golpeado».[51]

Esta actitud de profunda implicación significa también que Agustín se negaba a permanecer fuera del desastre, como hacían muchos cristianos. Los romanos, por ejemplo, no fueron acusados por él de ningún pecado particular y distintivo: al contrario que los moralistas cristianos posteriores, Agustín no fustiga en detalle los vicios de la sociedad romana.[52] Para él, la honda culpabilidad de la especie humana en conjunto ya era una razón suficiente para que se la castigara con cualquiera de sus tribulaciones. Y no se alegró con la contemplación del saqueo de Roma como si se tratase de una civilización extranjera y hostil, como le ocurrió a un buen grupo de cristianos.[53] Agustín se negó, sobre todo, a observar pasivamente. Él no solo veía destrucción: la «presión» era un proceso activo, con intención de obtener resultados positivos; a través de esta presión se liberaba un buen aceite, que fluía a las vasijas: «El mundo se tambalea bajo golpes aplastantes; el viejo es golpeado, la carne es prensada y el espíritu se torna aceite claro y serpentino».[54] La reacción de Agustín ante la atmósfera de emergencia pública estimulaba a la acción, y su idea de que las catástrofes tenían una voluntad correctiva reconocía un auténtico respeto hacia los héroes.

Ahora bien, un hombre escoge a sus héroes entre los que lo rodean. Agustín miró a una minoría selecta —los «siervos de Dios»— que, como los justos de Israel, alababan a Dios y oraban, en medio de sus tormentos, «por sus pecados y los pecados de su pueblo».[55] Sus héroes eran los miembros ascéticos de la aristocracia romana a los que había llegado a conocer por *Paulinus noster*, Paulino de Nola.[56] Agustín no se hacía ilusiones sobre el hombre corriente:

> La congregación de Hipona —escribió— a la que el Señor me ha ordenado servir, es en gran parte masa, y de una constitución tan débil que la presión de alguna aflicción, aun siendo relativamente pequeña, podría muy bien poner en peligro su bienestar; en el presente, la congregación está tan apenada por una tribulación tan aplastante que, aunque fuera fuerte, apenas podría sobrevivir a la presión de esta carga.[57]

Aquellos nobles cristianos desarraigados originaron mucha expectación cuando llegaron a África; pero fueron de poca ayuda práctica. Se perdió una gran oportunidad. Los miembros cristianos de una familia noble, famosa por su austeridad, Melania, su marido Piniano y su madre Albina, se habían retirado a sus posesiones de Tagaste.[58] Agustín confiaba en que una visita de aquellos héroes de la piedad restauraría la moral de su grey;[59] pero a los ciudadanos de Hipona les impresionó más la prodigalidad que la iglesia de Tagaste había alcanzado de sus piadosos visitantes.[60] De modo que agredieron a Piniano en la iglesia con un «continuo y aterrador griterío»,[61] con objeto de obligarle a que se quedara entre ellos como sacerdote. Los distinguidos visitantes abandonaron Hipona, sorprendidos de encontrar tal turbulencia en los feligreses de Agustín.[62] El pueblo de Hipona había intentado escoger a Piniano como su poderoso patrono en tiempos de emergencia.[63] Agustín no compartía ese punto de vista, y estaba dispuesto a permitir que Piniano abandonase la ciudad si alguna vez Hipona era atacada por los godos.[64] Ni Piniano ni Agustín tomaron nunca en consideración una alianza del gran terrateniente y el obispo contra los bárbaros, alianza que sería muy importante en otras provincias. Para Agustín, «la prensa de la aceituna» seguirá siendo un proceso secreto, y el heroísmo será el de un sufridor fiel a su lejana ciudad celestial, y no el del defensor de ciudad terrenal alguna.[65]

Agustín daba por sentada la supervivencia del Imperio romano. Para él, eso era el «mundo», el *mundus*, en el que había vivido sesenta años; pero estaba perfectamente dispuesto a considerar el saqueo de Roma como un desastre sin precedentes:[66] en ningún momento intentó paliar las horrorosas noticias de «masacres, incendios, pillajes y asesinatos y torturas de hombres».[67] Sentía hacia los godos el desagrado típico del hombre civilizado: ser cautivo suyo era «al menos serlo de seres humanos, *aun cuando* [¡] fueran bárbaros».[68] Podía aceptar la caducidad de todas las instituciones humanas,[69] pero su perspectiva global implicaba una fe en la resistencia del imperio como tal: un tratamiento correctivo fracasa en sus objetivos si acaba con el objeto del tratamiento:[70] Roma, en su opinión madurada, había sido «castigada, pero no sustituida».[71] El hablar de la inevitabilidad de la muerte puede ser utilizado a menudo y deliberadamente para ignorar una pregunta más precisa y embarazosa: ¿esa muerte inevitable está teniendo lugar en este momento? Agustín era sincero con su auditorio: «No perdáis el ánimo, hermanos, todo reino terrenal tendrá su fin. Si este fin es ahora, Dios lo sabe. Quizá todavía no se ha llegado a eso: por alguna razón —llamadlo debilidad, misericordia, o sencillamente miseria— todos nosotros esperamos que todavía no haya llegado».[72]

Los hombres, sin embargo, no son siempre del todo desinteresados cuando eligen dar algo por seguro: muy a menudo, si insisten en tratar asuntos como si fueran «completamente naturales», es para evitar que les causen problemas. Las observaciones de Agustín sobre el Imperio romano, en sus sermones y en *La ciudad de Dios*, tenían ese sentido. Como pensador cristiano, había dado por garantizadas muchas cosas del pasado pagano, de esta forma distintiva y deliberada.[73] Había rechazado la enorme coerción que rodeaba a la lengua latina, difundida por las escuelas de retórica, proclamando que el buen latín podía «aprenderse» de la forma más natural.[74] De la misma manera, y por las mismas razones, dio por segura la supervivencia del Imperio romano, por miedo a que, en su desasosiego, su congregación volviera a hipnotizarse con el mito de Roma. Un símbolo tan poderoso de una empresa puramente terrenal tenía que ser neutralizado si quería interesar a los hombres en otro tema que se había vuelto para él fundamental: *Dominus aedificans Jerusalem*, «El Señor, edificador de Jerusalén».[75]

Hacia el año 417 tuvo en sus manos un libro que mostraba, desde el punto de vista cristiano, la potencia inmensa del mito de Roma. Esta era la *Historia contra los paganos*, del sacerdote hispano Orosio. El libro estaba dedicado, humildemente, al propio Agustín.[76] Con todo, Orosio, a pesar de su cortesía con Agustín, había llegado a conclusiones propias muy diferentes.[77] Agustín no compartía el interés de Orosio por quitarle importancia a las invasiones bárbaras, ni sus supuestos básicos sobre el papel providencial del Imperio romano. La *Historia* que le había sido dedicada se unió a los otros muchos libros contemporáneos que Agustín ignoró abiertamente.[78] Y es que su pensamiento miraba sobre todo al futuro: *Sepa yo mi fin*.[79]

Agustín estaba convencido de que vivía en la era postrera, la sexta del mundo.[80] Él consideraba esto no como quien vive bajo la sombra de un acontecimiento inminente, sino más bien con la tristeza del que sabe que nada nuevo podía ya suceder. Todo lo que había que decir estaba dicho: un hombre es viejo a los sesenta años, pensaba Agustín, aun cuando llegue, como algunos, a los ciento veinte.[81] Era fútil calcular el fin del mundo, porque incluso el intervalo más corto de tiempo parecería demasiado largo para aquellos que lo anhelaban.[82]

En época de desastres, los hombres pueden vivir más ávidamente del futuro que del pasado o del presente; y sobre el futuro insistirá Agustín en sus sermones de estos años. Presentará ante el funcionario católico el «espejismo» de una ciudad celestial por la que se puede trabajar en este mundo:[83] al desilusionado, la sensación de que los acontecimientos presentes habían sido predichos desde hacía largo tiempo;[84] a las comunidades cristianas, el sentimiento indispensable de que seguían siendo un grupo pequeño, seleccionado para participar en un experimento preordenado de sufrimiento.[85]

Cuando comparamos tales sermones con las opiniones de un pagano como Nectario de Calama, podemos captar la fuerza de esta preocupación por el futuro, que se almacena como reserva para el mundo en su vejez. No solo Agustín era «de otro mundo»: también Nectario tenía sitio para otro mundo, y hasta para una «ciudad celestial».[86] Pero la ciudad celestial de Nectario existía, en cierto modo, por encima y por debajo del presente estático y tranquilo de un conservador. Los ciudadanos que habían vivido de modo tradicional, desempeñando las tareas tradicionales en las antiguas ciudades donde nacieron y fueron educados, se harían dignos de la «promoción» a esta otra ciudad.[87] Los dos mundos parecen distintos, autónomos y sin problemas; y la «promoción» que los une, un asunto ordenado. Pero la vejez y la muerte no son ordenadas: unen el presente y el futuro mediante procesos largos y destructivos; tales procesos unían el viejo «mundo» de Agustín con su «ciudad celestial», y la vida misma se presentaba como una adaptación gradual y penosa a un nuevo crecimiento milagroso que podía producirse en medio del horror de la vejez.

La destrucción era demasiado patente en el mundo que siguió al año 410. Saliendo de Cartago en otoño, Agustín pasó por delante de anfiteatros cuyo estilo megalómano todavía hoy día nos sorprende. Nectario y, sin duda, muchos de los oyentes de Agustín, debieron considerar que estos monumentos asombrosos habían sido edificados por «piedad»:[88] por la *pietas* que resumía la tenacidad preternatural con la que los romanos de África y de otros sitios habían intentado traspasar de padre a hijo un modelo de vida firmemente enraizado en este mundo. Pero las recientes crisis del Estado romano se habían hecho sentir en África. El dinero había empezado a escasear; las edificaciones públicas de esta clase habían cesado; los inmensos anfiteatros ya habían empezado a agrietarse.[89] Agustín no se sorprende de encontrar estas ruinas. Este pasado podía morir.

Agustín se había hecho viejo. La salud le fallaba.[90] Sus sermones sobre el futuro de una ciudad celestial tienen ahora el tono del hombre en contacto con esperanzas y temores elementales:

¿Os sorprendéis de que el mundo esté perdiendo su garra?, ¿de que el mundo haya envejecido? Pensad en un hombre: el hombre nace, crece y envejece. La vejez tiene muchas enfermedades: toses, temblores, falta de vista; se está ansioso y terriblemente cansado. Un hombre envejece y se llena de males. El mundo está viejo; y está lleno de tribulaciones apremiantes [...]. No os agarréis al anciano, al mundo; no os neguéis a recobrar vuestra juventud en Cristo, quien os dice: «El mundo pasa y está perdiendo su fuerza, y le falta aliento. Pero no temáis, vuestra juventud será renovada como un águila».[91]

XXVI
MAGNUM OPUS ET ARDUUM

ESCRIBIENDO *LA CIUDAD DE DIOS*

Hacia el otoño del año 410 finalmente le falló la salud a Agustín. Convaleciente en la finca campestre de un amigo, pudo recuperar, por un momento, el *otium*, el ocio cultivado del que había gozado en otro tiempo en Casiciaco y en Tagaste.[1] Agustín conservaba un recuerdo conmovedor de aquellos días: «A través de tus cartas, tanto como el tiempo me lo permite —escribió a un joven colega—, me acuerdo de mi amigo Nebridio... Mas tú eres un obispo, cargado de las mismas responsabilidades que yo... Mientras que él era un hombre joven... que podía discutir problemas conmigo, como se discuten entre dos hombres ociosos».[2]

No obstante, Agustín no podía librarse de su antigua reputación de literato. Alipio se había jactado en los círculos universitarios de Cartago de la maestría de su amigo como experto en Cicerón[3] y por ello Agustín se vio enfrentado, en vísperas de su convalecencia, con un ramillete de problemas literarios y filosóficos tomados de los *Diálogos* de Cicerón por parte de Dióscuro, un estudiante griego a punto de acabar sus estudios en la Universidad de Cartago.[4] He aquí otro joven con la cabeza sobrecargada de trozos y fragmentos de Cicerón,[5] con prisa por zarpar desde Cartago hacia un mundo más amplio:[6] ¡podía haber sido el joven Agustín! Pero el cansado y viejo obispo se sintió molesto: «Ojalá pudiera alejarte de tus titilantes disquisiciones y hacerte ver el tipo de problemas con los que me tengo que enfrentar».[7] En primer lugar, si Dióscuro tenía algo que mereciera la pena decir, podía decirlo seguramente sin tanta pedantería literaria: «No hay necesidad de ganar lectores haciendo gala de un conocimiento de los *Diálogos* de Cicerón».[8] Si el joven Dióscuro hubiese tenido ocasión de leer la gran obra que empezaría a aparecer tres años más tarde —el *De civitate Dei* de Agustín, *La ciudad de Dios*—, se habría desde luego sorprendido e impresionado: porque precisamente en ella el viejo obispo haría gala, en innumerables citas directas, de su dominio de todos los escritos de Cicerón.[9] Y es que se había creado un nuevo auditorio que exigía un nuevo estilo de enfoque: los nobles paganos cultivados de Roma habían empezado a hacer sentir su presencia, como refugiados, en los salones de Cartago.

El miembro más importante en este grupo era un joven muy capaz, de unos treinta años, Volusiano.[10] Pertenecía a una vieja familia romana y había seguido sumisamente la religión de sus padres paganos. Pero se encontraba en una posición embarazosa, porque Volusiano vivía ya, de hecho, en un mundo «pospagano». Agustín conocía la devoción cristiana de las mujeres de su familia: su madre era Albina, y su sobrina era Melania, la mujer de aquel Piniano cuyo arribo a Hipona causara tanta agitación.[11] Era un servidor de emperadores cristianos y, por tanto, no era libre de expresar en público su opinión;[12] además, y como hijo de una madre piadosa, era constantemente abordado por obispos como Agustín y por entusiastas seglares como Flavio Marcelino.[13]

La verdad es que su paganismo carecía de raíces concretas. Creció cuando la serie de ceremonias paganas, organizadas tan amorosamente por su padre y los amigos de su padre, habían ya menguado en las calles y templos de Roma. Volusiano podía encontrar su querida religión antigua tan solo en los libros; y por eso aparecía ante Agustín como el centro de un círculo literario, conocido por su «estilo pulido y cultivado, que destacaba por el encanto de la auténtica elocuencia romana».[14]

Hay un libro que revela muy claramente los gustos de Volusiano y sus amigos: son las *Saturnalia* de Macrobio.[15] Era este un libro de «conversaciones imaginarias», que retrataba a los grandes conservadores romanos en su época de esplendor, hacia el año 380: ahí está el padre de Volusiano, Albino; igualmente, su íntimo amigo, Símaco, y el gran erudito religioso Pretextato, que nos son presentados mientras gozan de doctas discusiones durante la festividad de las Saturnales. En estas conversaciones, sin embargo, podemos advertir algo más que el disfrute gentil de un pasado grande: es toda una cultura que corre aceleradamente para tenerse en pie. «La antigua tradición», *vetustas*, tiene que ser «adorada eternamente».[16] Como la gente que coloca el dinero en la seguridad de un banco extranjero, estos últimos paganos estaban deseosos de invertir sus creencias en un pasado distante y dorado, todavía sin perturbar por el auge del cristianismo. Los emperadores cristianos habían abandonado el título de *Pontifex Maximus*; pero Virgilio los reemplazaría, desempeñando este cargo para los lectores religiosos.[17] De ser un libro de texto escolar, Virgilio pudo convertirse, igual que la Biblia, en un manantial inagotable de información religiosa precisa.[18] Incluso los artistas contratados por estas personas retrataban con afecto los más pequeños detalles de los sacrificios de Eneas, precisamente una generación después de que estos sacrificios hubieran sido abolidos de forma oficial.[19] Era un fenómeno extraño: la conservación en el presente de todo un modo de vida, transfundiéndolo con la seguridad inviolable de un pasado adorado.

Pero esto no era todo. Esta gente era profundamente religiosa, y podía competir con los cristianos en cuanto a su firme fe en los premios y castigos que siguen a la muerte. Macrobio había escrito también un comentario sobre el *Sueño de Escipión*: en él enseñaba que «las almas de aquellos que han hecho méritos en la comunidad vuelven al cielo desde el cuerpo y gozan allí de la bendición eterna».[20] Para esta gente, el cristianismo se presentaba, como se presenta a muchos hoy en día, como una religión sin contacto con los supuestos naturales de una cultura entera. Los grandes platonistas de su época, Plotino y Porfirio, podían proporcionarles una visión del mundo muy religiosa que provenía con naturalidad de una tradición inmemorial. Las pretensiones de los cristianos, por el contrario, carecían de base intelectual. Para un hombre como Volusiano, aceptar la encarnación hubiera sido como para un europeo moderno negar la evolución de las especies: hubiera tenido que abandonar no solo el conocimiento racionalmente basado y más avanzado que tenía a su alcance, sino, por implicación, toda la cultura empapada de tantos adelantos. Dicho en pocas palabras: los paganos eran los «sabios», los «expertos», los prudentes; mientras que los cristianos eran «estúpidos».[21]

Agustín estaba bien capacitado para apreciar la naturaleza de la amenaza que presentaba este neopaganismo literario y filosófico. Por un tiempo, él mismo había parecido a punto de ser absorbido por el círculo pagano: había sido patrocinado por Símaco y, en Milán, fue maestro de los hijos de los amigos de Símaco, que tenían la misma edad de Volusiano. Estos hombres no eran unos intransigentes aislados: representaban el centro de una intelectualidad muy amplia que se extendía por todas las provincias de Occidente.[22] Para una persona que estuviera en la posición de Agustín, con su experiencia de primera mano del mundo intelectual del día, el verdadero peligro en el año siguiente al 410 no provenía tanto de la consternación popular por el saqueo de Roma[23] como del poder de estos hombres, que podían robustecer una tradición de prestigio para parar la expansión del cristianismo.[24] Considerada bajo esta luz, *La ciudad de Dios* es el último asalto de un largo drama: escrita por un antiguo protegido de Símaco, iba a significar el rechazo definitivo del paganismo de una aristocracia que había pretendido dominar la vida intelectual de su época.

La llegada de los aristócratas romanos a África aclaró mucho la cuestión. Agustín sabía perfectamente el efecto que su liderazgo podía tener en la provincia. La vida universitaria de África seguía siendo vigorosa y en gran medida pagana:[25] el mismo discípulo de Agustín, Eulogio Favonio, escribió también un comentario sobre el *Sueño de Escipión*.[26] Una persona como Nectario de Calama apreció mucho este texto que ofrecía una inmortalidad en la Vía Láctea a los hombres que, como él mismo, obraran rectamente de acuerdo con el modo tradicional.[27] Detrás de estos tradicionalistas estaban los filósofos a los que tan bien conocía Agustín, los *Platonici,* que, al igual que él, eran hombres ascéticos y alejados de este mundo, preocupados igualmente por la salvación del alma humana, y que, a pesar de todo ello, se mantenían distantes de las congregaciones de la Iglesia católica y vestían a la usanza tradicional, con sus sobrios trajes.

Este tipo de hombres ofrecieron las contrafiguras para *La ciudad de Dios*. Ellos se habían dedicado a provocar a Agustín de una manera digna de los héroes de Macrobio. Macrobio había puesto sobre el tapete una discusión de Virgilio, su clásico religioso, levantando una serie de objeciones extrañas y antipáticas ante sus sorprendidos oyentes.[28] También Volusiano presentó críticas al cristianismo, exactamente de la misma manera, en un banquete literario que describe con detalle a Agustín.[29] En las *Saturnalia* fue Símaco, por supuesto, el que primero saltó en defensa del poeta reverenciado. Y ahora era a Agustín, el decano de una literatura cristiana nueva,[30] hacia quien este auditorio fastidioso se volvía, y no sin cierta ironía,[31] en busca de satisfacción.

Agustín dudó cierto tiempo antes de comprometerse a escribir un libro.[32] Había confiado en que Marcelino hiciera circular sus cartas abiertas por los salones;[33] pero este le pidió algo más que eso: le pidió una «solución espléndida».[34] Así, cuando aparecieron los tres primeros libros de *La ciudad de Dios*, en el año 413, Agustín pudo anunciar una obra monumental, «una obra magna y ardua, *magnum opus et arduum*, queridísimo Marcelino».[35] Trece años más tarde, Agustín acabará esta obra de veintidós volúmenes con una frase contundente que resume el tono de gran respiro en el que había decidido escribir: «Con el auxilio del Señor, creo que he saldado mi deuda con este gigantesco libro».[36]

Agustín había vivido veinte años como obispo provinciano en Hipona. Ahora estaba en juego su reputación ante un auditorio distinto y muy exigente.[37] Como resultado, *La ciudad de Dios* es el libro más autoconsciente de todos los que escribió. Estaba planeado a gran escala: cinco libros tratarían de aquellos que adoraban a los dioses para alcanzar la felicidad en la tierra; otros cinco, de aquellos que los adoraban por la felicidad eterna, y los doce restantes elaborarían el gran tema de Agustín: cuatro tratarían del origen de las «dos ciudades, la una de Dios y la otra del mundo»; cuatro, del «curso irreversible» de estas dos ciudades en el pasado, y los últimos cuatro, de sus destinos últimos. Poseemos incluso la carta que Agustín escribió a su «agente literario», el sacerdote Firmo: en ella Agustín le da instrucciones sobre cómo encuadernar el enorme y dificilísimo manuscrito de acuerdo con su plan básico;[38] y la sucesión de los libros está señalada en un índice de capítulos.[39] Esto no es un folleto de actualidad pasajera para un auditorio sencillo: era un libro que hombres de ocio,[40] hombres doctos, debían estar dispuestos a leer una y otra vez para apreciarlo en su justo valor.[41] *La ciudad de Dios* es un monumento a la cultura literaria del Bajo Imperio, tan distintivo a su modo como las *Saturnalia* de Macrobio. Esto es evidente en ser un hombre docto; igual que en el Renacimiento, sus argumentaciones tenían que desarrollarse apoyándose en una serie de autoridades literarias. En *La ciudad de Dios*, Agustín construye deliberadamente sus argumentaciones, no con el método dialéctico de eruditos posteriores, sino de modo que demuestre que también él sabe moverse a través de cúmulos de erudición.[42] Este enfoque es señaladamente diferente al de sus demás escritos. Sus argumentos contra el fatalismo, por ejemplo, siguen el mismo curso que en sus otras obras;[43] pero, en *La ciudad de Dios*, se apoyan en una estructura de grandes nombres referida a Cicerón: «Cicerón dice de Hipócrates, el doctor más notable [...]. Posidonio el Estoico [...] el notable argumento del torno del ceramista... por el que Nigidio fue llamado Nigidio, “torno de ceramista”».[44]

El toque final de quisquillosidad clásica llega cuando Agustín menciona a los gemelos bíblicos, Esaú y Jacob. No se refiere a ellos por su nombre, sino que los introduce con pesados circunloquios, con un estilo que debía deleitar al esnobismo literario del auditorio de Agustín: «Allí nacieron una vez unos gemelos, en la antigua memoria de nuestros padres (estoy hablando de hombres famosos)...».[45]

La extremada sensibilidad de Agustín para con los gustos de su auditorio en particular fijó también la estrategia de sus ataques a los cultos paganos. *La ciudad de Dios* apenas contiene alguna referencia a las formas contemporáneas de adoración y de sensibilidad pagana que hoy interesan a los modernos especialistas del paganismo tardío: los cultos de los misterios, las religiones orientales o el mitraísmo. Parece como si Agustín estuviera demoliendo un paganismo que existía ya solamente en las bibliotecas.[46] De hecho, Agustín creía con toda razón que como más fácilmente podía alcanzar a los últimos paganos era por sus bibliotecas. En esto, *La ciudad de Dios* refleja fielmente la principal tendencia del paganismo de principios de siglo v. La generación parcialmente huérfana de Volusiano había procurado envolver su religión en un pasado lejano. Eran anticuarios irredentos, y privilegiaban cualquier forma de religión y filosofía que ostentara una *litterata vetustas*, un origen inmemorial conservado para ellos en los clásicos literarios.[47] Precisamente es esta *vetustas* lo que Agustín disecciona. Agustín intercepta el paso a los paganos en su última retirada hacia el pasado, exponiendo los orígenes manchados de los cultos más antiguos y que más aparecían en los clásicos, mostrando sus inconsecuencias, e insinuando la incredulidad secreta de los propios escritores que habían conservado este pasado, tales como su poeta Virgilio o su anticuario Varrón.[48] Su discusión sobre la historia romana gravita también alrededor de los orígenes de Roma, un periodo que había interesado particularmente a los paganos cultos del siglo precedente[49] y cuyas inclinaciones Agustín sigue en gran medida. Este pasado remoto podía ser idealizado sin mayor problema, y por eso es por lo que Agustín se siente impulsado a emplear a fondo los métodos de un radical auténtico en contra de la epopeya de Roma en Alba (siglo VII a.C.), enfrentándose a los mitos del conservadurismo y dándose el gran placer de llamar pan pan y al vino vino: «Apartemos las vanas pantallas de la opinión más difundida»[50] y «¡quitemos el encalado!...».[51]

La ciudad de Dios hubo de impresionar a sus primeros lectores de modo muy diferente que las *Confesiones*. Aquí no se encontraban con ninguna asombrosa novedad literaria. En lugar de ello, podían disfrutar de lo mismo que Macrobio había disfrutado en las conversaciones de los grandes paganos, especialmente en las de Pretextato: el espectáculo de una persona muy seria, que dominaba al dedillo toda una cultura convencional, el saber popular religioso, la filosofía y la historia.[52] En este sentido, cuando el vicario, a punto de retirarse, y teniente de prefectos de África, Macedonio, recibió los ejemplares de los tres primeros libros de *La ciudad de Dios*, alabó de ellos aspectos que el historiador moderno suele pasar por alto. Como leal empleado, se niega a ver en él un libro sobre el saqueo de Roma, pues esta «calamidad pública» se trataba en él no más de lo que era estrictamente decente.[53] En lugar de ello, podía recostarse cómodamente para disfrutar de un festín intelectual. «Estoy dudoso de qué es lo que más debo admirar: si el conocimiento religioso completo de un sacerdote, la altura de las opiniones filosóficas, la plenitud de su información histórica o el encanto de su gran estilo».[54]

Eran precisamente estas cualidades las que capacitaban a *La ciudad de Dios* para contar en la literatura romana como una obra del «nacionalismo cristiano». Como la mayoría de los nacionalismos, su modo de expresión está inspirado en el de sus dirigentes; pero aquí la expresión se toma prestada solamente para afirmar una alternativa independiente de la cultura literaria que había dominado la mente de los hombres. Tras veinte años de estudio de la Biblia, Agustín estaba convencido de que también los cristianos tenían una literatura de una riqueza inagotable. *Vuestro* Virgilio se contrapone deliberadamente en todas las ocasiones con *nuestras* Escrituras.[55]

La yuxtaposición, sin duda, es el artificio literario básico que determina la estructura de todos los libros de *La ciudad de Dios*. Agustín la usa de forma consciente para procurar un efecto «estereoscópico». Las soluciones de la nueva literatura cristiana deben «destacarse lo más claramente posible»,[56] imponiéndolas siempre sobre un fondo elaboradamente construido con las respuestas paganas a la misma pregunta. Es un método calculado para dar una sensación de riqueza y de tensión violenta, y que es la causa del enorme atractivo de *La ciudad de Dios* para enseñar a los hombres cultos de épocas futuras. Porque en ella Agustín se traslada, con gran y ostentosa reflexión, desde el mundo clásico hasta el cristiano. Podemos seguir una argumentación convencional sobre el papel de las emociones en un sabio, trasladándonos luego poco a poco desde una anécdota sobre «un estoico en un naufragio» de *Las noches áticas* de Aulo Gelio, a través de la descripción por Cicerón de las virtudes de Julio César, hasta llegar, al final de una senda bien trazada, a encontrarnos de forma repentina con algo decididamente nuevo: la formulación grandiosa de «lo que enseña la Divina Escritura que contiene el compendio de la sabiduría cristiana».[57] «En nuestro modo de pensar, *in disciplina nostra*, pues, nosotros no nos preguntamos solo si un alma piadosa está enojada, sino por qué lo está; no si está triste, sino por qué razón; no si tiene miedo, sino qué es lo que teme».[58]

Escribir *La ciudad de Dios* obligó a Agustín a completar su opinión sobre su propio pasado de hombre culto. Podemos ver manifiestamente la forma que este pasado había tomado en él. El pasado del literato, que Agustín y sus lectores daban por sentado desde la época escolar, ya no le pertenece: es *vuestra* literatura, la literatura de los paganos romanos. Con los platónicos no pasa lo mismo: los consideraba como unos adversarios mucho más temibles que los hombres de letras conservadores.[59] Agustín releyó los tratados de Porfirio y Plotino;[60] y evocó el dilema de estos hombres con una maestría tal que las interpretaciones modernas del enigmático Porfirio gravitan todavía hoy alrededor del décimo libro de *La ciudad de Dios*.[61] Porfirio era la bestia negra del cristiano medio: Jerónimo le había llamado «bribón, tipo impúdico, difamador, parásito, lunático y perro rabioso».[62] En manos de Agustín alcanza una talla heroica: sus formulaciones finales tienen por objeto crecer majestuosamente a partir de una crítica detallada de la abortada búsqueda de Porfirio de un «método universal para liberar el alma»;[63] y, de tal modo, la demolición del paganismo en los diez primeros libros de *La ciudad de Dios* puede cerrarse con la evocación generosa de un fracaso magnífico.

Este rasgo es muy revelador: las disputas de Agustín con sus compañeros cristianos raramente superaban el nivel de una guerra de folletos, tan común en la Iglesia antigua: los cristianos herejes seguían siendo enemigos externos a los que había que derribar. Por el contrario, el tratamiento que da Agustín a los platónicos a lo largo de *La ciudad de Dios* muestra hasta qué punto seguía estando vivo en él parte de su pasado pagano, estimulando sus pensamientos más refinados y desafiándolo a un continuo diálogo interior que había de durar hasta su muerte.

El interés por el pasado clásico podía plantear problemas inquietantes para los cristianos. Precisamente en esta época escribió Agustín a Evodio. ¿A quién había liberado Cristo del castigo cuando descendió a los infiernos?[64]

> Sería temerario establecer quiénes eran. Si fuéramos a decir que todos los que estaban en el infierno fueron liberados, entonces, ¿quién no se complacería si pudiéramos probarlo? Ellos estarían particularmente contentos a causa de aquellos hombres a quienes conocemos íntimamente por sus obras y cuyo estilo y cuyas cualidades de espíritu hemos admirado: no solo poetas y oradores, quienes en muchos pasajes de sus obras pusieron a los dioses falsos de las naciones en ridículo, llegando a veces a confesar la existencia de un solo Dios verdadero (aunque normalmente siguieran al vulgo en sus gritos

> supersticiosos), sino que también aquellos que han defendido las mismas opiniones, no en poesía y retórica, sino como filósofos. Después están los que no han dejado ninguna herencia literaria, mas hemos sabido por los clásicos que vivieron vidas dignas de alabanza por sus propias luces. Excepto por el hecho de que no sirvieron a Dios y se equivocaron en la adoración de vanidades, que era la religión establecida de su época..., pueden, con justicia, considerarse como modelos de todas las demás virtudes: de la frugalidad, la abnegación, la castidad, la sobriedad y el ánimo al encararse a la muerte por amor a su país, manteniendo sus juramentos a sus ciudadanos y hasta a sus enemigos. Todas estas cosas son, en cierto sentido, de ningún valor e improductivas; pero, como signos de un carácter determinado, nos placen tanto que quisiéramos ver a aquellos en quienes existen libres de las penas del infierno: pero, por supuesto, puede muy bien ser que el veredicto del sentimiento humano sea una cosa y la justicia del Creador otra completamente distinta.[65]

Agustín consideraba a los antiguos romanos con la misma ambivalencia intensa con la que los ingleses consideran a sus respetables victorianos. Los libros de historia les habían presentado a los hombres de letras como una serie de «modelos» idealizados de comportamiento, como *exempla*.[66] En Roma, las familias senatoriales rebuscaban en el pasado remoto en busca de un *exemplum*, un antecesor ejemplar cuya ascendencia reclamar.[67] También los cristianos de Roma creían en estos *exempla*. Paulino, visitado por un clan familiar cristianizado, se extendió en una elaborada comparación entre los santos modernos y sus magníficos ancestros; y haciéndolo así adoptaba una opinión favorable en el asunto de las virtudes paganas.[68]

Agustín era menos inclinado a impresionarse. Su opinión sobre la actitud romana ante el pasado formaba parte de su actitud básica ante lo que él llamaba la *civitas terrena*, esto es, cualquier grupo humano manchado por el pecado y, por tanto, «terrenal». Esos grupos se negaban a considerar los valores «terrenales», que ellos mismos habían creado, como meramente transitorios y relativos. Atados al frágil mundo que habían creado, se veían forzados a idealizarlo, tenían que negar la existencia de mal alguno en su pasado y la certidumbre de su muerte en su futuro. Aún el más honesto de sus historiadores, Salustio, había mentido al alabar los días antiguos de Roma. Esto era inevitable, «ya que —como Agustín dijo con gran penetración— no contaba con ninguna otra ciudad a la que alabar».[69]

Era fácil refutar la concepción del pasado de los conservadores romanos como un simple «mito». Orosio lo había hecho, y Agustín siempre tendió a hacerlo. Agustín experimentaba un torvo placer, parecido al de un librepensador del siglo XIX demoliendo una creencia religiosa, cuando lograba desinflar la idea más prestigiosa reduciéndola a su esencia desnuda: «Fuera con toda esta fanfarronada arrogante: al fin y al cabo, ¡qué son los hombres sino hombres!».[70] En este sentido, se niega a considerar la historia romana privilegiada en ningún modo. Reduce el auge de Roma al denominador común que comparten todos los estados: al «deseo de dominar», que Salustio había mencionado «de pasada»[71] como un vicio no romano, y que Agustín generaliza, con su característica minuciosidad, como una ley que gobierna el desarrollo de todos los estados. Un bandolerismo victorioso puede convertirse así en el modelo básico de cualquier imperio;[72] y Agustín pide a sus lectores que comparen su propio pasado idealizado con un espejo distante, el de la historia de un Estado enteramente no clásico como era el agresivo imperio de los asirios.[73] Los africanos eran, en verdad, famosos por su habilidad para desenmascarar[74] los hechos, y el sarcasmo había sido siempre el arma más formidable de Agustín.[75] Al aplicarlos al pasado romano, demostró una total falta de «gravedad» romana: la centelleante *controversia,* en la que acumula indirectas contra la castidad de Lucrecia, podía parecer de un singular mal gusto (al fin y al cabo, Paulino de Nola, un buen cristiano romano, se había enorgullecido de llamar a su esposa «mi Lucrecia»).[76]

Pero Agustín no solo desenmascaraba. Estaba de acuerdo con sus contemporáneos en dos cuestiones importantes: primero, la historia moral del pueblo romano era más importante que los «hechos desnudos de la vida» de las conquistas romanas; y, segundo, las cualidades morales de los romanos habían hecho a su imperio, si no privilegiado y merecedor de perdurar hasta la eternidad (como era claramente el caso de los paganos), por lo menos mejor que cualquiera de sus predecesores.[77] De forma muy parecida a como nosotros seguimos considerando que los triunfos de la era victoriana fueron obra individual de algunos victorianos prominentes, así las cualidades morales de los antiguos romanos parecían proporcionar la clave de la pasada grandeza de Roma.[78] Agustín acepta esta actitud y la utiliza para estructurar su opinión provisional[79] y sumamente personal de por qué Dios permitió que los romanos crearan un imperio tan grandioso.[80]

Al internarse en el desafío que estos *exempla* representaban, Agustín va a trasformar la visión que los romanos tenían de su propio pasado.

Persigue las apariencias de la conducta de estos nobles ancestros para averiguar por qué se comportaron realmente así y, asiéndose a una insinuación fugaz de un autor clásico,[81] ofrece una explicación sencilla y amplia: los romanos se habían visto inclinados a una muestra sobresaliente de virtud por una única fuerza: su orgulloso amor a la alabanza: «Eran, por tanto, "buscadores de la alabanza y manirrotos con su dinero; honrados en la persecución de la riqueza, querían atesorar la gloria". Eso es lo que amaban de todo corazón; para ello vivían y no dudaban en morir por ello; todas las demás pasiones las subordinaban a este deseo aplastante».[82]

Esta es la alternativa de Agustín a los retratos de familia idealizados que dominaban a los romanos de su época. Y, como Agustín mismo advirtió, las suyas eran las virtudes de una pequeña minoría.[83] Porque el hombre medio de Agustín seguía siendo, sin lugar a duda, una criatura muy débil. Era un esclavo de los hábitos sociales.[84] Incluso los más grandes pensadores del pasado pagano, le parecía, se habían rendido a esta fuerza: habían escondido sus verdaderas convicciones,[85] o se habían visto arrastrados al compromiso con las creencias de la chusma.[86] Lo irracional andaba a un paso: la devoción de las multitudes puede hacer que parezca que los ídolos se mueven;[87] un misterioso «reino inferior de los sentimientos» puede llevar a un hombre a trasponer su sensación de estar vivo a una reproducción muerta de la forma humana...[88] Los hombres necesitan la «autoridad»: necesitan que sus hábitos y tendencias irracionales sean sacudidos por un reto firme y persuasivo desde arriba.[89] Si esta guía no viene de Dios, vendrá de otra fuente.

Agustín creía en los demonios, una especie de seres superiores a los hombres, de vida eterna, con cuerpos tan sutiles y activos como el aire, y dotados de poderes de percepción sobrenaturales; además, por ser ángeles caídos, eran enemigos jurados de la verdadera felicidad de la especie humana.[90] Su poder de influencia era enorme, pues podían interferir en las bases físicas del intelecto para producir ilusiones.[91] Obligados a habitar en la turbulencia del aire inferior, por debajo de la luna, estos prisioneros condenados, que esperaban sentencia en el juicio final,[92] estaban siempre dispuestos a descender súbitamente, como pájaros, sobre los fragmentos rotos de una humanidad frágil y disidente.[93]

En la creencia popular romana tardía, los métodos de los demonios eran extremadamente crudos: podían tomar sin más la forma humana para comenzar una plaga o un motín.[94] En Agustín, por el contrario, el nexo entre hombres y demonios era puramente psicológico. Cada oveja con su pareja: los hombres tenían los demonios que se merecían, y los demonios, por su parte, perpetuaban este estado de cosas proponiendo a las masas, como símbolos de poder divino, dioses inmorales y anárquicos.[95]

Salustio había escrito la historia moral de la decadencia de la República romana: para el auditorio de Agustín, esta historia era la historia autorizada de aquel periodo.[96] Agustín la convertirá en la historia religiosa introduciendo en ella dos ideas que le eran ajenas: la de la autoridad[97] y la de los demonios. De este modo, la historia de Roma se convierte en la historia de una comunidad privada de la autoridad de Cristo, y abandonada a merced de unas fuerzas más allá del control de una frágil corteza de virtud humana.[98]

El último exorcismo de Agustín del pasado pagano, sin embargo, no se detuvo en la revelación de su contracorriente demoniaca. Agustín hizo algo mucho más sutil e irreversible: *La ciudad de Dios* es un libro sobre la «gloria». En él, vacía la gloria del pasado romano con objeto de proyectarlo mucho más allá del alcance de los hombres, en la «gloriosísima» ciudad de Dios. Las virtudes que los romanos habían atribuido a sus héroes se harán realidad solamente en los ciudadanos de esta otra ciudad; y es únicamente dentro de los muros de la Jerusalén celestial donde podrá conseguirse plenamente la noble definición que Cicerón había hecho de la esencia de la República romana.[99]

Porque no deberíamos olvidar que, junto con las *Confesiones*, *La ciudad de Dios* es uno de los pocos libros de Agustín cuyo título es ya significativo: *De civitate Dei*. Igual que en las *Confesiones*, el tema del título cristalizó en la mente de su autor y, una vez formado, aparece escrito en cada una de las líneas del libro.

La ciudad de Dios no puede explicarse basándose en sus orígenes inmediatos. Es particularmente superficial considerarlo como un libro acerca del saqueo de Roma. Agustín podía muy bien haber escrito un libro «sobre la ciudad de Dios» sin que mediara tal acontecimiento. Lo que el saqueo sí hizo fue proporcionar a Agustín un auditorio específico y desafiante en Cartago; y, en este sentido, el saqueo de Roma aseguró que un libro que podría haber sido una obra de pura exégesis para los colegas cristianos eruditos (algo así como el gran comentario sobre el Génesis, en el que ya surge la idea de un libro sobre las «Dos ciudades»)[100] se convirtiera en una confrontación deliberada con el paganismo. *La ciudad de Dios*, en sí misma, no es una «pista para interpretar los tiempos», sino la respuesta cuidadosa y premeditada de un anciano a una creciente obsesión.

En un sermón que Agustín predicó en Cartago el mismo año que empezó a escribir *La ciudad de Dios*, podemos sentir, mejor que en ninguna otra parte, la fuerza y la verdadera dirección del ímpetu que le conduciría a crear esta «obra magna y ardua» para maravilla y perplejidad de las generaciones futuras: «Cuando, por tanto, la muerte sea absorbida por la victoria, estas cosas no estarán allí; y habrá paz, una paz plena y eterna. Entonces nos encontraremos en una especie de ciudad. Hermanos, cuando hablo de esa ciudad, y especialmente cuando veo que los escándalos se agrandan aquí, no puedo parar...».[101]

XXVII
CIVITAS PEREGRINA[1]

En los años que siguieron al 410, los cristianos que acudían en bandada a las grandes basílicas de Cartago se sentían inseguros de sí mismos. Se habían jactado de la «Era Cristiana»[2] y ahora resultaba que esta coincidía con una era de desastres sin parangón. Tras una generación triunfante, se encontraron con que eran impopulares.[3] Empezaron a sentir nostalgia de las viejas formas de vida, en especial de los espectáculos circenses paganos, los únicos que en tiempos de crisis parecían mantener la confianza pública en la seguridad y en la opulencia del mundo antiguo.[4]

Agustín les dijo justamente lo que un grupo desmoralizado necesita escuchar. Les dio conciencia de su entidad; les dijo adónde pertenecían y a qué debían mantenerse leales. En una serie de grandes sermones,[5] se dirigió a unos hombres confusos, rodeados de cien maneras por los límites del paganismo, y que tenían parientes paganos, vecinos paganos y una fidelidad a su ciudad que podían expresar solo mediante ceremonias paganas.[6] Les dijo que eran un pueblo distinto, «los ciudadanos de Jerusalén». «Oh pueblo de Dios, oh Cuerpo de Cristo, oh noble raza de extranjeros en la tierra... No pertenecéis a este mundo, pertenecéis a otro».[7]

Agustín usaba un tema que se había convertido ya en un tópico entre los cristianos de África:[8] lo había encontrado por primera vez, quizá, en la obra de un donatista, Ticonio.[9] Desde la caída de Adán, la especie humana estaba dividida en dos grandes «ciudades», *civitates*, esto es, en dos grandes pirámides de lealtad. La primera ciudad servía a Dios junto con sus ángeles; la otra servía a los ángeles rebeldes, al diablo y sus demonios.[10] Aunque ambas ciudades parecían inextricablemente entremezcladas, tanto dentro de la Iglesia como en el mundo, serían separadas en el juicio final.[11] Cristo pronunciaría las palabras de la sentencia: las dos ciudades —Babilonia y Jerusalén— aparecerían entonces, una a la izquierda y la otra a la derecha.[12]

En los años posteriores al 410, Agustín tomó este tema y, con deliberada espectacularidad, lo desplegó ante su auditorio.[13]

Los judíos, antaño, habían marchado a Babilonia en cautividad. Allí suspiraban por retornar a Jerusalén. Sus profetas habían anunciado el regreso y sus salmos habían cantado el anhelo de un pueblo entero por una patria natal distante y por el templo en ruinas que tenían que reparar. Tal como Agustín lo presenta, se trata de una visión de cautividad y de liberación, de pérdida y reparación,[14] compartida en términos generales por la mayoría de los pensadores de fines de la Antigüedad, tanto platónicos[15] como maniqueos[16] o cristianos. Pero en sus manos, en este momento, se exploran todas las ramificaciones y todos los matices, se investigan todos los detalles con la pasión de un gran artista y, al mismo tiempo, se encarna plenamente en un incidente particular de la lejana historia de los judíos:

> Tenemos que conocer primeramente nuestra cautividad, para después conocer nuestra liberación: tenemos que conocer Babilonia y Jerusalén... Estas dos ciudades, y esto es un hecho histórico, fueron dos ciudades de las que da noticia la Biblia... Fueron fundadas, en momentos determinados, para cristalizar en forma simbólica la realidad de estas dos «ciudades» que comenzaron en un pasado remoto y que persistirán hasta el fin del mundo.[17]

Los judíos habían hecho muchas cosas en Babilonia; y el mismo Agustín había cambiado su parecer sobre lo que ahora convenía resaltar. Ellos habían marchado obedientemente; habían procurado ser súbditos pacíficos y funcionarios leales, y las plegarias de sus mártires habían encontrado respuesta en la conversión del rey, Nabucodonosor.[18] Durante la luna de miel de la alianza entre la Iglesia y el Estado en África, Agustín había acentuado estos hechos en contra de paganos y donatistas.[19] Ahora se agarraba al vivo anhelo de los salmos: Babilonia había significado «confusión», una mezcla de la propia identidad con las cosas del mundo.[20] Los ciudadanos de Jerusalén dependían de este mundo, pero se hicieron distintos de Babilonia por su capacidad para anhelar otra cosa:

> Escuchemos ahora, hermanos, escuchemos y cantemos; penemos por la ciudad de la que somos ciudadanos... Mediante el sufrimiento ya estamos allí; ya hemos echado nuestra esperanza, como un ancla, en aquella costa. Canto sobre otro sitio, no sobre este de aquí: pues canto con el corazón, no con la carne. Los ciudadanos de Babilonia oyen el son de la carne, pero el Fundador de Jerusalén escucha la tonada de nuestro corazón.[21]

Mientras que otros moralistas cristianos de esta era de crisis, y muy en especial Pelagio, iban a centrar su mensaje exclusivamente en la cercanía ineludible del día del juicio,[22] Agustín eligió una perspectiva diferente. Se alejó de forma deliberada de las amenazas de los Evangelios para encontrar en los salmos una capacidad de amar el futuro:[23] las exhortaciones que Agustín elige en esta época son exhortaciones a cantar «serenatas», *ad amatoria quaedam cantica*;[24] las emociones con las que él juega no son de temor, sino el amor a un país distante e inmemorial: a «la antigua Ciudad de Dios». «El origen de esta ciudad se remonta a Abel, como el de la mala a Caín. Esta Ciudad de Dios es, por tanto, una ciudad muy antigua, siempre sufriendo una existencia sobre la tierra, siempre suspirando por el cielo, cuyo nombre es también Jerusalén o Sion».[25]

Esta sensible oratoria hubiera dejado impasible a un pagano.[26] Vista contra el fondo de la historia que dicho pagano podía conocer, la «religión cristiana» resultaba un asunto bastante provinciano. La adoración a los dioses se extendía y llegaba, pasando por Roma, hasta los mismos comienzos de la especie humana: habían transcurrido muchos siglos antes de que Cristo apareciera. Y tampoco le era posible al cristianismo aumentar su antigüedad con la pretensión de que Dios había asegurado el porvenir de la especie humana ya en la ley judía, porque esta ley siempre había estado limitada a una pequeña zona de Siria.[27] Un conservador romano encontraba al cristianismo particularmente difícil de comprender, ya que, tras haber recibido de sus antecesores judíos una tradición religiosa perfectamente válida, los cristianos la habían reemplazado por nuevos ritos.[28] Se trataba de críticas vigorosas, elaboradas apenas un siglo antes, y con asombrosa erudición, nada menos que por Porfirio, el gran platónico: un «camino de salvación universal» tal como el que pretendían los cristianos, era hasta entonces, decía, «desconocido por el conocimiento histórico».[29]

Agustín estaba obligado a recoger este desafío. Hasta este momento sus ideas sobre las dos ciudades se habían desarrollado sobre todo con relación a la composición humana de la Iglesia,[30] y su justificación de la importancia del Antiguo Testamento en contra de los maniqueos se había limitado a una estrecha franja de la historia de los judíos. Ahora, estos temas se tenían que colocar ante un fondo diferente: Agustín se enfrentaba cara a cara con el gran vendaval de los siglos.[31]

Como historiador, Agustín era muy inferior a Porfirio;[32] pero se enfrentó a sus críticas en un terreno distinto. Por ejemplo, atacó inmediatamente el concepto conservador de que el cambio era siempre más chocante que la permanencia, y que la historia religiosa de la especie humana debía consistir en la conservación de tradiciones inmemoriales,[33] hasta el punto de que cualquier cambio de ritos solo podía ser un cambio a peor. Cualquier persona clarividente, argüía Agustín, podía comprobar en sus propias circunstancias que esto no era cierto.[34] Él siempre había intentado, en cuanto filósofo, reconciliar el cambio con la permanencia, dentro del mundo de la naturaleza. Su gran comentario al Génesis adaptaba una solución tradicional a este problema: Dios había implantado en cada organismo un principio constante y organizador, una *ratio seminalis*, que aseguraba que el cambio ocurría no arbitrariamente, sino de acuerdo con un modelo predispuesto, de una vez y para siempre, en el mismo acto de la creación.[35] De modo similar, los cambios en las instituciones religiosas, como los que habían ocurrido a lo largo de la historia de Israel, no debían ser considerados como cambios innecesarios e injustificados de la costumbre ancestral, sino que podían presentarse como hitos significativos que indicaban un proceso de crecimiento.[36] En este proceso, la especie humana podía ser concebida como un vasto organismo, como el organismo de un hombre,[37] que cambia siguiendo un modelo de crecimiento inaccesible al intelecto humano, pero claro para Dios.

En su actitud ante la historia, Agustín aseguraba que él iba más lejos que los platónicos paganos. Estos no podían más que captar lo inmutable: satisfechos de completar una deidad intemporal, no podían contestar ninguna de las preguntas planteadas por la «sucesión estrechamente entretejida de los siglos... ni según el largo espacio de las edades, o señalar hitos en el proceso de desarrollo por el que la especie humana fluye como un vasto río, ni buscar la culminación de su final establecido».[38] Según Agustín, el raro privilegio de unir «la revolución de las edades» con la inmutable sabiduría de Dios había estado reservado a los profetas hebreos.

El curso completo de la historia humana, por tanto, podía considerarse como un cargamento de significados que el simple creyente podía descifrar parcialmente, y el vidente en su totalidad.[39] Zonas del pasado, situadas más allá del alcance del historiador clásico, podían ser escenario de acontecimientos de significación profética y, en consecuencia, ser sometidas a examen y defendidas como territorio histórico valioso. (Agustín incluso se convertiría en arqueólogo para hacer esto: había visto en Útica un molar tan grande como para probar que habían existido gigantes sobre la Tierra en la edad de Caín).[40] En su obra *La ciudad de Dios*, Agustín fue uno de los primeros que sintió y dio expresión cumplida a una forma nueva de emoción intelectual. Plotino, escribiendo sobre la

«Providencia», ya había presentado el mundo natural como una armonía de partes minuciosamente articuladas. El mismo sentido de admiración, rasgo tan destacado del modo en que Plotino habla del universo —del cosmos—[41] se filtrará en el lenguaje de Agustín cuando trata de la distribución maravillosa y perfectamente ordenada de las edades.[42]

> Dios es tanto el Director inmutable como el Creador inmutable de todo lo mudable. Cuando Él añade, suprime, abrevia o aumenta los ritos de cualquier edad, lo que hace es ordenar todos los sucesos según su Providencia, hasta que la belleza del curso cumplido del tiempo, cuyas partes son los designios adaptables a cada periodo diferente, se haya agotado igual que la grandiosa melodía de un compositor inefable...[43]

Los hombres escogen las palabras para comunicarse; Dios había escogido las palabras y los hechos.[44] Para Agustín, Dios se había expresado en el pasado como un estilista consumado a la manera romana tardía, que se complacía en hablar con alusiones y circunloquios elaborados. La materia a que alude con grado creciente de explicitud es siempre la misma: Cristo y su Iglesia.[45] Las palabras, sin embargo, pasan dejando tan solo su significado. Las grandes «palabras» del lenguaje de Dios, naciones enteras y ciudades famosas, habían sido tragadas por la bancarrota de las realizaciones temporales: «Mirad ahora a la ciudad [Jerusalén] de la que se dijeron las cosas más gloriosas. Sobre la tierra está destruida: ha caído al suelo antes que sus enemigos, y ya no es lo que fue: ha terminado de trazar una imagen y esta sombra ha traspasado su significado a otras partes».[46]

Tales observaciones son características de Agustín. No tenía conciencia alguna, o muy poca, cuando contemplaba el curso prolongado de la historia, de haber heredado nada directamente de las realizaciones puramente humanas de la civilización de Oriente. Vista en su conjunto, la historia humana no era más que este «periodo de tiempo en el que el recién nacido expulsa al agonizante»,[47] un gran río que se va deslizando hacia la muerte. Lo que le fascinaba era el lenguaje de Dios, distante y oscuro como una liturgia. Era el significado de este lenguaje, repentinamente desvelado con la aparición de Cristo entre los hombres, lo que había llenado de sentido por lo menos una parte pequeña de esta inquietante inanidad: «Los siglos del pasado habrían sido echados a un lado como jarras vacías si Cristo no hubiera sido predicho por medio de ellos».[48]

Agustín había creído siempre, como todos los cristianos de la Iglesia antigua, que lo más importante en la historia era el fino hilo de dichos y hechos proféticos que habían culminado con la venida de Cristo y la situación presente de la Iglesia. Los modelos cargados de significado profético cristalizaban aquí y allá, como en un calidoscopio, para disolverse luego y ser reemplazados por una agrupación más vívida: el arca de Noé, las promesas de Abraham, el éxodo y la cautividad de Babilonia. Los largos intervalos de tiempo que habían pasado entre tales acontecimientos —un milenio, por ejemplo, separaban a Noé de Abraham— servían solo para realzar, por contraste a la sucesión monótona de los acontecimientos registrados por la «diligencia histórica», la importancia ultramundana de los escasos momentos de «verdad profética».[49] Como obispo, Agustín había estado absorbido en seguir esta senda estrecha, a lo largo de la cual el Antiguo Testamento había ido señalando al nuevo designio divino. El libro más largo de todas sus obras[50] fue escrito acerca de este tema y en contra de Fausto el Maniqueo. Porfirio era un crítico de distinta talla que Fausto: sus objeciones habían obligado a Agustín a defender, en *La ciudad de Dios*, al cristianismo como la religión verdadera y natural de toda la especie humana; como el «camino universal» cuya existencia había negado Porfirio, y no como una aberración pueblerina. La esencia del cristianismo tenía que buscarse y ser presentada en términos generales en *La ciudad de Dios*: esta consistía en restablecer la relación correcta entre todas las cosas creadas y su Creador y, como consecuencia, entre ellas mismas. Tal formulación suponía una alternativa: era preciso analizar la naturaleza de la relación degradada entre criatura y Creador; el origen de esta degradación había sido puesto al desnudo con la caída de los ángeles; su yuxtaposición se presentaba en las «dos ciudades»; y la especie humana había de ser expuesta en *La ciudad de Dios* como dividida en dos campos de fuerza.[51]

La intención de Agustín, en *La ciudad de Dios*, era demostrar a sus lectores que en toda la historia de la especie humana era posible descubrir indicios de la división entre una ciudad «terrena» y otra «celestial».

La historia «profética», tal como Agustín la conocía, podía saltar por encima de los siglos y concentrarse en algunos escasos oasis importantes; el «curso en desarrollo» de las dos ciudades, por el contrario, se movía a través de todos los tiempos. Agustín trataría valientemente de seguir las «huellas» de ambas «ciudades», siglo por siglo, en las confusas narraciones de las más antiguas historias bíblicas.[52] La historia «profética» era exclusivamente historia religiosa, y sus puntos de inflexión eran los grandes sacrificios, los de Abel, Abraham o Melquisedec, en los cuales el celebrante aparecía (como, por ejemplo, en los mosaicos cristianos primitivos del ábside de San Vitale de Rávena) solo ante su Dios. Por el contrario, en la idea de las dos ciudades desempeñaban una parte importante las relaciones entre los hombres: en los incidentes clásicos se retrata siempre con vivacidad la relación entre dos hombres, o entre dos grupos de hombres, por ejemplo, la situación de toda una nación en una tierra extranjera, como los judíos en Babilonia. Y los hombres están interesados en otras cosas que sacrificios, pues lo que más buscan son los «bienes» de esta tierra.[53] Agustín considera el bien social de la paz en una comunidad organizada como el más representativo de estos bienes.[54] De este modo se ensancha la senda estrecha de la historia religiosa, y en la concepción del pasado de Agustín hay sitio para la consideración de sociedades enteras, y no solo para una procesión majestuosa de hombres; la *civitas terrena*, la «ciudad» de los hombres que persigue cosas terrenales, tiene que verse como sacando su fuerza de una historia que arranca de mucho más atrás que la Biblia.[55] Una idea de la historia que se había contentado con seguir el hilo de los acontecimientos hasta su culminación se enriquece ahora inconmensurablemente por la necesidad de rastrear, en cada época, el modo en que las vidas de los hombres habían cristalizado alrededor de dos alternativas clásicas.

Esta tensión fue ya «anunciada»[56] en el comienzo mismo de la especie humana, concentrada en una de las relaciones humanas más elementales, como es la de un hermano menor con su hermano mayor.[57] Agustín (que era hermano menor de Navigio) demuestra la calidad paradójica y densa de toda la historia humana en relación con el simple incidente de Caín y Abel.[58] Caín, el hermano mayor, es el verdadero hijo de su padre Adán; es el hombre «natural» tras la Caída; es un «ciudadano de este mundo», porque está completamente arraigado en él y en él se siente como en su casa: hasta su nombre significa «propiedad plena». No ponía esperanzas más que en lo que veía,[59] y por ello fundó la primera ciudad.[60] (De hecho, el moderno historiador de la civilización encontrará a Caín y a su familia, entre ellos al primer herrero y al primer músico,[61] de un interés absorbente). Abel, por el contrario, no construyó ninguna ciudad, y su hijo Enoc se presenta en marcado contraste respecto a la vida sedentaria de sus primos, hombres «que no están fuera de lugar en este mundo, satisfechos con la paz y la felicidad del tiempo que pasa»,[62] mientras que él esperaba algo más: *speravit invocare nomen Domini*, «esperaba invocar el nombre del Señor».[63]

Agustín considera universal la tensión entre Caín y Abel, porque la puede explicar como algo aplicable a todos los hombres. Toda sociedad humana está basada, dice, en el deseo de compartir algún bien.[64] De tales bienes, el que más hondamente siente la humanidad es la necesidad de «paz», esto es, de una resolución de las tensiones, de un dominio ordenado de los apetitos personales desequilibrados y de las voluntades discordantes en la sociedad.[65] Nadie puede librarse de tales necesidades; pero los miembros de la *civitas terrena*, esto es, los hombres caídos, tienden a considerar el logro de la paz social como algo suficiente en sí mismo.[66] Hacen de él un sistema cerrado que no admite objetivos superiores, y miran con envidia a los que poseen otra alternativa al ideal de felicidad que ellos tienen.[67]

De modo que fue la envidia lo que hizo que Caín matara a Abel. Agustín no encontraba en esto nada sorprendente, y continuó inmediatamente con la fundación de Roma: también en este caso Rómulo había matado a su hermano Remo, aunque esta vez a causa de su rivalidad.[68] La fundación del Estado que mejor conocían los lectores de Agustín, por tanto, «se ajusta exactamente al primer ejemplo: esto es lo que en griego se llama "arquetipo", un modelo único de comportamiento».[69]

Anteriormente, en *Contra Faustum*, Agustín se había conformado con ver el incidente de Caín y Abel como una alegoría de la ejecución de Cristo por los judíos.[70] Entonces era el significado simbólico de un hecho lo que le interesaba. Ahora extraerá de él el modelo arquetípico de los motivos que rigen a los hombres en todas las épocas y en todos los países: es como pasar de las figuras simbólicas y extraterrenas de tipo y antitipo, situadas una enfrente de otra en las vidrieras de colores de una catedral gótica, a la densa humanidad de una pintura religiosa de Rembrandt: «En un mundo ancho, habitado por tantos pueblos diferentes, de religiones y maneras divergentes, de lenguas, armamento y vestidos infinitamente divididos, no han surgido, a pesar de todo, más que dos clases de grupos de seres humanos, a los que podamos llamar *ciudades* según la denominación especial de nuestras Escrituras».[71]

Esta es la contribución de Agustín a una nueva interpretación del pasado: un recorrido universal, una amplia explicación universal de los motivos básicos de los hombres, y una certidumbre de la existencia, en todas las épocas, de una tensión singular y fundamental. Una persona más superficial habría convertido de inmediato tales intuiciones en una «Historia Universal» cristiana pulcramente modelada.[72] Agustín no lo hizo. Cuando trató del «transcurso» de las dos «ciudades» en un libro entero, se limitó a afrontar solamente algunas comparaciones poco lisonjeras entre los principios reflejados en la historia de los estados paganos que conocían sus lectores doctos, y la «comunidad consagrada» de Israel;[73] y, al apuntar unos pocos puntos en los que se relacionaban los destinos de ambos, no hizo más que sugerir una imagen del pasado que los cristianos más cultos de su época daban por sentada.[74]

No deberíamos esperar, por tanto, una «Historia Universal» de ese tipo en Agustín. Si lo hacemos es, en parte, porque esperamos de él que tenga tiempo para interesarse en otras ciudades que su *Ciudad de Dios*.[75] Pero Agustín sabía muy bien que él no podía afrontarlo. Para sus lectores paganos, la única historia real era la relación de los hechos gloriosos de sus civilizaciones, y Agustín quería demostrar que había otra alternativa distinta de la vida ocupada y absorbente de los estados que conocían los antiguos.[76] Dentro de la conocida «ciudad» de los hombres caídos, con sus necesidades, sus logros y su historia bien registrada, había habido siempre sitio para otro grupo, el de los hombres como Abel, que anhelaban algo distinto y estaban seguros de la transitoriedad de la vida convencional de sus compañeros. Era un mensaje que estructuraba ideas ya hondamente arraigadas. En *La ciudad de Dios* y en los sermones de Agustín, lo que se defendía era la capacidad de los hombres para «anhelar» algo diferente, para analizar en profundidad la naturaleza de sus relaciones con su entorno y, sobre todo, para establecer su identidad propia negándose a dejarse embarcar en los hábitos instintivos de sus contemporáneos. Con semejante mensaje, las partes de *La ciudad de Dios* que tratan del pasado no podían ser jamás un nuevo esquema de «Historia Universal»: son un rápido viaje a través del pasado, en el que Agustín pone de relieve las «huellas» vívidas y precisas, *vestigia*,[77] de una alternativa a los propósitos normales y más generales de los hombres caídos.

Por supuesto que esta historia debía concentrarse en los símbolos alrededor de los cuales se había formado el sentido de una identidad distinta: el compacto particularismo de Israel, por un lado,[78] y la unidad mundial de la Iglesia católica, por otro. Ambos son sombras de la Ciudad Celestial, pero la pertenencia a uno de ellos no puede hacer por sí misma perfectos a los hombres: la línea divisoria entre las dos «ciudades» es invisible, porque implica la capacidad de cada hombre de amar lo que ama.[79]

Para Agustín, tanto el pasado como el presente seguían siendo en gran parte opacos; pero podía, a pesar de todo, adivinar el bosquejo de una alternativa. Los hombres están inextricablemente «mezclados» por las necesidades de su común vida mortal;[80] pero, en último término, lo único que importa es trascender esta simbiosis insidiosa y estar dispuestos a ser «distintos».[81]

Agustín era solamente un obispo instruido; pero había habido un hombre inspirado por Dios que había visto, detrás de los confusos acontecimientos a los que se había agarrado el tenaz espíritu de Agustín, la terrible simplicidad de las alternativas entre las que habían gravitado los hombres a lo largo de su historia. Este hombre era Juan el Evangelista: «En el espíritu, podía reconocer esta división; como ser humano, no podía ver más que una mezcla inseparable. Lo que a pesar de todo no podía verse separado en el espacio, lo separaba él con su espíritu, como un destello repentino de su corazón: y así vio dos pueblos, el fiel y el infiel...».[82]

La necesidad de salvar la propia identidad de ciudadano del cielo es, por tanto, el centro de gravedad de la idea de Agustín sobre las relaciones entre las dos «ciudades» de este mundo. La sociedad humana normal tiene que hacer espacio a un grupo de hombres que deben permanecer conscientes de ser diferentes, tiene que dar lugar a una *civitas... peregrina*[83] para extranjeros residentes.

Peregrinatio es la palabra que Agustín usa para resumir esta situación. La categoría de los *peregrini*, de «residentes extranjeros», era bien conocida por los antiguos: el propio Agustín había experimentado una situación semejante en Milán: su tormentosa residencia en la gran capital había sido una *peregrinatio*[84] (¡y por qué poco había escapado el joven africano a la asimilación en esta época!).

Si somos capaces de captar los matices de este término tal como lo usa Agustín, nos haremos una idea de uno de los temas religiosos esenciales de su vejez. Un *peregrinus* sensible siente, desde luego, nostalgia de su patria, casi como un «cautivo» suspira por la liberación, igual que los judíos en Babilonia:[85] se siente desarraigado, como un forastero de paso por la vida sedentaria y confortable que le rodea. *Peregrinus* se puede traducir por «peregrino», pero solo si recordamos que Agustín detestaba viajar,[86] y que su «peregrino» está mucho más cerca, con su descontento y anhelo románticos, del errabundo de la canción de Schubert que de los joviales trotamundos de los *Cuentos de Canterbury*. De modo que esa imagen dotaba a un hombre radicalmente ultramundano de un lenguaje de riqueza y ternura inigualables. El «filósofo auténtico» de Plotino, dotado de «un alma de amante», y suspirando por un lejano país,[87] es un primo cercano del *peregrinus* de Agustín.

Pero Agustín fue más allá que Plotino. Luchó a brazo partido con un problema que Plotino no se había sentido obligado a plantearse. Porque el *peregrinus* es, a la vez, también un residente temporal. Debe aceptar una dependencia íntima de la vida que le rodea; debe darse cuenta de que fue creado por hombres como él, para conseguir algún «bien» que se satisface en compartir con ellos, para mejorar cierta situación y para evitar un mal mayor;[88] y debe estar auténticamente agradecido por las condiciones favorables que ello le proporciona.[89] De hecho, Agustín confiaba en que los cristianos fueran conscientes de la tenacidad de los lazos que los unían siempre a este mundo. El pensamiento de su edad madura está señalado por una apreciación creciente del valor de tales vínculos.[90] De modo que *La ciudad de Dios*, lejos de ser un libro sobre la huida de este mundo,[91] es una obra cuyo tema más repetido es «nuestros asuntos dentro de la vida mortal común»; es un libro que trata sobre cómo ser de otro mundo en este mundo.

El joven converso Agustín nunca podría haber escrito un texto así. En las cartas y sermones de la edad madura de Agustín podemos ver cuánto se había suavizado la aspereza del joven. Ahora se ha vuelto mucho más sensible a la realidad de los vínculos que unen a los hombres con el mundo circundante. Una vez, por ejemplo, había dicho a Nebridio que el sabio podía «vivir solo con su espíritu»;[92] ahora rogará por tener amigos:[93] «Porque cuando somos hostigados por la miseria, entristecidos por el desconsuelo, enfermos y doloridos... que nos visiten los hombres de bien, aquellos que pueden no solo regocijarse con los que están alegres, sino llorar con los que lloran, y que saben cómo dar útiles consejos y cómo ganamos para que expresemos nuestros sentimientos en la conversación...».[94] Ahora sabía lo que era ejercer la autoridad en una comunidad organizada. El paternalismo moderado que sugiere como la cualidad ideal de gobierno en *La ciudad de Dios* era un reflejo de su propia práctica como obispo.[95] La amargura de sus campañas le había enseñado lo mucho que necesitaba la paz externa. El hombre que había ido una vez a Hipona a persuadir a un agente imperial para que se hiciera monje[96] viajará ahora a las profundidades de Numidia para disuadir a un general de que lo haga.[97]

Los hombres de los sermones de Agustín no son meros «polvo y ceniza». Son pecadores tenaces que disfrutan con lo que hacen. La tenacidad de sus sentimientos le deja atónito: imaginemos a los salteadores de caminos que se burlan de todas las torturas antes que revelar los nombres de sus cómplices: «No podrían haber hecho esto sin una gran capacidad para el amor».[98] «El mundo es un lugar sonriente»,[99] de modo que no es extraño que se disfrute de él tan inmoderadamente. «No os echo la culpa; no os critico, aun si esta vida es lo que amáis... Podéis amar esta vida tanto como queráis, mientras sepáis qué elegir. Seamos, por consiguiente, capaces de elegir la vida, si somos capaces de amarla».[100] El perfeccionismo mortal de los pelagianos le resultaba falto de gusto: él también trataba de ser perfecto, pero «que exalten las virtudes superiores en sus exhortaciones, pero sin denigrar a las que son las mejores después de las primeras».[101]

Los miembros de la *civitas peregrina*, por consiguiente, mantienen su identidad no mediante el retiro, sino mediante algo mucho más difícil: el mantenimiento de una perspectiva firme y equilibrada en toda la escala del amor de la que los hombres son capaces en su estado presente: «Es a causa de esto que la Novia de Cristo, la Ciudad de Dios, canta en el Cantar de los Cantares: "*Ordinate in me caritatem*", "Ordenad en mí mi amor"».[102]

Agustín había alcanzado una sólida idea de la bondad esencial de las cosas creadas y, por consiguiente, de los logros humanos. Estas cosas buenas eran «dones»: *bona... dona*, es una frase clave en toda *La ciudad de Dios*; y Dios es considerado principalmente como Creador, y, aún más, como *largitor*, como pródigo en dones.[103] La única pieza de auténtica poesía que poseemos de Agustín se ocupa precisamente de este tema. Es un poema de alabanza al cirio pascual (ya sabemos cuánto le gustaban a Agustín las luces de todo tipo).[104] Lo citará en *La ciudad de Dios* cuando trate, entre otros asuntos, de la belleza excepcional de las primeras mujeres de la ciudad terrenal: «Esas cosas son vuestras, oh Dios. Son buenas porque Tú las creaste. No hay nada de nuestro mal en ellas. El mal es nuestro si las amamos a Tus expensas; las cosas que reflejan Tu providencia».[105]

> Suponed, hermanos, que un hombre haga un anillo para su prometida, y que esta ame el anillo más apasionadamente que a su prometido, que lo hizo para ella... Desde luego, es bueno que le guste su don; pero si dijera: «Me basta con el anillo. No quiero volver a verle», ¿qué diríamos de ella?... La promesa le es dada por el prometido para que, en su promesa, pueda él mismo ser amado. Dios, pues, os ha dado todas esas cosas. Amadlo, que él fue quien las hizo.[106]

La relación entre Dios y los bienes disfrutados por los seres creados se concibe como la relación entre un donante totalmente gratuito y un beneficiario. Agustín no podía haber encontrado una relación más difícil y ambivalente. El reconocimiento de la dependencia, y, con él, la capacidad de estar agradecido, no llega con facilidad, en opinión de Agustín; y él desenmarañará el origen y las relaciones de las dos «ciudades» precisamente en los términos de estas relaciones básicas entre donante y beneficiario.

El diablo quiso disfrutar de lo que le habían dado, como si fuera suyo propio: no quiso otra fuente de bondad que él mismo.[107] Esta omnipotencia usurpada no podía más que disminuirlo. Fue ella la que alteró su relación con los compañeros, la que le llevó a afirmar su omnipotencia mediante la dominación de sus iguales,[108] y la que le hizo mirar con envidia a aquellos que poseían una fuente de bondad y de felicidad fuera de la suya.[109]

Agustín, que había observado tan de cerca los celos entre niños recién nacidos, no era de los que menospreciaran el poder de la envidia para determinar las relaciones de la «ciudad» de los caídos con la ciudad de Dios: la envidia a la especie humana, por ejemplo, determinaba la intromisión de los demonios en la humanidad y, por consiguiente, en el curso de la historia religiosa del paganismo que tan importante papel desempeña en *La ciudad de Dios*. El «deseo vehemente de dominar» es una fuerza potente entre los seres caídos: Agustín lo encontrará por todas partes en una historia que para él es, significativamente, solo la de los grandes imperios del mundo antiguo. [110] Pero, sobre todo, lo que hay es orgullo: una negación omnipotente de dependencia caracteriza la actitud de la «ciudad terrenal» ante los valores tan auténticos creados por sus miembros: sus heroísmos, su cultura, sus periodos de paz. A lo largo de toda *La ciudad de Dios*, Agustín señalará este rechazo básico de dependencia, y por tanto de gratitud, en la política,[111] en el pensamiento y en la religión.[112]

Agustín, en resumen, demolerá con una ferocidad intelectual absolutamente excepcional el conjunto de la tradición ética antigua: «Esas teorías de mortales, en las que se han esforzado en hacerse, por sí solos y para sí solos, una felicidad completa dentro de la miseria de esta vida».[113] Consideraba que estas teorías conducían a un círculo cerrado, calculado para negar la relación entre el dar y el recibir. A esta tradición él opondrá una idea que implica precisamente esa relación: fe y, sobre todo, «esperanza».[114] Buscará con empeño entre los bienes auténticos que los hombres disfrutan, para encontrar algún indicio de qué felicidad pueden «esperar todavía los hombres de las manos de su pródigo Creador».[115]

El pensamiento de Agustín estaba siempre en tensión. En *La ciudad de Dios* podemos ver con la máxima claridad la causa de que estuviera aguzado tan intensamente en el resto de sus escritos de vejez. Porque, si el mundo material, y con él el cuerpo humano, habían sido un don perfecto de Dios, no se le podía tratar solo como «el mejor después del primero». No «procedía» de una perfección superior de modo inevitable, como había pensado Plotino. Pero entonces Agustín tenía que mirar con nuevos ojos el problema del mal en el mundo. Porque antaño había pensado, en cierto modo como Plotino, que Adán y Eva habían «caído» a un estado físico,[116] que las prolíficas virtudes que habrían podido engendrar en una existencia puramente «espiritual» habían disminuido, con la Caída, hasta convertirse, literalmente, en la mera sangre y carne de las familias humanas.[117] Ahora ya había dejado de pensar así. Agustín se volverá hacia Adán con una agudeza particular: también Adán había sido un hombre de carne y sangre como él mismo; había comido, gozado de los paisajes del mundo y creado una familia mediante la cópula con su esposa;[118] entonces ¿por qué los goces «naturales» de Adán en el paraíso iban acompañados ahora en Agustín por insinuaciones emocionales que eran la fuente de una tensión tan insoportable? «¿Qué es lo que ha sembrado esta guerra en mí?».[119]

Contra Juliano de Eclana, un optimista, Agustín justificará el castigo colectivo por el que Dios perpetuó el pecado único de Adán en los cuerpos de todos sus descendientes. Estas terribles páginas reflejan el dilema de Agustín.[120] Él era un hombre que no podía seguir dando por sentado el mal físico. Porque si no se puede suponer que el mundo de los sentidos es inevitablemente «segundón», por debajo de una existencia de «espíritu puro», entonces las dificultades del cuerpo, las horribles enfermedades y las concomitantes emocionales tan desagradables de sus actos físicos más normales tampoco pueden seguir dándose por sentadas. Tales dificultades no podían considerarse más que como resultado de la descompostura de un orden en el que lo espiritual y lo material podrían haber convivido armoniosamente.[121] Esta descompostura no podía considerarse más que como resultado de una acción precisa y unilateral por parte del beneficiario de los dones de Dios; y la miseria inconfesada de la especie humana tenía que adscribirse a un acto de justicia temible y calculado por parte de Dios, el donante, cualquiera que fuera su coste en sentimientos humanos. Solo un «pecado inconfesable» podía haber hecho que un Creador tan omnipotente y generoso introdujera tan gran dolor en el torrente de los bienes.

Cuando Agustín escribió el último libro de *La ciudad de Dios*, a los setenta y dos años, incluyó un pasaje que es la elaboración final de un argumento que había aparecido frecuentemente hacia el fin de la obra. Es un argumento a favor de la esperanza.

> «Señor, he amado la belleza de tu casa»... De sus dones, que están desperdigados para el mal y el bien en esta nuestra vida más sombría, intentaremos, con su auxilio, expresar suficientemente lo que todavía nos queda por experimentar.[122]
>
> En su origen colectivo, por la evidencia de esta vida en sí, vida tan llena de tan variados y tantos males que apenas se la puede llamar vida, debemos llegar a la conclusión de que la especie humana está siendo castigada...[123]

En ella están los horrores de la educación de los niños pequeños,[124] los accidentes gratuitos de la vida cotidiana,[125] los elementos inmisericordes: «Sé de campesinos cuya excelente cosecha ha sido barrida y diseminada fuera de sus graneros por un repentino aguacero»;[126] los efectos humillantes y extraños de raras enfermedades,[127] y los terrores súbitos de los sueños.[128]

Sin embargo, corre aún tanto bien junto al mal «como en un río vasto y rápido».[129] Basta ver las maravillas íntimas del cuerpo humano, ¡incluso el ornamento completamente gratuito de la barba viril!,[130] la fuerza de la razón que demuestra la proliferación de la inventiva; «y, por último (esto es de Agustín, el obispo católico), quién puede hacer plena justicia a la brillantez intelectual desplegada por filósofos y herejes en defensa de sus errores y opiniones incorrectas».[131]

El mundo existe a su alrededor, como siempre, con su juego de luz y de color:

> El extraordinario brillo y los efectos de la luz del sol, la luna y las estrellas sobre una misma superficie, en las oscuras sombras de un claro en el bosque, en los colores y perfumes de las flores, en la pura diversidad y abundancia de pájaros gorjeadores y multicolores... Y [quizá en este punto, el anciano obispo se volviera para mirar la amplia bahía de Hipona] tenemos también la grandeza del espectáculo del mar mismo, mientras se viste y desviste de gran cantidad de colores, ora todo sombras verdes, ora púrpura, azul cielo... Y todo esto son meros consuelos para nosotros, los hombres infelices y castigados: no son las recompensas del bendito. Cómo serán, pues, los de estos si entre nosotros son tantos, tan grandes y de tamaña calidad...[132]

XXVIII
LA UNIDAD LOGRADA[1]

En los años desastrosos de 409 y 410, Alarico anduvo atrás y adelante por toda Italia. El Gobierno romano perdió interés por África y retiró su apoyo a la Iglesia católica; con ello, la campaña de represión del donatismo se fue a pique. El obispo donatista volvió en triunfo a Hipona, y Agustín se convirtió en un hombre marcado, «un lobo al que había que matar».[2] En esta época contempló incluso la perspectiva de acabar su vida como mártir.[3] Solo la equivocación de un guía al elegir el camino lo salvó de una emboscada tendida por los circunceliones.[4] Su grey estaba desmoralizada, y Agustín tuvo que echar mano de toda su decisión: «No os temo. No podéis quitar el Tribunal de Cristo para levantar el de Donato. Continuaré volviendo a viajar de un lado a otro y recuperaré lo perdido. Aun si los ramajes del bosque me arañan en mi búsqueda, seguiré abriéndome camino a través de las más estrechas sendas. Mientras el Señor, cuyo temor me conduce en esta tarea, me dé fuerzas, pasaré por todas las cosas».[5]

Durante un periodo dramático, desde fines del año 409 hasta agosto del 410, quedaron en suspenso las leyes imperiales contra la herejía,[6] que ya no podían volver a ser puestas en vigor sin un gesto público. Para el emperador católico Honorio era una cuestión de *reculer pour mieux sauter*: solo una gran investigación oficial sobre el origen del cisma donatista podía eclipsar las vacilaciones de la política imperial de años anteriores. El 25 de agosto del año 410, por tanto, convocó a los obispos de ambas iglesias a una reunión. Se la llamaría *Collatio*, es decir, una «confrontación» de las pretensiones legales de ambas partes de ser la verdadera Iglesia católica. La *Collatio* tenía que terminar en cuatro meses y sería dirigida por Flavio Marcelino, quien, como hemos visto, era un ferviente católico.[7]

Por fin, el emperador había organizado lo que Agustín y sus colegas siempre habían querido: una confrontación pública con los dirigentes donatistas. Esta confrontación fue particularmente bien recibida en aquel momento, ya que la Iglesia católica había llegado a admitir en su seno a demasiados conversos del donatismo convencidos solo a medias. Solo un examen definitivo y público de estos problemas persuadiría a esta gente de que la causa del donatismo estaba irremisiblemente perdida.[8] En la *Collatio* del año 411, por tanto, los obispos de ambas partes discutieron con pasión no tanto para convencer al adversario como para impresionar a este importante cuerpo de fieles vacilantes.[9]

Agustín apenas esperaba de esta conferencia que fuera una oportunidad para la pacificación. Se trataba de una investigación oficial en la que se debía aplicar la justicia que ya se había hecho un siglo antes en favor de los católicos. Porque, como nunca se cansaba de repetir a sus rivales, fueron los donatistas los que primero apelaron a Constantino para que arbitrara entre ellos y Ceciliano.[10] Y Constantino había declarado entonces que el partido de Ceciliano era la Iglesia católica; todas las leyes imperiales posteriores contra el donatismo no hacían más que provenir directamente de esta decisión.[11] La cuestión era así de simple.[12]

Los donatistas, por su parte, no venían buscando ninguna decisión legal tajante. Ellos se consideraban ya la auténtica Iglesia cristiana de África: la opinión pública, las concepciones tradicionales de la Iglesia y no los documentos legales eran el sostén principal de su causa. Hablarían para la galería. El 18 de mayo del año 411 entraron en Cartago, en una procesión solemne de 284 obispos venidos de todas las partes de África.[13]

La masa compacta de los obispos donatistas dominó las primeras sesiones de la conferencia. Su jefe, Petiliano de Constantina, ganó todos los debates de apertura. Devolvió contra los católicos la parte principal de sus argumentos: si la conferencia era un juicio propiamente dicho, una *cognitio*, argumentaba, entonces los católicos tenían que declarar su identidad como acusadores;[14] tenían que probar que eran ellos, y no los donatistas, la verdadera Iglesia católica. De golpe, la conferencia se convirtió en un debate general sobre la naturaleza de la Iglesia verdadera, y para este debate los donatistas habían preparado un manifiesto impresionante.[15] Durante dos sesiones y media, Petiliano se las arregló para quitar de en medio los procedimientos del embarazoso «caso de Ceciliano».[16] Sabía que, una vez que surgiera el tema concreto de la decisión de Constantino a favor de Ceciliano, su causa habría naufragado. Pero Petiliano le había tomado la medida a Marcelino: sabía que era un hombre escrupulosamente consciente, decidido a tolerar cualquier embuste e insulto,[17] y dispuesto a hacer concesiones sustanciales por iniciativa propia[18] con tal de llegar a una decisión justa, pero, en el fondo, no era más que un buen burócrata romano. El «caso de la Iglesia» era una cuestión general que se prestaba a confusión; por el contrario, el caso de Ceciliano le había sido resumido por los católicos en un dosier impresionante de documentos oficiales.[19] No es extraño que, bajo la presidencia de un hombre así, los donatistas procurasen evitar la aparición de este informe «como diablos que reculan horrorizados ante la proximidad de un exorcista».[20]

La conferencia se prolongó en tres sesiones, los días 1, 3 y 8 de junio del año 411, y fue registrada directamente por taquígrafos. En la gran parte que se ha conservado podemos seguir palabra por palabra el latín hablado del siglo v d. C., y podemos oír a hombres listos y obstinados, versados en la argumentación legal y retórica, mientras maniobran por defender una posición sobre una cuestión de la que dependía su futuro.[21]

Marcelino había organizado las cosas de forma que solamente dos delegaciones de siete obispos por cada parte se presentaran ante él en el gran vestíbulo de unos baños públicos, las *Thermae Gargilianae*.[22] Pero, cuando se abrió la sesión, entró todo el episcopado donatista en tropel en el vestíbulo, y se quedaron de pie, inamovibles, detrás de sus campeones.[23] Marcelino se levantó para saludar a los obispos con una cortesía helada: dijo que hubiera preferido que aquella investigación no hubiese sido necesaria.[24] Los obispos donatistas no se sentaron, pues querían permanecer de pie «como Cristo ante Pilatos». Como seglar, Marcelino no quería tomar asiento en presencia de los obispos que estaban de pie, y de este modo comenzó el asunto, con el presidente puesto en pie rígidamente, en actitud de humildad desafiante.[25]

A continuación, Petiliano dijo que solo aceptaría el procedimiento impuesto por Marcelino si los católicos podían probar que formaban un cuerpo lo suficientemente grande como para ser representado por una delegación. Los acusó de fanfarronería por haber creado obispados «imaginarios» en la época de la persecución.[26] De modo que hubo que reunir a los obispos católicos de todo Cartago, para someterlos a un examen de identidad. Ambas partes se reunieron en una tarde caliente de verano, mientras cada obispo donatista reconocía a su rival católico. Los ánimos estaban exaltados. El recuerdo de las violencias interrumpió ya la monotonía del pase de lista: «Aquí estoy. Anótenlo. ¿Me reconoce Florencio? Pues debería reconocerme: me ha tenido en prisiones cuatro años y me hubiera ejecutado...».[27] «Reconozco a mi perseguidor...».[28] «Yo no tengo ningún rival, porque ahí está el cuerpo de Marculus, por cuya sangre exigirá el Señor retribución el último día».[29] En este momento ya se habían encendido las luces. Un incidente concreto amenazó con conducir todos los procedimientos a un callejón sin salida: ¿habían firmado los donatistas en nombre de un obispo muerto? «Morir es muy humano», había dicho Petiliano. «Puede ser muy humano que un hombre muera —le respondió Alipio duramente—, pero es indigno de un hombre mentir».[30] Dos días después, los donatistas ganaron otro punto. Consiguieron un aplazamiento de cinco días para revisar la copia taquigráfica de la primera sesión: ganaban tiempo para preparar su escrito. Hasta ahora, Agustín no había tomado parte en estos procedimientos. Ahora urgió a Marcelino a que atendiera a esta solicitud. *Humanum est*: «Es muy justo» que se les dé tiempo para completar su opinión.[31] Agustín había tratado una vez a un misionero maniqueo de la misma forma.[32] Confiado en la victoria de su causa, no veía razón alguna para que no se les diera a los donatistas la suficiente cuerda para que se ahorcaran a sí mismos.

Sus colegas se habían mantenido menos distantes. Posidio estuvo excitado y deliberadamente brusco.[33] Alipio, aunque con mayor gravedad, se había metido con gusto en la prueba de fuerza de los días anteriores. Siempre había valorado la política de represión por sus resultados, y era un hombre orgulloso y triunfador: «¡Ojalá pudieran esas otras ciudades gozar de la unidad antigua y establecida de Tagaste!».[34]

Fue ya en la última sesión, el 8 de junio, cuando Agustín hizo valer sus derechos. Estaba decidido a forzar una decisión sobre el asunto principal: «¿Cuánto tiempo más va a tener que esperar el pueblo? Sus almas están en peligro y, a pesar de ello, nosotros nos demoramos de modo que el final, el descubrimiento de la verdad, no llega nunca».[35] Por fin, los católicos maniobraron con persistencia en dirección al meollo del asunto. Conociendo la totalidad de la causa católica al dedillo, Agustín contestó, improvisando, al manifiesto tan cuidadosamente preparado por los donatistas.[36] Debió de ser una actuación asombrosa y alentadora. Marcelino, que hasta entonces se había mantenido distante, decidió ahora tomar las riendas del asunto, y rechazó las peticiones de un juicio separado sobre la «causa de la Iglesia».[37] Insistió más bien en encontrar la «causa de la disensión»:[38] o sea, que enfiló hacia puerto seguro entre los documentos oficiales del «caso de Ceciliano». Se dejó a los católicos que reconstruyeran a partir de los documentos la historia exacta del primer año del cisma.[39] Esto fue todo lo que necesitaba Marcelino con objeto de llegar a una decisión última. Muy temprano, en la mañana de 9 de junio, se volvió a citar a las partes y, a la luz de las antorchas, Marcelino dictó su sentencia: los donatistas habían perdido el pleito. «Que la falsedad, una vez desvelada, incline la cerviz ante la verdad manifiesta».[40]

En los años que siguieron, el donatismo sería reprimido con una minuciosidad excepcional. Las leyes contra los donatistas se hicieron coactivas en el verdadero sentido de la palabra: se castigaba a los seglares por no hacerse católicos. En el año 405 la Iglesia donatista estaba solamente «disuelta»: había sido privada de sus obispos, de sus iglesias y de sus fondos; y sus miembros habían perdido determinados derechos civiles. Por el contrario, a partir del año 412, una tarifa de multas excepcionalmente pesadas se aplicó a los seglares de todas clases que no se pasaran a la Iglesia católica.[41]

A través de los escritos y sermones de Agustín de los años 405 al 409 y posteriores al 411,[42] podemos entrever una gran Iglesia obligada a la clandestinidad: los donatistas tenían que recurrir a ingeniosos artificios legales para salvar la validez de sus testamentos;[43] la gente temía ofrecer hospitalidad a sus antiguos obispos...[44] Como cualquier otro grupo desesperado, los donatistas echaron mano de fieras esperanzas y leyendas: encontraban consuelo en que Simón de Cirene, el que fue obligado por los romanos a llevar la cruz de Cristo, hubiera sido africano: es una imagen conmovedora.[45] Recordaban que, en los días de gloria, sus grandes obispos habían oído voces del cielo y habían realizado milagros.[46] Puede que el movimiento circunceliano fuera la espina dorsal de la resistencia donatista,[47] pero sus bandas estaban ahora privadas de la dirección de los obispos de las ciudades y, quizá, también de apoyo material.[48] El fanatismo que antaño había apuntado hacia el exterior, hacia los católicos «impuros», se volvió ahora hacia el interior de estos hombres desesperados y se concretó en una terrible epidemia de suicidios.[49]

Agustín mencionará estos acontecimientos solamente de pasada. Se hallaba envuelto en la controversia de Pelagio, y estaba cada vez más impaciente por la resistencia en África. La larga experiencia de violencia lo había endurecido. Un extranjero se habría impresionado por los suicidios de los circunceliones: para Agustín, en cambio, formaban «parte de su comportamiento habitual».[50] Sensible y apasionado mientras había durado la campaña, como triunfador demostraba ser muy duro.

En el año 420, Gaudencio, el sucesor del gran Optato en el obispado donatista de Timgad, se encerró en su magnífica basílica ante la llegada de los funcionarios imperiales y amenazó con prenderse fuego junto con su congregación.[51] El agente imperial, Dulcitio, un hombre piadoso cuyo hermano era sacerdote en Roma,[52] se quedó desconcertado por la ferocidad de la política eclesiástica de África. Al fin y al cabo, aquella era una congregación cristiana que compartía con él la misma forma de adoración, parapetada ahora contra él en un espléndido edificio consagrado. Pero Agustín encontró facilísimo tranquilizar a este hombre; para entonces, la terrible doctrina de la predestinación lo había acorazado contra el sentimiento:

> Considerando que Dios, por una disposición oculta, aunque justa, ha predestinado a algunos al último castigo (el de los fuegos infernales), es mejor, sin duda, que una mayoría aplastante de los donatistas haya sido reunida y asimilada... mientras que unos pocos perecen envueltos en sus propias llamas: eso es indudablemente mejor que no que todos los donatistas se quemen en las llamas infernales por su separación sacrílega.[53]

Después del saqueo de Roma, África se había convertido en el áncora de salvación de las suertes del emperador Honorio. Pero esta lealtad tenía su precio: los terratenientes africanos obtuvieron inmediatamente concesiones en los impuestos,[54] y también los obispos consiguieron lo que querían: la imposición resuelta de una «unidad» católica en todas las provincias.

Lo que los administradores podían obtener de esta política de represión no era fácil de calcular, pero fue muy apreciado. En una época de confusión sin paralelo en todo el Imperio de Occidente, llegaron los administradores a una provincia donde un cuerpo sumamente articulado de hombres consideraba que estaban haciendo exactamente lo más apropiado para salvar al Estado. Regresaron a Italia con ejemplares de cortesía de *La ciudad de Dios* con dedicatoria.[55] Agustín les había dicho que los desastres del Imperio romano no habían venido por haber descuidado los ritos antiguos, sino por tolerar el paganismo, la herejía y la inmoralidad en el nuevo Imperio cristiano.[56] Aquellos hombres le creyeron. Ellos ya no eran paganos, ni árbitros neutrales en los asuntos religiosos. Esta nueva generación de políticos estaba compuesta de buenos «hijos de la Iglesia», de los que se podía esperar que compartieran los mismos sentimientos que sus obispos.[57] Agustín incluso urgirá a uno de estos hombres a que se bautice. Los tiempos habían cambiado. En la extraña crisis de espiritualidad que había robado a la administración romana tantos talentos en la década de los años 380, Agustín y sus amigos habían tendido, con toda naturalidad, a identificar el bautismo con el alejamiento de la vida pública. Ahora, por el contrario, el bautismo era la garantía de que el gobernador romano desempeñaría sus deberes en el sentido de dotar al catolicismo de mayor vigor.[58]

Este Imperio romano cristiano, sin embargo, estaba gobernado por un pequeño grupo de hombres violentos, mezquinos y corrompidos. Incluso los cristianos sinceros llevaban una doble vida. Dárdano, prefecto retirado de la Galia, había bautizado el pueblo que poseía en los Alpes marítimos con el nombre de Teópolis, «Ciudad de Dios».[59] Sumido en su ocio filosófico, recibirá felicitaciones de Jerónimo, y Agustín lo iluminará sobre la naturaleza de la presencia de Dios.[60] Sin embargo, pocos años antes había detenido en un camino a un prisionero político que viajaba, bajo escolta, a Rávena, y había «dispuesto» de aquel hombre con sus propias manos.[61]

De entre toda aquella gente, fue el piadoso Marcelino quien cayó víctima de la violencia de los políticos. Una rebelión dirigida por Heracliano, conde (comandante militar en jefe) de África, fue aplastada y, en la «purga» subsiguiente, Marcelino fue arrestado y finalmente ejecutado el 13 de septiembre del año 413.[62] Este fue un golpe cruel para Agustín, tanto personalmente como porque demostraba la escasa capacidad de la Iglesia católica de África para hacer frente a la sociedad en que vivía. Toda la maquinaria de la Iglesia como protectora de los prisioneros se puso en marcha solo para ser burlada cínicamente: se había mandado un obispo a Rávena para que solicitara misericordia; los funcionarios habían hecho juramentos solemnes ante el altar; y la noticia de que Marcelino había sido juzgado de forma sumaria se recibió con satisfacción, ya que al día siguiente era la festividad de san Cipriano, ocasión muy propicia para una amnistía.[63] Agustín estuvo con Marcelino en los días anteriores, y este tuvo entonces la posibilidad de asegurarle, bajo juramento, que no había faltado nunca a la castidad.[64] En la madrugada del día festivo, Marcelino fue conducido fuera, llevado a una esquina del parque público y decapitado. La Iglesia no había podido proteger a su hijo más devoto.

En este momento crucial, Agustín demostró que él no era Ambrosio: carecía de la vena de obstinación y de la confianza en poder enseñorearse de los acontecimientos, rasgo tan marcado en los grandes políticos eclesiásticos de su época. Se fue de Cartago con grandes prisas para no verse obligado a ir con sus colegas a rogar por la liberación de otros políticos sospechosos que se habían acogido a santuario en las iglesias de la ciudad. Él no se rebajaría ante el hombre que había llevado a cabo el asesinato judicial de un amigo suyo.[65]

Así, y solamente tres años después de su triunfo en la «conferencia», Agustín se fue de Cartago decidido a no volver durante mucho tiempo.[66] Este incidente señala también, a un nivel más profundo, el fin de un periodo de la vida de Agustín. Porque, de modo paradójico, había perdido el entusiasmo por la alianza del Imperio romano y la Iglesia católica, justo cuando esta se había fraguado más eficazmente. La alianza permaneció como una necesidad práctica, un *sine qua non* de la vida organizada de su iglesia; a ella se recurriría contra otros herejes, los pelagianos;[67] pero quedaban ya pocas trazas de la impetuosa confianza de principios de siglo. Ahora que ya no necesitaba convencer a otros, Agustín parece haber perdido su propia convicción, cayendo en visiones más sombrías. Los obispos de otras provincias podían todavía impresionarse por la conversión repentina de los emperadores;[68] pero Agustín diría a uno de ellos que esto no significaba de ninguna manera que el Evangelio hubiera sido predicado «hasta los confines más alejados de la Tierra».[69] La cristianización pública del Imperio romano, indudablemente, no hizo nada para disipar las reservas de Agustín sobre las oportunidades de salvación de la mayoría de la especie humana:[70] esta salvación había llegado a basarse en un pequeño núcleo de «elegidos». Tampoco se habían beneficiado notablemente las congregaciones cristianas de su alianza con el Estado: lejos de ser una fuente de mejora, esta alianza era una fuente de «mayores peligros y tentaciones».[71]

Agustín se había vuelto más cauto. En sus cartas de alrededor del año 410, la necesidad de tranquilizar a funcionarios romanos como Marcelino le había llevado a expresar el convencimiento de que el Imperio cristiano existente era el mejor Estado posible: porque las iglesias cristianas funcionaban en el imperio como escuelas de ciudadanía, como «salones de lectura sagrados»;[72] sus enseñanzas sobre la honradez y el amor fraternal podían volver a los hombres tan austeros y patrióticos como los antiguos romanos, con el añadido de la vida eterna.[73] Sin embargo, cuando escribió los primeros libros de *La ciudad de Dios*, Agustín llegaría a afirmar con singular temeridad que, dado el estado del mundo, un gobernador buen ciudadano y buen cristiano tendría que «exponer» su existencia presente sin muchas esperanzas de conseguir alcanzar una sociedad plenamente cristiana.[74] El ejemplo de los antiguos romanos no podría nunca «ser puesto al día» mediante las enseñanzas cristianas: tal ejemplo había sido utilizado por Dios solamente para animar a los miembros de una «ciudad de Dios» establecida en otro mundo y no para lograr ciertas renovaciones morales mágicas del Imperio romano presente.[75]

Indudablemente, Agustín se sentía ahora viejo e ineficaz. Volvió a Hipona, a un remanso seguro, rodeado de sus libros.[76] «He resuelto —escribió— dedicar mi tiempo enteramente, si Dios quiere, a la labor de estudios pertinentes a la sabiduría eclesiástica; con lo que quiero poder rendir, si ello place a la misericordia de Dios, algún servicio aún a las generaciones futuras».[77]

Agustín comenzaba una nueva fase de su carrera. Sabía que no se le permitiría acabar su vida como obispo provinciano retirado y se había asido repentinamente a una nueva oportunidad de controversia activa. Ya en tiempos de la conferencia había entrevisto ligeramente la cara de un hombre,[78] en torno a la misma edad que él, también «siervo de Dios» y tenido en alta estima por los aristócratas romanos que habían huido a Cartago después del saqueo godo; un hombre del que se decía que era el inspirador de algunas opiniones radicales que preocupaban a los amigos de Marcelino: el monje inglés Pelagio.

XXIX
PELAGIO Y EL PELAGIANISMO[1]

1

Después del año 410, el Imperio romano estaba lleno de refugiados. Las familias nobles de Roma se vieron conducidas por un momento hasta las puertas de Agustín. Tendrían que pasar algunos años en este seguro remanso provinciano: al biógrafo de una de estas familias, Tagaste le pareció «pequeño y muy pobre».[2]

Los provincianos, por su parte, se impresionaron, como no podía ser menos, ante un grupo tan notable de hombres y mujeres. Agustín conoció, por vez primera en su vida, a nobles ancianas como Proba, viuda del hombre más rico del imperio y madre y tía de cónsules. Y la generación más joven no era menos notable. A los catorce años de edad, la sobrina nieta de Proba, Demetria, renunció a la perspectiva de un matrimonio político para hacerse monja, excediendo así a los hombres de su familia ante los ojos encantados de los obispos.[3] Pocos años antes, una joven pareja perteneciente a otra familia, Melania y Piniano, se había malquistado con el Senado romano por liquidar sus vastas fincas para dárselas a los pobres.[4] Como ya vimos, la llegada de estos millonarios excéntricos provocó una gran excitación en Hipona.

La llegada de aquellos extranjeros miríficos agitó a una sociedad que se hallaba recogida en sí misma. En los años 410 y 411, Agustín estaba dedicado por entero al cisma donatista, que era una cuestión puramente local. En el transcurso de los años inmediatamente posteriores, en cambio, los miembros paganos de la aristocracia romana habían de provocar *La ciudad de Dios*;[5] y Pelagio, un hombre que había vivido entre los parientes y vecinos cristianos de estos aristócratas, condujo a Agustín a la controversia que le iba a asegurar una reputación verdaderamente internacional.

Sabemos muy poco sobre Pelagio.[6] Igual que Agustín, era un provinciano: se había trasladado de Bretaña a Roma en el mismo tiempo en que Agustín llegó por primera vez a Italia a hacer fortuna. Pero, mientras Agustín había vuelto a su tierra natal después de cuatro años, Pelagio se había quedado en Roma. Agustín había llevado una vida de responsable seglar bautizado solo durante unos cuatro años, mientras que Pelagio llevaba más de treinta. Agustín se había fijado una vida dedicada a problemas locales y pastorales, y para sus actividades intelectuales se había contentado con un áureo aislamiento. Pelagio, por el contrario, había seguido viviendo en una ciudad visitada con frecuencia por monjes del extremo oriental del Mediterráneo y abierta a los problemas teológicos de todas las partes del mundo.[7] Este seglar y sus partidarios, sobre todo, podían oír a sacerdotes que mantenían su espíritu abierto a cuestiones que un obispo africano desde hacía mucho tiempo daba por cerradas.[8] De este modo, y exactamente mientras Agustín se hallaba lanzado a una estrecha disputa eclesiástica entre obispos, Pelagio alcanzaba su cima en Roma, en un mundo donde los seglares cristianos cultos ejercían mayor influencia que en cualquier época anterior.[9] Hombres y mujeres seglares se habían convertido en apóstoles de un movimiento ascético nuevo: ellos eran los destinatarios ilustres de las cartas de Paulino de Nola, de Agustín y de Jerónimo; se respetaban sus concepciones teológicas; se buscaba su patronato, y sus mansiones estaban puestas a disposición de hombres santos y de peregrinos de todo el mundo.

Pelagio había discutido ante aquellos hombres sobre san Pablo. Tales discusiones formaron la base de sus *Exposiciones de las Epístolas de san Pablo*, la fuente más segura de sus concepciones teológicas.[10] Al dirigirse a aquellos hombres, había perfeccionado un arte muy apropiado para comunicar sus ideas: el difícil arte de escribir cartas de exhortación.[11] Estas cartas eran admiradas exactamente en los mismos círculos que debían leer a Agustín y a Jerónimo. Agustín rindió siempre justo tributo a las exhortaciones de Pelagio: eran famosas por estar «bien escritas y apuntar directamente a los problemas», por su *facundia* y su *acrimonia*.[12] *Le style, c'est l'homme*. Nosotros hemos llegado a conocer a Pelagio mucho mejor por la calidad literaria de sus cartas, y sobre todo por la *acrimonia* que da el tono a todo el movimiento pelagiano, que a través de las composiciones teológicas por las que iba a ganar su reputación como hereje.[13]

La larga carta que Pelagio escribió a Demetria en el año 413, con ocasión de la decisión de esta de hacerse monja, era una declaración calculada y manifiesta de su mensaje,[14] un mensaje que era, a la vez, sencillo y tremendo: «Puesto que la perfección es posible para el hombre, es obligatoria».[15] Pelagio no dudó nunca, ni por un instante, de que la perfección era obligatoria; su Dios era, sobre todo, un Dios que pedía obediencia sin discusión. Había creado a los hombres para que cumplieran sus mandamientos, y condenaría a los fuegos del infierno a quien descuidara cualquiera de ellos.[16] Pero lo que Pelagio se dedicaba a defender con especial fervor era que la naturaleza del hombre había sido creada capaz de alcanzar semejante perfección: «Siempre que tengo que hablar de la institución de unas reglas de comportamiento y conducta para la vida santa, señalo, primeramente, el poder y el funcionamiento de la naturaleza humana y muestro lo que es capaz de hacer... para que no parezca que estoy perdiendo el tiempo al exhortar a la gente a que se embarquen en una carrera que consideran imposible de lograr».[17]

Pelagio estaba dispuesto a luchar por su ideal, y en el mundo sociable del Bajo Imperio no estuvo nunca solo. Atraía buenos patronos: Paulino de Nola estaba entre ellos.[18] Animaba a sus discípulos, especialmente jóvenes de buena familia que habían venido a Roma, como él, a hacer carrera como abogados en la burocracia imperial. Este mundo distinguido, mitad universidad y mitad servicio civil oficial, le era mucho más familiar a Alipio, que lo había vivido, que a Agustín. Un adiestramiento legal producía polemistas habilidosos y tácticos excelentes; era el responsable de que los jóvenes juiciosos se preocuparan hondamente por los problemas de la responsabilidad y la libertad y, lo que no sorprende mucho, que quedaran perplejos ante el Dios del Antiguo Testamento, cuya equidad, en sus castigos colectivos y su «endurecimiento» deliberado de los corazones individuales, estaba lejos de la evidencia.[19] Celestio, destinado a ser el *enfant terrible* del movimiento, era uno de estos jóvenes: hijo de una familia noble, enseguida quedó impresionado por Pelagio, abandonó el mundo y escribió a sus padres unas cartas llenas de apremio, *Sobre el monasterio*.[20]

Pelagio no tenía paciencia ante la confusión que parecía reinar sobre la capacidad de la naturaleza humana. Él y sus partidarios escribían para hombres «que quieren cambiar, en dirección a algo mejor».[21] Se negaba a considerar que este poder de mejoramiento de uno mismo hubiera sido perjudicado de forma irreversible; la idea de un «pecado original» que hacía a los hombres incapaces de mantenerse sin pecar nunca más le resultaba absolutamente absurda.[22] Le molestaba la obra maestra de Agustín, las *Confesiones*, por el modo en que parecía no hacer más que popularizar la tendencia a una piedad lánguida. Casi había chocado con un obispo (¿Paulino?) en la discusión subsiguiente a la lectura del dolorido pasaje del Libro X: «Manda lo que Tú quieras y da lo que mandas».[23] Tal frase parecía empañar, con actos personales de favoritismo, la majestad incorruptible del Dios legislador. La sensación de que la corriente de opinión se estaba volviendo rápidamente contra él a favor de una tolerancia del pecado como «humanismo» provocó de su parte un folleto enojado y franco, *Sobre la naturaleza*.[24] Con posterioridad, Agustín mostrará este libro como un trofeo en su causa contra Pelagio.

Pero todos estos debates estaban todavía muy lejos de Agustín en el año 410. Sorprendentemente, él había tenido poco contacto con la vida intelectual de las familias romanas antes del saqueo de los godos;[25] y, cuando estalló el escándalo causado por estas ideas en Cartago a fines del año 411, él estaba ocupado en Hipona. Su información dependía de las cartas del conde Marcelino, su fuente más usual en esta época sobre las quejas y perplejidades de los romanos refugiados.[26]

Pelagio incluso se había acercado a Hipona cuando llegó a África, pero en aquel momento Agustín estaba ausente.[27] Agustín contestó cortés pero cautamente a la carta que anunciaba su llegada.[28] Más tarde llegaría a decir que esta corta contestación llevaba implícita una advertencia a Pelagio y una invitación a que fuera a visitarlo para tener una discusión.[29] Uno se pregunta qué habría pasado si Pelagio se hubiera expuesto al atractivo del anciano obispo. Al año siguiente, Pelagio se había vuelto a ir a Tierra Santa: ya no sería conocido más que por sus libros: a Agustín, sobre todo, por *Sobre la naturaleza*, y a la familia y amistades de Demetria, por su *Carta*, que evidentemente les impresionó. Es una doble imagen desconcertante: para Agustín, Pelagio era el teólogo optimista de *Sobre la naturaleza*; para la familia de Demetria, un ascético ardiente que había escrito a su hija una admonición llena de apremio.

Fue Celestio, y no Pelagio, el que provocó la crisis en África. En cuanto llegó a Cartago, intervino con seguridad en los debates del momento, que parece que trataban sobre el misterio perenne del origen del alma y conducían a los concomitantes problemas de la solidaridad de la especie humana en el pecado de Adán: porque ¿cómo, por ejemplo, podía considerarse culpable de un lejano acto cometido por otra persona el alma «completamente nueva» de una persona?[30] Estas discusiones tocaban el tema de la necesidad del bautismo infantil, y aquí fue donde los argumentos pelagianos se encontraron con su primera revisión seria. Los obispos que habían gastado años defendiendo la necesidad absoluta y la unicidad del bautismo que ellos mismos administraban en la Iglesia católica, y que podían consultar en la biblioteca episcopal de Cartago una carta de san Cipriano en la que insistía en el bautismo de los recién nacidos,[31] no estaban dispuestos a tolerar semejantes especulaciones. Se denunció a Celestio cuando solicitó hacerse sacerdote.[32] Las seis proposiciones condenadas que se negó a retirar[33] iban a formar, junto con *Sobre la naturaleza* de Pelagio, la base de la acusación de Agustín contra Pelagio. Para Agustín eran los *capitula capitalia*,[34] suficientes para «colgar» a Pelagio si se podía demostrar que el radicalismo de Celestio, el discípulo, era solo la continuación lógica de las opiniones secretas de su maestro.[35]

Agustín se encontraba en Hipona en aquel momento, y sabía muy poco de la reunión local que había condenado a Celestio. Cuando Marcelino le escribió en el invierno del año 411, estas ideas estaban «en el aire» en Cartago, con toda la vaguedad e irritación que se presenta cuando dos estilos de pensamiento se sienten oscuramente enfrentados. Resulta difícil en extremo identificar las opiniones y folletos que proporcionaron a Agustín el material para su primera imagen coherente de las ideas que más tarde adscribiría directamente a Pelagio.[36]

La carta de Marcelino llegó a Hipona cuando Agustín estaba absorto en el trabajo que siguió a la supresión del donatismo: sus notarios no daban abasto para atender a todas sus peticiones; él tenía que resumir para su grey el enorme registro taquigráfico de la conferencia; y estaba abrumado por los requerimientos de favores y arbitrios que le hacía la gente local.[37] A pesar de ello, Agustín contestó de inmediato. Como de costumbre, llegó de un salto a las conclusiones antes de haber ni siquiera leído todo lo que le habían mandado.[38] Pero su respuesta muestra una comprensión absolutamente asombrosa del nuevo problema. Lo que en Cartago habían parecido ser inquietantes y dispersas pajas en el viento llegó por primera vez en esta obra de Agustín a formar un sistema coherente: «Mirad adónde conduce... es un estribillo constante».[39] Es un estribillo que se repetirá en todos los escritos de Agustín de años posteriores. Indudablemente, el pelagianismo tal como lo conocemos, ese conjunto consecuente de ideas con efectos transcendentales, había comenzado su existencia; pero no en la mente de Pelagio, sino en la de Agustín.

2

Para Agustín, el pelagianismo fue siempre un conjunto de ideas, de *disputationes* o «argumentaciones». No tenía dudas en cuanto a la calidad intelectual de estas argumentaciones. Por primera vez en su carrera de obispo, se encontraba con adversarios de su mismo calibre, y ante un auditorio capaz de enjuiciar un caso por sus méritos puramente intelectuales: «Estas cuestiones las plantean espíritus grandes y astutos, y sería el reconocimiento de un fracaso por mi parte evitarlas no mencionándolas, y una señal de orgullo intelectual pasarlas por alto por no ser dignas de mención».[40] Pero en Roma tales ideas habían puesto en pie un «movimiento».[41] Pelagio tenía un conjunto de partidarios tenaces y bien situados, que se preocupaban de que sus cartas circularan con una rapidez sorprendente,[42] y que estaban decididos a buscar un sitio para sus ideas dentro de la Iglesia católica.[43] Lograban para la causa gente entusiasta que formaban «células» pelagianas en sitios tan alejados como Sicilia, Inglaterra o Rodas.[44] Intentemos apreciar los motivos de aquellos hombres, y de este modo podremos estimar el papel que desempeñó el pelagianismo en una de las crisis más dramáticas de la Iglesia cristiana de Occidente.

El pelagianismo había apelado a un tema universal: la necesidad del individuo de autodefinirse y de sentirse libre para crear sus propios valores en medio de la vida convencional y de poco valor de la sociedad. En Roma, el peso de las convenciones era particularmente opresivo. Las familias a cuyos miembros se dirigía Pelagio habían entrado gradualmente en el cristianismo mediante matrimonios mixtos y adecuación política.[45] Esto significaba que el «hombre bueno» convencional de la Roma pagana se había convertido, casi sin pensarlo, en el «buen cristiano» convencional del siglo v. Las cortesías floridas de la etiqueta romana tardía podían pasar ahora por «humildad cristiana»,[46] y la generosidad que tradicionalmente se esperaba de un aristócrata, por «limosna cristiana». «Es mejor dar que recibir» era una frase extendida; pero, como todas las citas de la Biblia utilizadas para tranquilizar la conciencia, nadie se acordaba exactamente de dónde provenía.[47] Sin embargo, estos «buenos cristianos», «verdaderos creyentes», seguían siendo miembros de una clase dirigente comprometida en mantener las leyes imperiales mediante la administración de castigos brutales.[48] Estaban dispuestos a pelear con uñas y dientes para proteger sus vastas propiedades[49] y eran capaces de discutir durante la cena tanto las últimas opiniones teológicas, de lo que se enorgullecían como expertos,[50] como el tipo de tortura judicial que acababan de infligir a algún pobre diablo.[51]

En esta confusión, el mensaje firme y áspero de Pelagio llegó como una liberación. Él ofrecía al individuo la certeza absoluta a través de la obediencia absoluta. Esto lo podemos ver en la carta de un hombre que había caído bajo la influencia de una dama noble, la figura dominante de un grupo de entusiastas pelagianos de Sicilia.

> Cuando vivía en mi casa, me consideraba como un adorador de Dios... Ahora, por primera vez, he empezado a conocer cómo puedo ser un verdadero cristiano... Es fácil decir que conozco a Dios, que creo en Dios, que temo a Dios y que sirvo a Dios. Pero no se conoce a Dios si no se cree en Él; y no se cree en Él a menos que se le ame; y no se puede decir que se le tema a menos que se le sirva; y no se puede considerar que se le sirve si se le desobedece en la cuestión más pequeña...; *Quien cree en Dios, cumple sus mandamientos. Este es el amor de Dios: hacer lo que Él manda.*[52]

Era una época seria. Los emperadores, cuando insisten en que deben observarse sus leyes, usan el mismo lenguaje desesperado que empleará Pelagio cuando hable de las leyes de su Dios.[53] Los hombres que leían los escritos pelagianos habían sido testigos de una serie de acontecimientos que habían destruido la confianza de toda una clase: purgas brutales, ruina de familias enteras, espectaculares asesinatos políticos[54] y, posteriormente, los terrores de la invasión bárbara.[55] Pero, mientras algunos fueron inducidos a retirarse a causa de tales catástrofes, los pelagianos parecían decididos a actuar abiertamente, y a reformar la Iglesia cristiana por entero. Este era el rasgo más característico de su movimiento: la estrecha corriente de perfeccionismo que había llevado a los seguidores nobles de Jerónimo a Belén, que había conducido a Paulino a Nola y a Agustín desde Milán a una vida de pobreza en África se volvía hacia fuera en los escritos pelagianos, para abarcar a toda la Iglesia cristiana:

> ¿No es verdad segura que la Ley del comportamiento cristiano ha sido dada a todo aquel que se llama cristiano?... ¿Crees que los fuegos del infierno arderán más suavemente para las personas licenciadas (como los gobernadores), para desahogar su sadismo, y que será más ardiente solo para aquellos cuya ocupación profesional es ser piadoso?... No puede haber dos normas distintas para un mismo pueblo.[56]

Esta es la declaración más punzante de toda la literatura romana tardía contra esa presión sutil, que Agustín había experimentado en Hipona, de dejar la vida cristiana para los santos reconocidos y seguir viviendo como hombres corrientes, igual que paganos.[57] Pelagio quería que todo cristiano fuera un monje.[58]

Porque los pelagianos consideraban todavía a la Iglesia cristiana como un grupo pequeño en medio de un mundo pagano. Estaban preocupados por dar buen ejemplo: el «sacrificio de alabanza», que en Agustín es una cuestión tan íntima, significa para los pelagianos la alabanza de la opinión pública pagana que merecería la Iglesia cristiana como institución compuesta de hombres perfectos.[59]

Esta es, desde luego, la parte del movimiento pelagiano que más íntimamente influyó en Agustín. Él creía que la pretensión expresada por los pelagianos de que podían alcanzar una Iglesia «sin mancha alguna» no hacía más que continuar la afirmación de los donatistas de que únicamente ellos pertenecían a una iglesia así.[60] No estaba de humor para tolerar a las «pandillas» de cristianos «perfectos» que se habían extendido por Sicilia y por todas partes bajo la influencia pelagiana.[61] Por esta razón, la victoria de Agustín sobre Pelagio sería también la victoria del buen seglar católico medio del Bajo Imperio sobre un ideal austero y reformador. Agustín describe con exactitud el tipo de hombre para el que había encontrado un sitio en la Iglesia católica: un hombre con algunas buenas obras en su haber, que dormía con su esposa, *faute de mieux*, y a menudo nada más que por placer; puntilloso en cuestiones de honor y dado a las venganzas; que no era un landgrave, pero sí capaz de pelear para guardar sus propiedades (aunque solamente ante el tribunal episcopal); y, por todo esto, un buen cristiano desde el punto de vista de Agustín, «que se considera a sí mismo como una desgracia y da gloria a Dios».[62]

Pero la victoria de Agustín sobre los pelagianos se fraguó en circunstancias muy diferentes a las del cisma donatista. Ahora se veía envuelto en una de esas «crisis de piedad» misteriosas y dramáticas que afectan a veces a los miembros de la clase dirigente.[63] Entre los refugiados romanos de África, las dos concepciones contrarias estaban yuxtapuestas: Timasio, por ejemplo, un joven que había abandonado el mundo bajo la influencia de Pelagio, era amigo de Piniano, el joven noble que casi había llegado a hacerse sacerdote de Agustín en Hipona.[64]

Pelagio había elegido bien a sus discípulos. Demetria, Melania y Piniano habían demostrado la fortaleza extraordinaria de sus voluntades al llevar a cabo una ruptura completa con «el mundo», frente al opresor sentimiento de pertenencia familiar de la sociedad aristocrática del Bajo Imperio.[65] La enorme tozudez de estos jóvenes nobles parecía ser un presagio seguro de futuros progresos en la perfección.[66] Habiendo usado el poder de sus voluntades con efectos tan poderosos, podían fácilmente convertirse en seguidores celosos de Pelagio, cosa que habría dado la bendición de la clase más influyente de seglares cristianos del mundo romano a su movimiento reformador; con lo que el pelagianismo podía presentarse como un movimiento con un programa bien definido de acción. Agustín, para quien la comunicación fue siempre un misterio inescrutable y para el cual la vida interior de oración y examen de sí mismo era el centro de la devoción cristiana, se enfrentaba con gente que creía poder, mediante exhortaciones llenas de apremio, ejercer una influencia inmediata sobre el comportamiento de la sociedad.[67]

Para los pelagianos, el hombre no tenía excusa para sus propios pecados, pero tampoco para los males que le rodeaban. Si la naturaleza humana era esencialmente libre y estaba bien creada, y no subyugada por alguna debilidad interior misteriosa, la razón de la miseria general de los hombres tenía que ser de alguna manera exterior a su verdadera personalidad; debía basarse, en parte, en la fuerza limitadora de los hábitos sociales del anterior paganismo. Y estos eran hábitos que podían reformarse. Por eso, pocos escritores del Bajo Imperio son tan francos como ellos en su crítica a la sociedad romana. Los pasajes más tiernos de las frías exhortaciones pelagianas son aquellos que describen los horrores de las ejecuciones públicas,[68] y urgen al cristiano a que «sienta el dolor de los demás como si fuera suyo, y a que el dolor de los demás le mueva a lágrimas».[69] Este tono emotivo es muy diferente del desapego filosófico con que Agustín puede tratar los sufrimientos del dolor físico.[70] Job era el héroe de los pelagianos: era un hombre despojado de forma repentina del pesado artificio de la sociedad y capaz de mostrar al mundo abiertamente los rasgos de una personalidad heroica.[71]

No es mera coincidencia que tales ideas circularan entre hombres que habían querido despojarse ellos mismos de sus vastas riquezas. En las décadas anteriores se habían dado gran cantidad de estas espectaculares renunciaciones. Este radicalismo, sin embargo, se revisó y canalizó tan pronto como los jóvenes aristócratas entraron en contacto con la Iglesia establecida en África: Aurelio, Agustín y Alipio lograron persuadir a Melania y a Piniano de que dotaran a los monasterios católicos de tierras permanentes en lugar de cortar el nudo gordiano de su fortuna culpable repartiéndola entre los pobres.[72] Al dar este consejo, Agustín no hacía más que poner en práctica lo que predicaba contra los pelagianos.[73] A un obispo siciliano que estaba preocupado por las afirmaciones pelagianas de que un rico ya estaba condenado con seguridad, le replicó que, igual que la sólida jerarquía del imperio, también la Iglesia debía encontrar sitio en su seno tanto para sus «funcionarios superiores» como para los «contribuyentes», en este caso, para los terratenientes ricos de cuyas dotaciones e influencias habían venido a depender los monjes y el clero.[74]

Como la mayoría de los reformadores, los pelagianos cargaban el terrible peso de la libertad completa sobre el individuo: este era responsable de cada una de sus acciones; y, por tanto, todo pecado no podía ser más que un acto deliberado de desacato a Dios.[75] Agustín no estaba tan convencido de que una naturaleza humana caída pudiera soportar un peso tan grande: «Muchos pecados se cometen a causa del orgullo, pero no todos orgullosamente... muy a menudo suceden por ignorancia, o por debilidad humana; muchos los cometen hombres que lloran y gimen en medio de la aflicción...».[76] La Iglesia católica existía para redimir a una humanidad desvalida; y una vez concedida la gracia esencial, Agustín no tenía ningún problema en aceptar en su congregación procesos lentos y desordenados de curación.[77] A Agustín le parecía que los pelagianos, con su concepto optimista de la naturaleza humana, empañaban la distinción entre la Iglesia católica y los buenos paganos;[78] pero hacían esto con el solo objeto de establecer un puritanismo helado como ley única de la comunidad cristiana.[79] Paradójicamente, por tanto, es Agustín quien, con su empeño en recalcar que el bautismo es el único camino de salvación, se presenta como el abogado de la tolerancia moral: porque dentro del recinto exclusivo de la Iglesia católica encuentra lugar para un abanico entero de fallos humanos.[80] Los escritos de Agustín contra los pelagianos siguen de cerca las huellas de su campaña contra los donatistas: son un hito significativo en ese proceso por el cual la Iglesia católica había llegado a abarcar, y por tanto a tolerar, el conjunto de la sociedad seglar del mundo romano, con sus evidentes desigualdades de riqueza y la elasticidad deprimente de sus costumbres paganas.

En estos años, Agustín escribirá a dos damas nobles afectadas por la idea pelagianas: Proba y Juliana.[81] Son los documentos más maduros y comprensivos de su ideal de vida cristiana, ya que lo que le importa son las tensiones interiores del individuo. Al aconsejar continencia a una viuda rica, es capaz de añadir: «He observado a menudo, sin embargo, este hecho del comportamiento humano que ocurre en cierta gente, y es que cuando se reprime la sexualidad parece que su lugar lo reemplaza la avaricia...».[82] En ninguna de sus estridentes denuncias de las «cosas del mundo»[83] presentan los escritos pelagianos algo tan agudo y penetrante.

Pero esta preocupación por la vida interior podía dar la impresión de aceptar con demasiada facilidad el estado de cosas de la sociedad romana como telón de fondo inalterable de una aristocrática vida de piedad íntima. Las cartas de Agustín a Proba podrían dar pábulo a esta actitud: se permitía a la heredera de un vasto imperio agrícola, adquirido por rapiña[84] y mantenido con el egoísmo que había grabado las miserias y resentimientos del desastre de la invasión goda,[85] que permaneciera impasible en medio de tal riqueza. Ya era bastante con que la oprimieran los pensamientos sobre la corruptibilidad de las cosas humanas,[86] y con que se desligara de la magnificencia acumulada que la rodeaba mediante una orientación tan profunda y misteriosa de su ser interior que nadie fuera capaz de juzgarla.[87] Pero, después del año 410, África era una de las pocas provincias donde el *statu quo* social podía considerarse seguro. Puede que sea algo más que una coincidencia el que las ideas pelagianas parezcan haber tenido la máxima resonancia precisamente en aquellas provincias donde los modos antiguos de vida habían sido desbaratados por las invasiones bárbaras: en Inglaterra;[88] en el sur de Italia, donde el brillante adversario de Agustín, Juliano de Eclana, había cobrado gran reputación por las medidas que tomó para combatir el hambre que siguió al paso del ejército bárbaro;[89] y en la Galia, donde, tras «una década de matanzas», un poeta pelagiano contemplaba aquella tierra destrozada y seguía sabiendo que la ciudadela de su alma libre había permanecido sin sufrir quebranto.[90]

Como hemos visto, la diferencia entre Agustín y Pelagio era capaz de ramificarse desde las cuestiones más abstractas de libertad y responsabilidad hasta el papel real del individuo en la sociedad del Bajo Imperio. La diferencia básica entre los dos hay que encontrarla, sin embargo, en sus dos concepciones radicalmente diferentes de la relación del hombre con Dios. Esta está resumida sucintamente en la elección de su lenguaje: a Agustín le habían fascinado desde siempre los niños pequeños, y la extensión de su desamparo había seguido aumentando en él aún más desde que escribiera las *Confesiones*;[91] y, en las *Confesiones*, no había tenido ninguna duda en comparar su relación con Dios a la del niño de pecho con su madre, una dependencia muy aguda e íntimamente mezclada con todo lo bueno y lo malo que pudiera provenir de esta fuente única de vida.[92]

El pelagiano, por el contrario, desdeñaba a los niños pequeños.[93] «No hay admonición más oprimente que la que dice que debiéramos llamarnos hijos de Dios».[94] Ser uno de estos *hijos* significaba convertirse en una persona enteramente desligada, dejar de ser dependiente de un padre, pero capaz de llevar a cabo por las propias fuerzas las buenas acciones que él había ordenado. El pelagiano estaba *emancipatus a deo*;[95] es esta una imagen brillante tomada del derecho familiar romano: libre de los derechos claustrofóbicos y exhaustivos del padre de una gran familia sobre sus hijos: estos «habían llegado a la mayoría de edad». Habían sido «descargados», como en el derecho romano, de su dependencia del *pater familias* y podían, por fin, salir al mundo en calidad de individuos libres y maduros, capaces de defender con proezas heroicas el buen nombre de sus ilustres antecesores: «Sed perfectos, aun con la perfección de vuestro Padre en los cielos».[96]

XXX
CAUSA GRATIAE[1]

No todos los hombres alcanzan a ver en vida cómo en su vejez son puestos en tela de juicio los fundamentos de su obra. Esto fue lo que le ocurrió a Agustín durante la discusión con Pelagio. En el momento de empezar la controversia había coronado una meseta y contaba con una reputación que él, con su encanto característico, intentaba rechazar:

> Cicerón, príncipe de los oradores romanos —escribió en el año 412 a Marcelino—, cuenta de alguien que «jamás pronunció palabra de la que más tarde tuviera que retractarse». ¡Elevado elogio, sin duda, pero más aplicable a un asno completo que a un auténtico sabio!... Si Dios me lo permite, juntaré y expresaré en una obra especialmente destinada a este objeto todo aquello de mis obras que con justicia me disguste: entonces verán los hombres que estoy lejos de ser un juez predispuesto hacia mi propia causa... Porque soy de los que escriben porque han hecho algún progreso, y de los que progresan escribiendo.[2]

Detrás de este candor yace una sensación formidable de haber logrado algo. Agustín usa a menudo la palabra «progreso» durante su senectud. Pero ya hemos visto que para él esto no significaba la perspectiva de un cambio sin restricciones ni una adaptación, sino más bien la conciencia de haber dejado atrás lo superfluo y de haber aumentado la certeza sobre lo esencial.[3] Se daba cuenta de que estaba en una dirección segura, llevado por el ímpetu de veinte años de labor intelectual incesante como obispo católico.

La aparición del pelagianismo como una amenaza para sus ideas señala el final de un periodo en la vida intelectual de Agustín. Alrededor del año 414 se dio cuenta de hasta qué punto había estado dando rienda suelta a su gusto por la especulación; había sido un tiempo en el que había «discutido fuera de la senda trillada»[4] cuatro ideas posibles sobre el origen del alma; hacía muy poco que había intentado captar la esencia de la Trinidad, y era conocido por educar a los cristianos con sus opiniones sobre la naturaleza de la concepción de Dios,[5] y por su desacuerdo académico con otro erudito, Jerónimo.[6] Sin embargo, esta especulación había creado en él una tensión. Con su característica sensibilidad intelectual, había dudado durante años antes de decidirse a publicar las grandes obras de su edad madura, el *Comentario sobre el Génesis* y el libro *Sobre la Trinidad*, libros que contenían, a su juicio, demasiados «problemas extremadamente peligrosos».[7] Ahora, con el desafío del pelagianismo, toda esta especulación va a cesar. Evodio, siempre ávido de temas eruditos y esotéricos, recibirá este brusco trato: «Pides demasiadas cosas de un hombre muy ocupado»;[8] y escuchará que las profundas especulaciones que figuraban en *De Trinitate* se le habían vuelto de pronto sin interés. «Si Cristo había muerto solo por los que pudieran con seguridad comprender estos asuntos, estamos virtualmente perdiendo el tiempo en la Iglesia».[9] Jerónimo recibiría un trato semejante: también él había estado especulando sobre el origen del alma, manteniendo que esta era creada nueva para cada individuo, cosa que levantó inmediatamente las sospechas de Agustín: ¿no parecía esto negar la solidaridad de todas las almas humanas en el pecado de Adán?[10] Con gran cortesía, advertirá firmemente al anciano a propósito de este asunto: «Esta opinión vuestra, si no se opone a la fe firmemente fundamentada, puede ser también la mía; si se opone, entonces que no sea la vuestra».[11]

Fundatissima fides, «la fe más firmemente fundamentada», es lo que Agustín pensaba que había que defender contra los pelagianos. No se trataba de una cuestión especulativa más: *Fundata ista res est*;[12] pero él poseía un estuche de hierro fundido y, tras una década de profundas especulaciones inconclusas y sumamente personales, Agustín verterá sus ideas en un molde muy sólido. Las identificará por entero con la fe incontestable de la Iglesia católica, y se dispondrá a acometer lo que llamará la *causa gratiae*, la «causa de la gracia». Es este uno de los misteriosos cambios interiores que son tan característicos del hombre; quizá la tensión interior que hizo que Agustín necesitara convertirse en el campeón de lo patente tras años de indagar en lo desconocido es parte del secreto de su genio como polemista.

Esta *causa gratiae* marcará el apogeo de la carrera literaria de Agustín. Ya en el año 411 había formado una imagen coherente del pelagianismo que unía a Pelagio y a Celestio, personas enteramente diferentes a los ojos del mundo, dentro del mismo conjunto de ideas; y manejará consistentemente estas ideas como una totalidad que podía cercenar los cimientos de la fe católica. No conocía a Pelagio más que como autor de libros,[13] y lo combatirá mediante libros: la revisión hostil, los ejemplares de las obras señaladas y la redacción de «exámenes» de doctrina, señales claras de una caza de la herejía en el mundo de las ideas, son los hitos de la controversia pelagiana vistos desde Cartago e Hipona. *Scripta manent*: cuando la *causa gratiae* se haya ganado, el mundo romano estará lleno de obras de Agustín: folletos, declaraciones formales de fe, cartas que resumían el «sistema agustiniano» en su forma más extremada, etc., habían llegado a manos tan variadas y lejanas como las de un gobernador retirado en Provenza,[14] un sacerdote y un abogado de Roma,[15] Paulino de Nola,[16] un obispo de Siracusa,[17] y los emigrados latinos de Jerusalén.[18] Si consideramos que en este tiempo Agustín pensaba que los únicos que podrían leer sus libros eran los monjes que gozaban de un ocio absoluto,[19] es asombroso que escribiera todo lo que escribió. Pero ¿por qué quería centrar la atención de sus lectores sobre semejante cuestión? «Primero y ante todo —dijo a Paulino—, porque no hay un asunto que me cause mayor placer. Porque ¿qué nos debiera ser más atractivo a los enfermos que la gracia, la gracia por la que sanamos; a los perezosos, que la gracia, la gracia que nos incita a la acción; a los hombres anhelantes de acción, que la gracia, la gracia que nos auxilia?».[20]

Agustín vio el problema del pelagianismo de modo diferente a muchos de sus contemporáneos. Numerosos obispos, como demostrarían los acontecimientos, querían tratar a Pelagio según sus méritos. Era un cristiano sincero, deseoso de permanecer dentro de la Iglesia católica: no necesitaban más que les aseguraran que las opiniones que defendía Pelagio eran consecuentes con la ortodoxia tradicional. Pelagio, por su parte, estaba ansioso por asegurárselo. Como cabeza de un movimiento reformista dentro de la Iglesia católica, deseaba particularmente que su austero mensaje no fuera proscrito al ser declarado herético. Y, como tantos grupos en situación semejante, los pelagianos sentían que la Iglesia necesitaba sus servicios: les compensaba, pues, tolerar la laxitud moral de la Iglesia católica cuya jerarquía tacharía siempre a cualquier opinión discordante de «herejía».[21]

Era difícil para el hombre medio discernir si el lenguaje que usaba Pelagio era «herético». «Herejía» significaba errores sobre la naturaleza de la Trinidad como el que había provocado la controversia arriana; pero en esta cuestión los pelagianos eran irreprochables. Los cristianos romanos nobles que habían leído con placer la *Carta a Demetria* estaban francamente poco impresionados por las tremendas advertencias de Agustín y Alipio. La madre de Demetria, Juliana, pondrá firmemente en su lugar a estos obispos provincianos y melindrosos: su familia no había sido jamás manchada por ninguna herejía, «ni siquiera por la más nimia» (¡).[22] Como buena cristiana del Bajo Imperio, para ella «herejía» se equiparaba a los errores griegos sobre la divinidad, y no a escrúpulos africanos sobre la gracia y el libre albedrío.[23]

Pero en esta controversia estaba en juego algo más que dos concepciones sobre la naturaleza del error religioso. En África, Agustín sentía una absoluta seguridad sobre su caso: nadie dudaba en Cartago en ningún momento de que unas convicciones que podían reclamar a san Cipriano como su patrón pudieran ser falsas. Pero esta misma certeza era una fuente de debilidad, porque los pelagianos, por su parte, amenazaron siempre con acudir a las iglesias orientales, con tradiciones muy diferentes y más liberales.[24] Vista desde fuera, la *fundatissima fides* de Agustín podría parecer que expresaba solamente el rigor estrecho de una Iglesia aislada. ¿Podría dejarse a esta impresionante cultura eclesiástica en su espléndido aislamiento? ¿O llegarían las ideas formadas en su clima específico a dominar el Occidente latino?[25]

En un principio, parecía como si África pudiera ser ignorada sin riesgos. Pelagio había llegado a Tierra Santa como un hombre con pasado, pero solo un «experto» tan calificado como Agustín pudo persuadir a los obispos locales de este hecho. Los aliados de Agustín sobre el terreno eran del todo incapaces de hacerlo. La nueva controversia invadió el sorprendente grupo de emigrados latinos instalados en Jerusalén: esta era una comunidad con una vivacidad y una capacidad para el resentimiento similar a la de los rusos blancos en París en los años veinte del siglo XX.[26] Esta controversia amenazó con convertir los Santos Lugares en una casa de locos. Jerónimo estaba instalado en el monte de los Olivos, en actitud de desdeñosa hostilidad hacia el obispo Juan de Jerusalén. Orosio, que había sido enviado por Agustín para reunirse con Jerónimo, no sabía griego; y, como muchos hombres incapaces de entenderse con los extranjeros, puede que culpara a las dificultades del idioma del resultado de su propia falta de tacto. Se le reunieron, en la caza de Pelagio, dos obispos galos, Heros y Lázaro, que habían «abandonado su país por el bien de su país», al haber sido depuestos por sus autoridades a causa de su colaboración con el emperador usurpador. Cuando el 20 de diciembre del año 415 se reunió en Dióspolis (Lydda) un sínodo de catorce obispos, estaba claro que no habían venido a «juzgar» a Pelagio, tal como Orosio había esperado; no querían más que recibir seguridades de él, y Pelagio se las dio. Con una falta de escrúpulos corriente en los hombres de elevados principios, condenó a su propio discípulo, Celestio, y descartó con explicaciones los pasajes de sus obras que le habían hecho parecer un *enfant terrible* en Occidente. Él tenía una misión muy seria que cumplir, y se deshizo con desprecio de sus acusadores: el distante Agustín; Jerónimo, cuyo rencor personal era notorio; Orosio, «joven puesto tras mí por mis enemigos», y los dos ambiguos obispos.[27] Fue una derrota aplastante para los «expertos»: «Hay —escribió Agustín— muy pocos hombres versados en la Ley del Señor».[28]

Si la aceptación de Pelagio se consideró perfectamente natural en Oriente, en Occidente fue causa de una gran agitación. La misteriosa red de partidarios de Pelagio tomó ahora medidas para que su relación del sínodo de Dióspolis viajara con velocidad asombrosa al mundo latino. La conspiración para dañarlo se había convertido en confusión; le habían dejado con las «manos limpias»;[29] y su opinión de que los hombres podían no pecar había sido aprobada por los obispos en los Santos Lugares.[30] Agustín hubo de sufrir la humillación de recibir un ejemplar de este tendencioso panfleto sin ninguna carta personal de saludo de su autor.[31]

Ahora era el turno a la Iglesia aislada de África de organizar una contrademostración. Y esta fue impresionante. Orosio llegó a Cartago en septiembre del año 416, para encontrarse que en la ciudad le esperaba un concilio; otro concilio, dominado por Agustín y Alipio, se reunió rápidamente en Milevis. La disciplina aprendida durante la campaña contra los donatistas había dado sus frutos: solo en África se podían reunir trescientos obispos católicos para aprobar por unanimidad decretos inspirados por expertos indiscutidos.[32]

Los obispos africanos temían que Pelagio intentara solicitar el apoyo de Inocencio, el obispo de Roma. Se sabía que tenía partidarios bien situados incluso entre la orgullosa oligarquía clerical de la ciudad, y se decía que Sixto, futuro papa, era protector suyo.[33] Para los africanos, solo el prestigio de Roma podía eclipsar el juicio de un sínodo oriental. Por ello, a fines del año 416, recibió Inocencio un pliego absolutamente desacostumbrado de documentos de África: dos condenaciones razonadas de las ideas pelagianas muy parecidas, de los dos sínodos católicos de Milevis y de Cartago, y una larga carta personal de Aurelio, Agustín y Alipio.[34] Esta carta incluía un ejemplar con anotaciones del famoso *Sobre la naturaleza*,[35] y una carta dirigida a Pelagio, como dando a entender que el orgulloso seglar no se dignaría abrir la correspondencia que le dirigiera personalmente Agustín.[36]

Las decisiones de los dos sínodos estaban estructuradas con estudiada cortesía. Pretendían ser solamente *relationes*, esto es, «informes» de funcionarios locales que requerían la sanción de una autoridad superior.[37] Pero, de hecho, estaban pensadas para alarmar a Inocencio. Por primera vez, Pelagio y Celestio eran condenados juntos, y se demostraba que las consecuencias últimas de sus ideas cortaban las raíces de la autoridad episcopal. Porque, si la naturaleza humana era tan perfecta que no necesitaba de ayuda, ¿qué sucedería con las bendiciones del obispo? ¿Y qué, especialmente, con la oración de Cristo para que «la fe de Pedro no desfallezca»?[38] Los documentos pretendían que, si contemporizaba con los pelagianos, la Iglesia católica perdería la autoridad que había empezado a ejercer como única fuerza que podía «liberar» a los hombres de sí mismos.[39]

Estos documentos tenían todas las características de una «caza de brujas». Los africanos habían intentado imponer un «examen» rígido de ortodoxia; y habían incluso insinuado que había más gente envuelta que Pelagio, o sea, que la respetabilísima sede de la cristiandad estaba siendo minada por un movimiento secreto.[40]

Con tal de asegurar su punto, Agustín estaba dispuesto a omitir una de las reglas de la cortesía romana tardía: que un corresponsal no debía entrometerse sobre otro sin que hubieran mediado los preliminares de una carta formal de salutación. Las cartas a Inocencio podían al menos disfrazarse de actas oficiales, pero la carta con la que ahora se dirigió a Juan de Jerusalén para pedirle un ejemplar de los procedimientos de Dióspolis y advirtiéndole que apreciara a Pelagio solo con la debida prudencia rozaba la insolencia: «Nunca me atrevería a tomar a mal el no haber recibido carta alguna de vuestra santidad: preferiría creer que no teníais ningún portador para ella, antes de que soñara con pensar que vuestra reverencia me había ignorado deliberadamente».[41]

Inocencio era un hombre viejo que confiaba en su autoridad. Podía permitirse ser generoso con los africanos sin comprometerse demasiado. Con una ampulosidad estudiadamente vaga, copiada de la cancillería imperial, hizo propias sus quejas:[42] si existían tales ideas, debían, desde luego, ser condenadas. Pero prefería creer que no las defendía nadie en absoluto. Al convocar a Pelagio y a Celestio, quizá esperaba que estos le volvieran a dar seguridades.[43]

Los africanos depositaron todas sus esperanzas en este juicio único y ambiguo; pero Inocencio murió el 12 de marzo del año 417. Su sucesor, Zósimo, era un hombre que odiaba los embrollos. Al contrario que Inocencio, era un hombre débil, decidido a seguir su camino incluso a costa de grandes favoritismos y rudezas.[44] Puede también que fuera griego, y que por tanto le hubiera impresionado el apoyo que Pelagio se había ganado en Tierra Santa.[45] El formidable Celestio se presentó en la ciudad, y Pelagio se apresuró a obedecer la convocatoria del obispo romano, precedido por un testimonio resplandeciente del obispo de Jerusalén. Sus acusadores, los obispos Heros y Lázaro, eran enemigos personales de Zósimo,[46] y a los dos jóvenes, Timasio y Jacobo, que en su día habían delatado a Agustín *Sobre la naturaleza* de Pelagio, no había forma de encontrarlos por ninguna parte.[47] Todo lo que los africanos podían hacer era ignorar este cambio inquietante. Agustín predicó el 23 de septiembre en Cartago: *Causa finita est*, la cuestión se ha acabado.[48] Él, por lo menos, estaba seguro de sí mismo. En su libro *Sobre los procedimientos de Pelagio* había fortalecido la autoridad de Aurelio «con la pluma de mi insignificancia industriosa».[49] Pablo había hablado, Agustín había entendido: eso debía bastar. «Por esta razón, oh bendito Pablo, gran predicador de la gracia, puedo expresarme sin rodeos. No tendré dudas; porque quién objetará lo más mínimo a que yo diga cosas de las que tú, Pablo, dijiste que deberían decirse, y enseñaste que deberían enseñarse».[50]

Mientras tanto, Zósimo había estado preparando su propia solución a este lioso asunto. Se examinó primero a Celestio en la nueva basílica de San Clemente, elegida con objeto de recordar a los presentes al discípulo de san Pedro que había «aclarado» tantos errores, como Zósimo intentaba hacer. En una sesión muy formal, Zósimo rehusó apremiar demasiado a Celestio, y se declaró satisfecho. Pelagio, a mediados de septiembre, recibió una bienvenida aún más cálida. La paz había vuelto a la ciudad y al mundo. «Si hubierais estado presentes, mis amados hermanos —dijo Zósimo a los africanos—... Cuán profundamente nos emocionamos todos. Apenas podían los presentes aguantar las lágrimas ante el pensamiento de que una fe tan auténtica pudiera haber sido calumniada».[51]

El derecho romano disponía que una acusación falsa recayera sobre la cabeza del acusador. Era este un hecho que Agustín había recalcado con gusto en sus escritos contra los donatistas. Pero ahora le llegó a él el turno de ser reprendido: «Es síntoma de un espíritu decente creer con dificultad en el mal».[52] En cuanto a lo que Agustín consideraba que era la *fundatissima fides*, Zósimo volcará en ambos lados de la controversia toda la antipatía concentrada del político conservador ante el fanatismo de los intelectuales:

> Esta quisquillosidad y estos debates sin sentido... provienen de una curiosidad infecta, cuando todos y cada uno abusan de su poder intelectual y dan alas a su elocuencia mal dominada a expensas de las Escrituras. Ni siquiera los mayores espíritus —proseguía— son inmunes a esto. Sus escritos, a lo largo del tiempo, están afectados de la misma y peligrosa falta de juicio. Así ha profetizado Dios: «Si hablas mucho, no te librarás del pecado», y el santo David pidió tener «una puerta de prudencia ante sus labios».[53]

A los africanos no les quedaba más que esperar. Agustín tuvo que seguir escribiendo: Paulino de Nola recibió un tratado teológico apasionado y que no había solicitado en absoluto,[54] y Dárdano, un prefecto retirado de la Galia, recibió también un ataque indirecto de las ideas pelagianas.[55] Dárdano era un cristiano devoto, hombre de gran prestigio[56] y con una odiosa reputación entre la población local.[57] Como responsable principal de las purgas políticas que habían tenido lugar recientemente en la Galia tras la eliminación del usurpador, Constantino III, puede muy bien que compartiera la antipatía de Zósimo por los infortunados obispos Heros y Lázaro, que habían acusado a Pelagio, dado que habían estado implicados con el tal Constantino.[58] Pero la carta más importante de esta época parecía no tener nada que ver con la controversia pelagiana: se trata del folleto *Sobre la corrección de los donatistas*,[59] en el que Agustín persuadió a los vacilantes del Gobierno provincial de África de que aplicaran todo el rigor de las leyes contra los herejes donatistas.[60] Es una coincidencia simbólica: porque el Tribunal Imperial de Rávena, que administraba estas leyes, será el origen del siguiente movimiento en el callejón sin salida provocado por el papa Zósimo.

No se puede saber exactamente por qué intervino el Tribunal Imperial en este preciso momento. Sería engañoso ser demasiado precisos. Lo cierto es que los pelagianos se habían ganado en Italia tantos enemigos como partidarios.[61] Habían llegado noticias de los sangrientos tumultos en los que parecía que habían estado complicados con la comunidad latina de Jerusalén.[62] Un agente íntimo de Agustín, Firmo, que estaba en aquel momento actuando de factótum para una dama senatorial en el grupo que rodeaba a Jerónimo,[63] había hecho una visita de negocios a Rávena y puede que se dedicara a establecer contactos. Otra figura misteriosa había llegado al tribunal, el prefecto pretoriano Paladio. ¿Era este el mismo hombre que aquel «hijo honorable» a quien Agustín había recomendado a un obispo siciliano, un político eminente que zarpaba de Hipona para tomar posesión de un alto cargo en Italia, bien instruido por Agustín sobre «la nueva herejía, hostil a la gracia de Cristo, que está tratando de levantarse contra la Iglesia de Cristo y que todavía, sin embargo, no es claramente separada de esta iglesia»?[64]

En ese momento estallaron algunos tumultos en Roma, y los partidarios de Pelagio agredieron a un funcionario retirado.[65] Esto fue demasiado. Durante el saqueo de los bárbaros, el emperador Honorio había podido vivir a salvo detrás de los pantanos de Rávena: se decía que habría sido capaz de confundir Roma con un gallo mascota del mismo nombre.[66] Pero tras el desastre se sintió en la obligación de preocuparse por su «Santísima Ciudad»; por lo menos, protegiéndola de los tumultos y de la herejía.[67] El 30 de abril del año 418, Paladio recibió una «ley que ponía fuera de vigor a las leyes de todas las épocas». Es el edicto más deprimente de todo el Bajo Imperio romano: Pelagio y Celestio, los nuevos perturbadores de la fe católica, decía, «creen que estar de acuerdo con todo el mundo es una señal de la mezquindad propia de las clases inferiores, y creen ser excepcionalmente inteligentes porque destruyen aquello en que está de acuerdo toda la comunidad».[68] Pelagio y Celestio debían ser expulsados de Roma, y todo aquel que hablara a favor suyo debería comparecer ante las autoridades.[69] Zósimo, atrapado por esta corriente de sentimientos en contra de Pelagio, condenó la herejía: su famosa condenación, la *Epistula tractatoria*, fortalecida ahora por la actitud imperial, fue firmada por los obispos italianos y promulgada técnicamente, igual que la ley imperial, en todo el mundo romano.[70]

Pero ni siquiera esto era suficiente. La muerte de Zósimo, en diciembre del año 418, paralizó la iglesia de Roma, dando oportunidad a los seguidores de Pelagio de reabrir su causa. Este pequeño grupo estaba conducido ahora brillantemente por un hombre joven, Juliano, obispo de Eclana, y lo formaban respetables obispos de las ciudades italianas que defendían la fe católica, esto es, la bondad esencial de la creación de Dios y el valor del esfuerzo humano; y que rechazaron como absurdo cualquier forma de determinismo. Resumieron su mensaje en «Las cinco alabanzas»: alabanza de la creación, del matrimonio, de la ley de Dios, del libre albedrío y de los méritos penosamente conseguidos por los santos de la tradición.[71]

Sin ningún escrúpulo, Agustín, Alipio y sus agentes volvieron a acudir a los seglares de la corte en contra de estos obispos italianos. El conde Valerio, general del tribunal, bloqueó la apelación de los pelagianos para que fuera oída su causa en Rávena,[72] y ayudó en la promulgación de una ley coercitiva para cualquier obispo del que se sospecharan inclinaciones pelagianas.[73] Este hombre, *plus catholique que le pape*, lector de las obras de Agustín, orgulloso de contar entre sus clientes a obispos[74] y de que toda su casa fuera enemiga mortal de los herejes,[75] estaba emparentado con un gran terrateniente de Hipona.[76] ¿Era también africano?; en caso afirmativo, ¿habían presionado Agustín y sus amigos sobre sus colegas y compatriotas del tribunal? Sabemos que una diplomacia de este tipo era costosa. Una misión de Alipio había consistido en llevar la promesa de ochenta sementales, cebados en las fincas de la Iglesia, en calidad de *douceurs*, para los oficiales de caballería cuyas opiniones sobre la gracia habían demostrado ser decisivas.[77] Una vez más, los obispos africanos tenían el placer de saber que «el corazón del rey está en la mano de Dios».[78]

Probablemente los italianos se sorprendieron; el clero romano se envalentonó; y los obispos cultos estaban convencidos de que un recurso tal a la fuerza era una confesión de impotencia intelectual.[79] Agustín, con quince años de represión en África a sus espaldas, se quedó absolutamente impasible ante la negación de la libertad de discusión: «Esté lejos de los gobernantes cristianos de la comunidad terrenal el albergar duda alguna sobre la fe católica antigua..., seguros y firmemente fundados en esta fe, debieran, más bien, imponer a hombres como vosotros la disciplina y el castigo apropiado».[80] Sixto, el sacerdote romano que había abandonado la causa perdida de Pelagio, aprendió de Agustín lo que significaba la victoria: «Aquellos cuyas heridas están ocultas no deben ser por esa razón omitidos en el tratamiento médico... Hay que enseñarlos; y, en mi opinión, puede esto hacerse con mayor facilidad si la enseñanza de la verdad es auxiliada por el temor a la severidad».[81]

Como en sus tratos con los donatistas, Agustín demostró ser un duro vencedor. En un sermón que predicó ante un auditorio sencillo, despreció a pelagianos y celestianos: esas «bolsas de aire» hinchadas de orgullo habían osado, frente a las tronantes palabras del apóstol, negar que «nadie en esta carne, nadie en este cuerpo corruptible, nadie sobre la faz de la tierra, en esta existencia malévola y en esta vida llena de tentaciones, puede vivir sin pecado».[82]. «Que queden fuera ellos y su pureza».[83]

Había llegado el momento de que Agustín cosechara las felicitaciones. Jerónimo estaba encantado. Durante la *causa gratiae*, Agustín había demostrado tener las cualidades que Jerónimo siempre había apreciado en sí mismo. Se había mantenido en un aislamiento obstinado: «Preferías, en tanto cuanto pudieras, librarte solo de Sodoma que entretenerte entre los que perecían». Y, si era un hombre odiado, «todos los herejes te odian, lo que es una señal de mayor gloria». Por primera vez en su vida, Agustín fue aclamado como una figura verdaderamente internacional por otra que también lo era: *conditorem antiquae rursus fidei*. Había «levantado de nuevo la fe antigua».[84]

Un pequeño incidente pone de manifiesto el estado de espíritu de Agustín en aquel tiempo. En una visita a Mauritania había oído hablar de un joven intelectual provinciano llamado Vincencio Víctor, que defendía determinadas ideas sobre el origen del alma. Consideraba que Agustín se había mantenido indeciso sobre esta cuestión. Cosa que era verdad: Agustín había aumentado su certeza en el encuentro con los pelagianos a costa de dejar de lado esta cuestión sumamente especulativa. Su silencio había preocupado a muchos hombres bien educados que estaban acostumbrados, a fines de la Edad Antigua, a tratar el problema del destino humano y del origen del mal precisamente en relación con el origen del alma y su relación al mundo de los objetos materiales.[85] Pero no se podía esperar de un obispo, «un hombre lleno de honores», insinuaba Víctor, que además fuera listo.[86]

La reacción inmediata de Agustín es más bien enternecedora: si el joven pudiera venir a hablar con él, tendría la posibilidad de contarle sus pensamientos sobre este misterio, y muchísimo mejor que si lo escribiera sobre un papel.[87] Pero es también la reacción de un obispo anciano que ha aprendido su idea de la autoridad en una escuela muy dura. Víctor era un donatista recién convertido; incluso había tomado su primer nombre, Vincencio, en honor del obispo donatista de Cartena, ante quien Agustín había justificado por primera vez su actitud sobre la coerción religiosa en el año 408.[88] Agustín no podía pasar este hecho por alto. Para él, los deberes de un obispo no eran solo «pastorales», sino que debían también ser «medicinales»[89]. Por eso estaba bien recordar a los seglares que pontificaban al clero esta «tónica» de autoridad. Agustín intentaba «corregir» a Víctor, no seguirlo.[90]

Esta actitud da patetismo a la situación que se desarrollará en los últimos años de Agustín. El joven Víctor se había apresurado a atacar cuando «mis temores de hombre viejo, hijo mío» obligaban a Agustín a detenerse.[91] Y otro joven, capaz, obstinado y sin escrúpulos, iba a acosarlo en las cuestiones sobre las que más seguro se sentía hasta su muerte: Juliano, obispo de Eclana.

XXXI
FUNDATISSIMA FIDES

Durante el transcurso de la controversia pelagiana, Agustín pudo exponer en iglesias abarrotadas su alternativa al ideal de vida cristiana por el que había abogado Pelagio en sus cartas a solo algunas personas selectas. La convicción básica de Pelagio y sus seguidores era que la naturaleza del hombre era cierta y fundamentalmente inmutable. Creada originariamente buena por Dios, los poderes de la naturaleza humana se habían visto constreñidos por el peso de hábitos pasados y por la corrupción de la sociedad; pero tal constricción era puramente superficial. La «remisión de los pecados» en el bautismo podía significar para el cristiano la recuperación inmediata de la plena libertad de acción, que había sido meramente suspendida por la ignorancia y las convenciones.[1]

El auditorio de Agustín, por el contrario, escucharía repetidamente que el cristiano bautizado seguía siendo un inválido: igual que el herido que había sido encontrado agonizante en un camino en la parábola del buen samaritano, su vida había sido salvada por el rito del bautismo; pero debería contentarse con aguantar durante el resto de su vida una convalecencia prolongada y precaria en la «posada» de la Iglesia.[2] Porque, para Agustín, la naturaleza del hombre estaba instalada en la inseguridad: había sido notablemente empeorada por un acontecimiento de un pasado distante, y tan solo sería curada, en un futuro igualmente distante, por una transformación tan total y gloriosa que, a su luz, el menor síntoma de la postración presente del hombre debía ser siempre considerado como causa de profunda tristeza.[3]

Para Agustín, el hombre estaba envuelto en esta postración y en esta recuperación a un nivel que iba mucho más allá de su elección consciente. El pelagiano era esencialmente un individuo separado: el de Agustín está siempre a punto de ser englobado en unas solidaridades vastas y misteriosas. Para Pelagio, los hombres habían decidido simplemente *comportarse* como Adán, el primer pecador: para Agustín, recibían su debilidad básica de la manera más íntima e irreversible posible: nadan con ella por el mero hecho de ser descendientes físicos del padre común de la especie humana.[4] (La idea de una obligación hereditaria les parecía lo más natural a los partidarios de Agustín, que vivían en una época que había llegado a considerar la herencia ineludible de los deberes sociales, especialmente de los más desagradables, como la base de una comunidad organizada).[5]

Detrás de este hundimiento infortunado del individuo yace una idea profunda de la naturaleza del mal humano. Para Pelagio, el pecado humano era esencialmente superficial: era una cuestión de elección. Las elecciones mal hechas podían «herrumbrar» en algo el metal puro de la naturaleza humana;[6] pero una elección, por definición, era algo reversible.[7] Agustín, en cambio, percibía la naturaleza de la imperfección del hombre como una dislocación profunda y permanente: como una *discordia*, una tensión, que se esforzaba, sin embargo, obstinadamente, en hallar su solución en un todo equilibrado, en cierta *concordia*.[8] Por causa de esta condición, la curación del pecado tenía que ser mucho más radical que la que proponía Pelagio. Para él era suficiente el autodominio: era suficiente defender la ciudadela de la decisión libre[9] mediante la elección de lo bueno y el rechazo de lo malo. Agustín no estaba tan seguro. El dominio de sí mismo era esencial y loable;[10] pero ¿bastaría con ello? Porque incluso las fronteras del dominio de uno mismo estaban peligrosamente mal definidas.[11] No todo consentimiento de las tentaciones tiene que ser del todo consciente; de hecho, Agustín consideraba que el consentimiento inconsciente al «deseo de pecar» se traicionaba a sí mismo en los *lapsus linguae*,[12] anticipándose en esto a Freud, que verá en este fenómeno en apariencia inocente la actividad constante de los deseos inconscientes. «Aun sin yo consentirlo, hay en mí todavía algo vivo y algo muerto. ¿Es que puedes negar que esta parte tuya muerta no pertenece a ti?».[13] Solo la transformación de esta parte muerta puede sanar a los hombres de la causa profunda de sus pecados.[14] Por esto, la resurrección es una de las preocupaciones centrales de Agustín en esta época. El anciano, sin rival en el conocimiento de la fragilidad de la carne humana, no dejará nunca de sentirse intensamente ligado a la provincia rebelde de su propio cuerpo: «Quiero sanar completamente, porque soy un todo completo».[15] «Llévate a la muerte, el último enemigo, y mi propia carne será mi amiga por toda la eternidad».[16]

La vida cristiana, pues, y tal como la veía Agustín, solo podía ser un largo proceso de curación. Para comunicar alguna impresión de esta transformación precaria y gradual, Agustín llega incluso a usar el verbo «correr» en un sentido técnico e inusual encontrado en la jerga médica romana para describir el modo en que una gasa nueva y sana «corre» sobre la cicatriz.[17] Según él, las afirmaciones contradictorias de los pelagianos pueden desdeñarse como un alboroto indecoroso en un sanatorio: «¡Oh, qué enfermedad ridícula! El Doctor llama a los hombres para que se acerquen a Él, y el enfermo se tapa con sus argumentos».[18]

Agustín era capaz de mantener en suspenso el aliento de su auditorio con tales temas. Se identificaban tanto con sus sentimientos que llegaban a estallar en repentinos gritos de terror ante alguna mención brusca de la ira de Dios.[19] También en sus cartas se sentía seguro de contar con la opinión pública: los pelagianos habían sido «hechos pedazos por el acuerdo absolutamente unánime de los pueblos cristianos en materia de fe».[20] «Afirmémonos bien en lo que acabamos de cantar —decía—, "Ten misericordia de mí, Señor, ten misericordia de mí"».[21]

Agustín tenía razón al sentir que la opinión pública estaba de su parte. La mentalidad de dependencia, el énfasis en la necesidad absoluta de la humildad y en la idea de la «postración general» de la especie humana sobre la que nadie osaría pretender elevarse por sus propios méritos son las ideas que dominarán los comienzos de la Edad Media.[22] Porque cualquiera que haya sido la conciencia cristiana del movimiento pelagiano, este descansaba firmemente sobre el lecho de los antiguos ideales éticos del paganismo, en especial los del estoicismo.[23] Sus exhortaciones morales habían apelado a la idea clásica de los recursos y autonomía del espíritu humano. Por esta razón, la victoria de las ideas de Agustín sobre las de Pelagio es uno de los síntomas más importantes de aquel profundo cambio que llamamos «el fin del mundo antiguo y el comienzo de la Edad Media». Con todo, y aunque las ideas de Agustín fueran las dominantes, el pelagianismo seguiría siendo endémico. Todavía a finales del siglo v, un obispo anciano de Piceno, llamado con bastante propiedad Séneca, hombre «no libre de sabiduría clásica», llegaría a sus propias conclusiones sin ningún conocimiento de los autores pelagianos más famosos.[24] También él creía que los niños eran hechos por Dios, y por tanto eran buenos; que no podían condenarse por no estar bautizados; «que el hombre puede alcanzar la felicidad con su elección libre, apoyado por la bondad de la naturaleza humana»; y había llegado a poner a prueba su fe en la naturaleza humana negándose a separar, en su diócesis, a los monjes de las vírgenes. «Porque —escribió al papa indignado— la mente de los hombres espirituales, incluso cuando evita la compañía mixta, está molestada por... entretenidas imaginaciones».[25]

Tanto Pelagio como Agustín eran genios religiosos. Ambos dieron un sentido inequívoco a un conglomerado de ideas y actitudes que la gente de la época anterior se había contentado con dejar sin aclarar. Ambos fueron revolucionarios, y la controversia que siguió a su desacuerdo, lejos de ser una disputa puramente académica, fue una crisis en la que puede verse claramente por primera vez el paisaje espiritual del cristianismo occidental.[26]

La naturaleza del bautismo trazaba la gran línea divisoria que separaba a los dos hombres.[27] En esto era donde Pelagio creía poder hablar en nombre del cristiano converso adulto y convencional. Para este, el bautismo era como un «comienzo fresco» y espectacular, el principio de una vida heroica de acción. El biógrafo de san Cipriano había comenzado del modo más natural la «verdadera» vida de su héroe con su bautismo.[28] Es Agustín, cuyo examen clínico de los fallos presentes y pasados en las *Confesiones* parece casi dar el rito del bautismo por sentado, quien señala un diverso inicio del camino.[29] Sin embargo, y si volvemos la mirada a las obras de los primeros años católicos de Agustín, podemos encontrar una estructura de espíritu no muy distinta de la que Pelagio pensaba que tenían sus lectores: la «conversión» y el bautismo suponían un alivio rápido de las tensiones, y una sensación feliz y luminosa de encontrarse ante una misión seria. Las comunidades pelagianas de las que hemos hablado en Sicilia y en otros sitios no debieron de ser muy diferentes de los pequeños grupos que se habían formado alrededor de Agustín en Casiciaco, Ostia y Tagaste. La dura observación de este contra los que persuadían a los hombres, como habían hecho los filósofos paganos, de que podían lograr una «vida feliz», una *beata vita*, en este mundo,[30] muestra cómo Agustín, él mismo autor de una exhortación *Sobre la vida feliz* inspirada en un platónico pagano, había entendido, desde su propia experiencia de joven converso, el perfeccionismo latente en el movimiento pelagiano. Pero ahí podemos ver la separación de sus caminos: Agustín abandonó sus antiguas esperanzas de cristiano converso; pero la seguridad con que pone al desnudo las debilidades del mensaje idealista de Pelagio es quizá el síntoma de la callada ferocidad con la que había seguido criticando su propio pasado.

Visto desde fuera, sin embargo, la alternativa que ofrecía Agustín, la resistencia heroica a tensiones sin resolver, podía aparecer como una burla de todas las esperanzas cristianas en una nueva vida. Agustín podría permitirse semejante actitud en África, donde el cristianismo estaba bien establecido; pero Pelagio y sus adictos venían de provincias donde la Iglesia seguía viviendo como un grupo «misionero». Los obispos responsables de las provincias predominantemente paganas de la Galia e Italia gastaban gran parte de sus energías rogando por que sus comunidades entraran en el gran «misterio» del bautismo. Difícilmente podían apoyar unas opiniones que podían animar a los conversos paganos, que por fin habían dado el paso decisivo de convertirse en cristianos plenos, a recaer en el resignado torpor moral del inválido incurable.[31]

Y es que Agustín parecía dar casi por sentada la extensión del mal. Esta era una actitud peligrosa entre hombres que apenas se acababan de liberar de la pasividad absoluta engendrada por las creencias astrológicas. La plegaria desesperada del Agustín cristiano, «para que no tenga dominio alguno sobre mí la iniquidad», parecía admitir, otra vez, una tiranía tan terminante e ineluctable como la que todavía ejercía, en la mente de los ancianos, el conjunto de las estrellas.[32]

Sobre todo, ¿cómo podía la tensión permanente, la *discordia*, entre la «carne» y el «espíritu», destacada por Agustín, dejar de parecerse a la dicotomía permanente de la carne mala y el espíritu bueno propuesta por los maniqueos? Los sermones de Agustín contra los pelagianos están, de forma significativa, dirigidos abiertamente contra los maniqueos. Entre la gente educada, en África y en todas partes, se habían vuelto las tornas contra el maniqueísmo, en gran parte a causa de la intervención del propio Agustín: existía verdadero peligro de que ahora se volvieran de nuevo a favor del maniqueísmo como resultado de los peligrosos argumentos reunidos por Agustín contra sus nuevos adversarios.[33] Muchos de los antiguos amigos de Agustín habían seguido siendo maniqueos. Uno de ellos, Honorato, había tenido discusiones con Juliano de Eclana hacia el año 410,[34] y bien puede ser que este conocimiento personal del «problema maniqueo» fortaleciera la resolución del joven Juliano de no rendir la causa de Pelagio a los africanos. Lo indudable es que le proporcionó campo para desarrollar su talento periodístico. Juliano jugaba brillantemente con los temores de sus lectores italianos, quienes tenían realmente un conocimiento mucho menos directo del maniqueísmo que el que podía tener un obispo africano.[35] En su controversia con Agustín tuvo aún más suerte de la que habría podido esperar: había encontrado lo que pretendía ser una carta de Manes a una princesa persa, Menoch,[36] aunque en realidad era algo mucho más dañino, por estar más cercano al mundo de Agustín: se trataba del fragmento de un comentario sobre Pablo de un maniqueo latino, cuyo objeto era probar, a partir de Pablo, tan inequívocamente como Agustín lo había probado, que la concupiscencia existía como una permanente fuerza del mal.[37] En el año 405, Secundino el Maniqueo había pretendido que, si Agustín hubiera seguido siendo maniqueo, se habría convertido en el «Pablo de nuestra era».[38] Es muy posible que Juliano y sus lectores, contemplando el vasto edificio levantado por Agustín sobre su interpretación del apóstol, pudieran sentir que las esperanzas de Secundino se habían cumplido del todo. Porque, para una persona sensible del siglo v, el maniqueísmo, el pelagianismo y las opiniones de Agustín no estarían tan separadas como nosotros hoy las vemos: se le presentarían como puntos a lo largo de un mismo gran círculo de problemas planteados por la religión cristiana. Así, esta llamada «Epístola Menoch», escrita por un latino tan convencido de haber entendido el mensaje de san Pablo como Agustín, era una advertencia a los contemporáneos de que vivían en un mundo circular; y que, detrás de la *fundatissima fides* de Agustín estaba, siempre listo para volver a elevarse en el horizonte, el Pablo de los maniqueos.

Había otros que no eran tan alarmistas. Uno de ellos, Aniano de Celeda, nos enseña cuál era el estado de ánimo de un clérigo pelagiano culto. Deprimido y conmocionado por la mística de la incapacidad humana, se había puesto a traducir al latín las homilías de san Juan Crisóstomo. Eran estos unos sermones muy diferentes a los de Agustín: hablaban del logro moral de san Pablo, castigaban todo pensamiento sobre la fatalidad del mal y defendían, en este mundo oscurantista, la nobleza del hombre y su capacidad para cumplir el mensaje perfecto de los Evangelios.[39]

Agustín, sin embargo, veía la diferencia básica entre él y Pelagio bajo una luz muy distinta. Lo que criticaba directamente del pelagianismo no era tanto su optimismo respecto a la naturaleza humana cuanto el hecho de que tal optimismo parecía estar basado sobre un concepto decididamente inadecuado de la complejidad de las motivaciones humanas. Ambos discrepaban en una cuestión que sigue siendo importante, y donde las líneas básicas de la división han seguido siendo las mismas: a saber, cuáles son la naturaleza y las fuentes de una acción que sea plenamente creadora y buena. ¿Cómo acontece una cosa tan singular? Para algunas personas, una buena acción es aquella que cumple con éxito determinadas reglas de comportamiento; para otras, aquella que señala la culminación de una evolución interior. La primera posición era, a grandes rasgos, la de Pelagio; la segunda, la de Agustín.

El buen pelagiano era un «buen ciudadano». Se le consideraba como persona responsable y capaz de cumplir un código de leyes justo. En el paraíso, Adán y Eva habían demostrado hacia Dios una *devotio*, una lealtad consciente como la que esperaba un emperador romano tardío de sus contribuyentes.[40] Los tratados de Pelagio recuerdan en ocasiones obras de teoría política racional: su Dios es un déspota ilustrado; y sus cristianos están bien provistos de una copiosa legislación.[41] Pelagio se indignaba de que los hombres continuaran sin cumplir los mandamientos de un soberano tan razonable y tan bien intencionado; «después de tantas advertencias llevando vuestra atención sobre la virtud; después de la promulgación de la Ley; después de los profetas, los Evangelios, y los apóstoles, no sé cómo Dios puede mostraros indulgencia cuando queréis cometer un crimen».[42] Pelagio supone constantemente que un buen ambiente puede influir de forma beneficiosa sobre los hombres. Según él, las voluntades de los hombres podían ser movidas y puestas en acción por el buen ejemplo de Cristo, y por la terrible sanción de los fuegos infernales.[43] Semejante concepción ponía inevitablemente gran énfasis en el temor al castigo, y eso hace que haya una veta fría en la mentalidad de todo el movimiento pelagiano. Adán había sufrido la pena máxima por la transgresión de una simple prohibición; y aún tenía menos culpa que nosotros, ya que no contaba con el gran beneficio de la muerte previa de un ser humano para refrenarlo.[44] Es Pelagio, y no Agustín, quien insiste sobre los terrores del juicio final, respecto a los cuales Agustín apuntó simplemente que, «si un hombre tiene miedo de pecar a causa del fuego del infierno, no es que tenga miedo de pecar, sino de quemarse».[45]

El libro que el mismo Agustín consideraba como su demolición más fundamental del pelagianismo se titula *Sobre el espíritu y la letra*.[46] Ese claro código legal apoyado con sanciones, que los pelagianos consideraban como un estímulo suficiente para actuar bien, es desdeñado por Agustín como la «letra que mata», como la antigua Ley. Solo Dios puede dar el «espíritu que vivifica», la capacidad de amar la bondad por sí misma que asegura que el hombre crece antes que marchitarse en el ambiente áspero de los mandamientos de Dios.[47] «Enumeráis —dice más tarde— muchas maneras que tiene Dios de ayudarnos: los mandamientos de las Escrituras, las bendiciones, curaciones, castigos, emociones e inspiraciones; pero lo que no decís es que Él nos da *amor* y de este modo nos ayuda».[48]

Llegamos así a dos ideas diferentes de la forma en que los hombres están capacitados para actuar, y, por tanto, a dos ideas diferentes de la libertad. Para Pelagio, la libertad era una cosa que podía darse por sentada: no era más que una parte de la descripción del ser humano hecha con sentido común. Se suponía que el ser humano era responsable: ¿cómo si no podían llamarse sus pecados pecaminosos?; también era consciente de ejercer una elección, y por ello, insistía Pelagio, era libre de determinar sus acciones. «En un principio, Dios hizo al hombre y le dejó a su propio consejo..., colocó ante ti agua y fuego; lo que desees, adelanta la mano hacia ello».[49]

Para Agustín, esta descripción podía ajustarse a un ser humano ideal; pero él no estaba interesado en «planear la naturaleza humana, sino en el modo de curarla».[50] La libertad, según él, era algo que tenía que alcanzarse; por eso siempre hablará de la libertad con comparativos como «mayor libertad», «libertad más plena» o «libertad perfecta».[51] Pelagio y Celestio creían poder argumentar basándose directamente en hechos aceptados, como la elección y la responsabilidad, para completar la autodeterminación humana:[52] «Es facilísimo —escribió Celestio— cambiar nuestra voluntad con un acto de voluntad».[53] Para ellos, la diferencia entre los hombres buenos y los malos era sencillísima: simplemente, unos elegían el bien y otros el mal.[54] A lo que Agustín replicó: «Podría decir con verdad y convicción absoluta [que los hombres no son exentos de pecado] porque no quieren serlo. Pero si me vinierais a preguntar *por qué* no quieren serlo, entonces el asunto se complica —*imus in longum*».[55]

Los hombres escogen de un modo más complejo que el sugerido por los estereotipos consagrados por el sentido común. Porque un acto de elección no es solo una cuestión de saber qué escoger: es una cuestión en la que también entran el amor y el sentimiento. Y, en los hombres, esta capacidad conjunta de saber y tener sentimientos se encuentra íntimamente trastornada: «El entendimiento vuela por delante, y detrás de él sigue, tan despacio, y a veces ni siquiera eso, la debilitada capacidad humana para el sentimiento».[56] Los hombres eligen porque aman; pero Agustín había estado seguro durante veinte años de que no podían por sí mismos elegir el amor.[57] La capacidad vital para unir el sentimiento y el conocimiento viene de un área exterior a los poderes de autodeterminación del hombre. «De una profundidad que nos es imposible ver viene todo lo que nos es dado ver».[58] «Sé, Señor, que el camino del hombre no está bajo su poder; ni está tampoco de su mano caminar y dirigir sus pasos».[59]

Para Agustín, por tanto, la libertad no puede ser más que la culminación de un proceso de curación.[60] Agustín convertirá la totalidad del salmo 118, que es un salmo ostensiblemente «pelagiano» en cuanto que contiene un código estático de preceptos de la vida del hombre bueno, en un tratado sobre la transformación dinámica de la voluntad.[61] La imagen más adecuada de la voluntad «liberada» será una imagen llena de movimiento: la viveza deslumbrante y la actividad de un gran fuego que puede volver a bramar después de ser azotado por los vientos de la adversidad.[62]

El proceso de curación por el que se integran amor y conocimiento se vuelve posible por una conexión inseparable entre la creciente autodeterminación y la dependencia de una fuente de vida que escapa siempre a la autodeterminación.[63] El hombre curado disfruta de un sentido más agudo de la responsabilidad, de un conocimiento más claro y de una mayor facilidad de elección.[64] Ha tenido que conquistar todo lo que Pelagio había creído que poseía desde el principio.[65] La idea de que nuestra capacidad de decisión depende de áreas sobre las que no podemos imponer nuestra decisión es fundamental en la actitud «terapéutica» de Agustín ante la relación entre la «gracia» y el «libre albedrío». Lo que interesaba a Agustín era la conexión de los dos en un único proceso curativo:[66] cualquier intento de diseccionar una relación viviente como esta, o de encontrar un contraste donde él no veía más que una interdependencia vital, lo desconcertaba abiertamente: «Algunos tratan con un gran empeño de descubrir lo bueno de nuestra voluntad que debemos particularmente a nosotros mismos, y que no está en deuda con Dios; lo que no sé es cómo pueden averiguarlo».[67]

Para Agustín, en definitiva, la libertad no puede reducirse a una simple idea de elección: es la libertad para actuar plenamente. Tal libertad debe llevar implícita la trascendencia de una idea de elección. Porque una idea de elección es un síntoma de la desintegración de la voluntad: la unión final del conocimiento y el sentimiento ata al hombre al objeto de su elección de tal manera que no es concebible ninguna otra alternativa.

A lo largo de sus sermones contra los pelagianos, Agustín repite esto como afirmación fundamental de la relación entre la gracia y la libertad: que el hombre sano es aquel en quien se han unido el conocimiento y el sentimiento, y que solo un hombre así es capaz de permitirse ser «arrastrado» a actuar por el placer puro e irresistible del objeto de su amor. La conocida sentencia de Virgilio, *Trahit sua quemque voluptas*, «El placer de cada hombre lo arrastra», aparece, de modo sorprendente, en un sermón del anciano sobre el Evangelio de san Juan:

> ¿Y que tengan los sentidos corporales sus deleites mientras se deja el alma vacía de placeres? Si el alma no tiene placeres propios de ella, ¿por qué está escrito: «El alma de los hombres esperará bajo la sombra de Tus alas; ellos se embriagarán con la plenitud de Tu casa; y del torrente de Tus placeres les darás de beber; porque en Ti está la Fuente de Vida y en Tu Luz veremos la luz»? Dadme un hombre enamorado: él entenderá lo que digo. Dadme un hombre que anhele; dadme uno hambriento; dadme uno abandonado en este desierto, que esté sediento y suspire por el manantial del país Eterno. Dadme ese hombre: él entenderá lo que digo. Pero si hablo a un hombre frío, no entenderá de qué estoy hablando...[68]

QUINTA PARTE

421-430

TABLA CRONOLÓGICA

421	Investigación acerca de los maniqueos en Cartago, hacia mediados de año.	*Contra Gaudentium Donatistarum episcopum*, 13-VI. XVIII Concilio de Cartago. *Contra Julianum*. *Enchiridion ad Laurentium*. *De cura pro mortuis gerenda*.
422	4-IX. Muerte de Bonifacio. Elección del papa Celestino (27-VII-432).	*De VIII Dulcitii quaestionibus*.
423		Episodio de Antonino de Fusala.
424	Eraclio construye la *memoria* a san Esteban en Hipona.	
425	Valentiniano III, emperador en Occidente. Los obispos de la Galia investigan sobre los simpatizantes de Pelagio.	*De civitate Dei*, XVIII. *De civitate Dei*, XIX-XXII. Escándalo en Hipona: sermones 355-356 (diciembre-enero).
426		Muerte de Severo de Milevis. Visita Milevis para regular la sucesión. Nombra su sucesor al sacerdote Eraclio. *De gratia et libero arbitrio*. *De correptione et gratia*. *Retractationes*.
427	Revuelta de Bonifacio.	*Collatio cum Maximino Arianorum episcopo*.
428		*Contra Maximinum Arianorum episcopum*. *De haeresibus ad Quodvultdeum*. Recibe cartas de Próspero e Hilario. *De praedestinatione sanctorum*. *De dono perseverantiae*.

429	Los vándalos, desde España, se aproximan por la costa de Mauritania (verano). Darío llega a África para reconciliar a Bonifacio y a la emperatriz.	*Tractatus adversus Judaeos.* *Contra secundam Juliani responsionem opus imperfectum.*
430	Destrucción de Numidia por los vándalos.	28-VIII. Muerte y entierro de Agustín.

XXXII
JULIANO DE ECLANA[1]

1

En el año 408 se dirigió a Agustín el obispo Memor, miembro del círculo de Paulino de Nola.[2] Memor le pidió un ejemplar de su *De Musica*. Agustín encontró que tenía poco tiempo para tales «juegos»,[3] oprimido como estaba por su dura campaña contra los donatistas. Debió de retener la petición de semejante libro de texto como procedente de un mundo antiguo de cristianos cultos y ociosos, que tenían tiempo para procurarse el adiestramiento «liberal» de un caballero.[4] Pero es que este mundo «antiguo» estaba, sin embargo, muy vivo todavía en el sur de Italia. Memor no encontraba nada extraño en pedir un libro cristianizado sobre la poesía clásica. En su caso, él tenía un brillante hijo por educar: Juliano, el futuro obispo de Eclana y el crítico más feroz de Agustín en su ancianidad.[5]

A Agustín y a Juliano los separaba un mar mucho más ancho que el Mediterráneo. Pertenecían a mundos distintos. La familia de Juliano se jactaba de una noble cuna: su padre era obispo, y él mismo se casó, siendo sacerdote, con la hija de otro obispo, Emilio de Benevento. Una generación antes, Benevento había sido una ciudad pagana, cuya patriótica nobleza había impresionado a Símaco.[6] Ahora estas virtudes se perpetuaban en dinastías nuevas, formadas por gente del clero: el propio Juliano venderá sus posesiones para aliviar una epidemia de hambre.[7] La hospitalidad, las palabras sabias y el juicio recto eran virtudes que aquellos hombres sacaban de las Escrituras para ponerlas en sus inscripciones,[8] unas inscripciones muy diferentes a los eslóganes de batalla grabados en las iglesias africanas.[9]

Podemos encontrar en Juliano algunas trazas encantadoras de aquel primitivismo. Su imagen del estado de Adán en el paraíso como un «campesino inocente de un agradable huerto»,[10] con Dios como un amable señor,[11] es una de la larga serie de imágenes idealizadas de la vida campesina que habían atraído a los hombres sofisticados del mundo antiguo: particularmente apropiada para un hombre que se había criado en los paisajes que inspiraron las *Geórgicas* a Virgilio.[12] Pero para un pelagiano era importante este idilio pastoral. Porque los pelagianos creían que la felicidad que había existido en el pasado podía, mediante un esfuerzo de voluntad, volver a ser realidad en el presente. No una irreversible caída del hombre,[13] sino tan solo una delgada pared de costumbres corrompidas se levantaba entre Juliano y la inocencia deliciosa del primer hombre.[14] Cuando Juliano se casó, Paulino de Nola pudo bendecir esta ocasión simple y clerical, libre de la vulgaridad de una boda a la moda, como un intento de recuperar la *simplicitas*, la inocencia sin afectación de Adán y Eva.[15]

Los ideales de Pelagio cayeron al asalto sobre el joven Juliano, y este se convirtió en el aliado permanente de Celestio. Cuando se hizo oficial la condena de sus héroes en el año 418, fue Juliano, entonces de unos treinta y cinco años de edad y figura popular entre los monjes y nobles de su vecindad, quien dirigió la resistencia de un grupo de dieciocho obispos italianos.[16] Enviado fuera de Italia al año siguiente, en el Oriente griego se encontró como en su propia casa. Entre otras cosas porque, al contrario que Agustín, provenía de una familia cosmopolita[17] y había aprendido el griego.[18] Fue recibido con simpatía por Teodoro de Mopsuestia en Cilicia;[19] y, junto con Celestio, probaría suerte en Constantinopla. Hacia el año 439 estuvo a punto de conseguir reinstalarse en Italia como obispo. Murió en Sicilia, tras haber pasado casi la mitad de su vida en el exilio, como un «hombre marcado», «Caín de nuestro tiempo», enseñando el alfabeto latino a los hijos de una familia pelagiana. Sobre su tumba, sus amigos colocaron un desafío final a los vencedores: «Aquí yace Juliano, el obispo católico».[20]

Juliano no era una persona simpática. Al escribir un comentario bíblico, por ejemplo, se apartaba innecesariamente del camino para brillar a costa del experto, en este caso Jerónimo, que ya estaba muerto: la obra de ese anciano, decía Juliano, había sido tan «pueril», tan poco emprendedora, tan poco original y tan arbitraria que «el lector apenas puede contener la risa».[21] Juliano se dedicó a ridiculizar las ideas de sus mayores, de modo que es muy probable que Agustín, que trató siempre al joven con un deje paternalista y lo apremiaba constantemente a que se acordara de su padre, obispo católico irreprochable, no lograra con ello sino poner el dedo en la llaga del carácter de Juliano.[22]

Pero a Juliano le traía sin cuidado ser amable. Durante veinte años, casi sin ayuda alguna, condujo una lucha a muerte contra los que habían intentado imponerle sus ideas sobre la Iglesia, los que le habían negado la discusión libre de sus opiniones y lo habían exiliado de un obispado donde había sido activo y popular. «Llenad su semblante de ignominia» había sido el franco lema de Agustín en su guerra de panfletos contra los donatistas.[23] Ahora Juliano invocará esta misma cita bíblica contra él,[24] en ondas repetidas de invectivas bien trabadas, que amenazaban con borrar de las mentes de los italianos educados las ideas de Agustín: *Patronus asinorum*, «Señor de los asnos».[25] Para Juliano, Agustín fue siempre «el africano», el *Poenus*.

Hizo su campaña contra Agustín como una guerra púnica del espíritu.[26] Y buscó que los lectores consideraran su propia causa como una defensa de Italia contra el *latrocinium*, el «golpe de Estado» mediante el cual un pequeño partido bien organizado de africanos, encabezado por Agustín y secundado por Alipio, había impuesto en la Iglesia de Italia una serie de dogmas auténticamente extraños al espíritu del cristianismo de su tierra.[27] Juliano había elegido su objetivo cuidadosamente. El pelagianismo había sido condenado por el papa y los emperadores; pero una cosa era condenar una herejía y otra lograr su supresión. Los africanos habían insistido en la supresión; Alipio y sus misiones diplomáticas ante el tribunal de Rávena habían importado a Italia los ásperos métodos que había aprendido en la campaña contra los donatistas de África: negación de la discusión libre y exilio de los obispos.[28] Una vez que la oposición organizada hubiera sido aplastada de este modo, los vacilantes serían «indoctrinados» por Agustín. Sixto, un influyente clérigo romano, había recibido ya este tratamiento;[29] pero el caso de Juliano demostraba que había muchos más que necesitaban ser adoctrinados. Juliano tenía partidarios activos en Roma;[30] Paulino de Nola seguirá tomando en serio los argumentos pelagianos.[31] Hasta los no cristianos se vieron implicados: Volusiano, el pagano escéptico cuya incredulidad elegante provocó en gran medida *La ciudad de Dios*, se verá forzado, como prefecto de Roma, a llevar a cabo severas medidas contra los enemigos cristianos de Agustín.[32] Juliano dirá a estas personas que «el yelmo cristiano de la razón ha sido arrebatado de la Iglesia, y ahora las opiniones de la masa pueden navegar con todos los estandartes flameando».[33] Dirá también que los partidarios de los africanos en Italia eran unos ingenuos (o temerosos) «compañeros de viaje» de los maniqueos; y que el propio Agustín, al «vociferar» la doctrina del pecado original con todas sus ramificaciones fantásticas y desagradables, no hacía más que recordar las enseñanzas que había bebido de Manes.[34]

Juliano tuvo tiempo de escribir durante su ocio en el exilio. (Era un ambiente favorable para un polemista, como ya había demostrado el ejemplo de Jerónimo).[35] Desde el año 419 en adelante, escribió cartas abiertas, manifiestos en apoyo de sus colegas y cuatro grandes volúmenes que demolían ostentosamente una obra corta de Agustín. Sabemos que, con posterioridad, ocho volúmenes más fueron mandados de forma apresurada, en envíos sucesivos, desde Roma por Alipio.

La «indoctrinación» de Agustín a los aterrorizados italianos degeneró rápidamente en un duelo personal con Juliano. Este duelo fue un asunto sucio y violento que duró hasta la muerte de Agustín. En Nola, Paulino pudo morir en paz tras haber permitido a los pelagianos de los alrededores, amigos y aliados de sus viejos amigos Memor y el joven Juliano, que volvieran a entrar en la Iglesia.[36] En Hipona, en cambio, Agustín trabajará duramente, en medio de la destrucción de la obra de su vida, defendiéndose a sí mismo de un hombre que por su juventud podía ser su hijo.

Pero Agustín era un hombre endurecido para las campañas. Sus obras contra Juliano tienen la competencia fría de una persona vieja y cansada que sabe perfectamente cómo hay que llevar a cabo el duro asunto de la controversia eclesiástica. Juliano había atraído un auditorio «encopetado» y erudito.[37] Agustín, con astucia, le socavará los cimientos apelando a la gente corriente. Aseguraba a sus lectores que Juliano era un «intelectual», inclinado a turbar la fe de los simples militantes, como la del conde Valerio; que era un hombre que se consideraba a sí mismo por encima de los sanos sentimientos del hombre de la calle[38] y un diletante a quien solo podían entender aquellos que habían gozado del lujo de una educación universitaria.[39]

Para convencer a sus lectores en este sentido, Agustín retrocederá a posiciones firmemente atrincheradas y apelará a estratos peligrosamente primitivos del sentimiento. Por ejemplo, una vez más se encontrará defendiendo su personal interpretación del rito concreto del bautismo. Los obispos de África habían dedicado mucho tiempo, por sus feroces disputas, a asegurar doctrinas precisas y rígidas sobre el rito que había cavado raíces tan profundas en el sentimiento de sus congregaciones.[40] Juliano percibió correctamente que la práctica muy extendida del bautismo de los niños «para la remisión de los pecados» significaba el triunfo de Agustín y el secreto de su siniestra demagogia.[41] Agustín contestará tan solo que semejante tópico no podía «escapar a la atención de la gente»;[42] y, sabiendo que le había costado veinticinco años convencer a las masas de África de sus ideas sobre el bautismo católico, habló a sus nuevos lectores italianos desde esta amarga experiencia.

No lejos de Hipona, en Uzalis, circulaban historias que nos demuestran cómo Agustín, trabajando en África, había llegado a explotar niveles sumamente primitivos del sentimiento. Murió un niño siendo catecúmeno, sin bautizar. Desesperada por su condenación eterna, la madre lo había llevado al santuario de San Esteban; y allí fue resucitado con el solo objeto de ser bautizado y volver a morir, pero ahora con la certeza de haber evitado la «segunda muerte» del infierno.[43] Aún más revelador es el sentido ampliamente extendido de culpabilidad y la insistencia en que un hombre podía salvarse solo por semejante rito visible de expiación. Una dama noble estuvo enferma hasta que soñó con un dragón negro que se cernía por encima de su cabecera. Este dragón era el *reatus*, la culpabilidad permanente de un pecado largo tiempo olvidado, que no era sino el eco en la imaginería popular de ese elemento de culpabilidad invisible e inconsciente que jugaba tan gran papel en la doctrina de Agustín sobre el pecado original.[44]

Al apelar al católico medio, Agustín encontró el punto flaco de Juliano. Este era listo, bien educado y se sabía bien las Escrituras; pero pertenecía, como mentalidad, a una época anterior. Su entrenamiento había sido como filósofo. Igual que el joven Agustín (cuyas obras filosóficas había leído), era uno entre el número considerable de hombres de cultura filosófica enormemente secular que habían encontrado un nicho apropiado en la jerarquía católica como martillos de los maniqueos. De hecho, su éxito dependía de poder mostrar a Agustín como maniqueo, con objeto de demolerlo con las armas que mejor dominaba, que eran la lógica y un concepto filosófico de libertad.[45] Esto quizá podría persuadir a algunos eruditos de nuestra época sobre la veracidad de sus argumentos, pero el clérigo italiano se quedó medio impasible.

Y es que los tiempos habían cambiado. No por nada Agustín había escrito *De doctrina christiana*. Un obispo del siglo V se impresionaba con la autoridad de un gran nombre como el de Ambrosio (a quien Agustín citará con frecuencia). Agustín estaba convencido de que pertenecía a una casta profesional poseedora de unas verdades que habían pasado a través de una cadena de grandes «expertos» que las elaboraron, desde Cipriano hasta Ambrosio, pasando por Hilario de Poitiers.[46] En cuanto a los seglares de la corte y de la aristocracia, estos tenían cada vez en mayor consideración a los obispos: desempeñaban un papel vital en sus intrigas, y en la sociedad dominada por la crisis de la Galia e Italia; un hombre como Valerio se enorgullecía, quizá incluso ansiaba, de tener entre sus clientes a figuras locales tan influyentes.[47] Se creía absolutamente todo lo que le dijeran los expertos. Él y los obispos a los que apoyaba se sorprendieron como era debido al oír que Juliano, al discutir sobre música, mencionaba a Pitágoras y no a David:[48] aunque quien hiciera notar esto fuera el propio Agustín, autor de *De Musica*, un ejercicio notoriamente pitagórico a la guisa cristiana,[49] en donde el nombre de David es una ausencia notable.

Juliano murió enseñando los clásicos a niños pequeños. Para sus farisaicos enemigos, el castigo fue apropiado al crimen: la sabiduría «mundana» parecía fuera de lugar en un obispo.[50] Al final, Agustín había batido a Juliano por dos generaciones contra el «oro de los egipcios» y las riquezas de la filosofía pagana; y, en la cultura en recesión del Occidente latino, lo poco que quedaba se le dejó de mala gana al mayor escritor de la causa pelagiana.

Juliano había sido un adversario singularmente desafiante, de cuya sabiduría y originalidad no hemos hecho más que empezar a apreciar la extensión. Aunque escribiera como latino para los latinos, el «lector sabio» que deseaba de todo corazón no estaba en Roma, sino en Antioquía y en Cilicia. En el uso que hace del aristotelismo anticipa un humanismo cristiano que solo sería un hecho setecientos años más tarde. El «Consejo de los aristotélicos», al que Agustín despreció con escarnio como el último recurso de apelación de los pelagianos,[51] se reunirá —en la Universidad de París— en el siglo XIII, e incluirá a santo Tomás de Aquino, cuya síntesis humana había anticipado Juliano en muchos puntos.[52]

Con todo, solo un erudito moderno está lo suficientemente distante de aquella controversia como para manejar las afirmaciones sumamente provocativas de Juliano sin sufrir las heridas que este intentó infligir de forma deliberada. Agustín, empujado a la defensiva por un ataque tan vehemente, solo pudo salvarse negándose a reconocer el valor de las ideas de Juliano. Con ello se perdió una gran oportunidad. Comparado con el sensible diálogo en el que Agustín estaba dispuesto a entrar gustosamente con los platónicos paganos en *La ciudad de Dios*, en gran parte el mismo culto auditorio al que se dirigía Juliano, el trato que da al desafío de este, obispo cristiano y colega, es rebuscado y poco inteligente. Hay un elemento de tragedia en este desencuentro. Pocas veces en la historia de las ideas un hombre tan grande como Agustín, y tan humano, ha terminado su vida tan a merced de sus propios prejuicios.

2[53]

> ¿Me preguntas por qué no estoy de acuerdo con la idea de que hay un pecado que forma parte de la naturaleza humana? —escribió Juliano sobre la doctrina del pecado original de Agustín—, te contestaré: porque es improbable y es falso; es injusto e impío; parece como si el Mal fuera el hacedor de los hombres. Viola y destruye el libre albedrío [...] cuando dice que los hombres son tan incapacitados para la virtud que en el mismo vientre de sus madres están ya llenos de pecados pasados. Tú imaginas que tal pecado tiene un poder tan grande que no solo puede borrar la inocencia recién nacida de la naturaleza, sino que, desde ese momento en adelante, obligará al hombre durante toda su vida a caer en todo tipo de vicios [...]. [Y], lo que es tan desagradable como blasfemo, esta opinión vuestra se apoya, como en la prueba más contundente, en la decencia común que nos hace llevar cubiertas nuestras partes genitales.[54]

La idea de que cierto gran pecado yacía tras la miseria de la condición humana era compartida por paganos[55] y cristianos[56] a finales de la Edad Antigua. Agustín la había hallado en los comienzos de su vida de católico: «El pecado antiguo: nada forma parte con mayor justicia de nuestra predicación del cristianismo; y, no obstante, nada es más impenetrable al entendimiento».[57] Pero, si ahora los pelagianos afrontaban este misterio con preguntas hostiles, Agustín les va a dar respuestas radicales. Si muchos católicos de África y de Italia[58] creían ya que el «primer pecado» de Adán había sido en cierto modo heredado por sus descendientes, Agustín les dirá con precisión en qué lugar de sí mismos debían mirar para encontrar vestigios duraderos del primer pecado. Con la facilidad fatal del hombre que cree poder explicar un fenómeno complejo reduciéndolo sencillamente a sus orígenes históricos, Agustín recordará a su congregación las circunstancias exactas de la caída de Adán y Eva. Cuando desobedecieron a Dios comiendo del fruto prohibido, se «avergonzaron» y cubrieron sus partes genitales con hojas de parra.[59] Eso era suficiente para Agustín: «*Ecce unde*. ¡Ese es el lugar! Ese es el lugar desde el que se transmite el primer pecado».[60] La vergüenza por la excitación indomable de los genitales era el castigo apropiado al crimen de la desobediencia.[61] Y, como si hiciera un comentario circunstancial, Agustín ganará un punto para su causa recurriendo repentinamente a la sensación de vergüenza de su congregación por las poluciones nocturnas.[62]

Agustín vivía en una época ascética, en la que el hombre sensible se sentía ya humillado por su cuerpo[63] y en la que sus lectores clericales debieron ser cada vez en mayor número célibes.[64] Pero, en comparación con la vergüenza ardiente de un hombre como Ambrosio,[65] Agustín desarrollará sus ideas con una precisión fría y clínica. El sentimiento sexual tal como los hombres lo experimentan ahora es una falta. Por ser el castigo por una desobediencia, es en sí mismo desobediente, y «una tortura para la voluntad».[66] Por tanto, es este elemento de pérdida del dominio en el acto sexual lo que resulta individualizado. Como, además, era un castigo permanente, se presenta como una tendencia permanente, como una tensión instintiva a la que se puede resistir, pero que incluso cuando se reprime sigue activa,[67] aprisionando al hombre en el elemento sexual de su imaginación: se manifiesta en los sueños,[68] y mantiene al hombre alejado de la contemplación de Dios a través de la calidad pura de sus pensamientos, mediante un «tropel apremiante de deseos».[69]

Esta es una opinión estrictamente psicológica, que acentúa los elementos subjetivos, como las tensiones ocasionadas por la vergüenza, la pérdida del dominio o la imaginación.[70] Pero Agustín evitó meticulosamente dar la apariencia de un maniqueo o de un platónico extremado: la vida de los sentidos, insistía, no era en sí misma un mal; solo lo era la tensión que surgía cuando la voluntad, dirigida por la razón, chocaba con los apetitos. Pero de todos los apetitos el único que le parecía a Agustín que tenía que chocar de forma inevitable y permanente con la razón era el deseo sexual. Agustín se sabía un hombre potencialmente muy glotón,[71] pero la glotonería podía ser dominada; en la elevada atmósfera del monasterio de Agustín, era posible «discutir y entretenerse con asuntos serios» en la mesa;[72] pero, pensaba, no ocurría lo mismo en el lecho, «porque en este asunto, qué hombre puede dedicarse a pensar, abandonado por la Sabiduría...».[73] Así, de un solo golpe, Agustín trazará el límite entre los elementos positivos y negativos de la naturaleza humana a lo largo de una línea que separa el espíritu consciente y racional de esa otra «gran fuerza» que escapa a su dominio.[74]

Agustín era un polemista decidido a convencer al hombre medio. Un polemista así es inevitablemente un aprendiz de brujo, porque puede canonizar, en teoría, los temores y prejuicios que el hombre normal acepta inconscientemente. Así, cuando escribía a un hombre casado corriente, como el conde Valerio, declarará que este aislamiento abominable de la sexualidad no solo se demuestra «por razonamientos sutiles», sino que se ve confirmado por los «hechos» y por la «opinión universalmente aceptada».[75] Estos hechos incluían la vergüenza que rodeaba a la cópula,[76] la condena frecuente de la pasión en los autores antiguos[77] e incluso el modo como los hombres se cubren los genitales cuando están solos.[78]

Como tantos hombres que pretenden en las controversias públicas estar hablando con «realismo», Agustín apoya su causa en los vetustos estereotipos de la opinión popular. Él estaba acostumbrado a estos trucos. Así, por ejemplo, cuando escribía para justificar la coerción religiosa contra hombres no muy distintos de Valerio, argüirá a favor de alejar a la herejía echando mano de una peligrosa analogía con el control social que hay que tener en todos los niveles.[79] Ahora Agustín erigirá una concepción sumamente complicada de la tensión psicológica entre la razón y el instinto en la sexualidad, y lo hará sobre los cimientos lóbregos de la actitud tradicional romana ante la cópula en el matrimonio. Las opiniones sobre este tema han sido una de las esquinas más aireadas de la actitud moral corriente, y en ningún sitio con mayor ímpetu que en la insensibilidad espantosa de algunos romanos antiguos, que consideraban con desprecio la pasión sexual de una esposa.[80]

Con todo, y dado el áspero clima moral de la época (en la que, por ejemplo, la princesa Gala Placidia, figura dominante en la corte de Rávena, sostenía ideas muy firmes sobre el celibato eclesiástico,[81] hecho que difícilmente podía ignorar Valerio), Agustín era una persona moderada. Él confiaba en que la cópula solo tuviera lugar para concebir hijos; pero esto no era más de lo que pedían los paganos austeros. En cambio, consideraba que la idea extrema de algunos cristianos de que el matrimonio fuera una competición de continencia no era aplicable al hombre medio,[82] y sabía muy bien que era positivamente perjudicial cuando un cónyuge lo usaba contra el otro.[83] Veinte años antes, durante el estado de humor suave que había coincidido con la elaboración de las *Confesiones*, Agustín había llegado tan lejos como para sugerir, con gran sensibilidad, que la cualidad de la cópula sexual podía modificarse y transformarse mediante la amistad permanente de los dos cónyuges en el matrimonio.[84] Ahora, aislará el acto sexual como un elemento de mal contenido en todos los matrimonios, elemento cuya importancia es magnificada de forma grotesca al ser tan cuidadosamente cercada por la pesada estructura de virtudes y gozos del matrimonio católico: ya podía Valerio tener fidelidad, amistad e hijos, «mas cuando se llega al acto en sí...».[85] Al fin y al cabo, Agustín había experimentado este elemento en sí mismo: cuando él había considerado la idea del matrimonio, se había visto «no como admirador de la idea del matrimonio, sino como esclavo de la concupiscencia»; sencillamente, consideraba con horror la perspectiva de ser conducido a un «reino de la esposa» —al *regnum uxorium*— por los que, a su juicio, eran hábitos sexuales dominadores.[86]

Juliano hablaba con osadía del instinto sexual como de un sexto sentido corporal, como de una energía neutra que el hombre, como microcosmo, podía usar delicadamente equilibrada entre la razón y el sentimiento animal.[87] Agustín no lo escuchó. Se negaba a creer que un hombre joven pudiera detenerse ante nada. En realidad, estamos ante los modales trágicos y sumamente desagradables de un hombre cuyas convicciones se basaban en la negación feroz de todo lo que su adversario pudiera proponerle:

> Vaya, vaya; ¿de modo que esta es tu experiencia? Entonces, ¿no harías que las parejas casadas reprimieran ese mal? —me refiero, por supuesto, a tu bien favorito—. ¿De modo que les dejarías saltar al lecho siempre que se sintieran aguijoneados por el deseo? Lejos de ellos el demorar esta comezón hasta la hora de acostarse: que disfruten de tu *unión legítima de los cuerpos* cada vez que se excite tu *bien natural.* Si es este el tipo de vida matrimonial que has llevado tú, no arrastres tu experiencia personal a este debate...[88]

Es fácil para un hombre moderno sentirse implicado en este aspecto del choque de Agustín con Juliano. A menudo, Juliano ha sido menospreciado como un gran «podía haber sido algo», como un hombre cuya concepción optimista de la naturaleza humana era apropiada para cualquier siglo menos para el suyo.[89] En cierto sentido, este es un cumplido para Juliano: tiende a minimizar el desafío que él suponía. Porque hablaba muy bien el idioma de su época y de la Iglesia latina antigua en un punto esencial: defendía con pasión la equidad de Dios. Ambos protagonistas eran hombres enteramente religiosos. Para los dos, sus ideas sobre la sexualidad eran algo secundario:[90] no era solo la naturaleza del hombre lo que les interesaba, sino la naturaleza de Dios. *Deus christianorum*,[91] «el Dios de los cristianos», hacía muy poco tiempo que se había establecido en la imaginación de los antiguos: los cristianos latinos estaban en una encrucijada entre Juliano y Agustín para decidir de qué modo considerar a su Dios.

El Dios de Agustín era un Dios que había impuesto un castigo colectivo por el pecado de un hombre:

> Los niños pequeños, dices, no son pesados por su propio pecado, sino que son cargados con el pecado de otro. Dime entonces —preguntará Juliano a Agustín—, dime: ¿quién es la persona que inflige castigos a las criaturas inocentes...? Tú contestas: Dios. ¡Dios, dices! ¡Dios! Él, que nos dio Su amor, que nos ha amado, que no ha ahorrado Su propio Hijo por nosotros... Y es Él, dices, quien juzga de este modo; Él es el perseguidor de los niños recién nacidos; quien envía estas criaturas a las llamas eternas [...]. Lo más justo y apropiado sería considerarte inferior al tema y tratarte en consecuencia: pues te has alejado tanto del sentimiento religioso, tantísimo, sin duda, del mismo sentido común, cuando piensas que tu Señor Dios es capaz de cometer un crimen contra la justicia que apenas sería concebible incluso en un bárbaro.[92]

«El Señor es justo, ama la justicia, y su rostro ha favorecido a la equidad».[93] Esto resume la religión de Juliano. Era la justicia de Dios la que le hacía el «más santo de los seres»:[94] una justicia que pesaba separadamente los actos de cada individuo, «sin fraude ni favor». La justicia era la «coronación de la virtud». Era la imagen de Dios en el hombre.[95] Un Dios que no fuera justo, por tanto, estaba tan alejado de la razón natural que no podía existir:[96] «Sería mejor, con mucho, sacar nuestro cuello de debajo del yugo de las creencias religiosas, que vagar abandonados de todo sentido de la justicia a través de opiniones tan odiosas y desastrosas».[97] El castigo de otros por el pecado del padre, la condena de niños desvalidos, y la sentencia condenatoria de hombres que no habían tenido posibilidad de actuar de otro modo: toda la revelación cristiana era una declaración mesurada y autoritaria contra semejante *iniquitas*, contra tratos tan corrompidos.[98]

Juliano representa una cima de la civilización romana. Lo que defendía de Dios era la racionalidad y la fuerza universal de la ley.[99] Aunque lo que vio en el Dios de Agustín no era lo que tendería a ver un hombre moderno, es decir, el creador de un infierno lleno de niños pequeños:[100] lo que él atacaba era la figura de un gobernador tiránico con una larga tradición romana, un Verres divino, sometido a juicio por la proscripción en masa del inocente.[101]

Esta causa podían entenderla bien los lectores de Juliano. Él podía retroceder hasta los mismos comienzos del cristianismo latino para encontrar el espíritu gemelo del gran Tertuliano, «uno de los espíritus formativos de la civilización europea»[102] y defensor apasionado de la naturaleza legal de los vínculos entre Dios y el hombre.[103] Lo que Juliano decía era inteligible y relevante para sus contemporáneos: porque aquello con lo que el culto obispo se encontraba confrontado no era un humanismo pagano ilustrado, sino unas ideas oscuras que arrebataban a los hombres su libertad y su personalidad propia, es decir, por la astrología, la magia y el maniqueísmo.[104] El «rayo» de Juliano podía incendiar todo el sistema de Agustín:[105] porque solo una idea ardiente de las normas tradicionales de justicia podía considerar a todos los hombres como seres libres, responsables de sus acciones, y a cada uno como persona separada de la siniestra masa en la que el Dios de Agustín fundía a la especie humana: «La justicia del justo caerá sobre su propia cabeza, y la maldad del malvado caerá solo sobre él».[106]

«Me sorprende —escribió Juliano— que alguien albergue la menor duda sobre la equidad de Dios».[107] «Tienes que distinguir —le contestaría Agustín— entre la justicia de Dios y las ideas humanas sobre la justicia».[108] Para Juliano, la Biblia contenía un solo mensaje intensamente consecuente: como una familia noble, no había en ella parte alguna «bastarda o mal nacida»;[109] no tenía vetas de venganzas primitivas, ni apoyo a las teorías de la culpa de sangre. Agustín no estaba tan seguro. Muy por encima de la superficie iluminada por el sol de la Biblia de Juliano, el Dios de Agustín había seguido siendo el Dios inefable de la mística neoplatónica. La justicia de Dios era tan inescrutable como cualquier otro aspecto de su naturaleza,[110] mientras que las ideas humanas sobre la equidad eran tan frágiles como «el rocío en el desierto».[111] Muy por debajo de las ideas humanas sobre la inocencia, la culpabilidad de Adán había sido causada por un pecado «inconfesable», un pecado que «superaba con mucho la experiencia de los hombres actuales»: un pecado más allá de la razón, heredado de una forma que, «dicho francamente, era maravillosa».[112] Juliano podía usar su razón para definir al niño recién nacido como inocente; pero la mirada de Dios, en las Escrituras, veía más allá. La fina corteza de la equidad humana temblaba ante afirmaciones como «Enviaré los pecados del padre a los hijos»:[113] todo lo que Agustín podía saber era que la omnisapiencia de Dios no fallaría, como habría hecho la mera venganza humana, cuando persiguiera su temible culpa de sangre en contra de la familia de Adán.[114]

Juliano acusó a Agustín de ser maniqueo. Como hemos visto, esto fue parcialmente una buena táctica por su parte.[115] Desde luego que Juliano no tenía el mismo dominio que Agustín sobre la doctrina maniquea. La gran *Carta de la fundación* de Manes se encontraba a mano en las estanterías de la biblioteca de Hipona, con los márgenes repletos de acotaciones críticas:[116] así equipado, le fue tan fácil a Agustín, como lo sería a cualquier estudioso moderno de la literatura maniquea, ver la diferencia entre su sistema y el de Manes, y sacudirse de encima las acusaciones de Juliano de ser una criatura de aquel.[117]

No obstante, la calidad de un sistema religioso depende quizá menos de su doctrina específica que de la elección de los problemas que considera importantes, o de las zonas de la experiencia humana hacia las que dirige su atención. Al escribir contra Juliano, Agustín se encontró de todo corazón de acuerdo con Manes. El cristianismo era una religión de salvación; tanto si se trataba del alma solo, o del alma y el cuerpo, Cristo había venido como salvador.[118] La vida presente del hombre era una sombra insustancial, un nadir de la existencia, inteligible solo en relación con un gran mito de la caída y la restauración. Mesopotamia, esa tierra fértil en mitos contrastadores del estado primario del hombre con su miseria presente, había proporcionado tanto a Agustín los primeros capítulos del Génesis como a Manes la concepción de la especie humana de su época como una horrible explosión de la Guerra de los Dos Reinos. Para justificar esta concepción de la religión, los dos insistían en que el problema desesperado del sufrimiento era la primera cuestión que debía afrontar un pensador religioso.[119] «La miseria más flagrante de la especie humana» se abre camino hasta el primer plano de las últimas obras de Agustín contra Juliano. Cuando da vueltas alrededor de Juliano para definir los límites de la infelicidad humana, podemos por fin sentir un resurgir del sentimiento auténtico, de la ira moral, del negarse a abandonar las esperanzas de algo mejor y de no admitir factores desagradables por amor a la comodidad intelectual que se ha desbordado hacia el pesimismo en muchos pensadores de gran sensibilidad.[120] Si Pablo se había visto obligado a demostrar sus afirmaciones sobre el pecado original, Agustín creía haber vuelto la atención de sus lectores, como de hecho lo hizo, hacia la extensión del sufrimiento en este mundo.[121]

Los misioneros maniqueos habían hecho esto mismo para dar publicidad a su mito.[122] Quizá es significativo que Agustín se apoyase en el *Hortensio* de Cicerón para llevar a cabo su causa contra Juliano. Él reconocía en este libro la quintaesencia de la sabiduría pagana sobre la miseria de la condición humana.[123] ¿Tal vez Agustín dejaba vagar a su memoria hacia aquellos meses en los que, como joven estudiante en

Cartago, había pasado desde la lectura de estas citas severas en el *Hortensio* de Cicerón a los conventículos de los maniqueos? Él se seguía preguntando: *Unde hoc malum?* («¿De dónde viene el mal?»).[124]

Una religión que sitúa el problema del sufrimiento en el centro de su mensaje al mundo tiene que enfrentarse de una forma particularmente aguda con el problema de la relación entre Dios y el mal. Manes había separado a Dios del horror de la existencia humana. Juliano hizo notar que un Dios así estaba por lo menos «perfectamente divorciado de toda crueldad». Agustín le replicaría de inmediato que, al mantener la inocencia de Dios, Manes lo había hecho «cruelmente débil».[125] Agustín no iba a volver a comprometerse con aquellos sentimientos de desvalida violación por parte de fuerzas extrañas, ni de desolación y soledad profundas, que desempeñaban un papel tan importante en los sentimientos religiosos de los maniqueos.[126] Para él, Dios era omnipotente: esto, le recuerda a Juliano, era «la primera declaración de nuestra fe».[127] Pero, si Dios es absolutamente omnipotente, no sucede nada a menos que Él sea la causa o que permita que suceda; y, como Él es absolutamente justo, los sufrimientos espantosos de la especie humana eran permitidos solo porque Él estaba enojado.[128] Pues ¿por qué, si no, podía el omnipotente permitir todos los males que Agustín veía a su alrededor?[129] «Les ha enviado la ira de su indignación, la indignación y furia y tribulación y la posesión por los malos espíritus».[130]

Dios, sencillamente, había permitido que la especie humana fuera batida por su ira; y esta especie humana, tal como Agustín la presenta en sus obras contra Juliano, es muy parecida al universo invadido de Manes. Agustín siempre había creído en el vasto poder del demonio: Dios había demostrado clarísimamente su omnipotencia restringiendo a esta criatura sobrehumana,[131] cuya fuerza agresiva era tan grande que podría arrastrar a toda la Iglesia cristiana si lo dejaban en libertad.[132] Ahora este demonio proyectará su sombra sobre la humanidad: la especie humana es «el árbol frutal del demonio, su propiedad, de donde puede recolectar su fruta»,[133] es un «juguete de los diablos».[134] Este es el mal, considerado de una manera muy parecida a la maniquea, como una fuerza perseguidora. Puede que los demonios se hayan enrolado como agentes inadvertidos de una justicia superior; pero es a ellos a quienes se considera activos, y al hombre como meramente pasivo. Los niños pequeños son expuestos a la «invasión» por ellos de mala manera, y los hombres en general, a todas las tentaciones, enfermedades y catástrofes naturales imaginables.[135] La enfermedad y todos aquellos desastres ante los cuales los hombres se encontraban inermes, habían sido siempre usados por los maniqueos como la evidencia por excelencia de la existencia de una fuerza del mal activa y aplastante.[136] De modo que, cuando Agustín retorna a este tema del sufrimiento como un estado pasivo del «pequeño infierno» que es el mundo,[137] podemos detectar un eco, si no de los grandes mitos del mismo Manes, sí por lo menos de las sombrías homilías del Electo maniqueo.

El mundo, tanto en el Bajo Imperio como ahora, está lleno de perseguidores invisibles. Poderes envidiosos se ciernen alrededor del recién nacido en muchas sociedades. El contemporáneo de Agustín, Juan Crisóstomo, no era ningún optimista, y, sin embargo, tuvo que insistir en que los recién nacidos eran inocentes, ya que su congregación creía que estos podían ser asesinados por brujería y que sus almas podían ser poseídas por los demonios.[138] Su protesta, por lo menos, mantuvo un pequeño oasis de responsabilidad personal. Pero Agustín inundará el mundo de poderes incontrolables, bajo la sombra de la justicia de Dios.

Porque, si el sufrimiento se considera solo como el castigo justo de la culpabilidad, se le despoja de cualquier valor. Veinte años antes, Agustín había hecho vibrar a congregaciones enteras, conmocionadas por el saqueo de Roma, con magníficos sermones sobre la necesidad, el sentido y la oportunidad para el nuevo crecimiento que representaba el sufrimiento.[139] Ahora, este sufrimiento se había vuelto monótono y siniestro: para aquellos que no son los elegidos (y esto incluía a los niños que murieran sin bautizar), el sufrimiento era meramente «una tortura infligida como castigo»,[140] un recordatorio visible de las penas futuras del infierno,[141] y un comienzo horrible del terror del juicio final.

En última instancia, había muchas cosas que Agustín se había negado a aceptar de la vida que le rodeaba: había zonas de la experiencia que se le habían vuelto insoportables porque habían sido durante mucho tiempo negadas. Reaccionará con horror ante la sugerencia de Juliano de que la vida en el paraíso habría sido muy parecida a la que se llevaba en ese momento. Si esto fuera así, Agustín insistió repetidamente, tendríamos que admitir que existían cosas terribles en la zona inviolada y cerrada de la inocencia pasada: ello incluiría los sufrimientos inexplicables de los niños pequeños y los horrores de los deformes y de los deficientes mentales. Pero, lo que era mucho peor, todo un mundo de experiencia rechazada y desvalorizada rondaría furtivamente a Agustín cuando imaginaba el «Paraíso de los pelagianos»: las agitaciones invisibles de la concupiscencia, la degradación de las mujeres embarazadas,[142] el acto sexual sin trabas y —¿por qué no?— en todas las posturas imaginables.[143] Para terminar, Juliano «llenaba este abrigado jardín de delicias perfectas, completas y comedidas, con vistas repelentes y de mal augurio: con los funerales de los muertos...».[144]

Agustín escribió esta última frase días antes de que le sobreviniera una fiebre. La última obra contra Juliano se quedó sin terminar. Sus últimas páginas son una revelación trágica de una faceta del anciano, la de la aterradora intensidad con que había introducido el problema del mal en el corazón del cristianismo: «Este es el punto de vista católico: un punto de vista que puede mostrar a un Dios justo con tantas penas y en los tormentos de los niños de pecho».[145]

XXXIII
PREDESTINACIÓN[1]

Juliano sabía perfectamente que él era una voz clamando en un mundo de sordos.[2] Sus colegas latinos habían sido silenciados; un anciano amigo de Paulino de Nola había «pecado de palabra» por hablar bien de los pelagianos:[3] era ese un «pecado» que se consideraba ahora prudente evitar. Porque Agustín tenía en su librería una copia personal de una ley imperial que amenazaba con la destitución y el exilio a cualquier obispo convicto de simpatías pelagianas[4] y, en el 425, los obispos de la Galia meridional habían sido convocados por orden de las autoridades italianas para sufrir interrogatorio con objeto de detectar a los simpatizantes de los pelagianos.[5] No es sorprendente que, en semejante ambiente, los partidarios de Juliano en Roma tuvieran que contentarse con la tarea de ridiculizar las obras que Agustín había escrito contra ellos.[6]

La controversia pelagiana, sin embargo, se había decidido exclusivamente entre los obispos de la Iglesia latina. No se había tocado un área vital: los monasterios. El Mediterráneo había llegado a estar circundado por pequeñas y dinámicas comunidades: en África, en Hadrumeto, a lo largo de la costa sur de la Galia, en Marsella y en Lérins. Tales monasterios eran dirigidos muchas veces por hombres de antecedentes muy diferentes de los de Agustín. Juan Casiano, por ejemplo, en Lérins, provenía de los Balcanes, había sido monje en Egipto y se había convertido en discípulo de Juan Crisóstomo en Constantinopla. Era el representante viviente, en medio del mundo latino, de unas ideas que Agustín nunca había asimilado, las de las tradiciones optimistas de Orígenes.[7] Las librerías de aquellos monasterios se habían mantenido al margen de las controversias de sus obispos: los grandes documentos diplomáticos —decisiones doctrinales de los concilios africanos, respuestas de los papas, manifiestos minuciosamente razonados de Agustín— no podían encontrarse, por ejemplo, en las estanterías del abad de Hadrumeto.[8] Los monjes disfrutaban de la libertad, de la falta de interés en los asuntos del pasado e incluso de la irresponsabilidad de una generación desarrollada después de una gran guerra. Tendían, por tanto, a juzgar las obras de Agustín estrictamente según sus propios méritos, y sobre todo con relación a sus implicaciones para los hombres que buscaban la vida perfecta. No se impresionaban cuando Agustín les hablaba como veterano de la Gran Guerra:[9] es decir, cuando se justificaba llevando el espíritu de aquella guerra a la época de paz, escribiendo con los términos de las causas y con la estrategia de la contienda pasada, e insistiendo en que el enemigo tradicional de la fe católica seguía siendo el pelagianismo, que había sido derrotado diez años antes.

Nueve años después de la decisión oficial contra Pelagio, es decir, en el 427, un monje de Hadrumeto, Floro, visitaba la biblioteca de Evodio en Uzalis y volvía a su comunidad con un ejemplar de la larga carta de Agustín al sacerdote Sixto (Carta 194), que había clausurado la controversia pelagiana en la Iglesia romana. Lejos de hacer a Floro popular, este documento levantó un mar de protestas.[10] Era el comienzo de una «rebelión de los monasterios» que ocupará a Agustín durante el resto de su vida.[11]

La Carta 194 a Sixto había sido un manifiesto de rendición incondicional escrito al calor de la controversia. Sixto no debería albergar ninguna duda respecto a las implicaciones de la derrota de Pelagio. Dios era el único que determinaba los destinos de los hombres, y estos destinos no podían considerarse más que como expresión de su sabiduría.[12] La sabiduría de Dios, a juicio del anciano Agustín, aplastaba a la razón humana.[13] El primer movimiento de las voluntades de los hombres estaba «preparado» por Dios, y Dios, en su sabiduría infinita, había decidido «preparar» solo las voluntades de unos pocos.[14]

Hacer llegar este documento a los monjes era peligroso. Estos hombres siempre vivían en las fronteras de la excentricidad, ya que, tanto en la Iglesia antigua como en Bizancio y en Rusia, la vida de un monje podía considerarse como un adiestramiento para conseguir la pasividad completa ante lo sobrenatural.[15] Una tradición muy fuerte de oración «en el espíritu» había animado ya a algunos monjes africanos, por ejemplo, a quitar valor a otras actividades más pedestres y de más sentido común: en el año 400 dejaron de trabajar;[16] y en el año 427 se negaron a ser reñidos por el abad, porque los oponentes de Floro en Hadrumeto argumentaban que, si sus voluntades dependían de Dios, el abad debía abstenerse de reñirles y contentarse con orar a Dios por su enmienda.

La pasividad ante lo sobrenatural había sido tradicionalmente precedida por el esfuerzo humano; pero en la doctrina de Agustín parecía que esta pasividad era independiente de cualquier contexto humano. Si Dios había decidido de antemano tratar solo con una «cuota fija» de hombres, su divina actividad parecía totalmente divorciada de las esperanzas y de los empeños del monje.[17] «Un hombre está viviendo malamente —había dicho Agustín—, y quizá en la predestinación de Dios él es luz; otro vive bien, y quizá es tan negro como la noche».[18]

En una comunidad monástica, cada monje se preocupaba de lograr un alto fin y de fundamentar su identidad como «imitador de Cristo». Ahora bien, Agustín situaba este ideal muy por encima del conocimiento humano; y, en una comunidad que era particularmente sensible a esta cuestión, él parecía condenar a los hombres a la incertidumbre, a la desesperación y a una paralización ansiosa del esfuerzo: «Hubo una vez un hombre en mi monasterio —admitió Agustín— que, cuando fue amonestado por los hermanos por hacer algo que no debiera haber hecho y por no hacer algo que sí debiera haber hecho, replicó: "Sea como fuere en este momento, seré lo que Dios sabe que seré"».[19]

En el año 428, Agustín recibió las cartas de dos preocupados admiradores del sur de la Galia, Próspero e Hilario.[20] En sus cartas podemos ver los escrúpulos naturales de estos monjes, ampliados al cruzar el Mediterráneo. Los monjes de las comunidades de Lérins y de Marsella se estaban ya convirtiendo en obispos; por tanto, lo que estaba en juego era la calidad del cristianismo en la Galia. Era este un cristianismo que estaba seguro tanto de que el mundo lo necesitaba como de que el mundo se daba cuenta de esta necesidad.[21] Igual que Cristo, se dirigía a los hombres diciendo: «Creed, y seréis hechos salvos».[22] Pero los hombres, así lo creían los obispos y monjes gálicos, eran libres de responder a este desafío con su propio libre albedrío: no, desde luego, como los gigantescos soldados voluntarios del ejército de Pelagio, pero por lo menos sí de la manera como aquellos enfermos que se habían apiñado alrededor de Cristo, «aterrorizados y con la voluntad suplicante».[23] Decir, como Agustín decía, que los hombres se daban cuenta de su necesidad de salvarse solo cuando Dios los inducía a ello, y que Él había decidido inducir solamente a unos pocos, parecía provocar el más negro pesimismo: trazaba una línea a través de la especie humana tan inamovible como la división entre las naturalezas buena y mala propuesta por Manes.[24]

En la Galia meridional, los monasterios de la Costa Azul se estaban llenando de nuevos conversos. Estos conversos tenían toda la intención de convertirse en «esclavos» completos de Dios: pero la obediencia total perdía su significado tradicional obvio si aquellos hombres no habían sido al menos una vez libres para abandonar su libertad.[25] Puede que su experiencia de conversión no fuera como la de Agustín; puede que no hubieran tenido la experiencia de ninguna solución misteriosa de profundos conflictos interiores... Muchos de ellos eran nobles, conmocionados por los desastres que se habían enseñoreado de su país, arruinado por las partidas de guerra bárbaras: habían ido a los monasterios en calidad de «pecadores suplicantes», pero al menos era claro que iban por su propia voluntad libre.[26] Hasta las fronteras del mundo romano se habían derrumbado para este tipo de personas. El cristianismo había llegado a las tribus que habían penetrado en el Imperio romano desde el norte;[27] en esta generación, se esparciría por Escocia e Irlanda. La respuesta de unos pueblos tan sumamente extraños al mensaje del cristianismo aseguraba a los hombres que Dios «desea que se salven todos los hombres».[28] A Agustín le interesaba explicar bien este pasaje,[29] y a Próspero tratarlo como una «objeción trivial»,[30] pero la fe en la verdad de este mensaje conducirá a san Patricio fuera de la Bretaña romana para llevarlo entre los terribles irlandeses.[31]

En África, la fe de Agustín no se veía alentada por ninguna de estas emocionantes actividades misioneras: su mundo parecía haber alcanzado un punto muerto. Por el sur, el cristianismo nunca había llegado a cruzar la frontera romana.[32] Y, en la próspera África cristiana de la costa, las grandes basílicas estaban hasta demasiado llenas: «¿Qué gozo encontramos en tales muchedumbres? Escuchadme, vosotros pocos. Sé que muchos me escucháis, pero que pocos ponéis atención».[33]

Valentino, el abad de Hadrumeto, escribió a sus vecinos pidiéndoles consejo cuando tuvo que enfrentarse por primera vez a las cuestiones planteadas entre sus monjes por las ideas de Agustín. Se conservan las respuestas de Evodio de Uzalis y del sacerdote Januariano.[34] Son unos documentos deprimentes. Un monje debía ocuparse de deplorar sus imperfecciones, escribió Evodio, y no de hacer preguntas.[35] Era «abominable» y era una «tentación del demonio» poner en tela de juicio lo que se había establecido en un concilio pleno de la Iglesia africana.[36] «Un siervo de Dios no debería discutir»,[37] añadió Januariano, con el astuto consejo a Valentino de que, en el futuro, fuera más cuidadoso al decidir qué libros podía permitir que leyeran los monjes.[38] Aquellos dos hombres lo que deseaban en realidad era ser «hombrecitos pequeños», «verdaderos niños»,[39] es decir, hombres de pocas miras que se contentaran con repetir las ideas de sus mayores y mejores. «Pregunta a tu padre, y te enseñará; pregunta a tus mayores, y ellos te dirán».[40]

Agustín reaccionó de modo muy diferente cuando Valentino se dirigió a él: admitió con franqueza que había «planteado un problema particularmente difícil, que tan solo unos pocos podían entender».[41] Floro debía desplazarse a Hipona para que le ayudaran.[42] Posteriormente, Agustín contestaría a Valentino diciéndole que estaba enfermo cuando Floro llegó, y que lamentaba no haberlo visto tanto como era su deseo; ¿podría Floro volver para proseguir las discusiones?[43] ¡Este era el vehemente adversario de Juliano de Eclana!

Agustín se sentía a gusto entre los monjes católicos. Sus últimas palabras para ellos fueron el fruto de pacientes entrevistas, realizadas ya en una época en la que, si no estaba en cama, se encontraba con frecuencia físicamente demasiado exhausto para recibir visitas.[44] Contestó a la comunidad de Hadrumeto igual que contestó a las preguntas de Próspero e Hilario, con absoluta confianza en que lo entenderían. En aquel tiempo estaba resumiendo la especulación teológica de toda una vida, revisando sus propias obras y escribiendo las *Retractaciones*. En esta revisión[45] se dio cuenta de que él había «progresado» hacia las verdades particulares que los monjes desafiaban. Comprobó también profundamente que «nuestros pensamientos y palabras» estaban «en manos de Dios», y que, si se planteaba un problema, él no era uno de esos hombres que eluden el deber de «afrontar[lo] y resolver[lo]».[46] Todo lo que había hecho, dijo a sus lectores, había sido construir con mayor urgencia y precisión que cualquiera de sus predecesores una fortificación pensada para proteger las verdades principales del cristianismo de las furiosas embestidas, sin precedentes, de Pelagio: incluso su tambaleante doctrina sobre la predestinación, expuesta con el celo sobrio de un gran arquitecto militar, era otro «bastión inexpugnable» de la fe católica.[47] Evodio podía decir a los monjes que había muchas preguntas que debían ser pospuestas hasta la otra vida.[48] Una respuesta semejante era sumamente extraña en Agustín; pero no veía ninguna razón en absoluto para que hombres tan bien intencionados como sus corresponsales llamaran una parada a este abismo; tenían ya mucho en común, y lo que quedaba les sería «revelado» como ya lo había sido a Agustín.[49] Las ideas por sí mismas, admitió, eran excepcionalmente difíciles y abiertas a los abusos.[50] El apóstol Pedro había dicho otro tanto de las ideas de san Pablo; y, cuando un «apóstol tan grande» había hecho una «advertencia tan terrible», esta advertencia estaba dirigida contra aquellos que habían malentendido voluntariamente estas verdades,[51] y no, venía a decir Agustín (con una determinación férrea bajo el guante de seda de la cortesía monástica), contra aquellos que las habían propuesto. Es la «intransigencia serena»[52] de un hombre que se encontraba seguro del núcleo de su mensaje.

Con Próspero y sus amigos, Agustín había ganado unos discípulos que se llamaban a sí mismos «los intrépidos amantes de la gracia sin contemplaciones». Estos «intrépidos amantes» estaban de acuerdo con su maestro en que «los hombres colocan la iniciativa de su salvación en un pedestal equivocado, si la colocan en sí mismos».[53] No serían los últimos en sacrificar la iniciativa del individuo en una época desesperada. Lo que alcanzaron a cambio fue la creencia de que el mundo que los rodeaba era inteligible, aunque lo fuera en un plano que superaba a la razón humana y que deformaba el sentimiento humano; también lograron la certeza de que podrían seguir siendo activos y creativos. Incluso aunque fuesen meros agentes, por lo menos lo eran de unas fuerzas que garantizaban unos logros mayores que los que sus frágiles esfuerzos podrían haber realizado.[54]

Porque la doctrina de la predestinación de Agustín, tal como él la elaboró, era una doctrina para luchadores. Si un monje desperdiciaba su ocio preocupándose por su identidad última, para Agustín esta ansiedad estaba fuera de lugar. Una doctrina de la predestinación divorciada de la acción le resultaba inconcebible. Jamás había escrito para negar la libertad, solo para hacerla más eficaz en el duro ambiente de un mundo caído. Este mundo exigía, entre otras cosas, una incesante labor intelectual para alcanzar la verdad y severas reprimendas para mover a los hombres. Agustín, como obispo, se había lanzado a ambas actividades. Cuando alguien pretendía que se podía llegar a un entendimiento sobrenatural de las Escrituras sin ningún esfuerzo ni cultura, Agustín lo ridiculizaba.[55] De la misma forma, también ahora menospreciaba a aquellos que creían poder vivir entre los hombres sin experimentar el desagrado de ser reprendidos.[56] Siempre sensible a sus posibles críticos, evitará la acusación de pasividad mediante la compilación de un código meticuloso de las acciones buenas y malas según las Escrituras: su «espejo de virtudes» para el cristiano activo.[57] Por tanto, cuando un hombre como Próspero se abalanzaba sobre las ideas de Agustín, no lo hacía, como algunos han sugerido,[58] porque ellas hicieran al hombre pasivamente prudente, sino porque, en una época que parecía burlarse de la practicidad de cualquier objetivo, tales doctrinas ofrecían al hombre creativo la absoluta certeza de pertenecer a un grupo cuyos objetivos eran eficaces: «No digas en tu corazón: "Mi fuerza y el poder de mi mano han forjado esta gran maravilla"; pero te acordarás del Señor, tu Dios, porque Él es Quien da la fuerza para las grandes proezas».[59]

Y, lo que es más importante, tales ideas hacían el mundo inteligible. La doctrina de la predestinación fue desarrollada por Agustín principalmente como una doctrina en la que cada suceso estaba cargado de un significado preciso, como un acto deliberado de Dios: o de misericordia para el elegido o de juicio al condenado.[60] Vagas creencias populares en los juicios de Dios[61] resurgen en la obra del viejo Agustín, como la fibra resistente con la que se teje toda la historia humana.[62] Si Agustín hubiera sido capaz de ver «en el espíritu», habría visto la turbulenta historia de su época exactamente igual que el profeta Miqueas había visto la suya: «Vio al Señor Dios sobre su trono, y todos los habitantes del cielo estaban de pie a su alrededor [...]. Y el Señor dijo: Aquel que seduzca al rey Ahab de Israel, podrá subir para ser sacrificado en Ramoth Galaad».[63] Un juicio preciso de Dios era responsable de cada examen de la actividad de los agentes humanos de su Iglesia: una oculta decisión judicial explicaba la larga era de la incredulidad pagana;[64] como hemos visto, era esto lo que había endurecido el corazón de Agustín contra la patética resistencia de unos pocos donatistas fanáticos.[65] Y, del mismo modo, cada tribulación sufrida por el elegido era una gracia calculada. Esta afirmación no era cosa de poco: porque en la antología de las obras de Agustín, más tarde compilada por Próspero,[66] el primer libro de *La ciudad de Dios*, que recoge el registro de las noticias aún distantes de los cadáveres sin enterrar, de las monjas violadas y de la esclavitud de los prisioneros de guerra, aparecerá como muy relevante para la experiencia cotidiana de un hombre del siglo v.[67]

Agustín había vivido durante más de cuarenta años como «siervo de Dios». Podía dominar de una mirada el curso completo de muchas vidas. Pero lo que había visto no le había dado ninguna confianza: «Porque nadie es conocido por otro mejor que por sí mismo y, sin embargo, nadie se conoce tan bien a sí mismo que pueda estar seguro de su conducta de mañana».[68] Cuando Agustín escribió las *Confesiones*, una idea semejante sobre las zonas desconocidas de la personalidad le había parecido una garantía de humildad.[69] Ahora esta certidumbre se había endurecido para dar lugar a un punzante temor. ¿«Quién no se horroriza»[70] por las grietas repentinas que pueden abrirse en la vida de un hombre delicado?[71] «Cuando estaba escribiendo esto [una obra contra Juliano], nos dijeron que un hombre de 84 años de edad, que había llevado una vida de continencia bajo la observancia religiosa con su piadosa esposa durante veinticinco años, se había ido a pagar una bailarina para su propio placer...».[72] Si se dejara a los ángeles hacer su libre voluntad, llegarían hasta a escaparse, y el mundo se llenaría de «nuevos diablos».[73] Lo que preocupaba a Agustín, por tanto, había dejado de ser la movilización del amor que impulsaba a un hombre a actuar, cuanto la misteriosa elasticidad que capacitaba a algunos hombres para mantener este amor durante todo el transcurso de sus vidas.[74] Porque muchos no podían: «Podría parecer claro para los hombres que aquellos que son sencillamente cristianos buenos y fieles merecen recibir un premio al final por su perseverancia: Dios, sin embargo, ha juzgado preferible que algunos que no perseveren sean mezclados con el número fijo de los santos».[75] El viejo Agustín agradecía desesperadamente la idea de que un decreto divino había establecido ya «un número inamovible de elegidos» y de que los hijos de Dios estaban «inscritos permanentemente en el archivo del Padre»;[76] porque esto proporcionaba a los hombres aquello que él sabía que no serían jamás capaces de crear por sí solos: un núcleo estable de unidad, misteriosamente libre de los vertiginosos abismos cuya presencia en el alma siempre había sentido él con mucha intensidad. No es sorprendente que precisamente en este momento Agustín haga circular las *Confesiones*[77] y que recurriera a ellas como su obra más popular. Porque ya vimos en las *Confesiones* lo mucho que este hombre tan ansioso necesitaba descubrir en su juventud un proceso preordenado, dominado por la implacable Mónica:[78] las duras consecuencias de esta actitud no fueron más que un pequeño precio que pagar porque, en medio del pajar informe y volátil de la especie humana, le había sido posible a un hombre ser una «diminuta partícula de oro» exquisitamente trabajada por un maestro de orfebrería.[79]

Agustín insistía en que esta doctrina siempre había sido proclamada por la Iglesia. En un sentido muy limitado tenía razón: porque en la actitud de Agustín ante la predestinación podemos sentir la corriente ideológica específicamente africana de la Iglesia. Cipriano había presentado ya a la Iglesia como un grupo de «santos» al que solo Dios podía hacer posible la supervivencia en medio de la amarga hostilidad del «mundo».[80] Agustín retornará a esta idea. También para él la tarea más difícil con la que se enfrenta el hombre es sencillamente sobrevivir. Siempre había sostenido, contra los donatistas, que la supervivencia de la Iglesia estaba garantizada: pero ahora la espina dorsal de hierro de una iglesia cuya permanencia descansaba sobre un «plan predestinado de Dios» es articulada para constituir también el núcleo de unidad de cada miembro elegido.[81]

Este era un mensaje duro en una época dura. En estas obras se puede sentir ya un frío otoñal, casi como un presagio de catástrofe. Los últimos libros de Agustín, *Sobre la predestinación de los santos* y *Sobre el don de la perseverancia*, fueron enviados al otro lado del Mediterráneo hacia finales del 429. Durante ese verano, un gran ejército vándalo venía acercándose lentamente desde España a lo largo de la costa de Mauritania. Al año siguiente, destruyeron Numidia.[82] Cuando los amigos de Agustín volvieron a reunirse alrededor de su mesa, lo hicieron en calidad de refugiados que habían visto cómo en el transcurso de unos pocos meses desaparecía la obra de toda su vida. Ya no necesitaban que Agustín les advirtiera de que los juicios de Dios eran para «hacer que el alma se estremeciera».[83]

Un viejo terror había vuelto repentinamente a estos civilizados obispos: el temor a la caída al por mayor de los fieles bajo las persecuciones, el temor a la masacre, a la propaganda sutil y a las torturas ingeniosas. Agustín había ordenado a sus obispos que se quedaran junto a su grey; cuando los vándalos cerraron el cerco sobre Hipona, rogaría para que él y su congregación pudieran perseverar a través de lo que se les avecinaba.[84]

El «don de la perseverancia», había dicho, era el máximo premio de Dios al individuo. Porque otorgaba a los frágiles seres humanos la misma estabilidad imperturbable que Cristo había disfrutado en su naturaleza humana: mediante este don, el hombre se unía para siempre a lo divino, y podía confiar en que la *mano de Dios* se extendiese sobre él para protegerlo, de manera infalible, del mundo.[85] «La naturaleza humana no podía haber sido más sumamente exaltada».[86]

Pero los elegidos recibirían este don de modo que ellos también pudieran pisar por el difícil camino de Cristo.[87] Por eso era por lo que necesitaban libertad, «una libertad [...] protegida y afirmada por el don de la perseverancia, para que este mundo fuera vencido, el mundo, es decir, con todos sus profundos amores, todos sus errores y todas sus innumerables maneras de equivocarse».[88]

Ahora, en los primeros meses del 430, Agustín se presentará en la iglesia para decir a las multitudes poseídas por el pánico lo que ya había escrito para unos pocos monjes: que debían «perseverar» aunque el apego a la vida fuera todavía fuerte en ellos. Porque Agustín no había perdido nada de su capacidad de sentimiento. En estos pocos últimos sermones nos damos cuenta de que el horror del anciano por los males de la existencia, tan poderosamente enarbolado contra Juliano, no era sino el reverso de sus amores más arraigados: seguía sabiendo lo que era amar la vida de todo corazón, y, por tanto, sabía expresar lo mucho que les había costado a los mártires vencer este amor.[89] Era posible que, como los mártires, los oyentes de Agustín tuvieran que seguir los pasos de la pasión de Cristo.[90] La predestinación, que había sido algo abstracto y un escollo para las recogidas comunidades de Hadrumeto y Marsella, igual que lo sería para tantos futuros cristianos, no tenía más que un significado para Agustín: era una doctrina de supervivencia y una fiera insistencia en que solo Dios podía proveer a los hombres de un alma interior irreductible.

Agustín murió, misericordiosamente, de una fiebre repentina. Ya había dado a sus amigos un modo de entenderse a uno mismo y a los tiempos. Las últimas obras habían dejado una profunda impresión en el círculo de Agustín: Posidio, su biógrafo, no podía pensar en su amigo más que como «el Obispo Agustín... un hombre predestinado... que se adelantó a nuestro tiempo... un hombre de los que se han ganado su fin y que ha perseverado hasta el mismo día de su muerte».[91]

XXXIV
VEJEZ

El 26 de septiembre del año 426, Agustín reunió a su clero y a una enorme asamblea en la *Basilica Pacis* para que fueran testigos de una solemne decisión: el nombramiento de su sucesor, el sacerdote Eraclio; y lo organizó de modo que, de momento, Eraclio se hiciera ya cargo de los asuntos judiciales, que durante tanto tiempo él había considerado tan fastidiosos.[1]

> En esta vida —les dijo— todos estamos abocados a morir; y para todos es siempre incierto el último día. Sin embargo, cuando niños, se puede esperar con placer la adolescencia; y, cuando muchachos, la juventud; cuando jóvenes, llegar a ser adultos; cuando adultos, llegar a la madurez, y, una vez maduros, alcanzar la vejez. Si es verdad que esto ha de suceder, no se sabe; pero siempre hay algo que se puede esperar con placer anticipado. Pero un viejo no tiene ninguna etapa posterior que esperar. Por la voluntad de Dios yo vine a esta ciudad en mi madurez: entonces era un joven, y ahora soy un viejo.[2]

Después de que la decisión fuera registrada, Eraclio se adelantó a predicar, mientras el anciano Agustín se sentaba detrás de él en un trono elevado: «El grillo chirría —dijo Eraclio—, el cisne está silencioso».

Para un clérigo africano como Eraclio, Agustín no era tanto el escritor cuyo pensamiento había despertado la admiración y el interés en todo el Mediterráneo cuanto, sobre todo, un obispo que había puesto en práctica todo lo que predicaba.[4] Pero el obispo cristiano era ahora una figura importante en todo el mundo romano: las visitas a su residencia se habían convertido en parte normal de la vida social de la mayoría de las ciudades.[5] Agustín notó este cambio, y le preocupaba sobre todo la «imagen» que un obispo debía ofrecer al exterior. Su héroe era Ambrosio.

En una época en que él mismo tuvo necesidad de reafirmarse después del comportamiento erróneo de uno de sus protegidos,[6] apremió a un diácono milanés, Paulino, para que escribiera una vida de Ambrosio.[7] Este llevaba muerto veinticinco años, y visto desde esa distancia por un hombre como Paulino, parecía muy diferente del Ambrosio que conocimos en las *Confesiones* de Agustín. El Ambrosio de Paulino es un hombre de acción, que trazó un surco a través de sus contemporáneos: no menos de seis personas sufrieron aplastantes castigos divinos por cerrarle el camino o por criticarlo, y entre ellos, clérigos africanos corrientes.[8] Paulino estaba convencido de que el día del juicio final los hombres seguirían divididos entre los que admiraban a Ambrosio y los que le tenían de todo corazón malquerencia.[9] Cuando el amigo de Agustín, Posidio, escribió su *Vida de Agustín*,[10] la imagen fue muy diferente. Posidio hizo hincapié en la vida que Agustín había creado para sí y para los demás en su casa episcopal; en cómo había grabado unos versos sobre la mesa para prohibir la murmuración;[11] en cómo cualquiera que jurara perdía el derecho a su vaso de vino;[12] y en cómo comían con cucharas de plata, pero en vajilla de loza ordinaria, «no porque fueran demasiado pobres, sino porque lo hacían intencionadamente».[13]

Es fácil desdeñar a Posidio como un hombre simple que no fue capaz de captar toda la complejidad de su héroe. En realidad, esta biografía refleja con mucha exactitud las ansiedades de Agustín y de su círculo en su vejez.[14] Porque tenían que mantener, en circunstancias cambiadas y entre gente más joven, los exigentes ideales de acuerdo con los cuales habían vivido su vida cotidiana durante casi cuarenta años.

El núcleo del ideal de Agustín había sido la vida común en absoluta pobreza vivida por él y su clero en la casa episcopal. Los ciudadanos de Hipona podían sentirse perfectamente orgullosos de esto: «Bajo el obispo Agustín, todos los que viven con él llevan la vida que se describe en los Hechos de los Apóstoles».[15] Agustín había hecho de la aceptación de esta vida una condición para servirle como miembro de su clero: aquel que infringiera este acuerdo sería privado de las órdenes sagradas.[16] Muchos colegas de Agustín pensaban que esto era demasiado estricto;[17] pero, típico en él, Agustín se había quedado satisfecho, una vez impuesta su regla, creyendo que no había de ser contravenida. El escándalo que saltó a la luz en el año 424 le cogió completamente por sorpresa: uno de sus clérigos no había entregado todo su dinero a la Iglesia; de forma fraudulenta se había guardado parte de él y, a su muerte, sus herederos pelearon por esta propiedad particular.[18]

Agustín manejó el asunto con una mezcla característica de determinación y carisma. Dijo a su congregación que había sido demasiado estricto; quizá su clero se veía forzado a recurrir a semejantes fraudes por miedo a perder sus órdenes sagradas:

> Escuchad. Ante los ojos de Dios y de todos vosotros, cambio de parecer. El que quiera medios de vida privados, quien no esté satisfecho con Dios y su Iglesia, que resida donde quiera: no lo privaré de sus órdenes sagradas. No quiero ningún hipócrita [...]. Pero si está preparado para vivir de Dios a través de su Iglesia, y a no tener nada de su propiedad... que se quede conmigo. El que no quiera, que quede en libertad: pero habrá de ver por sí mismo si es posible lograr así la felicidad eterna.[19]

«He hablado muchísimo; os pido que me perdonéis. Soy un viejo de mucho resuello y la mala salud me ha vuelto ansioso. Como veis, he envejecido con el correr de los años; pero, desde hace mucho tiempo, esta mala salud me ha convertido en un viejo. Pero, si a Dios le place lo que acabo de decir, Él me dará fuerza: no os abandonaré».[2]

Poco tiempo después, el asunto quedó aclarado. El mismo Agustín tomó el *codex* de los Hechos de los Apóstoles de su lector, y leyó en la iglesia el pasaje en el cual se había basado la vida de su clero.[21] Con el libro santo sobre sus rodillas, se lanzó a un recuento sorprendentemente preciso de las operaciones financieras de cada uno de sus clérigos: es este un documento vivo de la vida de la gente humilde en una ciudad del Bajo Imperio.[22] Incluso la actitud de Agustín ante sus vestidos aparece con un candor encantador:

> Alguien llega con un presente de una rica túnica de seda. Podría ser apropiada para un obispo, pero no para Agustín, hombre pobre, nacido de padres pobres. La gente diría que me presentaba ahora con caros vestidos, como los que nunca habría podido tener en la casa de mi padre, o en mi carrera secular. Y os digo que una túnica cara me azoraría: no sería apropiada para mi profesión ni para mis principios, y daría una impresión rara sobre estos viejos miembros y estos cabellos canos.[23]

Después de esto, a cualquiera que se le descubriera en falta tras pretender haber dejado toda su propiedad, se le degradaría al momento: «Que apele a un millar de concilios contra mí, que se vaya al tribunal cuando quiera, que haga lo que pueda y cuando pueda: Dios me ayudará; donde yo sea obispo, él no será sacerdote».[24]

Su severidad lo había hecho impopular en Hipona; pero no tenía ningún deseo de ser un mártir ante la opinión pública: «No queremos ganar este gran mérito a vuestras expensas. Permitidme que lo pierda aquí, de modo que pueda entrar con todos vosotros en el Reino de los Cielos».[25]

Este escándalo no fue un suceso aislado. Muchos incidentes señalan un vago malestar que arroja tanta luz sobre Agustín y su ambiente en la Iglesia africana como las violentas campañas que había conducido en su madurez. Ahora había un elemento personal en esta situación: Agustín y sus amigos eran ya personas ancianas. Siempre habían formado un grupo fuerte y dominante, y corrían el peligro de quedar aislados. Severo de Milevis, por ejemplo, había provocado una perturbación grande e innecesaria en su ciudad por mantener secreto entre él y sus clérigos la elección de su sucesor; Agustín hubo de intervenir para apaciguar el conflicto creado por el comportamiento de su amigo.[26] Las viejas lealtades se estaban resquebrajando: el monasterio de mujeres, que había gobernado la propia hermana de Agustín, empezó a deteriorarse una vez que el lazo familiar se hubo roto.[27] De cualquier forma, sería difícil encontrar obispos que pudieran reemplazar a esta brillante generación. Eraclio, por ejemplo, era un tipo de hombre muy diferente de Agustín: popular, eficiente, que pasaba por rico, tenía un gusto por la construcción que Agustín no había compartido nunca.[28]

La brillantez de Agustín había tendido incluso a oscurecer el resto del talento local. Absorbido por la controversia internacional sobre el pelagianismo, se había inclinado, durante su vejez, a menospreciar la vida intelectual más próxima. Trató con sarcasmo, por ejemplo, a un obispo que se quejaba de que sus opiniones sobre el origen del alma no fueran apreciadas por la «manada de patanes de pueblo que eran los clérigos» con los que se veía forzado a vivir.[29]

Sin embargo, la gran obra de Agustín sobre la elaboración de la erudición cristiana, *De doctrina christiana*, sería pronto completada; aunque, en cierto sentido, ya era anacrónica, porque de forma deliberada daba por sentadas cosas que, tras las invasiones bárbaras, no podrían seguir siéndolo. Había supuesto que los hombres podían continuar recibiendo una educación primaria suficientemente perfecta en las escuelas romanas como para ser capaces de hablar un buen latín sin conciencia de ello, y sin el afectado pulimento de los retóricos. Había confiado placenteramente en el intercambio intelectual continuado de los eruditos de los distintos lugares del mundo cristiano.[30] De hecho, ya era imposible para un provinciano en el año 420 emprender la misma carrera que Agustín había hecho en el año 370. No había tiendas de libros clásicos en Hipona;[31] y a Agustín le complacía claramente cualquier contribución a los costos de su biblioteca.[32] Ni siquiera en Cartago era posible encontrar un traductor para un simple texto griego.[33] Lo peor de todo era que la nueva generación del clero africano se contentaba meramente con contemplar a Agustín. En el año 428, a Quodvultdeus, diácono (y más tarde obispo) de Cartago,[34] le bastó con apoyarse en Agustín para sacar de él un mero refrito y confeccionar un breve manual de herejías.[35] Parecía como si solo Agustín conociera compilaciones anteriores de herejías, en latín y en griego.[36] Mientras Agustín había intentado gallardamente alcanzar una cultura cosmopolita aprendiendo algo de griego, y se enzarzó con el problema de traducir un corto texto griego, para este libro,[37] Quodvultdeus parece representar los peligros de una cultura provinciana estancada y autosatisfecha, que se oculta bajo un gran nombre: todo lo que necesitaba era un buen «pan africano».[38]

Por otra parte, había muchas zonas en las que la Iglesia católica no se había recobrado de la violencia de la supresión del donatismo. Muchos obispos se encontraron colocados, por las leyes imperiales, a la cabeza de comunidades pasivas y mal dispuestas.[39] Agustín predicó uno de sus sermones más apremiantes sobre los deberes del obispo en uno de estos lugares, Fusala, que hasta tiempo reciente había sido una violenta plaza fuerte donatista.[40] Y fue precisamente en Fusala donde tuvo lugar otro escándalo terrible.[41] Este pueblo estaba en la diócesis de Agustín, y Agustín había puesto en práctica el derecho jamás discutido de elegir a los obispos de tales sitios entre los de su propia comunidad. Cuando su primer elegido se negó a aceptar, presentó a los habitantes otro candidato, el desastroso Antonino. El joven Antonino se comportó como un tirano caprichoso y, cuando fue condenado, se negó a renunciar a su sede.[42] Marchó a combatir por su causa a Roma. Hasta los obispos africanos se dividieron,[43] y Agustín, que se sentía culpable, tuvo que escribir una carta apasionada y, al mismo tiempo, sumamente diplomática al nuevo obispo de Roma, Celestino, con objeto de contrarrestar las maquinaciones de Antonino,[44] que habían obtenido un éxito completo. Si aquel joven tenía éxito, se crearía una situación similar a la de solo un decenio antes: «Porque se están haciendo amenazas a la gente [...] de procesos legales y a los funcionarios públicos, y presión de los militares [...]. En consecuencia, estos infortunados, aunque católicos cristianos, tienen que temer mayores castigos de un obispo católico que los que temían de las leyes de los emperadores cristianos cuando eran herejes».[45] Era un triste recordatorio del precio de la unidad.

Pero Fusala, un pueblo remoto y de habla púnica, era quizá solo una excepción: en Hipona, la fuerte minoría católica se había convertido gradualmente en una mayoría. Semejante proceso de absorción podría muy bien haber afectado a la calidad de la vida religiosa propugnada por Agustín. Hay evidencias de que el tenaz sentimiento popular que anteriormente había cristalizado alrededor de los dirigentes donatistas había ido ahora a volcarse sobre Agustín. Las revelaciones que, en sueños, ordenaban el bautismo, por ejemplo, fueron un rasgo común del cristianismo popular en el mundo antiguo, como sucede todavía hoy en muchas áreas misioneras. Agustín se había burlado una vez de las pretensiones donatistas basadas en tales revelaciones.[46] Pero ahora era él centro de tales emociones: un pobre de un pueblo de las afueras acudió a Hipona a ser bautizado por Agustín como consecuencia de un sueño de este tipo.[47] Agustín sabía que él había desempeñado un papel en los sueños de muchos.[48] En su reacción ante esto, no podrá disimular que es el hijo de su madre Mónica.[49] En su lecho de muerte, le llevaron un enfermo para que lo sanara, y su primera reacción fue tomarlo a broma: «Si yo tuviera el don que decís que tengo, sería el primero en intentarlo en mí mismo»; pero, en cuanto oyó que el hombre venía porque se lo había indicado un sueño, impuso sus manos sobre él.[50]

El último año de su vida, en efecto, Agustín tuvo que tratar con milagros hasta en la misma puerta de su casa. Cuando Orosio retornó a África, en el 416, trajo consigo desde Jerusalén las reliquias del cuerpo recientemente descubierto de san Esteban. En años posteriores, se diseminaron *memoriae* —capillitas que contenían cofres con el polvo santo— por muchas ciudades y fincas de campo de los alrededores de Hipona: Posidio tenía una en Calama, y Evodio otra en Uzalis. Otras *memoriae*, especialmente las de los mártires milaneses descubiertas por san Ambrosio, Gervasio y Protasio, existían ya.[51]

Estas *memoriae* concretaron sentimientos que habían sido fuertes tanto en los católicos como en los donatistas. En las ciudades romanas tardías, los hombres habían llegado a necesitar y a esperar la protección de los poderosos: san Esteban se estableció en Uzalis en calidad del equivalente espiritual de tales patronos terrenales (de hecho, se apareció a un campesino vestido como senador residente).[52] Sobre todo, existía la sensación de la poderosa presencia física de un cuerpo santo:[53] de doce curaciones efectuadas en las *memoriae*, nueve ocurrieron mediante contacto directo con el sepulcro, o con objetos que lo habían tocado.[54]

Agustín había hablado acerbamente de semejantes creencias populares que siempre le parecieron baluartes de la Iglesia donatista. «Veneran cada mota de polvo de Tierra Santa»,[55] había dicho. Y ahora se encontraba predicando para inmensas muchedumbres arrastradas precisamente por esas «motitas de polvo».[56] Evodio había llegado a hacer uso de estas reliquias para fortalecer su posición. Las colocó en la basílica donatista confiscada, la basílica «Recobrada», para asegurarse la lealtad de su antigua congregación.[57] También alrededor de Hipona se habían extendido las nuevas *memoriae* por las iglesias rurales que, un decenio antes, fueran inquietadas por los circunceliones.[58] Pero todo esto no debe sorprendernos demasiado: África había estado siempre llena de tales cuerpos santos.[59] Lo que, sin embargo, era nuevo, fue la repentina oleada de curaciones milagrosas asociadas con ellos: setenta tendrían lugar en Hipona en el espacio de solo dos años.[60]

El historiador no podrá llegar nunca, probablemente, hasta las raíces de una crisis tan repentina de sentimiento. Lo que sí podemos trazar es la forma como Agustín reaccionó ante estos sucesos milagrosos.[61] Hasta el año 424 no hubo *memoria* alguna de san Esteban en Hipona. Esta fue construida por Eraclio[62] a sus expensas, y decorada con mosaicos que representaban la muerte de Esteban, junto con versos de Agustín.[63] Una vez envuelto en este movimiento, la contribución de Agustín fue característicamente concienzuda. Los milagros se solían haber quedado en un asunto de vago sentimiento popular: los que los habían experimentado los consideraban como revelaciones personales e íntimas;[64] los que solo habían oído de ellos, lo olvidaban con rapidez o mutilaban engañosamente su relato.[65] Agustín decidió examinar y registrar cada ejemplo, dando a las curaciones comprobadas un máximo de publicidad. En Hipona insistía en recibir un informe escrito de la persona curada, un *libellus*; este documento era leído en la iglesia, en presencia de su autor, para más tarde archivarlo en la biblioteca episcopal.[66] Intentó, con poco éxito, recomendar este mismo sistema a su colega Evodio, cuya colección personal de milagros es un retrato vívido de las trivialidades de la vida de Uzalis, aunque como argumento a favor de lo sobrenatural sea más bien poco impresionante.[67] Hay una cierta sensación de urgencia en este comportamiento de Agustín: así, se sintió «verdaderamente molesto» de que una noble dama cartaginesa no hubiera aprovechado su rango e influencia para dar publicidad a una curación efectuada en ella.[68] Su intención era reunir todos estos incidentes desperdigados, hasta que formaran un conjunto único, tan compacto e imponente como los milagros que habían acompañado al crecimiento de la Iglesia primitiva.[69] No era la primera vez que apelaba a los «hechos» de la creencia popular: ya antes había reunido sentimientos igualmente tenaces alrededor del bautismo infantil en África con objeto de «aplastar» a los pelagianos.[70] La intención de esta nueva campaña, tal como se aplica en el libro último de *La ciudad de Dios*, era también «doblegar» la «sorprendente dureza»[71] de los paganos razonables, muchos de los cuales eran doctores eminentes,[72] mediante una apelación directa a las cosas sorprendentes que sucedían en las comunidades cristianas que los rodeaban. Sin embargo, cuando Agustín escribió *Sobre la verdadera religión* en el año 390, había afirmado, explícitamente, que no se podía continuar sosteniendo que siguieran teniendo lugar milagros como los que habían ocurrido en los tiempos de los apóstoles;[73] y había repetido esta opinión, implícitamente, en muchos otros libros y sermones.[74] Al mismo tiempo, no obstante, había dado testimonio y había aceptado las curaciones relacionadas con el espectacular descubrimiento de los cuerpos de Gervasio y Protasio en Milán. Por consiguiente, la repentina decisión de Agustín de dar el máximo de publicidad a las curaciones milagrosas en África no debiera considerarse como una rendición súbita y sin precedentes ante la credulidad popular.[75] Significa, más bien, que, dentro de la estructura enormemente compleja del pensamiento de Agustín, el centro de gravedad se había desplazado: los milagros modernos, que antaño habían sido periféricos, se vuelven ahora de pronto importantes apoyos de la fe.

En esta evolución tenemos, sin duda, un microcosmo del profundo cambio que separa a la religión del joven Agustín de la del viejo. Como la mayoría de los antiguos, Agustín era crédulo sin ser necesariamente supersticioso. Cuando acontecían hechos notables en un lugar santo, él, como filósofo, estaba cuidadosamente bien pertrechado contra las interpretaciones simplistas del hecho, pero no contra el hecho en sí.[76] No estaba dispuesto a negar lo que hombres tan fidedignos afirmaban; pero criticó con tenacidad cualquier explicación de estos hechos, al igual que cualquier práctica religiosa que le pareciera indigna de una concepción correcta de Dios y el alma.[77]

También el mundo natural estaba lleno de sucesos únicos y sorprendentes. Siendo ya un hombre completamente crecido, se «sobresaltó grandemente» cuando vio por primera vez un imán.[78] Los sabios del mundo antiguo habían fracasado en la planificación de todo el mundo de la naturaleza. Agustín, en su vejez, era agudamente consciente de estos fallos. En particular, se enfrentaba con dos hombres que confiaban en las categorías racionales al alcance de los clásicos: el sabio Porfirio, que había desdeñado la resurrección y la ascensión de Cristo por incompatibilidad con la física antigua,[79] y Juliano de Eclana, que sostenía que la idea de un pecado original heredado era contraria a la lógica.[80] Contra estos dos, Agustín alineará un catálogo de hechos sorprendentes e inexplicables: entre ellos, la herencia de las características adquiridas[81] y el comportamiento de los olivos injertados.[82] Es la rebelión silenciosa de los «reductos de resistencia» que la ciencia natural no había sido capaz de descubrir:[83]

> *Hay más cosas en el cielo y en la tierra, Horacio,*
> *que las que sueña tu filosofía.*[84]

Un «milagro» para Agustín era precisamente una especie de recordatorio de los lazos impuestos por la costumbre sobre el espíritu. En un universo donde todos los procesos se efectúan por la voluntad de Dios, no hay nada menos notable en los lentos y habituales procesos de la naturaleza. Damos por sentado el lento milagro por el cual el agua de regadío de un viñedo se convierte en vino: tan solo cuando Cristo convierte agua en vino, «de un rápido movimiento», nos quedamos sorprendidos.[85]

Las sorpresas repentinas no habían desempeñado ningún papel importante en las ideas religiosas de Agustín, el joven platónico. Entonces había considerado la esencia de la religión como un empeño de alejarse de los modos habituales de pensamiento, que estaban viciados por nuestro comercio con el mundo sensible. Los milagros continuados, pensaba, no habrían hecho más que enturbiar la conciencia de la especie humana, porque un milagro dejaría de ser maravilloso en cuanto se volviera habitual.[86] Para un contemplativo, lo maravilloso, lo raro o lo inesperado tendían a desvanecerse en la atmósfera de un universo armonioso y racional como luces mortecinas ante el sol. El espíritu racional podía elevarse gradualmente y en un ascenso ininterrumpido desde unas «leyes» de la «naturaleza», que eran meramente el registro subjetivo de acontecimientos acostumbrados, hasta la ley verdadera, una ley más armoniosa, regular y razonable.[87] En el viejo Agustín esta actitud había perdido firmeza. Él había defendido con pasión y con convicción doctrinas contrarias a todos los procesos habituales del razonamiento. Las ideas humanas sobre la equidad, por ejemplo, se encontraban en conflicto irresoluto con el hecho del castigo colectivo de la especie humana a causa del pecado de un solo hombre.[88] Agustín había trazado tácitamente las fronteras del espíritu humano ante tales problemas: el universo del contemplativo está rodeado por una franja de acontecimientos incomprensibles.

Además, estos milagros locales eran puramente curaciones físicas. En su vejez, Agustín había abandonado también mucho de la preocupación platónica por el espíritu. La esencia de la religión seguía siendo «curar los ojos del corazón»;[89] pero ahora Agustín había dado también espacio para el destino del cuerpo: rezaba por la buena salud,[90] y esperaba que los hombres tuvieran siempre miedo de la muerte.[91] Un Dios cuya generosidad había esparcido tanta belleza puramente física sobre la Tierra no podía descuidar la enfermedad física.[92] Es indudable que Agustín había adquirido una conciencia punzante de la extensión del sufrimiento puramente físico de la especie humana. Estos milagros habían brotado de la desesperación de los hombres afligidos «por más enfermedades que las que puede contener un libro de medicina».[93] Los horrores evidentes de la existencia humana, sus *miseria*, suponían una necesidad urgente de cierto alivio, de unos pocos *solacia*.[94] Estos alivios eran solo una insinuación, como delgados rayos de sol penetrando en una habitación oscura, de la transformación final y de la resurrección gloriosa de los cuerpos de los elegidos.[95]

Porque es esta necesidad urgente de creer en una transformación distante e increíble la que determina la actitud final de Agustín ante los milagros que lo rodean. Cuando era un obispo más joven, había considerado que la fe de los hombres ya no precisaba de pruebas tan espectaculares. Entonces su pensamiento se movía alrededor de la unidad de la fe que tan maravillosamente «refulgía» en la Iglesia católica universal.[96] Los milagros de la Iglesia antigua habían iniciado, e incluso «fomentado», la maravillosa difusión que se había hecho realidad con creces en su propia época. Contra la unidad sólida y asegurada de la Iglesia católica, los milagros de la fe popular donatista podían despreciarse como simples trucos histriónicos.[97] Detrás de esta actitud rondaba la suposición de que, con la rápida cristianización del mundo romano, los hombres en general habían avanzado con respecto a la incredulidad de los tiempos paganos, y por tanto no tenían ya que ser movidos por la fuerza del milagro.

Ahora, Agustín no estaba tan seguro: la especie humana había seguido siendo igual, siempre frágil y siempre en necesidad de una autoridad que impusiera respeto. El «Dios de nuestros padres es el nuestro también»:[98] su misteriosa omnipotencia unía las maravillas del Antiguo Testamento con el mundo moderno, igual que, en la actitud de Agustín ante la coerción, había unido las duras sanciones del antiguo Israel con la impuesta unidad establecida en la Iglesia africana. Dios por sí mismo podía determinar plenamente, sin el consejo de un platónico, con qué frecuencia debían ocurrir los milagros, o cuándo no.[99] Todas las esperanzas del pueblo de Dios estaban depositadas ahora en el futuro, es decir, en la resurrección de la carne. Los mártires habían muerto por esta creencia imposible; y por eso podía permitirse que sus cuerpos muertos dieran testimonio de ello.[100] Esta es la actitud que Agustín había alcanzado cuando, en el libro vigésimo segundo de *La ciudad de Dios*, intentaba, mediante un catálogo amplio y pintoresco de sucesos extraños en Hipona, Cartago, Calama, Uzalis, Fusala y en pequeñas iglesias rurales, persuadir a los hombres atados a la física antigua de que en el empíreo puro e inmaculado de su imaginación podrían encontrar también lugar para la sustancia de su carne humana: «Dios conoce las cogitaciones del sabio, y sabe que son vanas».[101]

XXXV
EL FIN DEL ÁFRICA ROMANA[1]

«No solo a lo largo de nuestras fronteras —había escrito Agustín a un senador romano—, sino en todas las provincias [de África], debemos nuestra paz a los juramentos prestados por los bárbaros».[2] Raras veces menciona Agustín este mundo de los «bárbaros africanos».[3] Al sur y al oeste de Hipona las grandes cordilleras —la Cabilia, la Hodna y Aurés— estaban habitadas por tribus seminómadas. Sometidos a un régimen casi de inanición, presionaban constantemente en dirección a la llanura civilizada. Su caballería hacía amplias incursiones guerreras: una sobrina de Severo de Milevis fue raptada en una de estas incursiones cerca de Sitifis (Sétif).[4] Más allá, hacia el sur y el este, los verdaderos nómadas también se habían hecho sentir en todos los sitios donde la frontera romana limitaba con el desierto. Era un mundo de fortines desperdigados, de jefaturas semiindependientes y de granjas fortificadas construidas por pisos; al contrario que las tranquilas y pacíficas villas de la costa, estas estaban en guardia, como castillos medievales, sobre las fincas olivareras, precariamente sostenidas contra los caminos del desierto.[5] Esta vasta tierra interior tenía muy poco que ver con el África romana que Agustín conocía: solo los esclavos de las fincas circundantes de Hipona hacían recordar este mundo a duras penas dominado por las armas romanas, e impenetrable a la expansión del cristianismo.[6]

Como obispo, Agustín no había cambiado mucho los hábitos de sus días de estudiante. Cartago seguía siendo el centro de su mundo; había ido de viaje allí treinta y tres veces en treinta años,[7] y tan solo una vez a la más salvaje provincia de Mauritania.[8] Pasaba meses enteros en la ciudad, comprometido con sus colegas en febriles asuntos,[9] visitando a gente importante y aparentemente comiendo bien «a base de pavos asados, un cambio en la dieta vegetariana de su monasterio».[10] En Cartago había perdurado la vida antigua. El África proconsular seguía siendo un oasis de prosperidad casi increíble mientras el resto del Imperio de Occidente era saqueado por los bárbaros. Fue un «áncora de salvación» de las fortunas de los emperadores de Occidente; se les hacía la corte a los grandes terratenientes mediante frecuentes concesiones, que iban desde la organización favorable de impuestos hasta el derecho a cazar leones;[11] las inscripciones seguían alabando la generosidad e integridad de los aristocráticos procónsules que llegaban a una Cartago, a la que continuaba siendo «Roma en África».[12]

Sin embargó, África no había disfrutado de una existencia tranquila más que durante los últimos treinta años. Era una sociedad vencida por la inercia y extrañamente dividida. Sus grandes terratenientes entraban raras veces al servicio de los emperadores.[13] Ejercían su poder fuera de la maquinaria normal del Estado. Su principal preocupación eran sus fincas, el rendimiento de su cosecha,[14] la calidad de su vino[15] y los placeres de la caza.[16] Estaban aislados y eran envidiados por ello: *Isti soli vivunt*, «Son los únicos que realmente viven».[17]

También los obispos se mantenían apartados. Se habían convertido en cortesanos por excelencia. Sus asuntos los llevaban frecuentemente a Rávena. Alipio estuvo negociando en Roma hasta el mismo fin de la vida de Agustín: allí había aprendido a permanecer sensible a la opinión italiana, y sabía cómo abrirse camino entre los cortesanos.[18] Los obispos católicos tenían la ventaja, a los ojos de los funcionarios visitantes, de ser algunos de los miembros más viejos y respetados de la sociedad provinciana. No es totalmente sorprendente que las últimas cartas que tenemos de Agustín sean tarjetas pulidas y diplomáticas.[19] No obstante, los obispos actuaban tan solo para sí mismos o para sus protegidos,[20] dejando que los seglares se defendieran por su cuenta. Para estos seglares, la continuación de la prosperidad significaba la continuación de la fachada de la vida pagana: formaban círculos literarios paganos y patrocinaban grandes espectáculos circenses; llegarían incluso a reclamar la exención de sus impuestos a los emperadores católicos en calidad de sacerdotes del culto pagano imperial.[21] Comparados con aquellos hombres, los obispos eran todavía peces chicos: en Roma, de hecho, pareció absolutamente posible que Agustín hubiera actuado como herramienta de un gran terrateniente, deseoso de desembarazar su finca de un obispo molesto.[22]

El nexo entre el obispo y el terrateniente, que iba a ser tan importante para la moral de las poblaciones romanas de la Galia, España y el norte de Italia, sencillamente no se había realizado en África. De manera imperceptible, el dominio de las provincias africanas se fue deslizando de sus habitantes civiles a las manos de siniestros forasteros, los jefes militares que, como condes de África, tenían como misión proteger la línea costera de la vasta tierra interior. El sistema militar establecido en África era peligrosamente pequeño, desperdigado y universalmente impopular. Agustín no se hacía ilusiones con ellos: la principal alegría de la vida del soldado consistía en intimidar con gritos a los campesinos locales.[23] Y su congregación estaba perfectamente de acuerdo con él, porque una vez lincharon al jefe de su guarnición.[24] Los oficiales que ahora se presentaban por África hacían recordar el agitado mundo del norte del Mediterráneo. Uno de estos hombres fue enterrado en Cartennas (Tenés), al oeste de Hipona, después de haberse enriquecido: el capote de su uniforme estaba prendido con broches magníficos; pero estos broches habían sido trabajados por artesanos germánicos, o al menos según modelos germanos, en la distante Rhineland.[25]

Agustín no podía evitar el contacto con aquella gente. El ejército era la única fuerza policial eficaz, y le resultaba indispensable para aplicar la política de supresión contra los donatistas.[26] Fue precisamente esta preocupación por la aplicación de las leyes contra los herejes, así como por la seguridad de la Iglesia católica en Mauritania y en el sur de Numidia, la que puso a Agustín en contacto con uno de los soldados de mayor colorido, y desde luego más predestinado, de la nueva generación de profesionales: Bonifacio.[27]

Cuando conocemos por primera vez a Bonifacio, en el 418, su carrera lo había llevado ya desde el Danubio hasta Marsella. Había vivido toda su vida entre los bárbaros. Ahora estaba estacionado, a la cabeza de una banda de mercenarios godos, en la frontera meridional de África, quizá junto a Vescera (Biskra). Es muy posible que la supresión de los donatistas fuera un deber que le produjera perplejidad: sus propias tropas godas eran cristianas arrianas y, por consiguiente, también técnicamente «herejes».[28] Pero, dado que tenía una piadosa esposa católica, era un hombre a quien Agustín pudo dirigir una larga carta abierta justificando tales supresiones.[29] Los obispos necesitaban con urgencia como aliados a los influyentes jefes militares locales, y Bonifacio parecía ser precisamente ese hombre. Cuando su mujer murió alrededor del año 420, Bonifacio llegó a pensar en ingresar en un monasterio,[30] y fueron Agustín y Alipio quienes lo disuadieron de hacerlo. Treinta años antes, Agustín había hecho el viaje desde Tagaste a Hipona para persuadir a un miembro del servicio secreto imperial de que se hiciera monje;[31] ahora emprendió un largo viaje absolutamente sin precedentes a Tubunae (Tobna), en las profundidades de Numidia, con objeto de convencer a un general de que conservara su puesto.[32] Había llegado a darse cuenta de la necesidad urgente de seguridad. En *La ciudad de Dios* había explorado y justificado el valor de una paz puramente «terrenal»;[33] es posible que en la Numidia meridional apreciara por primera vez lo mucho que la «paz terrenal», que él tenía garantizada en su patria, significaba en este país salvaje. Las comunidades católicas necesitaban a un hombre fuerte que actuara como protector contra las fulgurantes incursiones de los nómadas.[34]

Agustín y Alipio, por tanto, habían apelado a un general para la protección directa de la frontera, como tantas veces habían hecho a los emperadores de Rávena. Sin embargo, en su estimación de un hombre como Bonifacio estaban muy anticuados. El gran general moro de sus años jóvenes, Gildo, es posible que fuera impopular, pero por lo menos era un hombre local, que poseía grandes fincas en la provincia que defendía.[35] Bonifacio, por el contrario, era un general de carrera. Su fortuna dependía de la participación en hechos de lugares tan lejanos como el Danubio o el sur de España. Pertenecía a una clase de hombres que se estaban convirtiendo en los quita y pon de los poco gloriosos emperadores de Occidente. Permanecer en su puesto en una frontera marginada de África significaba para él renunciar al mundo tan seguramente como si se hubiera hecho monje. Agustín esperaba que él hiciera este sacrificio: era simplemente su deber de cristiano devoto con inclinación ascética obedecer un consejo del obispo que le recomendaba ser pobre, justo y célibe.[36] Pero este consejo pastoral significaba, en la práctica, que Bonifacio abandonara toda esperanza de mejora.

El influjo de la fallecida esposa de Bonifacio pronto se disipó. Hacia el año 423, ya se había convertido, *de facto*, en conde de África; en el 426 había asegurado su posición mediante una visita a la corte. Esta visita señaló el final de las ilusiones de Agustín. Bonifacio volvió de allí con una rica heredera y con concubinas que lo consolaran en sus luchas políticas.[37] Hasta se había comprometido con la religión de la mayoría de los jefes bárbaros convertidos en generales romanos: su esposa era arriana, y él mismo permitió que su hija fuera bautizada por los herejes.[38] Pero lo peor para la provincia sería que era un conde de África que haría uso de su ejército para proteger su posición del ataque de la propia Italia. Cartago fue fortificada[39] contra el asedio de Roma, mientras que, en el interior, los «bárbaros africanos» no se concedían descanso.[40]

A Agustín todo esto lo tenía consternado. Muchas provincias habían pagado por sus pecados con el azote de la invasión bárbara: ahora le parecía que también en África había suficientes pecados —y desde luego suficientes bárbaros— como para hacer inevitable un desastre.[41]

A pesar de todo, Bonifacio esperaba que los obispos lo apoyaran. Pretendía que su causa era justa.[42] Había asistido a la iglesia cuando predicaba Agustín[43] e incluso había llegado a desviarse de su ruta para hacer una respetuosa visita al anciano, solo para encontrarlo demasiado fatigado para conversar.[44] En el invierno de los años 427/428, no obstante, recibió una carta de Agustín, enviada a través de un mensajero sumamente confidencial.[45] Esta carta, que podemos considerar poco política, era tanto un recordatorio pastoral de sus ideales abandonados como una retirada táctica de apoyo. Agustín, hasta el final, era un civil. Estaba horrorizado por las noticias de la rebelión de las tribus:[46] condenaba la *atrocitas* con que se comportaban los soldados armados del conde;[47] e, instintivamente leal a la corte, se negaba a juzgar la cuestión que dividía a Bonifacio y Rávena.[48] Anciano como era, no estaba en posición de dar ningún consejo político;[49] pero acababa de releer la historia de los reyes de Israel en el Antiguo Testamento, y lo que más le había impresionado de la historia era la manera como los caminos insondables de Dios habían causado el fracaso de las políticas más razonables.[50] ¿No habían estado sus relaciones con Bonifacio marcadas por la misma fatalidad? Todo lo que podía aconsejarle era amar la paz: la misma política que aconsejaría también al comisionado imperial Darío, que iría, al año siguiente, a negociar un acuerdo con el conde.[51]

La mezcla de coacción militar y de diplomacia pertenece todavía al viejo y tranquilo mundo de la política africana. Pero no por mucho tiempo. Mientras el general, los obispos y los cortesanos intercambiaban cartas cuidadosamente sopesadas, sus divisiones eran atentamente observadas desde el lejano confín del Mediterráneo. Solo el estrecho de Gibraltar y la larga y vacía línea costera de Mauritania se interponían entre esta, la provincia más rica de Occidente, y un hombre nuevo, recientemente establecido como cabeza de una tribu que siempre había permanecido fuera de la red de la diplomacia romana. Este tullido, «profundo en sus designios, poco hablador, anhelante de lujo, dado a locos ataques de furia, codicioso de riqueza y maestro en el arte de la intriga entre las tribus, siempre dispuesto a sembrar las semillas de la disensión y a conjurar nuevos odios»,[52] era Genserico, rey de los vándalos.

La totalidad de su tribu, cuando cruzó el estrecho de Gibraltar, ascendía a ochenta mil. Los guerreros formaban «una banda enorme».[53] Se les habían unido aventureros de otras tribus, alanos y godos, porque esta era la conquista que los bárbaros habían soñado siempre y que nunca habían conseguido llevar a cabo. Los vándalos eran cristianos arrianos, que creían que el Dios de las Batallas estaba de su parte. Habían combatido a los romanos con la Biblia gótica de Ulfila a la cabeza.[54]

El Gobierno romano de África se hundió simple y llanamente.[55] Entre el verano del 429 y la primavera del 430, los vándalos recorrieron con rapidez y sin resistencia Mauritania y Numidia: ninguna comunidad católica se precipitó detrás de sus obispos, como en el caso de España, para resistir y acosar a los bárbaros. Los obispos católicos estaban divididos y desmoralizados, y su grey, pasiva. Frente a los «derrocadores del mundo romano»,[56] perdieron el gusto por el martirio. Agustín se había mofado una vez de los donatistas porque, cuando eran perseguidos, aceptaban el consejo del Evangelio y «huían a otra ciudad».[57] Ahora tuvo que tragarse aquella pulla de mal gusto: sus colegas usarían precisamente ese texto para justificar un pánico contagioso.[58] «Si nos quedamos junto a nuestras iglesias —escribió alguien—, no sé cómo podemos ser de alguna utilidad para nosotros mismos o para nuestro pueblo: nos quedaríamos solo para ser testigos, con nuestros ojos, de hombres asesinados, mujeres violadas e iglesias ardiendo; y nosotros seríamos torturados hasta la muerte por riquezas que no poseemos».[59]

Agustín contestó a estos argumentos con una carta típicamente concienzuda y disidente.[60] Su conclusión era clara: lo que estaba en juego era su ideal; y debían mantenerse los lazos que unen a un obispo con su grey. «Que nadie sueñe con mantener nuestra nave a un precio tan barato que los marineros, dejando solo al capitán, la abandonen en el momento de peligro...».[61]

Hipona era una ciudad fortificada. Por un vuelco paradójico de la fortuna, el propio Bonifacio mandaba la defensa: el gran conde de África volvía a ser un mero comandante de mercenarios godos.[62] Los obispos que habían huido, o que habían perdido a su grey, se dirigieron en tropel a la ciudad en busca de seguridad. Entre ellos estaba el pobre Posidio: «Y así fuimos arrojados todos juntos, con el terrible juicio de Dios ante nuestros mismos ojos: no podíamos dejar de pensar en ellos, y decíamos: "Tú eres justo, ¡oh Dios!, y tu juicio es intachable"».[63]

Ese invierno los vándalos rodearon la ciudad: su flota era ya dueña del mar. Dieciséis años antes, Agustín había sacado de las páginas de Tito Livio los horrores del sitio de Sagunto: ¿cómo se habría comportado un «pueblo cristiano»?, se preguntó entonces.[64] Los vándalos habían torturado ya a dos obispos católicos hasta la muerte en las afueras de sus ciudades capturadas.[65] «Un día, cuando estábamos con él sentados a la mesa y hablábamos, nos dijo: "Habéis de saber que he rezado a Dios para que, o bien libere esta ciudad, puesta en estado de sitio por el enemigo, o, si Él pensara de otra forma, que hiciera fuertes a sus siervos, lo suficiente para tolerar su voluntad, o incluso que Él me arrebatara de esta existencia"».[66]

Agustín vivió para ver cómo la violencia destruía la obra de su vida en África. «Quien da sabiduría, puede dar dolor; y un corazón que entiende corta como la carcoma en los huesos».

> El hombre de Dios vio ciudades enteras saqueadas, villas campestres arrasadas, sus propietarios asesinados o desperdigados buscando refugio, las iglesias privadas de sus obispos y clero, y a las vírgenes santas y los ascetas dispersos; algunos torturados hasta la muerte, otros matados inmediatamente, otros tomados prisioneros, reducidos a perder la integridad, de alma y cuerpo, para servir a un enemigo malo y brutal. Los himnos de Dios y las loas en las iglesias habían cesado; en muchos lugares, los edificios de la Iglesia fueron reducidos a cenizas; los sacrificios de Dios no pudieron seguir celebrándose en su lugar apropiado, y los divinos sacramentos, o ya no se buscaban, o, cuando se buscaban, no se encontraba a nadie que los administrara.[67]
>
> En medio de estos males fue confortado por el dicho de cierto sabio: «No es grande quien considera como gran cosa que los palos y las piedras caigan, y que los hombres, que deben morir, mueran».[68]

Ese «cierto sabio», por supuesto, no es otro que Plotino.[69] Agustín, el obispo católico, se retirará a su lecho de muerte con estas palabras de un orgulloso sabio pagano.

XXXVI
MUERTE

En el invierno anterior al desastre —del año 428 al 429— Agustín recibió una nota sumamente cortés del conde Darío, el agente imperial enviado para negociar con Bonifacio.[1] En la reacción ante los barrocos elogios que esta carta contenía, entrevemos de forma indirecta al Agustín de esta época: pulido, enormemente literato y encantadoramente preocupado por las tentaciones de su reputación.[2] Darío estaba muy bien educado, y cantó las alabanzas de Agustín: «Algunos dirían entonces: "¿No te deleitan estas cosas?". Sí, desde luego que sí: "Porque mi corazón", como dice el poeta, "no está hecho de cuerno" tanto como para no observar estas cosas u observarlas sin placer».[3]

Las *Confesiones* eran la respuesta de Agustín a tales consideraciones. De modo que mandó a Darío un ejemplar: «Mírame en esto para no alabarme por encima de lo que soy; cree en esto lo que se dice de mí, no por otros, sino por mí mismo; contémplame en esto, y ve lo que he sido, en mí mismo y por mí mismo [...]. Porque "Él nos ha hecho, y no nosotros"; indudablemente, nos habíamos destruido a nosotros mismos, pero Él que nos ha hecho nos ha hecho de nuevo».[4]

Le recordaba a Darío que también a Temístocles le había gustado escuchar sus propias alabanzas.[5] ¿Por qué? Porque era un hombre cuyo arte consistió en «hacer grande a una ciudad pequeña».[6] A primera vista parece fuera de lugar esta referencia al notable ateniense en los últimos días de gobierno romano en África. Pero también Agustín había creado su propio imperio del espíritu, y Darío lo había reconocido: envió dinero para «mi biblioteca, de modo que tuviera medios para editar nuevos libros y reparar los viejos».[7]

Agustín había podido vivir los últimos tres años en su biblioteca. Como siempre, intentaba pasar su ocio «ejercitándome en las Sagradas Escrituras».[8] Parece ser que su lectura en ese tiempo se concentró en los libros históricos del Antiguo Testamento. Anteriormente, sus opiniones sobre la gracia y el libre albedrío se habían desarrollado en relación con el pensamiento de san Pablo, es decir, la lucha moral personal y el poder renovador de Cristo. Ahora, Agustín demostrará que, a los setenta y dos años, seguía siendo capaz de verter sus ideas en un molde distinto y aún más extraño. Lo que para los pelagianos había sido una colección honesta de ejemplos de acciones buenas y malas se convierte en Agustín en una historia empapada de misterio. La intención humana consciente es capaz de llevar hasta ese punto, pero no va más allá, tanto en la acción pública como en la privada. En la historia de Israel, él verá los pánicos de las masas cayendo súbitamente sobre ejércitos victoriosos, el resultado impredecible de una política bien fundada y los cambios repentinos en el corazón de los reyes.[9]

Este esquema se vio ralentizado por la marea de libros que Agustín tenía todavía que escribir en respuesta a cuestiones inmediatas y a ataques: la silenciosa rebelión de los monasterios;[10] el veneno de Juliano;[11] el desafío continuo de las comunidades judías[12] y la aparición repentina y de mal agüero, en la estela de los ejércitos, de obispos arrianos, representantes que contaban con la confianza de los generales germánicos y que sabían que había llegado su hora.[13]

Pero, sobre todo, era la biblioteca en sí misma la que reclamaba su atención. En los estantes, en los pequeños aparadores que servían de estanterías para los romanos tardíos,[14] descansaban noventa y tres de sus libros, formados por doscientos treinta y dos libritos, legajos de cartas y, quizá, portadas atestadas con antologías de sus sermones apuntadas por aquellos entre sus admiradores que eran taquígrafos.[15]

Algunos de estos manuscritos estaban a punto para ser editados,[16] otros eran solo bosquejos incompletos,[17] y muchos le recordaban trabajos cuyas copias había dejado salir de sus manos antes de que alcanzaran su forma final.[18] Ya no le quedaba mucho tiempo de vida. Igual que se había ocupado de nombrar sucesor, tenía ahora que poner en orden su vasta herencia literaria.

Agustín trabajó duramente en esta tarea hasta el mismo día de su muerte. En medio de todos los desastres, leía sus viejas obras durante la noche, y durante el día seguía en la biblioteca, dictando respuestas al importuno Juliano.[19] Solo tenemos los resultados de la lectura de sus obras principales: sus *Retractaciones*.[20] Es este un catálogo de títulos, organizado en orden cronológico. Agustín da, normalmente, la fecha, y una breve reseña sobre el contenido de cada obra, junto con sus comentarios. Estas inestimables notas del anciano son en parte una autocrítica, pero más a menudo son intentos de explicarse.[21] La obra contra Juliano no permitió a Agustín dictar lo que más nos hubiera interesado: comentarios sobre sus cartas y, sobre todo, algún comentario sobre los cientos de sermones cuya cronología nos sigue intrigando y cuya misma espontaneidad pareció causar en el viejo obispo alguna preocupación; porque en la iglesia, admite, raras veces había sido «rápido en escuchar y remiso en hablar».[22]

En su prefacio a las *Retractaciones*, Agustín era perfectamente consciente de que estaba escribiendo una especie nueva de libro.[23] Sus razones, aunque no explícitas, son lo bastante claras. Allí había una gran biblioteca llena de libros cuyo impacto en los católicos había podido recientemente apreciar.[24]

> Aquello que está escrito: «A pesar de muchas palabras, no te librarás del pecado» me atemoriza considerablemente. Y no porque yo haya escrito tanto [...]. Los cielos prohíben que las cosas que han tenido que decirse sean llamadas «muchas palabras», por largas y exhaustivas que hayan sido; sino que temo este juicio de las Escrituras, porque no dudo de que, a partir de mis obras, que son muchas, sería posible sacar muchas cosas que, si no falsas, lo parecerían, o bien se revelarían como innecesarias.[25]

Agustín quería ver sus obras como un todo, que pudieran leerse, en el futuro, por hombres que hubieran llegado a la misma certidumbre que él, es decir, por cristianos católicos maduros. Estos hombres estarían en grado de apreciar el largo viaje que había tenido que hacer para llegar a sus presentes convicciones. Esta es la razón por la cual, en lugar de estar ordenados por temas, se critican deliberadamente los libros por orden cronológico.[26] Estas críticas, sin embargo, no son profundos comentarios autobiográficos. De vez en cuando existe el relámpago ocasional del espíritu activo que demuestra que, como un filósofo por lo menos, Agustín era consciente de que su vida le había llevado a nuevos horizontes.[27] Pero la principal intención de Agustín era, más bien, ayudar al lector a que leyera hasta la menos satisfactoria de sus obras «con provecho», es decir, a través del punto de vista actual de Agustín.[28] Por la misma razón, no pasa por alto muchos libros que había estado inclinado a suprimir por demasiado comprometidos o incompletos, ya que podrían contener algún argumento que fuera «necesario» y muy difícil de hallar en otra parte.[29]

Agustín, pues, no era un hombre que viviera en el pasado. Tenía los ojos puestos en el presente. Sus contemporáneos, por ejemplo, parecían haber perdido contacto con los problemas que se les habían planteado en la defensa del libre albedrío contra los maniqueos.[30] La extraordinaria generación de «compañeros de viaje» de los maniqueos formada por los intelectuales de África se había acabado; era Pelagio, y no Manes, el que interesaba a un hombre del decenio del 430.

Los colegas de Agustín compartían claramente esta sensación de urgencia; porque le habían apremiado a que escribiera lo más pronto posible la parte de las *Retractaciones* que poseemos ahora, el catálogo de sus obras formales. En aquella época, el futuro era demasiado incierto para seguir dudando. Ninguna provincia del Imperio de Occidente podía considerarse segura. Agustín dio a la Iglesia católica lo que, en siglos posteriores, tanto iba a necesitar: un oasis de certeza absoluta en un mundo atribulado; la suya era la biblioteca de un hombre cuya vida podía contemplarse como una fluida progresión hacia la «norma eclesiástica»[31] de la ortodoxia católica.

En conjunto, el trabajo en las *Retractaciones* fue un asunto árido. Demuestra la tenacidad extraordinaria y miope que se esperaba en la obra de un sabio de fines de Imperio romano: comentando las «criaturas voladoras» del Génesis, por ejemplo, aclara que se olvidó de mencionar a los saltamontes;[32] escribiendo en contra de Juliano de Eclana, había dado un nombre a un rey de Chipre, donde *Sorano*, el libro de texto oficial de medicina, no había dado ninguno...[33] Solo hay un oasis de sentimiento:

> Trece libros de mis *Confesiones*, que alaban al Dios justo y bueno de mis modos buenos y malos, y conmueven hacia Él los sentimientos y el espíritu de los hombres; en lo que a mí respecta, tuvieron este efecto sobre mí cuando lo escribí, y siguen teniéndolo cuando ahora los leo. Lo que piensen los demás es asunto suyo: por lo menos sé que muchos de los hermanos los han disfrutado, y siguen disfrutándolos.[34]

El espíritu de las *Confesiones* no está muy lejos de la superficie de esta obra meticulosa: «Por consiguiente, lo que me queda por hacer es juzgarme a mí mismo bajo mi único Maestro, cuyo juicio, por todas mis ofensas, deseo eludir».[35]

En sus últimos meses, Agustín se presentaría, todavía activo en cuerpo y espíritu,[36] en una iglesia abarrotada con los desmoralizados restos de la antaño espléndida sociedad romana. Los ricos, que una vez vivieran en inabordable opulencia, se entremezclaban ahora con los mendigos que les habían envidiado. Los vándalos obtuvieron por la fuerza, mediante torturas y peticiones de rescates, todas las riquezas que Cristo y sus pobres nunca habían recibido.[37] Era un tema para moralistas populares; no obstante, no es el único tema al que Agustín da importancia. Los dos notables sermones de este tiempo son muy diferentes de la reacción que tuvo ante las catástrofes que habían afligido a Roma en el pasado. Entonces, en el año 410, había hablado, repetida y coherentemente, del azote indiscriminado de Dios, del valor del sufrimiento, de la decadencia inevitable de todas las cosas materiales y de la amenazadora proximidad de la senectud del mundo.[38] Ahora, en el centro mismo de los desastres, hablará de modo completamente diferente. La bajada repentina de bandas guerreras sobre una fértil provincia había hecho que la gente se diera cuenta no de que el mundo era feo e inseguro, sino de la tenacidad pura y desesperada de su amor a la vida: habían aprendido esto vívidamente en sí mismos, mientras miraban con ansiedad el cofre de dinero que les ponía a salvo, mientras ofrecían todo su patrimonio para que no los torturaran, o mientras llegaban a las seguras murallas de Hipona sin dinero, desnudos, pero sin embargo vivos.[39] Lo que el desastre enseñó a los refugiados fue el terco amor al mundo de la vida; y Agustín está plenamente en contacto con los sentimientos de los hombres a quienes hablaba ahora: «Cuando envejezcas, extenderás tus manos y otro te ceñirá y te llevará a donde no quieras» (San Juan 21, 18).

El heroísmo de los mártires consistió precisamente en esto:

> Ellos amaban de verdad esta vida; pero también la sopesaban. Pensaban en lo mucho que amarían las cosas eternas, si eran capaces de tanto amor por las cosas pasajeras...
>
> Sé que queréis conservar la vida. No queréis morir. Y queréis pasar de esta vida a la otra de modo que no volváis a levantaros como cadáveres, sino plenamente vivos y transformados. Este es el más profundo sentimiento humano: misteriosamente, el alma misma lo desea e instintivamente lo quiere.[40]

En agosto del año 430, Agustín cayó enfermo con fiebre. Sabía que iba a morir. Muy lejos, en Italia, Paulino también agonizaba, pero en la profunda paz de una ciudad provinciana, recibiendo las amables visitas de sus amigos.[41] Agustín quería morir solo.

> Aquel que no quiera temer, que indague en lo más íntimo de su ser. Que no se contente con tocar la superficie; que descienda a sí mismo y alcance la más apartada esquina del corazón. Entonces, que lo examine con cuidado: hay que mirar si alguna vena envenenada del derrochador amor del mundo sigue sin pulso, o si no se mueve uno por ciertos deseos físicos y es atrapado

por alguna ley de los sentidos; o si no se regocija con vanas jactancias, o se deprime alguna vez por alguna ansiedad huera: tan solo entonces se puede anunciar que se es puro y claro como el cristal, una vez que se ha escudriñado todo en los más hondos nichos del ser más íntimo.[42]

Este santo varón [...] tuvo siempre la costumbre de decirnos, cuando paseábamos como íntimos, que incluso los cristianos dignos de loa y los obispos no debieran abandonar esta vida sin haber hecho la debida exacta penitencia. Esto es lo que hizo en su última enfermedad, porque ordenó que se copiaran los cuatro salmos de David que tratan de la penitencia. Desde su lecho de enfermedad podía ver esas hojas de papel todos los días, colgadas en las paredes, y las leía, llorando profunda y constantemente. Y, a menos que se distrajera su atención de esto en cualquier modo, casi diez días antes de su muerte, nos pidió que nadie entrara a verlo, excepto a las horas en que los doctores iban a examinarlo o le llevaban las comidas. Esto se observó escrupulosamente, de modo que tuvo todo ese tiempo para orar...[43]

Agustín murió y fue enterrado el 28 de agosto del 430.

Un año después, Hipona fue evacuada, y en parte incendiada. Parece, sin embargo, que la biblioteca escapó maravillosamente a la destrucción.[44] Posidio se había llevado consigo la última carta de Agustín a los obispos, en la que les apremiaba a que permanecieran en sus puestos. La incluyó en su *Vida de Agustín*, y fue, dijo, «sumamente útil e importante».[45] Posidio vivió unos pocos años entre las ruinas. Después, los nuevos gobernadores arrianos de Cartago le echaron de Calama, igual que el propio Posidio había expulsado una vez a su colega cristiano, el obispo donatista.[46]

Ahora ya no quedaba nada de Agustín excepto su biblioteca. Posidio compiló una lista completa de sus obras;[47] y pensaba que nadie podría leerlas enteras.[48] Todos los futuros biógrafos de Agustín han venido a pensar lo mismo que Posidio sintió en aquella habitación vacía: «Sin embargo, creo que quienes más ganancias obtuvieron de él fueron aquellos que tuvieron la posibilidad de oírlo cuando hablaba en la iglesia y, especialmente, quienes tuvieron algún contacto con la calidad de su vida entre los hombres».[49]

EPÍLOGO

I
NUEVAS EVIDENCIAS

Mientras el asedio vándalo se prolongaba en el invierno del 430, en la biblioteca de la iglesia de Hipona los amigos de Agustín y, de modo particular, Posidio, obispo de Calama y autor de la *Vida* del obispo de Hipona, tomaron todas las precauciones para asegurar que, después de su muerte, Agustín gozaría de una posteridad literaria inmediata y libre de complicaciones. Sus escritos iban a ser su legado al mundo católico. Sus amigos deseaban asegurarse de que ningún lector futuro de Agustín dudaría sobre qué libros eran suyos, cuáles eran sus contenidos, y cuándo y por qué habían sido escritos. Como hemos visto, Agustín mismo ya había previsto esta necesidad y había escrito las *Retractaciones* en el 427.[1]

Cuando, después de algunos años, Posidio decidió escribir su *Vida de Agustín*, tuvo la precaución de incluir en ella un *Indiculum*, es decir, una lista de las obras de Agustín, originalmente recopiladas en la biblioteca del obispo. Este *Indiculum* contenía indicaciones sobre las cartas y los sermones de Agustín, así como sobre sus grandes obras propiamente dichas. La decisión de Posidio de incluir este documento, fruto del trabajo determinado y ordenado de desconocidos ayudantes de Agustín en sus tareas literarias —estenógrafos y copistas afectos al obispo—, resultó decisiva. Junto a las *Retractaciones* de Agustín, el *Indiculum* de Posidio aseguró que el corpus de las obras teológicas de Agustín propiamente dichas quedara establecido sin lugar a duda en su mismísima fuente. El subsiguiente ascenso de Agustín al rango de autoridad preeminente del Occidente latino debe mucho a este hecho.[2] Posidio sabía lo que estaba haciendo cuando, de manera algo extraña para un obispo cristiano, acabó su *Vida de Agustín* con una cita tomada de la lápida sepulcral de un desconocido poeta pagano: «¿Deseas conocer, ¡oh viajero!, cómo vive el poeta después de muerto? Párate y lee este verso: soy yo quien habla en él. Leyéndolo en voz alta, tu viva voz es la mía».[3]

Sin embargo, Posidio no tuvo un éxito completo. Las grandes obras de Agustín, catalogadas con cuidado en las *Retractaciones* y en el propio *Indiculum* de Posidio, conservaron su extraordinario orden. Pero Agustín había intentado organizar también sus cartas de la misma manera, colocándolas quizá en orden cronológico y comentando brevemente la intención, contenido y errores de ellas. A finales del 428 había revisado muchas cartas suyas y estaba a punto de dictar sus comentarios, cuando llegaron a Hipona ocho libros más del impetuoso Juliano de Eclana. Era una avalancha. Una vez más, con certidumbre tranquila, tuvo que sacrificar al bien común de la Iglesia sus propios intereses. Agustín arrumbó las cartas, cuarenta y un años de su vida pasada. Murió antes de que pudiera volver a ellas.[4] Y también los sermones quedaron sin clasificar.

De ahí nace una crucial diferencia entre los dos cuerpos de escritos de Agustín: sus cartas y sermones circularon vigorosamente en los siglos posteriores, y lo hicieron en colecciones diversas, cuya identificación fue menos fácil que la de sus obras principales. Cuando en los siglos XVI y XVII comenzaron a aparecer ediciones impresas de las obras completas de Agustín, muchos de sus sermones y cartas no fueron incluidos. Los manuscritos en que estos habían sido copiados no eran accesibles a los editores y, por eso, no hallaron cabida en los nuevos y autorizados tomos. Sin embargo, se sabía que existían. Sus títulos estaban incluidos en el *Indiculum* de Posidio. En los catálogos de las bibliotecas carolingias había referencias a algunos por sus títulos. Otros eran parcialmente conocidos gracias a fragmentos citados por autores medievales.[5]

Resultó notoriamente difícil seguir la pista a tales cartas y sermones. Las bibliotecas de Europa contenían más de quince mil manuscritos de obras de Agustín. Hallar sermones y cartas suyos enteramente nuevos, en medio de tantos manuscritos cuya inmensa mayoría eran copias medievales tardías de obras bien conocidas, reproducidas de forma asidua durante siglos, era casi tan improbable como hallar una edición príncipe de Shakespeare en una librería de segunda mano. Y, sin embargo, esto fue exactamente lo que sucedió en 1975, y de nuevo en 1990.

Los tiempos habían cambiado. La tecnología informática posibilita hoy catalogar, identificar y autenticar con inusitada rapidez textos medievales. A partir de 1969, la Academia Austriaca de las Ciencias comenzó a catalogar todos los manuscritos agustinianos existentes en las bibliotecas de Europa occidental. En 1975, Johannes Divjak, que estaba dedicado a ese proyecto, viajó de Viena a Francia. Allí, en la Biblioteca

Municipal de Marsella, halló una colección corriente de cartas de Agustín, a la cual se habían unido veintinueve cartas más. Veintisiete de estas resultaron ser totalmente desconocidas. Hoy se las conoce convencionalmente como las «Cartas Divjak», y se distinguen de la anterior colección de cartas de Agustín por un asterisco unido a cada número.[6]

El manuscrito en que Divjak hizo su descubrimiento no era antiguo. Databa de entre 1455 y 1465. Se trataba de un libro precioso, iluminado por un artista del que se sabía que había trabajado en la corte del rey Renato de Anjou, un monarca rico y desgraciado, autor él mismo de una novela de amor cortés, *La historia de un corazón en la red del amor*.[7] Se daba por supuesto que un elegante manuscrito medieval tardío difícilmente podría contener ninguna obra nueva de Agustín. De ahí la sorpresa de Johannes Divjak cuando se encontró a sí mismo leyendo estas cartas hasta entonces inéditas. De ahí también el placer de los estudiosos cuando se enteraron de que un amplio número de estas cartas se refería a acontecimientos dramáticos del norte de África y de otras partes, de los que previamente no habíamos tenido conocimiento alguno, o teníamos solo conocimiento parcial. Con detalles apasionantes, ellas nos llevan a las últimas décadas de la vida de Agustín. Algunas de las más largas y vívidas datan de entre los años 418 y 428, es decir, desde que Agustín tenía sesenta y cinco años hasta dos años antes de su muerte.

En 1990, François Dolbeau, de París, se percató de que un manuscrito, por lo demás bastante anodino, recién catalogado en la Biblioteca Municipal de Maguncia, contenía, entre muchos sermones conocidos, un conjunto de otros, algunos de extensión inusualmente larga, veintiséis de los cuales eran totalmente desconocidos o conocidos hasta entonces solo en extractos. Estos sermones habían sido copiados de forma rutinaria, alrededor de los años 1470 y 1475, por varios copistas, quizá para uso de los cartujos de Maguncia.[8] Al principio se los llamó por su nombre francés, «les sermons de Mayence», pero ahora se los cita como los «Sermones Dolbeau».[9] Una serie de estos sermones contiene como núcleo las predicaciones pronunciadas por Agustín en Cartago, probablemente entre finales de primavera y el verano del 397, aunque aún no está claro el número exacto de sermones que provienen de ese año. Tampoco podemos estar enteramente seguros de cuánto tiempo pasó él en Cartago ese año. Pero los que con certeza pueden fecharse en el 397 revelan que Agustín estaba en un momento decisivo. Representan su debut como obispo, en una época en la que ya se iban gestando en su mente las *Confesiones*.[10] El otro grupo consta de una serie de sermones predicados en

Cartago y en pueblos pequeños del alto valle de Meyerda, que pueden datarse con seguridad a finales del invierno del 403 y principios de la primavera del 404. Era el tiempo emocionante en que la Iglesia católica de África comenzó a reformarse y a dejar clara su resolución de controlar la vida religiosa de la provincia, presentando desafíos frontales tanto a la Iglesia donatista como a un paganismo siempre tenaz.[11] A estos documentos hay que añadir aún otros sermones de fechas diferentes, tanto de la colección maguntina como de otros sitios, descubiertos para nuestra satisfacción por la afortunada diligencia de François Dolbeau.[12] En palabras de Dolbeau, leer estos sermones es una experiencia solo comparable a «la emoción sentida cuando una cinta recobra la voz de un amigo fallecido hace mucho tiempo».[13]

Efectivamente, sin saberlo, tanto los cartujos de Maguncia como el elegante copista de las «Cartas Divjak» habían excavado un estrato «fósil» de testimonios, intacto durante mucho tiempo. El rasgo por el que en la Edad Media circularon con tanta lentitud estas cartas y sermones en concreto fue precisamente el que hoy los hace tan apasionantes para nosotros: su carácter absolutamente circunstancial. Las cartas y sermones llevan consigo los sonidos de un norte de África que, para quienes los leían y copiaban en el norte de la Europa medieval, eran tan silenciosos como una ciudad sumergida. Con una largura que parece interminable, varias de estas cartas hablan de sucesos que ocurrieron en caseríos y pueblos con nombres raros, donde aún se hablaba púnico.[14] La labor episcopal de Agustín tenía lugar dentro del marco de un sistema legal que aún suponía que todos los caminos llevaban a Roma: mucho material legal contenido en esos documentos era inaplicable, incluso ininteligible, para lectores medievales. Sobre todo, hay cartas muy poco trascendentes, interesadas casi exclusivamente en asuntos cotidianos de la gente llana de pequeños pueblos del norte de África. Pocas estaban dedicadas a las eternas verdades de la doctrina cristiana de las que las personas medievales pudieran sacar provecho.

Por lo que se refiere a los «Sermones Dolbeau», podemos imaginarnos a los monjes del Medievo temprano, trabajando en el lejano norte de Europa, mientras los leían en búsqueda de pasajes que fueran relevantes para sus tiempos. Hacia el año 700, nada menos que Beda el Venerable leía el más largo de estos sermones, predicado con ocasión de la fiesta pagana de Año Nuevo, es decir, el 1 de enero.[15] Enfrentado a una obra retórica de 1.543 líneas, pronto sintió que se le nublaba la vista: era un mundo demasiado antiguo, demasiado distante del suyo; hablaba de un cristianismo todavía engolfado en el paganismo multifacético de una gran ciudad del Mediterráneo... De toda aquella riqueza, Beda extractó menos de cien líneas. El resto, lo desechó. El olor preciso, agudo de una ciudad pagana de los últimos días del Imperio romano no le interesaba mayormente. Su época había combatido esa lucha contra aquella forma particular de paganismo y la había ganado. Durante quince siglos hemos tenido que contentarnos con unos pocos extractos cortos de este enorme sermón, seleccionados y empleados para sus fines propios por el clero del norte de Europa. Solo ahora podemos leer enteros esos sermones y encontramos, una vez más, a Agustín con la apasionante cercanía con que predicaba a la muchedumbre de Cartago.

De hecho, los «Sermones Dolbeau» y las «Cartas Divjak» nos «han devuelto», en palabras de Dolbeau, «la voz de un amigo fallecido hace mucho tiempo». Han retomado a Agustín en dos escenarios separados y cruciales de su vida: los «Sermones Dolbeau» muestran a Agustín, un hombre de cuarenta y tantos años, en acción como predicador, en los mismísimos inicios de su carrera de obispo en el norte de África. Las «Cartas Divjak», en cambio, revelan un Agustín muy diferente: es el anciano obispo, en la década final de su vida, forzado a cargar con todo el peso de responsabilidades propias de un personaje público, y ya autor de fama internacional.[16]

¿En qué se parece esa voz y en qué se diferencia de la que me esforcé por captar en los escritos de Agustín cuando escribí su biografía en los años sesenta? Aquí no es la voz ni de Agustín teólogo ni de Agustín pensador. Más bien, es la voz viva de Agustín obispo, captada a veces en su mayor intimidad y a veces en su mayor rutina. En los sermones, conservados por los estenógrafos tal como fueron predicados, captamos literalmente la voz de Agustín, tal y como él hablaba cara a cara con las comunidades católicas de la primera década de su episcopado. Casi veinte años después, en las «Cartas Divjak» hallamos a Agustín, obispo anciano, atrapado por los interminables quehaceres cotidianos de la Iglesia católica de África.

Es precisamente esta insólita combinación de intimidad y de rutina lo que me ha sorprendido. Me ha llevado a revisar la imagen de Agustín obispo que yo había transmitido en varios lugares de la biografía que escribí. En definitiva, he descubierto que el Agustín de los «Sermones Dolbeau» y de las «Cartas Divjak» es una figura menos autoritaria y austera de lo que mi lectura de los testimonios a mi alcance en los años sesenta me había permitido imaginar.

Por aquel tiempo, lo que me interesaba era el nuevo poder que habían comenzado a ejercer los obispos católicos en la sociedad romana. Al convertirse en presbítero y más tarde en obispo, Agustín llegó a identificarse con ese poder. Desde su ordenación sacerdotal en el 391 hasta su muerte en el 430, los escritos y actividades de Agustín estuvieron principalmente dedicados a la defensa de la autoridad de la Iglesia católica. Esta actividad sin tregua me parecía por entonces la clave para interpretar los cambios de carácter y de pensamiento de Agustín en sus últimos años. El modo en que Agustín se identificó con la autoridad que ejercía como obispo católico me inspiró uno de los temas principales de la tercera y cuarta secciones de la biografía. En las últimas doscientas y pico páginas yo seguía con detenida atención, y no necesariamente con aprobación, esos aspectos de la vida y circunstancias de Agustín que arrojaban luz sobre «el ajuste profundo que hizo», como obispo, «para convertirse en una severa y agresiva figura de autoridad».[17]

Las personalidades autoritarias, especialmente si son «agresivas y severas», no suelen caer bien a los académicos jóvenes. Cuando en los años sesenta yo trabajaba sobre Agustín en el ambiente caballeresco y algo soñador del colegio All Souls de Oxford, la adaptación de Agustín a su poder episcopal me impresionó, si acaso, como una evolución inquietante. En mi opinión, aquella desfiguraba imperceptiblemente la cualidad de su pensamiento y había tenido graves consecuencias para el desarrollo futuro del cristianismo latino. Los «Sermones Dolbeau» y las «Cartas Divjak» me han demostrado que mis aprensiones fueron exageradas. Yo había dejado que la indudable severidad de Agustín y de su legado a las épocas posteriores ocupara el primer plano de mi relato. No había sido capaz de captar los tonos más callados del trasfondo de su vida diaria como obispo.[18] Al mirar atrás, pienso que di demasiado peso a la claridad formidable de sus obras teológicas propiamente dichas, y no presté suficiente atención a sus sermones y cartas. Precisamente porque los nuevos testimonios constan de sermones y cartas, me inclino ahora hacia una consideración de los aspectos más cotidianos, menos triunfantes y más tiernos y minuciosos de la vida de Agustín como obispo del norte de África.

Por ejemplo, los «Sermones Dolbeau» dejan suficientemente claro que, cuando Agustín predicaba, sus afirmaciones no eran, ni mucho menos, afirmaciones ex cátedra del representante de una jerarquía católica establecida con solidez. La mejor descripción que se puede dar de estos sermones brillantes, apremiantes y, a veces, intransigentes es la de «diálogos con la muchedumbre».[19] A menudo son diálogos poco convincentes. Uno siente constantemente en ellos la presencia del no persuadido, del indiferente y hasta del desobediente manifiesto. No se oye en ellos la voz de un hombre seguro de que, como obispo católico, había sido llamado a gobernar a toda la sociedad. El mismo apremio y la mordacidad que resuenan en esos sermones dejan ya ver la poca autoridad que de hecho ejercía sobre sus oyentes.

Como pronto vamos a ver, uno de los «Sermones Dolbeau» más formidables se titula justamente «Sobre la obediencia».[20] En él se extiende Agustín durante una hora sobre los peligros de la desobediencia. Pero las circunstancias en que fue predicado suavizan la impresión de autoritarismo que podía dar su tono. El sermón «Sobre la obediencia» lo había provocado un acontecimiento totalmente estrepitoso: justo el día anterior, algunos miembros de la congregación católica cartaginesa se habían negado ruidosamente a escucharlo, y le habían obligado a abandonar el sermón que había preparado con ocasión de la fiesta de un santo católico importante. Por firme que Agustín deseara ser, no estaba predicando a un rebaño pasivo y disciplinado. Otros «Sermones Dolbeau» muestran con claridad que el paganismo, aunque suprimido de forma oficial por leyes imperiales y con frecuencia declarado por los triunfantes escritores cristianos como virtualmente no existente, no había cedido, ni mucho menos, ante el cristianismo en las ciudades del norte de África romano. Y en cuanto a las «Cartas Divjak»: al final de la vida de Agustín, en una época en que sus opiniones teológicas eran ya acogidas como la ortodoxia oficial del Imperio de Occidente, estas nuevas cartas conmovedoras nos revelan la lucha infructuosa de Agustín y sus colegas para frenar los peores abusos de la administración imperial. Aunque católicas de nombre, estas autoridades mostraban escaso respeto por las opiniones de los obispos católicos locales, por ejemplo, Agustín y sus amigos, cuando estos intervenían para hacer menos brutal la subida de impuestos o poner límites al tráfico de esclavos.

En conjunto, los documentos recientemente descubiertos hacen algo más que confirmar lo que ya sabíamos. Introducen un nuevo sentido de transparencia e incertidumbre en lo que en los años sesenta yo estuve tentado de narrar simplemente como la ascensión, del todo predecible, de Agustín y sus colegas en la sociedad romana tardía. La cristiandad medieval, que el pensamiento de Agustín tanto contribuyó a formar, estaba todavía lejos del norte de África de Agustín. A la luz del desafío que representa este nuevo retrato de Agustín obispo trabajando en un ambiente mucho más fluido de lo que habíamos pensado, podemos ahora volvernos, al menos, hacia algunos de los puntos principales de sus nuevos sermones y, luego, a las más reveladoras cartas nuevas de su ancianidad. Empezaremos con los predicados en Cartago en el 397.

1. CARTAGO, 397

Es posible que Agustín llegara a Cartago en el mes de mayo del 397 y que se quedara allí hasta finales de septiembre (este sería el caso, si predicó en una sola temporada todos los sermones de las fiestas de los santos, celebradas en Cartago entre los meses de mayo y septiembre, recogidos en el primer grupo de los «Sermones Dolbeau»). Si así fue, se trató de una de sus más largas estancias en aquella ciudad. Y, aunque no fuera este el caso, lo cierto es que Agustín pasó en Cartago los meses estivales del 397 y que allí predicó continuamente. Por aquella época Agustín era todavía para muchos un desconocido. Había sido consagrado obispo de Hipona muy recientemente, quizá solo un año antes o, a lo sumo, dos.[21] Era un hombre enfermo. O antes de su viaje a Cartago o en medio de estos agotadores meses, tuvo que guardar cama por terribles hemorroides, sufrió noches de insomnio y posiblemente se vio sometido a una dolorosa intervención quirúrgica.[22] Pero, fuera cual fuese su salud, Agustín seguía predicando. Lo que las masas oían era un hombre que había hallado una nueva voz. El año anterior había trabajado duro sobre el significado de la Carta de Pablo a los Romanos, en respuesta a las *Questiones* de Simpliciano. El asunto se había resuelto, en su mente, a favor de la gracia de Dios: *¿Qué tienes que no hayas recibido?* Ahora llegaba al pueblo de Cartago, principalmente, como un predicador del arrepentimiento, de la conversión y de la gracia; es decir, como predicador de esperanza.[23]

Frente a una congregación formada tanto por no bautizados como por cristianos bautizados, por casados y por candidatos a la vida continente, por mujeres tanto como por varones, Agustín insistía en que Dios había dado a todas las categorías de personas la gracia necesaria para cambiar sus vidas. Dios no era un mero y distante espectador de las contiendas del corazón. Las riquezas de su gracia eran las que posibilitaban comenzar la lucha, continuarla y perseverar en ella hasta la victoria.[24] El arrepentimiento era posible siempre. Los paganos podían criticar a los cristianos la insistencia en el perdón de los pecados: «Hacéis que los hombres pequen, vosotros que, cuando ellos se convierten súbitamente, les prometéis tan gran impunidad».[25] Para Agustín, sin embargo, era precisamente la desesperada inmensidad del pecado la que exigía misericordia. Sus oyentes conocían el sombrío proverbio de los juegos de los gladiadores: «*Retro a saucio!*» (Mantente lejos del herido).[26] Heridos constantemente por el pecado, la furia ciega de la desesperanza los aprieta: «Retira esta misericordia, retira esta venia prometida, y retirarás el único puerto de indulgencia en este turbulentísimo mar de iniquidades».[27]

Lo que vendría mediante la gracia era el crecimiento lento, pero seguro, del amor de Dios y del prójimo; un amor que Agustín, utilizando una vívida imagen tomada de la Cartago de su tiempo, compara con el ardiente celo de unos jóvenes literalmente «fuera de sí» por su común entusiasmo hacia las estrellas del circo:

> Te gusta un auriga: instigas a todos los que quieres a que contigo lo miren, contigo lo amen, griten contigo, contigo enloquezcan. Si no lo aman, tú los insultas, los llamas idiotas [...]. Y cuando llega el día de los espectáculos públicos, tú, amador de un cazador [el *venator* era un equivalente en la Roma tardía de nuestro *matador*, armado solo con una lanza para enfrentarse con osos y panteras], no duermes [...] y, cuando llega la hora de ir, sacudes molesto a tu amigo, adormecido por el sueño y que preferiría seguir durmiendo a ir [...]. Querrías, si pudiese ser, raptarlo del lecho y ponerlo en el anfiteatro.[28]

Esta era una de las caras de Agustín que los oyentes de Cartago se acostumbraron a escuchar del 397 en adelante. Pero Agustín tenía otro papel que interpretar, precisamente en el 397: ese año se le invitó por primera vez a hablar con autoridad, como obispo, acerca de temas sobre los que los cristianos de todas las regiones del Mediterráneo discordaban intensamente entre sí. Los primeros «Sermones Dolbeau» muestran poco interés por los paganos y herejes; más bien, marcan el debut de Agustín como nueva fuerza intelectual que por primera vez intervenía en los debates contemporáneos entre católicos. Predicando en Cartago, Agustín asumía su posición como uno de los nodos de una red de cristianos latinos «intelectuales», que había comenzado a desplegarse por todo el Mediterráneo.[29] En el vasto mentidero de la cristiandad latina de finales del siglo IV, lo que ahora decía Agustín en Cartago pronto sería oído en ultramar por otros, como Paulino de Nola en el sur de Italia y, sobre todo, el formidable Jerónimo, en Belén, así como por los admiradores y los enemigos de este en Roma.

Agustín ya se había dado a conocer ante Jerónimo como portavoz de lo que aquel llamó «la sociedad estudiosa de las iglesias africanas».[30] En el 394, y siendo aún un simple sacerdote, Agustín había puesto en cuestión a Jerónimo sobre algunos asuntos centrales de su traducción e interpretación de las Escrituras. No fue un gesto particularmente afortunado de su parte. Al final, esto llevó a un intercambio de cartas que «muestran a dos hombres cultos que, con una cortesía rebuscada, llevan a cabo una correspondencia singularmente rencorosa».[31] Ahora, uno de los «Sermones Dolbeau» nos capacita para escuchar por primera vez el equivalente a una conferencia de prensa, dada por Agustín en Cartago en el verano del 397 sobre uno de los puntos en disputa con Jerónimo.[32]

Tenía que ver con la famosa discusión entre Pedro y Pablo en Antioquía, a la que Pablo se refirió en su Carta a los Gálatas. Cuando Pedro llegó a Antioquía, Pablo recuerda «que en su misma cara lo resistí, porque se había hecho reprensible» (Ga. 2, 11) por haber intentado imponer costumbres judías, como la circuncisión, a conversos gentiles. Para los cristianos del siglo IV, este no era un episodio lejano. Tal testimonio de conflicto entre los dos principales apóstoles de la fe era un bochorno para ellos.[33] La tendencia era hallar una explicación convincente. La mayoría de exégetas cristianos sostenían que la confrontación entre Pedro y Pablo no implicaba una diferencia real entre los dos apóstoles; al contrario, había sido un fingimiento caritativo, diseñado solo para mantener la unidad de la comunidad cristiana. Pedro había permitido a Pablo fingir que le regañaba en público por haber impuesto la circuncisión a los gentiles; pero, por supuesto, Pedro no había hecho tal cosa. El reproche dirigido a Pedro se había limitado a dar a Pablo una oportunidad de condenar, mediante Pedro, las prácticas de otros. Tal era el punto de vista ofrecido por Jerónimo y por las mayores mentes del cristianismo oriental. Pensar de otro modo era, por implicación, justificar el judaísmo —por admitir que Pedro no había abandonado las prácticas judaicas— y sugerir que dos grandes apóstoles podían discordar sobre un asunto serio. Entre el auditorio de Agustín tiene que haber habido muchos cristianos «intelectuales» que esperaban con impaciencia no del todo inocente oír cómo el nuevo obispo de Hipona se manejaba en este particular dilema.

El sermón fue predicado cerca de la fecha de la fiesta común de san Pedro y san Pablo, el 29 de junio. Agustín declaró su desacuerdo con la interpretación habitual. Admitir que un apóstol podía haber mentido o podía haber participado en un incidente simulado sería como si en el precioso armario de las Escrituras hubiese entrado la polilla. Sus larvas devorarían la entera textura de las verdades reveladas, tan seguramente como arruinarían un cofre entero lleno de vestidos. (Conviene recordar que en la Antigüedad la gente solía guardar su ropa y sus libros en baúles y armarios).[34]

Por supuesto, Pablo había reprendido a Pedro en serio, y Pedro realmente había conservado costumbres judaicas entre sus conversos judíos. Pero para Agustín esto no era sorprendente en modo alguno. La circuncisión y la observancia de las normas dietéticas judías (*kosher*) eran gestos antiguos, que Dios mismo había amado. Las ceremonias judías no debían ser aborrecidas y abandonadas de una vez, como los ritos paganos. El «espíritu» se había alejado de ellas tras una digna vejez. Era necesario llevarlas con reverencia y, si fuese necesario, lentamente al sepulcro.[35] Todo lo que Pablo había reprendido en Pedro había sido su intento de imponer también a los gentiles costumbres judaicas de larga tradición, como si insinuase que la gracia de Cristo por sí sola no era suficiente para su salvación.

La historia de un verdadero conflicto entre dos apóstoles era una lección para la propia época de Agustín. Pase que se diga que los obispos sean irreprensibles (1 Tm. 3, 2); pero esto no significa que los obispos no cometían errores y que no habían de ser corregidos por otros. Agustín no quiso que la congregación tuviera duda alguna sobre esto. Y así contradijo frontalmente la autoridad de Jerónimo y la de un mundo más amplio y quizá más sabio. Pero lo hacía para colocar la autoridad de las Santas Escrituras por encima de las discusiones humanas. Ningún libro de ningún hombre podía tener preferencia sobre ellas:

> Yo, que predico y escribo libros, escribo de un modo totalmente diferente a como fue escrito el canon de las Escrituras. Escribo progresando; aprendo algo nuevo cada día; dicto mientras voy escrutando; hablo mientras llamo a la puerta para entender [...]. Por mi parte, y hasta donde me corresponde, aviso a Vuestra Caridad de que no tengáis por escritura canónica ningún libro ni predicación mía [...]. Si alguien quisiera reprender algo que he dicho rectamente, no obra rectamente; pero más que con quien en un libro mío reprende aun lo no reprensible, me indigno con quien recibe como canónico un libro mío.[36]

Es probable que poco después, en el verano de aquel mismo 397, Agustín descubriera que tenía que dar su opinión sobre otro asunto más delicado y potencialmente explosivo: el del coito matrimonial.[37] Este era un tema que había sido objeto de una diversidad de opiniones en los círculos cristianos, algunas de ellas estridentes y engreídas. A finales del siglo IV, el matrimonio era un tema cargado, apto para provocar en las plumas de cristianos radicales declaraciones de una alegre irresponsabilidad. El movimiento ascético había puesto el matrimonio bajo sospecha.[38] Circulaban historias de dramáticas renuncias al sexo; se alababa a las parejas que habían hecho en la noche de bodas voto de castidad perpetua; se alimentaba la imaginación cristiana con cuentos de vírgenes heroicas que habían defendido su castidad contra los acosos de sus lujuriosos maridos; varios escritores cristianos y aun predicadores cristianos no dudaron en sugerir que el matrimonio estaba contaminado por el hecho del coito, y que, en el mejor de los casos, era un mero baluarte contra el adulterio. Los casados eran tratados básicamente como personas poco interesantes: eran la «infantería» del ejército de Cristo. En el 394, Jerónimo había sugerido todo esto y más en un panfleto tan vehemente que, cuando apareció en Roma, hasta sus amigos tuvieron que retirarlo de la circulación.[39]

En una atmósfera cargada de tales discusiones, Agustín optó decididamente a favor del matrimonio. Rechazó como egoístas y peligrosos los votos unilaterales de continencia, que dejaban al cónyuge sexualmente insatisfecho.[40] Señaló que el propio san Pablo, en su Primera Carta a los Corintios, había hablado extensamente, y de una forma que implicaba que los esposos debían mantener relaciones sexuales. De hecho, había prestado mucha atención a determinar las condiciones en las que los esposos habían de abstenerse del coito, y cuándo no. Este, señalaba Agustín, no era el apóstol santurrón que imaginaban los críticos del matrimonio, radicales y ascéticos: «Puede parecer indecente tratar más diligentemente algo sobre esto [...]. Pero ¿qué somos nosotros en comparación con la santidad del apóstol Pablo? Y, sin embargo, con humildad piadosa, con palabras de salud, con la propia medicina de Dios, Pablo ha entrado en las alcobas humanas. Y tanta santidad se ha acercado a los lechos de los casados, los ha mirado yacentes».[41]

Las personas modernas podrían no agradecer a un apóstol, menos todavía a un obispo, que mirara detenidamente sus lechos matrimoniales; pero uno sospecha que, respecto a los casados de entre los oyentes de Agustín, una cierta medida de regulación clerical les era bienvenida: eso implicaba, cuando menos, un reconocimiento de su estado: mejor ser de vez en cuando adoctrinados por su obispo —como hizo Agustín en esta ocasión— sobre cuándo era permisible el coito y cuándo no lo era que ser permanentemente ignorados por los ultras, que trataban a los casados como marginales en la vida de la Iglesia.

Es posible que Agustín haya predicado sobre estos temas de acuerdo con Aurelio y sus otros colegas mayores. Sus sermones sobre materias controvertidas, como la interpretación correcta del reproche de Pablo a Pedro y la enseñanza de Pablo acerca del matrimonio, eran una discreta declaración de independencia. En asuntos que discutían los cristianos de todo el Mediterráneo, la Iglesia de África, ahora con Agustín como su más elocuente portavoz, no marcharía al ritmo de ningún otro tambor que el suyo propio.

Es natural que nosotros, como modernos, tengamos interés en problemas de hermenéutica bíblica, y que, cuando vemos que un obispo se pronuncia sobre sexo, nos pongamos alerta; pero, para un cristiano medio de la Cartago de finales del siglo IV, el culto de los mártires era una materia de mucha mayor importancia. Como Agustín traería a la memoria de sus oyentes, tiempo después:

> Hermanos, recuerde Vuestra Caridad la festividad de algún mártir o algún santo lugar a donde concurra en determinado día el pueblo para celebrar la fiesta. ¡De qué modo se excitan las turbas!, ¡cómo se exhortan y dicen: «Vamos, vamos»! Y, cuando algunos preguntan: «¿Adónde hemos de ir?», se les dice: «A aquel lugar, al santo lugar». Mutuamente se hablan y, como incendiados cada uno de por sí, todos juntos forman una llama.[42]

Durante el verano del 397, con ocasión de varias festividades de mártires, Agustín predicó en iglesias diseminadas por las afueras de Cartago. En muchas ocasiones haría lo mismo en años venideros. Si, como es probable, varios «Sermones Dolbeau» pronunciados en las fiestas de los mártires datan del 397, ahora podemos por primera vez escuchar directamente cómo llevaba a estas ocasiones Agustín su propio mensaje distintivo. Para sus oyentes, la fiesta de un mártir era un tiempo de vigilias bajo la luz de las antorchas en las cálidas noches estivales. Era un tiempo de gloria, una ruptura con lo ordinario, acompañado por cantos, buen vino y hasta bailes rítmicos. La euforia reflejaba la milagrosa suspensión de las sombrías leyes del dolor y de la muerte, hecha por Dios en la persona de su siervo el mártir. Ir a la fiesta de los mártires no significaba necesariamente estar dispuesto a imitar su aguante: se trataba más bien de obtener fuerzas a través de una participación en el triunfo del mártir, profunda, casi no verbal, entre las turbas emocionadas, la bebida, la música y los bailes. El regocijo entusiasta de tales ocasiones, asociado con los ingredientes terrenales de algún antiguo festival, celebraba un cegador destello de poder sobrenatural que traía un poco de lustre a la gris y penosa existencia del cristiano medio.[43]

Agustín no veía exactamente así las fiestas de los mártires. Como hemos visto, ya sacerdote, sus cartas a Aurelio y Alipio mostraron un serio empeño de reducir la *laetitia*, el regocijo eufórico que acompañaba a los días festivos de los santos. Con una determinación que no presagiaba nada bueno, escribió sobre la necesidad de reforma, impuesta desde arriba por él y por sus colegas de episcopado, a un pueblo indisciplinado e ignorante. «Es la primera vez que podemos ver la manera en que Agustín y sus colegas iban a proceder a un cambio de las costumbres de comunidades enteras, por medio de una premeditada mezcla de firmeza y persuasión».[44]

Si varios de los «Sermones Dolbeau» proceden del 397, dejan claro que en la mente de Agustín se estaba formando una ulterior razón, más íntima, para hacerle desear una reforma de la práctica católica. Se trataba de una razón enraizada en su nueva teología de la gracia. Si deseaba rebajar el tono de exuberante participación en el triunfo de los mártires, era para que el resplandor no terreno de la gracia divina, asociado con sus extraordinarias muertes, no cegara al cristiano medio en cuanto a los frecuentes, menos espectaculares, pero igualmente extraordinarios, triunfos de la gracia de Dios en sus propias vidas; hacer menos dramáticas las fiestas de los mártires con el fin de subrayar el diario drama de las obras de Dios en el corazón del cristiano medio.

Agustín insistiría en que «no deleita a Dios la sangre derramada».[45] Sin embargo, la iconografía cristiana de los mártires, sobre lámparas de terracota que estaban en cada hogar cristiano, indica que la mayor parte de la gente no estaba de acuerdo con él. Las representaciones de los mártires se inspiraban marcadamente en la iconografía de los triunfadores del circo: aparecían en las lámparas como atletas musculosos. Recordar la gloriosa sangre que en el anfiteatro había salido de ellos a chorros, en el siglo v añadía al culto de los santos un escalofrío de placer.[46] En sus sermones de esa época, Agustín se distanciaba deliberadamente de la corriente ideología popular del triunfo de los mártires, y se fijaba en los pequeños triunfos y penas de la vida diaria: «Dios tiene a muchos mártires en oculto. Tampoco hay que desearse la persecución que de las potestades terrenas padecieron nuestros mayores [...]. El mundo no renuncia. A veces tienes fiebre y luchas; estás en cama y eres atleta».[47]

En la época romana tardía gran parte del tratamiento médico se veía acompañado de dolores intensísimos. Además, todos, Agustín incluido, creían que los amuletos suministrados por los hábiles magos, muchos de ellos cristianos, protegían efectivamente al enfermo; pero a costa de confiar en poderes sobrenaturales distintos del de Cristo. Eran eficaces: rehusarlos era como rechazar cualquier otra clase de medicina.[48] Pero el cristiano no debía utilizarlos. Por eso, para Agustín, no resultaba forzado comparar la cama del enfermo cristiano con un escenario de martirio. Obraba así para introducir en cada casa cristiana la misma gloria de Dios que era celebrada en las largas y calurosas fiestas, en las iglesias de los mártires esparcidas por las afueras de Cartago.

Esta serie de «Sermones Dolbeau» forma parte de un conjunto de sermones —muchos de ellos conocidos desde hacía mucho tiempo— que en el *Indiculum* de Posidio estaban dispuestos en un único grupo. No podemos decir si todos los sermones de ese grupo provienen del 397. Algunos pueden haber sido insertados más tarde. Pero, si el núcleo de estos sermones tiene su origen en el 397, bien puede ser que la campaña de predicación desarrollada aquel año en Cartago fuera considerada por Agustín, aun entonces, como un acontecimiento significativo.[49] Aunque sea muy delicado hacer afirmaciones decisivas en estas materias, yo intentaría aventurar una hipótesis. Considero posible que Agustín escribiera las *Confesiones* en el mismo año en que predicaba en Cartago, 397. Ahora bien, ¿qué fue primero: escribir las *Confesiones* o el fresco viento de la predicación sobre el arrepentimiento, la gracia y la autoridad de las Escrituras? Yo sugeriría que la predicación precedió a la redacción de las *Confesiones*. Cuando Agustín volvió a Hipona, al acercarse el décimo aniversario de la muerte de Mónica, era ya consciente, después de su experiencia en Cartago, de que Dios lo llamaba verdaderamente a ser un predicador de su Iglesia. Ahora necesitaba explicar en detalle cómo esto había ocurrido. Inició, pues, la composición de las *Confesiones* no solo, según había yo sugerido anteriormente, como un ejercicio terapéutico mediante el cual curar la tristeza por «el futuro perdido».[5] Si de verdad siguieron a su predicación en Cartago, en el verano del 397, las *Confesiones* fueron escritas también como admonición a sí mismo y como acción de gracias a Dios: «Porque ¿cuándo podré yo suficientemente referir con la lengua de mi pluma todas tus exhortaciones, todos tus terrores y consolaciones y direcciones, a través de las cuales me llevaste a predicar tu Palabra... a tu pueblo?».[51]

Seis años más tarde, otra serie de «Sermones Dolbeau», seguramente fechados entre el 403 y el 404, nos revela otro y más ambicioso lado del Agustín predicador.

2. CARTAGO Y EL VALLE DE MEYERDA: 403-404

Cuando Agustín llegó a Cartago a finales del 403, ya había hecho cuatro visitas previas a esa ciudad desde el 397. El «pueblo de Dios» había tenido varias ocasiones de escucharlo como «predicador de la Palabra». No a todos había gustado lo que oyeron. Uno de los «Sermones Dolbeau», predicado en Cartago en enero del 404, muestra hasta qué punto los esfuerzos de Agustín y sus colegas por reformar el culto dado a los mártires lo habían hecho impopular entre muchos miembros de la congregación de la Iglesia de Cartago. La abolición de canciones, bailes y bebidas junto al sepulcro de san Cipriano, unido a medidas para separar de los varones a las mujeres cuando entraban a las iglesias abarrotadas y se apiñaban unos con otros alrededor de las tumbas de los mártires, había creado resentimiento.[52]

Este resentimiento estalló el 22 de enero del 404. Era la fiesta de san Vicente de Tarragona, celebrada en la amplia basílica catedralicia del obispo Aurelio, en el centro de Cartago.[53] Por invitación de Aurelio, Agustín se levantó para hablar. Pero ¿podría su voz oírse en un edificio tan grande?[54] Una parte de la congregación se adelantó hacia el ábside para estar más cerca de aquel. Otra parte se congregó alrededor del altar, que se erguía en el centro de la iglesia, como era usualmente el caso en las basílicas cristianas primitivas. Entonces surgió un clamor pidiendo a Agustín que bajara donde ellos, de forma que, como había hecho ya antes, hablase desde el mismísimo centro del edificio, rodeado de la feligresía por todos los lados. En sí misma era una propuesta aceptable; pero el grupo que se había movido hacia el ábside se detuvo entonces y comenzó a volver atrás: los que regresaban hacia el altar empujaban a los otros. Desde el grupo que rodeaba el altar se alzó ahora un clamor para que Agustín se apresurara a bajar adonde ellos... Se produjo un momento de atasco.

A Agustín no le gustó. Aquel griterío lo enojó claramente. De repente, dio la espalda a la asamblea, regresó al escaño en que estaban sentados los obispos y se sentó. Una parte de la feligresía se enfadó por este gesto: al negarse a predicar, Agustín parecía estar despreciándolos. Una consigna rítmica —*missa sint*, «sigamos con la misa»— se alzó entonces desde el medio de la congregación: ya no querían sermones. Por un gesto de mal genio, Agustín había perdido la oportunidad de predicar en la solemnidad de un importante santo católico.[55]

Rara vez *vemos* a Agustín tan claramente como en ese momento. Tampoco, cuando al día siguiente tuvo que explicarse en un largo sermón titulado «Sobre la obediencia», captamos tan claramente el tono de voz de un hombre con tan intenso sentido del orden. La obediencia no era cosa de poca monta. Lo confirmaba la caída de Adán y Eva, debida a su desobediencia al primer mandamiento de Dios. Reconoció que recientemente había predicado que el deber del obispo era «servir a los débiles»; pero él los servía para el propio bien de ellos y, por esta razón, esperaba ser obedecido. En su opinión, Cartago debía ser para toda África el escaparate de un nuevo orden católico reformado. Cuando se enfrentaba «a las pequeñas congregaciones que alborotan en el campo y resisten a sus obispos...», les decía: «Id, ved la asamblea de la Iglesia de Cartago».[56]

Y de repente, en medio de este sermón, oímos a Agustín hablar de sí mismo, cuando era estudiante en Cartago, treinta años antes: «Cuando yo acudía a las vigilias en esta ciudad, me pasaba la noche rozando a las mujeres, junto con otros muchachos ansiosos de impresionar a las chicas, y a ver si surgía la oportunidad de tener con ellas algún lío amoroso».[57]

Ya en las *Confesiones* había insinuado Agustín que había iniciado un caso «entre los muros de tu iglesia»,[58] pero en ese texto Agustín contaba la historia de un modo discreto. Sin este nuevo «Sermón Dolbeau» no hubiéramos sabido nada más sobre este incidente. Se trata de una declaración extraordinariamente franca. De un santo varón sirio contemporáneo se decía que había guardado la castidad, «aunque frecuentemente iba a los banquetes de los mártires [!]».[59] No habría podido decirse lo mismo del joven Agustín. Sin embargo, ese mismo estudiante apasionado de los años 370 había venido a ser ahora obispo católico y el predicador del importante sermón «Sobre la obediencia» del año 404.

A pesar del tono severo de este sermón, los otros sermones de aquella época recientemente hallados revelan, más bien, a un Agustín que, con todos los talentos retóricos y didácticos de que dispone, lucha por guardar a la asamblea cristiana de ser de nuevo engullida en un mundo en que el cristianismo de ningún modo había ganado todavía una gran altura cultural. De ahí la importancia del extenso sermón «Contra los paganos»[60] que fue predicado en Cartago el 1 de enero del 404, y de otra serie de sermones similares, más breves, predicados a feligresías que incluían oyentes paganos, en pequeños pueblos del valle de Meyerda, cuando en la primavera del 404 regresó a Hipona.[61]

En estas ocasiones brilla lo mejor de Agustín. El sermón «Contra los paganos» es de dos horas y media de duración: «la joya de la colección de Maguncia», según François Dolbeau.[62] Cuando leemos tal «hazaña», tenemos que recordar que aquel era un mundo más acostumbrado a largas exposiciones retóricas de lo que lo estamos nosotros. La misma justicia romana era un «deporte espectáculo». Las turbas de Cartago podían escuchar durante horas sin fin en el foro, mientras el destino de un hombre dependía de la «lengua» de un defensor hábil.[63] Estar de pie escuchando a Agustín una hora o dos en la basílica no constituía tan gran sacrificio como podemos suponer. Uno sospecha que muchos oyentes simplemente entraban y salían, enterándose de trozos del sermón, mientras el hilo del pensamiento de Agustín se movía en grandes círculos para regresar siempre a los mismos temas, con un certero sentido del tiempo, de forma que dividía el sermón en unidades pequeñas.

Efectivamente, Agustín no «predicaba» sermones como si entregase feroces denuncias de los dioses. Más bien, daba a su parroquia una especie de «seminario». En un mundo en que la abrumadora mayoría de la población era analfabeta, la doctrina cristiana no se podía comunicar a través de libros: eran los sermones los que lo hacían. Los sermones predicados por Agustín en el 404 no fueron otra cosa que una serie de clases maestras sobre la naturaleza de las verdaderas relaciones entre Dios y el hombre. Y los estenógrafos los conservaron tal y como fueron pronunciados. En ellos podemos oír los temas principales de las *Confesiones*, del *De Trinitate* o de *La ciudad de Dios*, que aquí cobran vida para nosotros en el latín llano de las calles de Cartago y de los pueblecitos del valle de Meyerda. Los feligreses ordinarios podían participar plenamente de la grandiosa visión que de la religión cristiana tenía Agustín.[64]

En estos sermones se palpa también la resistencia muda que al cristianismo oponía todo un modo pagano de pensar. Casi un siglo después de la conversión de Constantino, las creencias en los misteriosos poderes de los dioses, alimentadas por historias de milagros realizados por sus antiguos devotos, todavía sobrevolaban sobre las cabezas del cristiano de a pie. El mismo Agustín estaba dispuesto a tener una actitud tolerante al menos hacia algunos de los antiguos sabios. Sugería que Pitágoras, por ejemplo, podía haber confiado solo en los vastos poderes de su propia mente y no en los ilusorios ritos del culto pagano: «Mas de los que no han adorado a ningún ídolo ni se han implicado en rito caldeo o mágico alguno, nada ha de decirse temerariamente, porque no sabemos si de algún modo les fue revelado ese Salvador sin el que nadie puede ser salvado».[65]

Los principales paganos del propio tiempo de Agustín, en cambio, eran harina de otro costal. En Cartago, como en otros lugares, los sabios paganos seguían siendo héroes de la cultura, y tenían sus admiradores en la ciudad. Eran hombres de elevado estilo de vida, asociado con poderes mágicos. Su vasto prestigio aseguraba que los ritos antiguos, aunque técnicamente abolidos por leyes imperiales, nunca serían rechazados de plano. Muchos cristianos tendían a creer que algo tenía que haber en dichos ritos si los había practicado gente tan sabia y durante tan largo tiempo.[66] Para un pagano instruido, hacerse cristiano era perder contacto con una tradición gloriosa: «¿Y voy a ser yo lo que es mi portera y no, más bien, lo que fue Platón, lo que fue Pitágoras?».[67] En eso, Agustín no estaba dispuesto a transigir: el camino de Dios estaba abierto a todos. Las pretensiones de los paganos sobre conocimientos superiores no tenían que intimidar a sus feligreses:

> Vosotros, en cambio, hermanos míos, que quizá no veis con la inteligencia lo que ellos [los sabios paganos] han visto, y aún no sois idóneos para trascender con el pensamiento del ánimo toda creatura [...] para ver al Dios inconmutable [...] no tembléis, no desesperéis [...]. Porque, en efecto, ¿de qué les sirve ver, ensoberbecidos, la patria desde lejos? [...]. Ven la patria como desde el monte de la soberbia, la ven desde el monte contrario. Pero *nadie asciende* a ella *si* antes *no* desciende [...]. Nuestro camino es la humildad. Cristo la ha mostrado en sí mismo. Quienquiera que se desvía de este camino, vendrá a parar en un monte enteramente tortuoso e inextricable, en donde acecha el diablo.[68]

En el corto espacio de este epílogo es imposible hacer justicia a la riqueza y virtuosismo retóricos de varios «Sermones Dolbeau» pertenecientes al año 404. Lo que puede afirmarse es que estas piezas añaden peso considerable a mi sospecha originaria —propuesta, sobre todo, en los capítulos titulados curiosamente *Instantia* y *Disciplina*— de que alrededor del año 404 hubo un punto decisivo en las relaciones entre la Iglesia católica y sus contrincantes religiosos del norte de África, y en la mente de Agustín, un cambio en sus ideas acerca de la relación entre la Iglesia y la sociedad.[69] Apropiadamente se denomina a estas prédicas «Sermones sobre la conversión de los paganos y donatistas».[70] Sea que vayan dirigidos contra los paganos o contra los donatistas, todos tienen un tema común: Agustín deseaba que sus oyentes estuvieran seguros de que la Iglesia católica era «universal» en el más estricto sentido de la palabra; el catolicismo era una religión capaz de llegar a ser la religión de toda una sociedad o, al menos, de la abrumadora mayoría de cualquier sociedad. La Iglesia católica, ahora ya «adulta»,[71] estaba destinada a absorber todos los otros credos. Agustín volvía sobre esto repetidamente, como la más evidente «lección de la historia» de su propia época. Los paganos notables de los pueblecitos de la comarca de Cartago, como Thignica (Ain Tounga) y Boseth, entraban en masa a la basílica local para escuchar la predicación de Agustín. Él, sin rodeos, les decía que estaban anticuados: «Despiértense, por fin, siquiera ante el estrépito del mundo» —un estrépito como el de una muchedumbre en el teatro, que las gentes de la romanidad tardía solían considerar como demostración apabullante y asombrosa de unanimidad—. «El mundo entero es un clamor».

El catolicismo era una religión para todos los lugares y para todas las clases: «Se extrañan de que en nombre de un crucificado el género humano, desde reyes a harapientos, se junte y afluya: ninguna edad, ninguna ideología, ninguna doctrina son dejadas de lado [...]. Toda edad, todo rango, toda la diversidad humana de funciones sociales y recursos económicos han llegado ya. Es tiempo para que todos y cada uno estén dentro».[72]

Viniendo de la boca de un obispo católico del Imperio romano tardío, tales sentimientos nos pueden parecer hoy tan naturales que no podemos caer en la cuenta de su novedad en el año 404. Pero la mayoría de los cristianos de entonces no pensaba como Agustín. Estaban instalados en una actitud mental que, para distinguirla de cualquier noción moderna de tolerancia religiosa, uno está tentado de llamar «pluralismo arcaico». Les bastaba con considerarse como una minoría privilegiada o incluso, si se quiere, triunfante. La prosperidad de su Iglesia y el favor de que ella disfrutaba con los emperadores cristianos habían demostrado ampliamente el poder superior de su Dios sobre el de todos los otros dioses. Y con esta seguridad se quedaban contentos: los otros dioses seguían ahí, aunque no fueran los suyos. Los buenos cristianos podían rechazar el paganismo y hacer todo lo posible para evitar cualquier «contaminación» con las ceremonias paganas; pero no esperaban vivir en una sociedad en la que el paganismo desapareciera del todo. Más bien, guardaban una respetuosa distancia entre ellos mismos y la religión antigua: «Ni adores ni te burles»,[73] era su lema. La idea de una sociedad totalmente católica quedaba más allá del horizonte de lo posible.[74]

Este no era, desde luego, el modo en que pensaban Agustín y sus colegas. Como hemos visto, Agustín y Aurelio, comenzando por el culto a los mártires, se habían lanzado a una reforma de las ceremonias religiosas católicas diseñada para purificar a la Iglesia de las prácticas de los ignorantes, los *imperiti*, que hacían parecer el culto cristiano semejante al de los paganos. Agustín estaba dispuesto a condenar incluso inocentes actos de reverencia, tales como la costumbre de besar la puerta de la iglesia al entrar. No contento con una reforma interna, predicó vigorosamente —y sus colegas incluso elevaron al emperador una petición en este sentido— para extirpar la ignorancia que afectaba al paganismo mismo.[75]

En cuanto a los donatistas, la predicación de Agustín contra ellos era como si se tratara de otro grupo que había que extirpar de la Iglesia católica; una postura que convirtió a Agustín en blanco de un atentado. Sabemos ahora, gracias a unas referencias en los «Sermones Dolbeau», que en el verano u otoño del año 403 Agustín se salvó apenas de una emboscada por parte de los temidos circunceliones. Los donatistas aseguraron que el miedo de aquel roce con la muerte vista tan de cerca le había impuesto silencio durante una temporada.[76] Tampoco los donatistas habían olvidado que sus propios obispos y fieles habían sido asesinados por oficiales católicos en el «tiempo de Macario». A Agustín le tocó predicar en público sobre el espantoso hecho de mártires cristianos asesinados por cristianos como ellos. Pero su feligresía no iba a mostrar simpatía alguna hacia tales mártires. Al contrario, el diablo, el antiguo dragón, con su astucia inmortal había inventado una última ambigüedad para los tiempos cristianos: «Adiestrado en tentar a los santos durante casi ya seis mil años [...] visto que no podía hacer para los cristianos dioses falsos, hizo mártires falsos».[77]

Según la presentaba Agustín, la lealtad de los donatistas a sus mártires era un signo más de aquella empecinada ignorancia que la Iglesia católica tenía que corregir tan eficazmente como había reformado sus propias costumbres y como había reducido al silencio el ruido del culto pagano en las calles de todas las ciudades.

Tales eran las duras consecuencias de una visión del cristianismo como religión verdaderamente universal, sobre la cual Agustín, predicador, estaba dispuesto a pensar en voz alta, en los años en torno al 404. En su monumental estudio, *Las provincias del Imperio romano*, el gran historiador Theodor Mommsen dijo sobre el cristianismo que, «si nació en Siria, se hizo la religión del mundo en y por medio de África».[78] Leyendo los «Sermones Dolbeau» del 404 en adelante, escuchamos una voz de inquietante claridad: la de un hombre que, más que cualquier otro cristiano latino de su época, se atrevía a pensar lo impensable, es decir, que el cristianismo podía llegar a ser la fe religiosa de la sociedad entera.

No es que a Agustín se le ahorrase la acerbidad de sus propias certezas. Uno de los últimos «Sermones Dolbeau», de fecha distinta del 404, es un breve discurso, de no más de cinco minutos, con el que Agustín justificó la decisión de un obispo local de prohibir que a un joven catecúmeno, todavía sin bautizar, se le sepultara entre los «fieles», cerca del altar donde se celebraba la eucaristía.[79] En el sermón que precedió a estas pocas, dolorosas palabras, los temas usuales sobre el universal triunfo católico están notablemente atenuados. Porque la universalidad también tenía su lado áspero: todo el mundo podía unirse a la Iglesia por medio del bautismo; pero esto no significaba que todo el mundo lo hiciera, y aquí estaba ahora el hijo de una familia católica, un joven amado por todos, que había muerto sin el rito salvífico. Su alma tenía que quedar, de uno u otro modo, «muerta», para siempre «fuera» de una Iglesia en perpetua expansión. Esto era suficiente: «No quiero decir más, hermanos míos: con el miedo que hasta aquí he metido, basta, no sea que aumente yo el dolor de estos hermanos nuestros a los que este suceso ha golpeado. La verdad es que hubiera preferido no tener que decir ni siquiera eso; pero he sido forzado por todos vosotros a decir algunas palabras de exhortación y de consejo».[80]

3. *DE TRANSVERSO HINC ATQUE INDE* («INOPINADAMENTE, DE AQUÍ Y DE ALLÍ»)

El Agustín anciano en las «Cartas Divjak»

Las «Cartas Divjak» se publicaron por primera vez en 1981.[81] A lo largo de estos años han tenido ya tiempo, pues, de verterse en el torrente sanguíneo de los estudios agustinianos.[82] Consiguientemente, requieren una introducción menos extensa. En este epílogo apuntaré tan solo algunos de los más reveladores incidentes que por primera vez se han dado a conocer en estas cartas.

Tenemos que recordar que, en cuanto documentos, las «Cartas Divjak» se diferencian mucho de los «Sermones Dolbeau». Tanto en el año 397 como en el 404, habíamos encontrado a Agustín, el predicador, en una situación íntima, principalmente en Cartago, mientras dirigía la palabra a feligresías atentas, dentro de las paredes de las basílicas locales católicas. Con las «Cartas Divjak» avanzamos ahora en el tiempo unos quince años, hasta la década del 420, última de la vida de Agustín, cuando estaba ya en los sesenta y setenta años de edad. Nos encontramos también en un escenario muy distinto. Estamos de vuelta en Hipona y, con Agustín, ahora podemos escudriñar con ojos ansiosos todo a lo largo el Mediterráneo romano.

Después del 413, la controversia pelagiana hizo de Agustín, por primera vez en su vida, una figura verdaderamente internacional. Incluso mientras predicaba a su propia grey de Hipona, estaba obligado a mirar al puerto esperando noticias de lugares lejanos. Ya no era un recién llegado al mundo internacional de los cristianos «intelectuales», como lo había sido en el 397. Su propia autoridad como obispo y su derecho a definir lo que era herejía y lo que no lo era se sentían ahora afectados de forma directa por los acontecimientos de todos los rincones del Mediterráneo.

Otro descubrimiento hecho por François Dolbeau arroja sobre esta nueva situación una luz inesperadamente vívida. En un poco atractivo manuscrito, copiado en Cesena en 1453, Dolbeau descubrió el texto completo de un sermón predicado por Agustín contra Pelagio.[83] El final del sermón ya era conocido durante toda la Edad Media, gracias a una antología de extractos de las obras de Agustín. Constituía una clara y perenne refutación de las doctrinas pelagianas. Pero era característico de los seleccionadores del Medievo temprano dejar de lado las partes más gráficas de la introducción. Ahora, en el texto completo del sermón, podemos oír la auténtica primera reacción pública de Agustín, a finales de la primavera del 416, ante la noticia «caliente» de que los obispos de Palestina, en el sínodo de Dióspolis (Lydda/Lod), habían absuelto a Pelagio de la acusación de herejía, formulada en diciembre anterior, el del año 415.[84]

Todos los años, las tempestades invernales cerraban los puertos del Mediterráneo e imponían a Hipona un bloqueo informativo hasta la primavera. Entonces los barcos iban llegando de nuevo al puerto, cargados con meses de información atrasada. Y así, en la primavera del 416, el diácono Palatino, al regresar de Tierra Santa para visitar en Hipona a su padre, trajo la asombrosa noticia de la absolución de Pelagio, más un panfleto en que este refutaba triunfantemente las acusaciones lanzadas contra él por sus enemigos. No era una buena noticia con que comenzar el nuevo año de contacto con el mundo exterior.

Cuando comunicó el suceso a una congregación que era un hervidero de excitación, el obispo se mostró firme. Dejó claro que la controversia no era un asunto de personalismos. Explicó en detalle sus relaciones previas con Pelagio. Hizo hincapié en que siempre había sido muy cuidadoso de no atacar a la persona de Pelagio. De hecho, le había escrito cartas amistosas, personales, como a otro «siervo de Dios». Había incluso enviado un largo mensaje a Pelagio, mientras este estaba en Palestina, advirtiéndole de las consecuencias de sus opiniones. Este mensaje le había sido comunicado oralmente, como si se tratara de una admonición personal, y estaba diseñado de manera deliberada para evitar una controversia escrita entre los dos.[85] Eran las ideas lo que importaba. Era irrelevante si Pelagio había ahora logrado exonerarse o no de sostener las opiniones por las cuales había sido acusado. Las peligrosas ideas mismas que iban asociadas con las enseñanzas de Pelagio seguían en circulación. Los católicos de Hipona debían estar en guardia contra «una herejía nueva cuidadosamente escondida y que veladamente se escurría por todas partes».[86]

Esta vigilante disposición de ánimo marca las pautas de varias «Cartas Divjak». Estas revelan enfoques, hasta ahora desconocidos, sobre asuntos relacionados con la controversia pelagiana, con Jerónimo en Belén,[87] con el patriarca Cirilo de Alejandría[88] y con el patriarca Ático de Constantinopla.[89] Son cartas que nos permiten captar un aspecto poco usual de Agustín, aquel bajo el que aparecía ante los otros obispos del extremo opuesto del Mediterráneo.

Visto desde esa distancia, el obispo de Hipona no era una figura destacada. En el 417 tuvo que escribir a Cirilo de Alejandría para defenderse de la acusación de haber negado la realidad de las llamas del infierno. A los lectores de Alejandría les había parecido que una reciente obra de Agustín contra los pelagianos sostenía «que no todos los pecadores serán castigados con el fuego eterno».[90] De modo que escribió a Cirilo para decir que exactamente esto era lo que él había sostenido. Los pelagianos habían asegurado que los cristianos podían ser perfectos, y que todo pecado era un acto de desdén hacia Dios libremente escogido, que automáticamente merecía el fuego del infierno. Según este modo de pensar, todo creyente imperfecto estaba expuesto a la condenación. En estos temas, Agustín mostraba ser un alma mucho más compasiva. Le explicaba que, si había escrito de esta manera, había sido para corregir el perfeccionismo inmisericorde latente en las doctrinas de Pelagio: «Se ha de evitar de forma absoluta el error de creer que todos los pecadores han de ir al suplicio del fuego eterno, si no llevan aquí una vida que carezca de todo pecado».[91]

No es frecuente oír criticar a Agustín como alguien permisivo en cuestión de pecado.

Algunas personas eminentes del mundo cristiano griego apenas se dieron cuenta de la existencia de Agustín. Otros, en Constantinopla, en el 420, creían que ya estaba muerto. Cuando Ático, patriarca de Constantinopla, escribió a Aurelio de Cartago, omitió enviar a Agustín una carta similar de saludo. Ático, anteriormente un burócrata y ahora patriarca de la nueva Roma, capital del Imperio de Oriente, pensaba que era indigno de él enviar saludos a obispos que no eran de rango igual al suyo: Aurelio, obispo de Cartago, lo era, Agustín no. En el mundo griego había teólogos de sobra; no era el caso, pues, de saludar a un mero obispo de Hipona, simplemente por su prestigio teológico. Decidido a no inmutarse por el desaire ni por la pobre excusa dada (que pensaban que había muerto), Agustín contestó a Ático con un toque de ingenio que nos hace perdonar tanto en el anciano: «¿Hay algo más creíble que la noticia de que ha muerto un mortal, cosa que sin duda ha de acaecer alguna vez a todo el que vive en la carne?».[92] El obispo de Hipona, sin embargo, no estaba muerto ni mucho menos. Ático tuvo que leer ahora una extensa y no solicitada carta. En ella Agustín defiende sus verdaderas opiniones sobre la sexualidad y el matrimonio, contra la caricatura de estas que, en Oriente, difundían los partidarios pelagianos de Juliano de Eclana. Es una carta construida con esmero extraordinario, la más explícitamente «teológica» de todas las «Cartas Divjak».[93] Era la carta de un hombre que se daba cuenta de que, por mucha que fuese la autoridad que ejercía en África, solo con la punta de los dedos podía influir en las opiniones de un mundo cristiano más ancho.

En la última década de la vida de Agustín, las «Cartas Divjak» nos recuerdan que para su postura era importante que él fuese obispo de una ciudad llamada Hippo Regius. Efectivamente, *Hippo* significa en lengua púnica «puerto». Hippo Regius era, de hecho, el «Puerto Real». Hipona era el único puerto que unía con Roma la región interior de Numidia. Por él pasaban el grano, los impuestos y, como veremos, los horrendos cargamentos de esclavos. Cada año sonreiría el mar.[94] De mayo a octubre, la calma del verano se asentaría sobre el Mediterráneo y los barcos pequeños navegarían de una costa a la otra. *Navigare*, vocablo repetido en las cartas, significaba viajar por mar a Italia, al papa de Roma y al emperador de Rávena. Los mensajeros del gran Alipio, obispo de Tagaste, amigo de Agustín de toda la vida, solían viajar por este puerto, y Alipio mismo ya vivía muy a menudo «ultramar», en Roma y Rávena. Servía casi como de embajador permanente de la Iglesia católica de África. Se responsabilizó de asegurar el cumplimiento de las leyes contra los pelagianos y otros herejes. Además, ahora, a raíz de estas «Cartas Divjak» se sabe que desde su posición hizo lo posible por llamar la atención del emperador sobre varios males sociales de África.[95]

La capacidad de comunicarse a través de la distancia se convirtió en algo importante. Una carta del 419, dirigida a Posidio, llevaba buenas noticias. El mensajero de Alipio había pasado por Hipona e informó de que el conde Constantino, entonces en las Galias y prácticamente soberano del Imperio de Occidente, había promulgado una amnistía a favor de la gente de Cartago, que había protagonizado una importante revuelta contra los impuestos de la que, hasta esta carta, nada sabíamos. La carta oficial de amnistía estaba en camino; lo que ahora quedaba por hacer por parte de los obispos era interceder personalmente a favor de los cabecillas de la revuelta, que se habían refugiado en las iglesias.[96] Este incidente había involucrado a Agustín y sus colegas en una larga campaña de correspondencia y apelaciones. En el transcurso de las negociaciones, una delegación de obispos viajó de África a Rávena y, desde allí, de nuevo hasta África por la franja de los Pirineos, en un gran arco de unos 2.800 kilómetros. Durante todo este tiempo, Agustín había estado esperando en Hipona noticias acerca de los resultados. La misma carta refiere también otros sucesos que le concernían directamente, tan lejos como en Mauretania Caesariensis (el Cherchell moderno, hacia el oeste de la costa africana) y en las cercanías de Gibraltar.[97]

En resumen, lo que se tiene en las «Cartas Divjak» es la impresión de un hombre que, con resignada paciencia, mantiene bajo vigilancia los límites de lo que se había transformado en una especie de vasto imperio intelectual. Si el genio puede definirse como «una capacidad infinita para trabajar esmeradamente», en estas cartas nos acercamos al «genio» del Agustín anciano. Conviene que nos detengamos algo más en este detalle. A los lectores modernos de sus grandes obras no les gusta mucho el tono repetitivo y polémico de sus escritos tardíos contra los pelagianos. Yo mismo los juzgué duramente: rechacé su controversia con Juliano de Eclana como «un combate trabajoso y poco inteligente».[98] Mirando ahora hacia atrás, me doy cuenta de que en esos juicios me dejé influir por las amargas conclusiones de quien, entre los expositores del pensamiento de Agustín a los que por entonces tenía yo acceso, era el más sutil. Al hablar de las últimas obras de Agustín sobre la gracia y la predestinación, John Burnaby había escrito que «casi todo lo que Agustín escribió después de los setenta años es obra de un hombre cuya energía se ha quemado, cuyo amor se ha enfriado».[99] Frente al mesurado juicio de tal autoridad, sucumbí a la tentación de extenderlo a la totalidad de la vejez de Agustín. El juicio de Burnaby es comprensible. Representaba el intento de un cristiano moderno, profundamente leal a Agustín, de aligerar un poco la pesada carga que el pensamiento de Agustín, sobre todo su doctrina de la predestinación, había colocado sobre las espaldas de todas las generaciones sucesivas.

Es fácil tachar las opiniones últimas de Agustín como de «una parodia cruel de su más hondo y vital pensamiento».[100] Esta última y despiadada vuelta de tuerca de la doctrina agustiniana de la gracia se puede descartar: no era sino el reflejo de un endurecimiento trágico de la mente de un hombre viejo, fatigado. Pero ya no me siento tan seguro como entonces de que podamos extender el tono sombrío de sus obras tardías a la vida entera de Agustín, en todos y cada uno de sus aspectos, durante su última década.

Son las «Cartas Divjak», sobre todo, las que me han llevado a cambiar mi parecer. En ellas se nos aparece un aspecto muy diferente, y más atractivo, de este hombre viejo conmovedoramente vigilante. No solo muestran a un Agustín que actúa siempre, si bien con un constante suspiro de resignación, como el colega leal de sus hermanos obispos cuando estos luchan contra un sinnúmero de casos de violencia y de abuso de poder por parte del clero, de los terratenientes o de los administradores imperiales. Sus cartas se caracterizan también por una meticulosidad inspirada y por una heroica falta de medida en todo aquello que concierne a las almas en peligro. No hay nada de «quemado» en un hombre de setenta años que gasta el tiempo hablando con una niña aterrorizada por los comerciantes de esclavos,[101] o que, como parte de su esfuerzo para animar a un padre a aceptar el bautismo cristiano, le pide que le deje ver los ejercicios escolares, las *dictiones* retóricas, de su hijo adolescente.[102] Las cartas dejan claro que el Agustín anciano estaba dispuesto a prestar una atención sin límites a cualquier problema que preocupara a sus fieles, sin importarle lo ocupado que él pudiera estar, ni lo trivial o mal planteado que pudiera estar el problema, ni lo lejos de Hipona que estuvieran o lo excéntricos que pudieran ser los defensores de tal cuestión.

Algunos autores con los que Agustín se encontró por entonces eran, en efecto, el prototipo de la excentricidad. Estos estaban lejos de intimidarse por su autoridad. Por ejemplo, las cartas que en el 419 recibió de Consencio, un laico instruido y recién instalado en las Baleares, arrojan una luz enteramente nueva sobre cómo veían a Agustín varios contemporáneos suyos.[103] Sus gustos no eran los nuestros. Consencio contó a

Agustín que había comprado una copia de las *Confesiones* doce años antes, pero que no le habían impresionado. Había hojeado algunas páginas del libro y lo dejó de lado. Era un libro demasiado moderno. Prefería mucho más, decía a Agustín, «el estilo claro y elegantemente ordenado» de Lactancio, cuya prosa clásica le había granjeado el título de «el Cicerón cristiano».[104] Uno sospecha que entre los cristianos del siglo v había algunos más que pensaban como Consencio. Este tampoco estaba dispuesto a aceptar todo lo que Agustín había escrito como teólogo; la teología especulativa, verbigracia la de Agustín, le producía inquietud: «Aunque dijéramos que a los escritos de Agustín no se les puede poner reproche alguno, ignoramos cómo ha de juzgar sus obras la posteridad. Nadie acusó a Orígenes mientras se hallaba en vida, pero no hay duda de que fue condenado después de unos doscientos años».[105]

Las nuevas «Cartas Divjak» nos hacen caer en la cuenta de lo difíciles que fueron estos años para Agustín, ahora un hombre de casi setenta años. Sus frecuentes visitas a Cartago por razón de los asuntos oficiales de la Iglesia de África le costaron caro: había perdido el contacto con los miembros más jóvenes de su propio clero.[106] En una época en que su vida estaba salpicada de largos viajes sin precedentes —por ejemplo, en el 418 hizo a caballo todo el camino desde Cartago a Mauretania Caesariensis—,[107] Agustín regresaba a Hipona para enfrentarse con el peso de una abrumadora correspondencia y de solicitudes que pedían su parecer sobre nuevos asuntos.

El 1 de diciembre del 419 escribió a su amigo Posidio de Calama para informarle de que, en los tres meses transcurridos desde que juntos habían regresado de Cartago, había dictado seis mil líneas escritas, o sea, más de sesenta mil palabras.[108] Dedicaba las noches de todos los sábados y domingos a dictar los textos finales de sus *Tratados* sobre el Evangelio de san Juan.[109] Iba a enviar a Aurelio de Cartago estos textos más dos sermones, uno sobre la Navidad y otro sobre la Epifanía, redactados en el tiempo que para ellos «pude hurtar a todas mis ocupaciones».[110] Por los mismos meses hubo que responder al panfleto de un obispo donatista de Timgad, así como a las objeciones de un arriano, comunicadas a Agustín por un sacerdote de un pueblo cercano a Hipona. Un obispo del extremo occidental del norte de África, residente en una región enclavada cerca del Atlántico, en un mundo casi totalmente independiente de Cartago, incluso del mismo Imperio romano, recibió de Agustín el consejo de ser prudente en hablar con demasiada certidumbre acerca del problema del origen del alma. Agustín pensaba que estas ideas podrían ser empleadas para favorecer la herejía de Pelagio, una herejía de la cual probablemente aquel obispo no tenía noticia.[111] Como si no fueran suficientes estas tareas, vino a visitar a Agustín un monje de Mauretania Caesariensis, justamente cuando el obispo iba a dedicarse a acabar *La ciudad de Dios*. El visitante llevaba dos libros escritos por un laico, Vicente Víctor, un autor que fustigaba a Agustín por haberse mostrado «indeciso» en cuanto al mismo asunto, es decir, el origen del alma. No le era posible a Agustín ignorar estos libros, bien escritos y posiblemente peligrosos para los fieles.[112] Una vez más, tuvo que posponer su trabajo sobre *La ciudad de Dios*: «Me molesta que esas consultas que me llegan intempestivamente de un lado y de otro para que les dé contestación por escrito, me impidan [continuar] lo que tengo entre manos, y no cesen de llegar».[113]

Nosotros, como historiadores, estamos encantados de que no cesaran esas consultas, pues ellas nos muestran un aspecto de la vida del Agustín viejo, del que, antes del hallazgo de Divjak, no teníamos sino una noción muy imperfecta. Pocos son los documentos que ilustran tan vivamente como estas cartas —muchas de ellas en forma de memorandos legales— el grado y la urgencia del compromiso de Agustín y sus colegas con los problemas sociales de su época. Las cartas anteriores tampoco nos ofrecían un cuadro tan vivo de las dificultades a las que él tuvo que hacer frente precisamente en su propia diócesis.[114]

Para ilustrar mejor este último punto, confío en que el lector me permitirá un aparte autobiográfico. Hace mucho tiempo que sabíamos de una carta urgente que escribió Agustín al papa Celestino en el año 422, informándole de los delitos de cierto obispo de una diócesis rural, Antonino de Fusala, al que Agustín había instalado a las afueras de la diócesis de Hipona, en buena parte por la solidez del conocimiento que de la lengua púnica poseía el joven. Leí esta carta en 1955, cuando con veinte años era yo un estudiante de Historia Medieval. Me fascinó la vivacidad del contenido. La carta revelaba al papa una historia «de intolerable abuso de poder, de rapiñas, de opresiones y vejaciones»,[115] que tenían lugar en una región a solo treinta kilómetros de Hipona. Eso me mostró que el Imperio romano del norte de África no era el modelo de orden que me habían pintado los historiadores clásicos. Y tampoco la Iglesia católica era una institución que funcionase a la perfección. La historia del joven Antonino de Fusala me recordaba, más bien, todo lo que yo había leído sobre la violencia y el desorden de la Europa medieval y «feudal». Llegué entonces a la conclusión de que estudiar el norte de

África de los tiempos de Agustín sería sumamente interesante y no fuera de lugar para un medievalista. Efectivamente, aquí había un testimonio impagable de cómo funcionaban a ras del suelo las instituciones del Imperio romano tardío. En gran medida comencé el estudio de Agustín por razón de los atropellos de Antonino de Fusala.

Por lo dicho, puede uno imaginarse mis sentimientos cuando, casi treinta años más tarde, en 1982, abrí la edición, aún sin cortar, de las recién publicadas «Cartas Divjak» —de hecho, y para ser exactos, en el momento mismo en que las relevantes páginas aparecían lentamente en la bandeja de la fotocopiadora, mientras yo copiaba el libro antes de devolverlo a la biblioteca de la Universidad de California, en Berkeley—: me di cuenta de que allí había una narración más amplia de las fechorías de Antonino de Fusala, escrita por Agustín en el 422 para poner en guardia a Fabiola, mujer de la clase senatorial, cuya protección había solicitado el tal Antonino.[116]

No es frecuente encontrar a Agustín tan desvalido como en la situación que explica detalladamente a Fabiola. El resultado de los repetidos intentos de investigar y disciplinar a Antonino fue que, a finales del tórrido verano del 422, Agustín, durante semanas y semanas, se encontró abandonado en medio de una campiña donde no se hablaba más que el púnico.[117] Visitó el pueblo de Fusala, donde los habitantes le mostraron los agujeros de las casas, de las que Antonino había saqueado las piedras para edificarse un espléndido palacio episcopal nuevo.[118] Al final, una mañana, lo dejaron solo, sentado en medio de la iglesia del pueblo, después de que la entera feligresía —hasta las monjas, le cuenta a Fabiola— hubiese salido asqueada, dejándolo a él y a sus colegas con la pregunta de cómo, mediante qué serie de juicios erróneos diestramente manipulados por este hábil bribón, habían causado «tanta amargura a la gente de aquel pueblo».[119] Esta no era la clase de persona en quien Fabiola podía confiar: «Tú buscas a Dios en este siglo (como una cristiana rica); él busca este siglo hasta en la Iglesia».[120] Pero entonces, ¿qué puede hacer «la Iglesia» en «el siglo», en el *saeculum*? La pregunta seguía obsesionando a Agustín mientras trabajaba por ultimar «la obra grande y ardua» que era *La ciudad de Dios*.

En este aspecto, las escasas «Cartas Divjak» que Agustín escribió a Alipio en los últimos años de su vida aportan no pocas sorpresas al historiador sobre el papel de la Iglesia del norte de África. Aunque dirigida por emperadores católicos con sede en Rávena, la administración imperial había continuado siendo opresora y decididamente profana.[121] Lo revela claramente una «Carta Divjak» escrita a Alipio a principios del 420. Aquellos obispos que habían permitido a los deudores fiscales refugiarse en las iglesias fueron perseguidos por el Gobierno imperial y acusados de obstaculizar la «necesidad pública» de tributación.[122] El reclutamiento del clero sufrió un descenso, porque las clases sociales que habitualmente suministraban los candidatos fueron depauperadas por la imposición de impuestos arbitrarios.[123] Todo lo que Alipio podría hacer era elevar una nueva petición al emperador, para que, por elección, instituyera en África el oficio de «defensores de la ciudad», un recurso puramente laico que ya existía en otras provincias.[124] Poco más podían hacer los obispos. Comparados con las fuerzas del *saeculum*, del mundo, es decir, los oficiales y los grandes terratenientes, los obispos católicos de África habían seguido siendo hombres modestos, con poco poder. El santuario de la iglesia brindaba protección a algunas víctimas de la injusticia, pero las ciudades y los pobres seguían siendo oprimidos: «Vano resulta nuestro gemir a favor de estos desdichados, a quienes no podemos socorrer».[125]

Lo peor iba a suceder entre el 422 y el 423.[126] En connivencia con las autoridades locales, se abrió la costa de África, como nunca antes, a los traficantes de esclavos y a los secuestradores deseosos de conseguir campesinos africanos para los latifundios devastados de Italia y del sur de la Galia. «Con atuendo militar o bárbaro para infundir terror, se les ve asaltar en cuadrillas y a voz en grito ciertas zonas rurales, en las que hay pocos hombres»,[127] y llevarse como esclavos a romanos libres. Por Hipona misma desfilaban las columnas de cautivos hacia la costa, donde los barcos de los traficantes estaban amarrados, a plena vista de las autoridades del puerto. Los cristianos de Hipona rescataron a unos ciento veinte de ellos. Agustín tuvo una entrevista con una aterrorizada muchacha que contó, por medio de su hermano, el asalto cometido contra su granja y el asesinato de los defensores.[128] El personal del obispado, que había intentado impedir este comercio, fue denunciado por los acomodados protectores de los traficantes.[129]

En una situación así no bastaba con la ira. Como obispo, Agustín tenía que actuar enteramente dentro del marco de las leyes romanas.[130] Obtener los textos de estas leyes resultaba difícil y, además, su interpretación era ambigua. Envió a Alipio la copia de una ley; pero a Alipio le pareció caducada y no totalmente aplicable al caso en cuestión. Además, el castigo prescrito en ella consistía en el azotamiento del culpable con látigo plomado, un suplicio horrendo que podía ser letal. Ningún obispo se permitiría invocar unas leyes contra los culpables si los castigos provocaban la muerte. Agustín recomendó a Alipio que buscara en las bibliotecas de Roma unas leyes más aceptables:[131] de algún modo era necesario llamar la atención del emperador sobre esta situación. Para proporcionar argumentos a Alipio, Agustín vuelve a emplear su gran talento de orador, y le dicta unas frases elegantes y aptas para mover a una lejana corte:

> A los bárbaros se les opone resistencia, cuando el ejército romano actúa acertadamente y con éxito, para que ningún ciudadano romano caiga en cautividad en poder de ellos. ¿Pero quién resiste a estos traficantes, que se encuentran por todas partes, y que trafican no con animales, sino con hombres; no con bárbaros, sino con tributarios romanos...? ¿Quién les opondrá resistencia en nombre de la libertad romana —y no me refiero a la libertad en general, sino a la suya propia?[132]

Algún tiempo después de este espantoso incidente, en el 428, Agustín recibió una carta de un mundo más viejo y más pacífico, la última cronológicamente de la serie Divjak.[133] Firmo, un noble culto de Cartago, le había escrito enviándole una copia de las ejercicios escolares de su hijo, que el viejo obispo había pedido ver.[134] Algunos años atrás, Firmo había estado con Agustín, cuando en una sesión pública tuvo lugar una lectura del libro decimoctavo de *La ciudad de Dios*, a lo largo de tres tardes consecutivas. Quizá se tratara de la etapa de la *emendatio*, o corrección, en la que a un grupo de amigos y peritos se le leía en voz alta un manuscrito, en una especie de mezcla de «preestreno» y corrección editorial oral.[135] Agustín había incluso preparado para Firmo una copia manuscrita de la magna obra, cuidadosamente revisada y acompañada de instrucciones sobre cómo encuadernar mejor los muchos cuadernos de que constaba.[136]

Por la fecha de la carta, Firmo ya había leído hasta el Libro X, pero aún no estaba convencido. No pensaba bautizarse. Hombre del mundo antiguo, Firmo se acogía a la tradición pagana de reverente hesitación ante tan gran misterio.[137] Aguardaría algún signo venido de Dios: un sueño quizá, como Constantino, o algún otro fenómeno extraordinario.[138] Su mujer, en cambio, sí se había bautizado. A pesar de los muchos conocimientos que Firmo tenía sobre la literatura cristiana, ella, y no él, tenía el conocimiento místico —el rito bautismal y el acceso a la eucaristía— que salvaría su alma:

> Aunque tú te halles más instruido en la doctrina, ella se encuentra más segura [de su salvación] por haber recibido el sacramento [...]. En efecto, tú estás rechazando los frutos de todos esos libros que amas. Pues sus frutos [los de la lectura de *La ciudad de Dios*] no consisten en que resultan gratos al lector ni en que aumentan el caudal de conocimientos del ignorante, sino en que persuaden a entrar ya sin dudarlo más en la Ciudad de Dios y a perseverar en ella. De estos dos frutos, el primero se otorga mediante la regeneración (bautismo); el segundo, a través del amor a la justicia. Si no producen estos frutos en quienes los leen y alaban, ¿qué producen?[139]

Esta es la última palabra de Agustín a un interlocutor, hasta ahora desconocido, sobre la razón de su vida como escritor.

Pronto moriría. Pero otros —él lo sabía— continuarían escribiendo. «Nuestro pequeño griego», como apodó Agustín al hijo de Firmo, había mostrado en sus ejercicios gran talento. Podía estar orgulloso de su educación: «Sabes muy bien que es de enorme interés el objetivo a que se dirigen esos bienes».[140]

Pero estos dones eran para ser usados. El muchacho se acordaría de su Cicerón: «La elocuencia, unida a la sabiduría, es de gran utilidad para las ciudades; en cambio, la elocuencia, sin la sabiduría, la mayor parte de las veces daña y nunca es de provecho».[141] El muchacho crecería hasta ser lo que Cicerón dijo que él sería: «un hombre bueno, dotado para hablar». «Los antiguos sabían lo que decían cuando dijeron que, si se enseñan a los necios los preceptos del bien hablar, no se hace de ellos oradores, sino que se ponen esas armas en manos de fanáticos».[142] Mientras tanto, Agustín pedía a Firmo que le dijera cuántos años tenía el muchacho y qué textos latinos y griegos estaba leyendo.[143]

Ningún historiador tuvo que acercarse al viejo Agustín a informarle de que la oscura Edad Media estaba a punto de nacer. Él ignoraba, o simplemente no le interesaba saber, que sobre el mundo al que se había acostumbrado pudiesen caer cualesquiera cambios melodramáticos e irrevocables. Por cuanto él sabía, la sociedad y la cultura romanas podían continuar tal como estaban. Se enfrentaba a las etapas finales de su vida con pocas dudas de que, en los años venideros, Cicerón sería aún memorizado por los muchachos, y de que el rutilante arsenal de retórica romana estaría siempre disponible para ser utilizado sumamente bien por algunos, como él mismo, con los años, se había esforzado en hacer, y por otros, en su opinión totalmente franca, como «fanáticos» armados. Es la carta de un viejo que había llegado a enfrentarse con inusual serenidad a la esencial ambivalencia del *saeculum* en que vivía. Una madura cultura romana y el aparentemente sólido orden social, romano todavía, habían hecho mucho por ayudarle a él y a su Iglesia; pero, a la vez, los abusos, tanto del poder como de la cultura, habían sido en manos irresponsables una fuente de crueldad, de error y de sufrimiento para él y para los otros.

II
NUEVAS DIRECCIONES

Non vacant tempora («el tiempo no toma vacaciones»).[1] Con independencia del emocionante y, en gran parte, inesperado descubrimiento de las «Cartas Divjak» y de los «Sermones Dolbeau», una generación de investigaciones continuas ha hecho accesible para los estudiosos de Agustín una gran abundancia de autorizados estudios de su vida, pensamiento y circunstancias. ¡Ojalá hubiera yo tenido a mano cualquiera de estas obras cuando comencé a escribir la biografía de Agustín en 1961! A la sazón, joven profesor en el All Souls College de Oxford, me acerqué a Agustín entrando primero en el siglo xvii tardío. Acudí a los monumentales y proverbialmente fidedignos tomos a los que tenía acceso en la Codrington Library de dicha institución. Leí a mi manera las *Obras completas* de Agustín en las anchas páginas de la edición de los monjes de San Mauro, publicadas, con abundantes anotaciones, entre 1679 y 1700. Siempre iniciaba mi trabajo sobre cada sección de la vida de Agustín con una cuidadosa lectura del informe cronológico, esmeradamente construido a partir de las obras de Agustín mismo, y que se halla en el tomo trece de las *Mémoires pour servir à l'histoire ecclésiastique*, de Lenain Tillemont, publicadas entre 1693 y 1712. El «sincero Tillemont» había reconstruido los acontecimientos de los primeros cinco siglos de la Iglesia cristiana. Él había suministrado la infraestructura cronológica indispensable de toda la primera parte de la obra de Edward Gibbon, *Decadencia y caída del Imperio romano*. Si Tillemont satisfizo a Gibbon, me satisfizo a mí.

Hace falta dar un salto con la imaginación historiográfica para caer en la cuenta de que, todavía en 1961, esta era aún una forma sólida y nada anticuada de comenzar a trabajar sobre una biografía seria de Agustín. Pero era un camino algo estrecho hacia lo que ahora ha resultado ser un tema tan amplio. Era, ante todo, un enfoque que concentró mi atención sobre todas las fases de la vida de Agustín, tal como se la podía seguir gracias a los abundantes testimonios contenidos en la sucesión de sus obras datada con certeza. Era sorprendente cuánto podía aprenderse de esa manera. En contraste con este enfoque limitado, lo que me impresiona en 1999 son la solidez y, sobre todo, los amplios horizontes de tantas monografías modernas, no todas centradas exactamente en la vida de Agustín. Ellas están ahora a mano para guiar, inspirar e informar al futuro biógrafo. Me limitaré a hablar de las más destacadas de estas guías.

El elemento más escurridizo de la reconstrucción de una vida de Agustín continúa siendo la cronología de sus sermones. Esta ha sido sustancialmente revisada por A.M. La Bonnardiére. La paciente revisión de la cronología y la ubicación de tantos sermones de Agustín —una revisión ahora inconmensurablemente ayudada por tanto material nuevo, contenido en los «Sermones Dolbeau»— han posibilitado escribir la fascinante historia del uso cambiante de las citas bíblicas tanto en sus obras principales como en su predicación diaria.[2] *Les voyages de Saint Augustin*, de Othmar Peder, ha suministrado un relato completo de la vida de Agustín, en términos de sus constantes viajes como obispo entre Hipona, Cartago y otras ciudades, magníficamente ilustrado por vistas de los paisajes por los que él pasó, y de las ruinas de las basílicas en las cuales debió predicar.[3] Al retrato biográfico de Agustín, escrito con exuberante erudición por André Mandouze, bien diferente del mío en tono y estructura,[4] siguió finalmente la obra maestra del saber francés, llevada a término bajo la dirección de Mandouze, *Prosopographie de l'Afrique chrétienne (303-533)*.[5] Esta es, nada más y nada menos, que una «biografía colectiva» del cristianismo africano en la época de Agustín. Todos están aquí incluidos: clero y laicado, católicos, donatistas y paganos. Apenas hubiera osado yo soñar con una obra semejante en 1961.

Tampoco se ha descuidado el mundo secular del África de Agustín. Claude Lepelley ha hecho justicia plena a la tenacidad de las ciudades del África romana tardía y al estilo impenitentemente profano de su vida pública. Ha colocado a Agustín sobre el telón de fondo de un mundo fuertemente secular que de ningún modo se unió en su totalidad a favor de los valores de la Iglesia cristiana.[6] Otros han hecho justicia a la ancha campiña de Numidia, a las mal gobernadas montañas y a las franjas desérticas que rodeaban las ciudades pequeñas.[7] El trabajo prudente y paciente de una generación destacada de arqueólogos, principalmente el fallecido Paul-Albert Février, Noël e Yvette Duval y, para Cartago, Liliane Ennabli, ha proporcionado vislumbres fragmentarias pero vívidas de las basílicas donde predicó Agustín y de la naturaleza de la práctica religiosa cristiana de aquel tiempo.[8]

Es importante que el lector de mi biografía sea advertido de las implicaciones de este ensanchamiento de nuestros horizontes. Yo me sentí atraído al estudio de Agustín, inicialmente, por la brillante síntesis de William Frend, *The Donatist Church: A Movement of Protest in Roman North Africa*.[9] En este libro, las relaciones de Agustín con los donatistas eran el centro de una hipótesis grandiosa y seductora sobre los fundamentos sociales y culturales del movimiento donatista. Sin embargo, pese a la envergadura e insistencia en lo concreto que hicieron del libro de Frend una obra maestra, *The Donatist Church* limita sutilmente nuestra perspectiva a un solo aspecto del África romana tardía. Se concentraba en el supuesto fundamento ético y social del donatismo, y en los fallos y aciertos de las relaciones de Agustín con él. Al publicar este libro, en 1999, nos hemos encontrado con un paisaje inmensamente más ancho: podemos abarcar todo el África cristiana y no solo aquellas porciones reveladas por la participación de Agustín en la controversia donatista. Es un paisaje sobre el que la figura de Agustín está casi empequeñecida. Su clara e insistente voz no siempre corrió por esta amplia región.

Consideremos dos pequeños pero significativos ejemplos: ellos nos recuerdan que el África romana era un territorio inmenso. Aun en lo religioso, los sucesos que preocupaban a Agustín no eran los únicos que ocurrían. Cuando era obispo de Hipona, en algún momento edificaron un magnífico santuario en Theveste (Tébessa) cerca de la tumba de santa Crispina. Fue la obra de un obispo, casi ciertamente colega de Agustín, que fue capaz de movilizar artesanos del más alto rango. Se accedía a él mediante una imponente vía sacra, y se entraba por unos arcos de triunfo romanos de puro estilo clásico tardío, asociado con el llamado «renacimiento teodosiano». Pero ni el obispo ni su llamativo santuario se mencionan en ninguna obra de Agustín. Nos habría sido totalmente desconocido si en el siglo XX no se hubieran descubierto e interpretado las ruinas.[10] En otros lugares, las frases sobre las inscripciones sepulcrales cristianas, e incluso los montones de ánforas para el vino desparramadas entre estas tumbas, nos demuestran que la reforma de la piedad católica, mediante la que Agustín y Aurelio intentaron en Hipona y Cartago excluir la bebida y los festines junto a las tumbas de los muertos, posiblemente no tuvo resonancia en otras ciudades importantes.[11] Nuestra creciente conciencia de las amplias áreas del cristianismo norteafricano que en las obras de Agustín hallaron poco o ningún lugar nos sirve para agudizar nuestra conciencia de su perfil inconfundible, y nos capacitan para grabar más claramente que nunca antes, sobre el trasfondo de su tiempo y su región, el carácter preciso y los límites de la vida de este hombre singular.

También tenemos ahora una visión más tridimensional del ambiente religioso y cultural en que tuvo lugar la evolución del pensamiento del joven Agustín entre el 370 y el 387, y contra el que más tarde definió sus opiniones como obispo. También en esto hemos tenido la suerte de contar con otros inesperados descubrimientos. Los estudiosos del joven maniqueo Agustín pueden ahora leer en un papiro hallado en Egipto en 1969 una *Vida de Mani*[12] y también cartas y textos de una comunidad maniquea, la del pueblo de Kellis, descubiertos en 1992 en el oasis de Dakleh en Egipto occidental.[13] Algunas de estas cartas fueron escritas por contemporáneos mismos de Agustín. Nos permiten aproximarnos más que nunca al carácter de una «célula» maniquea, como la que tiene que haber arropado a Agustín en Cartago y Tagaste en la década del 370. Una madre —maniquea ella, ¡no como Mónica!— le escribe a su hijo diciéndole que ella reza para que, en el otro mundo, «podamos ver la imagen uno del otro abiertamente y con cara sonriente».[14] Los documentos nos muestran el maniqueísmo como una fe viviente, vista desde dentro. Nos recuerdan que lo atractivo de la «Iglesia» maniquea no venía únicamente de sus doctrinas sobre el mal y de su énfasis sobre el incontrolable apetito de la carne,[15] sino también del clima de amistad espiritual. Como maniqueo, es evidente que Agustín vivió entre grupos caracterizados por unas relaciones intensas y altamente espiritualizadas.[16] Pequeños círculos de almas «renacidas», «iluminadas», anhelaban arrellanarse juntas en la dulce armonía del Reino de la Luz. En tal reino, todas las diferencias causadas por el cautiverio de las almas en la abyecta materia —incluida la diferencia entre los sexos— serían abolidas. Solo sobrevivirían los lazos de amistad espiritual que en la Tierra habían unido a los fieles.

También ahora sabemos más sobre el mundo social y político en que Agustín hizo su carrera de *rhetor* en la década del 370 y a principio de los años 380. Tenemos más noticias sobre las estructuras y los ideales del sistema educativo de su tiempo y sobre el funcionamiento de las redes de padrinazgo que, de joven, lo capacitaron para salir de África a Roma y finalmente a Milán.[17] Y lo más importante de todo es que hemos venido a conocer a san Ambrosio: como exégeta, predicador, filósofo y político eclesiástico, Ambrosio ha adquirido un perfil completamente personal.[18] Para nosotros ha dejado de ser solo el telón de fondo, elevado pero algo mate, de la conversión de Agustín. Como resultado del mayor conocimiento acerca de Ambrosio y de la Milán de su tiempo, hemos podido revisar nuestro cuadro del cristianismo milanés de la década del 380. El «círculo milanés» de «cristianos platónicos» que Agustín encontró a la hora de su conversión parece ahora menos compacto y tolerante de lo que habíamos creído y pensado.[19] «Aquella sociedad maravillosa de laicos cristianos», de la cual escribí con evidente cariño en 1967, ha perdido algo de su aura. Ya no podemos asumir que, cuando estuvo en Milán entre el 384 y el 387, Agustín entrase en contacto con un ambiente intelectual en que cristianismo y platonismo coexistían sin conflictos, bajo la benigna guía nada menos que de Ambrosio en persona.[20] Ambrosio no admitía compromisos fáciles entre cristianismo y sabiduría «mundana».[21] Pero tampoco el paganismo era, en los círculos intelectuales, una fuerza sin vigor. De modo que, cuando Agustín hizo sus primeros contactos con los escritos neoplatónicos en el 386-387, tuvo que tomar difíciles decisiones. Y tuvo que tomarlas por sí mismo: no gozó del apoyo de un grupo dedicado a construir un tolerante bricolaje de ideas que abarcaran formas de platonismo cristianas y no cristianas. En consecuencia, la rama de platonismo que Agustín adoptó en el 386 era un platonismo preparado para dar batalla. Al poner a Cristo en el centro de su postura religiosa e insistir en que él era el único y necesario mediador entre Dios y la humanidad, es posible que Agustín actuara en consciente oposición a alternativas paganas concretas, probablemente mantenidas por intelectuales paganos del tiempo. En los círculos cristianos de Milán, la filosofía pagana de ningún modo había sido «domada» mediante una fácil síntesis. Aquellos que compartían el «baño común» del platonismo salían de las aguas no necesariamente de acuerdo los unos con los otros.[22]

Idéntico sentimiento de haber añadido ulteriores dimensiones a nuestros conocimientos se aplica a los estudios recientes sobre los contrincantes del Agustín posterior. Estudios sobre el donatismo y la distintiva tradición africana de la Iglesia —tradición que se remontaba a la enseñanza de Cipriano sobre el bautismo— han hecho posible escuchar a los donatistas en sus propios términos.[23] En un único historial se han recogido documentos cruciales para el donatismo.[24] Informes católicos y documentos distintos de los de Agustín han sido hábilmente editados y comentados, muy notablemente el vívido registro estenográfico de la confrontación de los dos partidos en la Conferencia de Cartago del 411.[25] Se ha demostrado que un cierto número de sermones de origen africano son donatistas.[26] Uno de estos pudo haber sido predicado después de la supresión de la Iglesia donatista en el 405, y en él podemos oír la voz de una Iglesia en cautiverio. En un sermón sobre la diferencia entre cristianos «verdaderos» y «falsos», un obispo donatista, posiblemente contemporáneo de Agustín, se lamenta de que, aunque en Egipto el faraón había intentado asesinar a los hijos de los israelitas, nunca había osado intentar hacerles cambiar sus creencias religiosas, como estaban haciendo ahora en África los católicos respecto a su grey.[27]

En cuanto a Pelagio, el heresiarca por antonomasia de los últimos años de Agustín desde el 413 en adelante, excelentes trabajos sobre manuscritos poco conocidos nos han capacitado para conocerlo en sus propios términos, como comentarista de las cartas de san Pablo, cuando, a principios de la década del 400, enseñaba en Roma. En estas nuevas ediciones de los escritos de Pelagio nos encontramos con un personaje al que frecuentemente habíamos visto solo a través de los ojos de Agustín. Hallamos a Pelagio en el trabajo, obrando como un maestro cristiano entre otros, rodeado por una red de discípulos y propagadores de sus ideas.[28] Hemos llegado también a apreciar mejor el efecto de las ideas de Pelagio sobre otras personas distintas de Agustín. Las relaciones de Pelagio con el laicado, el clero y los papas de Roma han sido documentadas con ejemplar precisión.[29] Según hemos visto, las «Cartas Divjak» nos han contado algo más sobre cómo vieron la controversia pelagiana personalidades importantes del Mediterráneo oriental.[30] No fue Agustín el único combatiente en aquella gran contienda ni, al parecer, el único dispuesto a ver tras la persona de Pelagio un cuerpo de ideas a las que podría tildarse de heréticas.[31]

Por lo que al propio Agustín se refiere, la continua aplicación de investigaciones del más alto rango no ha dejado intacto ningún aspecto de su pensamiento y actividad.[32] Los estudiosos anglohablantes estarán particularmente agradecidos por las recientes traducciones de obras cruciales que en 1967 no estaban disponibles:[33] por las nuevas traducciones de las favoritas, como *La ciudad de Dios*;[34] por una reedición de la musical traducción de las *Confesiones* de F. J. Sheed, a la que en los años sesenta acudí con gratitud constante;[35] y, última en orden pero no en importancia, por una nueva versión de las *Confesiones*, hecha por Henry Chadwick, maestro del pensamiento cristiano primitivo. Mejor que cualquier otra traducción inglesa de esta obra, la de Chadwick ha captado el sabor exacto de Agustín como escritor filosófico, sumergido en una austera visión platónica de mundo, particularmente difícil de transmitir en vocablos modernos.[36] Quizá mejor que ningún otro, James O'Donnell ha suministrado un comentario de las *Confesiones* en tres volúmenes, que demuestra que la exactitud filológica, aliada con un avispado sentido común, continúa siendo aún en la más moderna de las edades modernas el camino más seguro y más estimulante hacia este libro perturbadoramente inclasificable.[37]

Es importante que el lector sepa que estos estudios son más que bienvenidos «suplementos» a una biografía escrita en los años sesenta. Desafían a los lectores a caer en la cuenta del realísimo espacio temporal que existe entre nosotros, hoy, y la época, distante y distinta, de los estudios agustinianos en los años sesenta. A riesgo de caer en lo autobiográfico, quizá podría ayudar al lector saber dónde yo me movería ahora a escribir de modo diferente de como lo hice entre 1961 y 1967, y por qué. Inevitablemente, tales sugerencias son personales y poco sistemáticas. No han de ser tomadas como un juicio global sobre el vasto campo de los estudios agustinianos como un todo. Las ofrezco a la luz de las direcciones que mi propio trabajo ha seguido en estos treinta últimos años. Lo hago para que quienes han leído la biografía de Agustín, publicada inicialmente en 1967, puedan además tener una razón para modificar sus opiniones —como yo he hecho respecto a muchos puntos—, sobre este hombre excepcional siempre fascinante e irreductiblemente característico.

Dicho en pocas palabras: si yo fuese a empezar de nuevo a escribir una biografía de Agustín, sería más consciente de lo que era cuando comencé en 1961, en cuanto al conocimiento del contexto global de su vida y pensamiento que la investigación reciente nos ha facilitado. Ahora se puede situar a Agustín sobre un paisaje mucho más rico y variado que en los años sesenta. Hemos llegado a conocer las ideas de cristianos contemporáneos de Agustín que, aunque pensaban muy de otro modo, lo hicieron sin oponerse a él necesariamente como herejes. Ahora somos conscientes de que, por todo el Mediterráneo, muchos cristianos vivían sus vidas según tradiciones y conceptos acerca de la persona que Agustín no compartía. Podemos medir la solidez de sistemas de pensamiento que luego quedaron ensombrecidos en la Europa occidental por la poderosa síntesis de Agustín. Y, sin embargo, cuanto más hacemos eso, menos perdido queda Agustín en el panorama de su época: su individualidad continúa descollando, en decisivo contraste con sus coetáneos.

Esta vasta panorámica no me era tan evidente en 1961. La persona de Agustín me bastaba. Es característico de toda biografía que el autor se dedique a su asunto con todo el corazón y, a veces, lo haga exclusivamente. Tal enfoque implica riesgos; pero no tengo ningún género de duda de que en los años sesenta yo abracé con placer estos riesgos. Agustín me parecía una de las pocas figuras de la Antigüedad tardía que se prestaba a ser biografiada. Sus escritos eran extensos, vívidos y, lo más importante de todo, la mayoría de ellos estaba fechada con seguridad. Pero había más: la cualidad total del pensamiento de Agustín, tal como llegué a conocerlo por aquella época, hacía de él un modelo único para la escritura de una biografía. Y no solamente se nos brindaba como sujeto de una biografía; es que mostraba cómo había que hacerla. Enseguida me impresionó la manera en la cual Agustín mismo contemplaba la evolución de su vida, no solamente en las *Confesiones*, sino también en muchos sermones y cartas. Fue esto lo que, a principio de los años sesenta, me atraía cada vez más y más al estudio de Agustín. Me desafiaba su constante preocupación por la naturaleza de la motivación humana y por el problema de la continuidad en las personas. A escribir el tipo de biografía que escribí, me movió, sobre todo, la propia obsesión de Agustín con la relación que, en su propia vida y en las vidas de otros, existe entre inspiración interna y circunstancias exteriores.

Y así, con emoción y creciente resolución —actitudes para nada desechables en un joven—, fue como, a medida que leía las obras de Agustín, tomando nota de los cambios de tono y contenido de sus escritos en diferentes momentos de su vida, descubrí que mi obra sobre él podría llegar a ser una verdadera biografía. Había comenzado en 1961 de manera convencional, con la intención de escribir un estudio sobre la vida y época de Agustín; pero en 1963 me di cuenta de que podría hacer algo más que esto: podía escribir la historia de la maduración interior, en una variedad de circunstancias cambiantes, de una sola persona siempre cambiante. Seguí «los largos itinerarios interiores» de un hombre que había vivido mil seiscientos años antes de mi época, en buena parte porque él mismo había hablado de sí de un modo que hacía posible una biografía.

En las circunstancias de los años sesenta, esto representaba para mí algo revolucionario en mi enfoque de la escritura de la historia. A la historia del Imperio romano tardío, como a toda otra historia según se la enseñaba y estudiaba en Oxford por entonces, se la consideraba, por así decir, desde fuera. Los sucesos «objetivos» —la administración del imperio, las relaciones de clases dentro de él, las maniobras de las élites, la sucesión de reinados, guerras civiles e invasiones de los bárbaros— contaban más que la experiencia subjetiva, «interna», de quienes participaron en estos sucesos. Se prestaba atención sorprendentemente escasa a las expectativas culturales y religiosas que los hombres de entonces aportaban al mundo que los circundaba. Con el estudio sobre Agustín, caí en la cuenta de haber encontrado un camino hacia lo que más quería —un camino desde la historia «exterior» del Imperio romano tardío hacia la «interior»—, porque había pocos acontecimientos importantes de aquel tiempo tempestuoso que no hubieran sido interpretados por su extraordinaria inteligencia, o que no se reflejaran, a menudo de un modo inesperado, en sus múltiples obras. Mediante la lente de su personalidad era posible ver un periodo entero de la historia romana tardía; una lente, ella misma, que parecía cambiar profundamente con los años, ya que, de viejo, veía el mundo de modo muy diferente a como lo había visto cuando era un pensador joven. Esta fue la razón principal para escribir una biografía de Agustín, y para escribirla en la forma en que lo hice.

Convendría recordar que, en los años sesenta, algunos de los mejores trabajos sobre el pensamiento de Agustín acentuaban aquellos momentos en los que él parecía haber cambiado de opinión sobre asuntos importantes. Estos estudios examinaban la manera en que la progresiva asimilación que de las Escrituras cristianas hizo Agustín, su experiencia pastoral y su lucha con el problema de la gracia y el libre albedrío le habían conducido a renunciar a su anterior punto de vista sobre la naturaleza de la sociedad, el papel de la cultura de la élite y sobre las capacidades de la naturaleza humana.[38] Su pensamiento se transformaba sin prisa pero sin pausa, al ritmo del cambio de las circunstancias. Como resultado de estos estudios, creí que en una biografía de Agustín era posible «tratar de comprender esa área crucial donde los cambios internos y externos se encuentran los unos con los otros».[39] Lo que mi biografía trató de transmitir fue un sentido de movimiento humano en una figura habitualmente identificada con todo lo que de más rígido e intransigente había en el dogma católico.

Se puede discutir el énfasis puesto en los cambios de pensamiento y pareceres de Agustín. Ha quedado demostrado que elementos centrales de su pensamiento son increíblemente estables, con pocos indicios de discontinuidad. No se puede decir que la vida intelectual de Agustín como obispo transcurriera totalmente ensombrecida por «el futuro perdido», como yo había insinuado en un capítulo, así titulado, de mi libro.[40] De modo semejante, no se pueden desechar a la ligera las últimas décadas del pensamiento de Agustín sobre la gracia, el libre albedrío y la predestinación, como si fueran desviaciones de un viejo fatigado, respecto a los puntos de vista sostenidos por él cuando era joven y «mejor».[41]

Como pensador, Agustín fue seguramente más hombre de una pieza, *aus einem Guss*, y al que discontinuidades fatales dividieron menos de lo que yo había imaginado.

Sin embargo, por el tiempo en que escribí, yo no estaba preocupado demasiado con el problema filosófico y teológico del cambio o la continuidad en las estructuras fundamentales de su pensamiento. Las mutaciones que creía haber percibido en su pensamiento me interesaban, sobre todo, como historiador. Los cambios que me esforcé en enfatizar fueron aquellos que, de hecho, reflejaban las condiciones cambiantes de su vida. Los deberes propios de su papel como obispo y las circunstancias en las cuales se movía habían alterado sutil e irrevocablemente sus pareceres acerca de la cultura, la sociedad y la naturaleza humana. Una biografía de Agustín, escrita acerca de estos temas, me capacitaría para acercarme desde «dentro», por así decirlo, a uno de los más significativos sucesos de la historia del Imperio romano tardío: el ascenso de la Iglesia cristiana en la sociedad romana.

En 1961 estaba totalmente de acuerdo con Edward Gibbon y con mi mentor, Arnaldo Momigliano —y lo estoy todavía—, en que el ascenso de la Iglesia cristiana constituyó el cambio más significativo y singular que ocurrió en las centurias finales del mundo antiguo. Se trató del crecimiento de una institución religiosa, a partir de las bases populares de la sociedad romana. La Iglesia cristiana llegó a contar con la fidelidad de aristócratas como Ambrosio, o de intelectuales como Agustín, pero a la vez se dirigía a las necesidades de las masas, como la cuasi analfabeta congregación a la cual predicaba Agustín en Cartago e Hipona. Como obispo de esta Iglesia, Agustín se encontraba en una institución que era capaz de afectar a más personas y en unos niveles de su ser más profundos de lo que jamás lograron hacer las majestuosas pero distantes estructuras del Imperio romano. El cristianismo movilizó sus corazones, creando una lealtad nueva hacia un imperio mayor e invisible, el de Dios.[42] Se me ocurrió que una biografía de Agustín, atenta a su evolución intelectual y personal a lo largo de los años, abriría como un pozo minero que pasaría por el corazón mismo de este proceso. Yo seguiría de cerca cómo un hombre, cuya primera carrera le había llevado en búsqueda del éxito por medio de las estructuras seculares del Imperio romano, se ajustaba a horizontes nuevos, a percepciones nuevas de la naturaleza humana, y a un nuevo punto de vista sobre la sociedad, horizontes que se le iban abriendo lentamente en el curso de décadas de servicio como obispo de la Iglesia católica.

Con los años, no he perdido nada de mi fascinación original por este ascenso del cristianismo en el mundo romano tardío. Pero, mirando hacia atrás, diría que estaba indebidamente fascinado por el papel de los obispos en este desarrollo. No fueron ellos los únicos agentes en el proceso. Sin embargo, en aquel tiempo de los comienzos, era natural mirar primero y principalmente hacia ellos. Mi formación como medievalista en Oxford había colocado en el centro de mis intereses el asunto de la autoridad episcopal. Era importante para mí saber cómo Agustín había contribuido a la formidable hegemonía de la Iglesia católica en la Europa medieval. Su modo de proceder frente a los donatistas y su disponibilidad para utilizar las leyes imperiales para suprimir a donatistas, paganos y herejes planteó el problema de si Agustín, de alguna manera, merecía el odioso título de «teórico de la Inquisición». Esta pregunta, que cualquier medievalista tiene que plantearse respecto a Agustín en un momento u otro, me retó a reconstruir, sin prejuicios y sin los distorsionantes efectos de una mirada en retrospectiva, las circunstancias sociales exactas del África romana tardía. Al hacer esto, traté de recobrar las limitaciones sociales y culturales dentro de las cuales Agustín ejerció un peso de autoridad que, en teoría, fue tan impresionante, pero, en la práctica, estuvo lejos de ser abrumador.[43]

En un nivel más personal, puedo añadir que, para un joven formado en una familia protestante de la rígida Irlanda de los años cuarenta y cincuenta, no era fácil mirar a los obispos —los obispos católicos, me refiero— como personajes de confianza. Uno asumía que un «obispo anciano» era un ser particularmente temible. Hay en mis juicios acerca del viejo Agustín una cierta aspereza que el lector comprensivo puede atribuir a la falta de experiencia del mundo por parte de un joven. Desde entonces he conocido a obispos. Algunos pueden ser santos; muchos son realmente cordiales, y la mayoría, ineficaces. Quiero decir «ineficaces» frente a un mundo confiadamente profano, tal como las «Cartas Divjak» nos han descubierto que lo eran Agustín y sus colegas en su propia época. Los escritos de Agustín y el ejemplo de sus actividades en África pueden haber contribuido decisivamente a la formación de la cristiandad católica de la Europa occidental, pero los obispos africanos del siglo v todavía no vivían en esa cristiandad. Estaban lejos de ser los indiscutidos líderes espirituales de una sociedad «en que la Iglesia y el Estado llegaron a ser inextricablemente dependientes uno del otro».[44]

Como he dejado claro en mis observaciones acerca de las «Cartas Divjak», ahora pienso que mi unilateral interés en esta relación interna de Agustín con su autoridad episcopal rebajaba sutilmente al hombre. Era un interés que le hacía parecer más severo, y a su ancianidad más trágicamente rígida, de lo que en realidad fue. Al mirar atrás, me doy cuenta de haber «personalizado» indebidamente el tono de las obras polémicas de la última parte de su vida. En efecto, yo las había escudriñado buscando indicios reveladores de la lucha interior de Agustín con su propia agresividad. Obras de esta índole, venidas de una sociedad menos reticente que la nuestra a expresar en público discrepancias religiosas, no se prestan a una fácil «biografiación». Lo que las «Cartas Divjak» han revelado es más importante para la biografía del hombre. No es agresividad intelectual lo que vemos allí: muestran, más bien, la inmensa capacidad de Agustín para preocuparse por cualquier asunto que pudiera enturbiar las mentes cristianas. Captan el suspiro, apenas reprimido, de una vejez cansada, caracterizada por constantes actos callados de autoinmolación, a medida que Agustín prestaba una y otra vez su pluma a la defensa de su Iglesia, a expensas de otros proyectos intelectuales que le atraían más profundamente.

Aunque su tono retórico disgusta al lector moderno, la obra del Agustín controversista fue vista sin duda por sus contemporáneos a una luz muy diferente. Ellos lo debieron considerar el reflejo de una cálida y sólida virtud, muy apreciada por los romanos de antaño. La controversia era un signo de lealtad. Las obras polémicas de Agustín contra maniqueos, paganos, donatistas y pelagianos fueron los productos de su sincero deseo de servir a la nueva *res publica*, la Iglesia católica. Agustín vivía en un mundo que esperaba que un hombre hiciera valer sus ideas con tesón y viveza, como si estuviera defendiendo los intereses de su patria contra los enemigos. Se esperaba que escribiera —como él pensaba que san Pablo había hecho en su propia época— *tam pugnaciter, tam multipliciter*, «de una manera batalladora e insistente».[45]

Una carta, cuya importancia biográfica se nos ha escapado hasta ahora, dice todo lo que hay que decir acerca de este aspecto del viejo Agustín.[46] La carta estaba dirigida a un tal «Cornelio». Una inscripción procedente de Tagaste, recientemente reinterpretada, revela que «Cornelio» era el otro nombre, quizá un nombre más formal, nada menos que de Romaniano de Tagaste, amigo y mecenas del joven Agustín. Anteriormente no sabíamos nada de las relaciones de Romaniano con Agustín tras la conversión de este y su regreso a África. La última noticia que teníamos de Romaniano se refería a su viaje, una vez más, a la corte imperial, el mismo año en que Agustín se convirtió en obispo de Hipona.[47]

Ahora, a raíz de esta carta, sabemos que Romaniano de Tagaste se bautizó y se casó con una mujer católica. Alrededor del 408, siendo viudo, se puso en contacto con Agustín y le pidió a su antiguo amigo que escribiera un panegírico de su esposa difunta. Pero Romaniano —y Agustín se enteró— había buscado mientras tanto una concubina que lo consolase de su pérdida. Agustín, el obispo, se negó tajantemente a hacerlo. No habría oración laudatoria hasta que la concubina saliera de su casa. Puede no gustar a una persona moderna el severo tono de Agustín, al reprochar a un viejo amigo, en un momento de dolor, lo que consideraríamos un mero asunto privado. Pero esta carta ofrece una vislumbre preciosa de Agustín como personaje público. Se le pedía que hiciera un gesto público que hubiera comprometido su postura contra el concubinato. Como obispo, no le quedó otra opción que decir «no». Había llegado a aprender qué significaba la lealtad a una institución. Y, para un romano, esta lealtad muy a menudo significaba intransigencia. Anciano que escribe a otro anciano, Agustín urgió a Romaniano a recordar lo que Cicerón había dicho en cierta ocasión ante el Senado: «Deseo, Padres conscriptos, ser clemente (*clementem*); pero en tan grave peligro de la República no quiero parecer negligente (*dissolutum*)».[48] Seguramente, Romaniano tuvo que comprender: un obispo no podía parecer «negligente» en un asunto sobre el que había tomado una postura pública.

Hasta aquí hemos visto a Agustín como obispo. ¿Qué hay de él como pensador? En esta cuestión me tropecé con una diferencia significativa entre los estudios de los años sesenta y los de hoy. Si hay una característica de la cultura de los años sesenta hacia la que vuelvo mi mirada con afecto y respecto es la creencia generalizada, apoyada por muchos escritores de la época, de que era posible «traducir» los aparentemente inaccesibles pensamientos sobre temas que o rechazaban los modernos o habían cesado de interesarles. Se los podía hacer accesibles, de forma que el lector cultivado medio —que no era necesariamente un especialista, y del que podría suponerse que no tenía cultura religiosa ni fuertes lealtades religiosas— pudiera revivir algo, al menos, de su intensidad original y recuperar algo de la urgente relevancia que estas ideas habían tenido otrora para personas de una época lejanísima. Era una confianza robusta en la posibilidad de un verdadero *aggiornamento*. Reflejaba el sentido generalizado de la necesidad de traer al presente, mediante una «traducción» llena de sensibilidad, las riquezas de un distante pasado. Muchos estudiosos cristianos, protestantes y católicos por igual, cuyas obras conocía yo y por los que tenía la admiración más sincera, compartían la creencia de que era posible hacer accesibles a personas ilustradas el pensamiento y la cosmovisión propia de lejanas épocas cristianas. Creyentes y no creyentes participaban por igual en esta empresa.

La labor de «traducción», no obstante, era una tarea delicada, incluso un poquitín arrogante y en cierto modo llena de trampas metodológicas. Adrede no escribí para un público exclusivamente religioso. De hecho, con la admirable gazmoñería del joven, me asustaba ante la más ligera insinuación de parcialidad confesional al juzgar las acciones de Agustín. Había leído muchas obras eruditas que se permitían alegatos a favor de Agustín y justificaban sus acciones, en cuanto que era obispo del norte de África, inculpando en todos los casos a la agresividad, a la duplicidad y a la falta de inteligencia de sus adversarios. En vez de adoptar esta posición, yo consideraba que el deber del historiador era interpretar el papel de *advocatus diaboli*. Y lo hice así para permitir que emergiera un ser humano real, perteneciente a la romanidad tardía, libre al fin de las distorsiones piadosas que de él habían hecho las generaciones posteriores. En consecuencia, me sentí particularmente molesto por las reclamaciones confesionales, tanto de protestantes como de católicos, de haber privilegiado el pensamiento y las motivaciones de Agustín.

¿Qué podía hacer yo? Recobrar el pensamiento de Agustín para el lector moderno suponía enfrentarse con un proceso tan difícil como el intento de fabricar por medio de una combinación hábil de elementos químicos una reproducción fiel de un olor o un sabor naturales. Tenía que acudir a elementos de la cultura a mi alrededor que ofrecieran, al menos, algunas analogías con las inquietudes que preocuparon a Agustín y a sus contemporáneos. Estas fueron los «equivalentes químicos» que me ayudaron a comprender y a comunicar el sabor distintivo de ciertos aspectos del pensamiento de Agustín. Hubo dos equivalentes de esta índole con los cuales me siento particularmente en deuda. Creí que mi interés en el psicoanálisis me proporcionaría un equivalente bastante adecuado para comprender la teología agustiniana de la gracia, en cuanto que esta se encara con la naturaleza de la motivación humana y con la calidad problemática de la libertad. Mi interés en la psicología social hizo que me interesara por sus ideas acerca de las relaciones entre el individuo, la sociedad y la Iglesia, según él las defendió contra los donatistas y los pelagianos. No es casualidad que estos dos temas —su doctrina de la gracia y su noción de Iglesia— fueran las dos principales preocupaciones de la vida de Agustín, y con las que él parecía volver más directamente su rostro hacia el futuro. Apuntaban hacia la Iglesia católica de la Edad

Media, hacia la crisis de la gracia y la libertad de la Reforma, y hacia las secuelas laicizadas que esta crisis tendría en los tiempos modernos. En cuanto a otros aspectos muy característicos del mundo mental de Agustín, o bien me faltaban los necesarios equivalentes químicos, o bien reproducía estos exóticos perfumes de un modo que no les hacía justicia. Prudentemente evadí al Agustín metafísico y, en buena parte, limité mis reflexiones sobre su teología a sus ideas sobre la gracia y la Iglesia.

En consecuencia, mi biografía de Agustín ha sido descrita como «una biografía sin teología».[49] Admito esto como un juicio justo venido de Henry Chadwick, y lo hago tanto más a gusto cuanto que él ha remediado los defectos de mi libro mediante un estudio sucinto de Agustín, que en solo ciento diecinueve páginas logra presentar el pensamiento del Maestro, desenredando apasionadamente, y aparentemente sin esfuerzo, sus principales tensiones y consecuencias. Otras guías del pensamiento de Agustín están ahora disponibles para remediar las lagunas de mi libro.[50]

Sin embargo, al mirar atrás, plantearía la cuestión de modo algo distinto. Lo que faltaba en mi libro no era tanto «filosofía» o «teología» a secas. Era, más bien, un sentido del trasfondo más amplio de la religión y del pensamiento antiguos, que diera peso y seriedad a muchos temas que Agustín lidió, aun cuando estos eran temas para los que en los años sesenta no era fácil encontrar un equivalente químico mediante el que traerlos a nuestros propios tiempos. Así, mi preocupación por los temas que pudieran ser comunicados en términos modernos me llevó a pasar por alto la densidad y retadora singularidad de muchas facetas del mundo mental clásico tardío y del cristianismo temprano. Ahora, en cambio, estamos en una situación mejor de la que estábamos en 1961 para colocar a Agustín sobre ese escenario más amplio. Esto se debe parcialmente al hecho de que, entre 1967 y el presente, el estudio de Agustín ha sido sobrepasado —especialmente en el mundo anglohablante— por una verdadera maduración del estudio, como un todo, del antiguo cristianismo tardío y del antiguo politeísmo tardío.

Recordemos que las investigaciones de los años sesenta padecían una limitación decisiva. Una limitación que, de forma paradójica, fue la condición de sus inmensos logros. Hacia 1960 habíamos llegado al apogeo de un movimiento de investigación dedicada a un tema rigurosamente tradicional. Desde el comienzo del Renacimiento, las relaciones de Agustín con el pasado clásico pagano habían fascinado a los eruditos europeos. En las décadas inmediatamente anteriores y posteriores a la Segunda Guerra Mundial, esta fascinación fue seguida con una sofisticación y un éxito sin precedentes por una generación de brillantes investigadores franceses. En los años sesenta nos sentamos sobre los hombros de esos gigantes, y miramos en la dirección en que tendían a mirar los gigantes. El interés tradicional por las relaciones entre el cristianismo y la cultura clásica alcanzó en la obra de Henri-Irénée Marrou un nivel totalmente nuevo de precisión y calor humano. Por primera vez era posible leer *De doctrina christiana* de Agustín como un comentario sobre aquella cultura clásica en la que él mismo se había formado, y que había dejado rasgos duraderos en su manera de pensar y argumentar.[51] La relación entre Agustín y el platonismo se situó en un nivel nuevo, gracias a los estudios filológicos de Paul Henry y Pierre Courcelle.[52] Un vago hablar sobre las relaciones entre Agustín y Platón cedió su puesto al estudio fascinante sobre la manera exacta en que los textos y las doctrinas neoplatónicos circulaban en el Occidente latino del siglo IV.

Pero en estos descubrimientos había algo más que la recuperación de un capítulo, hasta entonces desconocido, de la historia del pensamiento latino. Desde hacía tiempo, la idea de que el cristianismo pudo absorber lo mejor del pensamiento pagano había sido bien recibida. De ahí el placer que saludó a la hipótesis de Pierre Courcelle: san Ambrosio —un personaje hasta ahora conocido por nosotros como el obispo que representaba todo lo que de más intransigente había en el catolicismo occidental del siglo IV—, en sus sermones, había citado mejor que nadie a Plotino, y podía incluso haber sido la persona que por vez primera había introducido a Agustín en las ideas neoplatónicas.[53] El «humanismo cristiano» estaba en el aire. De hecho, tal «humanismo» se consideraba como un rasgo particularmente atrayente del periodo patrístico.[54] Descubrir a un «humanista cristiano» era una experiencia reconfortante. Hasta el más escurridizo representante de esta estimable especie, el terrateniente milanés y futuro cónsul Manlio Teodoro, resucitado por Pierre Courcelle, fue recibido con aclamaciones (antes de que, como parece en estos últimos años, se le volviera a perder de vista).[55]

Pero el interés por Agustín y por el pasado clásico no acabó en este inicial contacto con el neoplatonismo. Al contrario: la tensión del corazón de Agustín entre pasado pagano y presente cristiano había dado calor a sus largas décadas de vida como obispo católico. Las «sombras» de la poesía de Virgilio seguían a Agustín a lo largo de su vida, cambiando mientras él cambiaba.[56] Y, por la misma razón, se ponía interés en la actitud de Agustín hacia el pasado romano a la hora de escribir *La ciudad de Dios*.[57]

Y no fueron solo los estudiosos del clasicismo quienes siguieron la mirada retrospectiva de Agustín hacia el pasado pagano. También lo hicieron los historiadores que se ocupaban de la Iglesia primitiva. De ahí el peculiar patetismo atribuido al conflicto teológico entre Agustín y Pelagio. Se podía representar la controversia pelagiana como la fase última, concluyente, del largo debate entre cristianismo y cultura clásica. Todavía está muy extendida la creencia de que la victoria de la noción agustiniana de la gracia sobre la de Pelagio acerca de la libertad —con su raigambre en el pensamiento clásico, estoico— señaló el fin del mundo antiguo en Europa occidental.

No estaba yo totalmente libre de estas opiniones cuando escribí mi libro. Yo estaba convencido de que Agustín, en la década del 390, «se había desplazado imperceptiblemente hacia un mundo nuevo», como consecuencia de haberse entregado a una perspectiva sombría acerca de la naturaleza humana, que él creía reconocer en las enseñanzas de san Pablo sobre la gracia y la elección divina. Su apropiación de las ideas paulinas representaba para Agustín el fin de una visión distinta y más clásica de la condición humana, mantenida por él en la época de su conversión. Con la victoria de Agustín sobre Pelagio en la década del 420, lo que había sido la sombra de su propio «futuro perdido» —asociada con el triste abandono de la creencia clásica en la capacidad humana de superarse— cayó sobre toda la tradición del cristianismo occidental. Muchos estudiosos están ahora dispuestos a afirmar, en parte fundamentándose en mi descripción de los cambios de mente de Agustín en los años 390, que esos cambios fueron la causa de que se abriera una fisura siniestra entre una forma del cristianismo primitivo, más risueña, por ser más «clásica», y un mundo medieval temprano, dominado por las doctrinas del pecado original y por la insistencia en las todopoderosas e inescrutables operaciones de la gracia divina.[58] Por lo que a mí respecta, hoy no comparto estas interpretaciones tan extremas. Pero *scripta manent.* No me sorprendería que otros hayan sacado sus propias conclusiones a partir de páginas que revelaban mi fascinación por Agustín, compartida con tantos otros estudiosos de los años sesenta, considerándolo una especie de Jano que descollaba sobre sus contemporáneos, para bien o para mal, en el umbral entre los mundos antiguo y medieval.

La deficiencia principal de esta perspectiva era que el interés absorbente en las relaciones de Agustín con el pasado clásico nos hacía olvidar con frecuencia sus relaciones con su propio presente cristiano y con las corrientes religiosas de su tiempo. Era como si estuviéramos siempre escudriñando pozos profundos, tratando de vislumbrar en la mente de Agustín la presencia de unos paganos desde hacía tiempo: Virgilio y Cicerón, Plotino y Porfirio. Queríamos conocer la influencia de ellos sobre su pensamiento, y habíamos sido capaces de desarrollar con un alto grado de éxito nuestra capacidad de detectarla. Si Agustín cambiaba su pensamiento sobre cualquier asunto, tendíamos a suponer que había actuado así porque había abandonado o repensado alguna idea de Plotino, o que había vuelto a formular algún dicho de Cicerón, o que había descubierto en Virgilio un eco más de sus propias preocupaciones. Era menos interesante —siempre dentro del contexto dominado por los estudios clásicos— y más difícil de probar que Agustín hubiera cambiado de opinión porque había oído una teoría de Orígenes,[59] o porque no quería que lo identificaran con Jerónimo.[60] La reticencia con que encubría sus desacuerdos con los colegas católicos nos ha inducido frecuentemente al error de hablar de su «espléndido aislamiento» del mundo del cristianismo griego.[61] Sin embargo, las «Cartas Divjak» nos muestran a un Agustín en contacto abundante con los obispos orientales, y los «Sermones Dolbeau» registran agudos desacuerdos con Jerónimo y un diálogo constante con un paganismo vivo, que no solamente existía en los libros de su biblioteca. El efecto global de esta tendencia a resaltar las relaciones de Agustín con el pasado clásico fue tratar las ocasiones en que discordaba de sus compañeros cristianos como si nos interesaran solo cuando este desacuerdo estallaba en una controversia importante con «herejes», por ejemplo, donatistas o pelagianos. No deja de ser irónico que mi biografía de Agustín siguiera tan fielmente, en este aspecto, la estructura de la original *Vida de Agustín* escrita por su amigo Posidio. Mi libro tendía a entender de modo muy moderno, que hubiera escandalizado al leal Posidio, los muchos cambios en el pensamiento y en la personalidad de Agustín; pero lo hacía en gran medida tomando en consideración las reacciones de Agustín contra las grandes controversias —donatistas, pelagianos y paganos—, alrededor de las cuales también Posidio había estructurado su propio relato.

Uno de los mayores logros de la investigación reciente es que ahora es posible mirar la vida de Agustín obispo no reducida ya a su papel en estas violentas convulsiones. Hay un sitio para otras «pequeñas biografías» dentro de la biografía grande de Agustín y sus controversias. Por poner un ejemplo: ha llegado la hora de escribir un capítulo sobre las relaciones de Agustín con sus colegas africanos, desde el punto de vista de sus relaciones con él. ¿Qué pudo significar para estos ver que en medio de ellos había un genio? Si, por un momento, uno pasa del Asia Menor de Basilio de Cesarea al África de Agustín, es imposible no sentirse impresionado por un contraste significativo. En el mundo de Basilio se esperaba que un obispo, como hombre de cultura, permaneciese tan poco callado como lo estaba un «ruiseñor que canta durante la noche primaveral».[62] En Asia Menor apenas había una ciudad digna de este nombre donde el obispo no tomara la pluma para escribir en una ocasión y otra sobre una variedad de temas. En cambio, en el norte de África católico nos choca encontrar un paisaje extrañamente silencioso. Solo al «gran cisne» le estaba permitido cantar en él.[63]

Aunque tomemos debidamente en cuenta la posible desaparición de pruebas, el aparente silencio es sorprendente. No todos los colegas de Agustín eran en modo alguno hombres sin cultura, y ni mucho menos serviles. Puede ser que siguieran a Agustín con entusiasmo en aquellas materias que afectaban a sus intereses y creencias más profundos, y que dejaran que fuera Agustín quien pensara los pensamientos que ellos no sentían necesidad de pensar. Quizá no era el mejor ambiente para una mente capaz. Un poco de fraterna compañía, de *brothering*, por usar un vocablo cuáquero, por parte de sus colegas le habría hecho bien. Una discusión de sus ideas con hombres como Aurelio de Cartago podría haber suavizado las conclusiones extremas que de vez en cuando sacó Agustín de sus luchas solitarias con las Escrituras.[64] No parece que Agustín ambicionase dominar a los colegas de su entorno. Sería interesante reconstruir un historial de aquellos que compartían la vida de Agustín sin dar señal alguna de estar particularmente afectados por las ideas que los modernos especialistas tienden a considerar como las fundamentales de su sistema.[65]

Algunas otras «pequeñas biografías» de este estilo pueden ser escritas. Estas tienen que ver con la reacción de Agustín a las prácticas religiosas de los cristianos de su época. Habiendo consagrado mucho tiempo de las últimas décadas, después de 1967, al estudio de los movimientos ascéticos que aparecieron por todo el Mediterráneo oriental y Asia Menor, estoy sorprendido de cuán poco énfasis había puesto yo en el papel jugado en la vida de Agustín por el ascetismo y por la organización monástica.[66] Igualmente me faltó interés en la naturaleza exacta de la cultura religiosa popular a la que Agustín volvió cuando fue nombrado obispo de Hipona. Simplemente di por supuesto que era «primitiva», y tendí a destacar —con frecuencia, con algo de desprecio— las ocasiones en que parecía que una textura más basta, más «local», había influido en las opiniones religiosas de Agustín.[67] Lo que más nos interesaba a mí y a muchos investigadores de los años sesenta era la lenta transición del mundo clásico al cristiano, tal como tuvo lugar en la vida de Agustín. Todo aquello fue un proceso noble, llevado a cabo por hombres cultos, situados en condiciones cómodas. Ni por formación escolar ni por inclinación personal estaba yo preparado en aquel tiempo para comprender la fuerza del tsunami, del auténtico maremoto que barrió las costas del Mediterráneo como resultado de la conmoción causada por las radicales experiencias ascéticas de Egipto y Siria. No llegué a apreciar estos datos hasta más tarde, en la década de los setenta. Espero haber compensado esta carencia en mi tratamiento de Agustín con mis estudios ulteriores acerca del papel de los ascetas y, sobre todo, en mi libro *El cuerpo y la sociedad*. Traté de Agustín en la última sección de este libro: primero seguía la evolución del tema de la renuncia sexual y de su impacto en las relaciones entre hombres y mujeres y en las nociones acerca de la persona y la sociedad, desde el tiempo de san Pablo en adelante. Guiaba luego al lector por un itinerario que abarcaba las amplias extensiones del Mediterráneo y del Oriente Próximo, para volver finalmente a África y tomar en cuenta de nuevo la conocida figura de Agustín, pero ahora con los ojos de un viajero que regresa de tierras extrañas.[68]

Me sentí sorprendido por lo que había encontrado, mucho de lo cual contradecía opiniones modernas, muy difundidas, sobre este tema de la sexualidad.[69] Y me di cuenta de la escasa atención que había prestado a semejantes asuntos en mi estudio sobre Agustín. Hemos entrado claramente en una era nueva, con urgentes preocupaciones de otra índole. Queremos que Agustín nos hable de la sexualidad y del matrimonio, y no de la gracia o de la Iglesia. En la década de los ochenta caí en la cuenta de que me hacía falta comenzar de nuevo a estudiar este aspecto del pensamiento y de la práctica agustinianos. Lo que primeramente me chocó fue que las opiniones de Agustín se habían desarrollado independientemente de sus grandes controversias. El «Sermón Dolbeau» del 397 sobre el matrimonio confirmó mi impresión de que el desacuerdo, firme aunque cortés, con otros cristianos y partidarios de radicales ideales ascéticos, particularmente con Jerónimo, marcó la pauta de su pensamiento relativo a la sexualidad.[70]

Jamás debemos leer a Agustín como si fuera contemporáneo nuestro. Él fue contemporáneo de Jerónimo, quien habló del matrimonio como de un enmarañado espino, bueno solo para producir, en forma de hijos dedicados desde tierna edad a la vida ascética, «rosas», es decir, nuevos vírgenes.

Contemporáneo fue también de Gregorio de Nisa, cuyo suave estilo nos hace olvidar el hecho de que miraba la sexualidad con suprema falta de interés, como no más que una añadidura «animal» a la «angélica» naturaleza original de la humanidad. Además, fue contemporáneo de Ambrosio, quien, al referirse a los candidatos casados al episcopado, esperaba que sus oyentes estuvieran incuestionablemente de acuerdo con su opinión de que la *voluptas*, es decir, la sensualidad, era la única causa de la expulsión de Adán y Eva del paraíso.[71] Vistas sobre este trasfondo, la predicación y las obras escritas de Agustín representan, cuando menos, un llamamiento a la moderación. Él abogaba por un reconocimiento de los componentes físicos, sexuales de la naturaleza humana, y estaba dispuesto a defender la legítima expresión de ellos en el matrimonio: eso sí, de una manera disciplinada.

Llegué a comprender que la misma vehemencia de su defensa posterior de sus posiciones relativas a la sexualidad y al pecado original contra Juliano de Eclana fue el resultado directo de esta moderación. Agradablemente altruista y de temperamento liberal —o así me gustaba parecer, como les gusta a muchos intelectuales jóvenes—, yo me sentía no poco molesto por la insistencia implacable de Agustín en los aspectos físicos: al instante y visiblemente, la caída de Adán tuvo como resultado la pérdida del control sexual. Despaché el asunto en unas pocas páginas.[72] En aquel tiempo yo no me daba cuenta de que el debate entre Agustín y Juliano fue tan agrio porque Agustín mismo, dos décadas antes, se había aventurado a entrar en lo que era, en gran medida, territorio inexplorado. De manera más coherente que muchos de sus contemporáneos cristianos, Agustín había llegado a reconocer a Adán y Eva como dos seres plenamente sexuales, capaces de coito en el jardín del Edén: coito glorioso, no trastornado por deseos conflictivos, sin la sombra del pecado sobre él. Regresé a Agustín por un rodeo largo, tras leer a los Padres griegos. Para uno como Gregorio de Nisa, Adán y Eva habían sido seres «angélicos». Su sexualidad estaba totalmente aletargada en las profundidades de un paraíso, un jardín de Edén cuya brillante gloria no admitía comparación alguna con la presente condición «animal» de la humanidad. Leyendo estos libros, caí en la cuenta de que también aquí Agustín había hecho otro más de sus «largos viajes internos». El jardín de Edén se había convertido para él en un lugar plenamente humano. La «Carta Divjak 6*», entonces recién descubierta, demostraba cuánta distancia había recorrido Agustín. Escribiendo a un obispo griego, Ático, patriarca de Constantinopla, explicaba con cuidado inusual una opinión sobre la sexualidad que a cualquier lector de los Padres capadocios habría chocado como algo muy característico: la sexualidad había sido creada como un bien grande; los cristianos católicos habían de reconocer ese hecho y tendrían que estar dispuestos a imaginar a qué se habría parecido el coito de Adán y Eva en el paraíso si no hubieran caído. Tal coito habría sido un acto de delectación suma, en el que dos cuerpos plenamente físicos seguirían los impulsos de sus almas «con una paz admirable, que nunca excedería la indicación de la voluntad».[73] Solo el acto de soberbia de Adán, acto puramente mental, seguido por la desobediencia a Dios, fue el que destruyó para siempre la alegre armonía entre alma y cuerpo. Para Agustín, el sexo era trágico precisamente porque podía haber sido tan por entero diferente. Para muchos cristianos, el sexo y el matrimonio eran simples adiciones «materiales» o «animales» a la «angélica» naturaleza original del hombre: no había comparación entre el estado «angélico» de la humanidad en el paraíso y la actual condición humana en el mundo material. Para Agustín, el mundo presente estaba siempre ensombrecido por una gran tristeza, y los casados habrían de andar lamentablemente por entre las reconocibles ruinas de una sexualidad, otrora perfecta, devastada por la soberbia de Adán.

Esto, en cuanto al Agustín escritor. Lo que los matrimonios oían al Agustín predicador eran consejos breves y deliberadamente triviales: que debían ser cuidadosos; que lo ideal sería que no tuvieran que usar el sexo excepto para concebir hijos; que, si no creían a su obispo, habrían de consultar la «letra pequeña» de sus contratos matrimoniales: hasta la ley romana insistía en que ellos se habían casado para la procreación de prole. Si excedían «las líneas» de su contrato y practicaban el sexo en otras ocasiones, prohibidas, tenían razón para ruborizarse, pero no para sentirse exageradamente culpables. Comparado con los pecados de verdad graves como el adulterio y la infidelidad marital, salirse de aquellas líneas era el menor de los pecados. Era una manifestación de la fragilidad humana, normalmente reparada con decir en la oración dominical «perdónanos nuestras ofensas» y dar limosna a los pobres acuclillados alrededor del portal de la iglesia.[74]

En cuanto al tema de la sexualidad, deberíamos ser muy cuidadosos de no «demonizar» a Agustín. Hablar de él como de «el genio maligno de Europa»,[75] y echarle a él solo la culpa de los males asociados con el tratamiento que al sexo se le ha dado en círculos cristianos hasta nuestros días, es como si dijéramos que, abandonando a Agustín, nos liberamos de forma automática de un malestar que está enraizado complicadamente en nuestra propia historia. Nos hemos hecho nuestro propio guiso a lo largo de muchos siglos: no nos lo hizo solo Agustín. De manera habitual, las denuncias contra Agustín deforman a este y, en cualquier caso, no nos ayudan en la tarea seria y lenta de rehacer el guiso. Constituye un acto de mayúsculo narcisismo cultural creer que todo nuestro malcontento contemporáneo se puede vislumbrar en aquel espejo distante que es el pensamiento de un solo hombre. A diferencia de los teólogos, los historiadores, ¡ay!, tienen que estar sensibilizados con el sentido de la inmensidad del tiempo y del espacio. Conscientes de la lenta y compleja evolución de las ideas morales a través de los siglos, y de la variedad que estas formas adoptan al ser puestas a funcionar en regiones y en sociedades en las que Agustín no podía ni soñar, los historiadores no deberían caer en esta fácil «cuestión de culpabilidad», en el cómodo ejercicio de buscar culpables.

En general, cuanto más hemos sido capaces de situar a Agustín sobre el ancho paisaje de la Antigüedad tardía, tanto más hemos caído en la cuenta de que muchos aspectos de su pensamiento que parecen más próximos a las personas modernas fueron frecuentemente los que, por ser más personales, más chocaron a sus contemporáneos. Tomemos un ejemplo crucial. Vista dentro del amplio trasfondo de la tradición filosófica clásica, la preocupación extraordinaria de Agustín por los problemas de la persona y la fascinación que él sentía por las operaciones de la voluntad representaron un cambio de énfasis decisivo. Este puso de relieve percepciones que ciertamente ya habían existido antes de Agustín; pero, como resultado de sus escritos, vino a colocarse en el primer plano del cristianismo latino. Mis amigos filósofos me aseguran que el descubrimiento agustiniano del «yo» constituye un notable paso adelante en la historia del pensamiento humano. Su intervención resultó ser decisiva para que en la cultura occidental apareciese una clara noción del individuo. Se ha denominado a Agustín «el inventor de nuestra noción moderna de voluntad», y se le considera responsable de un cambio decisivo «desde el enfoque ontológico de la religión y de la cultura, al enfoque psicológico».[76]

Los historiadores del pensamiento antiguo tienen que decidir si tales pretensiones de novedad a favor de Agustín están enteramente justificadas. Pero, aunque fueran solo verdaderas en parte, ponen al biógrafo de Agustín en una suerte de dilema: ¿cómo es posible escribir una historia de un hombre que, en gran medida, creó las propias categorías que ahora usamos para analizar cualquier sujeto biográfico? Porque, en efecto, son categorías agustinianas las que perduran de forma persistente en nuestras mentes cuando escribimos acerca de su vida e intentamos valorar las ideas de su tiempo. El mayor desafío de todos los de la investigación agustiniana quizá sea captar la fuerte individualidad del pensamiento de Agustín, cuando se lo sitúa sobre el trasfondo más amplio de sus predecesores inmediatos y de sus muchos contemporáneos. Sin ser hostiles a Agustín ni menos inteligentes que él, muchos de estos contemporáneos o predecesores inmediatos sencillamente no vieron el mundo en términos de las novedosas categorías que el mismo Agustín creó.

En ninguna parte es esto más verdadero que en el caso de la absorción y transformación del neoplatonismo. Esta absorción fue sincera y creativa. Pero no deberíamos permitir que nuestra fascinación con su manejo del sistema platónico absorbiese demasiado nuestra atención. Jamás tenemos que olvidar que el «platonismo cristiano» de Agustín era tan solo un platonismo más entre muchos. Y no necesariamente el mejor. Estoy impresionado por el hecho de que quienes han sentido esto de forma más acusada hayan sido quienes más han penetrado en la cosmovisión del platonismo politeísta. Hilary Armstrong ha llegado a preguntarse si Agustín no habría recibido, quizá a través de intermediarios cristianos, «una versión rígida, endurecida y, de alguna forma, empobrecida de Plotino».[77] Es un juicio severo, venido de un estudioso sin par en el conocimiento tanto de Plotino como de Agustín.

La capacidad extraordinaria de Agustín para construir a partir de sus lecturas de los textos neoplatónicos un significado totalmente nuevo de la vida interior del individuo tuvo éxito, pero pagó un precio. Él hizo que el sentido platónico de la majestad del cosmos palideciese. Perdido en el laberinto estrecho y siempre fascinante de su preocupación por la voluntad humana —preocupación que seguí con entusiasmo en mi narración de su evolución intelectual—, Agustín dio la espalda al *mundus*, a la belleza mágica asociada con el universo material en el platonismo tardío. Aquella «gran ciudad de dioses y de hombres» era un mundo anegado en espíritu y poblado por filas tras filas de presencias invisibles y amantes. Una tal concepción quedó siempre al margen del pensamiento de Agustín. Por supuesto, él estaba convencido de que el orden del *mundus* recordaba a los hombres la sabiduría y el poder de su creador; pero Agustín nunca elevaría la vista hacia las estrellas ni contemplaría al mundo de su alrededor con el temor reverencial que sintió Plotino cuando exclamó «pas de ho khôros hieros», «todo el espacio es santo» (como había exclamado Edipo en Colono, y también Jacob en Betel:

«Ciertamente está Yahvé en este lugar» (Gn. 28, 16). Plotino llegó a escribir del cosmos: «Nada hay que no participe del alma».[78] Agustín se negó categóricamente a compartir este entusiasmo. Consideró la noción platónica del alma del mundo —una *anima mundi* majestuosa, que daba vida y vivacidad al reino entero de la naturaleza— como una especulación sin interés y básicamente innecesaria: si semejante ente existiera, lo importante sería no adorarlo en lugar de Dios. Y no hacía falta decir más sobre el asunto.[79] Algo se perdió en el cristianismo occidental como consecuencia de este juicio tajante y aparentemente fundado en el sentido común. Pero el sentido común de los antiguos había sido diferente. Tendrían que transcurrir setecientos años antes de que los platónicos de Chartres recobraran, a raíz de sus propias especulaciones sobre el *anima mundi*, el sentido de la densidad y del significado de mundo natural que la noción clásica de una siempre activa «alma del mundo» había garantizado.[80]

Encuentro revelador que dos de los más eminentes eruditos de la Antigüedad tardía, Henri-Irénée Marrou y Hilary Armstrong, hombres capaces de hallar en sus corazones espacio para el politeísmo y el cristianismo, para Agustín y para sus contemporáneos cristianos griegos, fuesen los únicos que con la mayor añoranza hablaron del distanciamiento de Agustín respecto al cosmos.[81] Si Agustín fue «el primer hombre moderno», entonces esta «modernidad» se pagó a un alto precio. Algo precipitadamente, y sin tener en cuenta las consecuencias, arrancó el «yo» del abrazo de un universo lleno de Dios. En cuanto a otros pensadores de su época, como los seguidores de Orígenes, los Padres capadocios y aun los viejos Sabios de Egipto, la concatenación exquisita de lo espiritual y lo material en un cosmos totalizante proporcionó un marco dentro del que pensar el frágil balance entre lo físico y lo intelectual de la persona humana. Un sentimiento de la grandeza serena de un universo donde los seres humanos nunca estaban solos, rodeados por una multitud de ángeles, inspiraba en sus pensamientos un sentido de la paciencia divina. El combate moral del individuo podía ser considerado como no más que una parte de las vastas penalidades de toda la creación en su regreso hacia Dios. En contraste con los anchos horizontes implícitos en esta perspectiva más cósmica, Agustín aparece como un hombre precipitado: «Pues todavía hay un poco de luz en los hombres, caminen, caminen deprisa; no se les echen encima las tinieblas».[82]

Un toque de tristeza por el fracaso de Agustín en responder a la tranquila visión del cosmos compartida por muchos contemporáneos suyos es un sentimiento enteramente apropiado para un historiador de las ideas. Porque la tristeza hace justicia a la peculiaridad irreductible de cualquier sistema intelectual verdaderamente creativo. El efecto de un avance importantísimo en la historia de las ideas es bloquear todas las visiones del mundo alternativas. Los pensamientos que con dignidad y provecho han sido pensados durante muchos siglos devienen entonces impensables. La pérdida de una cosmovisión entera no puede por menos que ser acompaña por la «disolución» de muchos nutrientes necesarios que se pierden para las edades futuras. Y, así, cada época traslada a la siguiente las deficiencias vitamínicas, intelectuales y religiosas, causadas por sus propios y más distintivos logros.

Sospecho, sin embargo, que Agustín habría permanecido impasible frente a todas estas elucubraciones. Para él, el cosmos estaba, en gran medida, despojado de significado religioso, porque el centro de gravedad de su pensamiento se había desplazado a otro sitio. Él estaba interesado en un asunto más urgente: cómo podía Dios extender la mano para salvar a la humanidad. Esto lo podemos ver claramente en otro de los felices descubrimientos de François Dolbeau, un sermón «Sobre la providencia divina» predicado para instruir a su feligresía sobre cómo responder a los no creyentes acerca del destino y del cuidado que Dios tiene del mundo.[83] Es algo así como un ejercicio en seco; pero, precisamente por esa razón, los cambios de énfasis en los sentimientos expresados en el sermón son aún más inconfundibles. Desde luego, decía Agustín, la ordenación del mundo habla de la presencia de Dios como su creador. El *mundus* es un artefacto asombroso; algunos de sus más extraños caprichos son como los aparatos producidos por hábiles *mechanici*: sorprenden y confunden al observador hasta que una inspección minuciosa de sus escondidos mecanismos descubre la gran ingenuidad de sus fabricantes.[84] Pero este era un argumento para los incrédulos. Para el cristiano era solo un argumento externo:

> Nosotros, en cambio, además de lo que se ve en cielo y tierra, tenemos en la fe un certísimo indicio por el que conocemos que los asuntos humanos conciernen al cuidado de Dios [...]. ¿Pues cómo el cuidado de Dios no va a concernir el hombre, por mor del cual el Hijo de Dios se ha hecho hombre? [...]. De que Dios no solo cuida los asuntos humanos, sino de cuánto los cuida, ninguna prueba hay mayor y más cierta que la evidencia del hombre Cristo al nacer, su paciencia al morir, su potencia al resucitar.[85]

Efectivamente, para Agustín el cambio desde el cosmos a la voluntad era cosa de poca importancia comparado con la tremenda sustitución de toda una sensibilidad religiosa fundamentada en un sentimiento nuevo del asombroso y activo amor de Dios hacia la humanidad. Agustín no estaba solo en la experiencia de este cambio. Muchos teólogos del siglo IV descubrieron que el tema que más les movía con profundas emociones religiosas e intelectuales ya no era el de la manera en que los seres humanos podrían subir hacia Dios mediante el ascenso por las etapas de un *mundus* jerárquicamente ordenado; era más bien el modo en que Dios, en Cristo, se había agachado hacia el mismísimo fondo del *mundus* para levantar a la caída raza humana.[86] Pero Agustín se movía en esta dirección más resueltamente que la mayoría de sus contemporáneos. Todo el sobrecogimiento, toda la dulzura, todo el sentido de la presencia divina que Plotino había visto en el cosmos, los veía ahora Agustín en la unión perfectamente armonizada de lo humano y lo divino en un solo hombre, Cristo. En la vida y persona de Cristo él contemplaba la «alianza de belleza y materia» en su grado más intenso y significativo.[87] La única canción imponente, a cuyas cadencias necesitaban ahora los creyentes cristianos prestar oídos para captarla, no era el estruendo armonioso del universo: era la bellísima melodía de las relaciones de Dios con la humanidad, que se había prolongado a lo largo de centurias del tiempo humano, a medida que su pueblo escogido hacía su camino hacia la «Ciudad de Dios».[88]

La consecuencia que Agustín sacó de este desplazamiento de atención desde el cosmos a la obra salvífica de Dios, por medio de Cristo, fue la más ardientemente discutida de sus muchas doctrinas, la de las operaciones de la gracia divina. Una doctrina que fue puesta en entredicho en la controversia pelagiana. A muchos lectores modernos les parece todavía que este es el aspecto más idiosincrásico y problemático de su pensamiento, hasta el punto de que se ha convertido en un lugar común hablar del sistema agustiniano de la gracia como si se tratara de una invención novedosa, enteramente creación suya.

No creo que sea así como tengamos que verlo. Una reflexión sobre la religión de la Antigüedad tardía como un todo podría conducirnos, más bien, a ponernos de acuerdo con el dicho de Goethe, de que «el genio marca el final de una época, no el comienzo». Vista sobre el trasfondo de las ideas religiosas de la época, la doctrina agustiniana de la gracia no era en modo alguno una innovación. Lo que la hizo nueva fue la manera en que Agustín sintetizó y redefinió de modo novedoso, mediante tal doctrina, la experiencia religiosa de su mundo.

Agustín vivió al final de un periodo de la historia antigua que ha sido apropiadamente descrito por uno de los más destacados historiadores de Roma como una edad cuya característica principal fue «la perspectiva carismática».[89] La luz titilante, dramática de una visión «carismática» del mundo afectó a todas las acciones importantes. Tal perspectiva acentuaba el hecho de que los grandes personajes realizaron grandes cosas porque habían sido elegidos por Dios para obrar así. Los habían estimulado a actuar, en primer lugar, el llamamiento y la inspiración divinos; de Dios habían recibido su energía y habían gozado de su protección en el curso de actividades peligrosas y nuevas. El siglo de Agustín había estado lleno de tales figuras.[90] Dios había enviado visiones grandiosas para conducir a la victoria al emperador Constantino y guiarlo en sus decisiones, y en el desierto de Egipto había enseñado a san Antonio, contemporáneo de Constantino, aunque mayor que él, una sabiduría «divinamente dada».[91] Hasta una persona humilde, como Abedrapsas, un campesino de Siria, podía ufanarse, según una inscripción, de haber aprendido un arte beneficioso que le posibilitó retirarse a su villa en el campo, «en virtud de una visión clara del dios de mis antepasados [...] y gracias a su intervención providencial».[92]

Quienes se consideraban divinamente escogidos e inspirados no hablaban de sí mismos en términos de libertad en abstracto. Hablaban de «ser liberados». Veían sus acciones en términos de elección e inspiración divinas. Eran Dios o los dioses quienes los capacitaban para llevar a cabo grandes hechos. Lo que habían pedido a Dios era la libertad tal como la definió Alfred North Whitehead, es decir, libertad como «la factibilidad del propósito». Creían que en la frágil tela de la ordinaria voluntad humana habían tejido un irrompible filamento de intención e incitaciones divinas. Los pensadores de la Antigüedad tardía podrían discrepar en sus opiniones acerca del grado de su propia autonomía en relación con la voluntad de Dios o de los dioses; pero todos compartían una cultura religiosa que, durante siglos, había asumido que los seres humanos serían más libres y, por eso, más eficaces, en la medida en que estuvieran dominados por un poder más alto que ellos mismos. Mucho antes de Agustín, cristianos y paganos habían dado por sentado que era imposible «poseer a Dios sin Dios».[93]

El asunto, por supuesto, era qué conclusiones podrían deducirse de esta religiosidad generalizada. En este punto, la intervención de Agustín resultó decisiva para el futuro de la Iglesia católica en la Europa occidental. Cuando él empezó a meditar más plenamente en los escritos de san

Pablo, después del 394, en sus primeros años de sacerdote y de obispo, se enfrentó con un mundo religioso que, como mar picado, bullía de pretensiones rivales a la protección, la guía y la autorización divinas para realizar acciones espectaculares. Era un mundo ansioso de aclamar a personas excepcionales o a grupos extraordinarios como especialmente escogidos por Dios. La «perspectiva carismática» titilaba a su alrededor. El lejano emperador estaba «escogido por Dios» e «inspirado por incitaciones divinas». El santo local había sido «suscitado» por Dios para beneficio de los fieles. A un nivel más humilde, también dentro de la Iglesia existían grupos separados: la procesión de los recién bautizados salía del baptisterio local, con radiantes túnicas blancas como muestra de haber pasado por una iniciación muy excepcional, mística. Se esperaba que las «vírgenes de la Iglesia», las monjas y otras mujeres célibes, cantaran en el templo, detrás de una balaustrada de mármol tan blanco como la leche, que las separaba del común de los cristianos. Para los cristianos africanos, esta «perspectiva carismática» alcanzaba su cumbre en el culto a los mártires, considerados, según hemos visto, como héroes «gloriosos», inimitables. Nadie dudaba que la gracia de Dios descansaba abundante y palpablemente sobre esos pocos. Pero y de los otros ¿qué?

Este era el problema con que Agustín tuvo que enfrentarse cuando elaboró sus primeras y coherentes opiniones sobre la gracia. Muchos cristianos tenían una imagen del mundo religioso fascinante, pero esencialmente desigual. Enfrentaban a las personas corrientes con una serie de exigencias heroicas y con la perspectiva de tener que cruzar una sucesión de sobrecogedores umbrales. Muchos, por tanto, pensaban que era mejor apartarse de un grupo religioso que reclamaba para sí mismo un carisma tan vibrante. El cristianismo era una religión que reivindicaba producir santos: mejor, entonces, dejarlo solo para los santos.[94] Cuando Firmo se disculpaba por haber diferido el bautismo, representaba una actitud muy extendida: «Pero unas fuerzas aún débiles y no afianzadas no pueden sobrellevar una carga tan pesada».[95] Él esperaría hasta que Dios le concediera la fuerza necesaria y que lo hiciera en un idioma apto para una edad dominada por «la perspectiva carismática»: que le enviara un sueño o algún otro signo claro de su voluntad.

Para los contemporáneos, la cuestión no era si la gracia de Dios existía ni si era todopoderosa. Era todo eso. Era una gracia que se manifestaba de modo sensacional en las acciones de algunos. Pero ¿a cuántos otros cristianos, cristianos ordinarios, se extendía? En una época en que los esfuerzos humildes del creyente medio estaban en peligro de perderse en el esplendor de la gloria carismática que rodeaba a unos pocos, Agustín deseaba ofrecer a cada cristiano la esperanza de enmienda y progreso en santidad. Cuando después del 394 se volvió hacia Pablo, se centró en dos pasajes de la Primera Carta de Pablo a los Corintios: «¿Qué tienes que no hayas recibido? Y, si lo recibiste, ¿de qué te glorías, como si no lo hubieras recibido?»; y, en segundo lugar: «Según está escrito, "el que se gloríe, gloríese en el Señor"».[96]

Estas dos frases fueron puntos clave de todas las exposiciones subsiguientes de la opinión de Agustín sobre la gracia. En ellas había encontrado «el antídoto contra el elitismo cristiano».[97] Ahora, a través de los «Sermones Dolbeau» que tienen la mayor probabilidad de haber sido predicados en Cartago en el 397, podemos ver que, desde los primeros años de su episcopado, Agustín intentó aplicar en todos los niveles de la experiencia cristiana un «antídoto contra el elitismo». Fueron sermones de esperanza y, contundentemente, sermones de igualdad. Ningún grupo estaba excluido de la gracia de Dios, porque no había ningún esfuerzo, por pequeño que fuese, que no dependiera absolutamente del libre *don* de la gracia de Dios, tanto como dependía la más espectacular manifestación de un «carisma». Todos los creyentes eran iguales porque todos eran igualmente pobres. Todos eran iguales porque, para su sostenimiento, todos eran igual y totalmente dependientes del banquete abundante de Dios.[98]

No es labor para un simple historiador entrar en un examen detallado ni, menos aún, intentar una defensa de cada aspecto de la doctrina agustiniana sobre la gracia y la elección. Pero sí es posible ver con satisfacción la manera concreta con que Agustín intentaba hacer operativa en la Iglesia su doctrina. No es accidental que los sermones predicados por él en las fiestas de los mártires le proporcionaran un terreno apto para elaborar su doctrina sobre la gloria de la gracia divina. Efectivamente, los mártires eran cristianos de cuya *gloria* no se dudaba: la gracia había trabajado en ellos de modo plenamente visible y heroico. Tampoco se dudaba sobre su «predestinación» a la gloria. La doctrina sobre la predestinación, tal y como la defendió Agustín en sus últimos años, pareció ciertamente oscura a muchos de sus contemporáneos; pero en la fiesta de cualquier mártir la cosa era clara como el día. De cada mártir había sido declarado, en atención a la manera heroica de su muerte, que se trataba de un miembro de los «predestinados». No hacía falta sino revisar el pasado cristiano, siguiendo el calendario de las fiestas de los santos a lo largo del año, para ver retrospectivamente a «los elegidos», personas santas de todo tipo, de los dos sexos y de toda clase, casados y vírgenes, laicos y clérigos, todos ellos «elevados a las alturas» como una hilera de grandes candeleros que ardían en la iglesia.[99]

Agustín se puso a tender puentes entre el triunfo de la gracia divina en los mártires, cuya conducta parecía a la mayoría de sus oyentes inimitable y «fuera de este mundo», y las menos dramáticas pero igualmente decisivas operaciones de la misma gracia en los cristianos medios, cuando en sus propias vidas se enfrentaban con el dolor y las tentaciones. Del mismo modo hablaba a las monjas. Ellas eran la élite de su tiempo, «las más elegidas de los elegidos»;[100] pero Agustín les advertía que no debían menospreciar a las mujeres casadas. La misma gracia que capacitó a mujeres y madres, como Perpetua y Felicidad, para aguantar el dolor del martirio, estaba aún operativa en la vida diaria de cada esposa cristiana. Una podía ser llamada algún día a ser «una Perpetua», mientras la virgen orgullosa no llegaría a ser «una Tecla».[101] Y tampoco los varones tenían razón alguna para enorgullecerse de ser el «sexo más fuerte». En el martirio era una y la misma gracia la que había llenado con la fuerza de Cristo tanto a varones como a mujeres.[102]

Sobre todo, nadie debía desesperanzarse. En la Iglesia católica, progresar no consiste en saltar barreras altas. De hecho, ninguna barrera es demasiado alta si está presente la gracia. Agustín se oponía vigorosamente a diferir la recepción del bautismo. No había, en su opinión, ninguna necesidad de diferirlo. No hacía falta que el laico cristiano viviera como «catecúmeno permanente», como ciudadano de segunda clase, incapaz de asumir las responsabilidades de la vida de los bautizados. La gracia de Dios seguiría al cristiano en cada edad, protegiendo al creyente bautizado aun en los más vulnerables periodos de su vida. Los niños bautizados a una edad tierna —y Agustín llegó a desear haber sido bautizado de niño— podrían mantener su fe, e incluso su castidad (como no lo había hecho, ¡ay!, Agustín), si pedían humildemente la gracia para hacerlo y buscaban el perdón cuando fallaban.[103] En un mundo caracterizado por expectativas fuera de lo normal y por una creciente jerarquización de las estructuras eclesiásticas, Agustín introdujo una visión fundamentalmente llana en lo que se refiere a las operaciones de la gracia día a día.

En resumidas cuentas, Agustín, a pesar del pesimismo que en sus escritos expresaba sobre la condición humana en general, pecó, si acaso, de optimismo cuando predicaba y aconsejaba a sus hermanos católicos. Él se sentía vivir en un mundo fluido, donde con frecuencia sucedían cosas buenas. Le era posible, por ejemplo, imaginar que muchos laicos que ahora, en pie en la nave central del templo, le oían predicar, podrían un día sentarse a su lado como obispos y compañeros suyos.[104] A la luz de su confianza en la gracia divina, se negaba a considerar como si fuesen algo particularmente dramático los problemas de adaptación al estado clerical, incluida la continencia. Pudiera ser que muchos varones se encontrasen a sí mismos elegidos forzosamente como obispos y presbíteros de sus propias comunidades, como le había sucedido a él cuando, en Hipona, lo forzaron a convertirse en sacerdote. Si sucedía que tales individuos estaban casados, la costumbre de la Iglesia esperaba que dejaran de acostarse con sus esposas. Pero esto no era mayor problema, escribió Agustín: Dios les daría la gracia para hacer tal renuncia. Obviamente, Agustín no esperaba que cada uno tuviera que pasar por una circunstancia tan dramática como la que había experimentado él mismo cuando en el jardín de Milán se preparaba para enfrentarse a la vida célibe. Sin embargo, exactamente la *gloria* de la misma gracia que había liberado de la esclavitud a Agustín era lo que se mostraba en las decisiones tranquilas de sencillos sacerdotes y obispos al asumir la continencia que de su oficio se esperaba.[105]

En realidad, esta visión de la gracia garantizaba que, en muchos asuntos que tanto preocupan a los modernos agustinólogos, Agustín mismo pudiera ser sorprendentemente práctico. Por ejemplo, el tema del combate de la castidad, tan destacado en los escritos de ascetas como Juan Casiano —como para llegar a cautivar la aguda atención nada menos que de Michel Foucault—,[106] apenas aparece en la predicación de Agustín.

Un optimismo similar coloreó la actitud de Agustín hacia quienes no eran miembros de la Iglesia. La recién hallada «Carta Divjak» a Firmo de Cartago pone en evidencia que *La ciudad de Dios* fue escrita para los indecisos, y no solamente para contestar a los paganos endurecidos o tranquilizar a los cristianos desilusionados por las invasiones de los bárbaros.[107] La Jerusalén celeste agustiniana era la «ciudad de Dios» de la cual se habían dicho *cosas gloriosas* en el salmo 87. Ese salmo dejaba claro que Dios había registrado a todas las naciones, como si hubieran «nacido en Sion»: todas eran miembros potenciales de la Iglesia católica. *La ciudad de Dios* se escribió, en parte, para despejar los obstáculos de que estaba plagado el extenso terreno común entre los paganos cultos y sus contemporáneos cristianos, de forma que los paganos pudieran ingresar, como seguramente harían, en la Iglesia. Si Dios quería, Firmo y su hijo, «el pequeño griego», por cuyos deberes escolares el viejo obispo mostró tan enternecedor interés, llegarían, más tarde o más temprano, a inscribirse en *La ciudad de Dios*, su única casa verdadera.

Y lo más importante de todo: con su doctrina de la gracia había comprendido claramente Agustín las consecuencias del agudo sentido de eficacia, validado por inspiración sobrenatural, que estaba difundido por toda la cultura religiosa de la época. Él llegó a normalizar este sentido de eficacia, mostrando que la *gloria* de la gracia divina era asequible a todos. En un mundo en que nadie podía gloriarse de sí mismo, dejó abierto el camino para que, dentro de la Iglesia católica, todas las personas se *gloríen* de un sentido de eficacia fundamentada en Dios. E insistía en que Dios colocaría en cada corazón un «peso de gloria» (2 Co. 4, 17).[108] Según las leyes de la física antigua —no según las nociones modernas de la ley de la gravedad—, un peso, un *pondus*, era un impulso por el que cada parte del universo buscaba su posición de descanso, con la insistencia muda de una paloma mensajera que intenta alcanzar su nido, o la de una llama que titila para reintegrarse a su casa «natural» dentro de la gran hoguera de las estrellas.[109] Cristianos de todo estado y condición de vida, que, abandonados a sí mismos, se vendrían abajo tan fácilmente como un castillo de naipes tenían que considerarse como «un pueblo pesado» que mantenía su curso, a pesar de los vientos violentos del mundo, por el impulso creciente de la «fuerza de la gravedad del amor».[110]

Este poderoso sentido de impulso fue lo que Agustín pasó directamente a los católicos de Italia y la Galia en los años que siguieron inmediatamente a su muerte. Los escritos de un admirador, Próspero de Aquitania, muestran que quienes en Italia y en la Galia se unieron en apoyo de las opiniones de Agustín sobre la gracia y el libre albedrío lo hicieron porque apreciaban a los hombres de acción cortados por el patrón de la Antigüedad tardía.[111] Estos hombres mostraban que la gracia de Dios era aún operativa en medio de un mundo peligroso. Próspero adjuntó a sus escritos a favor de Agustín una *Crónica* de acontecimientos contemporáneos, sucedidos en el Imperio de Occidente. La editó en etapas, llegando finalmente a la desastrosa mitad del siglo v. La *Crónica* deja claro que la *gloria* de la gracia resplandecería de nuevo para producir nuevas generaciones de santos, en tiempos aún más duros de lo que Agustín habría imaginado. Esta vez ya no eran mártires, eran obispos: «Personalidades fuertes que domarían los poderes injustos del mundo y protegerían de los estragos de la guerra a las comunidades, desamparadas si faltaba tal protección».[112] Próspero enfatizó el hecho de que fue el papa León quien hizo que Atila y sus hunos se apartaran del norte de Italia en el 452. León lo había hecho sin ayuda, porque había «confiado en el auxilio de Dios, quien, como se sabe, nunca está ausente de los esfuerzos de los piadosos».[113]

Desde luego, en el informe de Próspero se echa en falta el sentido de esa muchedumbre infinitamente multicolor de hombres y mujeres sencillos, en quienes se esperaba que actuase la gracia, en cada uno de modo particular, según el sentido que está insinuado en los sermones de Agustín. Devastadas por las guerras, las provincias del Occidente romano volvían a sentir necesidad de héroes, de personajes públicos que, en cierto modo, durasen más que la vida. El cristiano medio estaba menos presente en la visión que del mundo tenía Próspero. Pero él estaba seguro de una cosa: como su maestro, Próspero siempre tuvo cuidado de señalar que «los elegidos reciben la gracia no para que permanezcan ociosos [...] sino para capacitarlos para obrar bien».[114] Esta resuelta máxima es uno de los mejores resúmenes del legado de Agustín a la construcción de la Europa del Alto Medievo.

BIBLIOGRAFÍA

AALDERS, G. J. D.: «L'Épître à Menoch attribuée à Mani», *Vigilia Christianae*, 14, 1960, pp. 245-249.

ADAM, A.: «Der manichäische Ursprung von den zwei Reichen bei Augustin», *Theologische Literaturzeitung*, 77, 1952, pp. 385-390.

— *Texte zum Manichäismus* (Kleine texte für Vorlesungen und Übungen, 175), 1954.

— «Das Fortwirken der Manichäismus bei Augustinus», *Zeitschrift für Kirchengeschichte*, 69, 1958, pp. 1-25.

— «Manichäismus», *Handbuch der* Orientalistik (I. Abteilung: Der Nahe und der Mittlere Osten; 8 Bd. 2), 1961, pp. 102-119.

ALFARIC, P.: *L'Évolution intellectuelle de saint Augustin*, 1918.

ALFOLDI, A.: *A Conflict of Ideas in the Later Roman Empire*, 1952.

ALLBERRY, C. R. C.: *A Manichaean Psalmbook* (Parte II) (Manichaean Manuscripts in the Chester Beatty Collection, vol. II), 1938.

ALTANER, B.: «Die Bibliothek des heiligen Augustinus», *Theologische Revue*, 44, 1948, pp. 73-78.

— «Augustinus und die griechische Patristik», *Revue bénédictine*, 62, 1952, pp. 201-215.

— «Augustinus Methode der Quellenbenützung. Sein Studium der Vaterliteratur», *Sacris Erudiri*, 4, 1952, pp. 5-17.

ANDRESEN, C.: *Bibliographia Augustiniana*, 1962.

ANTIN, P.: «Autour du sogne de S. Jérôme», *Revue des études latines*, 41, 1963, pp. 350-377.

ARMSTRONG, A. H.: «Salvation, Plotinian and Christian», *The Downside Review*, 75, 1957, pp. 126-139.

ASMUSSEN, J. P.: *Xuastvanift. Studies Manichaeims* (Acta Theologica Danica), 1965.

AUBIN, P.: *Le problème de la «conversion»*, 1963.

AUDOLLENT, A.: *Carthage romaine*, 1901.

AUERBACH, E.: «Sermo humilis», *Literary Language and its Public in Late Latin Antiquity and in the Middle Ages* (traducción inglesa por Manheim), 1965, pp. 27-66.

BARROW, R. H.: *Introduction to St. Augustine, «The City of God»*, 1950.

BAUR, F. C.: *Das manichäisme Religionssystem*, 1831.

BAXTER, J. H.: «Notes on the Latin of Julian of Eclanum», *Bulletin du Cange*, 21, 1949, pp. 5-54.

BAYNES, N. H.: *Byzantine Studies and Other Essays*, 1955.

BERROUARD, M.-F.: «Saint Augustin et le ministére de la prédication», *Recherches augustiniennes*, 2, 1962, pp. 447-501.

BLOCH, H.: «The Pagan Revival in the West and the End of the Fourth Century», *The Conflict between Paganism and Christianity in the Fourth Century*, Momigliano, Oxford, 1963, pp. 193-218.

BOER, W. DEN: «Porphyrius als historicus in zijn strijd tegen het Christendom», *Varia historica, aangebogen aan Professor Doctor A. W. Bivanck*, 1954, pp. 83-96.

BÖHLIG, A.: «Christiche Wurzeln im Manichäismus», *Bulletin de la société d'archéologie copte*, 15, 1960, pp. 41-61.

BOHLIN, T.: *Die Theologie des Pelagius und ihre Genesis* (Upsala Universitets Årsskrift, 9), 1957.

BONNER, G.: *St. Augustine of Hippo: Life and Controversies*, 1963.

— «Augustine's Visit to Caesarea in 418», *Studies in Church History*, 1, ed. Dugmore and Duggan, 1964, pp. 104-113.

BOYCE, M.: *The Manichaean Hymn-Cycle in Parthian*, 1954.

BRAUN, R.: *«Deus Christianorum». Recherches sur le vocabulaire doctrinal de Tertullien*, París, 1962. *Quodvultdeus, Livre des promesses et des Prédications de Dieu* (Sources chrétiennes, 101), 1964.

BRÉHIER, E.: *La Philosophie de Plotin,* edición revisada, 1961.

BRISSON, J. P.: *Autonomisme et christianisme dans l'Afrique romaine de Septime Sévere à l'invasion vandale*, 1958.

BROWN, P. R. L.: «Religious Dissent in the Later Roman Empire: the case of North Africa», *History*, 46, 1961, pp. 83-101.

— «Aspects of the Christianisation of the Roman Aristocracy», *Journal of Roman Studies*, 51, 1961, pp. 1-11.

— «Religious Coercion in the Later Roman Empire: the case of North Africa», *History*, 48, 1963, pp. 283-305.

— «St. Augustine's Attitude of Religious Coercion», *Journal of Roman Studies*, 54, 1964, pp. 107-116.

BRUCKNER, A.: *Julian von Eclanum* (Texte und Untersuchungen, 15, 3), 1897.

BURNABY, J.: *Amor Dei: A Study of the Religion of St. Augustine*, 1938.

— «The Retractations of St. Augustine: Self-criticism or Apologia?», *Augustinus Magister*, 1, 1954, pp. 85-92.

— *Augustine: Later Works* (Library of Christian Classics, 8), 1955.

BURY, J. B.: *History of the Later Roman Empire*, 1, 1923.

CALABI, I.: «Le fonti della storia romana del "De Civitate Dei" di Sant'Agostino», *Parola del Passato*, 43, 1955, pp. 274-294.

CAMERON, A.: «The Roman Friends of Ammianus», *Journal of Roman Studies*, 54, 1964, pp. 15-28.

— «Palladas and Christian Polemic», *Journal of Roman Studies*, 55, 1965, pp. 17-30.

— «Wandering Poets: A literary movement in Byzantine Egypt», *Historia*, 14, 1965, pp. 470-509.

— «The Date and Identity of Macrobius», *Journal or Roman Studies*, 56, 1966, pp. 25-38.

CAMPENHAUSEN, H. VON: *The Fathers of the Latin Church*, traducido al inglés en 1964.

CANTARELLI, L.: «L'iscrizione onoraria di Giunio Quarto Palladio», *Bulletino Comunale di Roma*, 54, 1926, pp. 35-41.

CARON, P. G.: «Les Seniores Laici de l'Église africaine», *Revue internationale des droits de l'Antiquité*, 6, 1951, pp. 7-22.

CASPAR, E.: *Geschichte des Papsstums*, 1, 1930.

CASPARI, C. P.: *Briefe, Ablumdlungen, und Predigten*, 1894.

CAYRÉ, F.: *Initiation à la Philosophie de saint Augustin*, 1947.

CLARKE, A. K.: «Licentius, Carmen ad Augustinum», 11, 45 seqq. and the Easter Vigil» (Studia Patristica, 8), *Texte und Untersuchungen*, 93.

CONGAR, Y. M. J.: «"Civitas Dei" et "Ecclesia" chez S. Augustin», *Revue des études augustiniennes*, 3, 1957, pp. 1-14.

COURCELLE, P.: «Quelques symboles funéraires du néoplatonisme latin», *Revue des études anciennes*, 46, 1944, pp. 65-93.

— «Commodien et les invasions du Ve siecle», *Revue des études latines*, 24, 1946, pp. 227-246.

— «Paulin de Nole et saint Jérôme», *Revue des études latines*, 25, 1947, pp. 274-279.

— *Les Lettres grecques en Occident de Macrobe à Cassiodore*, 1948.

— *Recherches sur les «Confessions» de saint Augustin*, 1950.

— «Les lacunes dans la correspondance entre saint Augustin et Paulin de Nole», *Revue des études anciennes*, 53, 1951, pp. 253-300.

— «Les sages de Porphyre et les "viri novi" d'Arnobe», *Revue des études latines*, 31, 1953, pp. 257-271.

— «S. Augustin "photinien" a Milan: *Conf.* VII, 19, 25», *Ricerche di storia religiosa*, 1, 1954, pp. 225-239.

— «Nouveaux aspects du platonisme chez saint Ambroise», *Revue des études latines*, 34, 1956, pp. 220-239.

— «Propos antichrétiens rapportés par saint Augustin», *Recherches augustiniennes*, 1, 1958, pp. 149-189.

— «De Platon à saint Ambroise par Apulée», *Revue de philologie*, n. s., 35, 1961, pp. 15-28.

— «Anti-Christian arguments and Christian Platonism», *The Conflict between Paganism and Christianity in the Fourth Century*, ed. Momigliano, 1963.

— *Les Confessions de saint Augustin dans la tradition littéraire: Antécédents et Postérité*, 1963.

— *Histoire littéraire des grandes invasions germaniques,* 3.ª ed., 1965.

COURCELLE, JEANNE y PIERRE: «Scènes anciennes de l'iconographie augustinienne», *Revue des études augustiniennes*, 10, 1964, pp. 51-96.

COURTOIS, C.: «Saint Augustin et la survivance de la Punique», *Revue africaine*, 94, 1950, pp. 239-282.

— *Les Vandales et l'Afrique*, 1955.

CRANZ, E.: «The Development of Augustine's ideas on Society before the Donatist Controversy», *Harvard Theological Review,* 47, 1954, pp. 255-316.

CRESPIN, R.: *Ministére et Sainteté: pastorale du clergé et solution de la crise donatiste dans la vie et la doctrine de saint Augustin*, 1965.

CROSS, F. L.: «History and Fiction in the African Canons», *Journal of Theological Studies*, n. s., 12, 1961, pp. 227-247.

CHADWICK, H.: *The Sentences of Sixtus. A Contribution to the History of Christian Ethics* (Texts and Studies, n. s., 5), 1959.

— «Pope Damasus and the Peculiar Claim of Rome to St. Peter and St. Paul», *Freundesgabe O. Cullmann* (*Novum Testamentum,* Supl. 6), 1962, pp. 313-318.

CHADWICK, O.: *John Cassian: A Study in Primitive Monasticism*, 1950.

CHASTAGNOL, A.: «Le sénateur Volusien et la conversion d'une famille de l'aristocratie romaine au Bas-Empire», *Revue des études anciennes*, 58, 1956, pp. 240-253.

— *La préfecture urbaine a Rome sous le Bas-Empire*, 1960.

— *Les fastes de la préfecture urbaine de Rome au Bas-Empire*, 1962.

CHAVANNES, A.-PELLIOT, P.: «Un traité manichéen retrouvé en Chine», *Journal asiatique*, sér. X, 18, 1911, pp. 99-199, y sér. XI, 1, 1913, pp. 177-196.

CHÉNÉ, J.: «Les origines de la controverse semi-pélagienne», *Année théologique augustinienne*, 13, 1953, pp. 56-109.

DEICHGRÄBER, K.: «Vindicianus», *Pauly-Wissowa Reallexikon*, IX, A. 1 (2, 16), 1961, col. 29-36.

DELEHAYE, H.: «Les premiers "libelli miraculorum"», *Analecta Bollandiana*, 29, 1910, pp. 427-434.

— «Les recueils antiques des miracles des saints», *Analecta Bollandiana*, 43, 1925, pp. 74-85.

DENNIS, H. V. M.: «Another note on the Vandal occupation of Hippo», *Journal of Roman Studies*, 15, 1925, pp. 263-268.

DIESNER, H. J.: «Die Lage der nordafrikanischen Bevölkerung im Zeitpunkt der Vandaleninvasion», *Historia*, 11, 1962, pp. 97-111 (= *Kirche und Staat im spätrömischen Reich*, 1963, pp. 127-139).

— «Die Laufbahn des *Comes Africae* Bonifatius und seine Beziehungen zu Augustin», *Kirche und Staat im spätrömischen Reich*, 1963, pp. 100-126.

— «Die Circumcellionem von Hippo Regius», *Kirche und Staat im spätrömischen Reich*, 1963, pp. 78-90.

DILL, SIR SAMUEL: *Roman Society in the Last Century of the Western Empire*, 1898 (Meridian, 1958).

DODDS, E. R.: «Augustine's Confessions: a study of spiritual maladjustement», *Hibbert Journal*, 26, 1927-1928, pp. 459-473.

— «Tradition and Personal Achievement in the Philosophy of Plotinus», *Journal of Roman Studies*, 50, 1960, pp. 1-7.

— *Pagan and Christian in an Age of Anxiety*, 1965. [Hay trad. cast.: *Paganos y cristianos en una época de angustia*, Madrid, Cristiandad, 1975].

DÖLGER, F.: «Die Kaiserurkunde der Byzantiner», *Historische Zeitschrift*, 159, 1938/9, pp. 229-250.

DÖRRIE, H.: «Porphyrius als Mittler zwischen Plotin und Augustin», *Miscellanea Medievalia I: Antike und Orient im Mittelalter*, 1962, pp. 26-47.

DREWS, R.: «Assyria in Classical Universal Histories», *Historia*, 14, 1965, pp. 129-142.

DUCHROW, U.: «"Signum" und "Superbia" beim jungen Augustin», *Revue des études augustiniennes*, 7, 1961, pp. 369-372.

— «Zum Prolog v. Augustinus "De Doctrina Christiana"», *Vigiliae Christianae*, 17, 1963, pp. 165-172.

DUNCAN-JONES, R. P.: «Wealth and Munificence in Roman Africa», *Papers of the British School at Rome*, 31, 1963, pp. 159-177.

DUVAL, Y.-M.: «Saint Augustin et le *Commentaire sur Jonas* de saint Jérôme», *Revue des études augustiniennes*, 12, 1966, pp. 9-40.

EVANS, R. F.: «Pelagius, Fastidius and the pseudo-Augustinian "De Vita Christiana"», *Journal of Theological Studies*, n. s., 13, 1962, pp. 72-98.

FABRE, P.: *Saint Paulin de Nole et l'amitié chrétienne*, 1949.

FAVONIUS EULOGIUS: *Disputatio de Somnio Scipionis*, ed. y trad. por R. E. van Weddingen (Collection Latomus, 27), 1957.

FINK-ERRERA, G.: «San Agustín y Orosio», *Ciudad de Dios*, 167, 1954, pp. 455-549.

FLOERI, F.: «Le pape Zosime et la doctrine augustinienne du péché originel», *Augustinus Magister*, 2, 1954, pp. 755-761.

FOLLIET, G.: «La typologie du sabbat chez s. Augustin», *Revue des études augustiniennes*, 2, 1956, pp. 371-390.

— «Les moines euchites à Carthage en 400-401» (Studia Patristica, 2), *Texte und Untersuchungen*, 64, 1957, pp. 386-399.

— «Aux origines de l'ascétisme et du cénobitisme africain», *Studia Anselmiana*, 46, 1961, pp. 225-236.

— «"Deificari in otio", Augustin, *Epistula X*, 2», *Recherches augustiniennes*, 2, 1962, pp. 225-236.

FREND, W. H. C.: «A note on the Berber background in the life of Augustine», *Journal of Theological Studies*, 43, 1942, pp. 188-191.

— «The Revival of Berber Art», *Antiquity*, 1942, pp. 342-352.

— *The Donatis Church: a movement of protest in Roman North Africa*, 1952.

— «The *cellae* of the African Circumcellions», *Journal of Theological Studies*, n. s., 3, 1952, pp. 87-89.

— «The Gnostic-Manichaean Tradition in Roman North Africa», *Journal of Ecclesiastical History*, 4, 1953, pp. 13-26.

— «Manichaeism in the Struggle between St. Augustin and Petilian of Constantine», *Augustinus Magister*, 2, 1954, pp. 859-866.

— «The *Seniores Laici* and the origins of the Church in N. Africa», *Journal of Theological Studies*, n. s., 12, 1961, pp. 280-284.

— «The Roman Empire in the eyes of Western Schismatics during the 4th century», *Miscellanea Historiae Ecclesiasticae*, 1961, pp. 9-22.

— *Martyrdom and Persecution in the Early Church*, 1965.

GALLAY, J.: «Dilige et quod vis fac», *Recherches de sciences religieuses*, 43, 1955, pp. 545-555.

GAUDEMET, J.: *L'Église dans l'Empire romain* (IVe-Ve siècles), (Histoire du droit et des institutions de l'Église en Occident, III), 1958.

— «L'étranger au Bas-Empire», *Recueils de la Société Jean Bodin*, 9, 1958, pp. 207-235.

GIBB, J. *y* MONTGOMERY, W.: *The Confessions of Saint Augustine* (Cambridge Patristic Texts), 1908.

GIET, S.: «Basile, était-il sénateur?», *Revue d'histoire ecclésiastique*, 60, 1965, pp. 429-443.

GORDINI, G. D.: «Il monachesimo romano in Palestina nel IV secolo», *Studia Anselmiana*, 46, 1961, pp. 85-107.

GRABMANN, M.: «Des Einfluss des heiligen Augustinus auf die Verwertung und Bewertung der Antike im Mittelalter», *Mittelalterliches Geistesleben*, 2, 1936, pp. 1-24.

GRASMÜCK, E. L.: *Coercitio: Staat und Kirche im Donatistenstreit*, 1964.

GREEN, W. M.: «A Fourth Century Manuscript of Saint Augustine?», *Revue bénédictine*, 69, 1959, pp. 191-197.

GROSS, J.: *Entstehungsgeschichte des Erbsündendogmas*, 1, 1960.

GUY, J. C.: *Unité et structure logique de la Cité de Dieu*, 1961.

HADOT, P.: «*Citations de Porphyre chez Augustin* (á propos d'un livre récent)», *Revue des études augustiniennes*, 6, 1960, pp. 205-244.

— Introduction: *Marius Victorinus, Traités théologiques sur la Trinité* (Sources chrétiennes, 68), 1960.

— *Plotin ou la simplicité du regard*, 1963.

HAHN, T.: *Tyconius-Studien*, 1900.

HARDER, R.: *Kleine Schriften*, 1960.

HARMAND, L.: *Le Patronat sur les collectivités publiques des origines au Bas-Empire*, 1957.

HARNACK, A.: «Die Retractationem Augustins», *Sitzungsberichte der preussischen Akademie der Wissenschaften*, 1905, 2, pp. 1096-1131.

— *History of Dogma*, V (Dover Book, 1961).

HASLEHURST R. S. T.: *The Works of Fastidius*, 1927.

HENRY, P.: *Plotin et l'Occident* (Spicilegium Sacrum Lovaniense, 15), 1934.

— *La vision d'Ostie. Sa place dans la vie et l'oeuvre de saint Augustin*, 1938.

HERRMANN, L.: «Hierius et Domitius», *Latomus*, 13, 1954, pp. 37-39.

HEURGON, J.: *Le Trésor de Ténès*, 1958.

HILTBRUNNER, O.: «Die Schrift "de officiis ministrorum" des hl. Ambrosius und ihr ciceronisches Vorbild», *Gymnasium*, 71, 1964, pp.174-189.

HOLL, K.: «Augustinus innere Entwicklung», *Abhandlungen der preussischen Akademie der Wissenschaften. Philosophische-historische Klasse*, 1923, pp. 1-15 (= *Gesammelte Aufsätze zur Kirchengeschichte*, 1928, pp. 54-116).

HOLTE, R.: *Béatitude et Sagesse: saint Augustin et le problème de la fin de l'homme dans la philosophie ancienne*, 1962.

HOMES-DUDDEN, F.: *The Life and Times of St. Ambrose*, 2 vols., 1935.

JAEGER, H.: «L'examen de conscience dans les religions non-chrétiennes et avant le Christianisme», *Numen*, 6, 1959, pp. 176-233.

— «Justinien et l'episcopalis audientia», *Revue historique de droit français et étranger*, 4.ᵉ sér., 38, 1960, pp. 214-262.

— «Le preuve judiciaire d'après la tradition rabbinique et patristique», *Recueils de la Société Jean Bodin*, 16, 1964, pp. 415-594.

JALLAND, T. G.: *The Church and the Papacy*, 1944.

JONES, A. H. M.: *The Later Roman Empire*, 3 vols., 1964.

JONES, B. V. E.: «The Manuscript Tradition of Augustine's *De Civitate Dei*», *Journal of Theological Studies*, n. s., 16, 1965, pp. 142-145.

KAJANTO, I.: *Onomastic Studies in the Early Christian Inscriptions of Rome and Carthage* (Acta Instituti Romani Finlandiae, 2, 1), 1963.

KANNENGIESSER, C.: «Enarratio in Psalmun CXVIII: Science de la révélation et progrés spirituel», *Recherches augustiniennes*, 2, 1962, pp. 359-381.

KATO, T.: «*Melodia interior.* Sur le traité *De pulcro et apto*», *Revue des études augustiniennes*, 12, 1966, pp. 229-240.

KIRK, K. E.: *The Vision of God*, 1931.

KLEGEMAN, C.: «A psychoanalytic study of the Confessions of St. Augustine», *Journal of the American Psychoanalytic Association*, 5, 1957, pp. 469-484.

KNAUER, G. N.: *Die Psalmenzitate in Augustins Konfessionen*, 1955.

— «Peregrinatio Animae. (Zur Frage der Einheit der augustinischen Konfessionen)», *Hermes*, 85, 1957, pp. 216-248.

KOOPMANS, J. H.: «Augustine's first contact with Pelagius and the Dating of the Condemnation of Caelestius at Carthage», *Vigiliae Christianae*, 8, 1954, pp. 149-153.

KOTULA, T.: *Zgromadzenia prowincjonalne w rzymskiej Afryce w epoce póznego Cesarstwa*, 1965.

LA BONNARDIÈRE, A. M.: «Quelques remarques sur les citations scripturaires du *De gratia et libero arbitrio*», *Revue des études augustiniennes*, 9, 1963, pp. 77-83.

— *Recherches de chronologie augustinienne*, 1965.

— «Le combat chrétien. Exégèse augustinienne d'Éphés. 6, 12», *Revue des études augustiniennes*, 11, 1965, pp. 235-238.

LACROIX, B.: *Orose et ses idées* (Université de Montréal. Publications de l'Institut d'études mediévales, 18), 1965.

LAMIRANDE, É.: «Un siècle et demi d'études sur l'ecclésiologie de saint Augustin», *Revue des études augustiniennes*, 8, 1962, pp. 1-124.

— *L'Église céleste selon saint Augustin*, 1963.

LANGGÄRTNER, G.: *Die Gallienpolitik der Päpste im 5. und 6. Jahrhundert: eine Studie über dem apostolischen Vikariat von Arles* (Theophaneia, 16), 1964.

LAURAS, A.-RONDET, H.: «Le thème des deux cités dans l'oeuvre de saint Augustin», *Études augustiniennes* (Rondet y otros), 1953, pp. 99-162.

LAZZATI, G.: *Il valore letterario dell'esegesi ambrosiana* (Archivio Ambrosiano, 11), 1960.

LECLERCQ, J.: «Prédication et rhétorique au temps de saint Augustin», *Revue bénédictine*, 67, 1947, pp. 117-131.

LEGEWIE, B.: *Augustinus: Eine Psychographie*, 1925.

— «Die körperliche Konstitution und Krankheiten Augustins», *Miscellanea Agostiniana*, 2, 1930, pp. 5-21.

LEISEGANG, H.: «Der Ursprung der Lehre Augustins von der "Civitas Dei"», *Archiv für Kulturgeschichte*, 16, 1925, pp. 127-155.

LEWY, H.: *Chaldaean Oracles and Theurgy. Mysticism, Magic and Platonism in the Later Roman Empire*, 1956.

LIBANIUS: *Autobiography: (Oration I)*, ed. y trad. al inglés por A. F. Norman, 1965.

LIEBESCHÜTZ, W.: «Did the Pelagian Movement have social aims?», *Historia*, 12, 1963, pp. 227-241.

LO BUE, F.: *The Turin Fragments of Tyconius' Commentary on Revelation* (Texts and Studies, n. s., 7), 1963.

LÖHRER, M.: *Der Glaubensbegriff des hl. Augustinus in seinen ersten Schriften bis zu den «Confessiones»*, 1955.

L'ORANGE, H. P.: «The Portrait of Plotinus», *Cahiers archéologiques: fin de l'antiquité et Mayen-âge*, 5, 1951, pp. 15-30.

— «Plotinus-Paul», *Byzantion*, 25-27, 1955-1957, pp. 473-483.

LORENZ, R.: «Die Wissenschaftslehre Augustinus», *Zeitschrift für Kirchengeschichte*, 73, 1962, pp. 217-252.

— «Der Augustinismus Prospers von Aquitanien», *Zeitschrift für Kirchengeschichte*, 73, 1962, pp. 217-252.

— «Gnade und Erkenntnis bei Augustinus», *Zeitschrift für Kirchengeschichte*, 75, 1964, pp. 21-78.

— «Die Anfänge des abendländischen Mönchturns im 4. Jahrhundert», *Zeitschrift für Kirchengeschichte*, 77, 1966, pp. 1-61.

LUNEAU, A.: *Histoire du Salut chez les Peres de l'Église; la doctrine des âges du monde* (Théologie historique, 2), 1964.

MACMULLEN, R.: «The Roman Concept of Robber-Pretender», *Revue internationale des droits de l'antiquité*, 3.ᵉ sér., 10, 1963, pp. 221-226.

MACNAMARA, M. A.: *Friendship in St. Augustine* (Studia Friburgensia), 1958.

MACROBIUS, W. H. STAHL: *Macrobius' Commentary on the Dream of Scipio* (Records of Civilisation: sources and studies, 48), 1952.

MADEC, G.: «Connaissance de Dieu et action de grâces», *Recherches augustiniennes*, 2, 1962, pp. 273-309.

MAIER, F. G.: *Augustin und das antike Rom*, 1955.

MAISONNEUVE, H.: «Croyance religieuse et contrainte: la doctrine de saint Augustin», *Mélanges de science religieuse*, 19, 1962, pp. 49-68.

MANDOUZE, A.: «L'extase d'Ostie: possibilitiés et limites de la méthode de parallèles textuels», *Augustinus Magister*, 1, 1954, pp. 67-84.

— «Saint Augustin et la religion romaine», *Recherches augustiniennes*, 1, 1958, pp. 187-223.

MAREC, E.: «Deux mosaiques d'Hippone», *Libyca*, 1, 1953, pp. 95-108.

— *Hyppone-la-royale: antique Hippo Regius*, 1954.

— *Monuments chrétiens d'Hippone*, 1958.

MARKUS, R. A.: «"Imago" and "Similitudo" in Augustine», *Revue des études augustiniennes*, 11, 1964, pp. 125-143.

— «Two Conceptions of Political Authority: Augustine's *De Civ. Dei*, XIX, 14-15 and some Thirteenth-Century Interpretation», *Journal of Theological Studies*, n. s., 1965, pp. 68-100.

MARROU, H.-I.: «Autour de la bibliotheque du pape Agapet», *Mélanges d'archéologie et d'histoire*, 48, 1931, pp. 124-169.

— *MOYCIKOC ANHP. Études sur les scènes de la vie intellectuelle figurants sur les monuments funéraires romains*, 1938.

— *Saint Augustin et la fin de la culture antique*, 1.ª ed., 1938, y *Retractatio*, 1949.

— «Survivances païennes dans les rites funéraires des donatistes», *Extrait de la Collection Latomus*, 2, 1949, pp. 193-203.

— «La technique de l'édition a l'époque patristique», *Vigiliae Christianae*, 3, 1949, pp. 217-224.

— *L'Ambivalence du temps de l'histoire chez saint Augustin*, 1950.

— «La division en chapitres des livres de la *Cité de Dieu*», *Mélanges Joseph de Ghellinck*, 1, 1951, pp. 235-249.

— «Épitaphe chrétienne d'Hippone à réminiscences virgiliennes», *Libyca*, 1, 1953, pp. 215-230.

— «Un lieu dit "Cité de Dieu"», *Augustinus Magister*, 1, 1954, pp. 101-110.

— *History of Education in the Antiquity* (traducido al inglés en 1956).

— *St. Augustin* (Men of Wisdom) (traducido al inglés en 1957).

— «Civitas Dei, civitas terrena: num tertium quid?» (Studia Patristica, 2), *Texte und Untersuchungen*, 64, 1957, pp. 342-350.

— «La Basilique chrétienne d'Hippone d'après le résultat des demières fouilles», *Revue des études augustiniennes*, 6, 1960, pp. 109-154.

— «Synesius of Cyrene and Alexandrian Neo-Platonism», *The Conflict between Paganism and Christianity in the Fourth Century*, ed. Momigliano, 1963, pp. 126-150.

— y A. M. LA BONNARDIÈRE), «Le dogme de la résurrection et la théologie des valeurs humains selon l'enseignement de saint Augustin», *Revue des études augustiniennes*, 12, 1966, pp. 111-136 (= *The Resurrection and St. Augustine's Theology of Human Values*, Villanova University Press, 1966).

MARTROYE, F.: «Saint Augustin et la compétence de la juridiction ecclésiastique au Ve siècle», *Mémoires de la societé nationale des antiquaires de France*, 7.e sér., 10, 1911, pp. 1-78.

MASAI, F.: «Les conversions de s. Augustin et les débuts du spiritualisme de l'Occident», *Le Mayen Age*, 67, 1961, pp. 1-40.

MATHEW, G.: *Byzantine Aesthetics*, 1963.

MAZZARINO, S.: «Sull'*otium* di Massiminiano Erculio», *Rediconti dell'Accademia dei Lincei*, ser. 8, 1954, pp. 417-421.

MEIGGS, R.: *Roman Ostia*, 1960.

MELANIA: *Vie de sainte Mélanie*, ed. y trad. por D. Gorce (Sources chrétiennes, 90), 1962.

MENASCE, P. J.: «Augustin manichéen», *Freundesgabe für Ernst Robert Curtius*, 1956, pp. 79-93.

MERKLE, S.: «Augustin über eine Unterbrechung der Höllenstrafen», *Aurelius Agustinus*, 1930, pp. 197-202.

MERSCH, E.: *Le corps mystique du Christ*, 2, 3.ª ed., 1951.

MINIO-PALUELLO, L.: «The Text of the *Categoríae*: the Latin Tradition», *Classical Quarterly*, 39, 1945, pp. 63-74.

MITTERER, A.: *Die Entwicklungslehre Augustins*, 1956.

MOHRMANN, CH.: «Le latin commun et le latin des Chrétiens», *Vigiliae Christianae*, 1, 1947, pp. 1-12.

— «Comment saint Augustin s'est familiarisé avec le latin des chrétiens», *Augustinus Magister*, 1, 1954, pp. 111-116.

— y F. VAN DER MEER: *Atlas of the Early Christian World*, 1958.

— «Augustine and the Eloquentia», *Études sur le latin des Chrétiens*, 1, 1958, pp. 351-370.

— «Saint Augustin écrivain», *Recherches augustiniennes*, 1, 1958, pp. 43-66.

MOMIGLIANO, A.: «Some Observations on the "Origo Gentis Romanae"», *Secondo contributo alla storia degli studi classici*, 1960, pp. 145-178.

— «Pagan and Christian Historiography in the Fourth Century», *The Conflict between Paganism and Christianity in the Fourth Century*, ed. Momigliano, 1963, pp. 79-99. [Hay trad. cast.: *El conflicto entre el paganismo y el cristianismo en el siglo IV*, Madrid, Alianza, 1989].

MOMMSEN, E. TH.: «Petrarch and the Decoration of the "Sala Virorum Illustrium" in Padua», *Medieval and Renaissance Studies*, ed. Rice, 1959, pp. 130-174.

— «Orosius and Augustine», *Medieval and Renaissance Studies*, ed. Rice, 1959, pp. 325-348.

MONCEAUX, P.: *Les Africains: étude sur la littérature latine d'Afrique: les païnes*, 1894.

— *Histoire littéraire de l'Afrique chrétienne*, 5-7, 1920-1923.

— «Le manichéen Fauste de Milev: Restitution de ses "capitula"», *Mémoires de l'Académie des Inscriptions et Belles Lettres*, 1924.

— «Saint Augustin et saint Antoine», *Miscellanea Agostiniana*, 2, 1931, pp. 61-89.

MORRIS, J.: «Pelagian Literature», *Journal of Theological Studies*, n. s., 16, 1965, pp. 26-60.

MUNZ, P.: «John Cassian», *Journal of Ecclesiastical History*, 11, 1960, pp. 1-22.

MYRES, J. N. L.: «Pelagius and the End of Roman Rule in Britain», *Journal of Roman Studies*, 50, 1960, pp. 21-36.

NOCK, A. D.: *Conversion: the old and the new in religion from Alexander the Great to Augustine of Hippo*, 1933.

NØRREGAARD, J.: *Augustinus Bekehrung*, 1923.

NYGREN, G.: *Das Prädestinationsproblem in der Theologie Augustins: eine systematisch-theologische Studie* (Studia Theologica Lundensia, 12), 1956.

O'CONNELL, R. J.: «Ennead VI, 4 and 5 in the Works of St. Augustine», *Revue des études augustiniennes*, 9, 1963, pp. 1-39.

— «The Plotinian Fall of the Soul in St. Augustine», *Traditio*, 19, 1963, pp. 1-35.

— «The Riddle of Augustine's "Confessions": A Plotinian Key», *International Philosophical Quaterly*, 4, 1964, pp. 327-372.

O'MEARA, J.: *St. Augustine: Against the Academics* (Ancient Christian Writers, 12), 1950.

— *The Young Augustine*, 1954.

— «Augustine and Neo-Platonism», *Recherches augustiniennes*, 1, 1958, pp. 91-111.

— *Porphyry's Philosophy from Oracles in Augustine*, 1959.

OROSIUS, Trad. por I. W. Raymond: *Seven Books of History against the Pagans* (Columbia University Records of Civilization, 22), 1936. *Historia, libros I-VII*, Gredos, Madrid, 1982.

PAREDI, A.: «Paulinus of Milan», *Sacris Erudiri*, 14, 1963, pp. 206-230.

PARODI, B.: *La catachesi di s. Ambrogio*, 1957.

PELLEGRINO, M.: *Possidio, Vita di Agostino* (Verba Seniorum, 4), 1955.

— *Les Confessions de saint Augustin*, 1960.

— *Paolino di Milano, Vita di S. Ambrogio* (Verba Seniorum, n. s., 1), 1961.

PÉPIN, J.: «Recherches sur le sens et les origines de l'expression "caelum caeli" dans le livre XII des Confessions de saint Augustin», *Bulletin du Cange*, 23, 1953, pp. 185-274.

— «À propos de l'histoire de l'éxègese allégorique: l'absurdité signe de l'allégorie» (Studia patristica, 1), *Texte und Untersuchungen*, 63, 1957, pp. 395-413.

— *Mythe et Allégorie*, 1958.

— «Saint Augustin et la fonction protréptique de l'allégorie», *Recherches augustiniennes*, 1, 1958, pp. 243-286.

— *Théologie cosmique et théologie chrétienne* (*Ambroise, Éxaém.* I, 1, 1-4), 1964.

PERLER, O.: «Les voyages de saint Augustin», *Recherches augustiniennes*, 1, 1958, pp. 5-52.

— «Das Datum des Bischofsweihe des heiligen Augustinus», *Revue des études augustiniennes*, 11, 1965, pp. 25-37.

PEZA, E. DE LA: «El significado de "cor" en San Agustín», *Revue des études augustiniennes*, 7, 1961, pp. 339-368.

— *El significado de «cor» en San Agustín*, 1962.

PICARD, G. CH.: *La civilisation de l'Afrique romaine*, 1959.

— «Un palais du IVe s. a Carthage», *Comptes-Rendus de l'Académie des inscriptions et belles lettres*, 1964, pp. 101-118.

— *La Carthage de saint Augustin*, 1965.

PIETRI, M. CH.: «*Concordia apostolorum et renovatio urbis* (Culte des martyres et propagande papale)», *Mélanges d'archéologie et d'histoire*, 73, pp. 275-322.

— «Le Serment du Soldat chrétien», *Mélanges d'archéologie et d'histoire*, 74, 1962, pp. 649-664.

PIGANIOL, A.: *L'Empire chrétien* (Histoire romaine IV, 2), 1947.

PINCHERLE, A.: *La formazione teologica di Sant'Agostino*, 1947.

PIZZOLATO, L.: F. *La «explanatio Psalmorum XII», Studio letterario sull'esegesi di Sant'Ambrogio* (Archivio Ambrosiano, 17), 1965.

PLINVAL, G. DE: *Pélage: ses écrits, sa vie et sa réforme*, 1943.

— *Essai sur le style et la lange de Pélage*, 1947.

PLOTINUS: *Enéadas*. Traducido al inglés por S. MacKenna, *Plotinus, The Enneads*, 2.ª ed., 1956. [Hay trad. cast.: *Enéadas*, Madrid, Gredos, 1992-1998].

POLOTSKY, H. J.: *Manichäische Homilien*, 1934.

PONTET, M.: *L'exégese de s. Augustin prédicateur*, 1945.

PORTALIÉ, E.: *A Guide to the Thought of St. Augustine* (traducido del francés al inglés por Bastian), 1960.

PRETE, S.: *Pelagio e il pelagianesimo*, 1961.

PROSPERO: P. DE LETTER: *St. Prosper of Aquitaine: Defense of St. Augustine* (Ancient Christian Writers, 32), 1963.

PUECH, H. C.: «Der Begriff der Erlosung im Manichäismus», *Eranos Jahrbuch*, 1936, pp. 183-286.

— *Le Manichéisme: son fondateur, sa doctrine* (Musée Guimet. Bibliothéque de diffusion, 56), 1949.

— «Plotin et les gnostiques», *Les Sources de Plotin* (Entretiens: Fondation Hardt, 5), 1960, pp. 161-174.

QUASTEN, J.: «Vetus superstitio et nova religio», *Harvard Theological Review*, 33, 1940, pp. 253-266.

RAGONA, A.: *Il propietario della villa romana di Piazza Armerina*, 1962.

RATTI, A.: «Il più antico ritratto di s. Ambrogio», *Ambrosiana*, cap. 14, 1897.

RATZINGER, J.: *Volk und Haus Gottes*, 1954.

— «Originalität und Überlieferung in Augustins Begriff der "Confessio"», *Revue des études augustiniennes*, 3, 1957, pp. 375-392.

— «Beobachtungen zum Kirchenbegriff des Tyconius», *Revue des études augustiniennes*, 2, 1958, pp. 173-185.

REFOULÉ, F.: «La datation du premier concile de Carthage contre les Pélagiens et du *Libellus fidei* de Rufin», *Revue des études augustiniennes*, 11, 1963, pp. 41-49.

— «Julien d'Éclane, théologien et philosophe», *Recherches de sciences religieuses*, 52, 1964, pp. 42-84 y 233-247.

RIES, J.: «Introduction aux études manichéennes», *Ephemerides Theologicae Lovanienses*, 33, 1957, pp. 453-482, y 35, 1959, pp. 362-409.

— «La Bible chez s. Augustin et chez les manichéens», *Revue des études augustiniennes*, 9, 1963, pp. 201-215.

— «Jésus-Christ dans la religion de Mani. Quelques éléments d'une confrontation de saint Augustin avec un hymnaire christologique manichéen copte», *Augustiniana*, 14, 1964, pp. 437-454.

RONDET, H.: «Richesse et pauvreté dans la prédication de s. Augustin», *Revue d'ascétisme et mystique*, 30, 1954, pp. 193-231.

ROTTMANNER, O.: *Der Augustinismus*, 1892 (traducido al francés por Liebaert, «L'Augustinisme», *Mélanges de science religieuse*, 6, 1949, pp. 31-48).

ROUGÉ, J.: «Une émeute a Rome au IVe s.», *Revue des études anciennes*, 63, 1963, pp. 59-77.

RUGGINI, L.: «Ebrei e orientali nell'Italia settentrionale (IV-VI s.)», *Studia et Documenta Historiae et Juris*, 25, 1959, pp. 186-308.

— *Economia e societa nell'Italia annonaria*, 1962.

SAGE, A.: «Praeparatur voluntas a Deo», *Revue des études augustiniennes*, 10, 1964, p. 1-20.

SANDERS, G.: *Licht en duisternis in der christelijke Grafschriften*, 2 vols. (Verhandelingen van de Koninklijke Vlaamse Academie voor Wetenschappen,

Letteren en Schone Kunsten van Belgie. Klasse der Letteren, Jaarg. 27, n.º 56), 1965.

SASSE, H.: «Sacra Scriptura: Bemerkungen zur Inspirationslehre Augustins», *Festschrift Franz Dornseiff*, 1953, pp. 262-273.

SAUMAGNE, CH.: «Ouvriers agricoles ou rôdeurs de celliers? Les circoncellions d'Afrique», *Annales d'histoire écon. et sociale*, 6, 1934, pp. 351-364.

SCHMAUS, M.: «Die Denkform Augustins in seinem Werk *De Trinitate*», *Sitzungsberichte der Bayerischen Akademie der Wissenschaften, Philosophisch-Historische Klasse*, 1962, n.º 6.

SCHÖNDORF, K. A.: *Die Geschichtstheologie des Orosius* (Diss. Munich), 1952.

SCHUBERT, H. V.: *Der sogenannte Praedestinatus* (Texte und Untersuchungen, 24, 4), 1903.

SCHWARTE, K. H.: *Die Vorgeschichte der augustinischen Weltalterlehre*, 1966.

SIMON, M.: «Le judaïsme berbère dans l'Afrique ancienne», *Revue d'histoire et de philosophie religieuses*, 26, 1948, pp. 1-31 y 105-145 (= *Recherches d'histoire judéo-chrétienne*, 1962, pp. 30-87).

— «Punique ou berbère», *Annuaire de l'Institut de philologie et d'histoire orientales et slaves*, 13, 1955, pp. 613-629 (= *Recherches d'histoire judéo-chrétienne*, 1962, pp. 88-100).

SOLIGNAC, A.: «Doxographies et manuels dans la formation philosophique de s. Augustin», *Recherches augustiniennes*, 1, 1958, pp. 113-148.

— Introduction and notes to *Les Confessions*, trad. por Tréhorel-Bouissou (Bibliotheque augustinienne, sér. 2, 13-14), 1962.

STEINWENTER, A.: «Eine kirchliche Quelle des nachklassischen Zivilprozesses», *Acta congressus iuridici internationalis*, 2, 1935, pp. 123-144).

STRAUSS, G.: *Schrifgebrauch, Schritfauslegung und Schriftbeweis bei Augustin* (Beitrage zur Geschichte der biblischen Hermeneutik, 1), 1959.

SUNDWALL, J.: *Weströmische Studien*, 1915.

TAJO, M.: «Un confronto tra s. Ambrogio e s. Agostino a proposito dell'esegesi del Cantico dei Cantici», *Revue des études augustiniennes*, 7, 1961, pp. 127-151.

TENGSTRÖM, E.: *Die Protokollierung der Collatio Carthaginensis* (Studia Graeca et Latina Gothoburgensia, 14), 1962.

— *Donatisten und Katholiken: soziale, wirtschaftliche und politische Aspekte einer nordafrikanischen Kirchenspaltung* (Studia Graeca et Latina Gothoburgensia, 18), 1964.

TESTARD, M.: *S. Augustin et Cicéron*, 2 vols., 1958.

THEILER, W., rev. COURCELLE: *Recherches sur les «Confessions»*, *Gnomom*, 75, 1953, pp. 113-122.

THOMPSON, E. A.: «The Settlement of the Barbarians in Southern Gaul», *Journal of Roman Studies*, 46, 1956, pp. 65-75.

— «The Visigoths from Fritigern to Euric», *Historia*, 12, 1963, pp. 259-287.

THONNARD, F.-J.: «La prédestination augustinienne et l'interprétation de O. Rottmanner», *Revue des études augustiniennes*, 9, 1963, pp. 259-287.

— «La prédestination augustinienne. Sa place en philosophie augustinienne», *Revue des études augustiniennes,* 10, 1964, pp. 97-123.

— «L'aristotélisme de Julien d'Éclane et saint Augustin», *Revue des études augustiniennes*, 11, 1965, pp. 296-304.

TOUTAIN, J.: *Les cultes païens dans l'Empire romain*, III, 1920.

ULBRICH, H.: «Augustins Briefe zur entscheidender Phase des pelagianischen Streites», *Revue des études augustiniennes*, 9, 1963, pp. 51-75 y 235-258.

VAN BAVEL, T.: *Répertoire bibliographique de saint Augustin*, 1950-1960 (Instrumenta Patristica, III), 1963.

VAN DER MEER, F.: *Augustine the Bishop* (traducido al inglés por Battershaw y Lamb), 1961. [Hay trad. cast.: *San Agustín*, Madrid, Herder, 1965].

— «À propos du sarcophage du Mas d'Aire», *Mélanges offerts à Mademoiselle Christine Mohrmann*, 1963, pp. 169-176.

VEER, A. C. DE: «"Revelare", "Revelatio", Éléments d'une étude sur l'emploi du mot et sur sa signification chez s. Augustin», *Recherches augustiniennes*, 2, 1962, pp. 331-357.

— «La date du *de unico baptismo*», *Revue des études augustiniennes*, 10, 1964, pp. 35-38.

— «L'exploitation du schisme maximianiste par s. Augustin dans sa lutte contre le Donatisme», *Recherches augustiniennes*, 3, 1965, pp. 219-237.

VERBRAKEN, P.: «Les deux sermons du prêtre Éraclius d'Hippone», *Revue bénédictine*, 71, 1961, pp. 3-21.

VILLE, G.: «Les jeux de gladiateurs dans l'Empire chrétien», *Mélanges d'archéologie et d'histoire*, 72, 1960, pp. 273-335.

VITTINGHOFF, F.: «Zum geschichtlichen Selbstverständnis der Spätantike», *Historische Zeitschrift*, 198, 1964, pp. 529-574.

VOGT, J.: «Ammianus Marcellinus als erzählender Geschichtsschreiber der Spätzeit», *Mainzer Akademie der Wissenschaften und der Literatur. Abhandlungen der geistes-und sozial-wissenschaftlichen Klasse*, 1963, n.º 8.

VOOGHT, J. DE: «Les miracles dans la vie de saint Augustin», *Recherches de théologie ancienne et médiévale*, 11, 1939, pp. 5-16.

WACHTEL, A.: *Beiträge zur Geschichtstheologie des Aurelius Augustinus*, 1960.

WALSH, P. G.: «Massinissa», *Journal of Roman Studies*, 55, 1965, pp. 149-160.

WALZER, R.: «Platonism in Islamic Philosophy», *Greek into Arabic*, 1962.

— «Porphyry and the Arabic Tradition», *Porphyre* (Entretiens: Fondation Hardt, 12), 1965, pp. 275-299.

WARMINGTON, B. H.: *The North African Provinces from Diocletian to the Vandal Conquest*, 1954.

WEISSKOTTEN, H. T.: *Sancti Augustini Vita scripta a Possidio episcopo* (edición con texto revisado, introducción, notas y versión inglesa), 1919.

WEST, R.: *St. Augustine*, 1933.

WIDENGREN, G.: *Mani and Manichaeism* (trad. Kessler), 1965.

WILLIAMS, N. P.: *The Idea of the Fall and of Original Sin*, 1927.

WIT, J. DE: *Die Miniaturen des Vergilius Vaticanus*, 1959.

WOODS, H.: *Augustine and Evolution*, 1924.

WUCHERER-HULDENFIELD, A.: «Mönchtum und kirchlicher Dienst bei Augustinus nach dem Bilde des Neubekehrtens und des Bischofs», *Zeitschrift für katholische Theologie*, 82, 1962, pp. 182-211.

NOTAS

I. ÁFRICA

1 P. Alfaric, *L'Evolution intellectuelle de S. Augustin*, 1918, es el estudio más completo y científico de la juventud de Agustín, y W. H. C. Frend, *The Donatist Church: a movement of protest in Roman North Africa*, 1952, esp. pp. 25-75, es un estudio extraordinario del ambiente africano de la época de Agustín.
2 *Corpus Inscript. Lat.* VIII, 5145; 5146; 5150.
3 *Vid.* esp. G. Ch.-Picard, *La Civilisation de l'Afrique romaine*, 1959, pp. 45-102; *cf.* P. G. Walsh: «Massinissa», *Journ. Rom. Studies IV*, 1965, pp. 151-155 (sobre la posición económica de la Numidia prerromana).
4 R. Cagnat, *Carthage, Timgad, Tébessa*, 1912, p. 70.
5 *C. Acad.* I, 3, 6.
6 *Inscriptions latines de la Tunisie*, n. 243; *vid.* esp. Frend, *Donatist Church*, pp. 38-47.
7 *Ep.* 7, 3, 6.
8 *Enarr. in Ps.* 39, 28.
9 *De Gen. ad litt.* VIII, 8, 15-18.
10 *De quant, anim.* 21, 36.
11 *Conf.* II, 3, 5.
12 *Serm.* 356, 3.
13 *Conf.* II, 3, 5.
14 *De beata vita*, 1, 6.
15 *Vid.* esp. *C. Acad.* II, 1, 3 y Alfaric: *L'Évolution*, p. 7.
16 *C. Acad.* I, 1, 2.
17 *Conf.* VI, 11, 19.
18 Aurelius Victor, *De Caesaribus*, XX, 5; *vid.* el estudio más interesante de K. M. Hopkins: «Social Mobility in the Later Roman Empire: the evidence of Ausonius», *Classical Quarterly*, 11, 1961, pp. 239-248.

19 Sobre este tema tan difícil, *vid.* los argumentos de W. H. C. Frend, «A note on the Berber background in the life of Augustine», *Journ. Theol. Studies*, 43, 1942, pp. 188-191; C. Courtois, «S. Augustin et la survivance de la punique», *Revue africaine*, 94, 1950, pp. 239-282; M. Simon, «Punique ou Berbère», *Annuaire de l'Inst. de Philol. et d'Histoire Orientales et Slaves*, 13, 1955, pp. 613-629 (= *Recherches D'Histoire Judéo-Chrétienne*, 1962, pp. 88-100); y las útiles observaciones de Picard, *La Civilisation de l'Afrique*, pp. 393-395.

20 *Totius orbis descriptio*, 62, ed. Müller, *Geographi Graeci minores*, 1861, p. 527.

21 *Vid.* esp. la brillante caracterización de Picard, *La Civilisation de l'Afrique*, cap. VI, Le Baroque africain, pp. 291-353.

22 Christine Mohrmann, «S. Augustin écrivain», *Rech. Augustin*, 1, 1958, pp. 43-66, esp. pp. 61-65.

23 *C. Jul.* III, 13, 26.

24 A. Audollent, *Carthage romaine*, 1901, p. 665; J. Leclercq: «Prédication et rhétorique au temps de S. Augustin», *Revue bénédictine*, 57, 1947, pp. 117-131, esp. p. 126, trata de idénticas calidades en un sermón africano.

25 *Conf.* I, 13, 20.

26 *Epistula Didonis ad Aeneam*, ed. Behrens: *Poetae Latini Minores*, IV, pp. 217-227.

27 *Enarr. in Ps.* 136, 3.

28 Gsell and Joly, *Khamissa, Mdaourouch, Announa: I, Khamissa*, p. 29.

29 *Op. Imp.* I, 48.

30 Alan Cameron, «Wandering Poets: a literary movement in Byzantine Egypt», *Historia*, 14, 1965, pp. 470-509.

31 *De util. cred.* 7, 17.

32 *Conf.* I, 18, 29.

33 *C. Crescon.* II, 1, 2.

34 B. H. Warmington, *The North African Provinces from Diocletian to the Vandal Conquest*, 1954, p. III. Contra este juicio negativo, debemos señalar la alta calidad de los recursos heredados del África romana, que se muestra, sobre todo, en los trabajos de mosaico (*vid.* E. Marec, *Libyca*, 1, 1953, pp. 95-108) y en la viveza de la erudición pagana (*vid. inf.* pp. 396-398). Para un renacimiento significativo de las formas del arte «nativo», *vid.* W. H. C. Frend, «The Revival of Berber Art», *Antiquity*, 1942, pp. 342-352.

35 *Ep.* 84, I.

36 *Eps.* 21, 5 y 220, 4; *Serm.* 107, 8.

37 *Vid.* Warmington, *The North African Provinces*, pp. 106-108.

38 *Vid.* esp. A. H. M. Jones, *The Later Roman Empire*, 1964 (3 vols.).

39 *Ep.* 103, 3-4.

40 *Année épigraphique*, 1911, n. 217.

41 J.M. Reynolds y J.B. Ward-Perkins, *The Inscriptions of Roman Tripolitania* (British School at Rome), p. 134, n. 475.
42 Optato de Milevis, *De schism. Don.* II, 3 (P.L. 11, 1000A).
43 Prudencio, *C. Symmachum*, II, 660.
44 Porfirio, *On the Life of Plotinus*, I (trad. S. MacKenna: *Plotinus: The Enneads*, 2.ª ed., 1965, p. 1).
45 *Corpus Inscript. Lat.* VI, 1779.
46 Jerónimo: *Ep.* 128, 5.

II. MÓNICA

1 *Vid. inf.* p. 180.
2 *Conf.* IV, 4, 9.
3 *Conf.* I, 6, 8.
4 *Conf.* I, 7, 11.
5 *Conf.* I, 6, 7-8; *cf. De pecc. mer.* I, 35-37, 65-68.
6 *Conf.* IV, 9, 21.
7 *Conf.* IX, 9, 19.
8 *Eps.* 36, 14, 32 y 54, 2, 3; *vid.* Frend, *Journ. Theol. Studies*, 15, 1964, p. 414.
9 *Conf.* VI, 2, 2.
10 *Conf.* II, 3, 8.
11 *Conf.* VI, 13, 23.
12 *Conf.* V, 8, 15.
13 *Conf.* IX, 9, 22.
14 *Conf.* V, 9, 16.
15 *De cura ger. pro mort.* 13, 16.
16 *Conf.* V, 8, 15.
17 *Conf.* II, 3, 7; III, 11, 19 y 12, 21.
18 *Conf.* IX, 12, 30.
19 *Conf.* IX, 9, 19.
20 *Conf.* II, 3, 5.
21 *Conf.* II, 3, 6.
22 *Conf.* II, 3, 8.
23 *Conf.* III, 4, 7.
24 *Conf.* IX, 9, 19.
25 *Conf.* IX, 9, 19.
26 *Conf.* I, 10, 17.
27 Los estudios que yo conozco, notablemente B. Legewie, *Augustinus: Eine Psychographie*, 1925, E. R. Dodds, «Augustine's Confessions: a study of spiri-

tual maladjustment», *Hibbert Journal*, 26, 1927-1928, pp. 459-473; Rebecca West, *St. Augustine*, 1933, y C. Klegegemann, «A psychoanalytic study of the Confessions of St. Augustine», *Journal of the American Psychoanalytic Association*, 5, 1957, pp. 469-484, muestra que es tan difícil como deseable combinar la competencia como historiador con la sensibilidad como psicólogo.

28 *Conf.* II, 3, 5.

29 *Conf.* III, 12, 21.

30 *Inscriptions latines de l'Algérie*, 11, n. 820.

31 Epitafio de Vicentio el danzarín: *Libyca*, 3, 1955, pp. 103-121.

32 *Vid.* esp. Picard, *La Civilisation de l'Afrique*, pp. 249-254, para las posturas representadas en las lápidas de las tumbas africanas.

33 *Conf.* VI, 7, 12 y IX, 8, 18.

34 *Serm.* 90, 9 y 254, 4.

35 Frend, *Donatist Church,* pp. 102-103.

36 Ibídem, p. 230.

37 *Vid.* esp. J. Toutain, *Les cultes païens dans l'Empire romain*, III, 1920, pp. 15-37.

38 P. ej., Frend, *Donatist Church*, pp. 174-175.

39 P. ej., *Serm.* 151, 4.

40 P. ej., *De Gen. ad litt.* XII, 18, 35-38.

41 *De Gen. ad litt.* XII, 2, 4.

42 P. ej., *Conf.* III, 11, 19 y VI, 13, 15.

43 *De Gen. ad litt.* X, 25, 41-43. *Vid.* esp. P. Courcelle, *Les Confesions de S. Augustin dans la tradition littéraire: Antécédents et Posterité*, 1963, pp. 127-132.

44 *Passio Maximiani et Isaac* (P. L. 8, 779-780).

45 *Vid.* Frend, *Donatist Church*, pp. 172-176.

46 *Vid. inf.* p. 53.

47 *Vid.* las profundas observaciones de Picard, *La Civilisation de l'Afrique*, pp. 293-297.

III. EDUCACIÓN

1 *Conf.* I, 9, 14.

2 *De quant. anim.* 21, 36.

3 *De quant. anim.* 31, 62.

4 *Enarr. in Ps.* 76, 20.

5 *Conf.* X, 32, 48.

6 *Enarr. in Ps.* 25, 9.

7 *Conf.* VII, 21, 27.

8 *Conf.* X, 34, 51.
9 *De civ. Dei,* XV, 22.
10 *De Gen. c. Man.* II, 21, 32.
11 *Conf.* I, 16, 26.
12 *De Trin.* VIII, 3, 4.
13 Los mejores estudios son, con mucho, los de H.-I. Marrou, *S. Augustin et la fin de la culture antique* (1.ª ed., 1938), esp. pp. 1-104, y *History of Education in the Ancient World.*
14 *De anim. et eius orig.* IV, 7, 9.
15 *Conf.* I, 13, 20.
16 *Vid. inf.* pp. 284-285.
17 *Ep.* 118, 2, 10.
18 *De util. cred.* 7, 16.
19 *Conf.* I, 16, 26.
20 *Conf.* V, 6, 11.
21 *De util. cred.* 6, 13.
22 *Conf.* XII, 26, 36.
23 *De beata vita,* 4, 31.
24 *Vid. inf.* pp. 266 y 356-357.
25 *De gest. Pel.* 25, 51, explicando *Ep.* 146.
26 P. ej., *Ep.* 40, 4, 7.
27 Pseudo-Jerome, *De virginitate,* 12 (P. L. 30, 178A).
28 *Conf.* I, 17, 27.
29 *De civ. Dei,* I, 3.
30 *Ep.* 138, 4, 19.
31 Como en los libros VIII y IX de *De civ. Dei.*
32 *Ep.* 17, 2.
33 Alfaric, *L'Évolution intellectuelle de S. Augustin,* pp. 13-15, y Wannington, *The North African Provinces,* p. 104 y n.º 1.
34 *Conf.* II, 3, 5.
35 *Conf.* II, 4, 9 s.
36 *Conf.* II, 3, 6.
37 *Conf.* II, 3, 7.
38 *Conf.* II, 2, 3.
39 *Conf.* III, 1, 1.
40 *Conf.* III, 3, 6.
41 *Conf.* III, 1, 1.
42 *Conf.* III, 2, 2, v. Audollent, *Carthage romaine,* pp. 183-687, sobre los títulos de estas comedias.

43 *Conf.* III, 2, 4.
44 *Conf.* III, 4, 7.
45 *Vid. inf.* pp. 64-66.
46 *Conf.* II, 2, 3.
47 *Conf.* IV, 2, 3.
48 *De bono coniug.* 3, 3.

IV. «SABIDURÍA»

1 *Conf.* III, 4, 7. El estudio fundamental del papel de Cicerón en la evolución de Agustín es M. Testard, *S. Augustin et Cicéron*, 2 vols., 1958; *vid.* esp. pp. 20-35, sobre una discusión excelente de este incidente.
2 Cicerón, *Hortensio*, fragmento 97 (*Opera*, IV, 3, de Müller, 1890, p. 325), citado por Agustín en *De Trin.* XIV, 19, 26.
3 *Vid.* esp. *Conversion: the old and the new in religion from Alexander the Great to Augustine of Hippo*, A. D. Nock, 1933, pp. 164-186.
4 *Conf.* III, 4, 8.
5 *Conf.* III, 4, 8 y V, 14, 25.
6 *De civ. Dei,* II, 4, 14.
7 *Conf.* I, 10, 17.
8 *C. Ep. Fund.* 8.
9 *Conf.* III, 3, 5.
10 *Serm.* 279, 7.
11 Lactancio, *Divinae Institutiones,* III, 30 (P. L. 6, 444-446).
12 *Conf.* III, 5, 9.
13 *Conf.* III, 4, 8.
14 *Vid.* esp. «Le latin commun et le latin des chrétiens», Christine Mohrmann, *Vigiliae Christianae*, 1, 1947, pp. 1-12, esp. 1-3.
15 *Conf.* III, 7, 12.
16 P. ej., *Serm.* 51, 5.
17 *Vid. C. Faust.* XV, 1; *vid.* esp. W. C. Frend, *Martyrdom and Persecution in the Early Church*, 1965, p. 374.
18 *Acta Saturnini*, 18 (P. L. 8, 701B).
19 *Vid. inf.* pp. 228-229.
20 Esto ha sido puesto en claro particularmente en el excelente estudio de W. H. C. Frend, «The Gnostic-Manichaean tradition in Roman North Africa», *Jour. Eccles. Hist.* IV, 1953, pp. 13-26.
21 *C. Faust.* IV, 1.

22 *C. Faust.* XIII, 1.

23 *C. Faust.* XX, 3.

24 *De util. cred.* 14, 32.

25 *De util. cred.* 1, 3.

26 P. ej., *C. Faust.* XXIII, 1.

27 *De util. cred.* 1, 2.

28 Los maniqueos eran más radicales que los gnósticos al afirmar su superioridad sobre el cristianismo, y que no eran sencillamente meros sustentadores de las tradiciones esotéricas del cristianismo: *vid.* esp. «Christliche Wurzeln im Manichäismus»,», A. Böhlig: *Bull. de la soc. d'archéologie copte*, 15, 1960, pp. 41-61.

29 *C. Faust.* I, 1.

30 *C. Faust.* XX, 1-2.

31 *De Haeres.* 46, 5.

32 *Manichaean Psalmbook*, Allberry, p. 185, 20.

33 *Manichaean Psalmbook*, Albarry, p. 9. *Vid.* esp. «Jésus-Christ dans la religion de Mani. Quelques éléments d'une confrontation de saint Augustin avec un hymnaire christologique manichéen copte», J. Ries, *Augustiniana*, 14, 1964, pp. 437-454.

34 *Le Manichéisme: son fondateur, sa doctrine*, H. C. Puech (Musée Guimet, Bibliothéque de diffusion, 56), 1949, es con mucho el mejor estudio del maniqueísmo. *Mani and Manichaeism*, G. Widengren (traducido al inglés por Kessler), 1965, es más detallado, pero menos real. *Das manichäische Religionssystem*, Chr. Baur, 1831. Fundamentalmente basado en los relatos de Agustín, se sigue manteniendo indispensable. *St. Augustine of Hippo, Life and Controversies*, G. Bonner, 1963, pp. 157-192, es un relato erudito y simpático. «Introduction aux études manichéennes», J. Ries, *Ephemerides Theologicae Lovanienses*, 33, 1957, pp. 453-482, y 35, 1959, pp. 362-409, ayuda mucho. A. Adam, *Texte zum Manichäismus* (Kleine Texte für Vorlesungen und Übungen, 175), 1954, es una colección útil de documentos.

35 A. Chavannes-P. Pelliot: «Un traité manichéen retrouvé en Chine», *Journal asiatique*, sér. X, 18, 1911, pp. 499-617, y sér. XI, 1, 1913, pp. 99-199 y 261-394.

36 Chavannes-Pelliot, *Journ. asiat.*, sér. XI, 1, 1913, pp. 177-196.

37 Ilustrado en Widengren, *Mani*, esp. salmos 3-8, y capítulo 7, pp. 107-116.

38 Chavannes-Pelliot, *Journ. asiat.*, sér. XI, 1, 1913, pp. 340-349.

39 *Vid.* esp. Chavannes-Pelliot, *Journ. asiat.*, sér. X, 18, 1911, pp. 499-617.

40 *Vid.* Adam, *Texte*, n.º 3, pp. 6-7.

41 *Conf.* III, 6, 11.

42 *C. Fort.* 3.

43 *C. Faust.* XIII, 18.

44 *De beata vita*, 1, 4.
45 *De util. cred.* 1, 2.
46 Allberry, *Manichean Psalmbook*, p. 158.
47 *Conf.* III, 6, 10.

V. MANIQUEÍSMO

1 El mejor tratado es «Der Begriff der Erlösung im Manichäismus», de H. C. Puech, *Eranos Jahrbuch*, 1936, pp. 183-286.
2 *Conf.* V, 10, 19.
3 *De util. cred.* 1, 2.
4 *De lib. arb.* I, 2, 4.
5 La más expresiva y reveladora es la colección de salmos en copto, casi contemporáneos de Agustín y procedentes también de una provincia del Imperio romano cristiano: editadas y traducidas al inglés por C. R. C. Allberry, *A Manichaean Psalmbook* (Parte II) (Manichaean Manuscripts in the Chester Beatty Collection, vol. II), 1938; *vid.* P.-J. De Menasce, «Augustin manichéen», *Freundesgabe für Ernst Robert Curtius*, 1956, pp. 79-93.
6 *C. Ep. Fund.* 5.
7 Allberry: *Manichaean Psalmbook,* p. 219, *vid.* Puech: «Begriff d. Erlosung», *Eranos Jahrbuch*, 1936, pp. 224-226.
8 *De ii anim.* I.
9 *C. Fort.* 21.
10 *Conf.* IV, 15, 26.
11 *C. Fort.* 20.
12 Simplicio, *Commentary on the Enchiridion of Epictetus*, 27 (Adam, *Texte*, n.º 51, p. 74).
13 Chavannes-Pelliot, *Journ. asiat.*, sér. XI, 1, 1913, p. 114.
14 P. ej., *C. Fort.* 19.
15 *De ii anim*, 10.
16 *De util. cred.* 6, 13.
17 *De ii anim*, 11.
18 *Conf.* III, 3, 6.
19 *Conf.* IV, 2, 2.
20 *Conf.* IV, 16, 28.
21 *Vid.* L. Minio-Palluelo, «The Text of the *Categoriae*: the Latin Tradition», *Classical Quarterly*, 39, 1945, pp. 63-74.
22 *Conf.* IV, 16, 28.

21 Agustín el estudiante difícilmente hubiera sido convencido por Agustín el sacerdote de que los profesores eran indispensables. *De util. cred.* 7, 16-17.

24 Allberry, *Manichaean Psalmbook*, p. 56.

25 *C. Faust.* XII, 1.

26 *C. Faust.* XVI, 8.

27 *C. Fort.* 7.

28 *C. Faust.* XVI, 8.

29 *Vid.* esp. *C. Faust.* XXI, 1 y 3.

30 *Ep. Secundini ad Aug.* Tales actitudes no están limitadas al siglo IV; p. ej., J. H. Newman, *Loss and Gain*, en la que el héroe exclama: «Seguramente la idea de un apóstol soltero, puro, en ayuno y desnudez, y a la larga un mártir, es una idea superior a la de los antiguos israelitas, sentados bajo sus higueras y sus viñedos, repletos de bienes temporales y rodeados de sus hijos y nietos».

31 En *C. Jul.* IV, 14, 72.

32 *Conf.* VIII, 7, 17.

33 *Conf.* IV, 16, 31, *cf.* IV, 15, 26.

34 *De Haeres.* 46, 6 (Adam, *Texte*, n.º 49, p. 70).

35 Allberry, *Manichaean Psalmbook*, p. 99.

36 Ibídem, p. 97.

37 James Joyce, *A portrait of the Artist as a Young Man* (Jonathan Cape, 1944, p. 170), *cf.* Puech, «Begriff d. Erlösung», *Eranos Jahrbuch*, 1936, pp. 206-207.

38 *Conf.* V, 10, 18.

39 *Vid.* esp. *Op. Imp.* I, 97.

40 Chavannes-Pelliot, *Journ. asiat.*, sér. X, XVIII, p. 546. El tratado chino deja claro que la leyenda maniquea de la invasión del Reino de la Luz por el Reino de las Tinieblas se mantenía para verla reflejada en la experiencia de cada individuo: el alma buena, desolada, es invadida por la fuerza ajena e incontrolada del mal.

41 P. ej., Adam, *Texte*, n.º 7, p. 16, y Alejandro de Licópolis, *De placitis Manichaeorum*, 3: el buen Dios estaba «desprovisto del mal necesario para hacer frente a la invasión del Mal».

42 Adam, *Texte*, n.º 5b, p. 13.

43 *Conf.* IV, 15, 24.

44 *C. Faust.* XX, 2.

45 *Enarr. in Ps.* 140, 140, 12.

46 *C. Fort.* 18; *Enarr. in Ps.* 140, 12.

47 Allberry, *Manichaean Psalmbook*, p. 54.

48 Mary Boyce, *The Manichaean Hymn Cycle in Parthian*, 1954, p. 83.

49 *C. Fort.* 33-37.

50 *Conf.* III, 11, 19.
51 *Conf.* III, 12, 21.
52 El emperador Diocleciano, en el 297 (Adam, *Texte*, n.º 56, pp. 82-83), y Lu Liu, en el 1166 (Chavannes-Pelliot, *Journ. asiat.*, sér. XI, i, 1913, p. 349), señalan que estos libros deben ser quemados. Sobre estos libros, *vid.* Widengren, *Mani*, pp. 74-81 y 110-113.
53 P. ej., *De util. cred.* 18, 36.
54 *Vid. inf.* p. 93.
55 *C. Faust.* XIII, 1.
56 *C. Faust.* XIII, 1: Flacciano, a quien Agustín conoció en Cartago en esta época, tenía una copia de estos oráculos: *De civ. Dei,* XVIII, 23, 6.
57 *De util. cred.* 7, 17.
58 *Ep.* 236.
59 *Ep.* 64, 3.
60 *Vid.* J. Ries, «La Bible chez S. Augustin et chez les manichéens», *Rev. études augustin.*, 9, 1963, pp. 201-215.
61 P. ej., los nombres dados en la abjuración de un maniqueo (en P.L. xlii, 518).
62 Adam, *Handbuch der Orientalistik*, I Abt., 8, 2, pp. 118-119.
63 Posidio, *Vita*, XV, 5: un rico comerciante maniqueo, Firmo. *Vid. Enarr. in Ps.* 136, 3, sobre la libertad excepcional del movimiento disfrutado por el comerciante.
64 *De mor. Man.* (II), 20, 74.
65 Chavannes-Pelliot, *Journ. asiat.*, sér. X, 18, 1911, p. 515.
66 *C. Faust.* XX, 1.
67 *De mor. Man.* (II), 8, 13.
68 *C. Fort.* 3.
69 Plotino, *Enéada,* II, 9, 5 (MacKenna, 2, p. 136).
70 Ibídem, p. 135.
71 *C. Faust.* XX, 1.
72 Allberry, *Manichaean Psalmbook*, p. 215.
73 *C. Fel.* I, 9.
74 «La naturaleza y causa de la confusión» era el corazón del maniqueísmo; puede que se mantuviera en secreto a los nuevos conversos: *De ii anim.* 16.
75 Manes, por ejemplo, falseó los datos astronómicos tradicionales sobre los cuales se basaban las creencias astronómicas; *vid.* Widengren, *Mani*, cap. 4, 4, pp. 69-72, esp. p. 72.
76 *C. Faust.* XV, 6.
77 La importancia de las lecturas de Agustín sobre opiniones filosóficas en manuales de segunda mano ha sido acentuada con acierto por A. Solignac,

«Doxographies et manuels dans la formation philosophique de S. Augustin», *Rech. augustin.*, 1, 1958, pp. 113-148.

78 *Vid.* esp. Testard, *S. Augustin et Cicéron*, 1, pp. 64-68. La mejor introducción al posible contenido de este libro es el artículo de A. Solignac sobre las *Confesiones*, trad. por Tréhorel y Bouissou, *Bibliothèque augustin.*, 2 sér., 13, pp. 671-673; *vid.*, más recientemente, Takeshi Kató, «Melodía interior. Sur le traité *De pulchro et apto*», *Rev. études augustin.*, 12, 1966, pp. 229-240.

79 P. ej., *De civ. Dei,* III, 15, 39, sobre los eclipses solares.

80 *Conf.* IV, 3, 4.

81 *Conf.* IV, 3, 5.

82 Habían sido ya precedidos, en el siglo VIII, por astrónomos maniqueos: Chavannes-Pelliot, *Journ. Asiat.*, sér. XI, 1, 1913, pp. 152-153 y 161.

83 Ed. H.J. Polotsky: *Manichäische Homilien,* 1934, p. 30, 3.

84 *Conf.* V, 3, 3 y 6; *cf. De doct. christ.* II, 21, 32.

85 *Vid.* esp. P. Monceaux, «Le manichéen Fauste de Milev: Restitution de ses "Capitula"», *Mém. Acad. des Inscript. et Belles Lettres*, 1924.

86 *Conf.* V, 3, 3.

87 *Conf.* V, 6, 11.

88 *Conf.* V, 7, 12.

89 *C. Faust.* V, 1.

90 *C. Faust.* V, 5.

91 *Conf.* V, 7, 13.

92 *Vid. inf.* p. 71.

93 *C. Faust.* XIII, 17.

94 *Conf.* V, X, 18.

95 *C. Fel.* II, 8. Esto está claramente visto por Bonner, *St. Augustine*, pp. 174-175.

96 Chavannes-Pelliot, *Journ. asiat.*, sér. X, 18, 1911, p. 546.

97 *Der mor. Man.* (II), 11, 22.

98 *Vid.* esp. *De mor. eccl. cath.* (I), 25, 47.

99 *C. Ep. Fund.* 2.

VI. AMIGOS

1 De *ii anim.* 11 y 24; *cf. De mor. Man.* (II), 19, 71.

2 *Conf.* VI, 6, 12.

3 *Ep.* 259, 3.

4 *De mor. Man.* (II), 5, 16; *cf.* Allberry, *Manichaean Psalmbook,* p. 168, 20.

5 *Conf.* IV, 12, 20.
6 *Conf.* VI, 7, 12.
7 *Conf.* IV, 4, 7.
8 *Conf.* IV, 10, 13.
9 *De Gen. ad litt.* IX, 5, 9.
10 *Conf.* IX, 6, 14.
11 Sobre la actitud última de Agustín, *vid. Serm.* 312: «Si no tenéis esposas, no debéis tener concubinas, mujeres a las que luego repudiaréis para casaros con una esposa». Esto es precisamente lo que Agustín había hecho.
12 P. ej., *Conf.* II, 3, 8, «encadenado a una mujer».
13 Libanio, *Autobiografía (Oración I)*, ed. y trad. por A. F. Norman, 1965, sc. 278, p. 143; *vid.* esp. p. 231, sobre su estado. Como en Agustín, solo su hijo es mencionado por su nombre.
14 *Vid. inf.* p. 92.
15 I. Kajanto, *Onomastic Studies in the Early Christian Inscriptions of Rome and Carthage* (Acta Instituti Romani Finlandiae, II, 1), 1963, pp. 102 y 115.
16 *Conf.* IV, 2, 2.
17 *Ep.* 243, 10.
18 *Sol.* I, 10, 17-11, 19, revela lo que Agustín había esperado ganar.
19 *Conf.* VI, 15, 25; *vid. inf.* pp. 64-65.
20 *Conf.* IV, 4, 7.
21 *Conf.* IV, 4, 8.
22 *Conf.* IV, 4, 8.
23 *Conf.* IV, 7, 12.
24 *C. Acad.* II, 1, 3.

VII. ÉXITO

1 *Conf.* IV, 8, 13.
2 Salviano, *De gubernatione Dei*, VII, 16 (P.L. 53, 143). Sobre Cartago en el siglo IV, *vid.* esp. G. Charles-Picard, *La Carthage de saint Augustin*, 1965.
3 *Vid.* Audollent, *Carthage romaine*, pp. 211-223.
4 *Ep.* 102, 6, 31.
5 *De civ. Dei*, XVI, 8.
6 *Retract.* II, 58.
7 *Eps.* 117 y 118, sobre Dioscuro; *vid. inf.* p. 311.
8 El mejor estudio sobre este tema es *A Conflict of Ideas in the Later Roman Empire*, de A Alföldi, 1952, pp. 28-95.

9 A. C. Pallu-Lessert, *Fastes des provinces africaines*, 2, 1901, pp. 83-88.
10 Pallu-Lesser, *Fastes*, 2, pp. 78-80.
11 Naucelio, en *Epigrammata Bobiensia*, 2, n.º 5, ed. Munari, 1955, p. 55.
12 Sobre los ideales de esta clase, *vid.* esp. A. Alföndi, *A Conflict*, pp. 96-124.
13 *Vid.* Pallu-Lessert, *Fastes*, 2, pp. 93-94; K. Deichgräber, «Vindicianus», *Pauly-Wissowa Reallexikon*, IX, A. 1 (2, 16), 1961, col. 29-36.
14 Ep. ad Valentinianum, en *Corpus Medicorum Latinorum*, V, ed. Wiedermann, 1916, caps. 5 y 9, pp. 23-24.
15 *Conf.* VII, 6, 8.
16 *Conf.* IV, 3, 5.
17 *Conf.* IV, 14, 21.
18 *Vid.* lo más reciente, «Hierius et Domitius», *Latomus*, 13, 1954, pp. 37-39.
19 *Conf.* VI, 7, 11.
20 *Conf.* VI, 10, 16.
21 *Conf.* VI, 12, 20.
22 *Conf.* VIII, 12, 30.
23 *Conf.* IX, 6, 14.
24 *Conf.* VIII, 6, 13 y IX, 3, 6.
25 *Conf.* VI, 10, 17.
26 *Ep.* 98, 8.
27 *De mor. Man.* (II), 19, 29.
28 *Conf.* VI, 8, 13.
29 *Conf.* V, 8, 14.
30 *Codex Theodosianus*, XIV, 9, 1 (370).
31 *Conf.* V, 8, 15.
32 *Conf.* V, 9, 16.
33 *Conf.* V, 9, 16.
34 Ammianus Marcellinus, *Res gestae*, XIV, 6, 1; *vid.* esp. A. Cameron, «The Roman Friends of Ammianus», *Journ. Roman Studies*, 54, 1964, pp. 15-28.
35 *Conf.* V, 13, 23.
36 Sobre las oportunidades y peligros de tal posición, *vid.* Cameron, «Wandering Poets», *Historia*, 14, 1965, pp. 497-507.
37 *Conf.* V, 13, 23.
38 *Vid. sup.* pp. 54-55.
39 Ep. *Secundini ad Aug*; *vid. sup.* p. 53; *cf.* la refutación de Justino, un maniqueo romano cultivado, adscrito a Mario Victorino, en P.L. 8, 990-1010.
40 *Vid.* esp. A. Ferrua, *Le pitture della nuova catacomba di Via Latina*, 1960.
41 P. Courcelle, *Recherches sur les «Confessions»*, 1950, pp. 78-79.
42 Símaco, *Relatio*, III, 10.

43 Ambrosio, *Ep.* 17, 1 y 13.

44 J. Rougé, «Une émeute à Rome au IVe s.», *Rev. études anciennes*, 63, 1963, p. 61. Los discípulos de Agustín habían sido educados para carreras senatoriales: *De ord.* I, 8, 25.

45 Ep. 258. Bien podría ser él el Marciano descrito en Chastagnol, *Les Fastes de la Préfecture urbaine*, n.º 117, pp. 268-269.

46 *Sol.* I, 13, 23; *vid. Retract.* I, 4, y *De vera religione*, 28, 51 (*tam grande secretum*).

47 Courcelle, *Recherches*, pp. 79-83.

48 *Vid. inf.* p. 111 y Símaco, *Eps.* I, 99 y V, 32.

49 Símaco, *Ep.* I, 20.

50 *Vid.* esp. L. Ruggini, *Economia e società nell'Italia annonaria*, 1962; A. Piganiol, *L'Empire chrétien* (Historie romaine, IV, 2), 1947, pp. 230-252, proporciona un brillante cuadro de la situación política y religiosa del año 380.

51 Claudio; *vid.* Cameron, «Wandering Poets», *Historia*, 14, 1965, pp. 495-496.

52 Manlio Teodoro, *vid. inf.* pp. 93-94.

53 *Conf.* V, 13, 23.

54 P. ej., O. Hiltbrunner, «Die Schrift "de officiis ministrorum" des hl. Ambrosius und ihr ciceronisches Vorbild», *Gymnasium*, 71, 1964, pp. 174-189.

55 El contacto de Ambrosio con el neoplanismo contemporáneo puede ser incluso más amplio que la lectura de Plotino revelada por Courcelle, *Recherches*, pp. 93-138; *vid.* también «Nouveaux aspects du platonisme chez saint Ambroise», de Courcelle, *Rev. études latines*, 34, 1956, pp. 220-239; «De Platon à Saint Ambrose par Apulée», *Revue de Philologie*, n. s., XXXV, 1961, pp. 15-28; y el importante estudio, «Anti-Christian arguments and Christian Platonism», *The Conflict between Paganism and Christianity in the 4th century*, ed. Momigliano, 1963, pp. 151-192, esp. p. 165.

56 P. ej., el hermoso ejemplo que pervive en san Ambrosio en Milán, ilustrado en C. Mohrmann y F. Van der Meer, *Atlas of the Early Christian World*, 1958, n.º 186 p. 77.

57 *Conf.* III, 1, 1.

58 *Conf.* V, 13, 23.

VIII. AMBROSIO

1 El estudio más amplio sobre Ambrosio es *The Life and Times of St. Ambrose*, 2 vols., 1935, de F. Homes-Dudden; *Recherches sur les Confessions de S. Augustin*, de P. Courcelle, 1950, ha dirigido los fundamentos de todas las modernas opiniones sobre la evolución de Agustín en Milán; ha ampliado y defendido

su posición en *Les confessions de S. Augustin dans la tradition litteraire: Antécédents et Posterité*, 1963, esp. pp. 19-88.

La interpretación de los libros V-VIII de las *Confesiones* es decisiva para este periodo, de aquí la importancia de dos profundos comentarios: M. Pellegrino, *Les Confessions de S. Augustin*, 1960, y A. Solignac, en *Les Confessions* (traducido al inglés por Tréhorel y Bouisson), *Bibliothèque augustinienne*, sér. 2, pp. 13-14, 1962.

2 *Conf.* V, 10, 19; *vid.* Testard, *S. Augustin et Cicéron*, 1, pp. 81-97.

3 *Vid.* esp. E. R. Dodds, *The Greeks and the Irrational* (Univ. California, Paperbound, 1963), p. 239.

4 El mejor estudio de la posición académica es *Béatitude et Sagesse: S. Augustin et le problème de la fin de l'homme dans la philosophie ancienne*, de R. Holte, 1962, esp. pp. 42-44.

5 *Vid. sup.* p. 70.

6 Cicerón, *Academica*, II, 3, 8.

7 *Vid.* la erudita traducción y el comentario de J. O'Meara, *St. Augustine: Against the Academics* (Ancient Christian Writers, 12), 1950, y Holte, *Béatitude et Sagesse*, pp. 73-109.

8 Donne, *Sat.* 3

9 *C. Acad.* III, 7, 15.

10 *De util. cred.* 8, 20.

11 *Vid. De natura deorum*, Ocerón, I, 22, 61; el «académico» Cotta es también el sacerdote que lo sostiene por «ser un deber mantener más solemnemente los derechos y deberes de la religión establecida».

12 *Conf.* V, 14, 25.

13 *Recherches*, Courcelle, pp. 86-87.

14 *Conf.* VI, 13, 23.

15 *De util. cred.* 8, 20.

16 Vid. *St. Ambrose,* Homes-Dudden, 1, pp. 270-293.

17 Ibídem, pp. 298-319.

18 Ambrosio, *In Ps.* 118, 20, 48 (P. L. 14, 1490).

19 *Conf.* V, 13, 23.

20 Paulino de Milán, *Vita S. Ambrosii*, 25, ed. M. Pellegrino (Verba Seniorum, n. s., 1), 1961, pp. 88-89.

21 *Conf.* VI, 3, 3.

22 *Conf.* VI, 3, 4.

23 *Vid.* «Il più antico ritratto di S. Ambrogio», A. Ratti, *Ambrosiana*, cap. 14, 1897.

24 *Vid. St. Ambrose*, Hommes-Dudden, 2, pp. 442-476.

25 *Conf.* IX, 7, 15.

26 *C. Auxentium*, 34 (P.L. 16, 1017), Ambrosio.
27 Ambrosio, *In Ps.* 61, 21 (P. L. 16, 1175); *cf. Conf.* VI, 3, 3.
28 *Vid.* «Un confronto tra s. Ambrogio e s. Agostino a proposito dell'esegesi del Cantico dei Cantici», M. Tajo, *Rev. études augustin.*, vii, 1961, pp.127-151.
29 Ambrosio, *De Isaac*, 3, 18 (P.L. 14, 506).
30 Ambrosio, *Hexaemeron*, III, 5, 21 (P.L. 14, 177).
31 *Conf.* V, 12, 23.
32 *Vid.* esp. *Il valore letterario dell'esegesi ambrosiana*, G. Lazzati (Archivio Ambrosiano, 11) 1960, y *La «Explanatio Psalmorum XII»: Studio letterario sulla esegesi di Sant'Ambrogio*, L. F, Pizzolato (Archivio Ambrosiano, 17), 1965.
33 *Béatitude et Sagesse*, Holte, pp. 119-124.
34 *Vid. sup.* pp. 60-61.
35 No que sus fuentes fueran, ni mucho menos, de segunda mano; *vid.* J. Pépin, *Théologie cosmique et théologie chrétienne* (*Ambroise, Exaém.* I, 1, 1-4), 1964, pp. 45-58.
36 Holte, *Béatitude et Sagesse*, p. 131.
37 *Conf.* VI, 4, 6.
38 *Vid. sup.* p. 53.
39 *De beata vita*, 1, 4.
40 *Hexaemeron*, Ambrosio, VI, 7, 42 (P. L. 104, 258).
41 Ibídem, I, 8, 32 (P. L. 14, 140).
42 Este aspecto del pensamiento de Ambrosio ha sido caracterizado excelentemente por Holte en *Béatitude et Sagesse*, pp. 165-175.
43 *Vid.* el estudio más excitante de S. Masai, «Les conversions de S. Augustin et les débuts du spiritualisme de l'Occident», *Le Moyen Âge*, 67, 1961, pp. 1-40.
44 *Vid.* esp. P. Henry, «Introduction» to MacKenna: *Plotinus*, *The Enneads* (2.ª ed., 1956, p. 39): «La creencia de que el alma es inmaterial estaba lejos de ser aceptada por todos los griegos. A este respecto, Platón, Aristóteles y Plotino estaban bastante aislados de la común tradición griega, y mucho más del enrarecido materialismo al que Armstrong llama "el tipo neumático de pensamiento" y que, entreviendo el alma como una tenue materia, tiene representantes a través de todo el pensamiento griego, desde Homero a los estoicos, por no mencionar a los maniqueos...».
45 *Conf.* V, 10, 19.
46 *Conf.* V, 10, 20.
47 *Conf.* VII, 2, 3; *vid. sup.* p. 53.
48 *Conf.* VII, 1, 2.
49 *De mor. eccl. cath.* (I), 21, 38.
50 *Vid. S. Augustin et Cicéron*, Testard, 1, p. 111.

51 «Les conversions de S. Augustin», Masai, *Le Moyen Âge*, 67, 1961, p. 29.

52 *Vid. Recherches*, Courcelle, pp. 98-102 (sobre el *Hexaemeron*) y pp. 122-124 (sobre *De Isaac* y *De bono mortis*) ha sido provocado por Theiler en *Gnomom*, 75, 1953, p. 117; *vid.* también la opinión de Testard en *S. Augustin et Cicéron*, 1, esp. pp. 85-89.

53 La ausencia de referencias en las *Confesiones* y en *De utilitate credendi* a los sermones de Ambrosio como una fuente de las ideas neoplatónicas es sorprendente; *vid.* esp. J. O'Meara: «Augustine and Neo-Platonism», *Rech. augustin.*, 1, 1958, pp. 91-111, hacia la p. 100.

54 *Conf.* VI, 11, 19.

55 *Conf.* VI, 1, 1.

56 *Ep.* 54, 2, 3.

IX. LOS PLATÓNICOS

1 *De ord.* II, 17, 45.

2 *Vid. Il valore letterario dell'esegesi ambrosiana*, Lazzati, pp. 88-91.

3 Ambrosio, *Hexaemeron*, 1, 8, 31 (P. L.14, 151).

4 *Conf.* VII, 3, 5.

5 *Conf.* VI, 15, 25.

6 Leo, *Ep.* 167 (P. L. 54, 1205).

7 *De Abraham*, Ambrosio, I, 3, 19 y 4, 26 (P. L. 14, 427 y 431-2).

8 *Conf.* VI, 15, 25.

9 *Conf.* VI, 15, 25.

10 *De fide et oper.* 19, 35.

11 «Augustins innere Entwicklung», K. Holl, *Abh. preuss. Akad. d. Wiss.*, 1922 (Philos Hist. Kl., n.º 4), 1923, p. 11, es duro y exacto.

12 *De bono coniug.* 5, 5.

13 *Conf.* VI, 6, 10.

14 *Conf.* VI, 8, 17.

15 *Conf.* VI, 14, 24.

16 *Conf.* VIII, 6, 13.

17 *Ep.* 2 y *De ordine.*

18 *Ep.* 1.

19 *De beata vita.* Es un mérito destacado de P. Courcelle el haber prestado atención a la existencia de tal grupo en su *Les Lettres grecques en Occident de Macrobe à Cassiodore*, 1948, pp. 119-129. A. Solignac en *Les Confessions, Biblio. augustin.*, sér. 2, pp. 529-536, proporciona un sumario útil.

20 *Vid.* esp. Courcelle, *Les Lettres grecques*, pp. 122-128, y *Recherches*, pp. 153-156.

21 *C. Acad.* III, 18, 41.

22 *De civ. Dei*, XVIII, 18, 57-60.

23 *Plotinus: The Enneads*, trad. por S. MacKenna (2.ª ed. de 1956 y 3.ª ed. de 1962), con una introducción luminosa de P. Henry. El mejor estudio biográfico de Plotino es *Kleine Schriften*, de R. Harder, 1960, pp. 257-295. «Tradition and Personal Achievement in the Philosophy of Plotinus», *Journ. Rom. Studies*, 1, 1960, pp. 1-7, y *Plotin ou la simplicité du regard*, P. Hadot, 1963, proporciona brillantes caracterizaciones del pensamiento de Plotino.

24 *On the life of Plotino*, Porfirio, 13 (MacKenna, 2, p. 9).

25 *Life of Plotinus*, Porfirio, 10 (MacKenna, 2, p. 8).

26 *Vid. Kleine Schriften*, Harder, p. 260.

27 *Vid.* esp. «Porphyrius als Mittler zwischen Plotin und Augustin», *Miscellanea Mediaevalia I: Antike und Orient im Mittelalter*, 1962, pp. 26-47, esp. pp. 41-43.

28 *Vid.* esp. «Quelques symboles funéraires du néo-platonisme latín», *Rev. études anciennes*, 46, 1944, pp. 65-93, esp. pp. 66-73.

29 *Vid.* esp. *Chaldaean Oracles and Theurgy. Mysticism, Magic and Platonism in the Later Roman Empire*, 1956.

30 Sobre la evolución de Porfirio, *vid.* esp. la reconstrucción convincente de P. Hadot, «Citations de Porphyre chez Augustin», *Rev. études augustin.*, 6, 1960, pp. 205-244, esp. pp. 239-240.

31 P. ej., *De civ. Dei*, X, 2, 7.

32 P. ej., *De civ. Dei*, X, 24.

33 *Plotin et l'Occident*, P. Henry (Spicilegium Sacrum Lovaniense, 15), 1934, es fundamental.

34 *Vid.* la excelente introducción de P. Hadot a Mario Victorino, *Traités théologiques sur la Trinité* (Sources chrétiennes, 68), 1960, esp. pp. 7-76.

35 *Conf.* VIII, 2, 2.

36 *Conf.* VIII, 2, 2.

37 *Vid.* esp. *Recherches,* Courcelle, pp. 137-138 y 168-174.

38 *C. Acad.* III, XIX, 42; *vid.* el más reciente, «Porphiry and the Arabic Tradition», *Porphyre* (Entretiens, Fondation Hardt, XII), 1965, 275-299, esp. p. 288.

39 *C. Acad.* III, 19, 42.

40 Esp. 34, 1, Ambrosio (P. L. XVI, 1119). *Béatitude et Sagesse*, Holte, pp. 111-164, es un brillante recuento de esta tradición en los escritores cristianos antiguos.

41 *Conf.* VII, 9, 13; VIII, 2, 2.

42 *Vid. Les Confessions,* Courcelle, pp. 69-70, sobre el vago pensamiento del «*orator*».

43 Así, «Synesius of Cirene and Alexandrian Neo-Platonism», H.-I. Marrou, *The Conflict between Paganism and Christianity in the Fourth Century*, pp. 126-150, proporciona un doblete esencial a Agustín en Milán.

44 *Recherches*, Courcelle, p. 280 (june).

45 *Conf.* VII, 9, 13.

46 Sugerido por Courcelle en *Les Lettres grecques*, pp. 126-128. Yo no estoy convencido.

47 Sugerido por Courcelle, *Recherches*, pp. 113-138; pero *vid. sup.* p. 88.

48 Sobre los tratados de Plotino leídos por Agustín, *vid.* esp. *Plotin et l'Occident*, P. Henry, 1934, pp. 78-119, y sobre Plotino y Porfirio, *vid. Recherches*, Courcelle, pp. 157-167, y *Les Confessions,* pp. 27-42. Yo añadiría, con Hadot, «Citations de Porphyre», *Rev. études augustin.*, 6, p. 241, 1960, situando a Plotino, no a Porfirio, en el centro de las lecturas de Agustín en el 386.

A. Solignac, en *Les Confesions*, *Biblio. augustin.*, sér. 2, 13, pp. 683-689, proporciona una instructiva yuxtaposición de pasajes de *Confesiones* VII con otros paralelos de las *Enéadas*.

49 Yo estoy obligado a inclinarme hacia la absorción de Plotino por Agustín sugerida por R.J. O'Connell, «*Ennead* VI, 4 and 5 in the works of St. Augustine», *Rev. études augustin.*, IX, 1963, pp. 1-39.

50 *Conf.* IV, 15, 24; *vid. sup.* cap. 5, nota 78.

51 *Byzantine Aesthetics*, Mathew, 1963, pp. 17-21. Véase para una apreciación exacta de las ideas de Plotino.

52 *Enéada* I, 6, 1 (MacKenna 2, pp. 56-57).

53 *Conf.* VII, 17, 23.

54 Esp. 4, 2.

55 «Tradition and Personnal Achievement», Dodds, *Journ. Rom. Studies*, 1, 1960, p. 5.

56 *Enéada* VI, 7, 12 (MacKenna, 2, pp. 570-571).

57 *Vid.* esp. «Tradition and Personnal Achievement», Dodds, *Journ. Rom. Studies*, 1, 1960, pp. 2-4.

58 *La Philosophie de Plotin*, E. Bréhier, ed. rev. en 1961, p. 35; *vid.* esp. pp. 35-45.

59 *Conf.* VII, 9, 13.

60 *Conf.* VII, 9, 14.

61 *Vid.* esp. «*Ennead* VI, 4 and 5», O'Connell, *Rev. études augustin.*, 9, 1963, pp. 13-14.

62 *Vid. sup.* pp. 55 y 56.

63 «*Ennead* VI, 4 and 5», O'Connell, *Rev. études augustin.*, 9, 1963, pp. 8-11.

64 *Enéada* I, 8, 15 (MacKenna, 2, p. 78).

65 *Enéada* VI, 6, 12 (MacKenna, 2, p. 541); *vid.* O'Connell, «*Ennead* VI, 4 and 5»), *Rev. études augustin.*, 9, 1963, pp. 18-20.

66 También Plotino había sido un «converso» a un auténtico helenismo desde una forma de gnosticismo, si bien su evolución fue menos dramática que la de Agustín y su gnosticismo menos radical; *vid.* esp. H. C. Puech, «Plotin et les gnostiques», *Les Sources de Plotin* (Entretiens, Fondation Hardt, V), 1960, pp. 161-174, y el importante estudio de la evolución en *Pagan and Christian in an Age of Anxiety*, 1965, pp. 24-26.
67 *Conf.* VII, 10, 16.
68 *Conf.* VII, 13, 19.

X. FILOSOFÍA

1 *C. Acad.* II, 2, 5.
2 *Ep.* 135, 1. Esta es la opinión de un círculo literario pagano en el año 411; *vid. inf.* pp. 312-313.
3 Esta tensión está magníficamente documentada en la obra de P. Courcelle, «Anti-Christian Arguments and Christian Platonism», *The Conflict between Paganism and Christianity*, pp. 151-192.
4 *De civ. Dei*, X, 29, 99; *vid.* esp. Courcelle: *Les Confessions*, pp. 73-74.
5 *Ep.* 31, 8.
6 *Life of Plotinus*, Porfirio, 2 (MacKenna, 2, p. 2).
7 «Tradition and Personal achievement», Dodds, *Journ. Rom. Studies*, 1, 1960, p. 7.
8 *Vid.* Justino, *Diálogo con Trifón*, 2, 3-6.
9 *Conf.* VIII, 2, 4.
10 *Conf.* IX, 7, 15.
11 *Vid.* esp. *Recherches*, Courcelle, pp. 157-167; «Connaissance de Dieu et action de graces», G. Madec, *Rech. augustin.*, 2, 1962, pp. 273-309, esp. pp. 279-282, es un estudio claro de este periodo crucial.
12 *De Trin.* IV, 15, 20.
13 *Conf.* VII, 20, 26.
14 P. ej., *De quant. anim.*, XXXIII, 75; *De mor. eccl. cath.* (I), 7, 11. Mientras no se puede estar convencido de que el concepto de Cristo de Agustín, en esta época crucial, reflejara exactamente el sostenido por Porfirio y sus seguidores paganos (*vid.* Courcelle, «S. Augustin "photiniem" à Milan, *Conf.* VII, 19, 25», *Ricerche di storia religiosa*, 1954, pp. 225-239, y *Les Confessions*, pp. 33-42, con el criticismo de Hadot, «Citations de Porphyre», *Rev. études augustin.*, 6, 1960, p. 241), es imposible negar que pasó por una fase de platonismo «autónomo», cuyos exponentes había considerado como superiores el cris-

tianismo; *vid.* esp. Courcelle, «Les sages de Porphyre et les "viri novi" d'Arnobe», *Rev. études latines*, 31, 1953, pp. 257-271, esp. pp. 61-62.

15 *Vid. sup.* pp. 53-54.

16 *Conf.* VII, 21, 27.

17 *Ep.* 37, 1, Ambrosio (P. L. 16, 1085), *vid. inf.* pp. 163-164.

18 *Conf.* VII, 21, 27.

19 *C. Acad.* II, 2, 5.

20 *Conf.* VII, 21, 27.

21 *C. Acad.* II, 2, 5.

22 *Conf.* VIII, 1, 1.

23 *Sol.* I, 14, 25.

24 *C. Acad.* III, 19, 42; *De ord.* II, 10, 29.

25 Este caso está persuasivamente estudiado por J. O'Meara en *The Young Agustine*, 1954, pp. 143-155, y *Porphyry's Philosophy from Oracles in Augustine*, 1959; véanse las reservas de peso de Hadot en «Citations de Porphyre», *Rév. études augustin.*, 6, 1960, pp. 205-244 (con el comentario de O'Meara, pp. 245-247).

26 *Conf.* VIII, 1, 1-2.

27 *Conf.* IX, 3, 5.

28 Ambrosio, *De Helia et ieiunio*, 22, 85 (P. L. 14, 764).

29 *Conf.* VIII, 5, 12.

30 *Conf.* VIII, 6, 12.

31 *Conf.* VIII, 6, 15.

32 *Conf.* VIII, 7, 18.

33 *Conf.* VIII, 8, 20.

34 *Conf.* VIII, 11, 27.

35 *Conf.* VIII, 12, 28-30.

36 *Conf.* IX, 2, 4.

37 «Die körperliche Konstitution und die Krankheiten Augustins», B. Legewie, *Mic. Agostin.*, 2, 1930, pp. 5-21, esp. pp. 19-20, son debidamente cautelosas.

38 *Vid.* «A psychoanalytic study of the Confessions», Klegeman, *Journ. Amer. Psychoanalytic Assoc.*, 5, 1957, p. 481.

39 *De Gen. c. Man.* II, 17, 26.

40 Sobre la situación de Casiciaco: *vid. Les Confessions de S. Augustin*, Pellegrino, p. 191, n.º 2.

41 *Augustins Bekehrung*, J. Nørregaard, 1923, anticuado respecto a las circunstancias de la conversión de Agustín, se mantiene como un estudio inapreciable de las ideas religiosas que aparecen en los diálogos de Casiciaco.

42 *Ep.* 1, 3.

43 *De ord.* II, 20, 52; *cf. De beata vita*, 1, 6.
44 P. ej., *De ord.* II, 5, 16.
45 *Vid.* esp. *Béatitude et Sagesse*, Holte, pp. 303-327.
46 *De beata vita*, 1, 4.
47 *De beata vita*, 1, 5.
48 *De beata vita*, 1, 3.
49 *Vid. sup.* pp. 97 y 106-108.
50 *De beata vita*, 4, 34.
51 *De beata vita*, 4, 35.
52 *Conf.* IX, 7, 15.
53 *C. Acad.* II, 3, 9.
54 *De mor. eccl. cath.* (I), 17, 31.
55 *C. Acad.* II, 3, 8.
56 *De mor. eccl. cath.* (I), 25, 47; *vid. sup.* pp. 62-63.
57 *Conf.* V, 10, 18.
58 *Ep.* 34, 2, Ambrosio (P. L. 16, 1119).
59 *Conf.* IX, 5, 13.
60 *De obitu Theodosii*, Ambrosio (P. L. 16, 1466).
61 *Béatitude et Sagesse*, Holte, pp. 177-190, es una brillante afirmación.
62 *C. Acad.* III, 20, 43.
63 P. ej., *De ord.* I, 7, 20; II, 5, 15 y 16, 44.
64 *De ord.* I, 1, 2.
65 P. ej., *De ord.* I, 2, 5.
66 P. ej., *De ord.* I, 2, 5.
67 *The Fathers of the Latin Church*, H. von Campenhausen (traducida al inglés en 1964), pp. 184-188.

XI. *CHRISTIANAE VITAE OTIUM*: CASICIACO

1 El historiador se encuentra afortunadamente con dos análisis brillantes del programa de Agustín en Casiciaco y de su posición en la cultura antigua tardía, por H.-I. Marrou, *S. Augustin et la fin de la culture antique*, 1938, pp. 161-327, esp. pp. 161-186, y por R. Holte, *Béatitude et Sagesse,* 1962, esp. pp. 73-190 y 303-327.
2 *De ord.* I, 2, 4.
3 *Retract.* I, 1, 1.
4 *Vid.* A. Ragona, *Il proprietario della villa romana di Piazza Armerina*, 1962, pp. 52 y ss.

5 «Sull'*otium* di Massimiano Erculio», *Rend. Accad. dei Lincei*, S. Mazzarino, s. 8, 8, 1954, pp. 417-421.
6 *Vid. sup.* p. 93; *vid. Les Confessions*, Courcelle, pp. 21-26.
7 *Life of Plotinus*, Porfirio, 12 (MacKenna, 2, p. 9).
8 «Un lieu dit "Cité de Dieu"», H.-I. Marrou, *Aug. Mag.*, 1, 1954, pp. 101-110.
9 *C. Acad.* II, 2, 4.
10 *Sol.* I, 10, 17.
11 *De beata vita*, 1, 4.
12 *Vid. sup.* p. 93-94.
13 *Ep.* 26, 4 (el poema de Licencio).
14 *C. Acad.* II, 2, 3.
15 *De beata vita*, 7, 16.
16 *De ord.* I, 7, 20.
17 *C. Acad.* III, 19, 42.
18 *Sol.* II, 14, 26.
19 *De ord.* I, 11, 31.
20 *De ord.* I, 2, 4.
21 *De ord.* I, 2 y 4.
22 *De ord.* I, 7, 20.
23 *Sol.* II, 14, 26.
24 *De ord.* II, 11, 33.
25 *C. Acad.* II, 11, 6.
26 *C. Acad.* II, 1, 2.
27 *C. Acad.* III, 7, 15.
28 *De ord.* I, 3, 6.
29 *De ord.* I, 8, 22.
30 *De ord.* I, 3, 6.
31 *De ord.* I, 8, 25.
32 *C. Acad.* II, 4, 10.
33 *Sol.* I, 12, 21.
34 *Sol.* I, 1, 1.
35 *Sol.* I, 14, 25-26.
36 *De beata vita*, 3, 16 y 20.
37 P. ej., *De beata vita*, 2, 10.
38 *De beata vita*, 2, 14.
39 *De beata vita*, 2, 7.
40 *C. Acad.* II, 3, 8.
41 *De ord.* I, 8, 23.
42 *De ord.* I, 3, 7.

43 *De ord.* I, 9, 28.
44 P. ej., *De ord.* I, 3, 9 y *C. Acad.* II, 11, 13, 29.
45 *Ep.* 26.
46 A. K Clarke, «Licentius, Carmen ad Augustinum, 11. 45 seqq., and the Easter Vigil» (Studia Patristica, 8), *Texte u. Untersuchungen*, 93, 1966, pp. 171-175.
47 *De ord.* I, 5, 12 y 7, 24.
48 *De quant. anim.*, 31, 62-63.
49 *De beata vita*, 1, 6.
50 *De ord.* I, 2, 5.
51 P. ej., *C. Acad.* II, 3, 8.
52 *De ord.* I, 3, 6.
53 P. ej., *C. Acad.* II, 7, 17.
54 *C. Acad.* II, 9, 22.
55 *C. Acad.* I, 1, 4.
56 *De ord.* I, 11, 31.
57 *C. Acad.* I, 3, 7.
58 *Vid.* Marrou, S. *Augustin et la fin de la culture antique*, pp. 242-243.
59 *C. Acad.* l, 2, 6.
60 *Vid. inf.* pp. 188-189.
61 Carta a Firmo, en *Corpus Christianorum*, Series Latina, 47, 1955, p. 4. Sobre la continuidad de las ideas de Agustín sobre el conocimiento y la cultura, *vid.* esp. R. Lorenz: «Die Wissenschaftlehre Augustins», *Zeitschrift für Kirchengaschichte*, 67, 1956, pp. 29-60 y 213-251.
62 *De ord.* II, 10, 28.
63 *Vid.* esp. Solignac, «Doxographies et manuels», *Rech. augustin.*, 1, 1958, p. 122 y n.º 26.
64 *De ord.* I, 7, 20.
65 *Sol.* I, 13, 23.
66 *De ord.* II, 5, 17.
67 *Sol.* II, 14, 26.
68 *De ord.* II, 17, 45.
69 *Vid.* esp. Marrou, *S. Augustin et la fin de la culture antique*, p. 211 (y p. 275: es «medieval», incluso en la extensión de sus omisiones).
70 *Sol.* II, 20, 35.
71 *De ord.* II, 19, 50.
72 *De ord.* II, 5, 15-16.
73 *De ord.* II, 7, 24.
74 *C. Acad.* I, 1, 3.

75 *Retract.* I, 3.

76 *De beata vita*, 1, 5.

77 *Vid.* esp. O'Connell, «Ennead VI, 4 and 5», *Rev. études augustin.*, 9, 1963, pp. 1-2. Este trabajo es importante por mostrar la evidencia de la asimilación de Plotino por Agustín.

78 *Retract.* I, 5.

79 *Retract.* I, 5.

80 *Sol.* II, 7, 14.

81 *Sol.* I, 1, 3.

82 *Sol.* I, 15, 30.

83 Paulino, *Vita Ambrosii*, 38 (ed. Pellegrino, pp. 104-105).

84 *Vid.* esp. B. Parodi, *La catachesi di S. Ambrogio*, 1957, y Homes-Dudden, *Saint Ambrose*, 1, pp. 336, 342.

85 *De fide et oper.* 6, 9.

86 Parodi, *La catachesi*, p. 66.

87 *De quant. anim.*, 34, 77.

88 Courcelle, *Recherches*, p. 213.

89 Parom, *La catachesi*, p. 19.

90 *De quant. anim.*, 1, 4.

91 *De cat. rud.* 8, 12.

92 Courcelle, *Recherches*, p. 217.

93 *Conf.* IX, 7, 16.

94 *Conf.* VIII, 6, 15 y *De mor. eccl. cath.* (I), 33, 70.

95 Filastrio, *De Haeres.*, c. 15 (P.L. 12, 1239).

96 Courcelle, *Les Lettres grecques*, p. 123. Esta podría ser una cuestión abierta entre cristianos, *vid.* Pépin, *Théologie cosmique et théologie chrétienne*, pp. 77-78.

97 *De beata vita*, 1, 4.

98 *De beata vita*, 1, 4.

99 Mientras Courcelle, *Recherches*, pp. 106-112, da por seguro el contenido plotiniano de estos sermones, su cronología se mantiene incierta: *vid.* Theiles, *Gnomon*, 75, 1953, pp. 117-118.

100 *Conf.* IX, 6, 14.

101 *Retract.* I, 6.

102 *De metris*, ed. Keil, *Grammatici Latini*, 6, 1874, pp. 585-601.

103 *Vid.* esp. Marrou, *S. Augustin et la fin de la culture antique*, pp. 570-579.

104 *Conf.* IX, 6, 14.

105 *Conf.* IX, 8, 17.

106 *Conf.* IX, 8, 17.

XII. OSTIA

1 *Vid.* esp. el magnífico estudio de R. Meiggs, *Roman Ostia*, 1960, esp. pp. 83-101, 211-213 y 258-262.
2 *Conf.* IX, 10, 23.
3 *Eps.* 92 y 99, *vid. inf.* p. 201, esp. n. 10.
4 *Vid.* Meiggs, *Roman Ostia*, pp. 212-213, la considerará la esposa de Faltonio Adelfo.
5 Meiggs, *Roman Ostia*, p. 400.
6 *Ep. Secundini ad Augustinum,* Solignac, en *Les Confessions*, *Biblio. augustin.*, sér. 2, 14, p. 535, identifica el Hermogeniano de la *Ep.* 1, con un miembro del Anicii.
7 *Vid.* Meiggs, *Roman Ostia*, p. 393, y H. P. L'Orange, «The Portrait of Plotinus», *Cahiers archéologiques. Fin de l'Antiquité et Moyen-Âge*, 5, 1951, pp. 15-30.
8 *Conf.* IX, 10, 23-25. Es fundamental P. Henry, *La Vision d'Ostie. Sa place dans la vie et l'oeuvre de S. Augustin*, 1938. Para encontrar el análisis de la descripción de Agustín, *vid.* A. Mandouze, «L'extase d'Ostie: possibilités et limites de la méthode de parallèles textuels», *Aug. Mag.*, 1, 1954, pp. 67-84.
9 *Conf.* IX, 11, 27-28.
10 *Conf.* IX, 12, 29.
11 *Conf.* IX, 12, 30.
12 *Conf.* IX, 12, 31.
13 Meiggs, *Roman Ostia*, p. 475.
14 *Conf.* IX, 12, 32-33.
15 Meiggs, *Roman Ostia*, p. 525.
16 Ibídem, p. 400.
17 *De cura ger. pro mort.* 11, 13.

XIII. *SERVUS DEI*: TAGASTE

1 *Vid.* J. Burnaby, *Amor dei: A study of the Religion of St. Augustine*, 1938, p. 88, sobre *De moribus ecclesiae catholicae*: «Él ha hecho suyos ya muchos de aquellos textos que serían los puntos fundamentales de su cristianismo, y los usa como fundamentos».
2 *De civ. Dei*, 22, 8, 48.
3 *Ep.* 20, 2.
4 *Ep.* 186, 1, 1.
5 *Vid. inf.* pp. 355-356. Sobre la vida de Agustín en esta época, estoy particularmente identificado con los estudios profundos y sobresalientes de G. Folliet,

notablemente «Aux origines de l'ascétisme et du cenobitisme africain», *Studia Anselmiana*, 46, 1961, pp. 35-44.
6 Posidio, *Vita Augustini*, III, 1-2 [de aquí en adelante citado como *Vita*].
7 *Ep.* 6.
8 *Ep.* 9, 1 y 10, 1.
9 *Ep.* 10, 2, *cf. De vera relig.* 47, 91.
10 *Vid.* G. Foluet, «Deificare in otio», Augustin, *Epistula* X, 2, *Rech. augustin.*, 2, 1962, pp. 225-236.
11 *De div. quaest.* 83, 12; *Retract.* I, 26.
12 *Ep.* 10, 2.
13 *Vid. Eps.* 26, 3 y 32, 5, sobre las iracundas relaciones entre Alipio y Romaniano.
14 *Ep.* 17, 2.
15 *De Gen. c. Man.* I, 1, 1.
16 *Ep.* 15, 1.
17 P. ej., *Ep.* 19.
18 *C. litt. Petil.* III, 15, 30.
19 *Ep.* 15, 1.
20 *De Mag.* 11, 38.
21 *Eps.* 11, 2; 12; 14, 4, y *De vera relig.* 50, 99.
22 *Ep.* 13, 1.
23 *Ep.* 8.
24 *De vera relig.* 4, 7.
25 *Ep.* 11, 2.
26 *De vera relig.* 7, 12.
27 *Eps.* 16 y 17.
28 *De Gen. c. Man.* I, 15, 43.
29 *De Mag.* 3, 5, y 5, 14.
30 *Op. Imp.* VI, 22.
31 *Ep.* 10, 1.
32 *Ep.* 18.
33 *De mor. eccl. cath.* (I), 33, 70.
34 *De mor. eccl. cath.* (I), 31, 67.
35 *De mor. eccl. cath.* (I), 33, 73.
36 *De mor. eccl. cath.* (I), 31, 67.
37 *Ep.* 10, 1.
38 *Vita*, III, 3-5.
39 *Serm.* 355, 2.
40 *Ep.* 21, 3.

XIV. *PRESBYTER ECCLESIAE CATHOLICAE*: HIPONA

1 *Serm.* 355, 2.
2 J. Gaudemet, *L'Église dans l'Empire romain* (siglos IV-V) (Histoire du droit et des institutions de l'Eglise en Occident, III), 1958, pp. 108-111.
3 *Vita*, IV, 1.
4 *Vita*, IV, 2.
5 *Vid. inf.* pp. 306-307.
6 *Vita*, IV, 2.
7 *Ep.* 21, 2.
8 *Vita*, V, 3.
9 *Ep. ad Rom. incoh. expos.* 13.
10 Sobre el donatismo y las posteriores relaciones de Agustín con la iglesia rival, *vid. inf.* pp. 223 y ss.
11 *C. litt. Petil.* II, 83, 184.
12 *Vita*, VI, 1.
13 *Vita*, V, 3.
14 *Vita*, VIII, 2.
15 *Ep.* 213, 4.
16 *Vita*, VIII, 1.
17 *Serm.* 355, 2.
18 De forma notable, Alipio y Fortunato.
19 *Vid. inf.* p. 214.
20 Frend, *Donatist Church*, pp. 245-246.
21 *Ep.* 21, 5.
22 *Vid. inf.* p. 285.
23 *Vid. inf.* pp. 202-203.
24 *Serm.* 214 y 216.
25 *C. Fort.* 1.
26 *Vita*, VI, 2.
27 *C. Fort.* 1.
28 *Vita*, VI, 7-8.
29 P. ej., *De ii anim.* 9, 16, y la evidencia de Brown, «St. Augustine's attitude to religious coercion», *Jour. Rom. Studies*, 54, 1964, hacia la p. 109, n.º 13.
30 *Ep.* 34, 6.
31 *Ep.* 55, 18, 34.
32 Sobre esto, *vid.* Bonner, *St. Augustine*, pp. 253-258.
33 *Retract.* Agustín, 19.
34 *Conf.* IV, 2, 3.

35 Quizá la convocatoria de este concilio y el programa de reforma presentado en él hayan sido planeados por Agustín y su amigo Aurelio, el nuevo obispo de Cartago: F. L. Cross, «History and Fiction in the African Canons», *Jour. Theol. Studies*, 12, 1961, pp. 227-247, esp. pp. 229-230.

36 *Vita*, V, 5. *De serm. Dom. in monte*, Agustín, 17, 17.

37 *De serm. Dom. in monte*, II, 20, 68.

38 *De serm. Dom. in monte*, I, 4, 12.

39 *Serm.* I, 1.

40 *Enarr. in Ps.* 18, 2.

41 *De serm. Dom. in monte*, I, 15, 41 (más tarde revisado por él: *Retract.* I, 19, 5).

42 *Vita*, V, 1.

43 *De opere mon.* 29, 37.

44 *De Gen. ad litt.* VIII, 8, 16.

45 *Vid. inf.* p. 425.

46 *Ep.* 22, 2.

47 *Ep.* 22, 9.

48 *Ep.* 22, 1.

49 *Vita*, XI, 1-4.

50 Bien caracterizado por P. Monceaux, *Histoire littéraire de l'Afrique chrétienne*, 4, 1922.

51 P. ej., Evodio y Alipio; *vid.* esp. Monceaux, *Hist. litt.* 7, 1923, pp. 35-62.

52 *Vid. sup.* p. 133.

53 *Ep.* 2.

54 *Ep.* 24. Sobre Paulino, *vid.* esp. P. Fabre, *S. Paulin de Nole et l'amitié chrétienne*, 1949, y el detallado estudio de las relaciones de Paulino con Agustín en P. Courcelle, «Les lacunes dans la correspondance entre S. Augustin et Paulin de Nole», *Rev. études anciennes*, 53, 1951, pp. 253-300, y *Les Confessions*, pp. 559-607.

55 P. ej., *Eps.* 27, 6 y 31, 4.

56 *Vid.* O. Perler, «Das Datum der Bischofsweihe des heiligen Augustinus», *Rev. études augustin.*, 9, 1965, pp. 25-37.

57 *Ep.* 32, 2.

XV. EL FUTURO PERDIDO

1 Comparado con la erudición prodigada recientemente sobre los dos años de la conversión de Agustín, el cambio de su mente en los siguientes diez años ha recibido especial poca atención. El excelente estudio de A. Pincherle, *La formazione teologica de S. Agostino*, 1947, es una notable excepción. Los si-

guientes artículos han llamado la atención sobre algunos de los cambios más significativos de las ideas de Agustín: E. Cranz, «The Development of Augustine's ideas on Society before the Donatist Controversy», *Harvard Theol. Rev.*, 47, 1954, pp. 255-316; M. Löhrer, *Der Glaubensbegriff des heiligen Augustins in seinen ersten Schriften bis zu den Confessiones*, 1955, y G. Folliet, «La typologie du sabbat chez s. Augustin», *Rev. études augustin.*, 2, 1956, pp. 371-390. Por este y sucesivos tratados sobre las ideas religiosas de san Agustín, estoy especialmente identificado con la brillante exposición de J. Burnaby, *Amor Dei: a study of the Religion of St. Augustine*, 1938, esp. pp. 25-82.

2 *Ep.* 10, 2, *vid. sup.* p. 141.

3 P. ej., Rodenwalt, «Zur Kunstgeschichte der Jahre 220 bis 270»; *Jahrbuch des deutsch. archäolog Inst.* 51, 1936, pp. 104-105, y H. P. L'Orange, «Plotinus-Paul», *Byzantion*, 25-30, 1955-1957, pp. 473-483.

4 *De serm. Dom. in monte*, Agustín, 2, 9.

5 *C. Epp. Pe.*, Agustín, 8, 13.

6 *De cons. evang.* IV, 10, 20.

7 *Vid. sup.* p. 128.

Este cambio crucial no oscurecerá la continuidad del neoplatonismo de Agustín; seguirá siendo fundamental en su pensamiento, y nos da la llave para un mejor conocimiento del mismo, como han puesto de relieve R. Holte, *Béatitude et Sagesse*, y, recientemente, R. Lorenz, «Gnade und Erkenntnis bei Augustinus», *Zeitschr. für Kirchengesch.*, 75, 1964, pp. 21-78.

8 Claro en *De ii anim.* 13-15.

9 *De lib. arb.*, Agustín, 13, 29. Esta es la conclusión obvia demostrada por el interlocutor de Agustín; Agustín siempre contesta recordándole que el asunto es más complicado.

10 *De lib. arb.* III, 4, 18, en *De natura et gratia*, 58, 69.

11 *Vid. inf.* p. 400, n. 45.

12 Burnaby, *Amor Dei*, p. 187.

13 *C. Fort.* 21.

14 *De serm. Dom. in monte.* I, 12, 34.

15 P. ej., *De Musica*, VI, 5, 15.

16 *De serm. Dom. in monte.* I, 12, 35.

17 *De serm. Dom. in monte.* I, 17, 15; *Ep. ad Gal. expos.* 9.

18 *Vita*, XXV, 2. *Serm.* 180, 10 y 307, 5.

19 *C. Fort.* 22.

20 P. ej., *De serm. Dom. in monte*, Agustín, 3, 10.

21 *De quant. anim.* 33, 76.

22 *Conf.* X, 40, 65.

23 *De vera relig.* 34, 64.

24 *C. Ep. Fund.* 2.

25 La *Expositio quarumdam propositionum ex Ep. Apostoli ad Romanos*; *Retract.* I, 22.

26 *Retract.* I, 24, 1.

27 P. ej., *Propp. ex. Ep. ad Rom.* 13 y 49.

28 *Vid. inf.* p. 356.

29 P. ej., *De quant. anim.* 28, 55 y *De vera relig.* 52, 101.

30 *De serm. Dom in monte,* I, 28, 55; *Propp. ex Ep. ad Rom.*, 44.

31 *Ep. ad Rom. in incoh. expos.* 14.

32 *De lib. arb.* II, 16, 42.

33 *De lib. arb.* II, 16, 41.

34 *De lib. arb.* II, 16, 41.

35 *Vid. inf.* pp. 211-213 y p. 222.

36 *De lib. arb.* III, 19, 53.

37 P. ej., *De lib. arb.* III, 3, 7, donde es Evodio, y no Agustín, quien exclama: «Su voluntad es mi necesidad».

38 Pincherle, *La formazione*, pp. 175 y ss., proporciona una discusión particularmente valiosa.

39 *Ad Simplicianum de diversis quaestionibus*: trad. al inglés con una introducción de G. Bardy, *Bibliothèque agustinnienne*, sér. 1, 10, 1952, pp. 383-578.

40 *Ep.* 37, 2.

41 *Vid. sup.* p. 96.

42 Ambrosio, *Ep.* 37, 1 (P. L. 16, 1085).

43 Ambrosio, *Ep.* 76, 1 (P. L. 16, 1314). *Vid.* esp. Lazzati, *Il valore letterario dell'esegesi ambrosiana*, pp. 46-47.

44 *De praed. sanct.* 4, 8; para el sentido preciso de esto. *vid. inf.* pp. 293-294.

45 *Retract.* II, 27.

46 *Ad. Simpl. de div. quaest.* I, SC. 2, 5 y 10.

47 *Phil.* 2, 12 y 13; *Ad. Simpl. de div. quaest.* Agustín, 2, 12.

48 *Ad. Simpl. de div. quaest.* I, 2, 13.

49 P. ej., *De Musica*, VI, 17, 59, *cf. Ep.* 4, 2.

50 P. ej., *Ennead* I, 6, 4 (MacKenna 2, p. 59). Esto ha sido visto con claridad por Burnaby en *Amor Dei*, p. 89.

51 *Ad. Simpl. de div. quaest.* I, 2, 22.

52 *Ad. Simpl. de div. quaest.* I, 2, 21.

53 *Ad. Simpl. de div. quaest.* I, 2, 21.

54 *Ad. Simpl. de div. quaest.* I, 2, 22.

55 *Vid.* esp. Burnaby, *Amor Dei*, pp. 52-73.

56 *Tract. in Joh.* 40, 10.
57 Compárese la fina presentación de Burnaby, *Amor Dei*, pp. 52-73, con dos brillantes evocaciones de sentimientos paralelos en el arte y el pensamiento romanos tardíos: G. Mathew, *Byzantine Aesthetics*, pp. 21-22, y P. Hadot, *Plotin*, pp. 73-75.
58 *Conf.* XII, 16, 23.

XVI. LAS *CONFESIONES*

1 P. Courcelle, *Les Confessions de S. Augustin dans la tradition littéraire: Antécédents et Postérité*, 1963, proporciona una magistral introducción a la influencia de las *Confesiones* en la literatura europea y a los vastos recursos de la erudición moderna organizada alrededor del texto original. Me siento identificado con el excelente estudio de G. N. Knauer, *Die Psalmenzitate in Augustins Konfessionen*, 1955, estudio modelo de un aspecto importante de las cualidades y estilo de las *Confesiones*; con los comentarios de M. Pellegrino y A. Solignac (*cit. sup*. p. 81, n. 1); y con el texto y notas de J. Gibb y W. Montgomery, *The Confessions of St. Augustine* (Cambridge Patristic Texts), 1908. Bonner, *St. Augustine*, pp. 42-52, ha proporcionado un sumario juicioso y bien documentado de las opiniones en conflicto sobre el valor histórico de las *Confesiones*.
2 *Ep.* 24, 2 (a Alipio).
3 *Ep.* 31, 2. *Vid. inf.* p. 211.
4 *Conf.* VIII, 6, 14-15.
5 *Passio Ss. Perpetuae et Felicitatis*, 3, ed. P. Franchi De'Cavalieri (*Röm. Quartalschrift*, 5, Suplementheft), 1896, p. 110.
6 Poncio, *Vita Cypriani*, 2 (P. L. 3, 1542).
7 *Vid.* esp. Courcelle, *Les Confessions*, pp. 91-100.
8 P. ej., *Conf.* IX, 2, 4.
9 P. ej., *Conf.* V, 10, 20. *Cf. Ep.* 30, 2.
10 P. ej., *Conf.* IX, 1, 1. *Cf. Ep.* 24, 1.
11 P. ej., *Conf.* IX, 13, 37 y X, 4, 5. *Cf. Ep.* 24, 5.
12 *Conf.* VIII, 10, 23 y IX, 4, 10.
13 *Conf.* VIII, 2, 3-5.
14 C. *Ep. Secundini*, 2 (le habla de un libro en posesión de Paulino).
15 *De dono persev.* 20, 53.
16 *Ep.* 24, 1. *Cf.* 30, 2.
17 *Ep.* 27, 1.
18 *Ep.* 24, 1.

19 *Vid.* esp. F. Fabre, *S. Paulin de Nole et l'amitié chrétienne*, 1949, pp. 137-154, y esp. pp. 387-390
20 P. ej., *Ep.* 27, 1. *Vid. inf.* pp. 226-227.
21 *Ep.* 28, 1.
22 *De div. quaest.* LXXXIII, 47.
23 P. ej., *Ep. 267.*
24 *De cat. rud.* 10, 15.
25 *Enarr. ii in Ps.* 30, 13.
26 *Vid. sup.* pp. 166-167.
27 *Conf.* I, 6, 7.
28 *Ep.* 24, 3.
29 *Ep.* 28. *Vid. inf.* p. 284.
30 *Vid. inf.* p. 216, p. ej., *De mor eccl. cath.* (I), 32, 69.
31 *Ep.* 24, 2.
32 *Vid. inf.* p. 275, vid esp. *Conf.* XI, 2, 2.
33 P. ej., *Conf.* III, 5, 9, como en contraste con *De lib. arb.* Agustín, 2, 1.
34 *Conf.* VI, 4, 6.
35 *Conf.* VI, 3, 3.
36 *Conf.* VI, 3, 3: «quid spei... quid luctaminis... quid solaminis», *cf. Conf.* X: «et occultum os eius... quam sapida gaudia de pane tuo», *cf. Conf.* XI-XIII.
37 *Conf.* VI, 9, 15; *vid. inf.* pp. 211-212, sobre las características de Alipio.
38 *Conf.* VI, 9, 14.
39 *Ep.* 24, 1.
40 *C. litt. Petil.* III, 16, 19; *C. Crescon.* III, 80, 92. *Vid. inf.* pp. 214-215.
41 *Ep.* 24, 4.
42 *Conf.* IX, 2, 4.
43 *Ep.* 26, 4.
44 *Ep.* 26, 5.
45 Courcelle, *Les Lettres grecques*, p. 132: «Ce demi-savant qui raille les Platoniciens de son temps...».
46 *Conf.* VII, 20, 26.
47 *Vid. inf.* pp. 215-222.
48 Esp. *Ep.* 22, 9.
49 *Ep.* 31, 4.
50 *Conf.* X, 43, 70.
51 *Conf.* IV, 1, 1.
52 *Conf.* IX, 12, 33.
53 *Conf.* IX, 13, 34. *Cf.* IV, 5, 10.
54 *Conf.* IX, 12, 34.

55 *Conf.* IX, 3, 5: un conjunto particularmente exquisito de asociaciones; Knauer, *Psalmenzitate*, p. 123.
56 *Conf.* IX, 6, 14.
57 *Vid.* esp. E. R. Dooos: «Augustine's Confessions», *Hibbert Journal*, 26, 1927-1928, p. 460.
58 *Retract.* II, 32.
59 Plotino, *Enéadas*, V, 1, 6 (MacKenna 2, p. 374). A pesar de este ejemplo, oraciones de esta clase no son muy comunes en las exposiciones de Plotino. Esta actitud continuó en la época árabe: *vid.* R. Walzer: «Platonism in Islamic Philosophy», *Greek into Arabic*, 1962, pp. 248-251.
60 *De serm. Dom. in monte*, II, 3, 14; *cf. De Mag.* 1, 2.
61 P. ej., *Sol.* L, 1, 2-6, y la reveladora relación de *Sol.* I, 2, 7: ¿Qué es lo que deseas saber? Todo lo he dicho orando.
62 *De Trin.* XV, 28, 51.
63 *Retract.* II, 32.
64 *Conf.* I, 1, 1; *cf.* Tiberiano, *Versus Platonis*, ed. Baehrens, Poetae Latini Minores, ID, p. 268, «da nosse volenti».
65 *Conf.* XI, 27, 34.
66 A esta tradición se debe añadir la idea judeocristiana más específica del «Sacrificio de la Alabanza»: alabanza de Dios en sus obras (*vid.* esp. Madec, «Connaissance de Dieu et action de graces», *Rech. augustin.*, 2, 1962, pp. 302-307) y en sus actos de misericordia al liberar a su pueblo: *vid.* J. Ratzinger, «Originalitat und Überlieferung in Augustins Begriff der "Confessio"», *Rev. études augustin.*, 3, 1957, pp. 375-392.
67 Dodds, «Augustine's Confessions», *Hibbert Journal*, 26, 1927-1928, p. 471.
68 *Conf.* VI, 1, 1. Vid. Knauer, *Psalmenzitate*, p. 55, n.º 1.
69 *Conf.* I, 6, 9.
70 *Conf.* II, 2, 2; *vid.* esp. Knauer, *Psalmenzitate*, pp. 31-74.
71 P. ej., *Conf.* VIII, 3, 6.
72 *Conf.* VII, 3, 5; *cf. De ii anim.* 11.
73 *Vid. sup.* p. 88 y pp. 102-103.
74 P. ej., *Conf.* V, 10, 20-11, 21.
75 *Conf.* II, 4, 9.
76 *Conf.* V, 8, 15.
77 *Conf.* XI, 29, 39.
78 *Conf.* II, 3, 5.
79 *Conf.* II, 10, 23.
80 *Conf.* X, 8, 15.
81 *Conf.* III, 6, 11.

82 *Conf.* X, 6, 9.
83 *Conf.* V, 2, 2.
84 Plotino, *Enéadas*, IV, 8, 4 (MacKenna 2, pp. 360-361); *cf. Conf.* II, 1, 1.
85 La importancia del tema del extravío del alma de Dios ha sido convenientemente acentuado por G. N. Knauer, «Peregrinatio Animae (Zur Frage der Einheit der augustinischen Konfessionen)», *Hermes*, 85, 1957, pp. 216-248. Sus bases platónicas han sido presentadas en el estudio grandemente provocativo de R. J. O'Connell: «Toe Riddle of Augustine's "Confessions": A Plotinian Key», *International Philosophical Quarterly*, 4, 1964, pp. 327-372. Otro tema, «la conversión del corazón», para una vida interior, crucial para las *Confesiones*, p. ej., *Conf.* IV, 12, 18, es un rango característico del Plotino pagano, significativamente ausente en el Orígenes cristiano (*vid.* p. Aubin, *Le problème de la «conversión»*, 1963, esp. pp. 186-187).
86 Esta importante diferencia ha sido claramente establecida por J. Burnaby, *Amor Dei*, pp. 119-120.
87 *Conf.* IV, 7, 12.
88 *Conf.* III, 4, 8.
89 *Vid. sup.* pp.164-166.
90 *Vid. sup.* pp. 162-164.
91 P. ej., *Conf.* VI, 5, 7.
92 *Conf.* VI, 15, 25; *cf. Ep.* 263, 2, sobre las implicaciones de esta imagen.
93 *Conf.* IX, 4, 7.
94 *Conf.* X, 4, 7.
95 *Conf.* II, 1, 1.
96 *Conf.* I, 14, 22.
97 *Conf.* III, 1, 1.
98 *Conf.* III, 2, 3.
99 *Conf.* I, 4, 9 y ss. *vid. sup.* pp. 30-31.
100 *Conf.* VIII, 3, 7.
101 *Conf.* IV, 6, 11.
102 *Vid. sup.* p. 61, n. 78
103 *Conf.* IV, 14, 22.
104 *De Gen ad litt.* X, 13, 23.
105 «Es cosa curiosa ver a un hombre haciendo una montaña del acto de haber robado peras de un peral en su adolescencia», Oliver Wendell Holmes a Harold Laski, 5 de enero de 1921, *Holmes-Laski Letters* (1), ed. M. de W. Howe, 1953, p. 300.
106 *Conf.* II, 7, 15.
107 *Conf.* IV, 1, 1.

108 *Conf.* VIII, 5, 10.

109 *Conf.* VI, 8, 13 y IX, 8, 18.

110 *Conf.* VIII, 5, 10.

111 *Conf.* VIII, 8, 19.

112 Esp. *Conf.* IX, 12, 32.

113 *De div. quaest.* LXXXIII, 40.

114 *Conf.* VIII, 11, 26.

115 *Conf.* IX, 8, 18.

116 *Conf.* VI, 12, 20.

117 *Conf.* IX, 1, 1.

118 *Vid.* esp. Chr. Mohrmann, «Comment s. Augustin s'est familiarisé avec le latin des Chrétiens», *Aug. Mag.*, 1, 1954, pp. 111-116, y «Augustine and the Eloquentia», *Études sur le latin des Chrétiens*, 1, 1958, pp. 351, 370.

119 E. de la Peza, *El significado de cor en San Agustín*, 1962, y *Rev. études augustin.*, 7, 1961, pp. 339-368.

120 Knauer, *Psalmenzitate*, p. 151.

121 *Enarr. in Ps.* 138, 20.

122 *Conf.* VI, 6, 9.

123 P. ej., *Conf.* III, 11, 19.

124 P. ej., *Passio Marculi* (P.L. 8, 760D y 762-763).

125 *Vid.* esp. Courcelle, *Les Confessions*, pp. 127-128.

126 *Serm.* 67, 2.

127 *Vid. sup.* pp. 128-129.

128 *De ord.* I, 1, 2.

129 P. ej., *De lib. arb.* ID, 2, 5.

130 *De lib. arb.* ID, 2, 5.

131 *Conf.* V, 10, 18; *cf.* IV, 3, 4.

132 *Conf.* VII, 3, 5; *cf. De vera relig.* 52, 101.

133 *C. Acad.* II, 2, 6.

134 *Conf.* VII, 21, 27.

135 Nock, *Conversion*, pp. 179-180.

136 Cipriano, *Ep.* 1, 14 (a Donato) (P.L. 4, 225)

137 *C. Acad.* II, 1, 1; *De beata vita*, 1, 1. Paulino también ve a Agustín de esta manera: p. ej., *Ep.* 25, 3.

138 *Enarr. in Ps.* 99, 10.

139 *Vid. sup.* pp. 158-159.

140 *Serm.* 67, 2.

141 *Enarr. ii in Ps.* 101, 3; *cf. Enarr. ii in Ps.* 32, 16.

142 *Conf.* X, 5, 7.

143 *Conf.* X, 24, 35-25, 36.

144 P. ej., Plotino, *Enéadas* IV, 3, 30 (MacKenna 2, p. 286). *Vid.* Dooos, «Tradition and Personnal Achievement in Plotinus», *Journ. Rom. Studies*, 50, 1960, pp. 5-6.

145 *Conf.* X, 23, 33; *cf. De vera relig.* 52, 101.

146 *Conf.* X, 35, 56.

147 *Conf.* X, 3, 3.

148 *Conf.* X, 28, 39.

149 *Conf.* X, 16, 25.

150 *Conf.* X, 32, 48.

151 *Vid.* esp. H. Jaeger, «L'examen de conscience dans les religions nonchrétiennes et avant le Christianisme», *Numen*, 6, 1959, pp. 176-233. La calidad única de las *Confesiones* ha llevado a algunos eruditos a sugerir un prototipo maniqueo en la confesión anual de la fiesta de Berna; *vid.* esp. A. Adam, «Das Fortwirken des Manichäismus bei Augustinus», *Zeitschrift für Kirchengeschichte*, 69, 1958, pp. 1-15, esp. pp. 6-7. Sin embargo, encuentro decisivas contra esta opinión las objeciones de J. P. Asmussen, Xuāstvānīft:, *Studies in Manichaeism* (Acta Theologica Danica, VIII), 1965, esp. p. 124.

152 *Conf.* X, 24, 40; *De dono persev.* 20, 53.

153 *Conf.* X, 37, 60.

154 *Conf.* X, 37, 62.

155 *Conf.* X, 28, 39.

156 *Conf.* X, 30, 41.

157 *Conf.* I, 7, 11.

158 *Conf.* X, 31, 47.

159 *Conf.* X, 32, 49.

160 *Conf.* X, 34, 51.

161 *Conf.* X, 35, 57.

162 *Conf.* X, 37, 60.

163 *Conf.* I, 14, 23.

164 *Conf.* IV, 6, 11.

165 *Conf.* IV, 9, 14.

166 *Conf.* IV, 13, 20.

167 *Conf.* II, 9, 17.

168 *Conf.* XI, 2, 3.

169 *Vid. inf.* pp. 275-276.

170 *Conf.* XI, 2, 2.

171 *Conf.* X, 1, 1.

XVII. HIPPO REGIUS

1 F. Van der Meer: *Augustine the Bishop* (traducido al inglés por Battershaw y Lamb), 1961, es una evocación brillante de Agustín y su ambiente.

2 *Vid.* esp. E. Marec, *Hippone-la-Royale: antique Hippo Regius*, 1954.

3 Marec, *Hippone*, p. 68.

4 Ibídem, pp. 71-72.

5 Ibídem, p. 79.

6 *Ep.* 118, 2, 9.

7 Marec, *Hippone*, p. 89.

8 *Vid.* esp. E. Marec, *Monuments chrétiens d'Hippone*, 1958; H.-I. Marrou, «La Basilique chrétienne d'Hipponne», *Rev. études augustin.*, VI, 1960, pp. 109-154, y Van der Meer, *Augustine*, pp. 19-25.

9 Marec, *Monuments*, p. 43.

10 *Ep.* 99, 1, a Italica; *vid. sup.* p. 175, y P. R. L. Brown: «Aspects of the Christianisation of the Roman Aristocracy», *Journ. Rom. Studies*, 51, 1961, pp. 5-6, esp. n.º 37.

11 *Vid.* Marec, *Libyca*, 1, 1953, pp. 95-108.

12 *Serm.* 180, 5.

13 *De civ. Dei*, 22, 8.

14 *Vita*, 5, 2. Nótese también que un ciudadano de Hipona era diácono en una iglesia oriental: *De gest. Pel*, 32, 57; *Ep.* 177, 15.

15 P. ej., *Ep.* 149, 34.

16 *Vid.* esp. O. Perler, «Les voyages de S. Augustin», *Rech. augustin.*, 1, 1958, pp. 5-42, esp. p. 36.

17 *Serm.* 64, 5; sobre las ventajas de ser un comerciante, *vid. Enarr. in Ps.* 136, 3.

18 El vino y el aceite eran, desde luego, menos voluminosos; *vid.* A. H. M. Jones, *The Later Roman Empire*, 2, 1964, p. 845; pero Hipona tenía la ventaja de ser un puerto. Sobre la importancia del comercio de cereales, *vid.* L. Ruggini: «Ebrei e orientali nell'Italia settentrionale (siglos IV-VI)», *Studia et Documenta Historiae et Juris*, 15, 1959, pp. 236-241. Esta prosperidad sobrevivió en tiempo árabe; p. ej., Ibn Haukal (A. D. 970), citado en Piesse, *Itinéraire de l'Algerie*, 1885, p. 429.

19 *Serm.* 87, 2.

20 *Serm.* 361, 11.

21 *Enarr. in Ps.* 136, 5.

22 *Enarr. in Ps.* 146, 15.

23 *Enarr. in Ps.* 59, 2.

24 Marec, *Hippone*, p. 16, pl. 6 (en Duzerville).

25 *Enarr. in Ps.* 70, 17.

26 Ch. Saumagne, «Ouvriers agricoles ou rôdeurs de celliers? Les circoncellions d'Afrique», *Annales d'hist. écon. et sociale*, 6, 1934, pp. 351-364.

27 *Corpus Inscript. Lat.* VIII, 5351, y Maree, *Hippone*, p. 108.

28 *De civ. Dei*, V, 17.

29 *Serm.* 302, 16.

30 *Ep.* 35, 3.

31 *Ep.* 251.

32 *Mai.* 126, 12 (*Misc. Agostin.*, 1, p. 366).

33 *Ep.* 209, 2.

34 *De Haeres.* 87.

35 *Enarr. in Ps.* 132, 6.

36 *Eps.* 84 y 209, 2.

37 *Ep.* 224, 3.

38 *De civ. Dei*, XXII, 8. Agustín parece haber encontrado menos dificultades que otros obispos de su tiempo para persuadir a los propietarios de hereda des a construir iglesias. *Serm.* 18, 4, es la única aparición de oposición.

39 *Vid.* esp. *Ep.* 58; 89, 8; 139, 2; Brown, «Religious Coercion in the Later Roman Empire», *History*, 48, 1963, p. 286, n.º 35; pp. 290 y 303, esp. n.º 169.

40 *Vid. inf.* pp. 253-254.

41 *Vid.* esp. Perler, «Les voyages», *Recher. augustin.*, 1, 1958, pp. 26-27.

42 *Eps.* 124, 1 y 126, 7.

43 *Ep.* 124, 1.

44 Frend, *Donatist Church*, p. 234.

45 *De doc. christ.* II, 25, 39.

46 P. ej. *Enarr. in Ps.* 147, 8: la reacción de la multitud ante el llamativo vestido de un *servus Dei.*

47 *Serm.* 198, 3.

48 *De doc. christ. IV*, 24, 53.

49 *Enarr. in Ps.* 48, 13; *Serm.* 86, 6.

50 *Ep.* 122, 1.

51 *Ep.* 85, 2, «so holy a burden», *vid.* M. Jourjon, «"Sarcina", un mot cher a l'évêque d'Hippone», *Rech. sc. relig.*, 43, 1955, pp. 258-262.

52 *Serm.* 196, 4.

53 *Vid. inf.* pp. 254-255.

54 El que no haya estudiado el funcionamiento de las sociedades modernas mediterráneas se sorprenderá por la importancia de esta mentalidad en el Bajo Imperio; *vid.* esp. J. Davis, «Pasatella: an economic game», *Brit. Journ. of Sociology*, 15, 1964, pp. 191-205, esp. pp. 202-205, sobre el papel de los

Padroni, la *famiglia* y los *familiari* en una ciudad italiana del sur. Sobre el Bajo Imperio, *vid.* esp. L. Harmand, *Le Patronat sur les collectivités publiques des origines au Bas-Empire*, 1957, y W. Liebeschuetz, «Did the Pelagian Movement have social aims?, *Historia*, 12, 1963, pp. 227-241, especialmente pp. 227-232.

55 P. ej., *Ep.* 177, 1: *familia Christi.*

56 *Vita*, 19, 6-20.

57 Esto incluiría arbitrios en disputas sobre rentas entre terratenientes y sus arrendatarios: *Ep.* 247.

58 Esto es cierto de la mayor parte de los obispos cristianos en el siglo IV, p. ej., S. Giet, «Basile, était-il sénateur?», *Rev. d'Hist. ecclés.*, 60, 1965, pp. 429-443, esp. pp. 442-3.

59 Símaco, *Ep.* IX, 51.

60 *Serm.* 302, 17.

61 *Vid. inf.* pp. 238 y 253.

62 *Ep.* 136, 2.

63 *Vid.* esp. F. Matroye, «S. Augustin et la compétence de la jurisdiction ecclésiastique au Ve siècle», *Mém. soc. nat. des antiquaires de France*, 7.e sér., 10, 1911, pp. 1-78, y J. Gaudemet, *L'Église dans l'Empire romain*, 1958, pp. 229-252.

64 *Vita*, 19, 1-5.

65 *Enarr. XXIV in Ps.* 118, 3-4.

66 P. ej., *Ps. c. Don.* 38; *Serm.* 131, 10; *cf. Ep.* 193, 2, 4 y *C. Jul.* III, 21, 45.

67 P. ej., *Ep.* 77, 2 y *Enarr. in Ps.* 25, 13; *vid.* esp. H. Jaeger, «Justinien et l'episcopalis audientia», *Rev. hist. de droit français et étranger*, 4.e sér., 38, 1960, esp. pp. 217-231, y «La preuve judiciaire d'après la tradition rabbinique et patristique», *Recueils de la Société Jean Bodin*, 16, 1964, pp. 415-594.

68 P. ej., *De cat. rud.* 13, 18: en un pequeño catecismo, tres temas, la unidad de la Iglesia, las tentaciones y la conducta de un cristiano, deben ser «imprimidos con fuerza, a la luz del Juicio por venir».

69 *Conf.* VI, 16, 26.

70 *De VIII Dulcitii quaest.* 7, 3.

71 *Eps.* 77-78.

72 P. ej., *Serm.* 17, 2.

73 *Ep.* 104, 2, 9.

74 *Vid. Serm.* 137, 14. Esperarían que el obispo se confabulara en sus robos de tierras.

75 *Vid.* esp. P. G. Caron, «Les *Seniores Laici* de l'Église africaine», *Rev. intern. des Droits de l'Antiquité*, 4, 1951, pp. 7-22, y W. H. C. Frend, «The *Seniores Laici* and the origins of the Church in N. Africa», *Jour. Theol. Studies*, 12, 1961, pp. 280-284.

76 *De div daem.* 1, 1; 2, 6.

77 *Ep.* 126, 1.

78 *Serm.* 355, 3.

79 *Eps.* 252-255.

80 *Breviarium Hipponense*, 11 (P. L. 66, 424/5).

81 *Ep.* 208, 2.

82 *Eps.* 125, 1; 126, 7; *cf. Vita*, 23, 1-24, 7; *vid.* Jones, *Later Roman Empire*, 2, 904-910.

83 *Ep.* 90.

84 *Enarr. in Ps.* 39, 26.

85 *Vid.* Van der Meer, *Augustine*, pp. 199-234, y el admirable estudio de R. Lorenz, «Die Anfänge des abendländischen Mönchtums im 4. Jahrhundert», *Zeirschr. für Kirchengeschichte*, 77, 1966, pp. 1-61, esp. pp. 39 y ss.

86 *Vid. inf.* p. 280.

87 *Vid.* Frend, *Donatist Church*, pp. 246-247.

88 P. ej., Claudio, *In Prob. et Olybr. cons.*, esp. 11. 42-49; *cf. Serm.* 35, 5.

89 *Serm.* 259, 5; *Enarr. in Ps.* 75, 26.

90 *Serm.* 339, 3.

91 *Serm.* 355, 5.

92 *Serm.* 198, 2-3.

93 *Enarr. in Ps.* 147, 12

94 *Frang.* 9, 4 (*Misc. Agostin.*, 1, p. 235); *Serm.* 345, 3.

95 *Frang.* 5, 5 (*Misc. Agostin.*, 1, p. 216); *Enarr. in Ps.* 147, 7.

96 *Denis*, 24, 13 (*Misc. Agostin.*, 1, p. 153); *vid. inf.* pp. 309-310.

97 *Ep.* 138, 2, 14.

98 *Vita*, 26, 1.

99 *Vita*, 26, 1.

100 *Serm.* 356, 3.

101 *Vita*, 22, 2.

102 *Vita*, 26, 1-2.

103 *De nat. et gratia*, 38, 45.

104 P. ej., *Conf.* X, 21, 43-47, sobre la avaricia; *Ep.* 95, 2, sobre la risa.

105 P. Monceaux, «S. Augustin et S. Antoine», *Misc Agostin.*, 2, 1931, pp. 61-89.

106 *Serm.* 356, 10.

107 *Ep.* 4S.

108 *De civ. Dei*, XVIII, 52, 59.

109 *De gest. Pel.* 22, 46.

110 P. ej., *Eps.* 31 y 200; *cf. Ep.* 184, una carta *salutatio* del papa Inocencio.

111 *Vita*, 22, 6; *cf. C. Jul.* IV, 14, 71.

112 *Vita*, 22, 6-7. Había desestimado la virtud de Mónica de estar por encima de los chismes antes de ir a vivir entre clérigos: *Conf.* IX, 9, 21.

113 *De cat. rud.* 4, 7.

114 *De Trin.* VIII, 9, 13.

115 *Ep.* 73, 3, 10.

116 *Conf.* IV, 6, 11, de Horacio, *Odes*, I, 3, 8; *cf. Ep.* 270; *vid.* Courcelle, *Les Confessións*, p. 22, n.º 5.

117 P. ej., *Ep.* 258, 4, citando a Cicerón; *vid.* Testard, *S. Augustin et Cicéron*, 2, p. 135; *vid.* esp. M. A. MacNamara, *Friendship in St. Augustine* (Studia Fribugensia), 1958, esp. cap. 4.

118 Cualquier análisis del amor de un vecino empieza, para Agustín, en términos de una relación con el amigo; p. ej., *De doct. christ.* I, 20-23, 22; *cf. Ep.* 109, 2 (de Severo a Milevis).

119 *Ep.* 190, 1.

120 *Ep.* 110, 1.

121 *Ep.* 110, 4.

122 *Ep.* 44, 3, 6.

123 *Vid. inf.* p. 245.

124 *Vid. inf.* pp. 376-378.

125 *Vid. inf.* pp. 306-307.

126 *Ep.* 125, 3, sobre la validez de un juramento forzado.

127 *Ep.* 125, 4.

128 *Enarr. in Ps.* 119, 6; *vid.* Perler, «Les Voyages», *Rech. augustin.*, 1, 1958, p. 35.

129 *Vid.* Perler, «Les Voyages», *Rech. augustin.*, 1, 1958, p. 30.

130 *Ep.* 38, 1-2.

131 P. ej., *Eps.* 62-63.

132 *Ep.* 261, 1.

133 *Ep.* 84.

134 *Ep.* 40, 1.

135 *Vid. sup.* pp. 170-173.

136 *Ep.* 84.

XVIII. *SALUBERRIMA CONSILIA*

1 *Vid.* esp. Bonner, *St. Agustine*, pp. 276-278, sobre el culto de san Cipriano en África.

2 Dihel, *Inscriptiones Latinae Christianae veteres*, 1, 1961, n.º 2435; *cf. C. Ap. Parm.* 11, 8, 15.

3 *Ep.* 23, 3.
4 *Enarr. ii in Ps.* 36, 11.
5 *Vita*, 4, 2.
6 *C. litt. Petil.* III, 16, 19; *C. Cresron.* III, 80, 92.
7 Courcelle, *Les Confessions*, p. 567.
8 *Ep.* 38, 2.
9 *Vid. sup.* cap. 15.
10 *Vid. De civ. Dei,* XIX, 19, para contrastar las dos vidas de Agustín, *vid.* esp. Burnaby, *Amor Dei*, pp. 60-73, y A. Wucherer-Huldenfeld, «Mönchtum u. kirchl. Dienst bei Augustinus nach d. Bilde d. Neubekehrtens u. d. Bischofs», *Zeitschr f. kathol Theol.*, 82, 1962, pp. 182-211.
11 *C. Acad.* I, 1, 3.
12 *Ep.* 23, 6.
13 *De ord.* I, 10, 29.
14 *De Gen. c. Man.* II, 11, 15 y 14, 21.
15 *De mor. eccl. cath.* (I), 32, 69.
16 *Ep.* 22, 2, 7; *cf. De serm. Dom. in Monte*, II, 1, 1; *Ep. ad Gal. expos.* 59; *cf. Serm.* 46, 6.
17 *Ep.* 33, 3.
18 *Conf.* X, 36, 58.
19 *Conf.* X, 37, 60; *cf. Ep.* 95, 2-3.
20 Ciertamente aceptaba determinadas flaquezas como universales: *Enarr. in Ps.* 1, 1.
21 P. ej., *Ep.* 23, 3.
22 *Vid. inf.* p. 322.
23 *Ep.* 22, 8.
24 *Ep.* 21, 3.
25 *Ep.* 21, 2.
26 *Vid.* esp. Pincherle, *La formazione teologica di S. Agostino*, pp. 70-71.
27 *Ep.* 21, 6.
28 *Ep.* 22, 2; *vid. sup.* p. 151.
29 *Ep.* 22, 2 seq.; *vid. sup.* p. 150, n. 35.
30 *Ep.* 22, 2.
31 J. Quasten: «Vetus superstitio et nova religio», *Harvard Theolo. Rev.*, 33, 1940, pp. 253-266, y Van der Meer, *Augustine*, pp. 498-526.
32 *Ep.* 22, 3.
33 *Ep.* 22, 5. Las medidas, de hecho, eran menos duras que aquellas tomadas por Ambrosio: las comidas en las tumbas fueron controladas, no abolidas.
34 *Ep.* 29, 7.

35 *Ep.* 29, 8; *vid.* Van der Meer, *Augustine*, pp. 498-526, y Bonner, *St. Augustine*, pp. 116-119.

36 *Ep.* 22, 5.

37 *Serm.* 129, 4.

38 *Ep.* 23, 2.

39 *Ep.* 23, 3 y 6.

40 T. S. Eliot, *Selected Essays*, p. 21.

41 *Vid. inf.* pp. 287-288.

42 *Ep.* 138, 2, 13.

43 *Vid.* esp. M. Pontet, *L'Exégèse de s. Augustin*, p. 444.

44 *De Bapt.* I, 4, 5.

45 *Enarr. in Ps.* 54, 8 y 9; *cf. Enarr. iii in Ps.* 30, 5 y *Ep. ad Gal. expos.* 35.

46 *Enarr. in Ps.* 54, 8.

47 *Enarr. ii in Ps.* 30, 7; *cf. Enarr. in Ps.* 25, 5.

48 P. ej., *De mor. eccl. cath.* (I), 34, 75.

49 *Ep.* 21, 2.

50 *Vid. inf.* p. 233.

51 *De serm. Dom. in Monte,* I, 9, 24; Il, 9, 34; *Ep. ad Gal. expos.* 57.

52 *Tract. in Ep. Joh.* 7, *B.*

53 P. ej., *Serm.* 88, 19-20; *vid.* esp. J. Gallay: «Dilige et quod vis fac», *Rech. sc. relig.*, 43, 1955, pp. 545-555.

54 *C. Acad*, II, 1, 2.

55 *Ep.* 19.

56 *Enarr. in Ps.* 41, 13; *vid.* Pontet, *L'Exégèse de S. Augustin*, pp. 107-108.

57 *Vid. sup.* p. 190; *cf. Serm.* 252, 7.

58 *De serm. Dom. in Monte*, 1, 5, 13; *Serm.* 47, 16.

59 *Serm.* 46, 23.

60 *Enarr. iii in Ps.* 36, 9 y 14; *De lib. arb.* III, 22, 65.

61 *Ep.* 124, 1.

62 P. ej., *Enarr. in* Bonner, *St. Agustines* 137, 12; *vid. sup.* p. 161; *vid.* Perler, «Les Voyages», *Rech. augustin.*, 1, 1958, p. 35.

63 *Enarr. iii in Ps.* 36, 14.

64 P. ej., *Ep.* 101, 4.

65 *Ep.* 27, 1.

XIX. *UBI ECCLESIA?*

1 W. H. C. Frend, *Donatist Church*, cap. 20, pp. 315-332, es una clásica yuxtaposición de las actitudes donatistas y católicas; su *Martyrdom and Persecution in the*

Early Church, 1964, ha añadido una nueva dimensión al contraste. P. Monceaux, *Histoire littéraire de l'Afrique chrétienne*, vols. 5-7, sigue siendo indispensable para la literatura de la controversia. R. Crespin, *Ministere et Sainteté: Pastorale du clergé et solution de la crise donatiste dans la vie et la doctrine de* S. *Augustine*, 1965, es un estudio valioso de la reacción de Agustín hacia el donatismo.

2 *Serm.* 37, 2 citando *Prov.* 31, 10.

3 *Serm.* 37, 1. (Su auditorio sabía, y gozaba, este tema: *Serm.* 37, 17).

4 Cipriano, *De unitate,* 5; *cf.* Aug. *Ep.* 34, 3, sobre un joven que ha golpeado a su madre y abandona la Iglesia católica.

5 Frend, *Donatist Church*, p. 113.

6 P. ej., Diehl, *Inscript. Lat. Christ. vet.*, 1, n.os 2413, 2415 y 2415 A.

7 Optato de Milevis, *De schism. Don.*, III, 2 (P.L. 11, 990).

8 *Ep.* 55, 19, 29.

9 Cantar de los Cantares, 4, 12-13.

10 Diehl, *Inscript. Lat. Christ. vet.*, 1, n.º 2421.

11 *De cat. rud.* 25, 48.

12 Cipriano, *Ep.* 70, 2.

13 *Serm.* 164, 8.

14 Pseudo-Aug., *C. Fulgentio*, 26 (P.L. 43, 774). El tratado más claro sobre la actitud donatista hacia la Iglesia es el de J. P. Brisson, *Autonomisme et christianisme dans l'Afrique romaine*, 1958, pp. 123-153. Los panfletos donatistas del tiempo de Agustín han sido reconstruidos por Monceaux, *Hist. littér.*, 5, pp. 309-339.

15 Cipriano, *Ep.* 65, 4, 1; *vid. inf.* p. 230.

16 *C. litt. Petil.* II, 11, 25. Esta visión ambivalente de la comunidad religiosa, como un grupo bueno siempre seguido por una mala imitación, ha sido retrotraído, hacia atrás, a los pergaminos del mar Muerto (Frend, *Martyrdom and Persecution*, p. 61), y, hacia delante, a la creencia popular medieval y a Lutero: J. Ratzinger, «Beobachtungen z. Kirchenbegriff d. Tyconius», *Rev. études augustin.*, 2, 1958, p. 181, n.º 45.

17 *Vid.* esp. Brisson, *Autonomisme et christianisme*, pp. 138-153 y 178-187; *vid. De Bapt.* I, 18, 28; V, 17, 22.

18 Reclamación de la declaración donatista sobre su caso en el 411: *Coll. Carthag.* 3, 258 (P.L. 11, 1408-1414, hasta 1408 B).

19 *Vid.* esp. Brisson, *Autonomisme et christianisme*, pp. 153-178, y Crespin, *Ministère et Sainteté*, pp. 209-284.

20 *Serm.* 4, 19.

21 *Ps.* 2, 7-8.

22 *Vid.* esp. Frend, *Donatist Church*, pp. 3-23 y 141-168.

23 Monceaux, *Hist. littér.*, *vid.* p. 18, citando Aug. *Ep.* 43, 5, 14.
24 Frend, *Donatist Church*, pp. 177-192.
25 P.L. 8, 774.
26 Optato de Milevis, *De Schism. Don.*, III, 9 (P.L. 11, 1020).
27 Traducido al inglés. O. R. Vassall-Phillips, *The Works of S. Optatus bishop of Milevis against the Donatist*, 1917. Monceaux, *Hist. littér.*, 5, pp. 241-306, sigue siendo el mejor análisis.
28 Descrito por Frend con gran fuerza, *Donatist Church*, pp. 191-192.
29 *Enarr. in Ps.* 54, 20.
30 Vid. W. H. C. Frend, «Manichaeism in the Struggle between St. Augustine and Petilian of Constantine», *Aug. Mag.*, 2, 1954, pp. 859-866.
31 *Retract*, 1, 20, 5.
32 *Vid.* esp. Holte, *Béatitude et Sagesse*, pp. 303, 327; Bonner, *St. Augustine*, pp. 231-235.
33 *Ep.* 43, 3, 6.
34 *Enarr. in Ps.* 54, 16.
35 *C. Ep. Fund.* 4.
36 Sobre todo Frend, *Donatist Church*, pp. 229-238. Yo no estoy convencido. *Vid.* Brown, «Religious Dissent in the Later Roman Empire: the case of North Africa», *History*, 46, 1961, pp. 83-101. Muchos de los aspectos de la tesis del doctor Frend han sido criticados en detalle por E. Tengström, *Donatisten u. Katholiken: soziale, wirtschaftliche u. politische Aspekte einer nordafrikanischen Kirchenspaltung* (Studia Graeca et Latina Gothoburgensia, 18), 1964.
37 *Vid.* esp. J. Ratzinger, *Volk u. Haus Gottes*, 1954.
38 *Monumenta ad Donatistarum, historiam pertinentia*, P.L. 8, 673-784.
39 *Vid.* W. H. C. Frend, *Martyrdom and Persecution*, esp. p. 62, sobre la posible relación entre el judaísmo y el cristianismo africano.
40 *Macc.* 7, 9; *C. litt. Petil.* II, 8, 17 (Monceaux, *Hist. littér.*, 5, p. 312).
41 *Acta Saturnini*, 4 (P.L. 8, 692).
42 *C. litt. Petil.* II, 38, 90, y *Coll. Carthag.* 3, 102 (P.L. 11, 1381 D).
43 P. ej., *C. Ep. Parm.* II, 4, 8; *vid. inf.* p. 240.
44 *Vid.* esp. *Acta Saturnini*, 20 (P.L. 8, 702-703).
45 P. ej., *C. Ep. Parm.* II, 7, 12; *cf.* las citas en *Acta Saturnini*, 19 (P.L. 8, 702).
46 P. ej., *C. Ep. Parm.* II, 3, 6.
47 Brisson, *Autonomisme et christianisme*, pp. 89-105.
48 P. ej., *Isaiah*, 52, 11.
49 P. ej., Fulgencio en Monceaux, *Hist. littér.*, 5, pp. 335-339.
50 P. ej., *Enarr. in Ps.* 145, 16; *vid.* Fausto, XIX, 11.
51 *Enarr. in Ps.* 10, 5.

52 Optato de Milevis, *De schism. Don.*, VI, 1-3 (P.L. 11, 1063-1702); *cf.* Ag. *Ep.* 29, 12.

53 M. Simon: «Le judaisme berbère dans l'Afrique ancienne», *Rev. d'hist. et de philos. relig.*, 26, 1946, pp. 1-31 y 105-145 (= *Recherches d'Hist. Judéo-Chrétienne*, 1962, pp. 30-87 y 46-47).

54 *C. Ep. Parm.* II, 18, 37.

55 *Vid.* R. Crespin, *Ministère et Sainteté*, pp. 221-225, y A. C. de Veer, en *Rech. augustin.*, 3, 1965, pp. 236-237. Agustín eligió pasar por alto esta distinción vital: ha persuadido a muchos de los historiadores modernos del donatismo, pero no habría convencido a sus oponentes donatistas. La distinción es, desde luego, sutil; un seglar donatista, por ejemplo, fue incapaz de hacerla: p. ej., *C. Crescon.* III, 7, 7.

56 *Vid.* Brown, «Religious Dissent», *History*, 46, 1961, pp. 91-92.

57 *Ep.* 53, 1, 1.

58 *Conf.* VIII, 12, 13.

59 *Conf.* IX, 11, 28.

60 *Coll. Carthag.* 3, 221 (P.L. 11, 1402 A).

61 *C. Ep. Parm.* III, 6, 29; *vid.* esp. H.-I. Marrou, «Survivances païennes dans les rites funéraires des donatistes», *Extrait de la Collection Latomus*, 2, 1949, pp. 193-203.

62 *Vid.* esp. Frend, *Donatist Church*, pp. 211-212.

63 *Enarr. in Ps.* 21, 26.

64 Frend, *Donatist Church*, pp. 209.

65 Brown, «Religious Dissent», *History*, 46, 1961, p. 95.

66 *Année épigraphique*, 1894, 25 y 138; Warmington, *The North African Province*, p. 84 y n.º 4.

67 *Ep.* 44, 6, 14.

68 *Ep.* 209, 2.

69 Cantar de los Cantares, 1, 7; *vid. Serm.* 46, 35.

70 *Ep. ad cath.* 5, 9.

71 *Vid.* esp. *Enarr. in Ps.* 21, 28 f., en la vigorosa traducción al inglés de Edmund Hill, *Nine Sermons of St. Augustine on the Psalms*, 1958, pp. 56-60.

72 P. ej., *Enarr. ii in Ps.* 101, 8.

73 *Enarr. iii in Ps.* 32, 14; *cf. C. Ep. Parm.* I, 4, 6.

74 P. ej., *Ep. ad cath.* 9, 23.

75 *Enarr. in Ps.* 95, 11.

76 P. ej., *Ep.* 261, 2.

77 P. ej., *Conf.* XII, 11, 12-13; *vid.* J. Pépin: «Caelum Caeli», *Bulletin du Cange*, 23, 1953, esp. pp. 267-274, y J. Lamirande, *L'Église célest selon S. Augustin*,

1963 (con los sugestivos comentarios de A.H. Armstrong, *Journ. Theol. Studies*, 16, 1965, pp. 212-213.

78 A. Wachtel, *Beiträge z. Geschichtstheologie d. Aurelius Agustinus*, 1960, pp. 118-119.

79 *C. Ep. Parm.* II, 4, 8.

80 *De Bapt.* IV, 23, 30.

81 *Conf.* IV, 4, 8.

82 *Conf.* III, 4, 8.

83 *De Bapt.* 1, 15, 24; III, 14, 19, y IV, 15-16, 23, sobre los conceptos teológicos erróneos en el converso, similares a aquellos defendidos por Agustín mismo en Milán; *vid. Conf.* VII, 19, 25.

84 *C. Ep. Parm.* II, 21, 40.

85 *C. Ep. Parm.* II, 21, 41.

86 P. ej., *C. Ep. Parm.* III, 4, 25.

87 *C. Ep. Parm.* III, 1, 3; *cf. C. Ep. Parm.* III, 5, 26.

88 *Ep.* 22, 5.

89 *De Bapt.* IV, 9, 13 y 11, 17.

90 *Serm.* 317, 5.

91 *De Bapt.* 1, 4, 5 y III, 19, 25; *vid.* esp. M. Ch. Pietri, en *Mélanges d'archéolo. et d'hist.*, 74, 1962, 659-664: un cristiano es mostrado en su sarcófago como un soldado.

92 P. ej., *C. Gaud.* 20, 23. El recipiendario era un oficial; *vid. inf.* pp. 349-350.

93 *Vid.* esp. *De civ. Dei*, XII, 28; *cf. Serm.* 268, 3.

94 P. ej., *De bono coniug.* 1, 1; *cf. Serm.* 90, 7.

95 P. ej., *Enarr. in Ps.* 54, 9.

96 *Serm.* 269, 2 y 271, *cf. Enarr. in Ps.* 95, 15.

97 *Serm.* 356, 1.

98 *Ep. ad cath.* 13, 33.

99 Ambrosio, *Ep.* 18, 24 (P.L. 16, 1020).

100 *De util. cred.* 7, 18-19.

101 *De vera relig.* 4, 6.

102 *De mor. eccl. cath.* (I), 30, 63.

XX. *INSTANTIA*

1 *Serm.* 359, 1; *cf.* 358, 2 y 47, 21, sobre los fuertes sentimientos provocados por un testamento disputado.

2 *Conf.* IX, p. 19.

3 *Serm.* 238, 2-3.

4 *C. litt. Petil.* II, 83, 184.

5 *Ep.* 35, 1.

6 Ticonio, *Liber Regularum*, ed. Burkitt, pp. 61 y 17.

7 *Vid.* Monceaux: *Hist. littér.*, 5, p. 170.

8 *Ep.* 33, 5.

9 *Serm.* 46, 15.

10 *Serm.* 46, 15.

11 *Ep.* 44, 5, 12.

12 *Breviarium Hipponense* (P. L. 66, 418).

13 *Serm.* 252, 1.

14 *Enarr. in Ps.* 54, 18; *cf. Serm.* 46, 15.

15 *Brev. Hippon.* 12 (P. L. 46, 424/5).

16 *Brev. Hippon.* 14 (P. L. 46, 425).

17 *Ep.* 52, 4.

18 *Vid.* Brown, «Religious Coercion in the Later Roman Empire: the Case of North Africa», *History*, 48, 1963, pp. 273-305, esp. pp. 295-297, Tengström, *Donatisten u. Katholiken*, esp. pp. 66-90.

19 Agustín tuvo que justificar este enfoque «periodístico»; *vid. Enarr. iii in Ps.* 36, 18.

20 P. ej., *Ps. c. Don.* 79 y ss., y *Retract.* II, 55.

21 *Vid. sup.* p. 149.

22 *C. Ep. Parm.* III, 6, 29.

23 *Vid.* Frend, *Donatist Church*, pp. 213-214.

24 *Vid.* el excelente tratado de A. C. de Veer: «L'exploration du schisme maximianiste par *S.* Augustin dans sa lutte contre le Donatisme», *Rech. augustin.*, 3, 1965, pp. 219-237.

25 *C. litt. Petil.* II, 20, 44.

26 *C. Crescon.* III, 56, 69.

27 Vid. *Enarr. ii in Ps.* 36, 19, y *Enarr. in Ps.* 57, 15.

28 P. ej., *Enarr. in Ps.* 10, 5.

29 W. H. C. Frend, «The *cellae* of the African Circumcellions», *Journ. Theol. Studies*, 3, 1952, pp. 87-89, es el estudio más revelador de este aspecto del movimiento.

30 Sobre este asunto sumamente oscuro y complejo, *vid.* Tengström, *Donatisten u. Katholiken*, pp. 24-78.

31 *Vid. inf.* pp. 253-254.

32 *Ep.* 111, 1.

33 *Ep.* 105, 2, 3.

34 *Ep.* 108, 6, 19.

35 *Enarr. in Ps.* 21, 31.
36 P. ej., *Eps.* 23, 33, 34, 35, 49, 51.
37 *Ep.* 44.
38 *Ep.* 44, 6, 13.
39 *Ep.* 23, 7.
40 *Retrad.* 11, 5.
41 *Ep.* 76, 3; *C. litt. Petil.* II, 92, 209.
42 Frend, *Donatist Church*, pp. 208-229, parece exagerar el significado de esta alianza; *vid.* Tengström, *Donatisten u. Katholiken*, pp. 75-77 y 84-90.
43 *C. Ep. Parm.* I, 11, 17; comparar Claudio, *De Bello Gildonico*, esp. 1, 94 (ed. Platnauer, Loeb, 1, p. 104).
44 Orosio, *Hist.* 7, 36.
45 *De civ. Dei*, XXI, 4, 92.
46 *De civ. Dei*, XVIII, 54.
47 *Ep.* 50.
48 *Serm.* 62, 13.
49 *Serm.* 24, 6.
50 *Serm.* 62, 18; *vid.* Brown, «St. Augustine's Attitude to Religious Coercion», *Journ. Rom. Studies*, 54, 1964, pp. 107-116, esp. pp. 109-110.
51 *Morin*, 1 (*Misc. Agostin.*, 1, pp. 589-93).
52 *C. litt. Petil.* II, 17, 38.
53 *Serm.* 24, 6.
54 *Enarr. in Ps.* 6, 13.
55 *Enarr. in Ps.* 62, 1.
56 *Vid. Ep.* 232 y *C. Faust.* XIII, 7 (escritos alrededor de esta época; este es el principal argumento usado para impresionar a un pagano).
57 *Vid.* esp. *Enarr iii in Ps.* 32, 9 y ss.
58 *C. Ep. Parm.* I, 8; 15-10, 16.
59 *C. Ep. Parm.* I, 8; 14.

XXI. DISCIPLINA

1 *Enarr. iii in Ps.* 36, 19.
2 Frend, *Donatist Church*, pp. 262-263.
3 *Ep.* 93, 5, 16-17.
4 Citando el ejemplo de Tagaste, *Ep.* 93, 5, 16.
5 *Ep.* 93, 5, 17; *vid.* Brown, «St. Augustine's Attitude», *Jour. Rom. Studies*, 54, 1964, p. 111.

6 P. ej., *Serm.* 10, 4; *Enarr. in Ps.* 7, 9. Los motivos de tales paganos son vívidamente descritos en *Serm.* 47, 17.

7 *Ep.* 29, 9.

8 *Cammonitorium* del Concilio del 404 (P. L. 11, 1203 C). Los emperadores no eran requeridos para aplicar las leyes que privaban a los herejes de los derechos legales, a menos que no provocaran conversiones fingidas entre posibles litigantes.

9 Ibídem, P.L. 11, 1202-1204.

10 *Ep.* 88, 7.

11 Principalmente *Cod. Theod.* XVI, 5, 38; 6, 4-5 y 11, 2 (en P.L. 11, 1208-1211); *vid.* Frend, *Donatist Church*, pp. 263-265.

12 *Vid.* esp. Brown, «Religious Coercion», *History*, 48, 1963, pp. 285-287 y 292-293.

13 *Ep.* 185, 7, 26.

14 *Ep.* 80, 3.

15 Petiliano de Cirta en *C. litt. Petil.* II, 79, 175-97, 223 (Monceaux, *Hist. littér.*, 5, caps. 46-58, pp. 323-326).

16 Cresconio el *Grammaticus*; *vid.* esp. *C. Crescon.* III, 51, 57.

17 *C. litt. Petil.* II, 93, 214.

18 Implícito en *Eps.* 93, 1, 1 y 5, 17.

19 *C. Gaud.* 25; *cf. Ep.* 89, 7 y *C. mend.* 6, 11.

20 Brown, «St. Augustines's Attitude», *Jour. Rom. Studies*, 54, 1964, p. 111.

21 P. ej., *De mor eccl. cath.* (I), 34, 76.

22 *Ep.* 22, 3.

23 *Ep.* 29, 4 y *Serm.* 5, 4.

24 *Ram.* 12, 23; *Ep.* 87, 9 (usado previamente en relación con las ordenaciones donatistas, *Ep.* 61, 2); *cf. Ep.* 98, 5.

25 *C. litt. Petil.* II, 84, 185; *Coll. Carthag.* 3, 258 (P. L. 11, 1413 C); *C. Gaud.* 19, 20.

26 P. ej., Eccles. 15, 17, 18, en *C. litt. Petil.* II, 84, 185 y Eccles. 15, 14, en *C. Gaud.* 19, 20; *cf.* Plinval, *Pélage*, p. 94.

27 *Vid.* esp. *C. litt. Petil.* II, 84, 185.

28 *Serm.* 112, 8; *vid.* Brown, «St. Augustines's Attitude», *Jour. Rom. Studies*, 54, 1964, pp. 111-112.

29 *Vid.* esp. W. Dürig: «Disciplina: Eine Studie z. Bedeutungsumfang des Wortes i. d. Sprache d. Liturgie u. d. Väter», *Sacris Erudiri*, 4, 1952, pp. 245-279.

30 *Enarr. xvii in Ps.* 118, 2; *cf. Ep.* 93, 2, 4; *vid.* esp. A. M. La Bonnardière, *Recherches de chronologie augustinienne*, 1965, pp. 36 y 37, n.º 3.

31 *Ep.* 173, 3; *cf. Enarr. in Ps.* 136, 9; *Tract. in Joh.* 5, 2.

32 *Ep.* 105, 4, 12-13.

33 Prov. 3, 12.

34 P. ej. *De urbis excidio*, 1; *vid. inf.* p. 305.

35 *De serm. Dom. in Monte*, 1, 20, 64; *De util. cred.* 3,9; *Ep. ad Gal. expos.* 22; *Enarr. in Ps.* 138, 28.

36 *De doct. christ.* III, 6, 10.

37 P. ej., *De serm. Dom. in Monte*, I, 20, 63-65; *C. Adim.* 17; *C. Faust* XXII, 20; *cf. Ep.* 44, 4, 9.

38 *De div. qu.* 83, 53; *cf. C. Faust.* XXII, 23.

39 *De vera relig.* 26, 48-49; *vid.* Brown, «St. Augustines's Attitude», *Jour. Rom. Studies*, 54, 1964, p. 112-114.

40 P. ej., *De Bapt.* I, 15, 23-24; *Serm.* 4, 12; *De cat. rud.* 19, 33.

41 *C. Faust.* XXXII, 14.

42 H. A. L. Fisher: *History of Europe*, 1936, prefacio.

43 *De civ. Dei*, XXII, 22, 34.

44 *Conf.* I, 14, 23.

45 *C. Gaud.* IX, 20; *cf. Ep. ad cath.* XX, 53.

46 *Vid. sup.* p. 184.

47 P. ej., Gaudentio, obispo donatista de Timgad, marca firmemente la distinción: *C. Gaud.* 24, 27.

48 *Vid.* esp. W. H. C. Frend, «The Roman Empire in the eyes of Western Schismatics during the 4th century», *Miscellanea Historiae Ecclesiasticae*, 1961, pp. 9-22.

49 Esta fue la ocasión de la famosa frase de Donato: «¿Qué tiene que ver el emperador con la Iglesia?»: el emperador había distribuido limosnas de su propia iniciativa. Optato de Milevis, *De schims. Don.* III, 3 (P. L. XI, 998-1000).

50 *C. Ep. Parm.* I, 10, 16.

51 *C. Gaud.* 34, 44.

52 *C. Crescon.* I, 10, 13.

53 *Ep.* 89, 7, «Autoridad humana»; *cf. Enarr. in Ps.* 149, 14.

54 *Serm.* 94.

55 P. ej., *Serm.* 182, 2; 302, 19; *cf. Enarr. in Ps.* 85, 16. Sobre presiones directas ejercidas por terratenientes, *vid. sup.* p. 204.

56 *Conf.* III, 11, 19; *cf. C. Ep. Parm.* III, 2, 16.

57 *Vid.* esp. H. Maisonneuve, «Croyance religieuse et contrainte: la doctrine de S. Augustin», *Mél. de science relig.*, 19, 1962, pp. 49-68.

58 *Ep.* 93, 2, 3.

59 *C. mend.* 6, 11.

60 *Ep.* 85 (al obispo Paulo).

61 *Coll. Carthag.* 1, 142 (P. L. 11, 1318 A).

62 *Serm.* 359.

63 *Retract.* 2, 27; *vid.* Brown, «Religious Coercion», *History*, 48, 1963, p. 293.
64 *Vid.* Brown, «Religious Coercion», *History*, 48, 1963, pp. 290-292.
65 *Eps.* 56, 57, 7, 139, 2; *vid.* Marec, *Hippone*, p. 77.
66 La carrera de Romaniano demuestra lo mucho que un africano acomodado necesitaba defender su propiedad con pleitos y con visitas a la corte imperial; *vid* también *Serm.* 107, 8.
67 P. ej., Celerio, *sup.* n. 65, y Donato, *Ep.* 112, 3.
68 *Ep.* 108, 5, 18.
69 *Ep.* 108, 5, 14.
70 *Vid.* esp. *Ep.* 108, 5, 18.
71 *Ep.* 88, 9.
72 *Eps.* 133, 134, 139, 1-2.
73 P. ej., *Ep.* 153, 18.
74 *Ep.* 139, 2.
75 *Ep.* 100; *vid.* Brown, «Religious Coercion», *History*, 48, 1963, pp. 300-301.
76 *Vid.* Brown, «Religious Coercion», *History*, 48, 1963, pp. 302-304.
77 *Ep.* 91, 8 y 10; *vid. inf.* pp. 299-300.
78 *Vid. sup.* p. 149.
79 *Gesta cum Felice*, 1, 12; *vid.* Brown, «Religious Coercion», *History*, 48, 1963, pp. 304-305.
80 *Ep.* 93.
81 *Ep.* 93, 13, 51.
82 *Ep.* 93, 1, 1.
83 *Ep.* 95, 3.

XXII. *POPULUS DEI*

1 Me siento particularmente identificado con el estudio sensible y erudito de M. Pontet, *L'Exégèse de S. Augustin prédicateur*, 1945.
2 *Serm.* 18, 1.
3 *Vid.* esp. E. R. Dodds, *Pagan and Christian in an Age of Anxiety*, 1965, pp. 7-8. [Hay trad. cast.: *Paganos y cristianos en una época de angustia*, Madrid, Cristiandad, 1975].
4 *De agone christ.* 1, 1; *cf.* Dodds, *Pagan and Christian in an Age of Anxiety*, pp. 12-17.
5 *De agone christ.* 1, 1; *vid.* G. Sanders, *Licht en Duisternis in de christelijke Grafschriten*, 2, 1965, pp. 896-903.
6 *Passio Maximiani et Isaac* (P. L. 8, 768 C).
7 *Passio Maximiani et Isaac* (P. L. 8, 776 D-780 A).

8 *Passio Marculi* (P.L. 8, 764 A).
9 P. ej., *De agone christ.* 3, 3: el demonio y sus ángeles nunca vivirían en la «celeste» región de las estrellas.
10 *De agone christ.* 2, 2. *Vid.* esp. A.M. La Bonnardière, «Le combat chrétien», *Rev. études augustin.*, 11, 1965, pp. 235-238, sobre el desarrollo de este tema contra los maniqueos.
11 *De agone christ.* 1, 1.
12 *Frang.* 5, 5 (*Misc. Agostin.*, 1, pp. 121 y ss.); *cf. Enarr. in Ps.* 136, 9.
13 *De agone christ.* 1, 1.
14 *Enarr. in Ps.* 147, 3; *Frang.* 5, 6 (*Misc. Agostin.*, 1, p. 217).
15 E. Bréhier, *La Philosophie de Plotin*, pp. 26-32.
16 P. Hadot, *Plotin*, pp. 25-39.
17 *Conf.* III, 6, 2, *vid.* esp. A.H. Armstrong, «Salvation, Plotinian and Christian», *The Downside Review*, 75, 1957, pp. 126-139.
18 *Retract.* II, 29.
19 *De agone christ.* 1, 1.
20 *Enarr.* 2 *in Ps.* 101, 9.
21 *Enarr. in Ps.* 38-12.
22 Daniel 23, 3 (*Misc. Agostin.*, 1, p. 139).
23 E. Bréhier, *La Philosophie de Plotin*, p. 31.
24 *Serm.* 19, 4.
25 *Frang.* 2, 6 (*Misc. Agostin.*, 1, pp. 196-197).
26 Salmo 41; *vid.* Van der Meer, *Augustine*, pp. 347-387.
27 *Enarr. in Ps.* 41, 1.
28 *Enarr. in Ps.* 41, 10; *cf. De agone christ.* 9, 10.
29 *Serm.* 158, 7.
30 P. ej., *Serm.* 161, 4.
31 *Serm.* 161, 10.
32 *Vid.* esp. Van der Meer: *Augustine*, pp. 46-75 y 129-198.
33 *Enarr. ii in Ps.* 26, 19.
34 *Enarr. in Ps.* 40, 3.
35 *De fide et oper.* 1, 1.
36 *De Serm. Dom. in Monte*, II, 2, 7 (las esposas controlan el dinero doméstico).
37 P. ej., *Serm.* 323, 1.
38 *Serm.* 224, 3.
39 *Serm.* 9, 4.
40 *Serm.* 392, 4 y 6.
41 *Vid.* esp. N.H. Baynes, «The Thought-World of East Rome», *Byzantine Studies*, pp. 26-27, y Jones, *Later Roman Empire*, 2, pp. 979-985.

42 P. ej., *Ep.* 94, 3-4; *vid. inf.* p. 306.
43 *De bono coniug.* (401).
44 *De sancta virg.* (401).
45 *De civ. Dei*, 11, 2, 28.
46 *Enarr. in Ps.* 80, 1; *cf. Enarr. in Ps.* 136, 8.
47 *Corpus Inscript. lat* XIII, 17810.
48 *Serm.* 91, 5; *Mai.* 94, 7 (*Misc. Agostin.*, 1, p. 339).
49 *Serm.* 232, 8.
50 *Enarr. in Ps.* 134, 20.
51 *De cat. rud.* 5, 9; *cf. Enarr in Ps.* 149, 14 y 85, 17.
52 *Frang.* 2, 8 (*Misc. Agostin.*, 1, 199).
53 *Serm.* 302, 19.
54 *Serm.* 224, 2.
55 *Enarr. in Ps.* 127, 11 y *Serm.* 88, 25 y 224, 1; un catálogo de pecados que el bautizado debe evitar.
56 Salmo 72, 3; p. ej., Daniel 21, 2 (*Misc. Agostin.*, 1, p. 125).
57 *Serm.* 17, 3; *cf. Serm.* 151, 4.
58 *Vid.* esp., sin embargo, *Serm.* 61, 13: una ocurrente llamada en favor de los mendigos fuera de la iglesia.
59 Ambrosio, *De Nabuthe*, 1, 1 (P.L. 14, 731).
60 L. Ruggini, *Economia e società nell'Italia annonaria*, 1962, muestra cuánto se puede saber de la vida económica de Milán por los sermones de Ambrosio (*vid.* esp. pp. 10-16).
61 *Enarr. in Ps.* 51, 14; *cf. Enarr. in Ps.* 72, 26.
62 *Enarr. in Ps.* 72, 34. *Vid.* esp. H. Rondet, «Richesse et pauvreté dans la prédication de S. Augustin», *Rev. ascét. et myst.*, 30, 1954, pp. 193-231.
63 *C. Ep. Parm.* III, 2, 16.
64 *Enarr. in Ps.* 61, 7. *Vid. inf.* p. 328.
65 *De cat. rud.* 13, 18-19, aconseja a un sacerdote dándole directrices sobre el catecismo.
66 P. ej., *Tract. in Joh.* 35, 9.
67 Sobre lo que sigue, *vid.* esp. Van der Meer, *Augustine*, pp. 405-467.
68 *Vid.* Van der Meer: *Augustine*, pp. 412-432.
69 P. ej., *Enarr. in Ps.* 147, 20.
70 P. ej., *Serm.* 131, 5.
71 P. ej., *Serm.* 151, 8.
72 *Vid.* Pontet, *L'Exégèse de s. Augustin*, pp. 43-44.
73 *Serm.* 151, 8. *Vid. inf.* pp. 402-403.
74 *Serm.* 26, 13.

75 P. ej., *Serm.* 95, 1.

76 *Conf.* I, 19, 30.

77 *Frang.* 2, 4 (*Misc. Agostin.*, 1, p. 193).

78 *Ep.* 73, 2, 5.

79 *C. Faust.* 22, 34.

80 *Vid.* esp. Pontet, *L'Exégèse de S. Augustin*, pp. 149-194 y 257-383.

81 P. ej., *Enarr. in Ps.* 77, 26-27. *Vid.* esp. J. Pépin, *Mythe et Allégorie*, 1958, pp. 483-484, y «A propos de l'histoire de l'exégése allégorique: l'absurdité, signe de l'allégorie» (Studia Patristica, 1), *Texte u. Untersuchungen*, 63, 1957, pp. 395-413.

82 *De doct. christ.* II, 5, 6; *cf. Serm.* 71, 13.

83 *Enarr. in Ps.* 145, 12. 84. *Vid. inf.* pp. 273-274.

85 *C. Faust.* 12, 37.

86 P. ej., *Ep. ad Rom. incoh. expos.* 13; *cf. De cat. rud.* 13, 18, donde se recomienda este artificio como uno de los pocos caminos para atraer la atención de un *grammaticus*.

87 *Enarr.* 49, 9; *cf. Serm.* 249, 3.

88 P. ej., *Enarr.* 2 *in Ps.* 26, 8.

89 *De doct. christ.* IV, 24, 53.

90 *Enarr.* 2 *in Ps.* 30, 1.

91 *Frang.* 5 (*Misc. Agostin*, 1, p. 212).

92 *Vid.* esp. *De doct. christ.* IV, 20, 39.

93 Quintiliano, *Inst.* XI, 2, 1: la memoria es la «casa del tesoro de la elocuencia».

94 P. ej., *Enarr. in Ps.* 121, 8, «Seamos su libro de las Escrituras»; *cf. Enarr. in Ps.* 35, 19 y *Serm.* 232, 1.

95 *De doct. christ.* IV, 26, 56.

96 *Enarr. i in Ps.* 70, 1.

97 *Enarr. in Ps.* 147, 2 y 23.

98 *Guelf.* 22, 5 (*Misc. Agostin.*, 1, p. 515). Tal exégesis, desde luego, no está basada en una mera «libre asociación». Las «asociaciones», en este caso, vienen dadas por las tradiciones litúrgicas creadas alrededor de la fiesta de Juan Bautista. Muchas alegorías usadas por Agustín como predicador debían ser tan familiares a su congregación —por las predicaciones tradicionales, por la liturgia y, en el caso de África, por la polémica sobre la naturaleza de la Iglesia (p. ej. *Ep. ad cath.* 5, 9)— como las caricaturas políticas en un periódico moderno.

99 A. Whitehead, *Modes of Thought*, 1938, p. 28.

100 Sobre esto, *vid.* esp. M. F. Berrouard, «S. Augustin et le ministère de la prédication», *Rech. augustin.*, 2, 1962, pp. 447-501, esp. p. 499, n.º 131; *cf. Enarr. in Ps.* 139, 15.

101 *Frang.* 2, 4 (*Misc. Agostin.*, 1, p. 193).
102 *De cat. rud.* 2, 3.
103 *De doct. christ.* IV, 7, 21.
104 *De doct. christ.* IV, 10, 24-12, 28.
105 *De doct. christ.* IV, 20, 42.
106 *De cat. rud.* 2, 4.
107 *De doct. christ.* IV, 7, 20.
108 P. ej., compárese *Enarr. in Ps.* 9, 3 y *De lib. arb.* II, 35 con *Conf.* X, 6, 8.
109 P. ej., en *Enarr. in Ps.* 136, 18.
110 *Enarr. in Ps.* 71, 2.
111 *De doct. christ.* IV, 7, 17.
112 Jerem. 23, 29, en *De doct. christ.* IV, 14, 30. *Vid.* esp. H.-I. Marrou, *S. Augustin et la fin de la culture antique*, pp. 521-540, y E. Auerbach, «Sermo humilis», *Literary Language and its Public in Late Latin Antiquity and in the Middle Ages* (traducido al inglés por Manheim), 1965, pp. 27-66.
113 *Vid.* esp. E. Mersch, *Le corps mystique du Christ*, 2, 3.ª ed., 1951, esp. pp. 84-138.
114 P. ej., en *Enarr. in Ps.* 30, 1.
115 *Vid.* esp. Pontent, *L'Exégèse de S. Augustin*, pp. 395-411.
116 *Enarr. in Ps.* 93, 19.
117 *Serm.* 37, 2.
118 *Enarr. in Ps.* 6, 11.
119 *Enarr. in Ps.* 42, 1.
120 P. ej., *Serm.* 9, 6 y ss.
121 *Enarr. in Ps.* 132, 1.
122 *Enarr. in Ps.* 64, 3.
123 *Enarr. in Ps.* 32, 8.

XXIII. *DOCTRINA CHRISTIANA*

1 H.-I. Marrou, S. *Augustin et la fin de la culture antique*, pp. 331-540, es fundamental; *vid.* el trabajo más reciente G. Strauss, *Schriftgebrauch, Schriftauslegung und Schriftbeweis bei Augustin* (Beiträge z. Gesch. d. bibl. Hermeneutik, 1), 1959, y R. Holte, *Béatitude et Sagesse*, pp. 303-386.
2 *Vid.* esp. H.-I. Marrou, *Maycikoc Anhp. Étude sur les scénes de la vie intellectuelle figurants sur le monuments funéraires romains*, 1938. El retrato de Agustín se encuentra en color en *Miscellanea Agostiniana*, 2, con comentarios de G. Wilpert, pp. 1-3, y en Van der Meer, *Augustine*, plano 11, frente p. 216.
3 *Serm.* 319, 7.

4 *Enarr. i in Ps.* 103, 1.

5 *Ep.* 55, 7, 13.

6 Quintiliano, *Inst.* VIII, 2, 20, admite esto ya.

7 *Vid. Conf.* XII, 23, 36.

8 *Vid. Ep.* 102, 6, 33.

9 *De civ. Dei,* X, 20.

10 *Conf.* XIII, 20, 27; *Ep.* 137, 18; *De civ. Dei,* X, 20; *vid.* esp. Marrou, *S. Augustin et la fin de la culture antique*, pp. 469-503.

11 P. ej., *De Gen. ad litt.* I, 21, 41.

12 *Vid.* esp. J. Pepin, *Mythe et Allégorie*, 1958, y «S. Augustin et la fonction protréptique de l'allégorie», *Rech. augustin.*, 1, 1958, pp. 243-286.

13 *Conf.* XI, 31, 41; *cf. Serm.* 169, 18.

14 *Conf.* XI, 22, 28; *cf. Tract. in Joh.* 14, 5: «Si, sin embargo, tú dices: "Esto es todo lo que hay que saber", estás perdido». «Es este convencimiento instintivo (suspendido vívidamente ante la imaginación, que es el poder motriz de la búsqueda) de que hay un secreto, un secreto que puede ser descubierto», A. N. Whitehead, *Science and the Modern World*, Lowell Lectures, 1925 (Mentor Books, p. 13).

15 Ambrosio, *In Ps.* 118 *Expos.*, *Prolog.* (P. L. 15, 1197).

16 *Enarr. in Ps.*, *Prooem.*

17 *Vid.* Pépin, «S. Augustin», *Rech. augustin.*, 1, 1958, esp. pp. 277-285.

18 *Vid.* esp. R. Holte, *Béatitude et Sagesse*, pp. 353-343; J. Pépin, *Mythe et Allégorie*, 69-71. Para una discusión diferenciada de paralelos modernos.

19 *De Gen. c. Man.* 2, 32; *vid.* esp. U. Duchrow, «"Signum" und "Superbia" beim jungen Augustin», *Rev. études augustin.*, 7, 1961, pp. 368-372.

20 *De civ. Dei,* IX, 16.

21 *Conf.* VII, 10; 16; *vid.* esp. P. Courcelle, *Les Confessions*, pp. 43-58, sobre Filón, a través de Ambrosio, como una posible fuente de esta idea crucial.

22 *Serm.* 22, 7.

23 P. ej., *Conf.* XIII, 18, 23; *Enarr. in Ps.* 138, 14; se deben recordar las intensas asociaciones religiosas del cielo nocturno para un hombre antiguo: era un mundo de inteligencias divinas, visible para los ojos humanos.

24 *Conf.* XI, 2. La Bonnardière, *Rech. de chronologie augustin.*, 1965, p. 180: «Car si Saint Augustin est un théologien, il est un théologien de la Bible: son enseignement sourd directement de l'Ecriture. Dans la mesure ou l'on ne fait pas sa place a ce fait primordial, on se prive, dans l'étude des oeuvres de Saint Augustin, d'un éclairage qui non seulement a la valeur scientifique que peut posséder tout fait bien attesté, mais surtout fournit le meilleur moyen de compréhension de l'oeuvre augustinianne».

25 *Ep.* 55, 11, 21.
26 *Ep.* 137, 3.
27 *Vid.* esp. H.-I. Marrou, *S. Augustin et la fin de la culture antique*, esp. pp. 357-385 y 549-560.
28 *De doct. christ.* II, 34, 59.
29 *Vid.* esp. Grabmann, «Der Einfluss d. heil. Augustinus auf die Verwertung und Bewertung d. Antike im Mittelalter», *Mittelalterliches Geistesleben*, 2, 1963, pp. 1-24, esp. 9-18.
30 El más antiguo manuscrito existente se puede remontar a los tiempos del mismo Agustin: W. M. Green, «A Fourth Century Manuscript of Saint Augustine?», *Rev. bénédictine*, 69, 1959, pp. 191-197.
31 *De Gen. ad litt.* III, 9, 13.
32 *De doct. christ.* II, 34, 59; *vid.* Marrou, *S. Augustin et la fin de la culture antique*, pp. 411-413.
33 *Vid. sup.* pp. 61-62.
34 *Conf.* VIII, 8, 19.
35 *C. Acad.* I, 7, 19-21, sobre el caso de un clarividente en Cartago.
36 *Vid.* esp. N. H. Baynes, «The Hellenistic Civllisation and East Rome», *Byzantine Studies*, pp. 15-16.
37 *De doct. christ. Prooem.*, 4; *vid.* esp. U. Duchrow, «Zum Prolog v. Augustins "De Doctrina Christiana"», *Vigiliae Cristianae*, 17, 1963, pp. 165-172.
38 Brillantemente expuesto por H.-I. Marrou, *S. Augustin et la fin de la culture antique*, pp. 354-356.
39 *De doct. christ. Prooem.*, 5 y ss.
40 *Vid.* P. Antin, «Autour du songe de S. Jérôme», *Rev. études latines*, 41, 1963, pp. 350-377.
41 *De doct. christ.* II, 4, 5; *cf. Conf.* I, 12, 19-13, 21.
42 *De doct. christ.* II, 13, 19.
43 *De doct. christ.* II, 14, 21
44 *De doct. christ.* II, 24, 37
45 *De doct. christ.* II, 20, 30.
46 *Ep.* 245, 2; *cf. De doct. christ.* II, 20, 30 y 25, 38.
47 *De doct. christ.* II, 40, 60.
48 *Vid. inf.* pp. 305-306.
49 P. ej., los chocantes comentarios de Optato de Milevis a la reivindicación de Donato de estar, como obispo, más cercano a Dios que el emperador: *De schism. Don.* III, 3 (P. L. esp. 1101 A).
50 *De civ. Dei*, IV, 7; *vid. inf.*, p. 321.
51 P. ej., *De civ. Dei*, XIX, 17, 47-58.

52 *De beata vita*, 1, 6.

53 *Ep.* 101, 1.

54 *Vita*, 27, 9-10.

55 *De doct. christ.* II, 9, 14.

56 *De doct. christ.* II, 37, 55. *Vid.* esp. Marrou, *S. Augustin et la fin de la culture antique*, pp. 515-519.

57 *De doct. christ.* IV, 3, 5; *cf.* III, 39, 40-41.

58 *De doct. christ.* IV, 1, 2.

59 *Vid.* algunos ejemplos atroces citados por Marrou, *S. Augustin et la fin de la culture antique*, p. 528; J. Leclercq, «Prédication et rhétorique au temps de S. Augustin», *Rev. bénédictine*, 56, 1947, pp. 117-131, esp. pp. 121-125.

60 P. ej., *Eps.* 90 y 117.

61 *De Gen. ad litt.* III, 3, 4.

62 J. Pépin, *Théologie cosmique et théologie chrétienne*, 1964, pp. 418-461.

63 *Vid.* esp. P. Courcelle, «Propos antichrétiens rapportés par S. Augustin», *Rech. augustin.* 1, 1958, pp. 149-189, esp. 185-186.

64 *De doct. christ.* II, 16, 25.

65 *De doct. christ.* II, 17, 27

66 *Vid. sup.* p. 200.

67 *Ep.* 118, 2, 9.

XXIV. «BUSCAD SIEMPRE SU ROSTRO»

1 *Vid. De Bapt.* III, 4, 6.

2 *De Bapt.* I, 18, 28.

3 *Enarr. in Ps.* 146, 15.

4 *Conf.* XIII, 24, 36-37.

5 *De Bapt.* II, 4, 5.

6 *De doct. christ. Prooem.*, 6.

7 *Vid.* Marrou, *S. Augustin et la fin de la culture antique*, pp. 27-46; Courcelle, *Les Lettres grecques en Occident*, esp. pp. 183-194, y B. Altaner, «Augustinus und die griechische Patristik», *Revue bénédictine*, 62, 1952, pp. 201-215, esp. pp. 211-212.

8 *Ep.* 28, 2, 2.

9 *Vid. inf.* pp. 287-288.

10 *Vid.* esp. *Ep.* 41, 2, los juicios en *De doct. christ.* III, 30, 37, 56, y *Ep.* 249; A. Pincherle, *La formazione teologica di S. Agostino*, pp. 185-188 y 202-205, es el mejor análisis de la influencia de Ticonio. La diferencia entre los dos ha sido

más claramente expuesta por J. Ratzinger, «Beobachtungen z. Kirchenbegriff d. Tyconius», *Rev. études augustin.*, 2, 1958, pp. 173-185; *vid.* F. Lo Bue, *The Turin Fragments of Tyconius, Commentary on Revelation* (Texts and Studies, 7), 1963, esp. pp. 35-38.

11 *De mor. eccl. cath.* (L), 1, 3.

12 No hay, ciertamente, citaciones directas antes de esta época; *vid.* A. Paredi, «Paulinus of Milan», *Sacris Erudiri*, 14, 1963, esp. p. 212, quien deja claro que la cita de Ambrosio era necesaria para combatir a los pelagianos.

13 *De pecc. mer.* I, 24, 34.

14 *De Trin.* III, *Prooem.*, *credant qui volunt.*

15 *Retract.*, *Prolog.* 2.

16 P. ej., *Ep.* 139, 3.

17 P. ej., *De Trinitate* (*vid. Ep.* 174) y *De doct. christ* (*vid. sup.* p. 277, n. 30).

18 *Ep.* 161.

19 *Vid. inf.*, 414, sobre Floro, un monje de Hadrumetum.

20 P. ej., *Ep.* 162.

21 *De Trin.* III, *Prooem.*

22 *Ep.* 73, 3, 6.

23 Ps. 83, 16 en *C. litt. Petil.* 1, 29, 31.

24 P. ej., *Retract.* II, 51.

25 *Ep.* 92, 4.

26 *Ep.* 148, 4.

27 *Ep.* 148, 4.

28 *Ep.* 48, 4.

29 *Ep.* 98, 8; *cf. Ep.* 194, 10, 46. *Vid. inf.* p. 399, n. 40.

30 *C. mend.* 18, 36.

31 *De div. daem.* 1, 2.

32 *Ep.* 47, 1.

33 P. ej., *Ep.* 28, 4, 6.

34 *Ep.* 40, 4, 7.

35 *Ep.* 73, 1, 1.

36 *Ep.* 73, 1, 1.

37 *Ep.* 73, 1, 1.

38 *Ep.* 73, 2, 3.

39 *Ep.* 82, 1, 2. Ambos, de hecho, se inspiraron más tarde en las ideas del otro; *vid.* Y.-M. Duval, «Saint Augustin et le *Commentaire sur Jonas* de Saint Jérôme», *Rev. études augustin.*, 12, 1966, pp. 9-40.

40 P. ej., *De Bapt.* 11, 1, 1.

41 *Ep.* 138, 1, 1, anticipando la escritura de *La ciudad de Dios.*

42 P. ej., *De doct. christ* IV, 20, 39.

43 *Vid.* esp. B. Altaner, «Augustins Methode der Quellenbenutzung. Sein Studium der Väterliteratur», *Sacris Erudiri*, 4, 1952, pp. 5-17, especialmente p. 7. Este es notablemente diferente del método «literario» de Jerónimo, que desplegaba una ostentación de «autoridades»: *Ep.* 75, 3, 5-6.

44 *Ep.* 95, 4.

45 P. ej., *inf.*, p. 308 sobre Orosio.

46 *Ep.* 118, 5, 32-33.

47 P. ej., *Conf.* XI, 12, 14. *Vid.* esp. Pépin, «Caelum Caeli», *Bulletin du Cange*, 23, 1953, pp. 185-274, esp. p. 234.

48 *De Gent. ad litt.* I, 19, 39.

49 *Vid.* esp. *De Gent. ad litt.* V, 16, 34, una exposición llena de fuerza.

50 Un tema frecuente; *vid.* esp. *De Gent. ad litt.* 1, 21, 41; II, 5, 9; 9, 20 y 17, 38.

51 Que cita *De Gent. ad litt.* I, 10, 18, 19 y 21, y 11, 5, 9 y 10, en la *Lettera a madama Cristina di Lorena* (1615).

52 *Ep.* 119, 1.

53 *Ep.* 120, 3.

54 *Ep.* 120, 13.

55 *Vid.* su propio juicio sobre el *De Genesi ad litteram* en *Retract.* II, 20.

56 Esto ha sido puesto en claro en el excelente estudio de R. A. Markus, «Two Conceptions of Political Authority: Austustine's *De Civ. Dei*, XIX, 14-15, and some Thirteenth-Century Interpretations», *Journ. Theol. Studies*, 16, 1965, pp. 68-100, esp. pp. 75-76.

57 *Vid.* esp. M. Schamus, «Die Denkform Augustins in seinem Werk *de Trinitate*», *Sitzungsberichte der bayer. Akad. d. Wiss.*, Philos.-hist. Klasse, 1962, n.º 6.

58 P. ej., *Ep.* 261, 1; *cf. De lib. arb.* III, 21, 60.

59 *Ep.* 101, 4.

60 *De Trin.* 1, 3, 5.

61 *De doct. christ.* I, 1, 1.

62 *De doct. christ.* II, 7, 11.

63 *De Trin.* IV, 18, 24; *cf. Ep.* 242, 4.

64 *Vid.* esp. Burnaby, *Amor Dei*, pp. 242-244.

65 Las afirmaciones más profundas de esta actitud están en F. Cayré, *Iniciation à la Philosophie de S. Augustin*, 1947, pp. 249-250, y Holte, *Béatitude et Sagesse*, pp. 361-386.

66 P. ej., *Frang.* 2, 6 (*Misc. Agostin.*, 1, pp. 196-197).

67 *De doct. christ.* IV, 5, 8.

68 *Enarr. in Ps.* 146, 12.

69 *Tract. in Joh.* 96, 4; *cf.* esp. *Enarr. 18 in Ps.* 118, 3.

70 *Ep.* 120, 8.
71 *De Trin.* VIII, 9, 13.
72 P. ej., *De Trin.* XV, 24, 44.
73 Bien expuesto por Marrou, *St. Augustine* (Hombres de Sabiduría), 1957, pp. 71-72.
74 Era usual en la etiqueta tratar a un corresponsal como «inspirado»: p. ej., *Eps.* 24, 2 (Paulino a Agustín) y 82, 2 (Agustín a Jerónimo). Estampas medievales mostrarán a Agustín inspirado por un ángel, o por un ángel y el Espíritu Santo: p. ej., Jeanne y Pierre Courcelle, «Scenes anciennes de l'iconographie augustinienne», *Rev. études augustin.*, 10, 1964, láms. XVII-XIX y pp. 63-65.
75 La visión de Agustín sobre la naturaleza de la inspiración en los escritores de la Biblia es al tiempo diferenciada y human: *vid.* esp. H. Sasse, «*Sacra Scriptura:* Bemerkungen zur Inspirationslehre Augustins», *Festschr. Franz. Dornseiff*, 1953, pp. 262-273. Así, cuando Agustín habla de una idea que le ha sido «revelada», quiere decir solamente que ha alcanzado a la inevitable conclusión a partir de una serie de certezas (p. ej., *De grat. et lib. arb.* 1, 1 y *De praed. sanct.* 1, 2 citando *Phil.* 3, 15-16; *vid. inf.* p. 418); una experiencia no desconocida para los pensadores especulativos de hoy: *vid.* M. L. Cartwright, *The Mathematical Mind*, 1955; *vid.* esp. A. C. de Veer, «"Revelare", "Revelatio". Élément d'une étude sur l'emploi du mot et sur sa signification chez s. Augustin», *Rech. augustin.*, 2, 1962, pp. 331-357, esp. pp. 352-354.
76 *De Trin.* I, 3, 5.
77 *De Bapt.* III, 2, 3: «la más segura de todas las razones».
78 P. ej., *De Bapt.* V, 6, 7.
79 *De quant. anim.* 36, 80.
80 *Vid. inf.* pp. 399-400.
81 P. ej., *De lib. arb.* II, 16, 41.
82 *De Trin.* III, 10, 21.

XXV. *SENECTUS MUNDI*

1 Los estudios más fidedignos son F. G. Maier, *Augustine und das antik Rom*, 1955, y P. Courcelle, *Histoire littéraire des grandes invasions germaniques*, 3.ª ed., 1965.
2 *Ep.* 95.
3 *Ep.* 94, 4.
4 *Ep.* 95, 2.

5 *Ep.* 95, 5.
6 *Ephes.* 2, 19.
7 P. ej., *Enarr. in Ps.* 61, 6.
8 *Vid. sup.* p. 243.
9 Van der Meer, *Augustine*, pp. 37-43.
10 *Ep.* 91, 8-10.
11 *Ep.* 90. Se aproximó a Agustín con más suerte en otra ocasión: *Ep.* 38-3.
12 *Ep.* 90.
13 *Ep.* 91, 2.
14 *Vid.* esp. Courcelle, *Hist, littér.*, pp. 31-77.
15 E.A. Thompson, «The Visigoths from Fritgern to Euric», *Historia*, 12, 1963, pp. 105-126.
16 Orosio, *Hist.* I, 16.
17 Peiagio, *Ep. ad Demetriadem*, 30 (P.L. 30, 45 D).
18 *Vid.* esp. A. Chastagnol, *La Préfecture urbaine à Rome sous le Bas-Empire*, 1960, esp. pp. 450-462.
19 *Vid.* esp. N.H. Baynes, «Symmachus», *Byzantine Studies*, pp. 361-364, esp. 364-365.
20 P. ej., Chadwick, «Pope Damasus and the Peculiar Claim of Rome to St. Peter and St. Paul», *Freundesgabe O. Cullmann* (*Novum Testamentum*, supl. 6), 1962, pp. 313-318, y M. Ch. Pietri, «*Concordia apostolorum et renovatio urbis.* (Culte des martyrs et propagande papale)», *Mél. d'archéol. et d'hist.*, 73, 1961, pp. 275-322. Paulino siempre visitará las *limina Apostolorum* en cada Pascua de Resurrección: *Ep.* 94,1.
21 P. ej., *Serm.* 81, 8.
22 *Vid.* esp. el admirable estudio de F. Vittinghoff, «Zum geschichtlichen Selbstverständnis der Spätantike», *Hist. Zeitsehr.*, 198, 1964, pp. 529-574; esp. pp. 543 y 572.
23 Jerónimo, *Ep.* 123, 16.
24 *Vid.* esp. Maier, *Augustin u. Rom.*, pp. 84-75, y Courcelle, *Hist. littér.*, pp. 65-77.
25 *Serm.* 105, 12, refiriéndose a su amigo de Roma.
26 *Ep.* 99, 1.
27 *Vid. inf.* p. 344.
28 *Vid. Serm.* 296, 12 y una referencia velada al descontento entre su congregación en *Ep.* 124, 2.
29 Frang. 5, 6 (*Misc. Agostin.*, 1, p. 218).
30 *Serm.* 296, 12.
31 *De civ. Dei*, V, 26.
32 *Cod. Theod.* XVI; 5, 51 (25 de agosto, 410), y XVI, 11, 3 (14 octubre, 410).

33 *Serm.* 105, 12-13.
34 *De civ. Dei*, XVIII, 54.
35 *Serm.* 105, 12.
36 *Vid.* esp. las referencias de Agustín a las pías visitas de los emperadores a la tumba de san Pedro en Roma: *Ep.* 232, 3; *Enarr. in Ps.* 65, 4 (415) y 86, 8.
37 *De civ. Dei*, II, 19, 12 y 11, 28.
38 *De civ. Dei*, II, 3, 13. Compárense los grandes sermones 46 y 47 sobre Ezequiel; Agustín sugirió que el clero romano había sido castigado por no reprender suficientemente a su comunidad: *De civ. Dei*, I, 9, 37 (citando Ezequiel, 33, 6).
39 *Ep.* 136, 2.
40 *Ep.* 137, 5, 20.
41 *Ep.* 138, 3, 14.
42 Implicado por *De civ. Dei*, II, 7, 23.
43 *Vid.* esp. *Ep.* 151, 8-9, e *inf.* p. 351.
44 *Enarr. in Ps.* 61, 8.
45 *Vid. inf.* p. 350.
46 *Enarr. in Ps.* 136, 9.
47 P. ej., *Daniel* 24, 11 (*Misc. Agostin.*, 1, p. 151).
48 *Enarr. in Ps.* 136, 9.
49 *Ep.* 111, 2 y *Serm.* 81, 7.
50 *De civ. Dei*, I, 10, 32: *experimentorum disciplina.*
51 *Serm.* 296, 10; *cf. Ep.* 99, 3, en la que Agustín expresa esperanzas por la «corrección» de una familia de jóvenes de esta época. *Vid. sup.* p. 249.
52 *Vid.* esp. Salviano, *De Gubernatione Dei* (P. L. 53, 25-158), quien, a pesar del evidente desacuerdo de los historiadores modernos (p. ej., Courcelle, *Hist. littér.*, pp. 146-154), sigue siendo la fuente más circunstancial de los abusos del siglo v galo: *vid.* Jones, *The Later Roman Empire*, 1, p. 173.
53 *Vid.* esp. Comodio, *Carmen de duobus populis*, ed. J. Martín, *Corpus Christianorum, ser. lat.* 128, 1960, p. ej., 921 (p. 107): «Sin duda, ella se regocijaba, pero la tierra entera estaba crujiendo... Ella, que se jactaba de que era Eterna, ahora llora por la eternidad». La hipótesis más probable acerca de la fecha y el ambiente de Comodio es la de Courcelle, «Commodien et les invasions du Ve siècle», *Rev. études latines*, 24, 1946, pp. 227-246, e *Hist. littér.*, pp. 319-337.
54 *Serm.* 296, 6; *cf. Ep.* 111, 2.
55 *Ep.* 111, 4, citando *Dan.* IX, 3-20.
56 *De civ. Dei*, I, 10, 57-63; p. ej., *Ep.* 94, 3-4.
57 *Ep.* 124, 2.
58 *Vie de sainte Mélanie*, ed. y trad. por D. Gorce (Sources chrétiennes, 90), 1962, cap. 21, pp. 170-172.

59 *Ep.* 124, 2.
60 *Ep.* 126, 7.
61 *Eps.* 125, 3 y 126, 1.
62 *Eps.* 126, 1-2.
63 *Ep.* 125, 4.
64 *Ep.* 126, 4.
65 De aquí la importancia, en *La ciudad de* Dios, de Régulo, que se había preparado para morir en un país extraño, lejos del hogar y solitario, fuera de la lealtad a su juramento: *De civ. Dei,* I, 24, 24-40.
66 *Serm.* 296, 9: «pendiente de posteriores investigaciones».
67 *De urbis excidio,* 3.
68 *De civ. Dei,* I, 14, 7; *cf. De civ. Dei,* I, 7, 13: La providencia de Dios se demuestra en el hecho que tales «mentes excepcionalmente brutales y sedientas de sangre» muestran respeto al cristianismo.
69 *Serm.* 105, 9-10.
70 *Serm.* 81, 9.
71 *De civ. Dei,* IV, 7, 40.
72 *Serm.* 105, 11.
73 *Vid. sup.* pp. 281-282.
74 *De doct. christ.* IV, 3, 5.
75 Salmo 146, 2, en *Serm.* 105, 9.
76 Orosio, *Historiarum adversus paganos libri vii* (P. L. 31, 663-1174). Traducido al inglés por I. W. Raymond, *Seven Books of History against the Pagans* (Columbia University Records of Civilization, 22), 1936.
77 *Vid.* esp. el excelente estudio de E. Th. Mommsen, «Orosius and Augustine», *Medieval and Renaissance Studies*, ed. Rice, 1959, pp. 325-348. *Vid.* también K. A. Schöndorf, *Die Geschichtstheologie des Orosius* (Diss. Munich), 1952; G. Fink-Errera, «S. Agustín y Orosio», *Ciudad de Dios*, 167, 1954, pp. 455-549, y B. Lachoix, *Orose et ses Idées* (Université de Montréal. Publications de l'Institut d'Études médiévales, 18), 1965.
78 P. ej., sobre el número de las persecuciones: *De civ. Dei*, XVIII, 52, 1-5.
79 Salmo 38, 5, citado en *Ep.* 202 A, 7, 16.
80 *Vid.* esp. A. Wachtel, *Beiträge z. Geschichtstheologie*, pp. 60-63; Vittinghoff, «Z. Geschichtl. Selbstverständnis», *Hist. Zeitschr.*, 198, 1964, pp. 557-564, y A. Luneau, *L'Histoire du Salut chez les Pères de l'Église: la doctrine des âges du monde*, 1964, esp. pp. 314-321. *Vid.* K. H. Schwarte, *Die Vorgeschichte der augustinischen Weltalterlehre*, 1966.
81 *De div.* LXXXIII, 58, 2. Es esta una actitud que engrandece la importancia de la Iglesia católica; ella era, ya, el Reino de Dios, el Millennium: A. Wachtel,

Beiträge z. Geschichtstheologie, especialmente p. 127, y Luneau, *L'Histoire du Salut*, p. 320.

82 *Ep.* 199, 1, 1.

83 *Enarr. in Ps.* 136, 2.

84 *Eps.* 122, 2 y 137, 4, 16.

85 *Serm.* 81, 7.

86 *Ep.* 103, 2.

87 *Ep.* 103, 2.

88 Daniel 24, 13 (*Misc. Agostin.*, 1, p. 153).

89 Sobre el efecto de la crisis financiera del Imperio tardío en los modelos tradicionales de diversión pública: G. Ville, «Les jeux de gladiateurs dans l'Empire chrétien», *Mél. d'archéolog. et. d'hist.*, 72, 1960, pp. 273-335.

R. P. Duncan-Jones, «Wealth and Munificence in Roman Africa», *Papers of the British School at Rome*, 31, 1963, pp. 159-177, es un estudio impresionante de los modelos de munificencia corriente hasta el 244.

90 *Ep.* 109, 3; *Eps.* 118, 5, 34; 119, 1; 122, 1; 124, 2. A. M. La Bonnardière, *Rech. de chronologie augustin.*, p. 62, nota un cese de las predicaciones de Agustín sobre san Juan en esta época: «Saint Augustin va vivre quelques années lourdes».

91 *Serm.* 81, 8.

XXVI. *MAGNUM OPUS ET ARDUUM*

1 *Ep.* 109, 3. Aunque no pudo dejar de escribir otro panfleto contra los donatistas: *vid.* A. C. de Veer, «La date du *De unico baptismo*», *Rev. études augustin.*, 10, 1964, pp. 35-38.

2 *Ep.* 98, 8.

3 *Ep.* 117. En Italia era conocido por su *De Musica* (*vid. sup.* p. 133): *Ep.* 101 e *inf.* p. 395.

4 *Ep.* 118.

5 *Ep.* 118, 2, 10.

6 *Ep.* 117.

7 *Ep.* 118, 1, 1.

8 *Ep.* 118, 2, 11.

9 *Vid.* esp. S. Testard, *S. Augustin et Cicéron*, 1, esp. p. 195, y 2, pp. 36-71 y 122-124 (129 citas).

10 *Vid.* esp. A. Chastagnol, «Le sénateur Volusien et la conversion d'une famille de L'Aristocratie romaine au Bas-Empire», *Rev. études anc.*, 58, 1956,

1956, 240-253. Su familia poseía una propiedad en Tubursicubure, no lejos de Hipona: *Corpus Inscript. Lat.*, VIII, 25990.

11 *Vid. sup.* pp. 306-307.

12 *Ep.* 136, 2.

13 *Vid.* esp. Brown, «Aspects of the Christianisation of the Roman Aristocracy», *Journ. Rom. Studies*, 51, 1961, pp. 1-11, esp. pp. 7-8. Tan cortés era el intercambio de cartas entre Agustín y Volusiano, «a quien menciono con estima y afecto» (*Enchiridion*, 34), que el ilustrador del siglo XII de la Carta 132 puede ser disculpado por mostrar a este último, pagano, con halo y tonsura de monje: Jeanne et Pierre Courcelle, «Scenes anciennes de L'iconographie augustinienne», *Rev. études augustin.*, 10, 1964, pp. 51-69; lámina II.

14 *Ep.* 136, 1.

15 *Vid.* esp. H. Bloch, «The Pagan Revival in the West at the End of the Fourth Century», *The Conflicit between Paganism and Christianity in the Fourth Century*, ed. Momigliano, 1963, pp. 193-218, esp. pp. 207-210 (su tratado fundamental condensado en *Harvard Theol. Rev.* 38, 1945, pp. 199-244).

Sir Samuel Dill, *Roman Society in the Last Century of the Western Empire*, 1898, libro 1 (Meridian Paperbacks, 1958, pp. 3-112), sigue siendo válido. Ver ahora el importante estudio de A. Cameron, «The Date and Identity of Macrobius», *Journ. Rom. Studies*, LVI, 1966, pp. 25-38, fue asignando a las *Saturnalia* una fecha tardía —hacia el 430— buscando minimizar su contenido pagano. Diré solamente que el texto arroja más luz sobre el paganismo de Volusiano que de Símaco.

16 *Saturnalia*, III, 14, 2.

17 *Saturnalia*, I, 24, 16.

18 Bloch, «The Pagan Revival», *The Conflict between Paganism and Christianity*, p. 210.

19 P. ej., J. De Wit, *Die Miniaturen des Vergilius Vaticanus*, 1959, láms. 32, 34 y 37, 1.

20 Traducido al inglés por W. H. Stahl, *Macrobius, Commentary on the Dream of Scipio* (Records of Civilization, Sources and Studies, 48), 1952; *vid.* Dill, *Roman Society*, pp. 106-111. Incluso el duro Jerónimo se siente impresionado por la fe de una viuda pagana; *Ep.* 39, 3; *vid.* P. Courcelle, *Les Lettres grecques*, pp. 35-36.

21 Ps. Augustini, *Quaestiones Veteris et Novi Testamenti*, 114, 8 (C. S. E. L. 50, p. 306); *vid.* A. Cameron, «Palladas and Christian Polemic», *Journ. Rom. Studies*, 55, 1965, p. 25.

22 *Vid. sup.* p. 68; *vid. De civ. Dei*, I, 3, 4-6, sobre la dotación pública de cátedras de literatura pagana.

23 *Ep.* 138, 2, 9; *cf. De civ. Dei*, I, 3, 4-11.

24 *Vid.* esp. la perceptiva conclusión de A. Momigliano, «Pagan and Christian Historiography in the Fourth Century», *The Conflict between Paganism and Christianity*, pp. 98-99.

25 *Vid.* P. Monceaux, *Les Africains: Les païens,* 1894, y el estudio ricamente documentado de P. Courcelle, *Les Lettres grecques*, pp. 195-205.

26 *Disputatio de Somnio Scipionis*, ed. y trad. al inglés por R. E. Weddingen (Collection Latomus XXVII), 1957.

27 *Vid. sup.* pp. 309-310.

28 *Vid.* esp. *Ep.* 138, 4, 19: Agustín se refiere especialmente a Apuleyo, «quien, como africano, es más conocido de nosotros los africanos». En *De civ. Dei*, X, 29, 23, su conmovedora apelación a Porfirio está pensada para emocionar a sus admiradores.

29 *Saturnalia*, I, 24, 6-8.

30 *Ep.* 135, 2.

31 *Ep.* 135, 2.

32 *Ep.* 136, 2.

33 *Ep.* 132.

34 *Ep.* 138, 1, 1. P. Courcelle sugiere, muy cautelosamente, que Evodio de Uzalis, para compensar la reticencia de su amigo, podría haber escrito un diálogo literario entre un pagano y un cristiano basado en la *Ep.* 137 de Agustín: «Date, source et génèse des *Consultationes Zacchaei et Apollonii*» (ahora en *Hist. littér.*, pp. 261-275, esp. pp. 271-275).

35 *Ep.* 136,2.

36 *De civ. Dei*, I, *Praef.* 8.

37 *De civ. Dei*, XXII, 30, 149.

38 Rutilo Namantiano, un senador pagano galo admirador de Volusiano, pudo quizá haber dado un vistazo a los primeros libros de *La ciudad de Dios*; pero es muy poco probable que escribiera su poema, *De reditu suo*, para contestar a su poco lisonjero comentario de la historia romana; *vid.* Courcelle, *Hist. littér.*, pp. 104-107. Escribiendo para hombres que recientemente se habían visto forzados a reprimir una revuelta de campesinos, tenía sus propias razones de peso para sostener la imagen tradicional de la Roma eterna.

39 Carta a Firmo, en *Corpus Christianorum*, *ser. lat.* 47, 1955, pp. III-IV, esp. p. III, 11-22; *cf. Retract.* II, 69. *Vid.* H.-I. Marrou, «La technique de l'edition à l'époque patristique», *Vigiliae Christianae*, 3, 1949, esp. pp. 217-220. Las divisiones originales han sobrevivido en la tradición manuscrita de la *De civ. Dei*: *vid.* B. V. E. Jones, en *Journ. Theol. Studies*, n. s., XVI, 1965, pp. 142-145.

40 Brevículo, *Corpus Christianorum*, *ser. lat.* 47, pp. V-XLV. Esta edición, con su índice separado, reproduce más fielmente el formato original de la obra. La inserción de «Títulos de capítulos» en cada libro fue una innovación desastrosa de los siglos XV y XVI, muy frecuentemente seguida por editores modernos; *vid.* esp. H.-I. Marrou, «La division en chapitres des libres de la "Cité de Dieu"», *Mélanges J. de Ghellinck*, 1, 1951, pp. 235-249.

41 *Ep.* 184 A, 1, 1.

42 Carta a Firmo, *Corpus Christianorum*, p. III, 35.

43 De ahí el comentario de Gibbon: «Su aprendizaje es muy a menudo prestado, y sus argumentos son muy a menudo propios», *Decline and Fall*, cap. 28, nota 79. Sobre las cualidades de Agustín como escritor y los gustos literarios de su auditorio, *vid.* esp. H.-I. Marrou, *S. Augustin et la fin de la culture antique*, esp. pp. 37-76 (con abundantes correcciones en su *Retractatio*, pp. 665-672). J. C. Guy, *Unité et structure logique de la «Cité de Dieu»*, 1961, proporciona una visión clara de la estructura básica de *La ciudad de Dios*. Sobre la relación entre el pensamiento del autor y sus modos de exposición (sujeto muy a menudo pasado por alto en los tratados de *La ciudad de Dios*), *vid.* H. A. Wolfson, *The Philosophy of Spinoza*, prefacio y caps. I y II (Meridian, 1958, pp. 6-8 y 3-60).

44 P. ej., *Conf.* VII, 6, 8 y *De doct. christ.* II, 22, 32-33.

45 *De civ. Dei*, V, 2-3.

46 *De civ. Dei*, V, 4, 1-2.

47 *Vid.* las importantes observaciones de N. H. Baynes, «Lactantius», *Byzantine Studies*, p. 348.

48 *Ep.* 118, 4, 26.

49 P. ej., *De civ. Dei*, III, 4, 1-3, sobre Varrón.

50 *Vid.* esp. A. Momigliano: «Sorne Observations on the "Origo Gentis Romanae"», *Secondo contributo alla storia degli studi classici*, 1960, pp. 145-178, esp. pp. 157-158.

51 *De civ. Dei*, III, 14, 40.

52 *De civ. Dei*, III, 14, 60.

53 *Saturnalia*, I, 24, 1; *cf.* 1, 4, 1, sobre Albino: «*quasi vetustatis promptuarium*».

54 *Ep.* 154, 2.

55 *Ep.* 154, 2.

56 *Vid. sup.* pp. 276-277.

57 P. ej., *De civ. Dei*, XV, 8, 17 y XIX, 1, 9.

58 *De civ. Dei*, IX, 4.

59 *De civ. Dei*, IX, 5, 5.

60 *De civ. Dei*, I, 36, 17-22.

61 Courcelle, *Les Lettres grecques*, p. 168.

62 P. ej., J. O'Meara, *Porphyry's Philosophy from Oracles in Augustine*, 1959, y la importante crítica de P. Hadot, «Citations de Porphyre chez Augustin», *Rev. études augustin.*, 6, 1960, pp. 205-244.

63 Epítetos coleccionados por J. Bidez, *Cambridge Ancient History*, XII, 1939, p. 634.

64 *De civ. Dei*, X, 32.

65 Estaba influenciado, en esta época, por un *Apocalipsis de Pablo* apócrifo, traído de España por Orosio; *vid.* S. Merkle, «Augustin über eine Unterbrechung d. Höllenstrafen», *Aurelius Augustinus*, 1930, pp. 197-202.

66 *Ep.* 164, 2, 4.

67 El tratado más profundo es el de Maier, *Augustin u. Rome*, 1955, pp. 84-93; aparte de las intrusiones de los demonios, los juicios de Agustín sobre las figuras buenas y malas en la historia de Roma no difieren mucho de los de cualquiera de sus contemporáneos con educación clásica; p. ej., Aurelius Victor, *Epitome*, XLVIII, 11-12, sobre el conocimiento histórico de Teodosio I.

68 *Vid.* Brown, «Aspects of Christianisation», *Journ. Rom. Studies*, 52, 1961, p. 6, nota 41.

69 Paulino, *Carmen*, XXI, 230-238.

70 *De civ. Dei*, ID, 17, 34-37.

71 *De civ. Dei*, V, 17-28.

72 *De civ. Dei*, III, 14, 47.

73 *De civ. Dei*, IV, 4 y 5. *Latrocinium* «Latrocinio», se usaba para describir cualquier usurpación en el Imperio tardío; *vid.* R. MacMullen, «The Roman Concept of Robber-Pretender», *Rev. intern. des Droits de l'Antiquité*, 3.ª ser., 10, 1963, pp. 221-236.

74 *De civ. Dei*, IV, 7, 38.

75 *Vid. sup.* p. 34.

76 P. ej., *De civ. Dei*, III, 12.

77 *De civ. Dei*, I, 19, 15; *cf.* Paulino, *Carmen*, X, 192.

78 Vittinghoff, «Z. geschichtl. Selbstverständnis», *Hist. Zeitschr.*, 198, 1964, pp. 545-546.

79 P. ej., *De civ. Dei*, V, 12, 1-3. Esta actitud hacia el pasado es típica de una edad en la que la historia no era más que una ayuda a la retórica, usada «para apuntar una moral y adornar un relato»; *vid.* Marrou, *S. Augustin et la fin de la culture antique*, pp. 131-135, y esp. I. Calabi, «Le fonti della storia romana nel "De civitate Dei" di Sant'Agostino», *Parola del Passato*, 43, 1955, pp. 274-294; también un historiador de los sucesos contemporáneos acudirá constantemente a ejemplos antiguos; p. ej., J. Vogt, «Ammianus Marcellinus als erzählender Geschichtsschreiber d. Spätzeit», *Mainz. Akad. d. Wiss. u.d. Lit., Abh. d. geistes-u. sozialwiss, Kl.*, 1963, n.º 8, pp. 820-822.

80 *De civ. Dei*, V, 9, 52-54.
81 *Vid.* esp. *De civ. Dei*, V, 12 y 19, 48-60.
82 *De civ. Dei*, V, 12, 16, de Sallust, *Cat.* 7, 6.
83 *De civ. Dei*, V, 12, 15-19.
84 *De civ. Dei*, V, 12, 153.
85 P. ej., *Enarr. in Ps.* 64, 6; 136, 21; 138, 18.
86 *De civ. Dei*, IV, 29, 45, y VI, 6, sobre Varrón.
87 *De civ. Dei*, X, 3, 3-5: los platónicos.
88 *Ep.* 102, 3, 18; *cf. Enarr. ii in Ps.* 113, 3.
89 *Enarr. ii in Ps.* 113, 1; *vid.* esp. el profundo estudio de A. Mandouze, «S. Augustin et la religion romaine», *Rech. augustin.*, 1, 1958, pp. 187-223; *vid.* también A.M. La Bonnardiére, *Rech. de chronologie augustin.*, pp. 158-164.
90 *Eps.* 137, 3, 12 y 138, 3, 17.
91 Así definidos, a partir de Apuleyo, en *De civ. Dei*, IX, 8, 1-4.
92 P. ej., *Ep.* 9, 3, y las historias en *De civ. Dei*, XVID, 18, 12-22.
93 *Ep.* 102, 3, 20; *De civ. Dei*, XI, 33, 1-2.
94 *De civ. Dei*, XVI, 24, 60.
95 P. ej., Libanio, *Oratio*, 19, sobre la gran revuelta de Antioquía en el 387, *vid.* N.H. Baynes, «The Hellenistic Civilisation and East Rome», *Byzantine Studies*, pp. 6-7. «Una parte del temor del hombre cada día, cada hora, proviene del mundo del demonio que le rodea por todas partes».
96 P. ej. *De civ. Dei*, II, 25, 5.
97 *De civ. Dei*, I, 5, 32; *vid.* esp. Maier, *Augustin u. Rome*, pp. 80-81.
98 P. ej., *De civ. Dei*, I, 31, 28.
99 *De civ. Dei*, II, 8, 58-73.
100 P. ej., *De civ. Dei*, II, 21, 116-123.
101 *De Gen. ad litt.* XI, 15, 20.

XXVII. *CIVITAS PEREGRINA*

1 Además de la enorme bibliografía sobre *La ciudad de Dios* (sobre la cual *vid.* C. Andresen, *Bibliographia Augustiniana*, 1962, pp. 34-37), he apreciado particularmente las pensadas traducciones de pasajes selectos con comentarios en R.H. Barrow, *Introduction to St. Augustine, «The City of God»*, 1950. La edición bilingüe con notas en la *Bibliothèque augustinienne*, sér. 5, 33-37, 1959-1960, es también valiosa.
2 *Serm.* 81, 7 y 105, 8.

3 *Serm.* 105, 12. Agustín está ansioso de no ser acusado de gozar con el desastre: *Enarr. in Ps.* 136, 17.

4 *Vid.*, p. ej., Rutilo Namatiano, *De reditu suo*, I, 201-204, *Cod. Theod.* XV, 7, 13 de febrero del 413, menciona un *tribunus voluptatum* en Cartago. Un fragmento de una tabla de marfil muestra una familia senatorial presidiendo dichos juegos: C. Mohrmann y F. van der Meer, *Atlas of the Early Christian World*, 1958, ilustración 201, p. 81. El mantenimiento de dichos juegos estaba asociado estrechamente al paganismo conservador, como se ve en los mosaicos de una rica villa de Cartago; G. Picard, «Un palais du IVe siècle a Carthage», *Comptes-Rendus de l'Acad. lnscrpt. et Belles-Lettres*, 1964, pp. 101-118.

5 *Vid.* esp. A. Lauras-H. Rondet, «Le thème des deux cités dans l'oeuvre de S. Augustin», Rondet y otros, *Études augustiniennes*, 1953, pp. 99-162.

6 *Enarr. in Ps.* 39, 6.

7 *Enarr. in Ps.* 136, 13.

8 *Enarr. in Ps.* 136, 1: «que todo el mundo educado en las tradiciones de la santa Iglesia debía saber».

9 *Vid.* esp. T. Hahn, *Tyconius-Studien*, 1900, p. 29.

10 *De cat. rud.* 19, 31; *Enarr. in Ps.* 61, 5-6.

11 *De cat. rud.* 19, 31.

12 *Enarr. in Ps.* 64, 2.

13 *Enarr. in Ps.* 147, 2.

14 *Enarr. in Ps.* 147, 5.

15 P. ej., H. Leisegang, «Der Ursprung d. Lehre Augustins von d. "Civitas Dei"», *Archiv Für Kulturgesch.*, 16, 1925, 127-155.

16 A. Adam, «Der manichäische Ursprung d. Lehre vond. zwei Reichen bei Augustin», *Theol. Literaturzeitung*, 77, 1952, pp. 385-390.

17 *Enarr. in Ps.* 64, 1 y 2.

18 *Serm*, 51, 9, 14.

19 *De cat. rud.* 21, 37; *C. Faustum*, XII, 36.

20 *Enarr. in Ps.* 64, 2.

21 *Enarr. in Ps.* 64, 3.

22 El título alternativo a *De gubernatione Dei* de Salviano fue *De praesenti iudicio:* Genadio, *De vir. ill.* 67 (P.L. 58, 1099).

23 *Enarr. in Ps.* 147, 4; *vid. sup.* pp. 264-265.

24 *Enarr. in Ps.* 64, 3.

25 *Enarr. in Ps.* 142, 2.

26 *Enarr. in Ps.* 136, 17: «¿Cuál es esa «Ciudad»?».

27 *Ep.* 108, 2, 8.

28 *Ep.* 136, 2.

29 *De civ. Dei*, X, 32, 5-11.

30 P. ej., *De cat. rud.* 19, 31.

31 *Ep.* 102, 3, 21.

32 «El mejor erudito de esta época...», Dodds, *Pagan and Christian*, p. 126; *vid.* esp. W. den Boer, «Porphyrius als historicus in zijn strijd tegen het Christendom», *Varia Historica aangeboden an Professor Doctor A. W. Bijvanck*, 1954, pp. 83-96.

33 *Ep.* 136, 2.

34 *Ep.* 138, 1, 2-3.

35 La idea ha llevado a algunos debates sin fruto sobre si Agustín había anticipado ya la idea de evolución; p. ej., Woods: *Augustine and Evolution*, 1924, y A. Mitterer: *Die Entwicklungslehre Augustins*, 1956.

36 *Ep.* 138, 1, 7-8. Agustín usa también la imaginería médica, citando a su antiguo conocido Vindiciano (*Ep.* 138, 1, 3). La imagen va bien para lo poco que conocemos sobre la doctrina característica de Vindiciano, *vid. sup.* p. 70.

37 *Vid.* esp. *De civ. Dei*, X, 14, 1-5.

38 *De Trin.* IV, 16, 21.

39 Vittinghoff, «Z. geschichtl. Selbstvertändnis», *Hist. Zeitchr.*, 198, 1964, p. 541, señala esta creencia como el rasgo distintivo de los escritores cristianos de la época.

40 *De civ. Dei*, XV, 9, 20.

41 *Enéadas*, III, 2, 13, citada en *De civ. Dei*, X, 14, 12.

42 *De civ. Dei*, X, 15, 1, arguyendo directamente de la idea de Plotino de la providencia en el universo para su idea de la providencia en historia. Comparar con el pasaje en J. Burckhardt, *Weltgeschichtlite Betrachtungen* (Berna, 1941), pp. 393, citado con más propiedad por R. Walzer como evidencia de la fuerza perdurable de las ideas platónicas, en «Platonism in Islamic Philosophy», *Greek into Arabic*, 1962, p. 251.

43 *Ep.* 138, 1, 5.

44 *Ep.* 102, 6, 33.

45 *De civ. Dei*, X, 20, 7-13.

46 *Enarr. in Ps.* 86, 6; *cf. De civ. Dei*, XVII, 13 y XVIII, 45.

47 *De civ. Dei*, XVI, 1, 25; *vid.* esp. H.-I. Marrou, *L'Ambivalence du Temps de l'Histoire chez S. Augustin*, 1950.

48 *Tract. in Joh.* 9, 6.

49 *De. civ. Dei*, XVI, 2, 82-85.

50 *C. Faust.* XXII; *vid. Retract.* II, 33.

51 *De Gen. ad litt.* XI, 15, 20; *De civ. Dei*, XIV, 28.

52 P. ej., *De civ. Dei*, XVI, 3.

53 *De civ. Dei*, XVIII, 2.
54 P. ej., *De civ. Dei*, XV, 4.
55 *De civ. Dei*, libro XVIII.
56 *De civ. Dei*, XV, 21, 5.
57 *De civ. Dei*, XV, 1, 29-41; *cf. Enarr. in Ps.* 61-7: «*magnum mysterium*».
58 *De civ. Dei*, XV, 17-18.
59 *De civ. Dei*, XV, 17, 47; *cf. Enarr. in Ps.* 136, 2.
60 *De civ. Dei*, XV, 17, 8.
61 Gen. 4, 18, en *De civ. Dei*, XV, 17, 32-38.
62 *De civ. Dei*, XV, 17, 8-10.
63 Gen. 4, 26, *De civ. Dei*, XV, 18, 2.
64 P. ej., *De civ. Dei*, XV, 4, 3.
65 *De civ. Dei*, XIV, 1, 18.
66 *De civ. Dei*, XV, 4, 27; *cf. Enarr. in Ps.* 136, 2.
67 *De civ. Dei*, XV, 4, 18 y 5, 24.
68 *De civ. Dei*, XV, 5, 26-35.
69 *De civ. Dei*, XV, 5, 5-7. Al hacerlo así, Agustín había omitido la tradición por la que Rómulo solo indirectamente era responsable de la muerte de Remo (*vid. De civ. Dei*, III, 6, 6-9). Ilustradores medievales muestran la muerte de Remo como un eco exacto de la muerte de Abel, mientras que Petrarca restableció la tradición que era más favorable a Rómulo y, por tanto, a Roma; *vid.* esp. E. Th. Mommsen, «Petrarch and the Decoration of the "Sala Virorum lliustrium"», *Medieval Renaissance Studies*, ed. Rice, 1959, pp. 130-174, especialmente pp. 158-159 e ilustraciones 12 y 33.
70 *C. Faust.* XII, 9; *De civ. Dei*, XV, 7, 118.
71 *De civ. Dei*, XIV, 1, 12-18.
72 Como hizo Orosio, *vid. sup.* p. 389, mereciendo el comentario de J. B. Bury: «Quizá merece, más que ningún otro libro, ser descrito como el primer intento de hacer una historia universal, y es, probablemente, el peor», *History of the Later Roman Empire*, 1, 1923 (Dover Edition, p. 306).
73 *De civ. Dei*, X, 32, 92 y XV, 8, 17.
74 *De civ. Dei*, XVIII, 27, 23, sobre Roma y Babilonia.
75 Él veía al Espíritu Santo compartiendo sus preferencias al registrar las narraciones del Antiguo Testamento, p. ej., *De civ. Dei*, XV, 15-36. Para Agustín, la Biblia era el único libro de historia realmente verdadero, porque no había sido escrito solo por hombres (*Ep.* 101, 2) y porque la elección de qué era lo significativo había sido bien hecha. Contrástese J. B. Bury, *History of the Later Roman Empire*, 1, 1923 (Dover), p. 305: «Para un investigador moderno, y posiblemente también para uno antiguo, la obra de Agustín

hubiera sido más interesante si se hubiese dirigido hacia un estudio histórico de los Imperios romano y babilónico». Pero esta era una época en la que la comprensión del hombre educado, incluso del pasado romano, había llegado a ser extremadamente débil; *vid.* A. Momigliano, «Pagan and Christian Historiography», *The Conjlict between Paganism and Christianity*, pp. 85-86.

76 Esp. *De civ. Dei*, XV, 8, 7-20.

77 *De civ. Dei*, XVI, 1, 1.

78 *Ep.* 102, 3, 15; *De civ. Dei*, XV, 8, 10 y XVI, 3, 70.

79 *Vid.* esp. *Enarr. in Ps.* 64, 2; *vid.* Y.M.J. Congar, «"Civitas Dei" et "Ecclesia" chez S. Agustin», *Rev. études augustin.*, 3, 1957, 1-14.

80 *Vid.* esp. H,-I. Marrou, «Civitas Dei, Civitas terrena: num tertium quid?» (Studia Patristica, 2), *Texte und Untersuchungen*, 64, 1957, pp. 342-350.

81 *Enarr. in Ps.* 64, 2. «Ellos están aparte por un santo anhelo».

82 *Tract. in Joh.* 14, 8.

83 *De civ. Dei*, XVIII, 1, 3: *etiam ista peregrina.*

84 *Conf.* V, 13, 23; *vid.* la prudente exposición de Guy, *Unité et structure logique*, pp. 113-114. Pero con la extensión de la ciudadanía romana, el término había perdido su sentido legal preciso, y en ese momento significaba simplemente «extranjero», «de fuera», «extraño»; *vid.*, p. ejemplo, *Conf.* I, 14, 23. El griego es una *lingua peregrina*; *Tract. in Joh.* 40, 7, *peregrini*, «extranjeras», son las creencias que los arrianos traen a Hipona, la *civitas*; *cf. Coll Carthag.* 3, 99 (P.L. 11, 1381 A), donde *peregrini* significa «no africano»; *vid.* esp. J. Gaudemet, «L'étranger au Bas-Empire», *Recueils Soc. Jean Bodin*, 9, 1958, pp. 207-235.

85 *Enarr. in Ps.* 61, 6; 85, 11; 148, 4.

86 *Vid. sup.* p. 222.

87 P. ej., *Enéadas*, V, 9, 1-2 (traducido al inglés por MacKenna, 2, pp. 434-435).

88 *Vid.* esp. *De civ. Dei*, XV, 4, 16.

89 *Vid.* esp. *De civ. Dei*, XIX, 17, 11-25 y XIX, 26, 4-10.

90 P. ej., *De doct. christ.* I, 35, 39.

91 *De civ. Dei*, XV, 21, 15.

92 *Ep.* 10, 1.

93 Daniel 9, 16, 1 (*Misc. Agostin.*, 1, p. 75).

94 *Ep.* 130, 2, 4.

95 P. ej., *De civ. Dei*, XIX, 14, 35-51.

96 *Vid. sup.* p. 144.

97 *Vid. inf.* p. 439.

98 *Serm.* 169, 14.

99 *Serm.* 158, 7.

100 *Serm.* 297, 4 y 8.

101 *Ep.* 157, 4 y 37.

102 *Cant.* 2, 4, en *De civ. Dei*, XV, 22, 29; *cf. De doct. christ.* 1, 27, 28; *vid.* esp. Burnaby, *Amor Dei*, pp. 104-109.

103 Esp. *De civ. Dei*, XIX, 13, 57-75.

104 P. ej., *Serm.* 88, 15.

105 *De civ. Dei*, XVII, 15.

106 *Tract. in Ep. Joh.* 2, 11.

107 *De civ. Dei*, XII, 6, 1-14.

108 *De civ. Dei*, XIV, 28, 3-10 y XIX, 12, 87-89.

109 *De civ. Dei*, XV, 5, 19-32.

110 P. ej., *De civ. Dei*, XIV, 28, 7-10; *cf. De civ. Dei*, XVIII, 2, 16-25: los dos grandes imperios son Roma y Asiria; *vid.* R. Drews, «Assyria in Classical Universal Histories», *Historia*, 14, 1965, pp. 129-142, especialmente pp. 137-138.

111 P. ej., *De civ. Dei*, XV, 7, 34-49.

112 *Vid.* esp. G. Madec, «Connaissance de Dieu et action de graces», *Rech. augustin.*, 2, 1962, pp. 273-309.

113 *De civ. Dei*, XIX, 1, 4-5.

114 *De civ. Dei*, XIX, 1, 6.

115 *De civ. Dei*, XIX, 11, 26-33 y 20, 11.

116 *Enarr. in Ps.* 9, 14; *vid.* R.J. O'Connell, «The Plotinian Fall of the Soul in St. Augustine», *Traditio*, 19, 1963, pp. 1-35.

117 *De Gen. c. Man*, II, 19, 29; *vid. Retract.* 11, 9, 3.

118 *De civ. Dei*, XIV, 26, 16-22.

119 *C. Jul.* V, 7, 26.

120 *Vid. inf.* pp. 409-412.

121 *Vid. Retract.* I, 10, 2, sobre *De Musica,* VI, 4, 7; *vid.*, más reciente, H.-I. Marrou, *The Resurrection and St. Augustine's Theology of Human Values* (= «Le dogme de la résurrection», *Rev. études augustin.*, 12, 1966, pp. 111-136, esp. pp. 126-129).

122 *De civ. Dei*, XXII, 21, 26.

123 *De civ. Dei*, XXII, 22, 1.

124 *De civ. Dei*, XXII, 22, 34.

125 *De civ. Dei*, XXII, 22, 74.

126 *De civ. Dei*, XXII, 22, 82.

127 *De civ. Dei*, XXII, 22, 94.

128 *De civ. Dei*, XXII, 22, 100.

129 *De civ. Dei*, XXII, 24, 11.

130 *De civ. Dei*, XXII, 24, 160.
131 *De civ. Dei*, XXII, 24, 109.
132 *De civ. Dei*, XXII, 24, 175.

XXVIII. LA UNIDAD LOGRADA

1 Los mejores tratados son Frend, *Donatist Church*, pp. 275-299, y Crespin, *Ministère et Sainteté*, pp. 77-103 (E. L. Grasmück, *Coercitio: Staat und Kirche im Donatistenstreit*, 1964, añade poco).
2 *Vita*, IX, 4.
3 *Guelf*, 28, 7-8: predicado posiblemente en Útica sobre el 14 de septiembre del 410 (*Misc. Agostin.*, 1, p. 542).
4 *Vita*, XII, 2.
5 *Serm.* 46, 14.
6 *Vid.* esp. Frend, *Donatist Church*, pp. 269-274, sobre las fluctuaciones de la política desde el 408 al 411.
7 *Gesta Collationis Carthaginiensis*, 1, 4 (P. L. 11, 1260-1261). El más táctico *Edictum* de Marcelino es la mejor fuente sobre el protocolo previsto: *Coll. Carthag.* 1, 5-10 (P. L. 11, 1261-1266); *vid.* Crespin, *Ministère et Sainteté*, pp. 81-82.
8 *Ep.* 185, 7, 30; *cf. Ep.* 97, 4.
9 Como sucederá más tarde en Caesarea, cuando Agustín sostendrá un debate con el antiguo obispo donatista para convencer a los vacilantes: *Gesta cum Emerito*, 2. Se debe añadir que Agustín quizá estaba auténticamente desilusionado por los pocos resultados de la mera supresión en el periodo 405-408; *vid.* Crespin, *Ministère et Sainteté*, pp. 75-76.
10 *Ep.* 89, 2.
11 *Ep.* 88, 5.
12 *Ep.* 88, 10: «No necesitamos una segunda decisión final, sino que sea reconocida como ya establecida por aquellos que todavía no están convencidos de que sea así».
13 *Ad Don. post. Coll.* XXV, 45; *vid.* Frend, *Donatist Church*, pp. 280-281, sobre el tipo de conferencia que los donatistas preveían.
14 La agudeza legal de Petiliano ha sido puesta en claro por el estudio de A. Steinwenter, «Eine kirchliche Quelle d. nachklassischen Zivilprozesses», *Acta congressus iuridici internationalis*, 2, 1935, pp. 123-144.
15 *Coll. Carthag.* 3, 258 (P. L. 11, 1408-1414).
16 Frend, *Donatist Church*, pp. 285-286.

17 P. ej., *Coll Carthag.* 1, 7 (P.L. 11, 1265), donde ofrece retirarse si ningún partido le acepta.

18 *Coll Carthag.* 1, 5 (P.L. 11, 1262): había devuelto basílicas donatistas confiscadas, pendientes de una decisión.

19 P. ej., *Coll Carthag.* 3, 144 y 176 (P.L. 11, 1389 y 1394). Tales documentos eran tratados con gran reverencia en el periodo romano tardío y en el bizantino; *vid.* F. Dölger, «Die Kaiserurkunde der Byzantiner», *Hist. Zeitschrift*, 159, 1938/9, pp. 229-250.

20 *Ad. Don. Post. Coll.* 25, 44.

21 *Vid.* esp. E. Tengstrom, *Die Protokollierung d. Collatio Carthaginiensis* (Studia Graeca et Latina Gothoburgensia), 14, 1962.

22 *Vid.* esp. Frend, *Donatist Church*, p. 277, nota 7, quien exagera la mala ventilación de los baños.

23 *Coll Carthag.* 1, 2 y 14 (P.L. 11, 1259 y 1266).

24 *Coll Carthag.* 1, 3 (P.L. 11, 1259).

25 *Coll Carthag.* 1, 144-145 (P.L. 11, 1319). El incidente se repitió en la siguiente sesión.

26 *Coll Carthag.* 1, 61 y 65 (P.L. 11, 1274).

27 *Coll Carthag.* 1, 142 (P.L. 11, 1318 A).

28 *Coll Carthag.* 1, 143 (P.L. 11, 1318 A).

29 *Coll Carthag.* 1, 187 (P.L. 11, 1329 A).

30 *Coll Carthag.* 1, 208 (P.L. 11, 1345 B).

31 *Coll Carthag.* 2, 56 (P.L. 11, 1361 A).

32 *Gesta cum Felice*, I, 20.

33 *Coll Carthag.* 2, 29 (P.L. 11, 1336).

34 *Coll Carthag.* 1, 136 (P.L. 11, 1316 A).

35 *Coll Carthag.* 3, 20 (P.L. 11, 1366).

36 *Coll Carthag.* 3, 267 (P.L. 11, 1415 O); *vid.* 3, 261-281 (P.L. 11, 1414-1418).

37 *Brev. Collat.* III, 11, 23.

38 *Brev. Collat.* III, 11, 21.

39 *Brev. Collat.* III, 12, 24-24, 42.

40 *Coll. Carthag.* Sententia cognitoris (P.L. 11, 1418-1420, 1419 A).

41 *Cod. Theod.* XVI, 5, 52 (412) y 54 (414) (en P.L. 11, 1420-1428); *vid.* Brown, «Religiosus Coercion», *History*, 48, 1963, p. 290.

42 *Vid.* esp. A. M. La Bonnardière, *Rech. de chronologie augustin.*, pp. 19-62.

43 *Serm.* 47, 13.

44 *C. Gaud.* I, 18, 19.

45 *Serm.* 46, 41.

46 *Tract. in Joh.* 13, 17.

47 Para un estudio más estimulante de esta fase de la supresión del donatismo, *vid.* E. Tengström, *Donatisten u. Katholiken*, pp. 165-184 (pero *vid.* mis reservas sobre la tentadora hipótesis del doctor Tengström en *Journ. Rom. Studies*, 55, 1965, p. 282).

48 *Ep.* 185, 9, 36.

49 *Ep.* 185, 3, 12.

50 *Ep.* 185, 3, 12.

51 *Vid.* Frend, *Donatist Church*, p. 296. *Contra Gaudentium* es el más duro de los escritos de Agustín en defensa de la supresión de los donatistas.

52 Laurencio, el receptor del *Enchiridion: de VIII Dulcitii quaestionibus*, 10.

53 *Ep.* 151, 14.

54 P. ej., *Cod. Theod.* XI, 28, 5.

55 P. ej., el *Vicarius*, Macedonio, *Eps.* 152, 3 y 154, 1.

56 *Ep.* 137, 5, 20; se encuentra implícito en *De civ. Dei*, XVIII, 41.

57 *Vid.* esp. *Ep.* 96, 1; Agustín habla al jefe político del Imperio de Occidente, Olimpio, como a un «siervo», elogiando su «obediencia religiosa».

58 *Ep.* 151, 14.

59 *Vid. sup.* p. 122.

60 *Vid. inf.* p. 374.

61 Olimpiodoro, fragmento 9, ed. Müller, *Fragm. Hist. Graec.* 4, p. 61.

62 *Vid.* esp. Frend, *Donatist Church*, pp. 292-293.

63 *Eps.* 151, 5-6.

64 *Ep.* 151, 9.

65 *Ep.* 151, 3.

66 *Ep.* 151, 13.

67 *Vid. inf.* pp. 375-376.

68 *Ep.* 198, 6.

69 *Eps.* 199, 12, 46-47.

70 P. ej., *Enarr. in Ps.* 61, 10.

71 *De perf just.* 18, 35.

72 *Eps.* 91, 2 y 138, 2, 9.

73 *Eps.* 138, 2, 9 y 3, 17. Sobre la importancia de las esperanzas de reforma mediante una vuelta a las «antiguas virtudes», *vid.* Vittinghoff, «Z. geschichtl Selbstverständnis», *Hist. Zeitschr.*, 198, 1964, p. 566.

74 *De civ. Dei*, II, 19.

75 *De civ. Dei*, V, 18; *vid. sup.* pp. 323-325.

76 Posteriormente solo pudo empezar a escribir un libro cuando estuvo a salvo, lejos de Cartago: *De VIII Dulcitii quaestionibus*, *Praef.*; *cf. De gratia Christi*, 1, 1.

77 *Ep.* 151, 13.
78 *De gest. Pel.* 22, 46.

XXIX. PELAGIO Y EL PELAGIANISMO

1 Los fundamentos de la erudición moderna sobre Pelagio han sido liderados por G. de Plinval, *Pélage: ses écrits, sa vie et sa réforme*, 1943. A pesar del intento de caracterización de Plinval, Pelagio sigue siendo difícil de comprender: De Plinval, *Pélage*, esp. pp. 17-46, atribuye al propio Pelagio muchos escritos pelagianos; contrastar el estudio más cauteloso de S. Prete, *Pelagio e il Pelagianesimo*, 1961, pp. 191-193, y los valiosos estudios críticos de R. F. Evans, «Pelagius, Fastidius and the pseudo-Augustinian, "de Vita Christiana"», *Journ. Theol. Studies*, n. s., 13, 1962, pp. 72-98 y, particularmente, de J. Morris, «Pelagian Literature», *Journ. Theol. Studies*, n. s., 16, 1965, pp. 26-60, esp. pp. 26-40. Las notas críticas de Caspari, *Briefe, Abhandlungen u. Predigten*, 1894, pp. 223-389, siguen manteniendo su valor, así como las *7 Dissertationes* de Jean Garnier (1673), impreso como segundo apéndice a Mario Mercator, P. L. 48, 255-698. A. Hamman, *P. L. Supplementum*, 1958, 1101, da una edición completa de los trabajos conservados atribuidos a Pelagio y a sus seguidores; y R. S. T. Haslehurst, *The Works of Fastidius*, 1927, ha editado y traducido los vívidos textos pelagianos descubiertos por Caspari.
2 *Vie de Sainte Mélanie*, ed. y trad. por Gorce (Sources chrétiennes, 90), cap. 21, p. 170.
3 Sobre esta importante familia, *vid.* esp. De Plinval, *Pélage*, pp. 214-216; Brown, «Aspects of Christianisation», *Journ. Rom. Studies*, 51, 1961, p. 9, y Chastagnol, *Les Pastes de la Préfecture urbaine*, 1962, p. 291 (un árbol de familia).
4 *Vie de Sainte Mélanie*, cap. 19, p. 166.
5 *Vid. sup.* pp. 312-313.
6 *Vid.* esp. De Plinval, *Pélage*, pp. 47-71.
7 Sobre Rufino, un sirio, *vid.* F. Refoulé, «La datation du premier concile de Carthage contre les Pélagiens et du *Libellus fidei* de Rufin», *Rev. études augustin.*, 11, 1963, pp. 41-49, esp. p. 49. Sobre las lecturas de Pelagio, *vid.* esp. De Plinval, *Pélage*, pp. 72-97; y sobre la importancia del reavivamiento del origenismo en Roma, *vid.* esp. T. Bohlin, *Die Theologogie d. Pelagius u. ihre Genesis* (Uppsala Universitets Arsskrift, 9), 1957, pp. 77-103.
8 *De pecc. orig.* 3, 3.
9 *Vid.* esp. De Plinval, *Pélage*, pp. 210-216.

10 Ed. A. Souter, *Pelagius' Expositions of 13 Epistles of St. Paul* (Texts and Studies, 9, 2), 1923; Hamman, *P.L. Supplem.* 1110-1374; *vid.* esp. De Plinval, *Pélage*, pp. 121-166.

11 *Vid.* De Plinval, *Essai sur le style et la langue de Pélage*, 1947.

12 *Ep.* 188, 3, 13.

13 *De gest. Pel.* 25, 50: «vehemente y, a su manera, quemando exhortaciones para una vida mejor».

14 En P.L. 30, 15-45.

15 E. Portalié, *A Guide to the Thought of St. Augustine* (traducción de Bastain), 1960, p. 188.

16 *De gest. Pel.* 3, 9 y 11.

17 Pelagio, *Ad Demetriadem*, 2 (P.L. 30, 17 B).

18 *Vid. inf.* p. 398, y Courcelle, *Les Confessions*, pp. 590-595. La aristocracia cristiana romana había estado siempre duramente dividida entre Jerónimo y Rufino sobre la controversia origenista. Paulino, leal a Rufino, y su patrono seglar, había roto con Jerónimo (*vid.* Courcelle, «Paulin de Nole et Saint Jéróme», *Rev. études lat.*, 25, 1947, pp. 274-279). Los seguidores de Pelagio, hombre violentamente atacado por Jerónimo, bien podían esperar apoyo de Paulino.

19 De Plinval, *Pélage*, p. 212. Su rival romano mejor informado, Mario Mercator, provenía de un sustrato similar.

20 Morris, «Pelagian Literature», *Journ. Theol. Studies*, 16, 1965, pp. 41-43, revisa la evidencia, concluyendo a favor del origen británico; De Plinval, *Pélage*, p. 212 y esp. nota 1. Campania o África, ambas opiniones con conjeturas.

21 *De induratione cordis Pharaonis*, en De Plinval, *Essai*, p. 139 (Hamman, *P.L. Supplem.* 1507).

22 En *De nat. et gratia*, 20, 23.

23 *De dono persev.* 20, 53; *vid.* Courcelle, *Les Confessions*, p. 580.

24 Reconstruido en P.L. 4, 599-606.

25 P. ej., *Ep.* 92, 6, donde comunica sus opiniones a Itálica con gran cautela, incluso con desconfianza.

26 *De gest. Pel.* 11, 23 y *vid. sup.* p. 314.

27 *Vid.* esp. J.H. Koopmans, «Augustine's first contact with Pelagius and the Dating of Condemnation of Caelestius at Carthage», *Vigiliae Christianae*, 8, 1954, pp. 149-153, rectificado por F. Refoulé, «Datation», *Rev. études augustin.*, 9, 1963, esp. pp. 41-44.

28 *Ep.* 146.

29 *De gest. Pel.* 25, 51.

30 P. ej., *Ep.* 166, 4, 10.

31 *De pecc. mer.* III, 10: Carta 64 de Cipriano a Fido.

32 No por un africano, sin embargo, sino por Paulino, un diácono de Milán: sobre este, *vid. inf.* p. 425, n. 8.

33 *De pecc. orig.* 3-4, 3; Bonner, *St. Augustine*, pp. 321-322, traduce esta vívida entrevista.

34 *De gest. Pel.* 13, 30.

35 *De gest. Pel.* 24, 65; *De gratia Christi*, 33, 36.

36 *Vid.* esp. Refoulé, «Datation», *Rev. études augustin.*, 9, 1963, pp. 47-48.

37 *Ep.* 139, 3.

38 *De pecc. mer.* III, 1, 1.

39 *Vid.* esp. De Plinval, *Pélage*, pp. 261-263.

40 *Ep.* 186, 5, 13.

41 Reconozco mi deuda con los fascinantes estudios de J. N. L. Myres, «Pelagius and the End of Roma Rule in Britain», *Journ. Rom. Studies*, 50, 1960, pp. 21-36, y de J. Morris, «Pelagian Literature», *Jour. Theol. Studies*, 16, 1965, en pp. 43-60, por haber fijado su atención en las posibles repercusiones sociales de ciertos aspectos del pelagianismo. No puedo, sin embargo, seguirles en su principal hipótesis, que las enseñanzas pelagianas puedan ser reducidas a movimientos sociales; ni estoy convencido de que Bretaña fuera el «centro tormentoso» de tal movimiento. Sobre un duro criticismo de la tesis de Myres, *vid.* W. Liebeschütz, «Did the Pelagian Movement have Social Aims?», *Historia*, 12, 1963, pp. 227-241.

42 *De gest. Pel.* 20, 45 y 30, 55, y *Ep.* 183, 3.

43 *De gest. Pel.* 30, 54, y *Ep.* 172, 1.

44 Sobre el pelagianismo en Bretaña, *vid.* esp. J. N. L. Myres, «Pelagius», *Journ. Rom. Studies*, 50, 1960, pp. 34-36, y Morris, «Pelagian Literature», *Journ. Theol. Studies*, 16, 1965, pp. 56-59. En Rodas: Jerónimo, *Comm. in Hierem.*, *Praef.* 4. En Sicilia, *vid.* esp. *Ep. «Honorificentiae tuae»*, 5 (Caspari, p. 12), y *Ep.* 156, en Siracusa. Sicilia, tierra de grandes heredades y villas espléndidas, tuvo una larga tradición, en el Bajo Imperio, de *docto otium*, tal como podían llevarlo a cabo tales grupos; *vid. sup.* p. 121.

45 *Vid.* Brown, «Aspects of Christianisation», *Journ. Rom. Studies*, 51, 1961, pp. 9-11.

46 Pelagio, *Ad Dem.* 20 y 21 (P. L. 30, 26 A y D).

47 *Ep. «Honorificentiae tuae»*, 4 (Caspari, p. 10). La cita figura en una inscripción en Nola, Dihel, *Inscript. Lat. Christ.* 1, número 2.474.

48 *De divitiis*, 6, 1 (Caspari, p. 31), trad. Haslehurst, pp. 30-107.

49 *De divitiis*, 4, 1 (Caspari, p. 27).

50 *De divitiis*, 6, 2 (Caspari, p. 32).

51 *De divitiis*, 6, 2 (Caspari, p. 32).
52 *Ep. «Honorificentiae tuae»*, 1 (Caspari, p. 4): trad. Haslehurst, pp. 2-17.
53 Pelagio, *Ad Dem.* 16 (P. L. 30, 31 D-32).
54 *De vita christiana*, 3 (P. L. 40, 1035).
55 Pelagio, *Ad Dem.* 30 (P. L. 30, 45).
56 *De divitiis*, 6, 3 (Caspari, pp. 32-33).
57 *Vid. sup.* pp. 260-261.
58 Pelagio, *Ad Dem.* 10 (P. L. 30, 26 B).
59 *De vita Christiana*, 9 (P. L. 40, 1038).
60 *Vid.* esp. *De gest. Pel.* 12, 27-28; *cf. Ep.* 185, 9, 38, para la introducción, en una carta antidonatista, de argumentos antipelagianos.
61 Hilario se había acercado a Agustín para saber su opinión sobre la naturaleza de la Iglesia «en este mundo»: *Ep.* 157, 4, 40.
62 *C. Epp. Pel.* III, V, 14.
63 Por ejemplo, en el jansenismo, que también resultaba atractivo a una clase amenazada, como la aristocracia del Bajo Imperio, por la impotencia política: *Cf.* el tratamiento fascinante de L. Goldmann, *The Hidden God*, 1964, pp. 89-141.
64 *Ep.* 126, 6.
65 Pelagio, *Ad Dem.* 1 (P. L. XXX, 168): «la espada de la voluntad».
66 Pelagio, *Ad Dem.* 10 (P. L. XXX, 27C).
67 *De bono vid.* XVIII, 22.
68 *De divitiis,* VI, 2 (Caspari, p. 31)
69 *De vita cristiana*, 14 (P. L. XL, 1045).
70 *Vid. sup.* p. 244.
71 Pelagio, *Ad Dem.* 6 (P. L. XXX, 22C).
72 *Vie de Ste. Mélanie,* ed. Gorce (Sources chrétiennes, 90), cap. 20, p. 170; *cf. Ep.* 157, 4, 38.
73 P. ej., *Enarr. in Ps.* 71, 3.
74 *Ep.* 157, 4, 37.
75 Pelagio, *Ad Dem.* 9 (P. L. XXX, 25 B), y *De nat. et gratia* XXIX, 33.
76 *De nat. et gratia,* XXIX, 33.
77 *De nat. et gratia,* LXVII, 82.
78 P. ej., en *De nat. et gratia*, I, 2.
79 Claramente expuesto por E. Portalié, *A Guide to the Thought of S. Augustine*, pp. 188-189.
80 P. ej., *De spiritu et littera*, XXVIII, 48.
81 *Ep.* 130 (412) a Proba, y el *De bono viduitatis* (414) a Juliana.
82 *De bono vid.* XX, 26.

83 P. ej., *De castitate* (Caspari, pp. 122-167).
84 Ammiano Marcelino, *Res gestae*, XXX, 5, 4-10.
85 Zósimo, *Historia Nova*, VI, 7.
86 *Ep.* 131.
87 *Ep.* 130, III, 8.
88 Sugerido por Myres, «Pelagius», *Journ. Rom. Studies*, L, 1960, p. 36.
89 *Vid. inf.* p. 395.
90 Orientius, *Carmen de Providentia* (P. L. LI, 616-638); *vid.* De Plinval, *Pélage*, p.404.
91 P. ej., *De pecc. mer.* I, 65-68, y *De nat. et gratia*, XXI, 23.
92 P. ej., *Conf.* IV, 1, I.
93 Ps. Jerónimo, *Ep.* 32, 3 (P. L. XXX, 247 D).
94 Pelagio, *Ad Dem.* 17 (P. L. XXX, 32 C).
95 *Op. Imp.* I, 78.
96 *Mt.* 5, 48: *Ep. de posibilitate non peccandi*, IV, 2 (Caspari, p. 119).

XXX. *CAUSA GRATIAE*

1 *Vid.* esp. De Plinval, *Pélage*, pp. 252-355, y Bonner, *St. Augustine*, pp. 320-346, quien prevé una versión profunda.
2 *Ep.* 143, 2 y 3.
3 *Vid. sup.* pp. 293-294.
4 *Ep.* 143, 5.
5 P. ej., *Eps.* 92, 147 y 148.
6 *Eps.* 143, 5 y 180, 5.
7 *Ep.* 143, 4.
8 *Ep.* 162, 1.
9 *Ep.* 169, 1, 4.
10 *Ep.* 166, 4, 10.
11 *Ep.* 166, 8, 25.
12 *Serm.* 294, 20.
13 *De gest. Pel.* 21, 46.
14 *Ep.* 187.
15 *Eps.* 193 y 194.
16 *Ep.* 186.
17 *Ep.* 157. Sobre todo esto, ver el meticuloso estudio de H. Ulbrich, «Augustins Briefe z. entscheidender Phase d. pelagianischen Streites», *Rev. études augustin.*, 9, 1963, pp. 51-75 y 235-258.

18 *De gratia Christi* y *De pecc. orig.*: para Piniano y Melania, *vid. sup.* pp. 306-307.

19 *Ep.* 184 A, 1, 1.

20 *Ep.* 186, 12, 39.

21 *De malis doctoribus*, 17, 2 (Caspari, p. 101).

22 *Ep.* 188, 1, 3.

23 Pelagio dijo a una pareja similar que su error era «civil», no «criminal»: *De pecc. orig.* 23, 26.

24 *De gest. Pel.* 11, 25. Claramente visto por Bonner, *St. Augustine*, pp. 323-324.

25 Agustín esperaba que todos los católicos se le unieran contra Pelagio, *De gest. Pel.* 35, 66.

26 *Vid.* esp. De Plinval, *Pélage*, pp. 271-292 y pp. 306-307, y G. D. Gordini, «Il monachesimo romano a Palestina nel IV sec.», *Studia Anselmiana*, 46, 1961, pp. 85-107.

27 Pelagio, *Ep. ad Innocentium papam* (P. L. 48, 610 B).

28 *De gest. Pel.* 1, 3.

29 *De gest. Pel.* 19, 45.

30 *De gest. Pel.* 30, 54.

31 *De gest. Pel.* 1, 1.

32 *Vid.* Próspero de Aquitania, *Carmen de ingratis*, 1, 72-92 (P.L. 51, 100-102).

33 *Ep.* 191, 1.

34 *Ep.* 177.

35 *Ep.* 177, 6.

36 *Ep.* 177, 15.

37 *Ep.* 186, 1, 2.

38 *Ep.* 175, 5.

39 *Ep.* 175, 2.

40 *Ep.* 177, 2 y 3.

41 *Ep.* 179, 1.

42 P. ej., *Ep.* 181, 4-5.

43 *Vid.* esp. E. Castar, *Geschichte d. Papsttums*, 1, 1930, pp. 331-337.

44 *Vid.* esp. E. Castar, *Geschichte d. Papsttums*, 1, pp. 344-356, G. Langgärtner, *Die Gallienpolitik d. Päpste in den V. u. VI. Jhten.* (Theophaneia, 16), 1964, esp. pp. 24-52, revisa de forma más favorable un episodio particularmente cuestionable en la policía de Zósimo.

45 *Vid.* Bonner, *St. Augustine*, p. 341.

46 Zósimo, *Ep.* «*Postquam*», 2 (P. L. 45, 1721), *vid. inf.* cap. 30, nota 58.

47 Zósimo, *Ep.* «*Postquam*», 3 (P. L. 45, 1722).

48 *Serm.* 131, 10, 10.

49 *De gest. Pel.* 34, 59.
50 *De gest. Pel.* 13, 34.
51 Zósimo, *Ep. «Postquam»*, 1 (P. L. 45, 1721).
52 Zósimo, *Ep. «Magnum pondus»*, 4 (P. L. 45, 1720).
53 Zósimo, *Ep. «Magnum pondus»*, 5 (P. L. 45, 1720). Para un tratamiento comprensivo de la posición de Zósimo, *vid.* esp. T. G. Jalland, *The Church and the Papacy*, 1944, pp. 286-288, y F. Floeri, «Le Pape Zosime et la doctrine augustinienne du péché originel», *Aug. Mag.*, 2, 1954, pp. 755-761.
54 *Ep.* 186. *vid* Courcelle, *Les Confessions*, pp. 590-595.
55 P. ej., *Ep.* 187, 13, 40.
56 *Ep.* 187, 1, 1.
57 *Vid.* esp. J. Sundwall, *Westromische Studien*, 1915, pp. 9-11 y 67-68.
58 Se habían visto implicados en la usurpación de Constantino III: Zósimo, *Ep. «Postquam»*, 2 (P. L. 45, 1721); *vid.* Langgärtner, *Die Gallienpolitik d. Päpste*, pp. 24 y 34.
59 *Ep.* 185.
60 *Retract*, II, 74.
61 Bonner, *St. Augustine*, pp. 344-345.
62 Bonner, *St. Augustine*, p. 344.
63 *Ep.* 172, 2, Marrou, «La technique de L'édition à l'époque patristique». *Vigiliae Christianae*, 3, 1949, p. 218, nota 36.
64 *Ep.* 178, 1. Sobre este personaje importante: *vid.* L. Cantarelli, «L'iscrizione onoraria de Giunio Quinto Palladio», *Bulletino Communale di Roma*, 54, 1926, pp. 35-41.
65 Próspero, *Chron.*, ad ann. 418 (P. L. 51, 592 A).
66 Procopio, *De bellis*, III, 2, 25-26.
67 Esto puede ser parte de la preocupación general por restablecer el prestigio de Roma después del saqueo godo del 410. El triunfo de Honorio por suprimir a un usurpador tuvo lugar en Roma en el año anterior: Prosper, *Chron.*, ad ann. 417 (P. L. 592 A).
68 En P. L. 48, 379-386, con comentario, 386-392.
69 En P. L. 48, 392-394; la excepcional severidad de estas leyes es señalada por Morris, «Pelagiam Literature», *Journ. Theol. Studies*, 16, pp. 52-53.
70 *Vid.* Bonner, *St. Augustine*, p. 345.
71 *Vid.* su súplica en P. L. 48, 509-526; De Plinval, *Pélage*, pp. 336-341.
72 *Op. Imp.* I, 10.
73 Edicto en *Ep.* 201.
74 *Ep.* 206.
75 *Ep.* 200, 2.

76 El Rómulo de *Ep.* 247: *vid.* Chastagnol, *Les Fastes de la Préfecture urbaine*, p. 290.
77 *Op. Imp.* I, 42.
78 Carta a Aurelio: P. L. 48, 401 A.
79 *C. Jul.* III, 5.
80 *Op. Imp.* I, 9.
81 *Ep.* 191, 2.
82 *Serm.* 181, 1.
83 *Serm.* 181, 3.
84 *Ep.* 195.
85 P. ej., *Ep.* 167, 1, 2. También Agustín se había visto afectado por estas especulaciones: R. J. O'Connell, «The Plotinian Fall of the Soul in St. Augustine», *Traditio*, 19, 1963, pp. 1-35.
86 *De anim. et eius orig.* IV, 2, 2.
87 *De anim. et eius orig.* III, 14, 20.
88 *De anim. et eius orig.* III, 1, 2.
89 *De anim. et eius orig.* III, 1, 2.
90 *De anim. et eius orig.* III, 1, 1.
91 *De anim. et eius orig.* IV, 9, 16.

XXXI. *FUNDATISSIMA FIDES*

1 *Vid.* esp. Bohlin, *Die Theologie d. Pelagius*, pp. 29-39, esp. pp. 35-37.
2 *Serm.* 131, 6; *cf. Serm.* 151, 4-5.
3 *Serm.* 155, 14.
4 P. ej., *De pecc. mer.* III, 8, 15; *Serm.* 294, 15.
5 P. ej., Mario Mercator, *Liber subnotationum*, 2, 2 (P. L. 48, 124-125).
6 Pelagio, *Ad Dem.* 8 (P. L. 30, 24).
7 Pelagio, *Ad Dem.* 3 (P. L. 30, 18 C); resumido en *Ep.* 186, 10, 34.
8 *Serm.* 151, 4.
9 Pelagio, *Ad Dem.* 4 (P. L. 30, 20 B).
10 *Serm.* 155, 2.
11 P. ej., *De pecc. mer.* II, 8, 10.
12 *De perf. just.* 21, 44.
13 *Serm.* 154, 14.
14 *Serm.* 45, 10.
15 *Serm.* 30, 4; *cf.* 30, 6.
16 *Serm.* 155, 15.

17 *De perf. just.* 20, 43.
18 *Serm.* 30, 8.
19 P. ej., *Serm.* 131, 5; *vid. sup.* p. 204.
20 *Ep.* 194, 7, 31.
21 *Serm.* 165, 9.
22 La carta a Demetria atribuida al papa León será titulada «Sobre la Humildad»: P. L. 55, 161-180.
23 Pero *vid.* las observaciones pertinentes de Prete, *Pelagio*, pp. 49-53, y Refoulé, «Julien d'Éclane», *Rech. sc. relig.*, 52, 1964, pp. 233-241. Sobre la facilidad con que una colección de dichos paganos adquirió enorme popularidad en una edición cristianizada, *vid.* el excelente estudio de H. Chadwick, *The Sentences of Sixtus: A Contribution to the History of Early Christian Ethics* (Texts and Studies, 5), 1959, esp. pp. 118-122 —sobre su uso por Pelagio— y p. 138.
24 Papa Gelasio a los obispos de Picenum; cap. 2 (P. L. 45, 1766-1767).
25 Ibídem, cap. 8 (P. L. 45, 1770-1771).
26 «Podemos observar aquí, como en ninguna parte, la «lógica» de la historia. No se ha dado, quizá, otra crisis de igual importancia en la historia de la Iglesia en la que los oponentes hayan expresado los principios en disputa tan clara y abstractamente»: A. Harnack: *History of Dogma*, 5 (Dover), p. 169.
27 El diálogo en *Serm.* 131, 6 es de gran importancia.
28 *Vid. sup.* p. 189; p. ej., *Ep.* 1, 3-4. (P. L. 4, 201-205). Pelagio debía mucho a Cipriano: *vid.* De Plinval, *Pélage*, pp. 75-78. *Vid. De gest. Pel.* 6, 16. La perfección cristiana no podría, desde luego, ser alcanzada por un niño, pero, Pelagio insistió, era posible para un adulto «arrepentido de sus pasados pecados»; *cf. De nat. et gratia*, 52, 60-54, 64. Sobre una corriente sobresaliente de perfeccionismo, asociada con el «misterio» del bautismo, en la Iglesia primitiva *vid. sup.* p. 190 y, especialmente, las excelentes observaciones de K E. Kirk, *The Vision of God*, 1931, pp. 229-234.
29 *Vid. sup.* p. 190.
30 *Ep.* 186, 11, 37.
31 P. ej., *Op. Imp.* II, 8 y IV, 114 y 119.
32 *Ps.* 118, 133 *De pecc. mer.* II, 6, 7; *cf. Eps.* 157, 2, 8 y 194, 2, 5: la inescrutable «Sabiduría» de Dios, esencial para las ideas de Agustín sobre la predestinación, siempre está presentada como la antítesis del «Detino».
33 *Vid.* esp. *Serm.* 153, 2, donde el maniqueo es presentado como «alentado» por lo que Agustín ha dicho.
34 *Op. Imp.* V, 26. Honorato era tanto el receptor de la *Ep.* 140, en la que se vertían las opiniones antipelagianas, como del *De utilitate credendi* del 392;

por eso no se impresionó por los argumentos antimaniqueos de su amigo. Firmo, agente literario de Agustín en Italia en este tiempo, y amigo íntimo del conde Valerio, el patrón de Agustín en la corte (*vid. sup.* cap. 26, nota 39), puede ser la misma persona que el maniqueo comerciante convertido por Agustín: *Vita*, XV, 5.

35 *Vid. inf.* p. 408.

36 Citado en *Op Imp.* III, 136-137; los argumentos tienen, sin duda, un gran parecido con los usados por Agustín, ya que ambos se basan sobre idénticos argumentos, en especial sobre los «hechos» vergonzosos y la pérdida de control en la cópula, y sobre el «hecho» del bautismo de los niños. La antítesis peyorativa entre la generación «espiritual» por el bautismo y la generación «física» es usada tanto por Fausto el Maniqueo (*C. Faust.* XXIV, 1) como, repetidamente, por Agustín: por ejemplo, *Serm.* 294, 16.

37 *Vid.* G.J.D. Aalders, «L'Épître a Menoch atribuée à Mani», *Vigiliae Christianae*, 14, 1960, pp. 245-249.

38 *Ep. Secundini ad Aug.*

39 *Vid.* esp. en P.L. 48, 626-630.

40 Es una virtud requerida en treinta y nueve edictos del Código de Teodosio.

41 *Vid.* esp. Pelagio, *Ad. Dem.* 16 (P.L. 30, 31 D-32).

42 Ps. Jerónimo, *Ep.* 13, 6 (P.L. 30, 172 D).

43 En *De gratia Christi*, 10, 11.

44 *Ep. «Honorificentiae tuae»*, 1 (Caspari, p. 7).

45 *Ep.* 145, 4.

46 *Retract.* II, 63. Esta obra está traducida al inglés con una excelente introducción, por J. Burnaby, *Augustine: Later Works* (Library of Christian Classics, 8), 1955, pp. 182-250.

47 En la imaginería del *Serm.* 155, 6, tal como el pueblo permanece lejos del Sinaí, así también la ley está lejos de él.

48 *Op. Imp.* III, 106.

49 Eccles. 15, 14, citado por Celestino, *De perf. just.* 19, 40.

50 *De nat. et gratia*, 10, 12.

51 P. ej., *Ep.* 157, 2, 8.

52 En *De nat. et gratia*, 30, 34.

53 En *De perf. just.* 6, 12.

54 P. ej., Pelagio, *Ad Dem.* 8 (P.L. 30, 24 A).

55 *De pecc. mer.* 11, 17, 26; *cf. De perf. just.* 19, 41.

56 *Enarr. viii in Ps.* 118, 4.

57 *Vid. sup.* pp. 163-165; *cf. De spir. et litt.* 34, 60.

58 *Serm.* 165, 3.
59 Jerem. 10, 23, en *De pecc. mer.* 11, 17, 26.
60 *Vid.* esp. el lúcido sumario en forma de citas de la Escritura, en la que cada escalón sigue a otro «como eslabones de una cadena»; *De spir. et litt.* 30, 52.
61 P. ej., *Enarr. x in Ps.* 118, 1 y 6: «la oración de un hombre en desarrollo», *vid.* esp. C. Kannengiesser, «Enarratio in Psalmum CXVIII: Science de la révelation et progrés spirituel», *Rech. Augustin.*, pp. 119-141.
62 *Enarr. xvii in Ps.* 118, 2.
63 *Enarr. xvii in Ps.* 118, 2: «y ambas están tan ligadas que la una no puede existir sin la otra».
64 *Enarr. xvii in Ps.* 118, 7.
65 P. ej., *De nat. et gratia*, LVIII, 68.
66 P. ej., *Ep.* 186, III, 10.
67 *De pecc. mer.* II, XVIII, 28.
68 *Tract. in Joh.* 26, 4.

XXXII. JULIANO DE ECLANA

1 F. Refoulé, «Julien d'Éclane, théologien et philosophe», *Recherches de sciences religieuses*, 52, 1964, pp. 42-84 y 233-247, aunque poco histórico en su enfoque y susceptible de críticas (*vid.* F.-J. Thonnard, en *Rev. études augustin.*, 11, 1965, pp. 296-304), señala lo que se espera que sea solo un fresco comienzo hacia un tratado más perceptivo sobre Juliano. *Vid.* también A. Bruckner, *Julian v. Eclanum* (Texte u. Untersuchungen, 15,3), 1897, y la lista de trabajos atribuidos a Juliano en Hamman, P. L. *Supplement*, 1, 1571, 1572.
2 *Ep.* 101 contesta esta carta.
3 *Ep.* 101, 3.
4 *Ep.* 101, 1.
5 *Ep.* 101, 4.
6 Símaco, *Ep.* I, 3 (año 375).
7 Genadio, *De viris illustribus*, 45 (P. L. 58, 1084).
8 Dihel, *Inscript. Lat. Christ. vet.* 1, 2474
9 P. ej., Dihel, *Inscript. Lat. Christ. vet.* 1, 2489.
10 *Op. Imp.* VI, 12.
11 *Op. Imp.* VI, 20.
12 Citado frecuentemente: p. ej., *Op. Imp.* III, 129; IV, 38; V, 11.
13 *Op. Imp.* VI, 26

14 De aquí la cita de Juvenal (*Sat.* 1, 5, 119), en *Op. Imp.* VI, 29.

15 Paulino, *Carmen*, XXV, esp. 50, 102.

16 *Vid. sup.* p. 377.

17 Si su suegro era Emilio de Benevento, quien se había distinguido en una misión a Constantinopla.

18 Genadio, *De vir. ill.*, 45 (P.L. 58, 1084). Bruckner, *Julian*, p. 77, encuentra pocas trazas de griego en sus escritos contra Agustín.

19 Sobre la simpatía de los dos hombres que, sin embargo, no debió contar para la influencia «pelagiana» sobre Teodoro, *vid.* J. Gross, *Entstehumgsgeschichte d. Erbsündendogmas*, 1, 1960, pp. 190-204. *Vid. Op. Imp.* IV, 88; es Jerónimo, y no Agustín, quien es criticado por Teodoro.

20 Los conocimientos sobre la vida de Juliano en sus últimas décadas han sido reunidos por Vignier en P.L. 45, 1040-1042 y aceptados por Bruckner, *Julian*, esp. p. 72.

21 *Vid.* Morin, en *Revue bénédictine*, 30, 1916, p. 4.

22 P. ej., *C. Jul.* 4, 11 y 7, 35.

23 *Ps.* 82, 17. Citado en *C. litt. Petil.* 1, 29, 31.

24 *Op. Imp.* V, 15.

25 *Op. Imp.* IV, 46.

26 P. ej., *Op. Imp.* VI, 18.

27 P. ej., *Op. Imp.* I, 42 y 74.

28 *Vid.* De Plinval, *Pélage*, pp. 341-347.

29 *Ep.* 194 sobre la cual *vid. inf.* pp. 414-415.

30 *Vid.* esp. H. V. Schubert, *Der sogenannte Praedestinatus* (Texte u. Untersuchungen, 24, 4), 1903, esp. pp. 82-85.

31 *De cura ger. pro mort.* 2: citando II Cor. 5, 10 a favor de la responsabilidad individual como opuesta a la fe ciega en la intercesión de los santos.

32 En P.L. 45, 1750-1751; *vid.* A. Chastagnol, *La Préfecture urbaine a Rome*, pp. 170-171.

33 *Op. Imp.* II, 1.

34 *Op. Imp.* III, 170.

35 Desafortunadamente, D. S. Wiesen, *St. Jerome as a Satirist*, 1964, es decepcionante.

36 Uranio, *De obitu sancti Paulini* (P.L. 3, 859).

37 *C. Jul.*, II, 36 y V, 1, 4; *Op. Imp.* II, 36.

38 P. ej., *C. Jul.* I, 2.

39 P. ej., *C. Jul.* VI, 20,64; *Op. Imp.* II, 51.

40 P. ej., *Op. Imp.* III, 199, un argumento sobre la ceremonia del exorcismo tan violento como el de Optato, *De schism. Don.* IV, 6 (P.L. 11, 1037). Agustín

admite que este es un argumento que él usa por falta de tiempo para elaborar algún otro «más sutil y agudo»: *Ep.* 194, 10, 46; *cf. Ep.* 193, 2, 4.

41 P. ej., *Op. Imp.* III, 137 y 138.

42 *C. Jul.* I, 7, 31.

43 *De miraculis sancti Stephani*, I, 15, 1 (P. L. 41, 842). Agustín repite esta historia a su propia congregación: *Serm.* 323, 3 y 324.

44 *De miraculis sancti Stephani*, II, 2, 6 (P. L. 41, 846-847).

45 *Vid.* esp. Refoulé, «Julien d'Éclane», *Rech. sc. relig.*, 52, 1964, esp. p. 241; él estaba, desde luego, bien equipado por el tratado antimaniqueo de Agustín, *De ii animabus*, 14-15.

46 Juliano, significativamente, gira alrededor de las citas de Agustín de Ambrosio: *Op. Imp.* IV, 110, 113.

47 *Ep.* 206.

48 Mario Mercator, *Liber sulmotationum Jul.* V, 5, 23.

49 *Vid. sup.* p. 133. Memor estaba al tanto de esta omisión cuando había preguntado por qué metro usaba David.

50 Fulgencio en P. L. 45, 1041-1042.

51 *C. Jul.* II, 10, 37

52 Refoulé, «Julien d'Éclane», *Rech. sc. relig.* 52, 1964, esp. p. 72 sobre «concupiscencia» en Juliano y Santo Tomás; pero con reservas (p. ej., p. 62), *vid.* las observaciones de Thonnard, *Rev. études augustin.*, 11, 1965, pp. 298-304.

53 Sobre la posición de Agustín, soy particularmente deudor de la brillante exposición de Burnaby, *Amor Dei*, esp. pp. 184-214.

54 *Op. Imp.* III, 67.

55 P. ej., Cicerón, citado en *C. Jul.* IV, 13, 78; *vid.* esp. Dodds, *Pagan and Christian*, pp. 23-34.

56 *Vid.* esp. los estudios de N. P. Williams, *The Idea of the Fall and of Original Sin*, 1927, y J. Gross, *Entstehungsgeschichte d. Erbsündendogmas*, 1, 1960.

57 *De mor. eccl. cath.* (1) 22, 40.

58 *Vid.* esp. Williams, *The Idea of the Fall*, pp. 294-310. En los sarcófagos galos del último tercio del siglo IV, el rito del bautismo se presenta en estrecha relación con la pintura de la caída de Adán. *Vid.* F. Van der Meer, «À propos du sarcophage du Mas d'Aire», *Mélanges Christine Mohrmann*, 1963, pp. 169-176.

59 *Serm.* 151, 5.

60 *Serm.* 151, 5.

61 *Serm.* 151, 5.

62 *Serm.* 151, 8.

63 *Vid.* Dodds, *Pagan and Christian*, pp. 29-30.

64 P. ej., *De grat. et lib. arb.*, 4, 7.

65 Citado en *C. Jul.* II, 6, 15.
66 *De nupt. et concup.* I, 24-27.
67 P. ej., *C. Jul.* IV, 2, 10.
68 *C. Jul.* IV, 2, 10.
69 *C. Jul.* VI, 18, 56 *cf.*
70 Agustín es algunas veces bastante consistente para tratar la impotencia como algo tan significativo como la pasión: p. ej., *De pecc. mer.* I, 29, 57.
71 *Vid. sup.* p. 192.
72 *C. Jul.* IV, 13, 71.
73 *C. Jul.* IV, 13, 71.
74 *C. Jul.* IV, 13, 71.
75 *De nupt. et concup.* I, 7, 8.
76 *De nupt. et concup.* I, 21, 24.
77 P. ej., *C. Jul.* IV, 12, 59.
78 *De civ. Dei*, XIV, 17.
79 *Vid. sup.* pp. 251-252.
80 La actitud de Catón, citado en *De nupt. et concup.* 1, 15, 17.
81 P. ej., *Cod. Theol.* XVI, 2, 44, de 420.
82 *Vid.* Dodds, *Pagan and Christian*, p. 32. Se hacía pocas ilusiones sobre las dificultades que experimentan las parejas casadas para adherirse a esta regla: *De bono coniug.* 13, 15.
83 *De bono coniug.* 7, 6 y *Ep.* 262.
84 *De bono coniug.* 3, 3.
85 *De nupt. et concup.* I, 23, 27.
86 *Conf.* VI, 16, 25.
87 Sobre todo en *Op. Imp.* LV, 39-41.
88 *C. Jul.* III, 14, 28.
89 P. ej., Hamack, *History of Dogma*, 5 (Dover), p. 170.
90 P. ej., Juliano en *Op. Imp.* VI, 1.
91 *Op. Imp.* V, 64. Significativamente, este es el título de un magnífico libro sobre Tertuliano, por R. Braun, «Deus Christianorum», *Recherches sur le vocabulaire doctrinal de Tertullien*, 1962.
92 *Op. Imp.* I, 48.
93 *Ps.* 10, 8.
94 *Op. Imp.* I, 49.
95 *Op. Imp.* I, 37.
96 *Op. Imp.* I, 28.
97 *Op. Imp.* III, 27.
98 *Op. Imp.* I, 14.

99 *Vid.* esp. el lenguaje técnico de la legislación romana constantemente aplicado a la Biblia: *Op. Imp.* II, 136; III, 34 y 43.

100 No sin alguna pesadumbre: p. ej., *Ep.* 166; e insistiendo sobre la «más ligera de todas las penas»: *C. Jul.* V, 11, 44.

101 *Op. Imp.* I, 48.

102 W. H. C. Frend, *Martyrdom and Persecution*, p. 366.

103 *Vid.* el estudio más instructivo de J. H. Baxter, «Notes on the Latin of Julian of Eclanum», *Bulletin du Cange*, 21, 1949, pp. 5-54, esp. p. 12.

104 *Op. Imp.* I, 82.

105 *Op. Imp.* III, 20.

106 Ez. 18, 20, citado en *Op. Imp.* III, 49.

107 *Op. Imp.* III, 7.

108 *Op. Imp.* III, 27.

109 *Op. Imp.* I, 4.

110 *Serm.* 341, 9.

111 *Ad Simplicianum de div. quaest.* qu. 2, 16.

112 *De nupt. et concup.* I, 19, 21; *cf. C. Jul.* III, 19, 37.

113 P. ej., Éxodo 34, 7 y las otras citas del Antiguo Testamento en *Op. Imp.* I, 50 y III, 12-15.

114 P. ej., *C. Jul.* VI, 25, 82.

115 *Vid. sup.* p. 398.

116 *Retract.* II, 28.

117 P. ej., *Op. Imp.* I, 97, corrige a Juliano sobre las implicaciones del dualismo maniqueo.

118 *De nupt. et concup.* II, 3, 9.

119 *De nupt. et concup.* II, 29, 50.

120 P. ej., *C. Jul.* LV, 13, 83.

121 *Op. Imp.* I, 25.

122 P. ej., *De mort. Man.* (II) 9, 14.

123 P. ej., *C. Jul.* IV, 13, 72.

124 *Op. Imp.* V, 16.

125 *Op. Imp.* I, 120.

126 *Vid. sup.* p. 55.

127 *Op. Imp.* I, 49.

128 P. ej., *De civ. Dei,* XXI, 24, 78: «porque esta vida, para los mortales, es *La cólera de Dios*».

129 *Vid.* el comentario extraordinariamente revelador de que si los hombres estaban en posición de parar el mal a su alrededor y no lo hacían, serían retenidos culpables de ello: *C. Jul.* V, 3, 14.

130 *Ps.* 77, 49, citado en *C. Jul.* V, 3, 8. *cf. C. Jul.* VI, 8, 31.
131 P. ej., *De civ. Dei*, XX, 8, 41.
132 *Enarr. in Ps.* 61, 20 y Daniel 21, 6 (*Misc. Agostin.*, 1, p. 130).
133 *De nupt. et concup.* I, 23, 26.
134 *C. Jul.* VI, 21, 67.
135 *Vid. De civ. Dei*, XXII, 22.
136 *Vid.* Chavannes-Pelliot: *Journal asiatique*, sér. X, 18, 1911, p. 517, nota 2.
137 *Op. Imp.* VI, 30.
138 Juan Crisóstomo, *Hom. 28 in Matthaeum (Patrologia Graeca*, 57, 353).
139 P. ej., *Enarr. in Ps.* 136, 9: «una terapia, no un castigo»; *vid.* esp. *De. Gen. ad litt.* XI, 35, 48, donde «la completa miseria de esta existencia», incluida la vergonzosa deshonra de la sexualidad después de la Caída, es tratada como una disciplina que guía al autoconocimiento y la humanidad.
140 *De corrept. et gratia*, 14, 43.
141 *C. Jul.* III, 6, 12.
142 P. ej., *Op. Imp.* ID, 154.
143 *De nupt. et concup.* II, 35, 59.
144 *Op. Imp.* VI, 41.
145 *Op. Imp.* I, 22.

XXXIII. PREDESTINACIÓN

1 Debo mucho a los estimulantes análisis sobre la posición de Agustín en Burnaby, *Amor Dei*, pp. 226-241, y R Lorenz, «Der Augustinismus Prospers v. Aquitanien», *Zeitschrift für Kirchengeschichte*, 73, 1962, pp. 271-252, esp. pp. 238-250.
2 *Op. Imp.* II, 102.
3 Genadio, *De vir. ill.*, 19 (P. L. 58, 1073).
4 En *Ep.* 201.
5 En P. L. 45, 1751.
6 *Vid.* Schubert, *Der sogennante Praedestinatus*, esp. p. 21, libro III del *Praedestinatus* es una brillante caricatura (P. L. 53, 627-672).
7 O. Chadwick, *John Cassian*, 1950, y esp. P. Munz, «John Cassian», *Journ. Eccles. Hist.* 11, 1960, pp. 1-22.
8 *Ep.* 215, 2.
9 P. ej., *De dono persev.* 21, 55.
10 *Ep.* 216, 3.

11 *Vid.* esp. J. Chéné, «Les origines de la controverse semi-pélagienne», *Année théol. augustin.*, 13, 1953, pp. 56-109.

12 «Sabiduría», la antítesis de «Hado» o «Fortuna», es central en la idea agustiniana de predestinación: p. ej., *Ep.* 194, 2, 5. Sobre la reacción tan diferente de Agustín de la de Orígenes, e incluso de la de san Pablo, a la idea de la «profundidad» de la sabiduría de Dios, *vid.* esp. M. Pontet: *L'Exégèse de S. Augustin*, p. 499, y esp. p. 413: «"O altitudo" reste chez lui un cri de terreur plus que d'amour débordant et stupéfait».

13 Como en *Ep.* 190, 3, 12.

14 *Ep.* 194, 2, 3-4. *Vid.* A. Sage, «Praeparatur voluntas a Deo», *Rev. études augustin.*, 10, 1964, pp. 1-20. La exposición clásica sobre la posición de Agustín es O. Rottmanner, *Der Augustinismus*, 1892 (traducción francesa en *Mélanges de sciencie religieuse*, 6, 1949, pp. 31-48). Esto ha sido cambiado, a favor de una interpretación más optimista, por F.-J. Thonnard, en *Rev. études augustin.*, 9, 1963, pp. 259-287, y 10, 1964, pp. 97-123. G. Nygren, *Das Prädestinationsproblem i.d. Theologie Augustins* (Studia Theologica Lundensia, 12), 1956, es una valoración muy interesante. Pontet., *L'Exégèse de S. Augustin*, pp. 480-501, da una brillante caracterización de la idea en los sermones de Agustín.

15 «La mente es cautivada por la fuerza de Otro»; Meyendorff y Baynes, «The Byzantine Inheritance in Russia», *Bizantium*, ed. Baynes y Moss, 1948, p. 380 (sobre el pensamiento de Nil Sorski).

16 *Vid.* G. Folliet, «Les moines euchites à Carthage en 400-401» (Studia Patristica, 2), *Texte u. Untersuchungen*, 64, 1957, pp. 386, 399.

17 *Ep.* 225, 3 y *De praed. sanct.* 10, 21.

18 *Guelf.* 18, 1 (*Misc. Augustin.*, 1, p. 499).

19 *De dono persev.* 15, 38.

20 *Eps.* 225 y 226. La carta de Próspero y sus otros escritos están traducidos al inglés y comentados por P. de Letter, *St. Prosper of Aquitaine, Defense de St. Augustin* (Ancient Christian Writers, 32), 1963.

21 *Vid.* esp. las observaciones concisas y sugestivas de J. M. Wallace-Hadrill, «Gothia and Romania», *The Long-Haired Kings*, 1962, pp. 35-36.

22 *Ep.* 226, 2. Recuérdese cuán frecuentemente aparecen en los sarcófagos del cristianismo primitivo escenas de curaciones milagrosas de Cristo como símbolo de la curación espiritual.

23 *Ep.* 226, 2.

24 *Ep.* 225, 3.

25 P. ej., *Ep.* 225, 6.

26 P. ej., el *Epigramma Paulini*, esp. 50, 1 (*Corpus Scriptorum Ecclesiae Latinorum*, 16, pp. 503-506).

27 *De vocatione omnium gentium*, 2, 16 (P. L. 51, 704 A).
28 P. ej., *Ep.* 225, 5.
29 P. ej., *De corrept. et gratia*, 14, 44.
30 Próspero, *Ep. ad Rufinum*, 13, 14 (P. L. 51, 85 A).
31 Patricio, *Confessio*, 16 (P. L. 53, 809-810).
32 *Ep.* 199, 12, 46.
33 *Serm.* III, 1.
34 Ed. G. Morin en *Rev. bénédictine*, 18, 1901, pp. 241-256.
35 *Rev. bén.*, 18, 1901, p. 255.
36 *Rev. bén.*, 18, 1901, p. 256.
37 *Rev. bén.*, 18, 1901, p. 247 (2 Tim. 2, 24).
38 *Rev. bén.*, 18, 1901, p. 253.
39 *Rev. bén.*, 18, 1901, p. 249.
40 *Rev. bén.*, 18, 1901, p. 256, citando Deut. 32, 7; *cf. Ep.* 46, *vid. sup.* p. 287.
41 *Ep.* 215, 6.
42 *Ep.* 215, 8.
43 *Rev. bén.*, 18, 1901, p. 243.
44 *Ep.* 220, 2.
45 *De bono persev.* 21, 56; *vid. inf.* p. 445.
46 *De correpț. et gratia*, 10, 26.
47 *De dono persev.* 21, 54.
48 *Rev. bén.*, 18, 1901, p. 254.
49 *De grat. et lib. arb.* 1, 1; *De praed. sanct.* 1, 2, citando a Fil. 3, 15-16; *vid. sup.* cap. XXIV, nota 75.
50 *Ep.* 215, 2.
51 *Ep.* 214, 6-7.
52 Chéné, «Les origines», *Année théol. augustin.*, 13, 1953, p. 109.
53 *Ep.* 225, 7.
54 *De corrept. et gratia*, 2, 4.
55 *De doct. christ.*, *Prooem.* 5.
56 *De corrept. gratia*, 5, 7; *cf. De doct. christ.*, IV, 16, 33.
57 *Vita*, XXVIII, 3.
58 Morris, «Pelagian Literature», *Journ. Theol. Studies*, 16, 1965, pp. 59-60.
59 Deut. 8, 77 en *De gratia et lib. arb.* 7, 16.
60 P. ej., *De dono persev.* 12, 31.
61 *C. Jul.* VI, 12, 38.
62 Bien expresado por Lorenz, «Der Augustinismus Prospers», *Zeitchrift f. Kirchengesch.*, 73, 1962, p. 246.
63 *I Reg.* 22, 19 en *C. Jul.* 3, 13.

64 P. ej., *De dono persev.* 9, 22.
65 *Ep.* 204, 2; *vid. sup.* p. 350.
66 En P.L. 51, 427-496. *Vid.* esp. el análisis magistral y conclusiones de Lorenz, «Der Augustinismus Prospers», *Zeitschr. f. Kirchengesch.*, 73, 1962, pp. 218-232.
67 P. ej., *Sent.* 50, 51 y 53.
68 *Ep.* 130, 2, 4.
69 *Vid. sup.* p. 190, y *De sancta virg.* 42, 43.
70 *De grat. et lib. arb.* 20, 42.
71 *De corrept. et gratia*, 8, 18, y *De dono persev.* 9, 21.
72 *C. Jul.* III, 10, 22.
73 *Op. Imp.*, V, 57.
74 P. ej., *De corrept. et gratia*, 8, 17.
75 *De dono persev.* 8, 19.
76 *De corrept. et gratia*, 9, 20.
77 P. ej., *Ep.* 231, 6.
78 *De dono persev.* 20, 53.
79 *Serm.* 15, 5.
80 P. ej., *De dono persev.* 3, 4; 7, 13 y 22, 60-62.
81 *Vid. sup.* p. 232; esp. *De dono persev.* 12, 63.
82 *Vid. inf.* pp. 441-442.
83 *Vita*, XXVIII, 13.
84 *Vita*, XXIX, 1.
85 *De dono persev.* 7, 14.
86 *De praed. sanct.* 14, 31.
87 Claramente visto por Pontet, *L'Exégése de S. Augustin*, pp. 502-510.
88 *De corrept. et gratia*, 12, 35.
89 *Serm.* 344, 4.
90 *Serm.* 345, 6.
91 *Vita*, *Praef.* 2.

XXXIV. VEJEZ

1 *Ep.* 213, 5.
2 *Ep.* 213, 1.
3 Sermón de Eraclio en P.L. 39, 1717.
4 P.L. 39, 1717-1719.
5 *Guelf.* 32, 4 (*Misc. Agostin.* 1, p. 566).
6 *Vid. inf.* p. 429.

7 Sobre la influencia del ejemplo de Ambrosio sobre Agustín, *vid.* Courcelle, *Les Confessions,* pp. 617-621, y, en general, Van der Meer, *Augustine*, pp. 570-572.
8 Ver la excelente edición, traducción e introducción de M. Pellegrino, *Paolino di Milano, Vita di S. Ambrogio* (Verba Seniorum, 14), 1961, y A. Paredi, «Paulinus of Milan», *Sacris Erudiri*, 14, 1963, pp. 206-230.
9 Paulino, *Vita*, cap. 55 (ed. Pellegrino, pp. 128-129).
10 *Vid.* esp. las dos excelentes ediciones, con traducción y comentario, de H.T. Wisskotten, *Sancti Augustini Vita scripta a Possidio episcopo*, edición con textos revisados, introducción, notas y una versión inglesa, 1919, y M. Pellegrino, *Possidio, Vita di Agostino* (Verba Seniorum, 4), 1955.
11 *Vita*, XXII, 6.
12 *Vita*, XXV, 2.
13 *Vita*, XXII, 5.
14 P. ej., *Vita*, XXIV, 1-17, sobre la cautela financiera de Agustín.
15 *Serm.* 356, 1.
16 *Serm.* 355, 6.
17 *Serm.* 355, 4 y 6.
18 *Serm.* 355, 2.
19 *Serm.* 355, 6.
20 *Serm.* 355, 7.
21 *Serm.* 356, 1.
22 Usado como tal por Jones, *The Later Empire*, 2, p. 771.
23 *Serm.* 356, 13.
24 *Serm.* 356, 14.
25 *Serm.* 356, 15.
26 *Ep.* 213, 1.
27 *Ep.* 211, 4.
28 *Serm.* 356, 4. *vid.* P. Verbraken, «Les deux sermons du prêtre Eraclius d'Hippone», *Rev. bénédictine*, 71, 161, pp. 3-21.
29 P. ej., *Ep.* 202 A, 3, 7.
30 *Vid. sup.* p. 283.
31 *Ep.* 118, 2,9.
32 *Ep.* 231, 7.
33 *Eps.* 222, 1 y 223, 4
34 Sobre el cual *vid.* esp. la excelente introducción de R. Braun, *Quodvultdeus, Livre des Promesses et des Prédicatúms de Dieu* (Sources Chrétiennes, 101), 1964, 1, pp. 88-112.
35 *Ep.* 221, 3.

36 *Ep.* 222, 1.
37 *Vid.* esp. Courcelles, *Les Lettres grecques*, pp. 192-194.
38 *Ep.* 223, 3.
39 *Vid.* Brown, «Religious Coercion», *History*, 58, 1963, pp. 292-293.
40 *Guelf.* 32 (*Misc. Agostin.* 1, pp. 563-575).
41 *Ep.* 209.
42 *Ep.* 209, 4.
43 *Ep.* 209, 6.
44 *Ep.* 209, 5.
45 *Ep.* 209, 9.
46 *Ep. ad. cath.* 19, 49-50.
47 *De cura ger. pro mort.* 12, 15.
48 *Serm.* 322 y 323, 2.
49 *Vid. sup.* pp. 31 y 36.
50 *Vita*, XXIX, 5.
51 *Vid.* esp. *De civ. Dei*, XXII, 8.
52 *De miraculis s. Stephani*, I, 14 (P. L. 841).
53 *Ep.* 78, 3.
54 En *De civ. Dei*, XXII, 8.
55 *Ep.* 52, 2.
56 *Serm.* 317, 1.
57 *De miraculis S. Stephani*, I, 7 (P. L. 41, 839).
58 *Vid.* la lista de H. J. Diesner, «Die Circumcellionen v. Hippo Regius», *Kirche und Staat im spätromischen Reich*, 1963, p. 79.
59 *Ep.* 78, 3.
60 *Vid.* Quodvultdeus, *Livre des promesses*, VI, 6, 11, ed. Braun, 2, p. 609, una descripción católica de los milagros de un curador rival: «trucos basados en pura imaginación», con los que «la gente pensaba que habían recuperado la vista y la capacidad de andar».
61 *Vid.* el excelente estudio de J. de Vooght, «Les mirades dans la vie de S. Augustine», *Recherches de Théologie ancienne et médiévale*, 11, 1939, pp. 5-16.
62 *Serm.* 356, 4.
63 *Serm.* 316, 5.
64 P. ej., *De civ. Dei*, XXII, 8, 164-168.
65 *De civ. Dei*, XXII, 8, 400.
66 *Vid.* los estudios magistrales de H. Delehaye, «Les premiers "libelli miraculorum"», *Analecta Bollandiana*, 29, 1910, pp. 427-434, y «Les recueils antiques des miracles des saints», *Analecta Bollandiana*, 43, 1925, pp. 74-85.
67 Jones, *The Later Empire*, 2, p. 963, «historias tan estúpidas...».

68 *De civ. Dei*, XXII, 8, 160.
69 *De civ. Dei*, XXII, 8, 350-353.
70 *Vid. sup.* p. 399.
71 *De civ. Dei*, XXII, 8, 568. Su actitud estaba justificada por el clima intelectual global en la Antigüedad tardía: *vid.* esp. H.-I. Marrou (en colaboración con A. M. La Bonnardière), «Le dogme de la résurrection des corps et la théologie des valeurs humains selon l'enseignement de saint Augustin», *Rev. études augustin.*, 12, 1966, pp. 111-136, esp. pp. 115-119.
72 *Ep.* 227.
73 *De vera relig.* 25, 47.
74 *Retract.* I, 13, 47.
75 Implícito en Jones: *The Later Roman Empire*, 2, pp. 963-964.
76 Exagerado convenientemente por Van der Meer, *Augustine*, pp. 527-557.
77 P. ej., *De cura ger. pro mort.* 16, 19.
76 *De civ. Dei*, XXI, 4, 81.
79 *De civ. Dei*, XXII, 11.
80 *C. Jul.* V, 14, 51.
81 P. ej., *C. Jul.* VI, 6, 15.
82 *De nupt. et concup.* I, 19, 21.
83 *Vid.* esp. *C. Jul.* VI, 6, 17-18.
84 Citado por Marrou, *S. Augustin et la fin de la culture antique,* pp. 151-157, en una brillante descripción de esta actitud.
85 P. ej., *Ep.* 137, 3, 10.
86 *De util. cred.* 16, 34.
87 *C. Faust.* XXVI, 3.
88 *Vid. sup.* p. 407.
89 *Serm.* 88, 5.
90 *Vid.* esp. Burnaby, *Amor Dei*, pp. 113-114.
91 *Serm.* 299, 8 y 355, 4.
92 *Serm.* 317, 3.
93 *De civ. Dei*, XXII, 22, 90.
94 *De cura ger. pro mort.* 16, 20.
95 *Serm.* 317, 1.
96 *Serm.* 88, 2.
97 *Tract. in Joh.* 13, 17.
98 *De VIII Dulcitii quaest.* 7, 3.
99 *Serm.* 286, 5.
100 *De civ. Dei*, XXII, 9.
101 *Ps.* 93, 11, en *De civ. Dei*, XXII, 4.

XXXV. EL FIN DEL ÁFRICA ROMANA

1 El mejor estudio es el de C. Courtois, *Les Vandales et l'Afrique*, 1955.
2 *Ep.* 47, 2.
3 *Ep.* 220, 7.
4 *Ep.* 111, 7.
5 B. H. Warmington, *The North African Provinces*, pp. 20-26.
6 *Ep.* 199, 12, 46.
7 *Vid. sup.* p. 203.
8 *Vid. sup.* p. 378; *vid.* G. Bonner, «Augustine's Visit to Caesarea in 418», *Studies in Church History*, 1, ed. Dugmore y Duggan, 1964, pp. 104-113.
9 *Vid. sup.* pp. 242 y 351.
10 *De civ. Dei*, XXI, 4, 15.
11 P. ej., *Cod. Theod.* XV, 11, 1.
12 Salviano, *De gubernatione Dei*, VII, 16 (P. L. 53, 143).
13 *Vid. sup.* p. 27.
14 *Enarr. in Ps.* 136, 3.
15 *Enarr. in Ps.* 136, 5; *cf. De miraculis S. Stephani*, II, 3, 9 (P. L. 41, 849).
16 *Mai* 126, 12 (*Misc., Agostin.*, 1, p. 366).
17 *Serm.* 345, 1.
18 *Vid. sup.* pp. 377 y 397-398.
19 *Eps.* 229-231.
20 Exagerado justamente por Frend, *Donatist Church*, pp. 329.
21 P. ej., *Cod. Theod.* VII, 13, 22 (428) dirigido, significativamente, al pagano Volusiano (*vid. sup.* p. 312), *vid.* el interesante estudio de T. Kotula, *Zgromadzenia prowincjonalne w rzymskiej Afryce w epoce póznego Cesarstwa*, 1965, esp. pp. 161-166 (resumido en francés: *Les Assemblées provinciales dans l'Afrique romaine sous le Bas-Empire*, pp. 171-179), que, quizá, exagera el declive de tales instituciones en las últimas décadas del África romana. Es posible imaginar a Macrobio, el autor de la *Saturnalia*, como un producto de este ambiente africano: *vid. sup.* cap. 26, nota 15.
22 *Ep.* 209, 5.
23 *Enarr. in Ps.* 136, 3; *cf. De div. quaest.* LXXXIII, 79, 4, sobre el requisamiento de caballos.
24 *Serm.* 302, 16.
25 J. Heurgon, *Le Trésor de Ténès*, 1958.
26 P. ej., *Cod. Theod.* XVI, 2, 31; *vid.* Brown, «Religious Coercion», *History*, 48, 1963, p. 288.

27 *Vid.* esp. H.J. Diesner, «Die Laufbahn des *Comes Africae* Bonifacius u. seine Beziehungen zu Augustin», *Kirche und Staat im spiitromischen Reich*, 1963, pp. 100-126.

28 *Ep.* 185, 1,1. Sobre la rápida extensión del arrianismo en África entre tales soldados y sus obispos, *vid.* esp. La Bonnardière, *Rech. de chronologie augustin.*, pp. 94-97.

29 *Retract.* II, 73.

30 *Ep.* 220, 2 y 12.

31 *Vid. sup.* p. 145.

32 *Ep.* 220, 3.

33 *Vid. sup.* p. 338.

34 *Ep.* 220, 3.

35 Warmington, *The North African Provinces*, pp. 10-12.

36 *Ep.* 220, 3 y 5.

37 *Ep.* 220, 4.

38 *Ep.* 220, 4.

39 Diesner, «Bonifacius», *Kirche und Staat*, p. 111.

40 *Ep.* 220, 7.

41 *Ep.* 220, 8.

42 *Ep.* 220, 5.

43 *Serm.* 114.

44 *Ep.* 220, 2.

45 *Ep.* 220, 1-2.

46 *Ep.* 220, 7.

47 *Ep.* 220, 6.

48 *Ep.* 220, 5.

49 *Ep.* 220, 1 y 9.

50 *Vid.* esp. A.M. La Bonnardière, «Quelques remarques sur les citations scripturaires du *De gratio. et libero arbitrio*», *Rev. études augustin.*, 9, 1963, pp. 77-83.

51 *Ep.* 220, 12; *cf. Ep.* 229, 2.

52 Jordanes, *Getica*, 33.

53 *Vita*, XXVIII, 4.

54 Salviano, *De gubernatione Dei*, VII, 11 (P.L. 53, 138).

55 *Vid.* esp. H.J. Diesne, «Die Lage der nordafrikan. Bevölkerung im Zeitpunkt der Vandaleninvasion», *Historia*, 11, 1962, pp. 97-111 (*Kirche und Staat*, pp. 127-139), y P. Courcelle, *Histoire littéraire des grandes invasions*, pp. 115-139.

56 *Vita*, XXX, 1.

57 P. ej., *C. litt. Petil.* 11, 19, 42-43.
58 *Ep.* 228, 2 y 4.
59 *Ep.* 228, 4.
60 *Ep.* 228, está incluido por Posidio en *Vita* (XXX, 3-51).
61 *Ep.* 228, 11.
62 *Vita*, XXXVIII, 12.
63 *Vita*, XXVIII, 13.
64 *De civ. Dei*, III, 20, 39.
65 Victor Vitensis, *Historia persecutionis Vandalicae*, I, 3, 10 (P. L. 58, 185); *vid.* Courtois, *Les Vandales*, p. 163.
66 *Vita*, XXIX, 1.
67 *Vita*, XXVIII, 6-8.
68 *Vita*, XXVIII, 11.
69 Plotino, *Ennead* I, 4, 7 (MacKenna 2, pp. 46-47); *vid.* Pellegrino, *Possidio*, p. 226, nota 14, y Courcelle, *Hist. littéraire*, pp. 227-282.

XXVI. MUERTE

1 *Ep.* 230.
2 *Ep.* 231.
3 *Ep.* 231, 2.
4 *Ep.* 231, 6.
5 *Ep.* 231, 3.
6 *Ep.* 231, 3; *cf. Ep.* 118, 3, 13.
7 *Ep.* 231, 7.
8 *Ep.* 213, 1.
9 *Vid.* esp. La Bonnardière, en *Rev. études augustin.*, 9, 1963, pp. 77-83.
10 *Vid. sup.* pp. 413 y ss.
11 *Vid. sup.* p. 398.
12 Desde ahora, el *Tractatus adversus Judaeos.*
13 *Collatio cum Maximino*, esp. I, 1.
14 *Vid.* B. Altaner, «Die Bibliothek des heiligen Augustinus», *Theologische Revue*, 1948, pp. 73-78. Sabemos mucho más de otras bibliotecas romanas tardías, p. ej., H.-I. Marrou, «Autour de la bibliothèque du pape Agapet», *Mél. d'archéol. et d'hist.*, 48, 1931, pp. 124-169.
15 P. ej., *Retract.*, II, 39.
16 P. ej., *Retract.*, II, 30, sobre *De doctrina christiana.*
17 P. ej., *Retract.*, I, 17.

18 *Retract.*, *Prolog.* 3.

19 *Ep.* 224, 3.

20 *Vid.* esp. A. Harnack, «Die Retractationen Augustins», *Sitzungsber. Preuss. Akad. der Wiss.*, 1905, 2, pp. 1096-1131.

21 *Vid.* esp. J. Burnaby, «The «Retractations» of St. Augustine: Self-criticism or Apologia?», *Aug. Mag.*, 1, 1954, pp. 85-92.

22 *Retract.*, *Prolog.* 3.

23 *Retract.*, *Prolog.* 1.

24 *Vid. sup.* Próspero de Aquitania, por ejemplo, siempre había apelado a las «Obras completas» de Agustín contra las meras «lecturas» de los semipelagianos: *Ad Rufinum*, 4, 5 (P.L. 51, 80).

25 *Retract.*, *Prolog.* 2.

26 *Retract.*, *Prolog.* 3.

27 P. ej., *Retract.* I, 10, 2 sobre *De Musica*, y II, 41, 2 sobre el *De Trinitate. Vid.* el estudio más interesante de R.A. Markus, «"Imago" and "Similitudo" in Augustine», *Rev. études augustin.*, 11, 1964, pp. 125-143.

28 P. ej., *Retract.*, *Prolog.* 3 sobre sus obras de Casiciaco.

29 P. ej., *Retract.*, I, 26.

30 P. ej., *Retract.*, I, 8.

31 *Vita*, XXVIII, 1.

32 *Retract.*, II, 41, 3.

33 *Retract.*, II, 88, 2.

34 *Retract.*, II, 32.

35 *Retract.*, *Prolog.* 2.

36 *Vita*, XXXI, 4.

37 *Serm.*, 345, 2.

38 *Vid. sup.* pp. 305 y 309-310.

39 *Serm.*, 345, 2.

40 *Serm.*, 344, 4.

41 Uranio, *De obitu sancti Paulini*, 3 (P.L. 53, 861).

42 *Serm.*, 348, 2.

43 *Vita*, XXXI, 1-3.

44 *Vid.* H.V.M. Dennis, «Another note on the Vandal occupation of Hippo», *Journ. Rom. Studies*, 15, 1925, pp. 263-268. Tras una generación, la mujer suaba de un vándalo será enterrada en la misma basílica de Agustín: Marec, *Les Monuments*, pp. 62-63. Frend, *Donatist Church*, pp. 229-230, puede ser excesivamente pesimista acerca de la supervivencia de la memoria de Agustín en Hipona: *vid.* H.-I. Marrou, «Épitaphe chrétienne d'Hippone a réminiscences virgiliannes», *Libyca*, 1, 1953, pp. 215-230.

45 *Vita*, XXX, 1.
46 Próspero, *Chron.*, ad ann. 438 (P. L. 51, 547).
47 Ed. A. Wilmart, *Misc. Agostin.*, 2, pp. 149-233.
48 *Vita*, XVIII, 9.
49 *Vita*, XXXI, 9.

EPÍLOGO

I. Nuevas evidencias

1 *Vid. sup.*, pp. 446-449. *Cf.* Madec Goulven, *Introduction aux «Révisions»*, París, 1996, 9-24.
2 Sobre el *Indiculum*, *cf.* especialmente Madec Goulven, «Possidius de Calama et les listes des ouvres d'Augustin», en *Titres et articulations du texte dans las ouvres antiques*, ed. J. C. Fredouille, M.-O. Goulet-Cazé, P. Hoffmann, P. Petitmengin, París, 1997, 427-445; Dolbeau, F., «La survie des ouvres d' Augustin. Remarques sur *l'Indiculum* attribué à Posside et sur la bibliotheque d'Anségise», en *Bibliologia*, 18 (1998), pp. 3-22. *Cf.* también O'Donnell, J. J., «The Authority of Augustine», en *Augustinian Studies*, 22 (1991), pp. 7-35, especialmente 21, y «The Next Life of Augustine», en *The End of Ancient Christianity: Essays on Late Antique Thought and Culture presented to R. A. Markus*, ed. W. Klingshirn y M. Vessey, Ann Arbor 1999, pp. 215-231, con Vessey, M., «*Opus Imperfectum:* Augustine and his Readers, A.D. 426-435», en *Vigiliae Christianae*, 52 (1998), pp. 264-285.
3 Possidius, *Vita*, 31, 8.
4 *Ep.* 224, 2. *Vid. sup.* pp. 395-412.
5 Verbraken, P., *Études critique sur les sermons authentiques de saint Augustin*, Steenbrugge, 1976.
6 Ed. Divjak, J., *CSEL*, 88, Vienna 1981; edición con traducción y comentario en *Obras completas de San Agustín 11b. Cartas* (3.º), 188-270; 1*-29*, Madrid, 1991, pp. 551-730. El descubrimiento de Divjak ha sido validado por el ulterior descubrimiento de un manuscrito semejante, del siglo XII, en la Biblioteca Nacional de París. Estas cartas se citan por su número y párrafo.
7 Robin, F., *La Cour d'Anjou a Provence: la vie artistique sous le règne du roi René*, París, 1985.
8 Dolbeau F., «Sermons inédits de Saint Augustin dans un manuscript de Mayence (Stadtbibliothek I, 9)», en *Rev. études augustin.*, 36 (1990), pp. 355-359, y «Le sermonnaire augustinien de Mayence», *RB*, 106 (1996), pp. 5-52.

9 La mayoría de estos sermones ha sido editada en dos series separadas, para reflejar el grupo en que fueron descubiertos. Ellas coinciden, hasta cierto punto, aunque no completamente, con las fechas de las dos ocasiones principales en que fueron predicados. En cuanto a los sermones que posiblemente datan del 397 —pero *cf.* n. 10 sobre la necesidad de cautela respecto a esta datación—, *cf.* Dolbeau, F., *Augustin d'Hippone. Vingt-six sermons au peuple d'Afrique*, París, 1996, 19-224. Respecto a los sermones del 403 y 404, *cf.* ID.: ibídem, 227-615.

Los contenidos de estos sermones están excelentemente resumidos por H. Chadwick, «New Sermons of Saint Augustine», en *Journal of Theological Studies*, 47 (1969), 69-91. *Cf.* especialmente Dec, G. (ed.), *Augustin prédicateur (395-411)*, París, 1998, que recoge las conferencias sobre los «Sermones Dolbeau», presentadas en «Les Fontaines», Chantilly, bajo el patrocinio del Institut d'Études Augustiniennes, entre el 5 y el 7 de septiembre de 1996.

Hasta la fecha, la única biografía que emplea plenamente estos nuevos descubrimientos es la de Lancel, S., *Saint Augustin*, París, 1999. Se trata de una obra digna de un distinguido discípulo de Henri-Irénée Marrou, y de un inigualable conocedor del África de Agustín.

10 *Vid. sup.* pp. 155-167 y 214-222. Sobre la cautela en cuanto a las fechas, *cf.* Dolbeau, *Vingt-Six Sermons*, 6. Estoy en deuda con la singular generosidad del profesor Dolbeau, quien me ha ayudado a formarme un juicio sobre qué sermones podrían ser razonablemente adscritos al 397. Dicho brevemente, los «Sermones Dolbeau» en que Agustín predicó sobre la autoridad de las Sagradas Escrituras y sobre el matrimonio pueden ser asignados casi con certeza, a partir de su contexto en el pensamiento de Agustín, al año 397. Los que tratan de temas más generales, comunes a todos los periodos de la vida de Agustín, como la gracia, la penitencia y el martirio, son menos fáciles de situar, pero bien pueden ser del año 397. En estos casos, me refiero a las páginas en las cuales Dolbeau presenta sus argumentos a favor de la fecha del 397. Conviene, sin embargo, que el lector sepa que el alcance y el contenido de la predicación de Agustín en Cartago, en el 397, aunque importantes sin duda, no han sido aún establecidos.

11 *Vid. sup.* pp. 218-244.

12 Dolbeau, F., «Un sermon inédit de saint Augustin sur la santé corporelle, partiellement cité chez Barthélemy d'Urbino», en *Rev. études augustin.*, 40 (1994), pp. 279-303 (*S.* D28); ÍD., «Sermon inédit de saint Augustin sur la providence divine», ibídem, 41 (1995), 267-89 (*S.* D29); ÍD., «Le sermon 348A de saint Augustin contre Pélage», *Recherches augustiniennes*, 28 (1995), pp. 37-63 (*S.* D30). Los *S.* D28-29 pueden leerse en español en *AVGVSTINVS*, 46 (2001), pp. 5-24. El *S.* D30 aparecerá próximamente en la citada revista.

13 Dolbeau, F., *Vingt-six sermons*, 316.

14 *Ep.* 20* 3; 21*; *cf. S.* D3, 8.

15 Dolbeau, F., «Bède, lecteur de sermons d'Augustin», en *Filología medio-latina*, 3 (1996), pp. 105-133.

16 *Vid. sup.* pp. 367-379 y 395-435.

17 *Vid. sup.* pp. 212-213.

18 Ahora aceptaría la crítica de mi amigo Gerald Bonner, publicada en la reimpresión de su libro, *Saint Augustine: Life and Controversies,* Norwich, 1986, 2, según la cual faltaba a mi retrato de Agustín una consideración de sus actividades rutinarias como obispo. *Cf.* ahora Lancel, *Saint Augustin*, pp. 313-381.

19 Mandouze, A., *Saint Augustin. L'Aventure de la Raison et de la Grâce*, París, 1968, pp. 591-663.

20 *Cf.* n. 53.

21 Sobre este asunto, delicadísimo pero importante, los argumentos a favor del verano del 395 como fecha de la consagración episcopal de Agustín, han sido propuestos por Perler, O., *Les Voyages de saint Augustin*, París, 1969, pp. 164-178; pero depende mucho del testimonio tomado de la cronología y vida de Paulino de Nola, de forma que Trout, D., «The dates of the ordination of Paulinus of Bordeaux and his departure for Nola», en *Rev. études augustin.*, 37 (1991), pp. 237-260, especialmente pp. 242-248, puede mantener una fecha posterior, la de 396. *Cf.* también Lancel, *Saint Augustin*, 265, con un ulterior argumento a favor de 395 y en pp. 266-289 sobre el periodo entre los años 396 y 397.

22 *Ep.* 38, 1 y *S.* D28, 11.

23 *Vid. sup.* pp. 162-164; *cf.* ahora Hombert, P.M., *Gloria Gratiae*, París, 1996, pp. 91-122, y «Augustin, prédicateur de la grâce au début de son episcopat», en *Augustin Prédicateur*, pp. 217-245.

24 *S.* D18, 2.

25 Ibídem D14, 6. Sobre la posible fecha de este sermón, *cf.* E. Hill, *The Complete Works of Saint Augustine: A Translation for the Twenty-First Century. Sermons III/I: Newly Discovered Sermons*, Nueva York, 1997, pp. 311-312. Fue este un asunto serio, que afectó al juicio que sobre personajes públicos cristianos emitían los historiadores paganos. Según ellos, los cristianos se adherían a una forma «blanda» de vida; *cf.* ahora T. D. Barnes: *Ammianus Marcellinus and the Representation of Historical Reality*, Nueva York, 1998, p.86.

26 *S.* D14, 6.

27 Ibídem.

28 Ibídem, D11, 8.11.

29 Y.-M. Duval, «Les premiers rapports de Paulin de Nole avec Jérôme», en *Studi tardoantichi*, 7 (1989), pp. 177-216, describe el caso análogo del intento de Paulino por fomentar una relación «intelectual» con Jerónimo.

30 *Ep.* 28, 2; *cf.* R. Hennings, *Der Briefwechsel zwischen Augustinus und Hieronymus*, Supplements of Vigiliae Christianae, 31, Leiden, 1994, pp. 29-34, 110-130; además, M. Vessey, «Conference and Confession: Literary Pragmatics in Augustine's "Apologia contra Hieronymum"», en *Journal of Early Christian Studies*, 1 (1993), pp. 175-213.

31 *Vid. sup.* pp. 287-288.

32 *S.* D. 10. Tengo pocas dudas de que la fecha de este sermón sea el año 397, pero, para que no caiga el lector en una seguridad falsa, recomiendo, H. R. Drobner, «Augustins *sermo Moguntinus* über *Gal.* 2, 11-14», en *Theologie und Glaube*, 84 (1994), pp. 226-242, quien sitúa el sermón en el 418.

33 *Cf.* el repaso de opiniones en Henning, *Briefwechsel*, 220-291, y en *Ep.* 75 del epistolario agustiniano, la dura respuesta final de Jerónimo a Agustín.

34 *S.* D10, 13.

35 Ibídem, D10, 6.

36 Ibídem, D10, 15; *cf.* G. Madec, «Augustin évêque (pour un renouvellement de la problématique doctrinale)», en *Augustin Prédicateur*, 11-32, especialmente pp. 17-30.

37 *S.* D12. No veo ninguna razón para dudar de que la fecha es el año 397; *cf.* Dolbeau, *Vingt-six sermons*, pp. 73-76.

38 *Cf.* ahora P. Brown, *The Body and Society. Men, Women and Sexual Renunciation in Early Christianity*, Nueva York, 1988, Londres, 1989, pp. 285-386, sobre los contemporáneos latinos de Agustín, y pp. 387-427 sobre Agustín.

39 Sobre Jerónimo en este periodo, *cf.* Brown, *Body and Society*, p. 377. Habría que tomar nota de que el asunto más estridente del debate era el del clero casado; pero el debate cuestionaba también el matrimonio entre laicos. La opinión sobre el matrimonio como no más que un «baluarte» contra el adulterio había sido propagada por Juan Crisóstomo en uno de sus más retóricos arrebatos; *cf.* Brown, *Body and Society*, p. 308. Esto es firmemente rechazado por Agustín en *S.* D12, 8.

40 *S.* D12, 5.

41 Ibídem, D12, 4. Uno se pregunta si Gregorio Magno habrá leído esta imagen atrevida: *Registrum*, 1, 24, ed. D. Norberg, CC 140A Turnhout, 1982, 27: «Pablo penetra en lo profundo del cielo y, por sus sentimientos de compasión, mira también al lecho matrimonial de los laicos».

42 *En. in ps.* 121, 2; *cf.* *Obras completas de san Agustín*, 22, Madrid, 1967, p.247.

43 P. Brown, *The Cult of the Saints*, Chicago, 1981, Londres, 1981, pp. 79-81, y V. Saxer, *Morts, martyrs, reliques en Afrique chrétienne*, París, 1980; también A. Dihle, «La fête chrétienne», en *Rev. études augustin.*, 38 (1992), pp. 323-335.

44 *Vid. sup.* p. 218 y Brown, *Cult of Saints*, pp. 26-35.

45 *S.* D18, 6.

46 J. W. H. Salomonson, «Voluptatem spectandi non perdat sed mutet». Observations sur l'iconographie des martyrs en Afrique romaine, Koninklijke Nederlands Akademie van Wetenschapen. Verhand. Afdel. Letterkunde, 98, Ámsterdam, 1979.

47 *S.* D18, 6.

48 Ibídem, D18, 7.

49 De Bruyne, «La chronologie de quelques sermons de saint Augustin», en *RB*, 43 (1931), pp. 185-193, ya observó este rasgo del *Indiculum* de Posidio. J. Bouhot, «Augustin prédicateur d'après la 'De doctrina christiana'», en *Augustin prédicateur*, pp. 49-61, sugiere que estos sermones pueden haber sido coleccionados quizá como una serie de sermones modelo, para ser distribuidos en lugar del análisis, más abstracto, que sobre la predicación se lee en *De doctrina christiana.* Por supuesto, sigue abierta la cuestión de si todos a los sermones del grupo indicado por Posidio son del 397; *cf.* Lancel, *Saint Augustin*, pp. 284-289.

50 *Vid. sup.* pp. 155-156. *Cf.* el excelente comentario de O'Donnell, *Augustine. Confessions I,* Oxford, 1992, XLI-L, y Lancel, *Saint Augustin*, pp. 292-296.

51 *Conf.* 11, 2; *cf. Obras completas de san Agustín*, 2, Madrid, 1979, p. 465.

52 *S.* D2, 5.

53 Ibídem, D2 *De obodientia*; *cf.* el impagable comentario de Dolbeau, *Vingt-six sermons*, pp. 318-326.

54 L. Ennabli, *Carthage. Une métropole chrétienne du IV à la fin du VII siècle*, París, 1997, pp. 29-31.

55 *S.* D2, 3-5.20.23. Sobre la relación de este incidente con la estructura de las iglesias del norte de África, *cf.* N. Duval, «Commentaire topographique et archéologique de sept dossiers des nouveaux sermons», en *Augustin Prédicateur*, pp. 171-214, especialmente pp. 179-190.

56 Ibídem, D2, 5.

57 Ibídem. Sobre el esfuerzo por separar los de los hombres a las mujeres, *cf.* Duval, ibídem, pp. 190-193.

58 *Conf.* 3, 5; *cf. Obras completas de san Agustín*, 2, Madrid, 1979, p. 135 (*supra*, donde me he equivocado al pensar que las acciones de Agustín fueron menos descaradas de lo que en realidad habían sido).

59 Theodoretvs Cyrrhensis, *Historia religiosa*, 20, 2; *cf.* Brown, *Cult of the Saints*, pp. 43-44.

60 *S.* D26.

61 Ibídem, D25, predicado en Boseth —Dolbeau, *Ving-six sermons*, pp. 243-267—, y *S.* D21, predicado en Thignica, ÍD.: ibídem, pp. 271-296.

62 ÍD.: ibídem, p. 345.

63 *En. in ps.* 136, 3. Sobre la calidad del latín de Agustín en estas ocasiones, *cf.* M. Banniard, «Variations langagières et communication dans la prédication de saint Augustin», en *Augustin Prédicateur*, pp. 73-93.

64 Sobre la cuestión de Cristo como el único mediador entre Dios y la humanidad, que es central en su defensa del cristianismo contra todas las formas de politeísmo, *cf.* G. Madec, *La Patrie et la Voie. Le Christ dans la Vie et la Pensée de saint Augustin*, París, 1989; este estudio hace amplia justicia a la riqueza del pensamiento y la predicación de Agustín sobre esta materia.

65 *S.* D26, 36; *cf.* A. Solignac, «Le salut des païenes d'après la prédication d'Augustin», en *Augustin Prédicateur*, pp. 419-428.

66 *Cf.* especialmente, *De div. drem.* 5, y G. Madec, «Le Christ des païens d'après le "de consensu evangelistarum" de saint Augustin», en *Recherches augustiniennes*, 26 (1992), pp. 3-67; también H. Chadwick, «Augustin et les païens», en *Augustin Prédicateur*, pp. 323-326; C. Lepelley, «L'aristocratie lettrée païenne: une menace aux yeux d' Augustin», en ibídem, pp. 327-342, y J. Scheid, «Les réjouissances des calendes de janvier d'après le sermon Dolbeau 26. Nouvelles lumières sur une fête mal connue», en ibídem, pp. 353-365.

67 *S.* D26, 59.

68 Ibídem, D26, 61.

69 *Vid. sup.* pp. 234-255, y Lancel, *Saint Augustin*, pp. 388-403 y 430-437.

70 Además de los sermones contra los paganos, citados en las notas 60 y 61, otros están explícitamente dirigidos contra los donatistas, notablemente, *S.* D4; 24 y 27. En muchos otros «Sermones Dolbeau» se menciona ampliamente a los donatistas.

71 *S.* D26, 8.

72 Ibídem, D25, 25.

73 Ibídem, D24, 10.

74 Ya R. A. Markus, *The End of Ancient Christianity*, Cambridge, 1990, pp. 107-123, percibió la importancia de este cambio de mentalidad, y ha sido desarrollada por P. Brown, *Power and Persuasion in Late Antiquity. Towards a Christian Empire*, Wisconsin, 1992, pp. 114-115; *Authority and the Sacred. Aspects of the Christianization of the Roman World*, Cambridge, 1995, pp. 16-24, y «Christianization and Religious Conflict», en *Cambridge Ancient History XIII: The Late Empire*, ed. A. Cameron y P. Garnsey, Cambridge, 1998,

pp. 632-664. *Cf.* también J. Vanderspoel, «The Background to Augustine's Denial of Religious Plurality», en *Grace, Politics and Desire. Essays on Augustine*, ed. H. A. Maynell, Calgary, 1990, pp. 179-193.

75 *S.* D26, 10.16; *cf.* P. Brown, «Qui adorant columnas in ecclesia». Saint Augustine and a practice of the «imperiti», en *Augustin Prédicateur*, pp. 367-375, especialmente pp. 373-374.

76 *S.* D4, 3.

77 Ibídem, D2, 16.

78 T. Mommsen, *The Provinces of the Roman Empire*, 2, Nueva York, 1887, p. 373.

79 S. D7. *De sepultura catechumenorum*; *cf.* Ahora É. Rebillard, «La figure du catéchumène et le problème du délai du baptême dans la pastorale de Augustin», en *Augustin Prédicateur*, pp. 285-292, con Duval, «Commentaire topographique et archéologique», en ibídem, pp. 199-200.

80 *S.* D7, 3.

81 Edición con traducción española y comentario en *Obras completas de san Agustín 11b. Cartas* (3.º), pp. 188-270; 1*-29*, Madrid, 1991, pp. 551-730. Las palabras que sirven de título a esta sección se leen en *Ep.* 23*A4.

82 Las cartas recibieron inmediatamente un amplio comentario, gran parte del cual conserva su valor, en el coloquio organizado sobre las mismas: *Les Lettres de Saint Augustin découvertes par Johannes Divjak*, París, 1983. H. Chadwick, «New Letters of Saint Augustine», *Joumal of Theological Studies*, n. s., 34 (1983), pp. 425-452, ha resumido sus contenidos. El lector habría de tener en cuenta que el comentario ofrecido por la edición y traducción realizadas por la Bibliothèque augustinienne es de gran valía.

Es un placer tener en cuenta que al acrecentarse, gracias al descubrimiento de las «Cartas Divjak», la conciencia de que no se había prestado atención a algunas fuentes, se ha procedido, consiguientemente, a la publicación de unas cartas, hasta ahora no identificadas, referentes a las actividades de otros obispos anónimos de África, en el tiempo de Agustín; *cf.* C. Lepelley, «Trois documentes méconnus sur l'histoire sociale et religieuse de l'Afrique romaine», *Antiquités africaines*, 25 (1989), pp. 235-262.

83 *S.* D30. *Contra Pelagio: Recherches augustiniennes*, 28 (1995), pp. 17-63.

84 Sobre Pelagio y el Sínodo de Dióspolis, *supra.*, pp. 370-372.

85 *S.* D30, 6. Dado el hecho de que la exposición que de su postura hizo Pelagio —el *De natura*—, puede haber sido escrita en el 405-406 y no en el 414, como habitualmente se pensaba, la prudencia de Agustín y, en efecto, su falta de acceso a los escritos de Pelagio son aún más notables; *cf.* Lancel, *Saint Augustin*, pp. 459-469.

86 *S.* D30, 5.

87 *Ep.* 19*.

88 Ibídem, 4*.

89 Ibídem, 6*.

90 Ibídem, 4*, 3.

91 Ibídem, 4*, 4: *Obras completas de san Agustín 11b*, Madrid, 1991, p. 587. La carta de Agustín implica la creencia en un transitorio «fuego purgativo», preliminar al fuego eterno del juicio final. Puede leerse como anticipación de un aspecto, al menos, de la posterior doctrina del purgatorio; *cf.* P. Brown, «Vers la naissance du purgatoire. Amnistie et pénitence dans le christianisme occidental de l'Antiquité tardive au Haut Moyen Âge», *Annales*, 52 (1997), pp. 1247-1261, y Lancel, *Saint Augustin*, pp. 623-630.

92 Ep. 6*, 1.

93 *Cf.* Brown, *Body and Society*, pp. 412-419 y 423-424, y «Sexuality and Society in the Fifth Century A.D.: Augustine and Julian of Eclanum», en *Tria Corda. Scrítti in onore di Arnaldo Momigliano*, ed. E. Gabba, Biblioteca di Athenaeum I, Como, 1983, pp. 49-70.

94 Aug. C. *mend.* 1.

95 Sobre las actividades de Alipio en los años 419-420, 422-424 y 428, *cf.* A. Mandouze, *Prosopographie de l'Afrique chrétienne*, París, 1982, pp. 53-65, completado, a partir de las «Cartas Divjak» por M.-F. Berrouard, «Deux missions d'Alypius en Italie», *Rev. études augustin.*, 31 (1985), pp. 53-65. *cf.* ahora O. Wermelinger, «Alypius», en *Augustinus-Lexikon I*, Basel, 1994, pp. 262-266, y Lancel, *Saint Augustin*, pp. 506 y 580-584.

96 *Ep.* 15*, 2; 16*, 2; 23A*, 1; *cf.* R. Delmaire y C. Lepelley, «Du nouveau sur Carthage», *Opus*, 2 (1983), pp. 473-487.

97 *Ep.* 22*, 5; 23A*, 3.

98 *Vid. sup.* p. 399. Mi trabajo ulterior y el descubrimiento de la *Ep.* 6* me han llevado a considerar más seriamente la controversia con Juliano de Eclana; *cf.* n. 93.

99 J. Burnaby, *Amor Dei. A Study of the Religion of Saint Augustin*, Norwich, 1991, p. 231. E. Katayanagi, «The Last Congruous Vocation», *Collectanea Augustiniana. Mélanges T.J. van Bavel*, ed. B. Bruning, Lovaina, 1991, pp. 645-657, cita y refuta ampliamente este juicio.

100 Burnaby, *Amor Dei*, 231.

101 *Ep.* 10*, 3.

102 Ibídem, 2*, 12. De niño, Agustín había hecho estos mismos ejercicios (*supra*).

103 *Ep.* 11*; 12*. Es imposible hacer justicia al material revelado en estas dos cartas, que principalmente se refieren a la caza de herejes y brujos en España; *cf.* ahora V. Burrus, *The Making of a Heretic. Gender, Authority and the*

Priscillianist Controversy, Berkeley, 1995, pp. 115-122. Consencio nos era ya conocido por su antiintelectualismo y obsesión con la caza de herejes; *cf.* supra, donde hablé de él como de «un sacerdote español». En el clima de los años sesenta, no era una descripción elogiosa.

104 Ep. 12*, 1. Esto hace de Consencio uno de los primeros lectores conocidos de las *Confesiones*; *cf.* C. E. Quillen, «Consentius as a Reader of Augustine's 'Confessions»', *Rev. études augustin.*, 37 (1992), pp. 87-109, y *Rereading the Renaissance*, Ann Arbor, 1998, pp. 35-39 y 51-63.

105 *Ep.* 12*, 12; *cf. Obras completas de san Agustín 11b*, Madrid, 1991, p. 651. La comparación puede ser más mordaz de lo que pudiéramos pensar. Sobre las repercusiones de la controversia origenista en el Occidente latino y su conexión con la controversia pelagiana, *cf.* E. A. Clark, *The Origenist Controversy*, Princeton, 1992, pp. 194-247.

106 *Ep.* 20*, 2.

107 *Cf.* especialmente S. Lancel, «Saint Augustin et la Maurétanie Césaréenne», *Rev. études augustin.*, 30 (1984), pp. 48-59 y 251-262, y *Saint Augustin*, pp. 487-497.

108 *Ep.* 23N, 3.

109 Ibídem.

110 Ibídem, 16*, 1.

111 Las cuestiones suscitadas por los obispos y los laicos de Mauritania están claramente expuestas por A. C. de Veer, «Aux origines du 'De natura et origine animæ' de saint Augustin», *Rev. études augustin.*, 19 (1973), pp. 121-157. *Cf.* ahora Lancel, *Saint Augustin*, pp. 497-500 y 508-154.

112 *Ep.* 23A*, 3; *cf. supra* pp. 378-379.

113 Ibídem, 23A*, 4.

114 Se debería empero tener en cuenta que las «Cartas Divjak» a menudo toman la forma de borrador de peticiones y de informes de quejas. Como tales, se prestan a una exageración retórica de los abusos que describen; *cf.* P. A. Février, «Discours d'Église et réalité historique dans las nouvelles lettres de saint Augustin», *Les Lettres de saint Agustin découvertes par Johannes Divjak*, pp. 101-115.

115 *Ep.* 209, 4; *cf. Obras completas de san Agustín 11b*, pp. 238-239.

116 *Ep.* 20*. Se ha comentado mucho esta carta; *cf.* especialmente, J. Desanges y S. Lancel, «L'apport des nouvelles Lettres à la géographie historique de l'Afrique antique et de l'Église d'Afrique», *Les Lettres de Saint Augustin découvertes par Johannes Divjak*, pp. 87-99, especialmente pp. 93-94 (con mapa), y Lancel, *Saint Augustin*, pp. 356-365. Sobre el trasfondo de la apelación de Antonino al papa de Roma, *cf.* ahora C. ahora C. Ocker, «Augustine, Episcopal Interests and the Papacy in Late Roman Africa», *Journal of Ecclesiastical*

History, 42 (1991), pp. 179-201, y J. Merdinger, *Rome and the African Church in the Time of Augustine*, New Haven, 1997, pp. 154-182.

117 *Ep.* 20*, 21.

118 Ibídem, 20*, 31.

119 Ibídem, 20*, 20; *cf. Obras completas de San Agustín 11b*,88.

120 Ibídem, 20*, 28; *cf.* Ibídem, 694.

121 Esta es la conclusión del monumental estudio de C. Lepelley, *Les Cités de l'Afrique romaine de Bas-Empire*, 2 vols., París, 1979 y 1981, I, pp. 382-408; *cf.* también Brown, *Power and Persuasion*, pp. 146-148. Tales consideraciones me llevarían a modificar las opiniones que, sobre el ascenso del obispo como figura del poder local en la tardía África del Norte, había yo expresado en el artículo, «Religious Coercion in the Later Roman Empire: the case of North Africa», *History*, 48 (1963), pp. 283-305, ahora en *Religion and Society in the Age of Saint Augustine*, Londres, 1972, pp. 301-331.

122 *Ep.* 22*, 3.

123 Ibídem, 22*, 2.

124 *Ep.* 22*, 2.4; *cf.* F. Jacques, «Le défenseur de la cité d'après la lettre 22 de saint Augustin», en *Rev. études augustin.*, 32 (1986), pp. 56-73.

125 *Ep.* 22*, 2; *cf. Obras completas de san Agustín 11b*, 700.

126 Ibídem, 10*; *cf.* C. Lepelley, «Liberté, colonat et esclavage», en *Les lettres de saint Augustin*, pp. 329-342; J. Rougé, «Escroquerie et brigandage en Afrique romaine au temps de saint Augustin», en ibídem, pp. 177-188; y Lancel, *Saint Augustin*, pp. 371-374. *Cf.* ahora J. Harries, *Law and Empire in Late Antiquity*, Cambridge, 1999, pp. 92-93.

127 *Ep.* 10*, 2.

128 Ibídem, 10*, 3.

129 Ibídem, 10*, 8.

130 Según ibídem, 24*, Agustín consultó a un abogado sobre las exactas implicaciones legales de las ventas de niños por los padres, o de los siervos por los terratenientes. Las decisiones de la corte de Agustín siguieron fielmente las normas de la ley romana; *cf.* G: Folliet, «L'Affaire Faventius», en *Rev. études augustin.*, 30 (1984), pp. 240-250. *Cf.* ahora J. Lamoreaux, «Episcopal Courts in Late Antiquity», *Journal of Early Christian Studies*, 2 (1995), pp. 143-167.

131 *Ep.* 10*, 3.

132 Ibídem, 10*, 5; *cf. Obras completas de san Agustín 11b*, p. 618.

133 Ibídem, 2*.

134 Ibídem, 2*, 1.

135 Ibídem, 2*, 3. Debo esta atractiva sugerencia a la amabilidad de Goulven Madec.

136 Ibídem, 1A*.
137 Ibídem, 2*, 6.
138 Ibídem, 2*, 7; pueden verse ejemplos en Brown, *Power and Persuasion*, 124; de ninguna manera era Firmo el único que esperaba un signo.
139 Ibídem, 2*, 3; *cf. Obras completas de san Agustín 11b*, pp. 567 y 563-564.
140 Ibídem, 2*, 12.
141 Ibídem, 2*, 12; *cf. Obras completas de san Agustín 11b*, p. 567.
142 Ibídem.
143 Ibídem, 2*, 3.

II. Nuevas direcciones

1 *Conf.* 4. 13.
2 A. M., La Bonnardière, *Recherches de chronologie augustinienne*, París, 1965, y *Biblia Augustiniana: A. T.*, París, 1960-67; *N. T.*, París, 1964; ed. A. M. La Bonnardière, *Saint Augustin et la Bible*, París, 1986. *Cf.* ahora P.-M. Bogaert, «La Bible d' Augustin. État des questions et application aux sermons Dolbeau», en *Augustin Prédicateur*, pp. 33-47.
3 O. Perler, *Les voyages de Saint Augustin*, París, 1969.
4 A. Mandouze, *Saint Augustin. L'aventure de la Raison et de la Grâce*, París, 1968. *Cf.* ahora Lancel, *Saint Augustin*, París, 1999, y el breve pero agudo estudio de G. Wills, *Saint Augustine*, Nueva York, 1999.
5 A. Mandouze, A. M. La Bonnadiere, *Prosopographie de l'Afrique chrétienne (303-533)*, París, 1982.
6 C. Lepelly, *Les Cités de l'Afrique romaine au Bas-Empire*, 2 vols., París, 1979 y 1981, y «The Survival and Fall of the Classical City in Late Roman North Africa», en ed. J. Rich, *The City in Late Antiquity*, Londres, 1992, pp. 50-76.
7 P.-A. Février, *Aspects du Maghreb romain: pouvoirs, différences et conflits*, 2 vols., La Calade, 1989-1990; B. D. Shaw, *Rulers, Nomads and Christians in Roman North Africa*, Aldershot, 1995; G. R. Whittaker, «Land and Labour in North Africa», *Klio*, 60 (1978), pp. 331-362.
8 Y. Duval, *Loca sanctorum. Le culte des martyrs en Afrique du IVe au VIIe siècle*, 2 vols. Roma, 1982; N. Duval, «L'évèque et sa cathédrale en Afrique du Nord», en *Actes du IXe congrès d'archéologie chrétienne*, Roma, 1983, I, pp. 345-399; I. Gui, *Basiliques chrétiennes de l'Afrique du Nord 1*, París, 1992; L. Ennabli, *Carthage. Une métropole chrétienne du IVe à la fin du VIIe siècle*, París, 1997.
9 W. H. C. Frend, *The Donatist Church: A Movement of Protest in Roman North Africa*, Oxford, 1952; *cf.* ahora, ÍD., «Donatus "paene totam Africam decepit".

How?», *Journal of Ecclesiastical History*, 48 (1997), pp. 611-627. En cuanto a mis reservas, *cf.* «Religious Dissent in the later Roman Empire: the Case of North Africa», *History*, 46 (1961), pp. 83-101, y «Christianity and Local Culture in Late Roman Africa», *Journal of Roman Studies*, 58 (1968), pp. 85-95, ambos en *Religion and Society in the Age of Saint Augustine*, Londres, 1972, pp. 237-259 y 279-300.

10 J. Christern, *Das frühchristliche Pilgerheiligtum von Tebessa*, Wiesbaden, 1976; compárese con Lancel, *Saint Augustin*, pp. 335-336, sobre la escasa construcción en Hipona en tiempo de Agustín.

11 P.-A. Février, «A propos du culte funéraire: Culte et sociabilité», en *Cahiers archéologiques*, 26 (1977), pp. 29-45; S. Lancel, «Modalités de l'inhumation privilégiée dans la nécropole de Sainte-Salsa a Tipasa (Algérie)», en *Comptes-Rendus de l'Académie des Inscriptions et Belles-Lettres*, 1998, pp. 791-812.

12 R. Cameron, A.J. Dewey, *The Cologne Mani-Codex-«Concerning the Origin of his Body»: P. Colon, Inv.* 4780, Missoula, 1980.

13 I.M.F. Gardner, S.N.C. Liebu, «From Narmouthis (Medinet Madi) to Kellis (Ismant al-Kharab)», *Journal of Roman Studies*, 86 (1996), pp. 146-169.

14 Cita tomada de I. Gardner, «The Manichaean Community at Kellis: A Progress Report», *en Emerging from Darkness*, Nag Hammadi Studies, 43, ed. P. Mirecki y J. Be Duhn, Leiden, 1997, p. 173.

15 Convendría observar que hasta ahora ningún testimonio maniqueo apoya la opinión, ampliamente extendida, de que las posteriores ideas de Agustín sobre la concupiscencia y el pecado original se derivaron directamente de sus experiencias maniqueas; *cf.* P. Brown, *The Body and Society. Men, Women and Sexual Renunciation in Early Christianity*, Nueva York, 1988, pp. 197-202. *Cf.* también E. Feldmann, *Der Einfluss des Hortensius und des Manichäismus auf des Denken des jungen Augustinus von 374*, Münster-in-Westfalen, 1975.

16 Bien lo ha visto R. Lim, «Unity and Diversity among Western Manichaeans: A Reconsideration of Mani's "Sancta ecclesia"», en *Rev. études augustin.*, 35 (1989), pp. 231-250. Sobre el maniqueísmo en general, *cf.* P. Brown, «The Diffusion of Manichaeism in the Roman Empire», *Journal of Roman Studies*, 59 (1969), pp. 93-103, y en *Religion and Society*, pp. 94-118; F. Decret, *L'Afrique manichéene*, París, 1978; S.N.C. Lleu, *Manichaeism in the Later Roman Empire and medieval China*, Mánchester, Tubinga, 1992.

17 Notablemente R. Kaster, *Guardians of Language*, Berkeley, 1988. Sobre las relaciones entre Agustín y Símaco, *cf.* ahora T.D. Barnes, «Augustine, Symmachus and Ambrose», en *Augustine. From Rhetor to Theologian*, ed. J. McWilliam, Waterton, 1992, pp. 7-13, que puede corregir lo de arriba, pp. 72-74.

18 H. Savon, *Saint Ambroise devant l'exégèse de Philon le juif*, 2 vols., París, 1977; G. Nauroy, «La méthode de composition et la structure du 'De Isaac et beata vita'», en *Ambroise de Milan*, ed. Y.-M. Duval, París, 1974, pp. 115-153; G. Madec, *Saint Ambroise et la philosophie*, París, 1974, y N. McLynn, *Ambrose of Milan: Church and Court in a Christian Capital*, Berkeley, 1994. *Cf.* ahora H. Savon, *Ambroise de Milan*, París, 1997.

19 J.J. O'Donnell, *Augustine: Confessions*, 3 vols., Oxford, 1992, 2, pp. 413-418, ofrece un estudio puesto al día.

20 *Vid. sup.* pp. 87-123.

21 Madec, *Saint Ambroise et la philosophie*, pp. 96-97 y 339-347.

22 La expresión «baño común» está tomada de Lancel, *Saint Augustin*, 125. *Cf.* especialmente G. Madec, *La Patrie et la Voie. Le Christ dans la vie et la pensée de Saint Augustin*, París, 1989, pp. 35-82. F. Dolbeau, «Le *Liber XXI Sententiarum* (CPL 373): édition d'un texte du travail», en *Recherches augustiniennes*, 30 (1997), pp. 113-165, ha hecho accesibles las anotaciones realizadas por Agustín durante su estancia en Tagaste, entre los años 388 y 391. Estas incluyen en pp. 156 y 160-161 traducciones de frases de las *Enéadas* de Plotino.

23 A. Schindler, «Die Theologie de Donatisten und Augustinus Reaktion», en *Internationales Symposium über der Stand der Augustinus-Forschung*, Würzburg, 1989, pp. 131-147; J. Patout Burns, «On Rebaptism: Social Organization in the Third Century», *Journal of Early Christian Studies*, 1 (1993), pp. 367-403, y «The Atmosphere of Election: Augustinianism as Common Sense», en ibídem, 2 (1994), 325-339; M.A. Tilley, «Sustaining Donatist Self-Identity. From the Church of the Martyrs to the 'Collecta' in the Desert», en ibídem, 5 (1997), pp. 21-35, y *The Bible in Christian North Africa: The Donatist World*, Minneapolis, 1997.

24 J.-L. Maier, *Le dossier du Donatisme*, 2 vols. *Texte und Untersuchungen*, pp. 134-135, Berlín, 1987 y 1989, y M. Tilley, *Donatist Martyr Stories: the Church in conflict in Roman North Africa*, Liverpool, 1996.

25 Optatus de Milevi, *De schismate Donatistarum*, ed. M. Labrousse, SCh, pp. 411-13, París, 1995; S. Lancel, *Actes de la Conférence de Carthage en 411*, SCh, pp. 194, 195, 224 y 373, París, 1972, 1975 y 1991; y respecto a la Iglesia católica, C. Munier, *Concilia Africae (a. 345-525)*, CC 149, Tumhout, 1974. *Cf.* ahora M. Edwards, *Optatus: Against the Donatists*, Liverpool, 1997. Sobre Agustín y el donatismo, Lancel, *Saint Augustin*, pp. 232-248 y 382-429, es excelente, como era de esperar.

26 F. Leroy, «Vingt-deux homélies africaines attribuables à l'un des anonymes du Chrysostomus latinus (PLS 4)», en *Rev. bén.*, 104 (1994), pp. 123-147.

27 *Codex Escurialensis. Hom.* 18, *PLS* 4, 709; *cf.* F. Leroy, «L'homélie donatiste ignorée du Corpus Escorial», *Rev. bén.*, 107 (1997), pp. 250-262.

28 H.J. Frede, *Ein neuer Paulustext und Kommentar*, 2 vols., Friburgo, 1973; *Pelagius' Commentay on Saint Paul's Epistle to the Romans*, ed. transl. T. de Bruyn, Oxford, 1993; *The Letters of Pelagius and his Followers*, trad. B. Rees, Woodbridge, 1991. *Cf.* F. Nuvolone, «Pélage el pélagianisme», en DS 12, París (1986), pp. 2889-2942; P. Brown, «Pelagius and his Supporters: Aims and Environment», *Journal of Theological Studies*, 19 (1968), pp. 93-134, también en *Religion and Society*, pp. 183-207; J. Tauer, «Neue Orientierungen zur Paulusexegese des Pelagius», *Augustinianum*, 34 (1994), pp. 313-358.

29 O. Wermelinger, *Rom und Pelagius*, Päpste und Papsttum, 7, Stuttgart, 1975.

30 Especialmente *Ep.* 4* y 6* citadas en el «Epílogo. Nueva Evidencia», nn. 88 y 89.

31 Wermelinger, *Rom und Pelagius*, pp. 4-18 y 46-67 corrige lo dicho por mí en *supra*, donde yo consideraba a Agustín como único responsable de haber identificado el «pelagianismo» con un cuerpo de ideas heréticas.

32 El boletín bibliográfico de *Revue des études augustiennes* sigue siendo la indispensable guía para todos los estudios agustinianos: entre 1968 y 1996 he contado casi 9.000 títulos dedicados, de una manera u otra, a la vida, pensamiento y las circunstancias de Agustín. El *Augustinus-Lexikon*, ed. C. Mayer, vol. 1, Basilea, 1986-1994, ha llegado a la letra 'D'; *cf.* también *Thesaurus augustinianus*, Turnhout, desde 1989. *Cf.* ahora *Augustine through the Ages: An Encyclopaedia*, ed. A.D. Fitzgerald, Grand Rapids, 1999.

33 En español pueden leerse ahora todos los escritos agustinianos; *cf. Obras completas de san Agustín. Edición bilingüe, 1-40*, Madrid, 1957-1995; como ya se ha indicado, la editorial *Revista Agustiniana,* Madrid, publicará próximamente los *Sermones Dolbeau* 2-27; *S.* D28-29 han aparecido en *AVGVSTINVS*, 46 (2001), pp. 5-19; a finales del año 2001, esta revista puso a disposición de los lectores hispanohablantes el *S.* D30.

34 *Augustine: Concerning the City of God against the Pagans*, trad. H. Bettenson, Harmondsworth, 1972.

35 *Augustine: Confessions I-XIII*, trad. F.J. Sheed, introducción de P. Brown, Indianápolis, 1993.

36 *Saint Augustine: Confessions*, trad. H. Chadwick, Oxford, 1991.

37 O'Donnell, *Augustine: Confessions*; *cf.* n. 19. No es, empero, el único camino; v. g., B. Stock, *Augustine the Reader. Meditation, Self-Knowledge and the Ethics of Interpretation*, Cambridge, 1996, y «La Connaissance de Soi au Moyen Age», en *Collège de France. Chaire internationale: Leçon inaugurale* (París, Collège de France, 1998), pp. 12-15.

38 *Vid. sup.* p. 155, n. 1, donde confesé claramente mis deudas. Debo mucho a J. Burnaby, *Amor Dei. A Study of the Religion of Saint Augustine*, Norwich 1991, p. 34. La tradición ha sido hábilmente continuada por R. Markus, *Saeluculum: History and Society in the Theology of Saint Augustine*, Cambridge, 1972, 1989, y *The End of Ancient Christianity*, Cambridge, 1992.

39 *Vid. sup.* XI.

40 *Vid. sup.* pp. 155-167; Madec, *La Patrie et la Voie*, pp. 139-150, es una exposición de un parecer distinto del mío.

41 *Cf.* ahora J.J. O'Donnell, «The Next Life of Augustine», en *The End of Ancient Christianity: Essays in Late Antique Thought and Culture presented to R. A. Markus*, ed. W. E. Klingshim y M. Vessey, Ann Arbor, 1999, pp. 215-231, con oportunos comentarios sobre mi perspectiva.

42 A.D. Momigliano, «Introduction. Christianity and the Decline of the Roman Empire», en *The Conflict between Paganism and Christianity in the Fourth Century*, Oxford, 1963, pp. 1-16.

43 *Vid. sup.* pp. 245-252, con P. Brown, «St. Augustine's Attitude to Religious Coercion», *Journal of Roman Studies*, 54 (1964), pp. 107-116, ahora en *Religion and Society*, pp. 260-78.

44 E. Pagels, *Adam, Eve and the Serpent*, Nueva York, 1988, 126.

45 *De sp. et lit.* 12; *cf. Obras completas de san Agustín*, 6, 703.

46 *Ep.* 259; *cf.* A. Gabillon, «Romanianus alias Comelius», *Rev. études augustin.*, 24 (1978), pp. 58-70.

47 *Vid. sup.* pp. 153-154.

48 *Ep.* 259, 2; *cf. Obras completas de san Agustín 11b*, p. 504.

49 H. Chadwick, *Augustine*, Oxford, 1986, p. 120.

50 J.M. Rist, *Augustine. Ancient Thought Baptized*, Cambridge, 1994.

51 H.-I. Marrou, *Saint Augustin et la fin de la culture antique*, Bibliothèque des écoles françaises d'Athènes et de Rome, 145, París, 1949, pp. 331-540; *cf.* ahora K. Pollmann, *Doctrina Christiana*, Paradosis, 41, Freiburg in Schweiz, 1996, pp. 66-89; y *De doctrina Christiana. A Classic of Western Culture*, ed. D. W. H. Amold y P. Bright, Notre Dame, 1995.

52 P. Henry, *Plotin et l'Occident*, Lovaina 1934, y P. Courcelle, *Les Lettres grecques en Occident*, París, 1948.

53 *Vid. sup.* pp. 91-104, especialmente p. 93.

54 H.-I. Marrou, *Patristique et humanisme*, París, 1976, pp. 25-34.

55 P. Courcelle, *Recherches sur les Confessions de Saint Augustine*, París, 1950, pp. 153-156; véase McLynn, *Ambrose*, pp. 240-243, quien ofrece una muy diversa opinión.

56 S. G. MacCormack, *The Shadows of Poetry. Vergil in the Mind of Augustine*, Berkeley, 1998.

57 *Cf. History, Apocalypse and the Secular Imagination. New Essays on Augustine's City of God*, ed. M. Vessey, K. Pollmann y A. Fitzgerald, *Augustinian Studies*, 30, Villanova, 1999.

58 K. Flasch, *Augustin, Einführung in sein Denken*, Stuttgart, 1994, pp. 224-231 y 424, y Pagels, *Adam, Eve and the Serpent* (*cf.* n. 44), pp. 98-126 y 151-154, son elocuentes defensores de este parecer. Para la crítica contra estas opiniones, *cf.* G. Madec, *Rev. études augustin.*, 28 (1982), pp. 100-111, e ibídem, 35 (1989), pp. 416-418. En nota más desenfadada, podría uno añadir que la fascinación por Pelagio ha inducido incluso a un autor ruso a escribir una vívida novela histórica, en la que Pelagio aparece como un personaje kierkegaardiano: I. Yefimov, «Ne mir, no mech (No paz, sino espada)», en *Zvezda*, 9, San Petersburgo, 1996, pp. 19-125, e ibídem, 10, pp. 39-116; ahora editado como *Pelagii Britanets* (*Pelagius the Briton*), Tainy Istorii, Moscú, 1998. Una novela de este estilo y una excelente traducción de las *Confesiones* por M. Sergeenko, *Blazhennii Avgustin: Ispoved*, Moscú, 1992, no son sucesos que podrían haberse previsto en los años sesenta.

59 La relación de Agustín con la obra de Orígenes continúa siendo seductoramente poco clara; *cf.* los artículos de Caroline Hammond Bammel, reunidos ahora en C. H. Bammel, *Tradition and Exegesis en the Early Christian Tradition*, Aldershot, 1995, y *Origeniana et Rufiniana*, Vetus Latina 29, Friburgo, 1996.

60 *Vid. sup.* p. 462 y nn. 29-30; p. 465 y n. 38.

61 *Vid. sup.* p. 284.

62 Basilivs, *Ep.* 20.

63 Sermón de Eraclio ante Agustín; *cf. supra* p. 424.

64 Sobre la significativa falta de respuesta a la obra de Agustín, *Cuestiones diversas a Simpliciano* —obra fundamental en el desarrollo de sus ideas sobre la gracia y el libre albedrío, *supra* pp. 162-164—, *cf.* P.-M. Hombert, *Gloria Gratae*, París, 1996, p. 113. *Cf.* ahora G. Madec, «Augustin évêque (pour un renouvellement de la problématique doctrinale)», en *Augustin Prédicateur*, pp. 29-30.

65 Evodio puede haber sido el obispo que citó a Pelagio las *Confesiones* (*supra* p. 357) —Y. M. Duval, «La date de la «de natura» de Pélage», en *Rev. études augustin.*, 36 (1990), p. 283, n. 178—; pero sus opiniones sobre la naturaleza del alma y la vida después de la muerte diferían de las de Agustín; *cf.* W. Baltes, «Platonisches Gedankengut im Brief des Evodius an Augustinus (Ep. 158)», en *Rev. études augustin.*, 40 (1980), pp. 251-260, y V. Zangara, *Exeuntes de corpore. Discussioni sulle apparizioni dei morti in epoca agostiniana*, Florencia, 1990. Quodvultdeus, sucesor de Aurelio como obispo de Cartago, sostenía ideas

sobre el Imperio romano muy diferentes de las de Agustín; *cf.* H. Inglebert, *Les Romains chrétiens face à l'histoire de Rome*, París, 1969, pp. 611-622.

66 La laguna fue rápidamente remediada por Mandouze, *Saint Augustin*, pp. 165-242. Sobre ediciones, traducciones y comentarios de los textos centrales, *cf.* G. Lawless, *Augustine of Hippo and his Rule*, Oxford, 1987, y G. Madec, *Saint Augustin: La vie communautaire: traduction annotée des sermons 355-356*, Nouvelle bibliotheque augustinienne, 6, París, 1996.

67 Por ejemplo, *vid. sup.* pp. 256 y 399-400. Mis estudios posteriores —The Rise and Function of the Holy Man in Late Antiquity», *Journal of Roman Studies*, 61 (1971), pp. 80-101, ahora en *Society and the Holy in Late Antiquity*, Berkeley, 1982, pp. 103-152, y *The Cult of the Saints: its Rise and Function in Latin Christianity*, Londres, 1981— representan una orientación nueva de mi parte, sobre la cual *cf.* en P. Brown, «The World of Late Antiquity Revisited», *Symbolae Osloenses*, 72 (1997), pp. 5-30, y «The Rise and Function of the Holy Man in Late Antiquity, 1971-1997», *Journal of Early Christian Studies*, 6 (1998), pp. 353-376.

68 Brown, *Body and Society* (citado en n. 15), pp. 387-427.

69 Por esta razón, considero que U. Ranke-Heinemann, *Eunuchs for Heaven: the Catholic Church and Sexuality*, Londres, 1990, pp. 62-83, es una parodia del pensamiento y de las prácticas de Agustín.

70 *Cf.* especialmente D. G. Hunter, «Augustine's Pessimism? A New Look at Augustine's Teaching on Sex, Marriage and Celibacy», *Augustinian Studies*, 25 (1994), pp. 153-177.

71 Brown, *Body and Society*, pp. 375-377, 293-296 y 359-362, respectivamente.

72 *Vid. sup.* pp. 402-403.

73 *Ep.* 6*, 8; *cf. Obras completas de san Agustín 11b*, p. 600.

74 *S.* D12, 9. E. Rebillard, *In hora mortis. L'évolution de la pastorale chrétienne de la mort au IV*[e] *et V*[e] *siècles*, Biblioteque des Écoles françaises d'Athènes et de Rome 283, Roma, 1994, pp. 160-167, es excelente sobre la actitud de Agustín hacia la penitencia diaria.

75 La frase ha sido escogida por G. Madec para caracterizar y refutar una corriente fuerte de opinión hostil al pensamiento de Agustín en general, de la cual sus opiniones sobre la sexualidad forman solo una parte; *cf.* G. Madec, «Saint Augustin est-il le malin génie de l'Europe?», *Petites Études augustiniennes*, 6, París, 1994, pp. 319-330.

76 A. Dible, *The Theory of the Will in Classical Antiquity*, Berkeley, 1982, pp. 123-144.

77 A. H. Armstrong, «Neo-Platonic Valuations of Nature, Body and Intellect», *Augustinian Studies*, 3 (1972), p. 39.

78 *Enn.* 1, 8, 14, 36-37; *cf.* A.H. Armstrong, *Saint Augustine and Christian Platonism*, Villanova, 1967, pp. 14-18, ahora en *Plotinian and Christian Studies*, Londres, 1979.

79 *Ret.* 1, 2.

80 *Cf.* M.D. Chenu, *La théologie au douzième siècle*, París, 1957, pp. 21-34 y 118-128.

81 H.-I.. Marrou, *Saint Augustine and his Influence through the Ages*, Nueva York, 1952, pp. 72-73, y «Une théologie de la musique chez Grégoire de Nysse?», *Epektasis. Mélanges offerts au cardinal Jean Daniélou*, ed. J. Fontaine y C. Kannengiesser, París, 1972, p. 507, ahora en *Christiana Tempora*, Collection de l'École française de Rome, 35, Roma, 1978, pp. 365-372.

82 *Conf.* 10, 33, que cita Jn 12, 35; *cf. Obras completas de san Agustín* 2, 421; *cf.* ahora P. Brown, «Asceticism, Pagan and Christian», en *Cambridge Ancient History XIII: The Late Empire*, Cambridge, 1998, pp. 628-630.

83 *S.* D29. Para apreciar el cambio de perspectiva implícito, ahora podemos comparar el poema de un filósofo neoplatónico, copiado por Agustín en sus notas, en Tagaste entre el 388 y el 391; *cf.* F. Dolbeau, «Un poème philosophique de l'Antiquité tardive: "De pulchritudine mundi"», en *Rev. études augustin.*, 42 (1996), pp. 21-43, también en *Recherches augustiniennes*, 30 (1997), pp. 153-156.

84 *S.* D29, 10.

85 Ibídem, D29 11.

86 *Cf.* especialmente R. Lyman, *Christology and Cosmology. Models of Divine Activity in Origen, Eusebius, and Athanasius*, Oxford, 1993, pp. 124-159.

87 C. Harrison, *Beauty and Revelation in the Thought of Saint Augustine*, Oxford, 1992, pp. 192-238 y 270-274, sobre todo p. 271.

88 *Ep.* 138, 5 *supra* pp. 330-331; sobre el universo como «poema», *cf.* Dolbeau, «De pulchritudine mundi», *Rev. études augustin.*, 42 (1996) , p. 25, línea 81.

89 S. Mazzarino, *Trattato di storia romana*, 2, Roma, 1956, p. 419.

90 *Cf.* las observaciones de S. Swain, *Portraits. Biographical Representation in the Greek and Latin Literature of the Roman Empire*, Oxford, 1997, pp. 27-36.

91 P. Brown, *The Making of Late Antiquity*, Cambridge, 1978, pp. 54-80.

92 *Inscriptions grecques et latines de la Syrie* 1410, ed. L. Jalabert y R. Mouterde, *Institut français d'archéologie de Beyrouth* 61, París, 1955, p. 120. La inscripción proviene de Frîkiya, Jebel Zâouyé, cerca de Apamea.

93 *De pat.* 15.

94 *En. in ps.* 103, 3, 13.

95 *Ep.* 2*, 4; *cf. Obras completas de san Agustín, 11b*, p. 564.

96 1 Co 1, 31; 4, 7. Trata ampliamente el tema Hombert, *Gloria Gratae; cf.* pp. 19-24, donde se leen completas las tablas cronológicas del uso que hace Agustín de ambas citas. *Cf.* ahora ÍD., «Augustin, prédicateur de la grâce au début de son épiscopat», en *Augustin Prédicateur*, pp. 217-245.

97 W. S. Babcock, «Augustín y Ticonio. Sobre la apropiación latina de Pablo», *AVGVSTINVS*, 26 (1981), p. 25*.

98 *S.* D9, 5.

99 Brown, *The Cult of the Saints*, pp. 71-73.

100 *De s. virg.* 41.

101 Ibídem, 45.

102 *S.* 299E1.

103 S. Poque, «Un souci pastoral d'Augustin. La persévérance de chrétiens baptisés dans leur enfance», *Bulletin de la société de littérature ecclésiastique*, 88 (1987), pp. 273-286. *Cf.* especialmente É. Rebillard, «La figure du catéchumène et le problème du délai du baptême dans la pastorale de saint Augustin», en *Augustin Prédicateur*, pp. 285-292, importante contribución, que subraya la rareza de la demora en recibir el bautismo en las diócesis norteafricanas.

104 *S.* 101, 4.

105 *De con. adult.* 2, 22.

106 M. Foucault, «Le combat de la chasteté», en *Communications*, 35 (1982), pp. 15-25; *cf.* Brown, *Body and Society*, pp. 420-423.

107 Lo ha visto bien T. D. Bames, «Aspects of the Background of the "City of God"», *Revue de l'Université d'Ottawa*, 52 (1982), pp. 64-80.

108 *S.* D15, 5.

109 *Cf. Conf.* 13, 10, con D. O'Brien, «"Pondus meum amor meus": Saint Augustin et Jamblique», *Revue de l'Histoire des Religions*, 198 (1981), pp. 423-428, y Dolbeau, «Le *Liber XXI Sententiarum*», *Recherches augustiniennes*, 30 (1997), p. 137.

110 *S.* D15, 5.

111 S. Muhlberger, *The Fifth Century Chroniclers*, ARCA Monographs 27, Leeds, 1990, pp. 48-135, ha visto esto claramente. Por supuesto, Próspero no estuvo influido en exclusiva por Agustín; estuvo también implicado en la ideología del papado; *cf.* R. Markus, «Chronide and Theology: Prosper of Aquitaine», en *The Inheritance of Historiography*, pp. 350-900, ed. C. Holdsworth y T. P. Wiseman, Exeter, 1986, pp. 31-43; T. M. Charles-Edwards, «Palladius, Prosper and Leo the Great: Mission and Primatial Authority», en *Saint Patrick, A. D. 493-1993*, ed. D. Dumville, Woodbridge, 1993, 1-12, e Inglebert, *Les Romains chrétiens* (citado en n. 65), pp. 635-655.

112 Muhlberger, *The Fifth Century Chroniclers*, 131.

113 Prosper Aquitanus, *Chronicon*, 1367; Muhlberger, ibídem.

114 ÍD.: *De vocatione omnium gentium*, 2, p. 35; *cf.* ahora R. H. Weaver, *Divine Grace and Human Agency. A Study of the Semi-Pelagian Controversy*, Macon, 1996, pp. 117-154.

ÍNDICE ALFABÉTICO

Este libro
se terminó. de imprimir en
Casarrubuelos, Madrid,
en el mes de noviembre de 2025